中国战略性新兴产业发展报告

徐匡迪

2015 Report on the Development of China's Strategic Emerging Industries

中国战略性新兴产业发展报告

中国工程科技发展战略研究院

科学出版社
北京

内 容 简 介

本书是中国工程科技发展战略研究院面向社会公众和决策人员的年度研究报告。全书分析了我国战略性新兴产业发展的总体形势、进展情况、存在问题及发展新趋势，着重围绕战略性新兴产业七个领域若干重点方向的发展现状、重点技术、发展趋势、战略布局与政策取向等进行了介绍，并结合湖北、湖南和重庆等省市战略性新兴产业的发展实践，阐释了区域战略性新兴产业的发展情况、成功经验、创新机制、主要问题及制约因素等。同时，本书梳理了“十二五”以来战略性新兴产业培育与发展的相关政策，并从商业模式创新、人才支撑、二次创新等视角分析了战略性新兴产业发展的创新规律和政策需求。与之前的年度报告相比，本书新增了方法篇，介绍产业成熟度和技术路线图两种方法，为从事产业研究的专业和管理人员提供参考。

本书有助于社会公众了解中国战略性新兴产业发展的总体情况以及各领域发展态势和政策走向，可供各级领导干部、有关决策部门和产业界及相关研究者参考。

图书在版编目（CIP）数据

中国战略性新兴产业发展报告．2015 / 中国工程科技发展战略研究院编．-- 北京：科学出版社，2014

ISBN 978-7-03-042291-0

Ⅰ.①中… Ⅱ.①中… Ⅲ.①新兴产业－产业发展－研究报告－中国－2015 Ⅳ.① F279.244.4

中国版本图书馆 CIP 数据核字（2014）第 248114 号

责任编辑：马 跃/责任校对：李 莉
责任印制：霍 兵/封面设计：无极书装

科学出版社 出版

北京东黄城根北街16号
邮政编码：100717

http://www.sciencep.com

北京通州皇家印刷厂 印刷

科学出版社发行 各地新华书店经销

*

2015年1月第 一 版 开本：787×1092 1/16
2015年1月第一次印刷 印张：28 1/4
字数：669 000

定价：130.00元

（如有印装质量问题，我社负责调换）

中国工程科技发展战略研究院简介

2008 年 6 月，胡锦涛同志在两院院士大会上指出，中国工程院是国家的科学技术思想库，要继续团结带领全国科技界更加积极主动地参与决策咨询，为国家宏观决策提供科学依据。2011 年 4 月，胡锦涛同志在庆祝清华大学百年校庆大会上讲话指出，高校要深入开展政策研究，积极发挥思想库和智囊团作用。为贯彻落实胡锦涛同志的指示精神，中国工程院与清华大学强强联合，创新体制机制，整合优势资源，于 2011 年 4 月联合成立了中国工程科技发展战略研究院。

习近平总书记在 2014 年 6 月的两院院士大会上指出，实施创新驱动发展战略是一个系统工程，需要以科学咨询支撑科学决策，以科学决策引领科学发展。以科学咨询服务科学决策是中国工程科技发展战略研究院的使命。中国工程科技发展战略研究院坚持高层次、开放式、前瞻性的发展导向，围绕工程科技发展中的全局性、综合性、战略性重大课题开展理论研究、应用研究与政策咨询。战略研究院积极推动自然科学与社会科学相结合，发挥工程院的院士和清华大学中青年学者的智力优势，努力建成全球一流的战略决策思想库，为我国工程科技发展提供战略咨询。

编　委　会

序　言

发展战略性新兴产业，是党中央国务院敏锐洞察世界新技术革命和产业变革趋势，做出的关系我国经济社会全局和长远发展的重大举措。党的十八大明确提出，以科学发展为主题，以加快转变经济发展方式为主线，是关系我国发展全局的战略抉择。习近平总书记在2014年国际工程科技大会和2014年两院院士大会上的讲话中指出，“信息技术、生物技术、新能源技术、新材料技术等交叉融合正在引发新一轮科技革命和产业变革，这将给人类社会发展带来新的机遇”。李克强总理也强调，要“促进科技与经济社会发展紧密结合，推动我国产业跃上全球竞争新的制高点”。

纵观国际发展大势，21世纪以来，世界科技经济格局发生了深刻变化。新一轮科技革命和产业变革正在孕育兴起，将对人类经济活动和社会生活产生根本性的影响。金融危机使发达国家重视实体经济，瞄准新兴产业，实施再工业化战略，谋求新的竞争优势。美国提出实施“先进制造业国家战略计划”，德国积极开展“工业4.0战略计划”，日本也在组织“信息技术发展计划”。新兴产业正在成为引领世界未来经济社会发展的重要力量。能否抓住这次稍纵即逝的难得历史机遇，将成为决定未来我们国际竞争地位的分水岭。

改革开放以来，我国经济社会发展取得巨大成就，但是发展中的不平衡、不协调、不可持续问题依然突出。当前，资源环境形势严峻，人口红利逐步消失，我国经济发展进入经济增速换挡期。爬坡过坎、转型升级，关键在于发展科技，向技术和产业创新要生产力，实现要素驱动发展向创新驱动发展的转型。发展战略性新兴产业，高起点地构建现代产业体系，加快形成新的经济增长点，对于我国经济社会能否真正走上内生增长、持续发展的轨道，具有重要意义。

近年来，培育发展战略性新兴产业在我国取得了广泛共识和可喜的成效。国务院分别于2010年和2012年发布了《国务院关于加快培育和发展战略性新兴产业的决定》（简称《决定》）和《“十二五”国家战略性新兴产业发展规划》（简称《规划》），明确战略性新兴产业发展目标、发展方向、主要任务、重大工程和政策措施。在有关部门、地方和社会各界的共同努力下，《决定》和《规划》明确的各项任务正

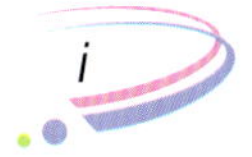

在积极推进，并取得可喜成果。战略性新兴产业在经济增长中的地位不断突出，产业创新能力不断提升，国际化趋势愈发明显，区域特色优势产业集群正在形成，有力地推动了我国经济的转型发展。与此同时，我国战略性新兴产业还存在着关键核心技术受制于人、体制机制难以适应产业发展需要、对创新失败的容忍度不高等一些亟待解决的问题。当前阶段，需要我们进一步解放思想，完善环境，落实创新驱动战略，面向经济社会发展的重大需求，发挥市场在资源配置中的决定性作用，强化企业的创新主体地位，加快培育发展战略性新兴产业，促进国民经济持续健康发展。

2010 年以来，受国家发展和改革委员会委托，在国家开发银行的大力支持下，中国工程院和清华大学开展了“战略性新兴产业培育与发展”战略研究咨询项目，并于 2011 年联合成立中国工程科技发展战略研究院，为国家决策提供了科学的咨询支撑。其中，国家开发银行基于多年“融资”、“融智”支持战略性新兴产业发展的实践和前瞻性判断，创新支持了中国工程科技发展战略研究院发展和本咨询项目，促进了项目成果转化和落地，扩大了项目成果影响。在相关研究成果的基础上，中国工程科技发展战略研究院先后出版了《中国战略性新兴产业发展报告 2013》和《中国战略性新兴产业发展报告 2014》，获得了社会各界的积极反响。2014 年受国家发展和改革委员会委托，中国工程院和中国科学院联合开展了“十三五”战略性新兴产业发展规划咨询研究。2015 年是“十二五”收官之年，也是“十三五”规划编制年。《中国战略性新兴产业发展报告 2015》系统总结了“十二五”期间我国战略性新兴产业发展的成绩、经验和存在的问题，深入研究了重点产业领域技术和市场发展趋势，汇总分析了相关产业政策。期望读者能够从中获得丰富翔实的信息。

积极培育和发展我国战略性新兴产业，肩负着争取国际竞争主动权、实现经济结构战略调整的历史使命。我们相信，在党中央、国务院的坚强领导下，在各方面共同努力下，我国战略性新兴产业发展一定能够攻坚克难，开拓进取，为促进我国经济社会持续健康发展，实现中华民族伟大复兴做出更大贡献！

国家发展和改革委员会　徐绍史
中国工程院　周　济
清华大学　陈吉宁
国家开发银行　胡怀邦

目　　录

综合篇

节能环保产业篇

新一代信息技术产业篇

生物产业篇

高端装备制造产业篇

新能源产业篇

新材料产业篇

新能源汽车产业篇

区域篇

政策篇

方法篇

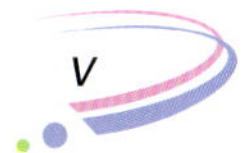

综合篇

第 1 章

2014年上半年战略性新兴产业发展形势分析

战略性新兴产业发展部际联席会议办公室

【内容提要】2014 年上半年，我国战略性新兴产业实现了较快增长，在支撑经济稳定增长、改善民生等方面发挥了重要作用。战略性新兴产业发展环境不断改善，创新特征日益明显，新兴服务层出不穷。但也存在行业管理政策调整还不能完全适应新兴产业创新发展步伐等问题，需要进一步深化改革，破解发展难题。预计 2014 年下半年，在国内外经济环境总体保持平稳的背景下，战略性新兴产业有望继续保持较快发展。

加快培育和发展战略性新兴产业是我国新时期经济社会发展的一项重要战略任务。党的十八大报告指出，要使经济发展更多依靠战略性新兴产业带动。2014 年上半年，在我国经济发展进入“新常态”的背景下，战略性新兴产业继续保持良好发展态势，在支撑经济增长、改善人民生活、引领创新驱动等方面均发挥着越来越重要的作用。但也面临一些行业管理政策还不能完全适应新兴产业创新发展步伐、国际贸易摩擦有转向新兴产业趋势等问题，需要继续大力推动体制机制创新，强化科技创新，加快培育形成新兴市场，引导战略性新兴产业健康快速发展。

1.1 上半年战略性新兴产业经济运行状况

2014年上半年，随着信息消费、绿色消费、健康消费的快速兴起，新一代信息技术、新能源、生物医药等战略性新兴产业发展形势良好。上半年信息消费规模达到1.34万亿元，同比增长20%。新能源应用市场进一步释放，上半年太阳能、风力以及核能发电主营收入增速分别为53.5%、7.5%以及17.5%，均远高于火力发电2.3%的增速，光伏原动设备制造业主营收入同比增速为23.2%。生物医药产业全面增长，2014年1～6月医药制造业、医疗器械设备制造业主营收入分别增长13.5%和15.2%。

随着国家对雾霾防治、水污染治理等的高度重视，节能环保、新能源汽车等产业持续向好，2014年1～6月环保专用设备制造业、环境监测专用仪器仪表制造业主营收入同比增速达到了17.1%和17.7%，均高于工业企业总体8.6%的增速。2014年上半年，新能源汽车产销量成倍增长。新能源汽车生产20692辆，销售20477辆，比上年同期分别增长2.3倍和2.2倍，产销量已超过上年全年数量。其中纯电动汽车产销分别完成12 185辆和11 777辆，插电式混合动力汽车产销分别完成8 507辆和8 700辆。

从区域情况看，调研的16个省市新兴产业规模增速普遍超过10%，安徽、广西、江苏、湖北增速均在15%以上，战略性新兴产业已成为支撑当地经济增长的重要力量。从企业情况来看，战略性新兴产业相关企业各方面指标普遍好于平均水平，战略性新兴产业上市公司（A股，下同）上半年营业收入增速达到15.2%，高于上市公司平均6.4%的增速，利润同比增长16.3%，成为我国上市公司中业绩表现最为优异的板块之一。

1.2 上半年战略性新兴产业发展特点

（1）相关改革不断深化，产业发展环境进一步改善。生物、新能源、新能源汽车、新一代信息技术等领域的改革取得新进展，增强了产业发展活力。国家食品药品监督管理总局发布《创新医疗器械特别审批程序（试行）》，针对创新医疗器械设置了优先审评审批通道，将有力促进医疗器械新技术的推广和应用。国家能源局印发了《新建电源接入电网监管暂行办法》，为可再生新能源公平接入电网提供了有力保障，并豁免了部分新能源发电项目电力业务许可证，进一步简化流程，减轻企业负担。工业和信息化部（简称工信部）公布了第二批获得虚拟运营商牌照企业名单，多家虚拟运营商陆续放号，上线各自特色业务，为下一步构建产业良好竞争格局奠定了基础。国家电网公司全面放开分布式电源并网工程与电动汽车充换电设施市场，为民营企业投资发展新能源和新能源汽车产业提供了新的机会。

（2）创新强度不断提高，创新驱动发展特征明显。2014 年以来战略性新兴产业发展更加注重创新驱动。上半年对 1 360 家战略性新兴产业典型企业调查显示，超过 95% 的企业研发强度上升或持平。战略性新兴产业上市公司研发强度接近上市公司平均水平的两倍。取得了一批具有影响力的重大创新成果，引领产业向高端化发展。在生物领域，清华大学运用自主开发的细胞三维打印技术，在全球首次构建癌细胞体外三维肿瘤模型。在新一代信息技术领域，华为、中兴、展讯自主研发的 4G（4th generation mobile communication，即第四代移动通信）手机终端芯片批量应用。在高端装备制造领域，我国自主研制的首台 4 500 米级深海遥控无人潜水器系统完成海上试验，我国首列混合动力型动车组正式投产，三代核电关键产品实现批量化制造。

（3）新兴服务层出不穷，惠及民生范围不断扩大。战略性新兴产业的发展，使人民群众享受了健康、绿色、智能、泛在的新兴服务。健康消费理念进一步普及，服务范围不断扩展。云南省建设覆盖全省的远程可视医学诊疗中心，在 215 家医院建成远程医疗终端站，累计提供各项服务 100 万例次以上，开展远程医学教育培训 150 万人次以上，为国家和患者节约费用 60 亿元。信息消费逐步升级，应用领域和范围进一步扩大。中国电信与瑞士企业联合推出全球首款医疗诊断手机，用户可随时随地进行心电图、血糖、心率等身体检测。上海率先成立网络信贷服务业企业联盟，2014 年第 1 季度联盟完成交易额 36 亿元。公共云计算服务实现商用，极大地降低了全社会创新创业成本，百度、阿里云和腾讯云平台现已分别汇聚数十万中小企业及开发者用户，促进了 C2F（customer to factory，即消费者对接工厂）等新模式创新发展，推动嘀嘀打车、航班管家等软件覆盖广大用户，提供便捷出行等服务。

1.3 存在的突出问题

当前战略性新兴产业在发展中面临着一些问题和挑战。

（1）现有管理体制机制还不能完全适应创新产品与服务的发展。例如，基因测序临床应用和干细胞治疗由于服务良莠不齐一度被叫停，随后开展的少数试点使推广速度大为放慢。国内一项创新药物上市时间大致比欧美国家晚 2 ～ 3 年，新药批准后进入医保目录和地方采购仍然困难，导致许多能治好百姓病痛的创新产品难以应用，一些企业不得不转向其他行业，这也将提高全社会负担。又如，尽管目前我国已在电动小飞机开发等方面取得突破，但我国低空空域开放试点还呈点状，跨域低空飞行仍然较难，导致通用航空产业难以市场化运营。新兴产业发展过程中始终会存在新生产力与旧管理体制机制之间的矛盾，简单采取一刀切、只堵死而不疏导的监管方式将制约新产业和新模式的创新发展。

（2）资本市场不完善使新兴产业企业融资困难。例如，我国 A 股市场上市条件较为严苛，大批新兴产业企业难以在满足现行上市规则前（《中华人民共和国证券法》规定发行人要有“持续盈利能力”，执行中则要求一般至少连续两年盈利），往往也是最缺钱的时候获得资本支持，并且现阶段上市等待时间长，不确定性大，大批新兴产业企业转到境外上市，不利于国内产业发展。目前，腾讯、百度、新浪、京东等 50 多家互联网骨干企业，光伏行业前十名企业等均在境外上市。

（3）国际贸易摩擦有转向新兴产业的趋势。例如，光伏产业贸易摩擦余波不断，澳大利亚、美国、欧盟再次对我国光伏产品发起反倾销、反补贴调查；英国药品和健康产品管理局下令自 2014 年 4 月 30 日起全面禁售未注册的草药制品，这意味着目前英国市场上的中成药将全部退出英国市场。

当前阶段，需要我们进一步解放思想，完善环境，科技创新与管理创新并重，结合行政审批制度改革，完善监管体系和监管方式，支持新兴产业发展。包括建立国际化服务体系，支持企业积极应对国际贸易摩擦。继续引导企业苦练内功，提升技术水平，形成差异化竞争，全面提升国际竞争力。

1.4 下半年预测

全球经济仍处于回升趋势中，国际货币基金组织预计全球经济增速将从 2013 年的 3.2% 上升到 2014 年的 3.4%。国内经济运行尽管面临较大下行压力，但总体上仍有条件将经济增长保持在合理区间，形成有利于战略性新兴产业发展的外部环境。

从战略性新兴产业主要产业来看，随着《大气污染防治行动计划》（简称《大气十条》）的进一步落实，以及水污染、土壤污染相关治理政策的不断出台，环保产业将会保持快速增长。同时，随着节能技术创新，节能工程设计、节能咨询评估等相关行业快速发展，节能产业有望延续快速发展态势。4G、移动互联网、智能终端等信息消费热点热度不减，信息技术向传统产业的广泛渗透，支撑新一代信息技术产业保持较快增长。2014 年已经出台的 8 000 亿元铁路固定资产投资计划、1 400 万千瓦光伏装机增长目标等为国内市场规模提供了保证，推动相关产业快速增长。随着充电设施建设的放开、区域间新能源汽车销售壁垒的逐渐解除，2014 年新能源汽车销量有望实现翻倍增长。随着进一步深化改革，产业发展环境也将日益优化。预计 2014 年下半年战略性新兴产业总体上仍将保持较好发展态势。

第 2 章

2014年上半年战略性新兴产业A股上市公司发展九大特征

国家信息中心

【内容提要】近年来，随着战略性新兴产业成为经济发展的重要推动力量，产业发展得到了资本市场的大力支持，战略性新兴产业上市公司数量逐年增加，成为上市公司的重要组成部分。战略性新兴产业上市公司呈现了诸多鲜明的发展特征。例如，民营经济在战略性新兴产业中发挥了重要作用；经济较为发达的东部地区引领着战略性新兴产业的发展；战略性新兴产业上市公司规模较小但盈利能力强；研发投入强度高，创新驱动特征明显；战略性新兴产业增长持续快于上市公司总体等。

2.1 战略性新兴产业公司成为上市公司重要组成部分

截至 2014 年上半年，战略性新兴产业上市公司数量达 808 家，占上市公司总数的 31.8%，成为上市公司的重要组成部分。其中，主板、中小板和创业板中战略性新兴产业上市公司分别为 319 家、238 家和 251 家，占比达 22.3%、33.0% 和 64.9%（图 2-1）。2009 年到 2014 年上半年，A 股新上市战略性新兴产业公司为 403 家，占同期 A 股新上市公司总数的比重达到了 42.0%。

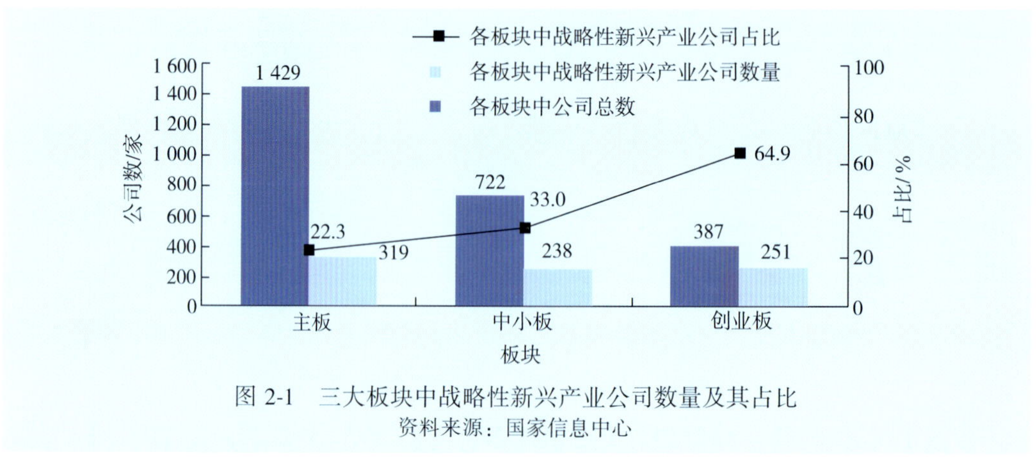

图 2-1　三大板块中战略性新兴产业公司数量及其占比
资料来源：国家信息中心

2.2　民营企业成为战略性新兴产业发展主体

民营企业作为极具创新精神的市场主体，已经成为战略性新兴产业发展主体[1]。有相关数据显示，截至2014年上半年民营企业在战略性新兴产业上市公司中比重高达63.5%（图2-2），高于上市公司总体11.6百分点，民营经济在战略性新兴产业中发挥了重要作用。国有企业（含中央及地方）在战略性新兴产业上市公司中占比仅为26.8%。

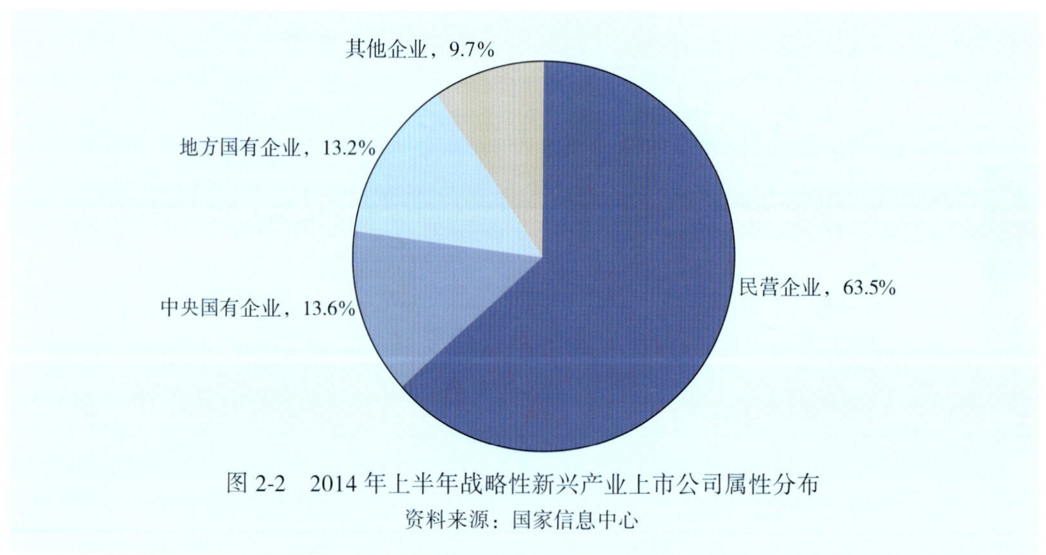

图 2-2　2014年上半年战略性新兴产业上市公司属性分布
资料来源：国家信息中心

2.3　东部地区成为战略性新兴产业集中发展的区域

东部地区作为经济较为发达的区域，引领着战略性新兴产业的发展。截止到2014年上半年，东部地区战略性新兴产业上市公司数达570家，占战略性新兴产业上市公司的70.5%。东部地区的广东、北京、浙江、江苏4省（直辖市）战略性新兴产业上市公司数量分别达到161家、112家、83家及81家，4省（直辖市）合计占战略性新兴产业上市公司总数的54.1%，其中战略性新兴产业公司在广东省和北京市上市公司中比重高达42.6%和49.1%[2]。

2.4　战略性新兴产业上市公司规模较小，但盈利能力强

战略性新兴产业上市公司规模相对较小，2014年上半年，战略性新兴产业上市公司平均资产总额为54.3亿元，平均营收总额为14.8亿元，上市公司总体的平均资产总额及平均营收总额则分别为570.8亿元和53.9亿元（图2-3）。但从盈利能力来看，近几年战略性新兴产业上市公司强于上市公司总体，呈现出良好的发展局面，2014年上半年，战略性新兴产业上市公司净资产收益率为3.31%，高于上市公司总体（为2.15%）的水平（图2-4）。

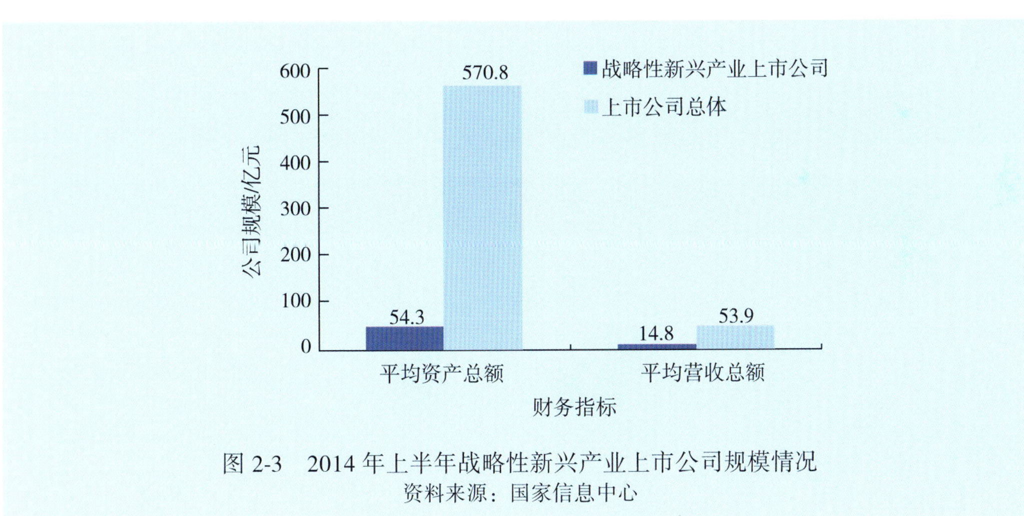

图2-3　2014年上半年战略性新兴产业上市公司规模情况
资料来源：国家信息中心

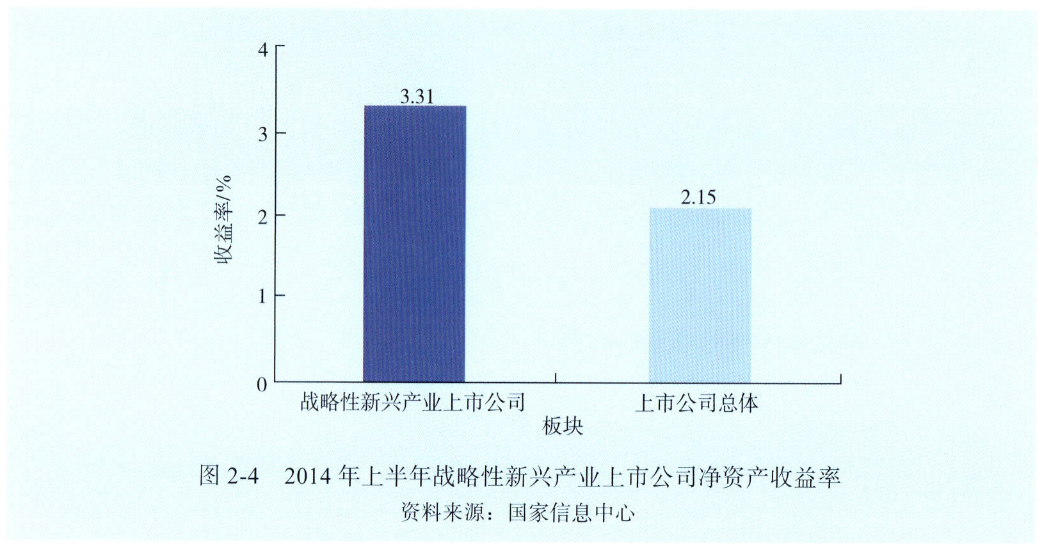

图 2-4　2014 年上半年战略性新兴产业上市公司净资产收益率

资料来源：国家信息中心

2.5　战略性新兴产业研发投入高，创新驱动特征明显

战略性新兴产业是技术高度密集、创新异常活跃的产业领域，而加强研发投入则是保持产业竞争力的重要途径。2013 年，战略性新兴产业上市公司平均研发投入达到了 1.16 亿元，较 2012 年提高了 8.7%，平均研发强度（占公司营收的比重）达到了 6.03%，明显高于上市公司平均 3.13% 的研发强度（图 2-5）。具体来看，共有 315 家战略性新兴产业上市公司研发投入强度超过了 5%，占战略性新兴产业上市公司总数的近 40%。

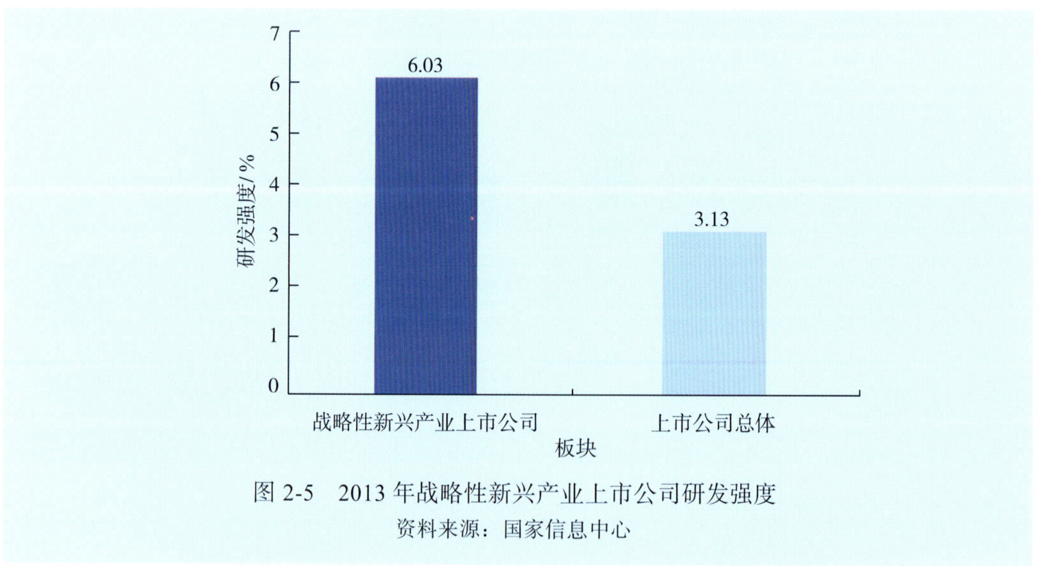

图 2-5　2013 年战略性新兴产业上市公司研发强度

资料来源：国家信息中心

2.6　战略性新兴产业成为资金关注的热点，估值较高

目前战略性新兴产业依然处在快速发展期，产业发展具有较大的成长空间，因此受到资本市场资金关注度比较高，估值较高。2014 年上半年，战略性新兴产业上市公司资产总额和营收总额分别仅占上市公司总体的 3.0% 和 8.7%，但战略性新兴产业上市公司总市值占 A 股总市值比重却达到了 22.5%（图 2-6），战略性新兴产业上市公司市盈率（整体法）达到了 47.1 倍，4 倍于上市公司总体市盈率（整体法）。同时，2014 年上半年战略性新兴产业上市公司股价平均涨幅达到了 6.1%，高于上市公司总体（为 0.3%）的涨幅（图 2-7）。

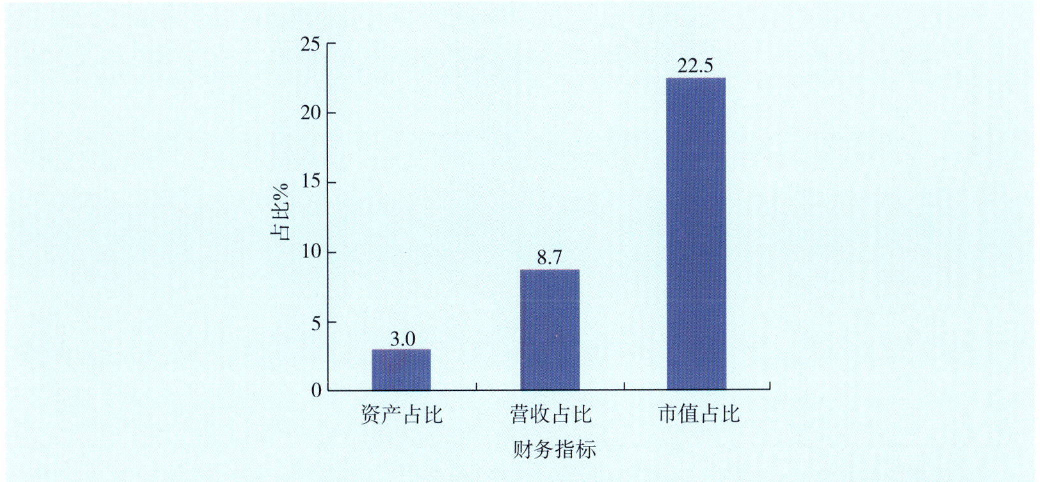

图 2-6　2014 年上半年战略性新兴产业上市公司资产、营收、市值占 A 股总体比重情况

资料来源：国家信息中心

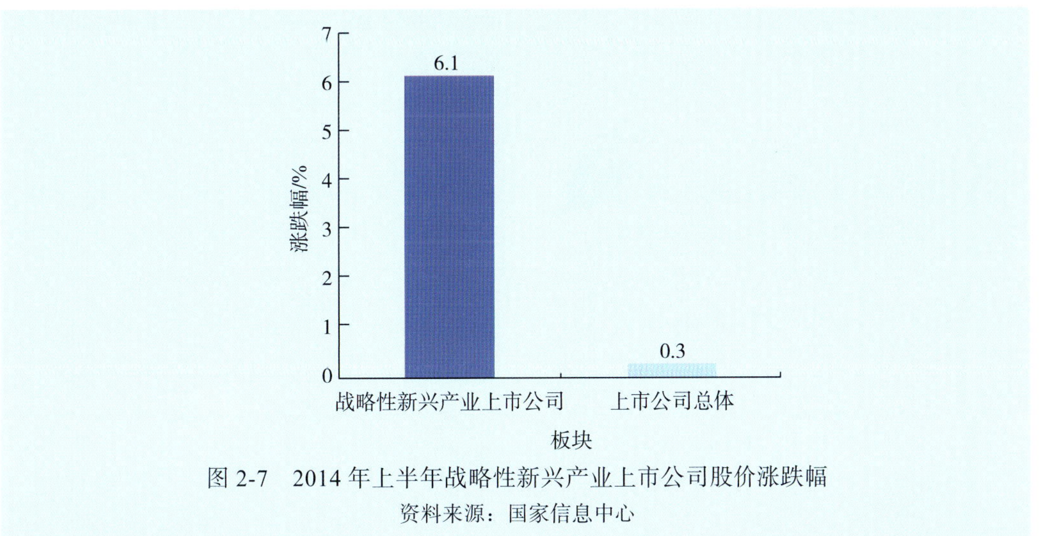

图 2-7　2014 年上半年战略性新兴产业上市公司股价涨跌幅

资料来源：国家信息中心

2.7 战略性新兴产业解决大量就业

我国劳动人口众多，就业缺口巨大，就业结构性矛盾十分突出，战略性新兴产业由于其知识密集的特点，在创造一大批新的经济增长点的同时，提供了大量新的就业岗位。2014 年上半年，战略性新兴产业上市公司总员工数达到了 289.9 万人（图 2-8），同比增长 5.6 百分点，年新增员工数达 15.25 万人，占全部上市公司新增员工数的 21.4%，在解决就业问题方面发挥了积极作用。

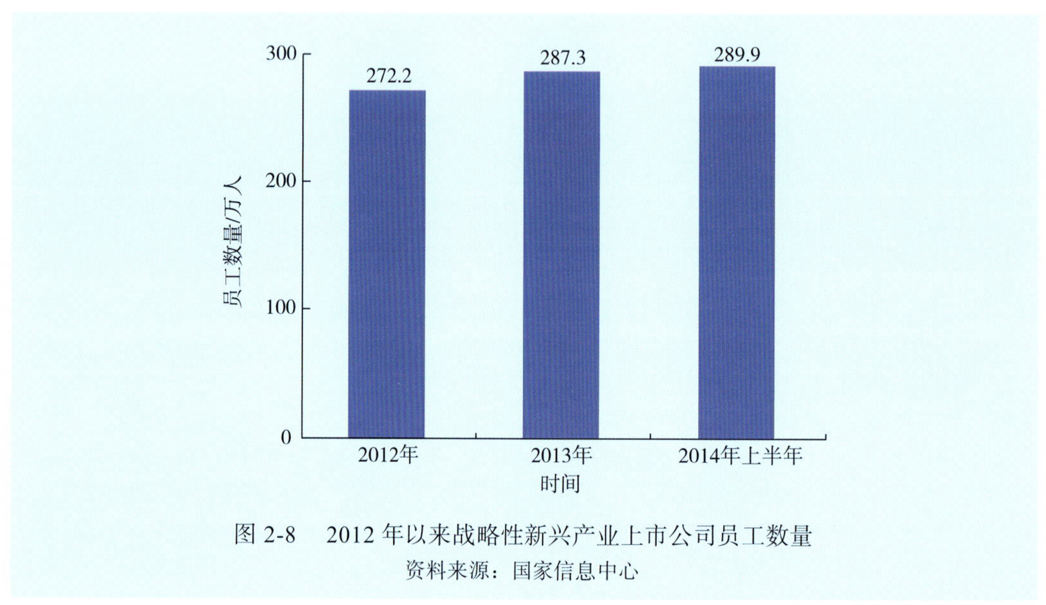

图 2-8　2012 年以来战略性新兴产业上市公司员工数量

资料来源：国家信息中心

2.8 战略性新兴产业增长持续快于上市公司总体

近几年，受国际经济形势不佳以及国内经济结构调整等因素影响，我国国内生产总值（gross domestic product，GDP）增速、工业增加值增速、固定资产投资增速等主要经济指标均出现回落，同期，上市公司战略性新兴产业营收及利润增速总体逆势上升。从数据来看，2012 年以来战略性新兴产业营收总额累计同比增速均保持在 10% 以上，高于上市公司同期。2014 年上半年上市公司战略性新兴产业营收总额达 8 454.07 亿元，同比增长 15.20%（图 2-9）。同时，2014 年上半年实现利润总额达 678.69 亿元，同比增长 17.04%，比 2013 年提升 7.33 百分点。

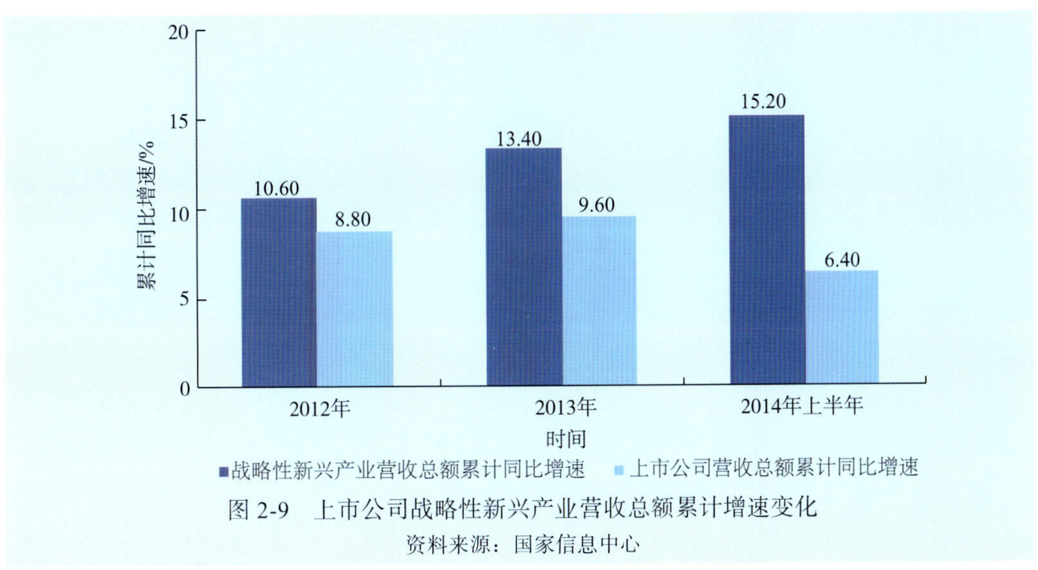

图 2-9　上市公司战略性新兴产业营收总额累计增速变化

资料来源：国家信息中心

2.9　2014 年上半年战略性新兴产业多数产业发展良好

2014 年上半年以来，战略性新兴产业多数产业呈现或延续良好的发展势头。在政策支持的带动下，节能环保、新能源、高端装备制造产业营收增速均接近或达到 20%，远高于同期上市公司总体增速（图 2-10），支撑了战略性新兴产业的总体发展，在战略性新兴产业稳定经济增长方面发挥了突出作用[3]。生物及新一代信息技术产业由于消费需求强劲而延续了良好的发展势头，2014 年上半年营收增速分别为 11.7% 和 14.4%。总体来看，2014 年上半年战略性新兴产业上市公司营收总额占上市公司总营收比重提升至 8.7%，较 2013 年同期提升了 0.3 百分点（注：新能源汽车由于样本量有限，代表性不足，故不列出）。

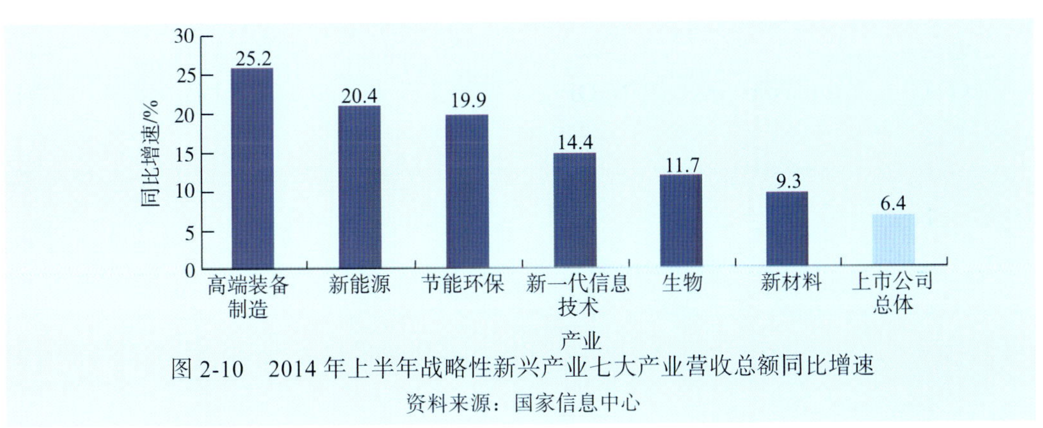

图 2-10　2014 年上半年战略性新兴产业七大产业营收总额同比增速

资料来源：国家信息中心

审稿：杜　平

参考文献

[1] 中国工程科技发展战略研究院．中国战略性新兴产业发展报告 2014. 北京：科学出版社，2014：27 ～ 29.

[2] 张振翼，钟晨，朱蕊．战略性新兴产业上市公司发展并不平衡．中国战略新兴产业，2014，（12）：80 ～ 82.

[3] 张振翼，钟晨，朱蕊．战略性新兴产业形势及展望．中国科技投资，2014，（22）：38 ～ 42.

节能环保产业篇

第 3 章

节 能 产 业

孟 伟 裴莹莹 罗 宏 吕连宏 王 晓 路超君 曹 宝

【内容提要】节能产业是中国战略性新兴产业节能环保领域中的重点发展方向，是实现节能降耗目标、转变经济增长方式、应对气候变化及建设生态文明的重要支撑产业。本章系统地界定了节能产业的概念及范畴，论述了节能产业的发展现状及存在的问题，分析了节能产业“十三五”期间的发展趋势，提出了促进中国节能产业发展的政策建议。

3.1 节能产业的概念及范畴

节能产业是指以节约能源和提高能源使用效率为目的，进行技术、设备、产品的研发、设计、制造和生产以及开展节能咨询、诊断、融资、改造（施工、设备安装、调试）、运行管理和服务等一系列产业活动的集合。节能产业具有跨产业性、跨领域性、科技创新性、公益性、政策导向性等特点，主要包括节能技术和装备、节能产品和节能服务[1]，其产业分类体系详见图 3-1。

节能技术和装备主要涉及节能发电机、节能发动机、节能汽轮机、节能锅炉窑炉、余热余压利用设备、节能燃气设备、节能换热设备和节能仪器设备等。

节能产品主要涉及新型节能建材、高效照明产品、节能家用电器、节能办公设备等。

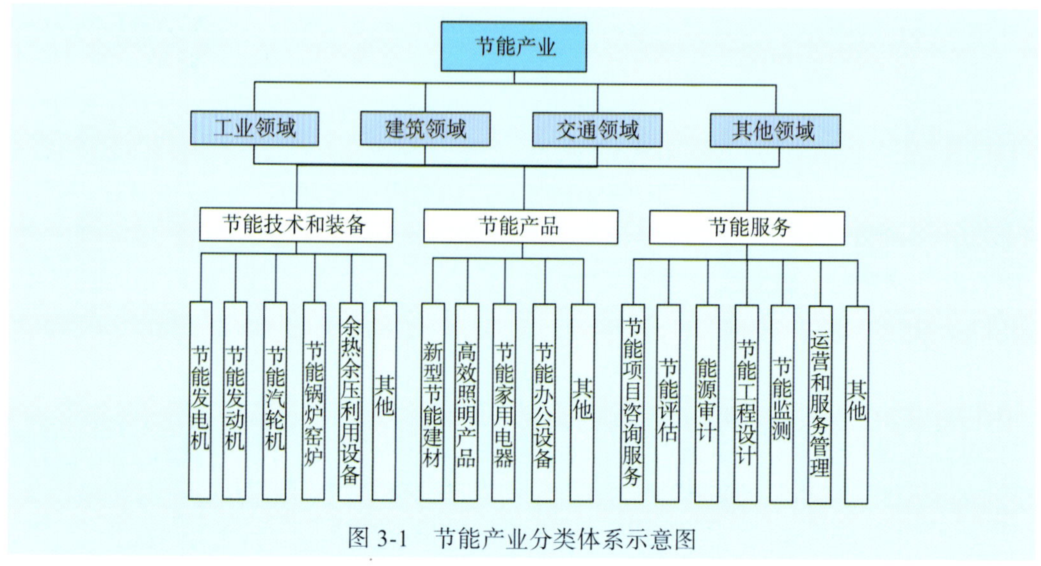

图 3-1　节能产业分类体系示意图

节能服务主要涉及节能项目咨询服务、节能评估、能源审计、节能工程设计、节能监测、运营和服务管理等。

3.2　节能产业发展状况分析

3.2.1　节能产业发展国内外状况

1. 国际状况

随着全球能源安全、环境安全与应对气候变化形势的日益严峻，世界各国都在大力发展节能产业，并将其作为新的经济增长点。2010 年，在各国政府财政刺激支出中，直接和间接针对节能产业的总投入达 472 亿美元[2]。截止到 2012 年，全球节能产业规模约为 7 500 亿美元[3]。据预测，2010 ～ 2020 年，全球节能投资将达到 2 万亿美元，2020 ～ 2030 年将达到 5.6 万亿美元。美国节能产业发展尤为突出，预计到 2030 年其市场规模将达到 7 万亿美元[4]。

（1）节能技术和装备。节能技术和装备产业发展迅速，已经形成了一定规模。2008 年全球节能装备产业市场规模达 6 150 亿美元，预计 2015 年将达到 8 000 亿美元，年均增长率将达到 3.8%，与 1999 ～ 2007 年相比，年均增长率提高了 1.5 百分点[5]。

（2）节能产品。以半导体照明产业发展为例，截止到 2010 年，全球市场规模达到 1 340 亿美元，产值年均增长率达到 20% 以上。发光二极管（light emitting diode，LED）照明 2010 年的市场规模约为 50 亿美元，2010 ～ 2012 年的产值分别为 96.1 亿美元、129.74 亿美元和 173.85 亿美元，产值年均增长率为 35% 左右。有机发光二极管（organic light emitting diode，OLED）照明市场发展较快，2010 年和 2011 年全球销售收入分别达到 14 亿美元和 30 亿美元，前后两年相比增长 114%[6]。

（3）节能服务。世界各国的节能服务业发展迅速。美国是节能服务业发展最快的国家，据美国国家能源服务公司协会（The National Association of Energy Service Companies，NAESCO）测算，2006 年美国节能服务业的产值约为 36 亿美元，节能服务业产值的年均增长率为 22%，目前节能服务产值约达到 150 亿美元。日本节能服务业发展较快，近年来节能服务业产值年均增长 30%，目前市场规模约达到 3 000 亿日元[7]。

2. 国内状况

“十二五”以来，中国的节能工作取得了一定的进展，与 2010 年相比，2013 年全国单位 GDP 能耗下降 9.03%，“十二五”前三年累计节能量达 3.5 亿吨标准煤[8]。2010 年，中国节能产业总产值约 4 200 亿元，占节能环保产业总体的 19%，实现利润 540 亿元，从业人员超过 200 万人[9]。

1）节能技术和装备

电力节能方面，清洁高效发电、大容量高参数机组、煤电整体煤气化联合循环发电（integrated gasification combined cycle，IGCC）等技术已经得到普遍应用，百万千瓦超临界机组已经实现国产化，超超临界机组国产率超过 80%，百万千瓦循环流化床锅炉达到国际先进水平，目前世界上新增的超临界和超超临界机组超过半数以上都产自中国。

工业节能方面，钢铁、有色金属、化工等行业节能成套设备能力得到提升，技术装备逐渐向国产化、自主化和产业化发展。其中钢铁行业干熄焦技术、转炉煤气高效回收利用技术、蓄热式燃烧技术、低温烟气回收利用技术、低热值高炉煤气燃气—蒸汽联合循环发电技术等开始推广使用，干熄焦技术普及率达到 80% 以上；有色金属行业的大型高效充气机械样式浮选机、冶炼烟气余热回收—余热发电技术、氮气底吹熔炼技术等已经在大、中型企业中广泛应用。

建筑节能方面，中国自主开发的“单压、闪蒸、双压、复合系统”四大低温余热发电热力系统已经广泛普及，并逐渐走向国际市场。建材行业新型节能干法水泥熟料产量比重上升到 81%，低温余热回收发电技术的推广应用截止到 2010 年也已经达到 55%[2]。

2）节能产品

2011 年，节能产品的从业单位数量达到 649 个，销售收入达到 2 934.5 亿元，销售利润达到 183.7 亿元，出口合同额为 47.7 亿美元[10]。“十二五”期间，中国实行了一系列节能产品消费鼓励政策，主要包括节能产品惠民工程、家电下乡、家电以旧换新等，推广高效节能空调、节能汽车、节能灯分别达 3 400 多万台、100 多万辆和 3.6 亿多只[2]。

近年来，中国已经陆续开展了家用电器、办公设备、照明产品、机电产品、输变电设备、建筑产品等多个领域超过 80 多类产品的节能认证工作，根据中国质量认证中心发布的《社会责任报告 2012》显示，截至 2012 年中国质量认证中心累计已颁发节能认证证书 37 737 张。2012 年，认证节能产品共 22 种，新增证书 8 316 张，涉及企业 1 356 家，获证产品型号 91 453 个，可实现节电 30 405.29 百万度，折合标准煤 1 082.43 万吨[11]。

通过节能产品认证数量较多的产品类别包括房间空气调节器、计算机、多联式空调机组、显示器、普通照明用自镇流荧光灯等，2008 ～ 2011 年各类认证产品的平均年增长率见图 3-2[12]。由图 3-2 可知，电视、房间空气调节器、数字办公设备等节能型家电和节能型办公产品通过节能认证的增长率较快，节能型家电和节能型办公产品发展较快，普及率较广。

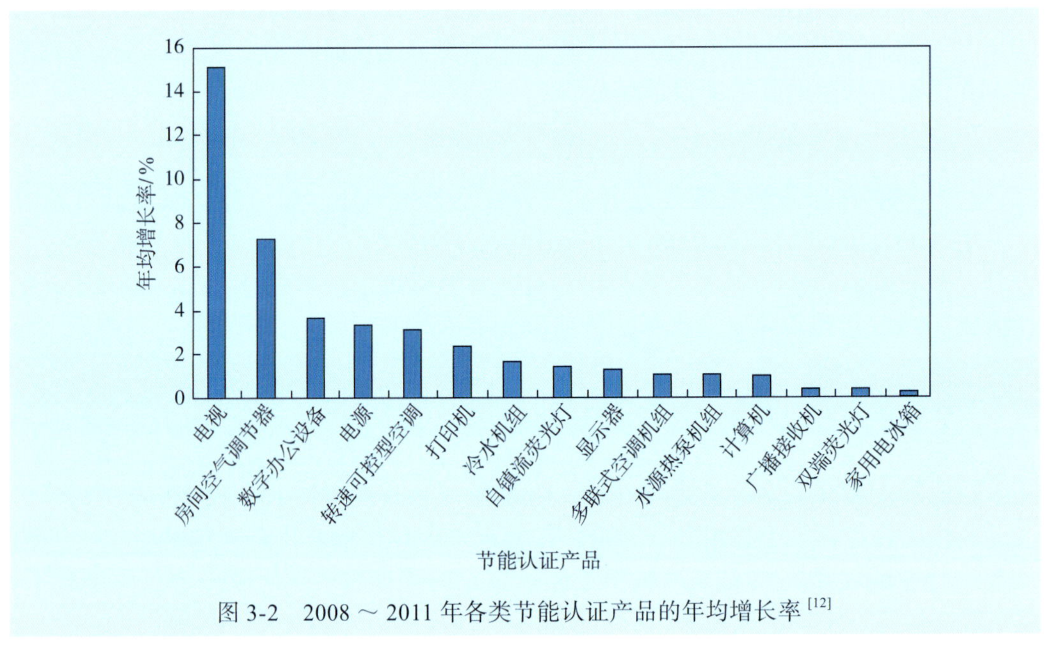

图 3-2　2008 ～ 2011 年各类节能认证产品的年均增长率[12]

3）节能服务

近年来，中国节能服务业发展迅猛，产业规模不断壮大，见图 3-3。2013 年节能服务业总产值为 2 155.62 亿元，比 2012 年增长 30.38%[9，13，14]。

中国巨大的节能服务市场需求，推动大批节能设备生产制造企业从单纯的设备销售转向专业化的节能服务公司，催生了一大批节能服务企业。2011 年从事节能服务业务的公司数量将近 3 900 家，其中备案节能服务企业 1 719 家，实施过合同能源管理项目的节能服务公司 1 472 家。2013 年全国从事节能服务业的企业为 4 852 家，比 2012 年的 4 175 家增长了 16.22%。“十二五”前三年，节能服务企业数量快速增长，平均增长率达到 11.6%[9，13]。2013 年节能服务业从业人员为 50.8 万人，比 2012 年年底的 43.5 万人增长了 16.78%[13]。

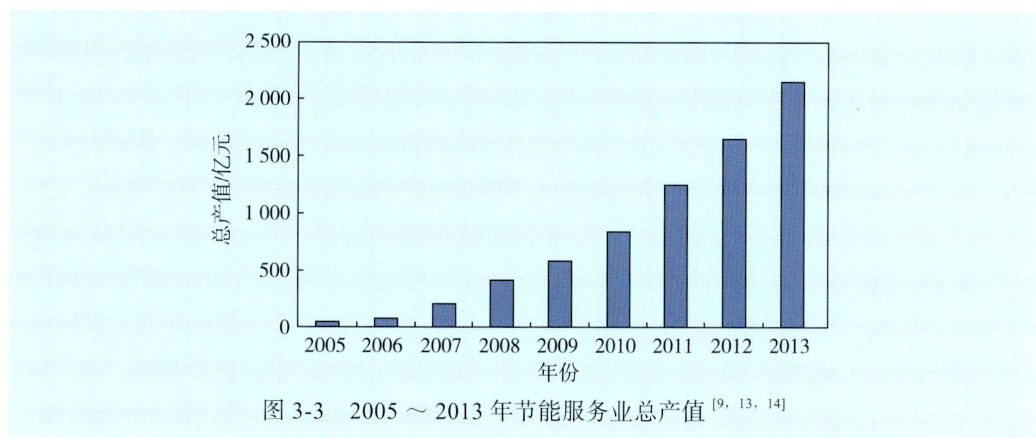

图 3-3　2005 ～ 2013 年节能服务业总产值 [9，13，14]

中国非常重视合同能源管理的推广。2010 年 4 月，国家出台了《关于加快推行合同能源管理促进节能服务产业发展的意见》，提出了一系列加快推行合同能源管理促进节能服务业发展的政策措施。近年来，合同能源管理项目投资额总体呈现快速上涨趋势，见图 3-4。根据中国节能协会节能服务产业委员会的统计，截至 2013 年，合同能源管理投资从 2012 年的 557.65 亿元增长到 742.32 亿元，增幅为 33.12%，实现节能量达 2 559.72 万吨标准煤，减排二氧化碳 6 399.31 万吨 [12]。从市场分布来看，合同能源管理投资主要应用于工业、建筑业和交通业，分别占总投资的 71.7%、26.3% 和 1.8%；从商务模式来看，主要分为节能量保证型融资模式、节能效益分享型模式和能源费用托管型模式，分别占总投资的 57%、32% 和 8%[15]。

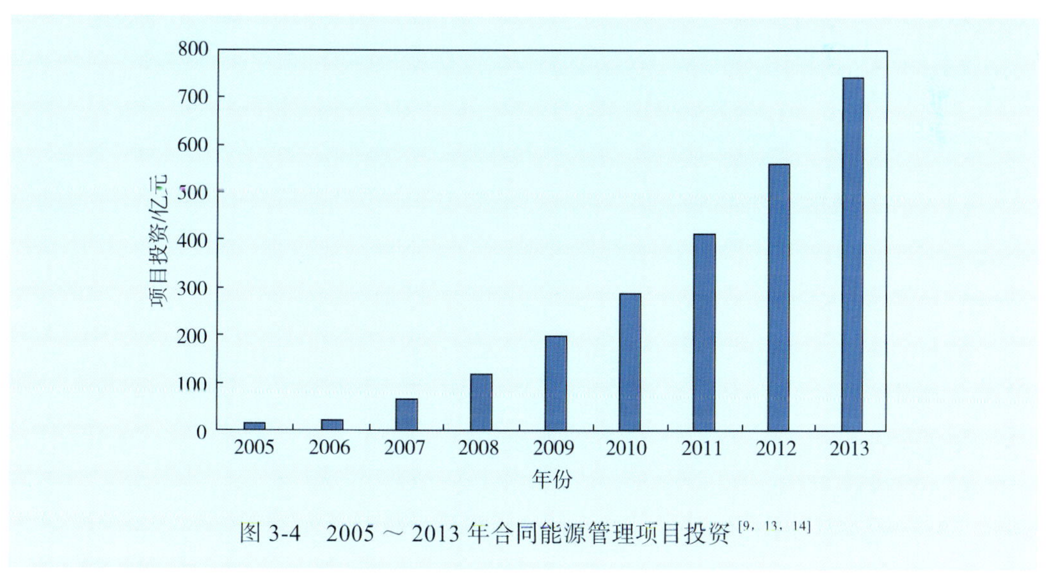

图 3-4　2005 ～ 2013 年合同能源管理项目投资 [9，13，14]

4）节能产业分布

从节能产业相关企业分布来看，2013 年节能服务公司的百强企业主要集中在华北、华东地区，其企业数量占据百强企业数量的 73%[16]，见图 3-5。从服务公司的节能量地域分布来看，华北和华东地区仍然占据主导地位，其节能量占总节能量的59.7%，西南地区虽然数量上不占据优势，但是节能量较大，仅次于华东地区。余热锅炉、节能建材、高效电机和节能照明等节能关键技术、装备和产品的龙头企业分布较为集中，主要分布在北京、上海、江苏、深圳、福建、广东等东部地区。

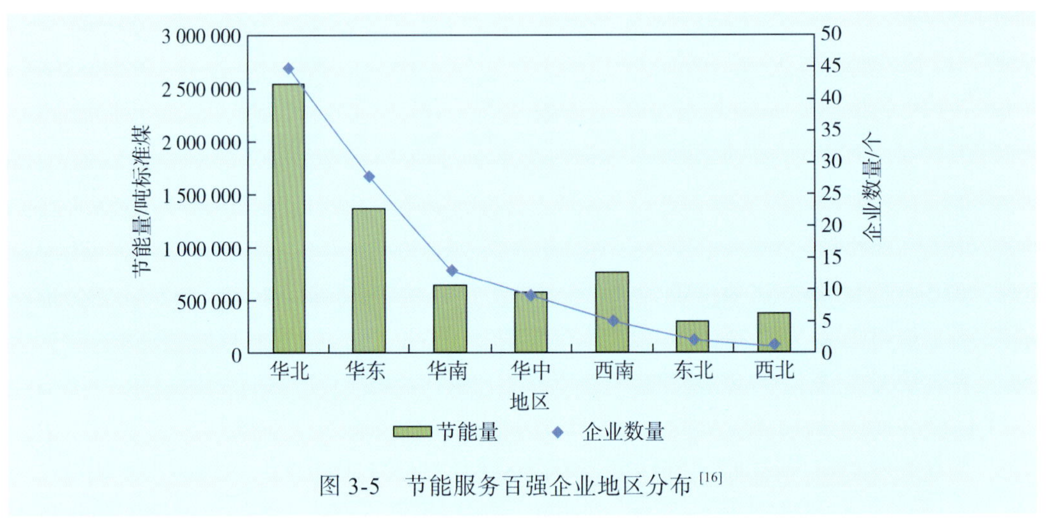

图 3-5　节能服务百强企业地区分布[16]

从节能环保专利分布来看，2012 年授权的节能产业发明专利授权量共计 10 508 件，主要集中在北京、江苏、广东等东部地区，东部地区的授权量总和占节能环保产业国内发明专利授权总量的 82%，在数量上占有绝对优势；中部和西部地区节能环保科技发展水平相对滞后[17]。

从目前的单位地区生产总值能源消耗分布和能源效率分布来看，北京、天津、上海、江苏和广州等东部地区节能效果良好，西部地区能源消耗水平较高，能源强度除了陕西省略低于国家平均水平，其他各省均超出国家平均水平。

3.2.2　关键技术和产品分析

1. 节能锅炉窑炉

中国锅炉行业企业根据各自的技术实力和特点，研发和生产了各具特色的节能余热锅炉，并应用于国民经济的多个领域，主要产品有燃气轮机余热锅炉、高炉煤气余热锅炉、水泥窑余热锅炉、干熄焦余热锅炉、氧气转炉余热锅炉、生物质锅炉、有色冶金余热锅炉和炼油催化装置余热锅炉等。同时，锅炉窑炉的主要节能技术也得到了很好的研究和推广应用，主要包括冷凝式余热回收技术、多元化燃煤节能技术、自动化控制技术、蒸汽蓄热器和污染物控制技术。

循环流化床锅炉、电加热锅炉、垃圾焚烧锅炉、冷凝式锅炉和水煤浆锅炉等节能锅炉技术，在中国都有一定的发展和应用。中国先后研制出 35 吨 / 时、75 吨 / 时、130 吨 / 时、220 吨 / 时、440 吨 / 时循环流化床电站锅炉和 1 000 吨 / 时大型循环流化床锅炉[18]。

2. 余热余压利用设备

目前国际上应用较多的余热利用技术和产品主要包括热换器、热管热换器、热泵、蓄热器、余热锅炉和余热发电等。中国余热余压产品和技术在各行业中也得到广泛应用。在钢铁行业主要应用的技术包括烧结余热回收技术、冶炼烟气余热回收技术、高炉鼓风除湿技术、电炉烟气余热回收技术、低热值煤气燃气轮机、矿热炉烟气余热回收技术和干熄焦技术、高炉炉顶压差发电技术、纯烧高炉煤气锅炉技术、转炉负能炼钢技术、蓄热式轧钢加热炉技术等；在有色金属行业应用的主要技术包括烟气废热锅炉及发电装置、窑炉烟气辐射预热器和废气热交换器等；在煤炭行业应用的主要技术包括瓦斯抽采技术和瓦斯利用技术等；在化工行业应用的主要技术包括节能型烧碱生产技术、纯碱余热利用、密闭式电石炉、硫酸余热发电等技术。

3. 节能电机设备

电机设备广泛应用于冶金、石化、化工、煤炭、建材、公用设施等多个行业和领域，是用电量最大的耗电机械。目前国内外广泛应用的节能电机设备主要是高效节能电机。高效节能电机的产地主要分布在德国、英国、法国、中国、日本和韩国等欧洲和亚洲国家，其产量超过全球总产量的60%。近年来，高效节能电机的生产基地主要由美洲地区和欧洲地区向发展中国家转移，中国等国家的产量比重越来越高。

中国已制定一系列政策和能效标准，如《中小型三相异步电动机能效限定值及节能评价值》、《节能产品惠民工程高效电机推广实施细则》、《高耗能落后机电设备（产品）淘汰目录》等，促进了高效电机全面取代高能耗电机。目前，高效三相笼型感应电动机、稀土永磁电机、开关磁阻电动机驱动系统、变频调速节能技术、电机系统优化和运行控制技术等设备和技术已经开始推广应用。特别是在稀土永磁电机方面，独立电源用的内燃机驱动小型发电机、车用永磁发电机、风轮直接驱动的小型永磁风力发电机正在逐步推广。

4. 节能家用电器与办公设备

美国、英国和丹麦等发达国家和地区，相继出台或修订了家用电器和办公产品的能效标准、节能认证制度、能效标识以及低碳产品标识认证制度等节能标准和制度，有效地促进了节能家用电器和办公设备的推广。近些年，中国也相继出台了一系列能效标准，涉及空调、冰箱、洗衣机、电脑等多类产品，特别是对微波炉、电风扇、电磁炉三大类小家电产品施行能效强制标准，促进了节能产品的推广。在众多节能家电产品中，冰箱和空调行业已经发展得较为成熟，多数变频空调、冰箱达到了欧洲能效 A++ 标准，如海尔、海信、新飞等品牌获得了广泛认可。

在节能型家用电器方面，空调制冷剂替代技术、微波炉等小家电变频电源模块技术、冷藏冷冻系统节能运行关键技术、离心叶轮流动与增压技术等高效节能技术已经得到了广泛的应用，房间空调器、冰箱、洗衣机、燃气灶等节能产品也已经融入了居民生活和商业活动。在节能型办公设备方面，计算机显示器LED背光技术、计算机高效电源、低能耗主板等技术已经得到广泛推广应用，同时，高效节能计算机、复印机、打印机、传真机和服务器等产品也都已被列入政府采购清单[19]。

5. 高效照明产品

近年来，澳大利亚、美国、欧盟等国家和地区相继出台了全面淘汰白炽灯的政策法规。中国也于2011年提出逐步淘汰白炽灯的路线图，要求到2016年禁止销售15瓦及以上普通照明白炽灯。高效节能照明是全球照明产业未来发展的趋势，其主要产品包括节能灯和LED。

节能灯技术已经成熟，实现了产业化，形成了完备的市场，在企业和居民生产、生活中应用较为普遍。中国节能灯产业发展较为集中，80%的产品产自广东省。

近些年，LED绿色照明产品在世界范围内被广泛推广。全球LED产业主要分布在德国、美国、中国、日本和韩国等地。中国作为LED生产和出口大国已经形成了较为完整的产业链，LED照明节能产业产值年均增长35%以上。上海、大连、南昌、厦门和深圳等地已经形成了国家半导体照明工程产业化基地，珠三角、长三角、北方地区及闽三角已经成为LED产业的重要集聚区。就产业技术水平而言，LED芯片国产化率已经达到60%；具有自主知识产权的硅衬底功率型LED器件光效处于国际领先水平，已经超过90流明/瓦；LED筒灯、射灯、球泡灯等产品基本与国际水平同步；LED路灯、隧道灯平均光效可超过80流明/瓦，通过智能控制已实现很好的节能效果；以金属有机物化学气相沉积设备为代表的关键设备已经进入试制阶段，部分关键原材料实现国产化[5]。

6. 新型节能建材

新型节能建材主要包括节能墙体、门窗、玻璃和贴膜等材料。目前玻璃棉和泡沫塑料等墙体隔热保温材料，聚氯乙烯、铝木复合、铝塑复合、玻璃钢门窗等节能门窗材料，热反射镀膜、低辐射镀膜、中空玻璃和真空玻璃等节能玻璃，国际上应用较多。

中国建筑节能材料的发展趋势与国外相同。在新型墙体材料方面，节能和结构一体化技术在山东省和河北省已经开始研究和推广。在保温隔热方面，产品结构发展有明显变化，矿物纤维类保温隔热材料的产量增长较快，硬质类保温隔热材料制品所占比例逐年下降[20]。在防水密封材料方面，沥青油毡、合成高分子防水卷材、建筑防水涂料、密封材料和刚性防水材料等均实现国产化和商业化。在节能门窗和节能玻璃方面，聚氯乙烯门窗、铝木复合门窗、铝塑复合门窗、玻璃门窗等已得到广泛应用。

7. 节能型重要环保设施

随着中国环保要求的不断提高，环保投入加大，污水处理、烟气治理等污染防治设施在规模和数量上均发展迅速，但是运行过程中普遍能源消耗较大，导致运行

成本高。近年来，中国突破了一系列污水处理厂节能降耗技术，如新型低碳SBR（sequencing batch reator activated sludge process，即序批式活性污染法）工艺节能降耗关键技术、污泥消化液短程硝化与厌氧氨氧化技术等。在北京、安徽、江苏等地已建立了污水处理厂和污泥处理处置的节能降耗示范工程，总能耗均可降低10%以上，节能效果明显。在烟气治理设施方面，龙净环保公司研发的电除尘器节能优化控制系统，实现对电除尘器能耗的智能控制，该项技术已在汕头电厂、韩城电厂等多个电厂投入应用，节能效果显著。

3.2.3　产业链及产业环境

1. 节能产业链

节能产业是包括流程制造业和生产性服务业等多行业的跨行业、跨领域、涵盖面广的综合性产业，与钢铁、化工、石油、建筑、交通等行业均有着密切联系。节能产业链的上游主要是节能技术研发，主要包括科研单位、高等院校和企业研发部门等；中游主要包括生产、销售和工程、服务等企业，其中还包括一些咨询、能源审计、评估、认证、金融等机构；下游主要是居民、企业、公共机构等需要节能技术、产品、设备或者服务的终端客户。其中节能服务公司中能源合同管理、节能超市、节能集成服务公司等均是产业链整合的最新商业模式，这些公司可以整合节能产业技术、产品、资金、服务等资源，打通和贯穿整个产业链，提供“一站式”综合服务[21]。节能产业的链式结构如图3-6所示。

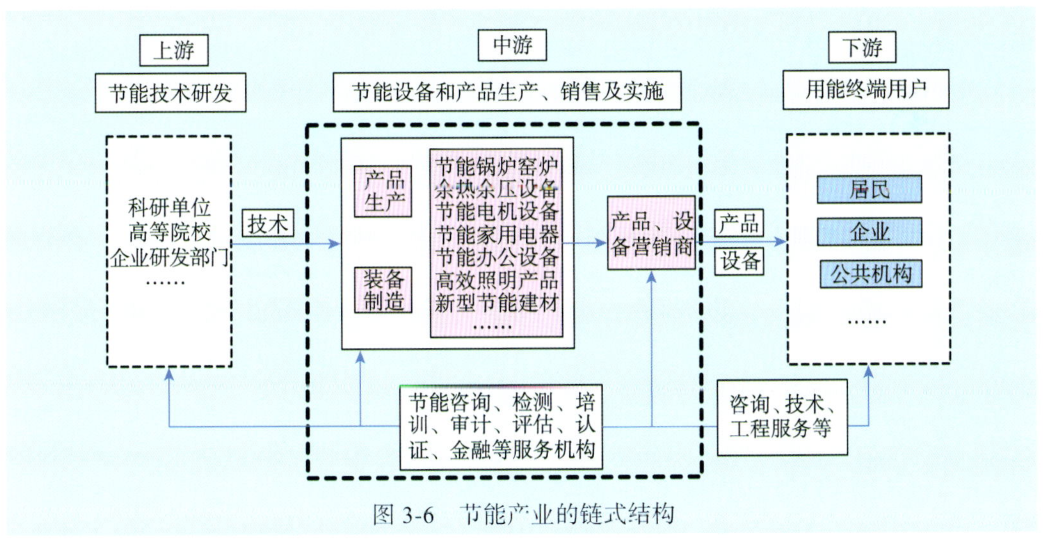

图3-6　节能产业的链式结构

总体上，节能产业在中国已经形成产业链雏形，但是还存在诸多问题，如上游和中游企业众多，但企业规模较小，且较为分散；节能环保超市等新型商业模式应用不普遍，运行中存在融资困难等问题；第三方机构发育不足，缺乏有实力的中介结构等。

2. 产业环境

1）能源供需关系

中国是能源消耗大国，随着中国工业化、城镇化进程的加快，中国能源供需矛盾日益突出。自 2000 年以来，除 2001 年能源生产总量大于能源消费总量之外，其余各年能源生产总量持续小于能源消费总量，能源供需缺口持续增大，至 2012 年缺口达到 50 737 万吨标准煤，自给率也从 2001 年的 101% 下降至 2012 年的 86%[8]，供需缺口呈现逐步上升的趋势。2012 年中国石油和液化天然气净进口量分别达到了 2.69 亿吨和 231 万吨，对外依赖程度分别超过了 57.5% 和 9.23%，能源安全遭到严重威胁。中国能源供需矛盾加剧，将严重制约经济的快速发展，影响中国的能源安全和战略地位。因此，加快节能技术改造，大力发展节能产业，是缓解能源供需矛盾的必然选择。

2）应对气候变化

气候变化已经成为 21 世纪人类面临的重大环境挑战之一，开展温室气体减排和实现低碳发展已经成为各国应对气候变化的共识。化石能源消耗是温室气体排放的重要来源，能源部门温室气体排放量超过温室气体排放总量的 80% 以上。同时，温室气体排放与大气污染物排放具有一定的相关性[22]。中国已经成为世界上主要的温室气体排放大国。近年来，中国温室气体排放总量增长较为迅速，2011 年排放总量达到 79.55 亿吨，2012 年排放总量则达 92 亿吨，约占世界排放总量的 26.7%[23]。近日国务院正式批复同意的《国家应对气候变化规划（2014—2020 年）》中，提出要确保实现单位 GDP 二氧化碳排放量比 2005 年下降 40% ～ 45% 的目标。因此，大力发展节能产业，推广节能技术和产品应用，是减少温室气体排放、减缓气候变化、实现低碳发展的重要途径之一。

3）大气污染形势

目前，中国大气污染形势非常严峻，已经成为最严重的环境问题之一。中国最大的 500 个城市中，只有不到 1% 达到了世界卫生组织推荐的空气质量标准，世界上污染最严重的 10 个城市中有 7 个在中国[24]。2013 年，京津冀地区 13 个地级及以上城市达标天数平均为 37.5%，重度及以上污染天数所占比例达到 20.7% [主要污染物是 PM2.5（直径小于等于 2.5 微米的颗粒物）、PM10（直径小于等于 10 微米的颗粒物）和臭氧]，成为全国大气污染最严重的区域。此外，2013 年全国平均霾日数为 35.9 天，比 2012 年增加了 18.3 天，华北中南部至江南北部的部分地区雾和霾日数超过了 100 天，污染较为严重[25]。根据有关研究资料，煤炭是中国最大的空气污染源，中国每年约 80% 的二氧化碳、85% 的二氧化硫、67% 的氮氧化物、70% 的悬浮物排放来自于燃煤。日益严峻的大气污染形势，迫切需要大力提高能源效率，发展节能产业，减少污染物排放。

4）节能产业政策

近年来，中国制定和实施的节能相关重要政策主要包括《中华人民共和国节约能源法》（简称《节约能源法》）、《节能中长期专项规划》、《中国节能技术政策大纲》、《产业结构调整指导目录（2011 年本）（2013 年修正）》、《国家应对气候变化规划（2014—2020 年）》、《“十二五”节能减排综合性工作方案》、《工业节能“十二五”规划》、《“十二五”建筑节能专项规划》、《半导体照明节能产业规划》、《“十二五”节能环保产业发展规划》、《国务院关于加快发展节能环保产业的意见》、《关于加快推行合同能源管理促进节能服务产业发展意见》、《大气污染防治行动计划》等，有效地推动了节能工作，并促进了节能产业的发展。

此外，国务院要求行政审批改革，进一步简政放权。2013 年通过的《国务院机构改革和职能转变方案》中指出需要加强对投资活动的土地使用、能源消耗、污染排放等的管理，充分体现了政府对资源节约和环境保护的高度重视。2014 年 2 月，《国家发展和改革委员会公布行政审批事项目录》确定节能减排项目行政审批取消和下放事项。另外，财政部还宣布取消了中央国有资本经营预算节能减排资金审批等。

3.3　中国节能产业发展问题及趋势分析

3.3.1　中国节能产业发展面临的问题分析

1. 法律法规体系尚不健全

《节约能源法》下辖尚无专项法律，存在专门法的空白。虽然相配套的现行行政法规有国务院出台的《民用建筑节能条例》（2008 年）、《公共机构节能条例》（2008 年）和相关部门发布的《固定资产投资项目节能评估和审查暂行办法》、《高耗能特种设备节能监督管理办法》等规章，但仅这些配套法规还远远不够，还缺乏针对不同领域节能的相应法规。同时，《重点用能单位节能管理办法》等行政法规严重滞后，急需修订。现行相关政策中还存在一系列问题，如政府监督约束机制不健全，难以对重点耗能企业进行监管；信贷、补贴、低息贷款等财税激励政策不完善，调动市场主体的积极性乏力；在能耗测评、能耗标识、能耗审计等方面，还没有系统的、配套的管理制度。

2. 市场的决定性作用不突出

节能产业发展过程中，市场在资源配置中的作用有限，资源配置不合理，要素流动性差，产业总体发展水平仍不高；节能产业市场监管不到位，缺乏相应的市场准入，部分国家明令淘汰的高耗能、高污染设备仍在使用；节能产业集约化程度低，难以形成产业链的横向、纵向耦合，进而技术通用性和配套性差，不利于市场推广；

节能产业发展的市场化模式主要为合同能源管理，但是目前中国大多数节能服务公司不具备承担合同能源管理项目的经验和能力，不能满足节能融资和技术供给的需求，导致节能产业发展缺乏持续的市场拉动[26]。

3. 产业自主创新能力匮乏

以企业为主体的节能环保技术创新体系尚未完全形成，科研、设计力量薄弱，自主开发能力差，产学研结合不够紧密；节能技术的发展、推广和应用远远低于国外发达国家，关键技术科技成果转化率低，无法形成产品和设备的大规模产业化；发达国家对于重点关键节能技术实施高度垄断，中国企业消化和创新能力较弱，因此部分关键设备仍需进口；此外，企业中高级研发人员缺乏，人员结构不合理，流动性较大，人才培养不能满足国际市场的发展需求。

4. 重要环保设施能耗普遍较高

中国的很多环保设施在处理污染物的同时却存在着高耗能的问题。以污水处理厂和烟气治理设施为例，目前中国有污水处理厂 3 500 多座，能耗约占全社会用电量的 0.3% 左右[27]。火电厂投运烟气脱硫机组总容量约 6.8 亿千瓦，脱硝机组总容量超过 2.3 亿千瓦，规模为 2×600 兆瓦的传统燃煤电厂运用石灰石石膏湿法脱硫约耗能 7 299 度 / 小时[28]。随着国家污水处理厂和火电厂等规模的快速增大，中国污染防治设施的能耗占比将不断提高。高能耗一方面导致污染治理成本升高，加剧了当前的能源危机；另一方面致使一些污染防治设施难以运行，时开时停现象屡禁不止。因此，环保市场亟待引导其处理技术升级，提高能效，在环保的同时也节能。

3.3.2 “十三五”期间节能产业发展趋势分析

1. 产业规模发展趋势

“十三五”是节能产业的快速发展时期，政府将加大对节能产业的投资和政策扶持力度，重大节能技术和装备自主化步伐将明显加快，节能产业的市场机制也将逐渐完善。节能产业在“十三五”期间将成为国民经济新的经济增长点，实现产值 15% ～ 20% 的年均增长率，预测到 2020 年产值将达到 24 000 亿元。节能服务业稳步发展，产值年均增长速度达到 20% ～ 30%，预测到 2020 年节能服务业产值将超过 7 000 亿元。节能技术和装备、节能产品等其他节能产业的产值将超过 16 000 亿元，全国 2010 ～ 2020 年节能产业规模发展趋势见图 3-7。

2. 重点领域发展趋势

1）工业共性节能

（1）节能锅炉窑炉。加快推广应用煤粉工业锅炉、大型流化床、生物质锅炉、

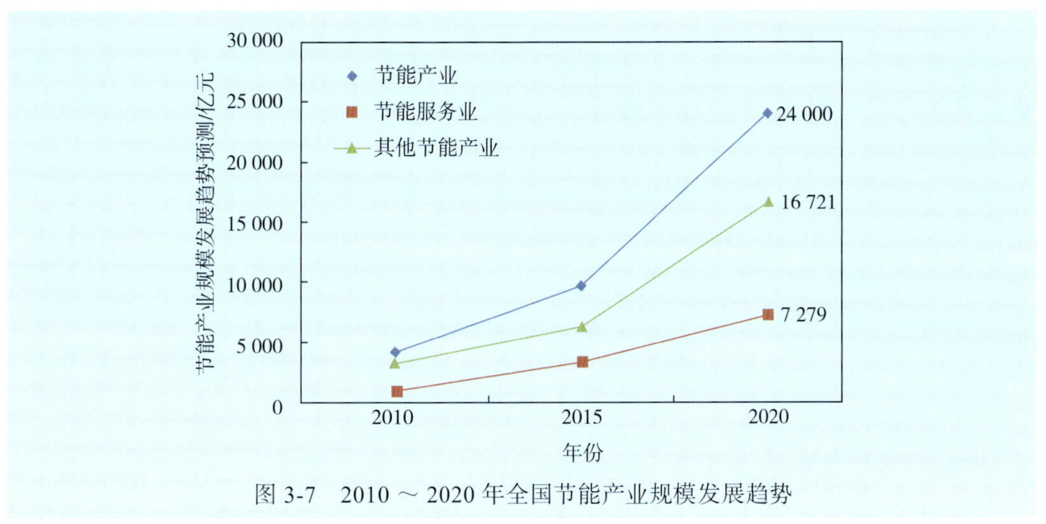

图 3-7　2010 ～ 2020 年全国节能产业规模发展趋势

油燃气锅炉、电加热锅炉、垃圾焚烧锅炉等高效节能锅炉。鼓励电力行业 30 万千瓦及以上采用循环流化床、增压流化床、整体煤气化联合循环发电等洁净煤发电技术[29]；重点推广先进节能工业锅炉和窑炉技术，如固态燃料半煤气回转燃煤蒸汽锅炉、高效煤粉工业热水锅炉、基于流态重构的循环流化床蒸汽锅炉、高温高压燃混合生物质锅炉等；重点加快热处理精密可控气氛井式高温渗碳炉和活性屏离子氮化炉等技术和设备的推广；推广多喷嘴对置式水煤浆气化、粉煤加压气化、非熔渣—熔渣水煤浆分级气化等先进煤气化技术和装备。

（2）节能电机设备。示范推广稀土永磁无铁芯电机、特种非晶电机和非晶电抗器、特大功率高压变频器等高效节能电机和设备；加快发展变频调节节能技术、伺服电机永磁高效节能技术、永磁同步无齿轮曳引机技术、永磁变频螺杆泵专用电机系统等高效节能电机先进技术；重点研究高效电机新材料和无功补偿控制系统；大力推广能效等级为一级和二级的中小型三相异步电动机、通风机、清水离心泵、三相配电变压器等节能产品；推动电机及拖动系统与电力电子技术、现代信息技术相融合。

（3）余热余压利用设备。大力发展高效换热器、热管换热器、热泵、蓄热器、冷凝器等余热利用设备；示范推广中低品位余能有机朗肯循环发电技术、全氧燃烧浮法玻璃熔窑低温余热发电等余热发电技术和装备；积极推广螺杆膨胀动力驱动、冶金余热余压能量回收同轴机组应用技术等余热余压直接转换为机械能回收利用的技术和装备；重点推广基于吸收式换热的集中供热的技术和装备；重点推广超低浓度煤矿乏风瓦斯氧化利用技术等先进瓦斯安全利用技术。

2）建筑节能

（1）新型节能建材。大力发展加气混凝土、轻质板材、复合板材、节能与结构一体化等适用于不同气候条件的新型墙体材料，重点发展加气混凝土制品墙体材料，鼓励利用工业副产石膏生产新型墙体材料；重点研制开发复合型保温涂料，如固块化、憎水、黏结强度高、密度小和成本低等保温隔热材料；鼓励使用合成矿物纤维、芳纶纤维等作为增强材料的无石棉摩擦、密封材料新工艺及产品的开发与生产[29]；大力推广应用铝合金节能门窗、玻璃钢节能门窗、铝塑复合门窗等节能建筑门窗，推广应用中空玻璃、真空玻璃和镀膜玻璃等节能玻璃。

（2）暖通空调。加强研究行业新型变频技术、制冷技术、蓄能技术、热泵技术、智能技术等；重点推广应用冰蓄冷及区域供冷技术、低温送风技术、水蓄冷技术、蓄热供暖技术等蓄能技术；加深对空气源热泵、地下水源热泵、土壤源热泵以及污水源热泵等热泵技术的研究，并根据不同的区域特点加以推广应用；鼓励开发利用太阳能暖通技术；大力发展冷热电三联供技术以及排风余热回收技术。

3）照明节能

鼓励高效节能电光源（高、低气压放电灯和固态照明产品）技术开发、产品生产及固汞生产工艺应用；加快 LED、OLED 等高效照明产品核心材料、装备和关键技术的研发，主要包括大尺寸硅衬底、大尺寸 OLED 照明面板开发、亮度 OLED 照明器件效率、金属有机源化学气相沉积设备、高纯金属有机化合物等高效节能的半导体照明产品和技术；逐步示范推广应用节能效果明显的 LED、OLED 和量子点发光二极管等照明产品；鼓励在消防应急照明和疏散指示产品中推广应用节能环保新型光源。

4）重要环保设施节能

大力发展污水处理厂节能技术，开展预处理、厌氧水解、延时曝气等各个工艺流程的节能技术研发，推广应用新型低碳 SBR 工艺节能降耗关键技术、短程脱氮反硝化除磷集成技术、智能控制分段进水技术、高效低能耗智能生活污水处理装备和节能型高效污泥安全处置装备等突破性的节能关键技术和装备；大力研究和发展大型电厂脱硫脱硝节能优化控制系统，加大研究余热利用高效低温电除尘器关键技术，以实现烟气余热利用和电除尘提效以及系统节能的自适应控制；研发和推广高效节能的多污染物协同控制技术及成套设备。

5）节能服务

重点发展合同能源管理、节能评估、节能监测和节能工程设计等服务，建立“一站式”综合服务平台；积极培育“节能医生”、节能量审核、节能低碳认证、碳排放核查等第三方机构；在节能效益分享型、能源费用托管型和节能量保证型业态的基础上，大力推行融资租赁、节能服务超市等新型业态，进一步扩大服务范围，提升服务能力；通过实施设立节能服务专项基金和鼓励金融机构向节能服务企业贷款等途径拓展融资渠道；推动节能服务公司兼并、联合、重组，鼓励大型重点用能企业组建专业化节能公司，培育节能服务龙头企业，以实现节能服务公司的规模化、品牌化、网络化经营。

3.4　案例分析

3.4.1　双端 LED 灯应用——上海联家超市有限公司

双端 LED 灯具有节能、耐用、方便、除尘防雾、环保、光衰长等特点。2011 年，为了提高能效，降低运行成本，上海联家超市有限公司实施了双端 LED 灯绿色照明改造工程。在改造中遵循“根据场所选择适用的照明产品”理念，对生鲜等光色要求高的局部区域采用高显色性的陶瓷金卤灯照明，对其他区域全部使用超市专用 18 瓦 LED 灯管，改造后照度比标准高 63%，而单位面积照明功率密度比超市照明标准低 59%，显著提高了光效。

项目改造取得了良好的经济、节能和环境效益，改造总投资 68.64 万元，3.65 年后可以收回投资成本，实现年节电 18.79 万度，约合 62.3 吨标准煤，年减排二氧化碳 187.3 吨[30]。综上所述，双端 LED 灯绿色照明技术成熟，具有较好的发展前景。

3.4.2　合同能源管理服务——深圳市嘉力达实业有限公司

深圳市嘉力达实业有限公司成立于 1997 年，是中国最早从事节能服务的国家级高新技术企业，是节能服务领域的知名企业和十佳节能企业，主要业务包括节能机电工程、能源管理信息化和合同能源管理服务，曾参与起草《公共机构节能条例》、《空气调节系统经济运行标准》和《空调通风系统运行管理规范》等。

嘉力达实业有限公司承担过深圳市的福田区政府大楼、疾病控制中心、龙岗区中心医院、交通信息委员会等合同能源管理项目。其中福田区政府大楼合同能源管理项目，采用“节能效益分享型”合作模式，对大楼的暖通空调系统、照明系统、动力电系统、水系统和消防系统等进行节能改造，实现综合能源节约量达 366.87 吨标准煤，二氧化碳减排量达 913.50 吨①。综上所述，实施合同能源管理服务项目，可实现服务方与被服务方的效益双赢，具有良好的市场前景。

3.5　促进节能产业发展的政策建议

3.5.1　完善法律法规与标准体系

完善节能产业相关法律法规与标准体系，加强管理节能。首先，健全节能相关法律法规。完善《节约能源法》的相关配套政策，修订《重点用能单位节能管理办法》，完善节能评估制度；制定系统可行的节能产业发展规划，以及工业节能、建筑

① http://www.coolead.com/jdal_detail/&productId=29.html。

节能、家电节能、节能服务等领域专项规划，明确重点节能技术、装备、产品及服务的发展方向。其次，完善节能标准体系。完善重点用能产品能效标准和重点行业能耗限额标准，强化能效标识认证制度，扩大认证和实施范围。再次，完善节能产品的定价制度和市场监管体系，制定违规处罚机制，形成反向约束，推动节能市场的稳定运行。最后，完善知识产权和专利保护制度，制定关键节能技术及产品推广政策，推进产业技术创新。

3.5.2 健全经济激励性政策

健全节能产业的市场机制，加快建立节能量交易制度，推动政府购买节能服务；完善节能产业的税收优惠政策，对研发、制造和生产节能技术、设备和产品的企业，实施企业所得税优惠政策；鼓励给予节能企业财政补贴，增加政府节能研发和技改项目的投资预算，通过预算投资、补贴、贴息等方式，着力加大节能社会资金的投入；拓宽节能产业投融资渠道，完善综合性的节能融资服务体系，并对节能投资利用市场化机制实行股权激励，提升市场资源配置效率；继续推广实施节能产品和环境标志产品制度，扩大政府采购力度，扩大节能产品惠民工程范围，重点倾斜于中西部和农村等低收入地区，以更大程度和范围地提高政府和公众的节能意识。

3.5.3 提升节能技术发展水平

鼓励企业自主研发，并引进国外先进的节能技术，推动中国节能产业具有自主知识产权的新技术的研发；鼓励企业与相关管理部门、科研单位和高等院校等机构建立良好的合作关系，建立产业联盟以及政产学研联盟，实现政产学研一体化；设立与节能相关的国家工程研究中心和重点实验室，增加节能领域的科研经费投入，支持成套装备、关键共性技术和新近制造技术研究；建立节能新技术推广机制、技术验证评估方法和信息平台等节能技术评价和验证体系，培育信誉良好的社会化、专业化的第三方评价机构；加快高耗能行业能量系统优化技术的推广应用，加大节能建材技术的培育与推广，推进科技成果产业化。

3.5.4 推进节能产业集聚区建设

积极发挥国家与地方发展和改革委员会（简称发改委）、环境保护部（简称环保部）、科学技术部（简称科技部）等部门的作用，大力推进节能产业园、环保产业园、低碳产业园、循环经济产业园等集聚区的建设，进一步促进产业集群化发展，对节能产业的发展起到辐射带动作用；出台集聚区建设的扶持政策，协助园区拓展融资渠道，给予重点工程及示范项目一定的扶持；构建国家节能产业集聚区运行管理信息平台和数据库。

3.5.5 大力发展节能服务业

广泛推广应用合同能源管理、节能超市等，探索发展新的节能服务模式；完善财

政补贴、税收优惠等政府激励机制；促进融资手段多元化，加强政府投资、民间企业投资和国际投资，拓展融资渠道；推动节能评估、节能审计等第三方节能服务；重点加大节能环保服务体系等重点工程建设[31]。

3.5.6 注重与环保的协同效应

节能产业快速发展，势必会促进能源结构优化，提高能源利用效率，从而减少对环境的污染，尤其是大气污染。当务之急是配合《大气污染防治行动计划》，开展雾霾综合治理，实施若干切实可行的节能措施，推进节能产业发展；结合污染物总量控制目标等相关政策，科学测算区域能源消费总量控制目标，尽快出台区域煤炭消费总量控制方案；重视降低污水处理和烟气治理等污染防治设施的运行能耗，充分发挥节能减排的综合效应。

参考文献

[1] 国务院 .“十二五”节能环保产业发展规划，2012.

[2] 田智宇 . 我国节能产业发展现状、趋势与建议 . 中国经贸导刊，2013，(5)：13 ～ 16.

[3] 广东省战略性新兴产业发展领导小组办公室 .2013 年广东省战略性新兴产业发展报告，2013.

[4] European Commission.Directive of the European parliament and the council on energy efficiency and repealing directives 2004/8/EC and 2006/32/EC，2011.

[5] 刘文革，董瑞青 . 世界节能环保产业发展动态与思考 . http://www.022net.com/2011/11-9/451738193242180-2.html，2011-11-09.

[6] 国家发展和改革委员会 . 半导体照明节能产业规划，2013.

[7] 陈晖 . 全球节能服务业发展分析及其启示 . 电力需求侧管理，2009，11 (1)：73 ～ 76.

[8] 国家统计局能源统计司 . 中国能源统计年鉴 2013. 北京：中国统计出版社，2013.

[9] 李博洋，顾成奎 . 我国节能服务业发展现状与展望 . 中国科技投资，2011，(10)：31 ～ 34.

[10] 环境保护部，国家发展和改革委员会，国家统计局 . 2011 年全国环境保护相关产业状况公报，2014.

[11] 中国质量认证中心 . 社会责任报告 2012，2012.

[12] 郭慧婷 . 我国节能环保产业产品发展现状研究 .2011 年信息技术服务科学与工程管理国际学术会议，2011.

[13] 中国节能产业网 .2013 年节能服务业总值突破 2000 亿，增幅达 30%.http://www.china-esi.com/Industry/45314.html，2014-04-09.

[14] 中国节能协会节能服务产业委员会 .2012 年度中国节能服务产业发展报告，2013.

[15] 张颖熙 . 我国节能服务业发展的现状、问题和对策建议 . 资源环境，2013，6：39 ～ 42.

[16] 中国工业节能与清洁生产协会，中国节能环保集团公司 . 中国节能减排发展报告——新改革背景下的产业转型升级 . 北京：中国经济出版社，2013.

[17] 国家知识产权局规划发展司 . 战略性新兴产业发明专利授权统计分析报告，2013.

[18] 屈伟平．节能环保技术（装备）在电力设备市场应用情况．电源技术应用，2009，12（1）：1～6.
[19] 中国科学院可持续发展战略研究组.2011 中国可持续发展战略报告，2011.
[20] 白召军，胡俊波，鲁然英，等．浅谈新型节能环保材料在建筑工程中的应用与展望．河南建材，2013，(1)：7～9.
[21] 李碧浩．基于产业链整合的节能环保产业创新模式研究．上海节能，2011，(11)：20～24.
[22] 薛婕，罗宏，吕连宏．中国主要大气污染物和温室气体的排放特征与关联性．资源科学，2012，34（8）：1452～1460.
[23] International Energy Agency.CO_2 emissions from fuel combustion，2013.
[24] 张庆丰，克鲁克斯 R. 迈向环境可持续的未来中华人民共和国国家环境分析．北京：中国财经出版社，2012.
[25] 环境保护部．中国环境公报 2013，2014.
[26] 王玲，田稳苓．建筑节能产业发展模式与实施建议．产业观察，2011，(9)：124～125.
[27] 国家标准频道．高耗能行业前十　污水处理厂也要节能降耗 .http://www.chinagb.org/Article-293634.html，2014-04-02.
[28] 王红．燃煤电厂烟气脱硫工艺生命周期评估．浙江大学硕士学位论文，2012.
[29] 国家发展和改革委员会．产业结构调整指导目录（2011 年本）（2013 年修正），2013.
[30] 中国节能中心．高效照明节电技术最佳实践案例汇编，2012.
[31] 王昕．推进我国节能服务产业发展对策研究．中国石油大学硕士学位论文，2009.

第 4 章

环保产业

孟　伟　杨占红　罗　宏　冯慧娟　薛　婕　吕连宏　史建波

【内容提要】环保产业是中国国民经济的重要组成部分，是战略性新兴产业的重点发展方向，对于保护环境、节能减排、建设生态文明具有重要意义。本章系统论述了环保产业的概念及范畴，梳理了环保产业的发展状况与产业环境，分析了环保产业发展存在的问题，深入剖析了重点领域的发展现状和“十三五”期间的发展趋势，并将天津节能环保技术服务超市作为重点案例进行分析，提出了促进中国环保产业发展的政策建议。

4.1　环保产业的概念及范畴

环保产业是指国民经济中为环境污染防治、生态保护与恢复、有效利用资源、满足人民环境需要，为社会、经济可持续发展提供产品和服务支持的产业。其不仅包括为污染控制与减排、污染清理及废物处理等提供产品与技术服务的狭义内涵，还包括涉及产品生命周期过程中对污染控制和环境保护提供协助的技术与产品、节能技术、生态设计与环境相关的服务等[1]。环保产业是一个跨产业、跨领域、跨部门，与其他产业相互交叉、相互渗透的综合性产业。

节能环保产业作为七大战略性新兴产业之一，分为高效节能产业、先进环保产业和资源循环利用产业三个重点方向[2, 3]。《中华人民共和国环境保护法》（简称《环境保护法》）（2014 年修订）明确提出，鼓励和支持环境保护技术装备、资源综合利用和环境服务等环境保护产业的发展。环保产业的范畴随着社会经济及环境保护的发展而有所调整。例如，随着环境标志认证、节能产品认证和资源综合利用产品认证工作的实施及逐步走向成熟，将之前的“洁净产品”改为环境友好产品，将资源综合利用产品界定为经国家、省级资源综合利用认定的产品。《2011 年全国环境保护相关产业状况公报》中，将环保产业分为环境保护产品生产、环境服务、资源循环利用产品生产和环境友好产品生产四大类别[4]。综合考虑，本次环保产业将资源循环利用纳入其中。

环境保护产品是指用于环境保护的设备、专用药剂和材料，以及环境监测专用仪器仪表等。其中，环境保护设备包括水污染防治、空气污染防治、固体废物处理处置与回收利用、噪声与振动控制、放射性与电磁波污染防护设备等。

资源循环利用是指对废弃资源和废旧材料的加工处理，利用废弃物生产各种产品的生产经营行为，其产品主要包括经国家、省级资源综合利用认定的资源循环利用产品等，主要类别包括“城市矿产”开发利用、矿产资源综合利用、大宗固体废物综合利用、再制造、餐厨废弃物资源化利用及农林废弃物资源化利用等。

环境友好产品是指在产品的整个生命周期内对环境友好的产品，主要包括经过认证，具有有效认证证书的环境标志产品、节能产品、节水产品及有机产品等[1, 4]。

环境服务是指与环境相关的服务贸易活动，主要包括污染治理及环保设施运营服务、环境工程建设服务、环境咨询服务、环境监测与检测服务、环境贸易与金融服务及其他与环境相关的服务等。其具体范畴见图 4-1。

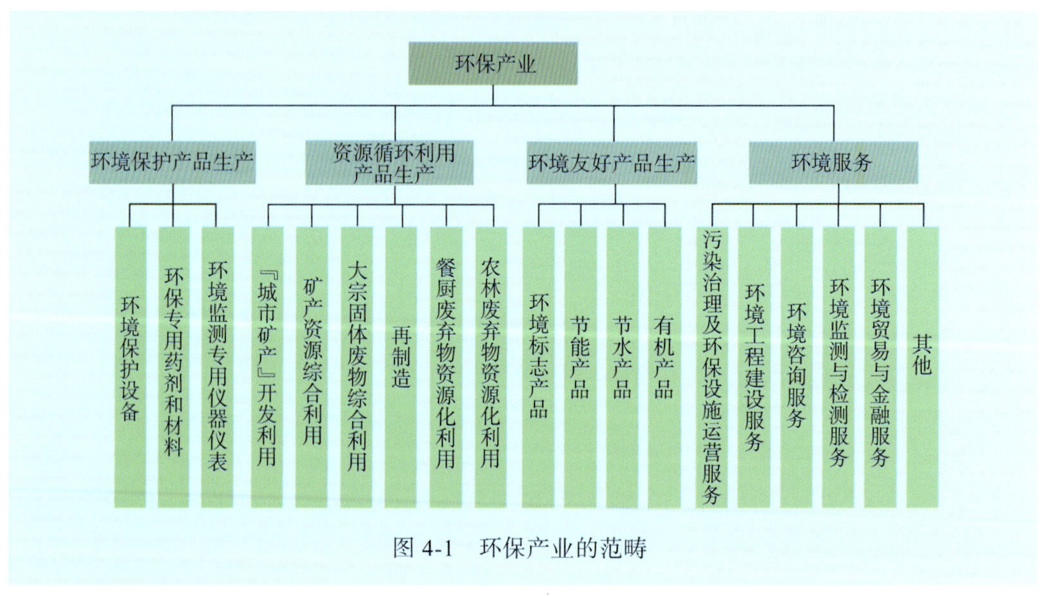

图 4-1　环保产业的范畴

4.2 环保产业发展状况分析

4.2.1 环保产业发展国内外状况

1. 国际状况

1）产业规模

20 世纪 90 年代以来，世界各国越来越重视环境问题，环保投资不断提高，环保需求不断上升，环保市场规模持续扩大。当前，全球环保产业贸易额在国际贸易各类产品中排第 4 位，仅排在信息产品、石油和汽车之后[5]。据统计，全球环保产业的市场规模已从 1992 年的 2 500 亿美元发展到 2009 年的 6 000 多亿美元，目前已超过 7 000 亿美元。经济合作与发展组织（Organization for Economic Co-operation and Development，OECD）国家的环保产业市场发展速度一直高于国民经济增长速度，环保产业已成为全球经济的重要组成部分[5, 6]。

2）产业格局

发达国家的环保产业一直保持领先地位，集中了大部分的先进环保技术、装备、产品和服务，并拥有几乎同比例的环境技术专利。北美地区环保产业规模位列第一，欧洲位居第二，以日本为代表的亚洲位居第三。美国、日本、德国、加拿大、法国等发达国家占全球环保产业市场份额超过三分之二[5]。美国、德国和日本的环保产业瓜分了国际市场上最大份额的利益，在环境贸易方面有较大顺差。

发达国家环保产业的技术优势明显，服务业比重较高。美国的突出优势是环保技术设备和环境服务，尤其在固体废物管理处置、环境监控系统和水污染防治设备方面处于领先地位，环境服务中环境咨询业比重较大，占环保市场的份额超过 8%；日本的优势在于环保技术，主要集中在工程和制造业，环保设备、洁净产品设计和生产、资源循环利用处于国际领先地位；德国的优势主要集中在环保设备和用品及环保工程，如环保用机动车及其配件、环保机器设备等，与环保有关的工程如城市下水管道、整治水道等方面，环保产业已成为德国一大支柱产业。

3）发展趋势

发达国家环保产业日趋成熟，其国内市场规模增速也逐步放缓。与此同时，发展中国家的环保市场呈现高速增长态势，在全球环保产业市场中的份额不断增加，尤其以中国、印度为代表，在环境污染防治领域投资巨大，有力地推动了全球环保产业的快速增长。

环保技术由末端治理向全过程控制发展，环保装备逐渐向成套化、尖端化、系列化方向发展。发达国家积极推行清洁生产技术，降低物耗能耗，减少污染物排放，并加大可再生能源的研究；不断研发新的技术，推出新的标准，以争夺和持续占领环保技术制高点，并借助技术和标准优势向外扩张。环保技术的发展也带动其他技术的发展，如节能技术、新能源开发技术、资源综合利用技术、资源替代技术等。

2. 国内状况

目前，中国环保产业处于快速成长期，产业规模、产业结构、技术水平和市场化程度都得到大幅提升，已发展成为产业门类基本齐全，并具有一定经济规模的产业体系。环境服务市场需求不断扩大，服务范围由过去的环保技术和咨询服务，拓展到环保工程总承包、环保设施专业化运营、投融资及风险评估等方面。

1）产业总体规模

近年来，中国深入贯彻落实科学发展观，大力推进生态文明建设，建设资源节约型、环境友好型社会，深化节能减排，为环保产业发展创造了巨大需求，环保投资稳步增加，环保产业总体规模显著扩大，产值年均增长率持续保持在15%以上，高于国民经济增长率。环保产业及环境污染治理投资与国民经济发展情况对比见图4-2[1, 7～11]。环保产业的发展带动从业人员数量急速增长，从业单位数从1993年的8 651个迅速发展至2011年的23 820个，从业人数也由1993年的188.2万人扩大至2011年的319.5万人，运行质量和效益进一步提高。同时，中国环保产业开始逐步拓展国际市场，出口合同额由2000年的14.1亿美元增至2011年的333.8亿美元，见表4-1。中国环保产业发展势头强劲，正成为国民经济中最具潜力的增长点。

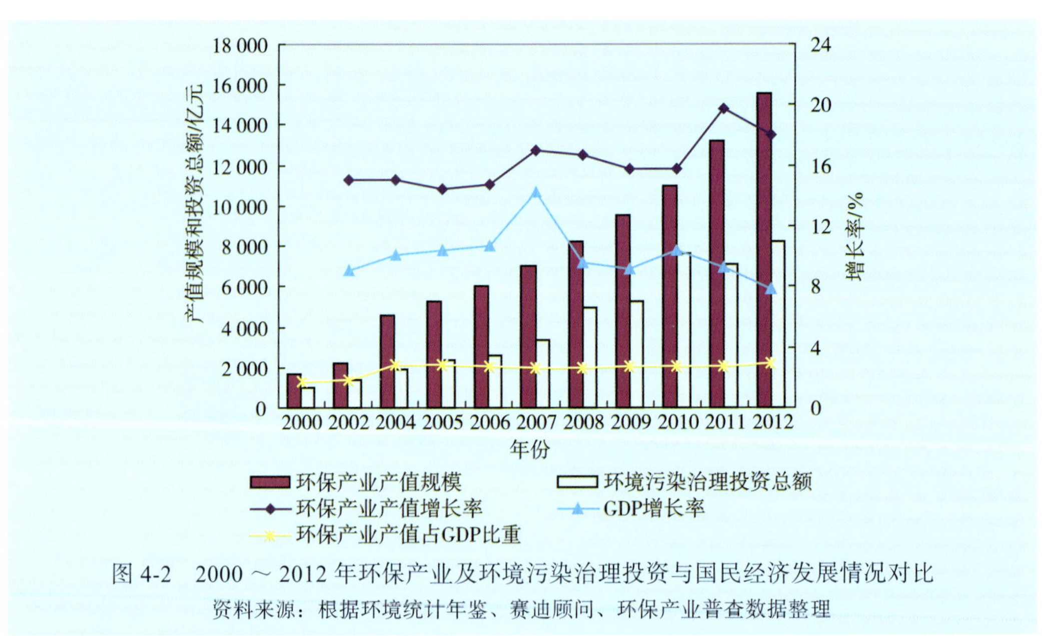

图4-2 2000～2012年环保产业及环境污染治理投资与国民经济发展情况对比

资料来源：根据环境统计年鉴、赛迪顾问、环保产业普查数据整理

表4-1 1993～2011年环保产业规模

年份	从业单位 / 个	从业人数 / 万人	年收入总额 / 亿元	年利润总额 / 亿元	出口合同额 / 亿美元
1993	8 651	188.2	311.5	40.9	—

续表

年份	从业单位 / 个	从业人数 / 万人	年收入总额 / 亿元	年利润总额 / 亿元	出口合同额 / 亿美元
1997	9 090	169.9	459.2	58.1	—
2000	18 144	317.6	1 689.9	166.7	14.1
2004	11 623	159.5	4 572.1	393.9	61.9
2011	23 820	319.5	30 752.5	2 777.2	333.8

资料来源：根据历次环保产业普查数据整理

环保产业四大类别总销售收入 2011 年为 30 752.5 亿元，其中环境友好产品生产占比最大，超过 65%，资源循环利用产品生产次之，占比 23% 左右。环境保护产品生产占比不足 7%。四大类别各自的具体销售收入情况见图 4-3。环境保护产品生产主要包括各种污染防治设备、监测仪器及环保专用的材料和药剂。目前，水和大气污染防治产品生产在产品种类数、从业单位数及销售收入上均占领绝对主导地位，两类产品的销售收入之和占环境保护产品销售收入总额的 80.2%[4]。

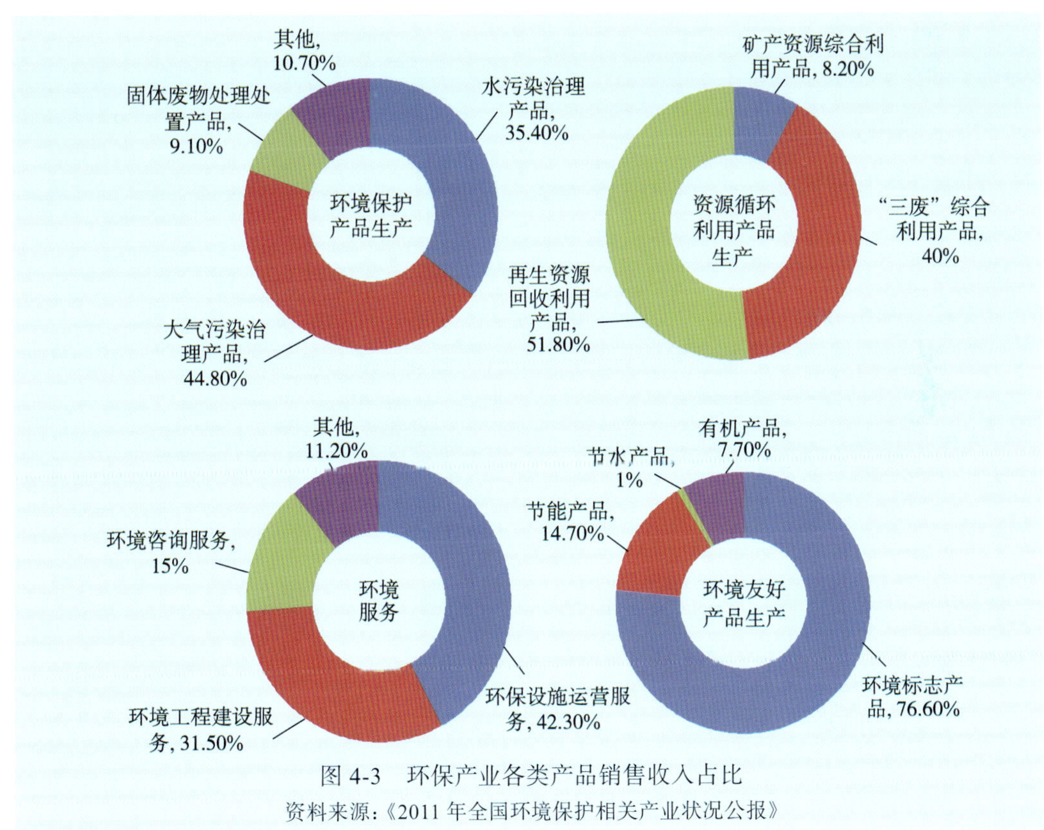

图 4-3　环保产业各类产品销售收入占比

资料来源：《2011 年全国环境保护相关产业状况公报》

资源循环利用产业产值“十一五”期末超过了 1 万亿元，年均增长率达到 15%，2015 年产值将达到 1.5 万亿元[12，13]。2011 年全国资源循环利用产品销售收入中，再生资源回收利用产品最高，超过总收入的一半，“三废”综合利用产品次之，占总收入比重为40%，而“三废”综合利用产品销售收入中，工业废物综合利用产品占比最高，达到69%[4]。2012年，全国废钢铁、废有色金属等八大品种再生资源回收总量约为1.6亿吨，节能1.7亿吨标准煤，废水、二氧化硫和固体废物排放量分别减少112.7亿吨、374.6亿吨和33.9亿吨，同时，农业秸秆综合利用量已经达到了6亿多吨[14]。

环境友好产品在以往的统计中名为“洁净产品”，主要突出在生产、使用和处理处置过程中符合特定的环境保护要求，与同类产品相比，具有低毒少害、节约资源的环境功能。随着环境标志认证和节能产品认证的实施及逐步走向成熟，环境友好产品包含的内容随之进行了调整，更加强调经过认证。环境友好产品的四种类别中，环境标志产品从业单位最多，销售收入以环境标志产品和节能产品为主，两类产品销售收入之和占环境友好产品销售收入总额的91.3%[4]。

环境服务业发展水平是环保产业成熟度的重要标志。近年来，环境服务业快速发展，且逐步从单一环节、单一污染要素的服务向多环节、多要素的综合环境服务模式发展。“十一五”末，环境服务业年收入总额约1 500亿元，占环保产业的比重为15%左右，“十二五”末占环保产业的比重将大幅提高到30%以上[15]。2011年，环境服务以环保设施运营和环境工程建设服务为主，两类服务收入之和占环境服务收入总额的73.8%[4]。

2）产业布局

目前，中国环保产业分布与经济发达程度基本一致，环保产业产值和环境技术创新水平也有同样的趋势，呈现“东高西低”的格局[16]，形成了“一带一轴”的总体分布特征，即以环渤海、长三角、珠三角三大核心区域聚集发展的环保产业“沿海发展带”和东起上海沿长江至四川等中部省份的环保产业“沿江发展轴”，长三角地区环保产业基础最为良好[9, 17]。

2012年，节能环保产业发明专利授权增长率为34.94%，高于同期七大战略性新兴产业中的其他产业，在全国各省（自治区、直辖市）中，北京数量最多，2011年和2012年分别达到1 130件和1 516件[18]。节能环保产业发明专利授权数量分布与环保产业产值分布基本一致，2012年专利授权数量超过200件的省份见图4-4。

4.2.2 产业链及产业环境

1. 产业链

中国环保产业市场发展尚不成熟，呈现较为明显的离散特征，从产业结构来看，环保产业横跨农业、制造业、服务业等，涵盖范围宽泛，产业链与价值创造的关系较为复杂，上下游产业链有待进一步整合完善。环保产业链的上游主要是技术研发，包括企业和科研院所等研发机构；中游主要包括装备制造和药剂生产等企业；下游是主要针对企业和公共设施开展的污染治理等。其中环境服务机构包括咨询、规划、设计、监测、认证、资格审核、运营等，这些机构可以集成和整合产业技术、产品、资金、服务等资源，提供综合服务。环保产业上下游产业链分析见图4-5。

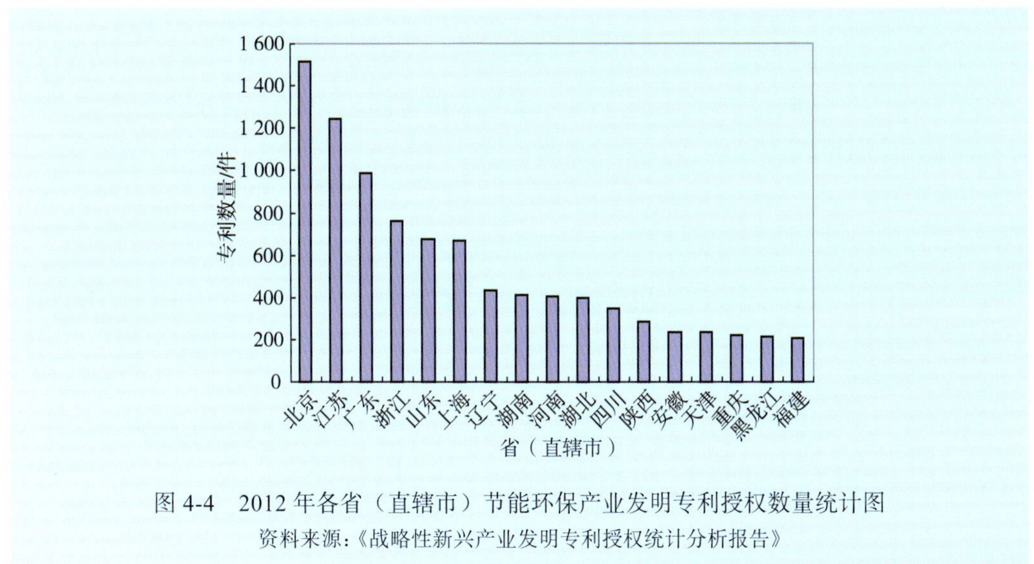

图 4-4 2012 年各省（直辖市）节能环保产业发明专利授权数量统计图

资料来源：《战略性新兴产业发明专利授权统计分析报告》

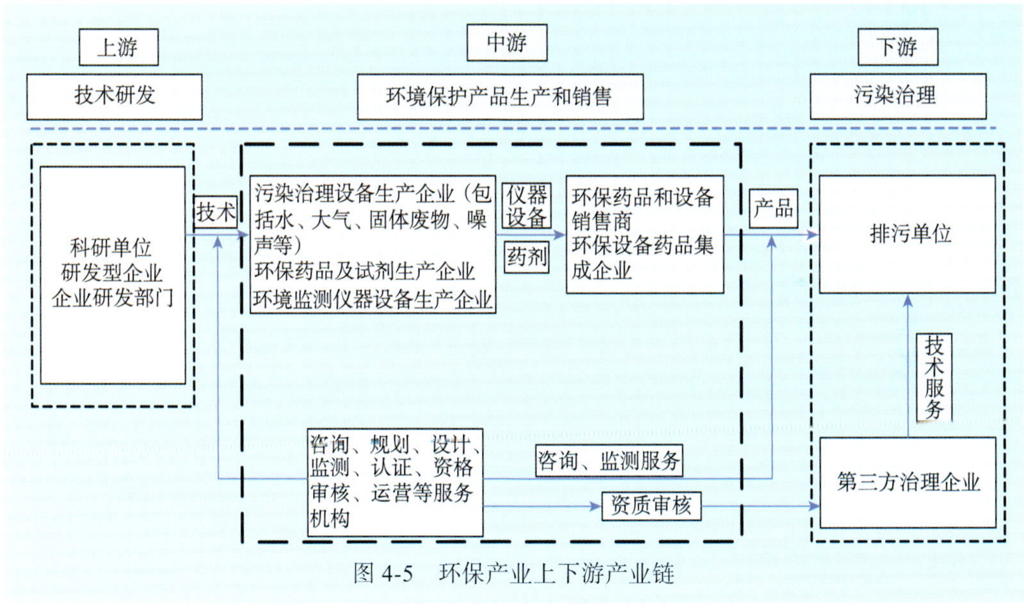

图 4-5 环保产业上下游产业链

2. 产业环境

1）生态文明建设的要求

当前，中国经济和社会进入提质换挡的“新常态”时期，经济发展更多强调“好”和“稳”。党的十八大提出推进生态文明，建设美丽中国，并将生态文明建设纳入中国特色社会主义事业五位一体的总体布局。建设生态文明，要求加快转变经济发展方式，提高经济增长的质量和效益，严守生态红线，形成节约资源和保护环境的空间格局、产业结构、生产方式、生活方式；要求制定完善的环境经济政策，建立健全环境税收政策，建立更好地反映市场供求关系、资源稀缺程度和环境损害成本的资源性产品价格形成机制，深化绿色信贷、排污权有偿使用和交易政策等。环保产业作为环境保护的重要支撑，必将成为实现生态文明的重要途径。

2）产业利好政策频出

为实现新形势下更高的环保要求和目标，近年来中国积极发布和调整各项环保法规政策。2014年修订发布的《环境保护法》明确提出，“鼓励和支持环境保护技术装备、资源综合利用和环境服务等环境保护产业的发展”。近年陆续发布的环保产业相关政策包括《关于环保系统进一步推动环保产业发展的指导意见》、《“十二五”节能环保产业发展规划》、《关于发展环保服务业的指导意见》、《国务院关于加快发展节能环保产业的意见》以及多项产业经济政策、产业目录等。当前，中国已发布了《大气污染防治行动计划》，正在编制《水污染防治行动计划》和《土壤环境保护和污染治理行动计划》，并将根据环保形势积极发布和修订各项环境保护标准和规范。

此外，国务院要求行政审批改革，进一步简政放权，对资源节约和环境保护高度重视。例如，取消国家海洋局对海岸工程建设项目环境影响报告书的审核，废弃电器电子产品处理许可改为后置审批；2014年2月，《国家发展和改革委员会公布行政审批事项目录》确定节能减排项目行政审批取消和下放事项；2014年7月，环保部废止《环境污染治理设施运营资质许可管理办法》等。

3）环境污染形势严峻

全国环境质量有所改善，但环境保护形势依然严峻。地表水总体为轻度污染，部分城市河段污染较重，国控断面中，2013年劣V类所占比例为9%，海河流域劣V类的比例甚至高达近四成[19]。城市空气质量较差，近两年来笼罩全国大部分地区的灰霾天气使大气污染受到更多的关注，2013年全国平均霾日数为35.9天，为1961年以来最多。环境突发事件处于高发期阶段，全国突发环境事件呈现上升趋势，2013年达到712起[19]。减排任务相当艰巨，随着经济总量和能源消费总量基数的持续增大，要完成2015年四种污染物的减排比例，相当于每种污染物排放量要在2010年的基数上下降30%左右①。

4）环保投资高峰期来临

根据环境库兹涅茨曲线，环保投资的高峰期一般滞后于环境污染高峰期3～5年，在这一阶段，环保投资占GDP的比重继续攀升，而由于GDP基数不断增大，这一阶段环保投资规模将呈现爆发式增长。“十一五”期间，中国环境治理总投资约2.38万亿元，占GDP的1.35%，与发达国家高峰时期占GDP 2.5%～3%相比，还有较大提升空间。“十二五”期间，预计环保治理投资占GDP 1.4%，环保治理投资

① 《〈“十二五”节能减排综合性工作方案〉政策解读》，http://www.cenews.com.cn/xwzx/zhxw/qt/201109/t20110927_706446.html，2011年9月28日。

将达到3.4万亿元左右，“十三五”期间，环保治理投资将继续提升。同时，随着环保标准逐步提高，排污收费制度逐步健全，环保产业生存模式逐步改变，市场化进程加快，将吸引更多的社会资金流入。

5）技术研发取得阶段性成果

为突破环境保护重点领域的关键技术，国家设立的多个科技创新项目中更加突出环保科技，如“863”计划、“973”计划、国家科技支撑计划等均设置了环境领域，“十一五”期间国家还启动了“水体污染控制与治理”科技重大专项（简称“水专项”）。经过多年的发展，环保领域的技术研发已取得阶段性成果。“863”计划实施20多年，环境技术领域的关键技术研究涉及污水、废气、固体废物治理、土壤修复、环境应急等多方面；“973”计划更加注重原始性创新，在环境保护领域也已启动了数十个项目；“水专项”研发重点已由突破水体“控源减排”和“减负修复”关键技术进入第三阶段的“综合调控”成套关键技术。“十三五”期间，重大研究成果产业化的速度加快，将进一步推动环保产业的发展。

4.2.3 关键产品及重点技术分析

目前，中国环保产业的技术设备涉及水污染防治、大气污染防治、固体废物处理处置等多个领域，与国际先进水平的差距不断缩小，主导技术与产品基本满足市场的需要，但部分高端设备与关键部件仍依赖进口。

1. 水污染防治

中国水污染防治的常规工艺技术水平与国际基本同步，常用的具有脱氮除磷作用的生化法，如厌氧-缺氧-好氧法（anaerobic anoxic oxic，简称A^2/O法）、氧化沟法、接触氧化法、间歇式活性污泥法等，以及浮选、混凝、吸附、离子交换等各种物理化学法已广泛应用于工程实践[17, 20]。日处理50吨以内的城市污水处理厂中，国产的微孔曝气器、高强度曝气机、带式压滤机、格栅除污机、刮泥机、曝气鼓风机、大型污水泵、潜水电泵等已基本能适应国内市场需求，并实现部分产品出口。较为大型的污水污泥提升系统、机械过滤沉淀系统、曝气处理系统、污泥脱水处理系统等能够提供成套设备，但在效率、能耗等方面与国外有一定差距。部分特殊污染物处理技术、膜深度处理技术、消毒技术等新兴处理技术或深度处理技术，关键部件与国际先进水平有一定差距，高端产品仍依赖进口。另外，成套设备的系列化、集成化仍有较大提升空间。

2. 大气污染防治

在除尘技术方面，袋式和电除尘技术均已达到较高水平，国产设备得到广泛应用，耐高温、耐腐蚀滤料和特种纤维的开发应用也有了较大突破，但电除尘配套产品的加工性能等与国外仍有差距。电—袋组合技术完成了1 000兆瓦级燃煤机组电除尘器的改造并取得了良好的运行效果。

在脱硫脱硝技术领域，通过引进消化和自主开发，已研发并应用了石灰石/石灰—石膏法、氨法等多种具有自主知识产权的烟气脱硫工艺技术，选择性催化还原（selective catalytic reduction，SCR）脱硝技术已得到广泛应用，但催化剂和关键部件主要依靠进口[21]。

在机动车尾气净化方面，汽油机尾气净化技术已得到广泛应用，柴油机净化技术仍处于发展应用前期。

在有机废气、恶臭、重金属、二噁英和其他持久性污染物治理等方面，由于起步较晚，中国现阶段治理技术水平较低，与国外有一定差距。

3. 固体废物处理处置

中国固体废物处理处置技术发展较快，但整体发展尚不成熟。相对而言，生活垃圾处理技术相对较为成熟，已由末端处理处置逐步走向从源头分类、拣选、收运，但最终处理仍然以卫生填埋为主[22]。生活垃圾焚烧技术近年来发展较快，大型城市垃圾焚烧技术与设备已实现国产化。填埋气体可作为资源，中国已启动与国外公司合作的填埋气体回收利用和发电项目，但大多数项目停留在协议阶段。工业固体废物的主要处理方式首选回收利用，但回收效率和附加值与国外仍有差距。此外，中国在危险废物和医疗废物处理技术水平总体上处于探索和起步阶段，与发达国家有一定差距。

4. 土壤污染修复

中国土壤环境状况总体不乐观，部分地区土壤污染较重，耕地土壤质量堪忧，工矿业废弃地土壤环境问题突出，土壤总的超标率达到16.1%[23]。中国的污染土壤修复技术研究起步较晚，研发水平和应用经验与美国、英国、德国等发达国家存在相当大的差距，但发展空间巨大。因原位修复技术周期长、场地复杂等限制，目前中国主要开展土壤异位修复。采用的修复技术主要包括生物修复中的植物修复技术和物理修复中的固化稳定化、热解析等技术，技术成熟度、稳定性、处理效率都不高，修复形式主要以工程体现，采用挖＋填埋的方式，且市场不规范，仅处于示范阶段。目前，国内土壤修复产业产值不足环保产业产值的1%，而发达国家已达到30%。

5. 环境监测

中国自主研发了一批环境监测仪器，攻克了半导体激光吸收光谱技术等近百项核心技术，自动在线监测仪器、应急监测仪器、多功能便携式现场监测仪器和环境监测实验室专用仪器的研究和开发能力大大加强，质量和技术水平有了明显的提高，自动化、智能化和产业化正在逐步实现，但仍缺乏核心技术，许多领域的监测设备依靠国外进口，如温室气体在线监测设备、灰霾在线监测设备、废气中气态汞在线监测设备、废气中低量程的二氧化硫与氮氧化物在线监测设备等，同时，国产设备在产品质量、稳定性、配套性等方面存在较大差距。

6. 环境应急

中国尚未形成完善的环境应急管理体系。应急平台尚未建立，信息资源分散，缺乏统一性和共享性，智能化的信息网络尚未得到广泛应用；应急物资储备设备实施和手段落后，缺乏高科技的、现代管理技术的应急物资储备系统；先进的环境预警监测体系尚未形成，环境应急监测仪器大量依赖进口，特别是便携式应急监测仪器、便携式快速分析仪器以及有毒有害气体泄漏监测仪器，中国尚处于研发阶段，与发达国家有较大的差距；环境应急处置技术滞后，对于突发环境污染事件，主要还是依靠人力和环境的自净能力，危险废物和医疗废物快速处理技术尚处于研发阶段，与国外差距较大。

7. 资源循环利用

目前，中国“城市矿产”开发利用技术得到了较快发展，包括废旧金属再生利用、废旧电子电器拆解利用、废旧高分子材料高值利用和报废汽车资源化利用技术等，各项技术设备部分实现国产化，但在高效性、高附加值和无害化方面仍与国外发达国家存在差距；大宗固体废物综合利用技术水平不断提高，部分成套设备如高压立磨等实现国产化，并达到国际先进水平；在汽车零部件、工程机械、机床等再制造技术研发方面取得了显著进展，汽车发动机、变速箱、电机等再制造技术已经初步满足产业化需求；已经形成了多样化的餐厨废弃物和农林废物资源化利用技术，正逐步走向成熟[24, 25]。

4.3 中国环保产业发展问题及趋势分析

4.3.1 中国环保产业发展面临的问题分析

1. 产业政策不完善

法律法规标准不健全，缺少环保产业相关法律规范，尚未明确环保产业界限、经营活动规范、环保产业主体的权利和责任等配套措施，难以吸引市场注意和社会投资。缺少系统的产业规划，难以对产业重点领域、发展方向等进行具体指导。现有法律法规也存在执法不严的情况，阻碍了环境保护的效果和环保产业的良好发展。缺乏环保技术成果转化推广应用机制，造成关键技术研究多，但无法顺利推广应用和市场化。

2. 自主创新能力不足

长期以来，把环境保护和经济发展割裂开来的意识，在某种程度上阻碍了对环保创新资金和人才的投入，导致产业创新能力不足，科研、设计力量薄弱，企业自主开发能力差，缺乏自主知识产权的技术支撑。企业自主研发的环保装备性能和效率不高，成套化、系列化、标准化水平低，产品附加值低，难以形成规模产业。环保产业缺乏后备技术力量和设备，后续发展乏力，环境技术缺少原创性开发，专利技术及转化推广较少。

3. 市场机制不健全

环保产业发展过程中，市场在资源配置中的作用有限，资源配置不合理，要素流动性差，产业总体发展水平仍不高。环保产业基本上是以政府投资为主，特别是环境公共设施建设方面，渠道单一，偏重于行政手段，缺乏利益驱动。政府在信贷、税收、技术创新、市场培育等方面没有一套有力的鼓励扶持政策，难以有效引导外资和本地资本向环保产业投资。市场规范和监督体系尚不完善，环保市场比较混乱，运行无序，企业以小生产方式进行运作，导致投资浪费，效率低下，技术落后，阻碍了环保产业的发展。

4. 产业集中度较低

中国的环保企业目前超过 2 万家，但各主要领域尚未形成大型的龙头企业，近 90% 都是小型企业，产业集中度低，小、散、弱的特征明显，低水平重复建设现象依然存在，新技术开发、技术集成和设备成套化能力弱，缺乏市场竞争力，专业化水平低，难以形成规模效益。同时，小而散和资金不足又制约了环保企业的进一步发展，限制了市场的开拓，产业业绩波动大。

5. 服务业比重仍偏低

中国长期对环境服务业认识和重视不足，过度依赖政府提供，环境服务业在环保产业中的比重相对偏低，环境设施运营、环境咨询、环境技术服务等领域相对薄弱，环境服务业的发展滞后。大型综合性环境服务企业较少，服务类型单一，对环境保护支撑不足。与发达国家相比，环境服务经营模式有待进一步提高，社会化、专业化、市场化程度较低。

4.3.2 “十三五”期间环保产业发展趋势分析

1. 产业规模发展趋势

“十三五”期间，中国环保政策逐步完善，环保产业发展环境进一步优化，市场化进程加快，将从主要依靠政府投资的公益事业逐步向市场化运作的产业转变，环保产业将保持高速增长态势。

“十三五”期间，环保投资将逐年增加。根据“七五”以来的数据统计，环境污染治理投资占 GDP 的比重逐步增加，预计“十二五”为 1.40%，“十三五”达到 1.50%，见表 4-2。环保投资的逐年增加，将对污染治理设施运行费用、环保产业、

GDP 增长、就业等方面具有较为显著的拉动作用。

表 4-2 环境污染治理投资及占 GDP 的比重

项目	“七五”	“八五”	“九五”	“十五”	“十一五”	“十二五”	“十三五”
环境污染治理投资 / 亿元	476.42	1 306.57	3 516.4	8 395.1	23 760.9	34 000	60 000
占 GDP 的比重 /%	0.69	0.73	0.89	1.31	1.35	1.40	1.50

注:“十三五” GDP 增速按照 7% 预测

环保产业将成为国民经济新的增长点，在政策和发展需求的推动下，中国环保产业在未来一段时期将保持年均 15% ～ 20% 的复合增长率，以战略性新兴产业的姿态发展壮大，预计到“十三五”期末（即 2020 年），环保产业产值将超过 5 万亿元（图 4-6），有望成为国民经济的支柱产业。其中，环境保护产品和环境服务的增长速度将略快于其他领域，环境服务业占环保产业的比重将达到 30% 以上。

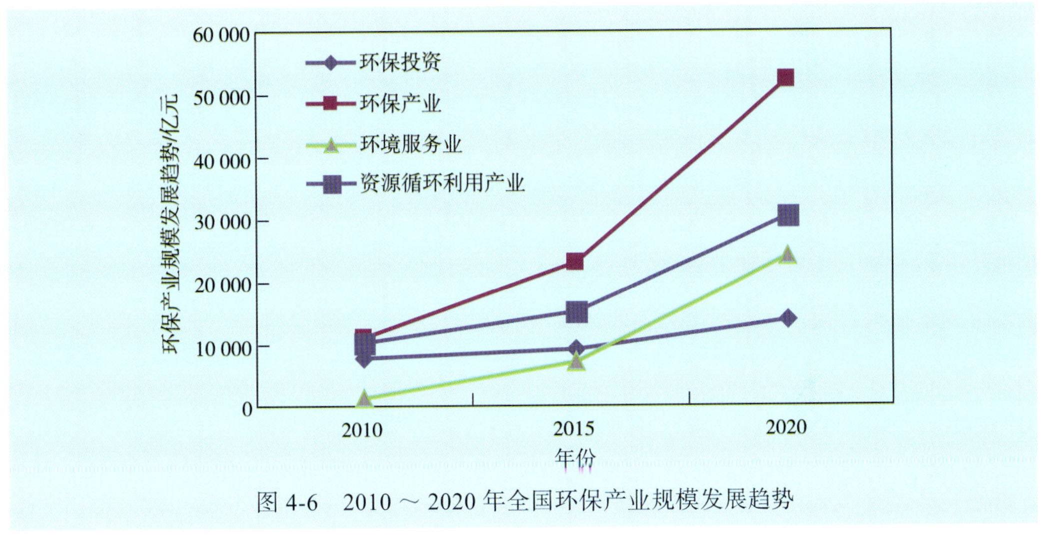

图 4-6 2010 ～ 2020 年全国环保产业规模发展趋势

2. 重点方向发展态势

1）水污染防治

推广重金属废水污染防治技术和高浓度难降解有机废水深度处理技术，特别是膜分离技术的应用[3]；快速推进新型生物脱氮除磷技术，大力发展高效、低能耗的城市污水处理成套装备和一体化装备（包括脱氮除磷）；加大新型无污染水处理药剂、菌种的开发与生产；推广农村面源污染治理、畜禽养殖废水处理技术；深化湖泊等水体富营养化控制及修复技术研发与应用；深入推进污泥减量化、无害化、资源化处理处置等技术与装备。

产业重点发展方向为膜分离设备与工程应用的推广，污水处理厂脱氮除磷等升级改造和中小城镇污水处理等领域。“十三五”期间，中国水污染防治投入预计达到1.39万亿元，且《水污染防治行动计划》正在制定中，此项计划预计将投入2万亿元，水污染防治产业将受益明显。

2）大气污染防治

重点开发细颗粒物控制技术，特别是对PM2.5的控制，加强颗粒物源解析技术研发和推广，同时发展新式静电除尘技术与设备、电袋复合除尘技术与设备等；推广非电行业烟气脱硫技术与装备，对现有脱硫装备进行升级改造；研发推广重点行业烟气脱硝技术装备，加速推进燃煤电厂SCR脱硝技术、设备和催化剂的国产化；加速开发和应用柴油机尾气净化设备技术与装备；研发与推广工业有机废气，特别是挥发性有机化合物治理技术以及恶臭、重金属和二噁英有毒气体控制技术与设备等；大力发展大气多污染物协同治理技术与成套装备。

产业发展重点方向为氮氧化物控制、细颗粒物控制、多污染物协同控制及机动车尾气净化等方面。《大气污染防治行动计划》将带来1.7万亿元环保市场产值，成为今后一段时期，特别是“十三五”期间中国治理大气污染的行动纲领。

3）固体废物处理处置

扩大推行城镇生活垃圾分类试点，大力推进生活垃圾预处理技术装备，特别是生活垃圾自动化分选；加快研发新型高效的生活垃圾焚烧和生物化处理（堆肥）技术与装备。推广废物填埋防渗材料、高效渗滤液处理技术与装备，研发和推广臭气处理、大型填埋场沼气回收及发电技术与装备。大力推进水处理材料的回收和再生利用技术与装备，加速研发推广废脱硝催化剂等的回收利用技术与装备。研发和推广危险废物的鉴别技术与装备，研发重金属等的替代技术与设备，推广危险废物和医疗废物的预处理、安全处理处置及综合回收利用等的减量化、无害化、资源化技术与装备。

发展重点方向为大型城市垃圾焚烧处理和危险废物处理处置等。未来20年内固体废物处理处置产业产值增速加快，预计在“十三五”期间行业总产值将超过万亿元。

4）土壤污染修复

研发安全、低成本的原位生物修复（包括植物修复和微生物修复技术）和物化稳定设备；研发和推广土壤—地下水污染系统控制与修复技术及装备；发展安全、针对性强的工业场地快速物化工程修复技术与设备；加快研发重金属、危险化学品、持久性有机污染物、放射源等污染土壤的治理技术与装备；大力发展污染场地修复注射系统、可侦测土壤及地下水污染物的地表智能探测器等土壤污染修复配套技术与设备。

产业重点发展方向为城市工业污染场地、中低污染农田的土壤污染修复等。《土壤污染防治行动计划》正在制定中，实施该计划至少需要上万亿元的投入，土壤污染修复市场空间有望在“十三五”时期开启。

5）环境监测

加速推进研发水中氨氮、重金属、氰化物、持久性有机污染物等在线监测仪器，

加快研发和生产近海海域潜水式水质毒害物自动监测技术和设备。大力发展细颗粒物监测设备，特别是超细颗粒物的分级采样与在线监测技术与设备，加快其成套设备国产化进程；加快研发大气重金属、温室气体、挥发性和半挥发性有机污染物在线监测技术和设备；研发大气灰霾成套在线监测系统和颗粒污染物时空分布监测技术和设备。大力发展部分特殊的采样设备，包括废气中如二噁英等的专用采样设备、在线浓缩快速溶剂萃取仪等。

产业重点发展方向为细颗粒物及灰霾监测、有机污染物在线监测等。预计“十三五”期间，环境监测市场规模增速将与环保产业基本持平，市场前景广阔。

6）环境应急

重点开发环境风险预警、评估与预测通用平台，加大应急平台建设，加快港口危险化学品、油品应急设施建设及设备制造；发展环境安全保障与突发污染事故应急监测技术，包括便携式水体污染物快速检测仪及毒性污染物快速筛查仪、气体中有机污染物和重金属现场快速分析的便携式技术与装备、有毒有害气体泄漏检测的激光遥测技术与装备、经济高效的环境应急监测车、危险废物特性鉴别专用仪器等。大力发展环境应急处理技术，包括移动式有毒有害污染物水环境污染快速应急处理集成装置，船舶海上溢油应急处置装备，阻截式油水分离及回收装备，移动式快速净水处理设备，典型重金属污染场地的应急处理及快速消减装备，移动式应急医疗废物快速处理装置等。大力发展环境应急物资的生产经营和储备，加速研发与应用应急救援人员防护用品。

产业发展的重点方向是环境应急处理处置、应急监测技术与设备和应急物资储备等。政府与社会公众对应急产业存在着巨大的潜在需求，市场前景广阔。

7）资源循环利用

以“城市矿产”开发利用为重点，开展再生资源分选、拆解、破碎、加工共性关键技术开发[25]，如废旧金属低能耗高效率的生产技术与配套装备，废旧电器电子产品自动拆解、破碎、分选技术与装备及金属、有价元素提纯等资源化技术，重点发展废液晶显示器铟提取技术，开发高附加值再生橡胶、塑料成套设备。加快发展尾矿、冶炼渣和赤泥等尚未开展规模化综合利用的工业固体废物综合利用技术；发展废旧汽车零部件、工程机械、机床等再制造产业，加快再制造重点技术研发与应用；推广使用餐厨垃圾生产油脂、沼气、有机肥、饲料等，并加强利用，鼓励餐厨垃圾与其他有机可降解垃圾联合处理等。

产业重点发展方向为废旧电器电子产品综合利用、废旧机械零部件再制造等，依托静脉产业园、“城市矿产”基地等形式集约发展。2015年资源循环利用产业总产值将超过1.5万亿元[13]，预计到2020年将达到3万亿元以上。

8）环境服务

大力推进环境保护设施的专业化、社会化运营服务，形成专业化的系统服务外包市场，推进社会化运营和特许经营，尝试开展合同环境服务等新模式。大力发展环境咨询服务业，重点开展环境战略、环境技术评价、环保核查、环境标志认证、环境污染损害评估、环境审计、环保培训、环境贸易等咨询服务。大力发展环境交易、环境技术超市等第三方中介机构。加快环境金融服务，逐步实现环保产业与金融业的有机结合。逐步推进环境监测服务社会化，鼓励社会监测机构提供面向政府、企业及个人的环境监测与检测服务[26]。大力提升综合环境服务的能力，鼓励环保企业提供系统环境解决方案和综合服务。

产业重点发展方向为环境污染的第三方治理、环境咨询服务等。未来环境服务业发展速度进一步提高，占环保产业的比重将超过30%，预计到2020年环境服务业产值超过2万亿元。

4.4 重点案例——天津节能环保技术服务超市

天津节能环保技术服务超市由天津环境保护科学研究院于2012年12月创立，位于滨海新区会展中心，占地面积1 300平方米，是全国首家集节能环保技术、产品、咨询、设计、监测等为一体的综合服务平台，累计实现技术交易额1 500余万元[27]。该超市成立的目的是为解决因信息不对称、交易成本高而导致的拥有先进技术的研发企业找不到市场，而具有急切治理需求的企业却找不对技术等问题。

该超市立足天津，面向华北，辐射东北乃至全国，为供需双方搭建信息平台、展示平台、交易平台，实现从技术方案到工程实施的一条龙服务，通过聚集工程设计、环境评价、环境研究、环境监测、环境培训等咨询服务单位，提升环境问题一体化解决能力。目前，该超市已储备了国内外各类节能环保技术和产品300余项，包括废水、废气、固体废物、噪声治理及生态修复技术等，以及国内外龙头节能技术产品公司各项节能技术及产品。例如，天津泰普制药有限公司生产过程中会产生高浓度、难降解的制药废水及有机废气，通过超市平台，该公司找到了经济可行的治理方案。

该超市已推出了多场节能环保技术、产品专题对接活动，主要包括以挥发性有机化合物污染治理、PM 2.5防治、施工扬尘防治、控煤减排、恶臭治理、固体废物处置及资源化、工业废水处理等技术为主题的推广对接活动，效果良好。

4.5 促进环保产业发展的政策建议

4.5.1 完善法律法规与标准体系

推进国家及地方开展与环保产业相关的立法工作，明确产业界限、经营活动规范、环保产业主体的权利和责任等配套措施，为环保产业发展提供法律保障。完善节能环保产业专门配套法规，制定“谁污染，谁付费”相关制度。制定系统可行的“十三五”环保产业发展专项规划，以及环保装备、资源综合利用、环境服务等领域专项规划，明确重点环保技术、装备、产品及服务的发展方向。完善环境技术管理体系，完善和动态修订环境技术、产品、服务等标准与规范，充分发挥规范标准对产业发展的催生促进作用。改革环境审批制度，重构环境影响评价制度等相关制度。加强执法力度，避免执法不严造成法律失效。

4.5.2 强化产业发展经济政策

采取财政、税收、价格、政府采购等方面的政策，发挥市场价格机制，建立能够反映能源资源稀缺程度、市场供求关系和环境成本等的价格形成机制，实现环保产品与服务定价的市场化；制定和完善环保产业发展的财税政策，通过鼓励性税收政策促进企业购买使用节能环保产品和设备，适当降低节能环保产品的增值税和消费税，完善惩罚性税收政策；拓展环保产业投融资渠道，建立多元化的企业融资机制，充分利用资本市场，鼓励和引导民间投资和外资进入环保产业领域。探索政府购买环境服务、环境污染治理设施特许经营等新模式。发展方式由完全依靠政府转变为主要依靠市场，实现环保产业的社会化、市场化、企业化和专业化。

4.5.3 完善环保技术创新体系

不断推进和完善环保产业技术创新体系，确保环保产业发展的生命线。建立以企业为主体、科研院所和大专院校参与、产学研用结合的技术创新体系。充分发挥国家科技重大专项、科技计划专项资金等的作用，加大环保产业关键技术攻关力度。开展环境技术评价—筛选—验证制度研究，建立与国际接轨、适合中国国情的环境新技术、新产品示范转化推广应用机制，加快水污染防治关键技术成果转化与推广应用，加强大气灰霾综合治理关键技术的培育与转化应用，推动环保技术的产业化进程。加强技术国际合作，培养科技创新、工程技术高端人才。

4.5.4 推进环保产业集聚区建设

加快环保产业集聚区建设，发挥国家与地方环境保护、商务、科技等部门的作用。依托环保产业园、循环经济产业园、资源循环利用产业园等园区的建设，在全国范围内形成环保产业集聚区的优秀典范，发挥辐射带动作用。促进环保产业集聚形态的升级，探索环保产业集聚新模式，利用各自的优势，走向专业化、精尖化、特色化。选择有一定基础或有迫切需求的地区，以产业上下游紧密关联、优势互补为原则，推进老旧工业园的循环化改造。组建产业联盟，发挥规模效应。抓好龙头企业培育，形成以大型企业集团为核心，“专精特新”中小企业配套的产业格局，促进形成产业结构健全的集聚群。

4.5.5 加速发展环境服务业

大力推行环境污染第三方治理，建立治理经营实体，实行社会化有偿服务、管理和运行。创新环境服务模式，重点发展综合环境服务，推广合同环境服务等新模式。鼓励环境服务外包，培育集投资、研发、设计、制造、销售、工程总承包、运营于一体的大型专业环保公司。加快重点领域环境咨询服务发展，积极发展环境法律和政策、环境战略和规划、环境评价、环境认证及环境贸易等专业化咨询服务，培育新兴环境咨询市场。大力发展环境中介机构，包括环境交易所、环境技术超市等。

4.5.6 注重与信息产业的融合

注重环保产业与信息产业的融合，实现环保产业信息化。利用计算机技术、现代通信技术、互联网技术等，及时、准确地收集国内外环保产业的发展状况、市场动态及环保技术需求等。与遥感、地理信息系统、卫星定位系统等融合，突破环境管理实践和地域限制。利用无线通信技术等建立环境监控信息系统，通过无线方式传输监测、污染、减排等数据，实时收集准确的监控数据。建设环保产业专业信息平台，完善信息采集、反馈、发布系统，宣传先进技术和经验，及时发布各地区环保产业情况，为环保企业供需双方提供信息支持。

参考文献

[1] 国家环境保护总局，国家发展和改革委员会，国家统计局，等 . 2004 年全国环境保护相关产业状况公报，2006.

[2] 国务院 . “十二五”国家战略性新兴产业发展规划，2012.

[3] 国务院 .“十二五”节能环保产业发展规划，2012.

[4] 环境保护部，国家发展和改革委员会，国家统计局 . 2011 年全国环境保护相关产业状况公报，2014.

[5] 赛迪顾问 . 中国环保产业研究报告，2010.

[6] Environmental Business International. Global maket review. Environmental Business Journal，2006，19：5 ～ 6.

[7] 中国科学院可持续发展战略研究组 . 2010 中国可持续发展战略报告 . 北京：科学出版社，2010.

[8] 李黎，李华友 . 我国“十二五”环保产业的展望与发展研究 . 中国环保产业，2011，(4)：38 ～ 41.

[9] 赛迪网 . 中国环保产业投融资与并购战略研究系列之一——中国环保产业投融资机遇 . http://www.ccidreport.com/pub/html/market/info-zt/zt/2012/0517HBTRZ/index.htm，2012-05-15.

[10] 环保产业发展战略研究课题组 . 环保产业“十二五”发展战略研究报告，2010.

[11] 中国节能与清洁生产协会 . 中国节能减排发展报告 2011. 北京：中国经济出版社，2011.

[12] 工业和信息化部 . 大宗工业固体废物综合利用“十二五”规划，2011-12-17.

[13] 编辑部 .“十二五”末我国资源循环利用产业产值有望达到 1.5 万亿元 . 再生资源与循环经济，2011，4（5）：6.

[14] 王惜纯．我国资源循环利用产业蓬勃发展．中国质量报，2013-12-11.
[15] 环境保护部．环境服务业“十二五”发展规划（征求意见稿），2012.
[16] 范群林，邵云飞，唐小我．中国30个地区环境技术创新能力分类特征．中国人口•资源与环境，2011，21（6）：31～36.
[17] 中国工程科技发展战略研究院．中国战略性新兴产业发展报告2013. 北京：科学出版社，2013：92.
[18] 国家知识产权局规划发展司．战略性新兴产业发明专利授权统计分析报告，2013.
[19] 环境保护部．2013年中国环境状况公报，2014.
[20] 藤静，李宝娟．“十一五”期间我国环保产业市场发展状况．中国环保产业，2010，(3)：4～7.
[21] 中国工程科技发展战略研究院．中国战略性新兴产业发展报告2014. 北京：科学出版社，2014：66.
[22] 国家统计局，环境保护部．中国环境统计年鉴2013. 北京：中国统计出版社，2013.
[23] 环境保护部，国土资源部．全国土壤污染状况调查公报，2014.
[24] 中国工程科技发展战略研究院．中国战略性新兴产业发展报告2013. 北京：科学出版社，2013：101.
[25] 中国工程科技发展战略研究院．中国战略性新兴产业发展报告2014. 北京：科学出版社，2014：76.
[26] 环境保护部．关于环保系统进一步推动环保产业发展的指导意见，2011.
[27] 王梓．天津环保超市“支招”清新空气．滨海时报，2014-04-14.

新一代信息技术产业篇

第 5 章

移动互联网及社会服务网络产业

高 文 张 平 翟文军 许志远 黄 伟 陈 茜

【内容提要】本章提出了移动互联网产业的概念及范畴，系统分析了国内外移动互联网产业、技术、应用的进展情况，提出了我国移动互联网产业发展存在的问题，明确了移动互联网发展需突破的障碍及未来发展趋势；分析了移动互联网所涉及的终端、网络、应用与安全产业的国内外发展状况及趋势；围绕我国经济社会发展的重大应用需求和国际竞争需要，从核心技术创新推进、产业生态环境优化、协同创新体系建设、重点产业培育、安全保障体系完善等方面提出了我国移动互联网产业战略布局与发展重点，并提出了促进我国移动互联网产业发展的政策建议。此外，本章还对国内主要互联网企业开展的移动互联网应用进行了案例分析。

人类已进入信息时代，信息技术在很大程度上影响和决定着一个国家的核心竞争力。我国信息化虽已达到中等发达国家水平，但众多新兴应用对现有网络提出了巨大挑战，需要及早突破未来网络及其相关的通信技术壁垒，涵盖互联网、物联网、空间网络等发展需求；为满足我国信息产业健康发展的需要和保障国家安全，需要攻克高端通用器件和仪器仪表关键技术难关，解决自主研发能力不足和产业控制力不强的问题；为满足日益发展的信息处理需求，需要发展海量数据处理、智能计算、认知与神经工程以及量子信息等方面的技术；为提升我国软件产业的未来发展能力与竞争能力，需要着力解决我国软件产业缺乏核心技术、在全球软件产业链中基本处于中下游环节的问题；为提升信息技术应用水平和普及程度，需要着力发展信息技术服务业。信息技术产业的核心基础是移动互联网。而移动互联网及其应用是国家、社会智能化、智慧化的支撑，同时，大力强化我国移动互联网技术创新能力及产业化实施能力，也会有效地促进我国信息安全保障能力的提升，从而带动并进一步完善我国国家安全。因此，“十三五”期间持续进行移动互联网及其应用的支持及推动，既可以促进我国社会经济及生活水平的提升，也可以为国家安全的保障提供一定的支撑。

5.1 移动互联网产业的概念及范畴

移动互联网是以移动网络作为接入网络的互联网及服务，包括三个要素，即移动终端、移动网络和应用服务。

移动互联网作为空前广阔的融合发展领域，与广泛的技术和产业相关联。纵览当前移动互联网业务和技术的发展，其主要涵盖七个技术领域，并形成三个产业生态群。

七个技术领域包括移动终端硬件平台技术、移动终端软件平台技术、移动终端原材料元器件技术、移动互联网及其移动终端测试测量、面向移动互联网的网络平台技术、移动互联网应用服务平台技术、移动互联网安全控制技术。

三个产业生态群包括移动互联网应用及安全产业生态群、移动互联网网络产业生态群、移动终端产业生态群。其中，移动互联网应用及安全产业生态群涉足了移动互联网关键应用服务平台技术、移动互联网安全控制技术、移动互联网测试测量技术等技术领域；移动互联网网络产业生态群涉足了面向移动互联网的网络平台技术、移动互联网测试测量技术等技术领域；移动终端产业生态群涉足了移动终端软件平台技术、移动终端硬件平台技术、移动终端原材料元器件技术、移动终端测试测量等技术领域。

5.2 移动互联网产业发展现状分析

5.2.1 移动互联网产业发展总体现状分析

1. 全球移动互联网产业发展特征

（1）移动互联网走入 6 个月快速迭代周期。伴随着移动智能终端及互联网企业的快速转型，移动互联网产业快速发展，其发展速度已超越计算机和桌面互联网，在短短几年内实现了桌面互联网历经十余年才达到的目标。截至 2013 年年底，全球移动互联网用户已超过固定互联网用户，达到十几亿户，在起步的几年内用户渗透速度相当于桌面互联网的 2 倍；移动互联网应用增长迅速，三年内超过了 140 万户，App Store 在 6 个月内新增用户达 1 亿户（Facebook 耗时 4 年才实现这一目标）[1]。移动互联网将 ICT（information communication technology，即信息通信技术）产业带入了快速发展通道，产业迭代周期由摩尔定律统治的 18 个月周期缩减至 6 个月。因此，当前移动互联网终端软件、硬件、应用及由其产生的流量都以基本一致的速度——6 个月的周期更新变化。

（2）移动终端操作系统主导移动互联网产业技术创新。全球科技巨头在移动终端操作系统领域竞争激烈，已对移动互联网产业的发展格局与演进模式产生了深刻的影响。围绕着移动终端操作系统，第三方产业力量快速规模化集聚，全球形成了苹果、谷歌、微软三大移动互联网产业阵营。移动终端操作系统的技术创新主线地位源于其与移动互联网产业整体发展控制权的紧密关联。智能终端的外沿正在迅速扩展，移动终端操作系统已逐步演进成为整个 ICT 产业的通用基础设施，成为俯瞰整个 ICT 产业的战略制高点。

（3）移动终端硬件发展重点趋向多种能力整合。移动终端核心芯片对技术的凝聚力和对终端产业的牵制力将持续增强。核心芯片目前呈现分立和集成两维发展模式，前者要求单项功能技术的极致化，后者要求基带、射频、APP（application，即应用程序）等多方面技术的整体掌控。Turnkey 模式的出现，极大地简化了终端厂商对软、硬件平台的熟悉难度，降低了智能终端的技术门槛，却使得终端厂商对产品的个性化创新多集中在外观等表层，无法实现对终端的核心整体掌控。

（4）移动终端整机产业步入成熟期，终端形态创新持续不断。至 2013 年年底，移动终端出货量约为 PC（personal computer，即个人计算机）同期出货量的 3 倍，以年出货 10 亿部的市场体量成为当今市场容量最大的电子产品分支。手机智能化进程带动了计算机与电视设备的革新，促使平板电脑、智能电视继智能手机后进入高增长通道。全球已逐步迈入了智能终端时期，全球每年智能手机出货量超过 10 亿部，已进入激烈竞争状态，智能机市场经历了七八年时间的洗牌后，已渐入相对稳定的发展通道，国外个别品牌公司虽然凭借中高端产线优势取得了一定的领先地位，但我国的华为、联想等企业已紧随其后。

（5）应用程序成为主导，与操作系统耦合逐步加剧。当前应用程序商店仍是业务应用组织的主导平台。随着应用生态竞争进一步细化，重点应用的聚合类平台成为产业巨头扩大影响力的焦点，细分领域应用聚合类平台与操作系统的耦合性进一步提升，并将成为操作系统基础的信息资源。在核心应用服务领域，操作系统与应用服务之间的关系越发紧密，操作系统的边界极大扩展，对产业的影响力不断扩大。与应用服务和系统软件的封闭整合相对应，开放基础应用能力已成为移动互联网巨头的发展方向。在移动通信和互联网融合的大背景下，两个重要的边界正逐步模糊，一是互联网业务与基础电信业务之间的边界逐步消失，二是移动终端系统软件与上层应用之间的边界在逐步消失。

（6）网络技术的不断创新，促进以移动互联网为核心的新一代信息架构的形成。网络技术正在向移动互联网与物联网结合的方向加速发展。无线网络技术已经完成了从 2G（2nd generation mobile communication，即第二代移动通信）向 3G（3rd generation mobile communication，即第三代移动通信）的演进，正逐步从 3G 向 4G 演进，5G（5th generation mobile communication，即第五代移动通信）技术的研究也已经紧锣密鼓地展开。一方面，WiFi（wireless fidelity，即无线保真）网络的广泛建设使得移动互联网在网络层面得到了更加有力的支撑，大大促进了移动互联网的快速发展，但是另一方面移动互联网应用与承载网络的脱节，使得应用层面无法充分利用底层网络的能力，网络的能力也无法得到充分的发挥。

2. 我国的移动互联网产业发展状况

（1）“十二五”期间，我国移动互联网产业发展不断加速，产业活跃度大幅提升。2013 年，我国移动用户数已达到 13.1 亿，其中使用移动互联网用户数达到了 8.38 亿。移动互联网接入流量达到了 1.33 亿吉，同比增长 46.9%。我国移动互联网相关收入超过 9 000 亿元，相当于 GDP 的 1.8%，增加值约 3 200 亿元，对 GDP 的直接贡献达到 0.63%。2013 年我国智能手机出货量更是达到 4.23 亿部，全球份额贡献逼近 50%[2]。此外，移动互联网已经深入交通、餐饮、服装、旅游、支付等社会各领域，并逐步改变着这些领域的运作模式。

（2）垂直协同、体验创新与 Web 化演进是我国终端系统软件的三大方向。集聚产业合力，推进移动终端操作系统与上层应用服务 / 下层核心芯片协同发展是我国系统软件发展的主要模式。前瞻布局产业未来发展，深度融合原生系统组件、构建 Web 生态设施是我国系统软件发展的重要方向。

（3）我国智能终端企业正在经历从产能化、品牌化到技术引领的艰难升华历程。经过多年的移动终端产业环境发展建设，我国涌现出数家本土代表企业，占据内需市场的三分之一。当前，我国智能终端的整体实力大幅提升，但在领军企业品牌价值以及国产品牌平均附加值方面还存在客观差距。

（4）增强补弱，逐步建立移动终端产业生态环境。我国移动芯片厂商能力有所提升，移动终端供应环节仍需加强。根据相关机构统计，2013 年全球半导体市场规模达 3 200 亿美元，全球 54% 的芯片都出口到了中国，国产芯片的市场份额只占 10%。而全球 77% 的手机是中国制造，但其中只有不到 3% 的手机芯片是国产的，伴随 4G LTE（long term evolution，即长期演进技术）在中国的牌照的发放，我国大陆地区的华为海思、展讯、联芯、中兴以及台湾地区的 MTK 等公司纷纷发布其强势产品。高端终端测试厂商能力的提升，突破了国外厂商垄断移动终端质量保障环节的局面。“十二五”期间，标志着我国在标准领域话语权的 3G TD-SCDMA（time division-synchronows code division multiple access，即时分同步码分多址）制式的规模商业化，以及标志我国在标准领域地位的 4G TD-LTE（time division-long term evolution，即时分长期演进）制式牌照的全面发放，带动了国内高端移动终端测试设备厂商及其测试机构能力的提升。例如，国内涌现出星河亮点、大唐、电子 41 所等多家高端测试设备厂商，可以全面提供科研、生产、认证检测解决方案，打破了国外厂商长期垄断该领域的局面；电信研究院、中国移动等运营商、国家无线电检测中心、相关的国家质量监督机构，在国内厂商的支持下，建立起了基本完整的移动终端测试认证环境，为我国移动终端质量提高提供了较为完善的体系保障。

（5）政策脉络显现，激励移动互联网产业发展。中国现有促进移动互联网发展的政策包括五个层面（图 5-1）。首先是一系列的国家战略，主要是由国务院及其部门负责制定，这些部门确立互联网发展的宽泛原则。其次是与移动互联网发展相关的规划文件，主要由中央部委主导制定。再次是地方政府政策，主要由地方政府主导实施。随后是与移动互联网相关的产业发展政策，主要由国家相关部委制定。最后是大规模市场推广和示范工程。支持政策对地方政府和移动互联网企业产生巨大激励作用。从图 5-1 可知，2011 年之后，中国推动市场培育的政策密集出台，政策的重点开始由以研发为主转向研发和市场培育并重。

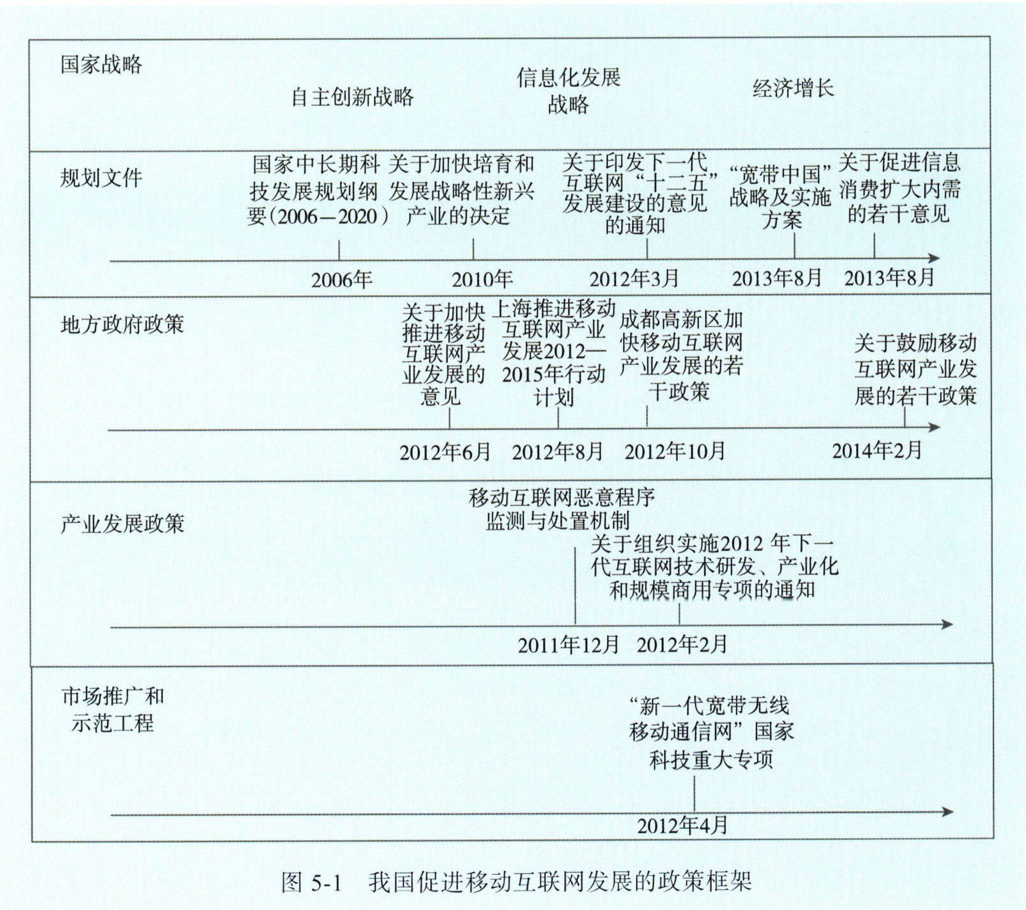

图 5-1 我国促进移动互联网发展的政策框架

5.2.2 移动互联网终端产业

1. 移动互联网终端产业国际现状及我国发展水平

（1）移动互联网终端超越 PC 成为全球最大的消费电子产品之一。移动互联网终端在2010年年末首次超过PC同期出货量，随后进入高速增长期，至2013年，以年出货10亿部（约为PC同期出货量的3倍）的市场体量，成为当今市场容量最大的电子产品分支。全球移动互联网终端经历七年的洗礼，也已经进入了相对稳定的发展通道。三星、苹果凭借中高端产线优势，分别代表Android（安卓）和iOS（iPhone OS，即苹果公司为iPhone开发的操作系统）两大阵营高居全球智能手机前两位，但在2014年第1季度出现了小幅下降（苹果下降1.6%，三星下降1.7%）[3]。华为、联想、LG、中兴等企业稳随其后，其中华为、联想增幅较大，但与苹果、三星仍存在较大差距，见表5-1。

表5-1　2014年第1季度全球智能手机出货量前五位[3]

设备商	出货量 / 百万部	份额 /%	较2013年第1季度增幅 /%
1. 三星	85.0	30.2	22.0
2. 苹果	43.7	15.5	16.8
3. 华为	13.7	4.9	47.3
4. 联想	12.9	4.6	63.3
5. LG	12.3	4.4	19.4
其他	113.9	40.4	35.2
总计	281.5	100.0	28.6

（2）移动终端技术水平和市场规模齐突进。截止到2013年年底，全球移动终端出货量20亿部，中国出货量为10多亿部，已是全球最大的移动终端生产、制造大国。我国智能终端市场趋于平稳，产品性能持续提升，产业协同创新提速；国内智能终端市场结构发生了调整，本土厂商不断塑造提升中国终端品牌，产生了以“中、华、酷、联”为代表的国产品牌。移动终端技术层面，已初步实现从“无芯”到“有芯”的跨越，涌现出了展现、华为海斯、中兴、联芯等移动终端芯片厂商及全志、瑞芯微应用处理芯片厂商。

国内可穿戴市场已开始发展，有望成为终端产业创新升级的重要推动力。国内涌现出了一批诸如星河亮点、大唐等拥有自主知识产权的高端测试测量仪表厂商，填补了移动终端产业生态群的空白。

2. 移动互联网终端产业的关键产品分析

移动终端作为移动互联网的核心要素，其产业规模及对政府、社会、人类的活动影响极大，移动终端产业链核心产品包括芯片、终端、测试测量仪表。

（1）国产芯片站稳脚跟。2013年，在国内市场上，国产移动芯片占有率已超过25%，并在局部市场有了突出表现。例如，展讯以超过50%的份额位列TD-SCDMA市场第一；全志、瑞芯微等通过为中低端平板电脑提供独立应用处理芯片，年出货量亦达到数千万片级别。多家企业已实现LTE基带芯片的商用供货，展讯、海思、联芯等已开展TD-LTE、TD-SCDMA、LTE-FDD（long term evolutionfrequency division duplexing，即频分双工长期演进）、GSM（global system for mobile communication，即全球移动通信系统）和 WCDMA（wideband code division multiple access，即宽带码分多址）五模基带芯片的研发，并采用目前最先进的 28 纳米工艺设计，预计 2014 年年底即可实现商用。同时，国内对 LTE-Advanced 多模芯片的研发也正在进行，预计 2014 年年底可发布测试样片。四核已成为主流平台，国内企业在结合 LTE 多模多频基带芯片研发、加紧实现单芯片平台的同时，也在密切跟踪八核、64 位等新的计算升级技术。对平板电脑及可穿戴等领域也积极拓展，展讯、联芯均发布了集成移动通信模块的平板电脑芯片平台，君正基于 MIPS（million instructions per second，即每秒处理的百万级的机器语言指令数）指令集设计的处理器芯片，已被果壳电子等诸多智能硬件采用。我国移动芯片产业已整体上缩小了与国际主流芯片水平的差距，为我国从“有芯”到“强芯”的产业升级奠定了良好的基础。

（2）国产智能终端实力增强。我国智能终端在许多方面取得了不俗的成绩，如在品牌影响力方面，单品牌与单款型出货量已取得实质进展。2013 年移动终端国内出货量，华为、联想、酷派均超过了苹果，联想、华为的部分款型单季度出货量超过苹果和三星，如 HUAWEI C8813、Lenovo A390t 分别以 270 万部和 231 万部的出货量位居第 1 季度、第 2 季度出货量榜首。例如，在高端产品市场拓展方面，国产移动终端厂商奋力挺进中高端市场，抢占利润高地。2013 年以来，包括“中华酷联”等在内的多家企业陆续发布多款中高端机型，其中，中兴为高端手机建立独立运营团队以形成对现有手机产品品牌体系的补充和延伸，联想将 K900 定位成进军高端移动终端市场的里程碑式产品，华为 Ascend P6 半年销量超过 600 万部。

（3）以 TD-SCDMA 为契机，全面建立了移动终端标准及质量保障体系。随着我国自主提出的 TD-SCDMA 成为国际 3G 标准、国家对 TD-SCDMA 产业环境建设的支持，我国先后成立了 TD-SCDMA 产业联盟（TD-SCDMA industry alliance，TDIA），形成了国际业界认可 TD-SCDMA 测试认证工作组（TD-SCDMA certification group，TCG），涌现出拥有自主知识产权的高端测试测量仪表厂商，如星河亮点、大唐等，填补了移动终端产业生态群的空白。这些企业不仅已能提供研发、生产型仪表，而且可以提供应用于测试认证机构、芯片 / 终端研发的复杂的高端一致性测试系统。星河亮点的 TD-SCDMA 终端终测仪占据了市场份额的 60%，TD-SCDMA 无线资源一致性测试系统占据了市场份额的 100%，TD-SCDMA 联合检测一致性测试系统占据了市场份额的 100%；大唐 TD-SCDMA 协议一致性测试系统占据了市场份额的 100%。

3. 移动互联网终端产业的产业链及产业环境

移动终端产业生态群涉及移动终端软件平台技术、移动终端硬件平台技术、移动终端测试测量、移动终端原材料元器件技术等技术领域。移动终端的硬件平台及核心元器件方面，我国已初步实现从“少芯”到“有芯”的跨越，实现了技术和市场双方面的突破。我国智能终端设计、制造、市场推广上有了很好的基础及生存环境，涌现出以“中华酷联”为领头的国产品牌群体，国产移动终端出货量快速增长，国内市场实现了较大的规模发展。移动互联网相关技术及应用的不断创新，对质量及安全保障的要求越来越高，对测试测量产业能力的要求也越来越高，国内涌现出了星河亮点、大唐、电子41所等高端测试测量企业。

4. 移动互联网终端产业重点技术分析

移动互联网带动了端到云，甚至到硬件（开源硬件）等相关主流技术开源化浪潮，对我国自主创新意义重大。开源技术能够极大地缩短我国移动互联网终端产业的自我完善历程，借助全球的开源成果、人类的共同财富，我国移动互联网终端产业界能够站在技术巨匠的肩膀上发展自己的移动互联网终端技术产业。

移动芯片内核及架构开放式授权以及移动终端操作系统的开源对我国掌控核心技术，特别是移动终端操作系统和芯片技术的发展路径产生了实质性的影响——在PC时代，由于Windows和Intel的垄断形成了封闭产业链，加之我国技术产业基础薄弱，我国在桌面PC的核心技术方面很难有所建树，在移动互联网时代主流技术开源开放的背景下，我国移动互联网产业界在一开始就融入到了全球的主流技术创新当中，如我国有多家相关移动互联网公司参与了操作系统的深度研发、改进过程，更多的公司参与到了芯片设计乃至制造过程中。

未来主要的发展方向：突破操作系统和芯片的技术产业与市场，掌控技术产业核心环节；攻关语音/AR（augmented reality，即增强现实）/VR（virtual reality，即虚拟现实）等新型人机交互技术、多屏互动技术等，全面提升我国应用服务产业的核心竞争力；使终端产能优势转化为产业链（关键元器件、原材料）优势，带动电子制造业整体提升。

5.2.3　移动互联网网络产业

网络科学技术正处在一个转折期，将出现重大的技术变革。集成电路正在进入“后摩尔时代”：计算机开始进入“后PC时代”，“Wintel”平台逐步瓦解，多开放平台正在形成，新型终端已步入百姓生活；互联网领域也在探索“后IP（Internet protocol，即网络互联协议）”发展道路；应用创新取代器件设备的技术进步，已成为主导整个IT（information technology，即信息技术）产业未来发展的核心力量。网络技术发展日新月异，新一代信息网络基础设施逐步兴起，网络技术正在向移动互联网与物联网结合的“全联网”方向加速发展。

1. 移动互联网网络产业国际现状及我国发展水平

（1）WiFi网络得到广泛建设。一方面，我国移动运营商、政府、企业、商业机构及家庭已构建了一张覆盖广泛的WiFi网络，从而使得移动互联网在网络层面得到了更加有力的支撑，大大促进了移动互联网的快速蓬勃发展。但是另一方面移动互联网的应用与庞大承载网络耦合度的不足，使得移动互联网底层网络的能力无法得到应用层面的充分利用，移动互联网的网络能力无法得到有效的体现。

（2）TDD（time division duplexing，即时分双工）技术领先全球。我国已建成全球最大的 2G/3G 移动通信网络，2013 年 12 月，国家正式向中国移动、中国联通、中国电信发放了 TD-LTE 牌照，截至 2014 年 6 月，中国移动已部署了超过 40 万个 TD-LTE 基站，覆盖全国 300 多个城市，已经服务于千万用户，预计到 2014 年年底将建成超过 50 万个基站，实现全网的深度覆盖。中国联通、中国电信也启动了相应 TD-LTE 商用网络及 FDD-LTE 试验网部署。与此同时，国家也成立了相应 5G 移动通信专家组，进行 5G 及未来通信的规划。

2. 移动互联网网络产业的关键产品分析

作为移动互联网支撑要素的网络随着应用需求的不断更新，其技术也在不断地完善。在此方面，重点需要研究的是如何通过对网络的融合重构实现对移动互联网业务的承载及移动终端的接入，以及网络质量及安全的测试、监控、分析技术。由于网络技术产业是中国经济社会未来 30 年可持续发展的重要引擎之一。面对全球技术和产业发展的激烈竞争，我国应抓住具有巨大市场潜力的换代技术或颠覆性技术，提前部署，实现重点突破，形成下一代主流的核心网络技术。为此，我国确定了以下几项具有重大影响的、需要研究及储备的技术。

（1）云计算和高通量云服务器。云计算和高通量云服务器发展需要解决 6 个关键技术：①如何实现资源高效动态重组，以及透明或者低开销的虚拟化技术；②制定一套相应的测试标准和一组实用的测试程序；③处理器对网络驱动的高并发请求的高效支持技术；④可扩展的内存系统技术；⑤可扩展、高容错、高带宽的数据中心网络技术；⑥灵活易用的云系统软件。

（2）后 4G 和 5G 无线通信技术。后 4G 需要解决的主要问题是增加容量、降低能耗和提升用户体验。5G 将来可能颠覆 WiFi 技术，进一步提升通信容量和服务质量，也将产生数千亿元甚至上万亿元规模的产业。具体技术方向包括网络智能化、基于电磁波轨道角动量的无线通信、全双工通信、新型多天线 / 分布式传输、高频段通信、智能频谱共享等。

（3）近场通信（near field communication，NFC）技术。近场通信是一种短程无线技术，能让相互贴近的标签与读卡器实现双向数据交换。近场通信是在移动终端普及的基础上衍生出的一种手机近距离通信，其主要用途是手机近场支付，可用做移动钱包，取代各个银行的银行卡，也可用做门禁登机牌、电影票、折扣券等各种卡片和票据。Gartner 公司预测 2 ～ 5 年内近场通信会成为市场主流技术。

（4）未来网络技术。国外大学和科研机构正在研究的未来网络关键技术包括软件定义网络（software defined network，SDN）、内容中心网络（content center network，CCN）、基于内容的路由机制、新型命名编址机制、高效的内容分发机制、安全可信机制、支持长期更新的网络模型等，面向未来网络的发展方向，满足可控、可管、可信和可扩展等基本要求。在未来新型核心网网络架构的研究方面，近来已出现内容中心网络、内容分发网络（content delivery network，CDN）、软件定义网络等新兴架构技术。软件定义网络技术是一种新型网络创新架构，通过将网络设备控制面与数据面分离开来，实现了网络和业务的可编程，促进了网络的虚拟化和IT化以及硬件的归一化，从而实现了网络流量的灵活控制，为降低建设成本、运维难度和业务响应时间奠定了基础。软件定义网络所倡导的软件化和虚拟化，已成为未来网络演进发展的重要趋势和特征，相关的技术和协议将被用来构成未来网络基础设施。

（5）软件定义一切（software defined anything，SDx）。软件应用无所不在，网络服务无所不在。软件对知识要素进行优化及配置，产生出强大的生产力。软件正在推翻已经建立起来的行业结构，未来十年，更多的行业可能被软件瓦解。所谓软件定义一切是指，不是企业定义消费者需求，而是消费者需求定义产品和企业。消费者的意志通过软件定义来实现，整个产业进入消费者定义市场的阶段。近来已出现软件定义网络、软件定义数据中心（software defined data center，SDDC）、软件定义存储（software defined storage，SDS）、软件定义基础架构（software defined infrastructure，SDI）等具有颠覆性的新技术。

（6）光网技术。所谓全光网，是指在信息交换和传输的整个过程中信号始终以光的形式存在，只有当进入、离开网络时需要进行电光和光电转换处理，在各网络节点的交换采用全光交换技术。全光缓存是实现未来光分组交换的核心技术之一。全光网技术将会在未来5～10年中逐步进入实际应用阶段，极大提升现有宽带网络通信容量和质量。光载射频、新型光纤、可见光通信等已成为光网技术新的亮点和趋势。

3. 移动互联网网络产业的产业链及产业环境

信息网络技术及产业发展迅猛，推动网络的不断融合完善，移动互联网逐步走入“全联网”时代。无线网络技术走过了2G、3G到4G的演进历程，正在向5G发展。以WiFi为代表的无线接入网络的大规模建设，在网络层面大力支撑了移动互联网的发展。而有效解决承载网络与移动互联应用紧密结合，以及最大限度发挥网络应有能力，则成为当前及未来研究的课题。

基于学科发展及社会应用需求牵引，以云计算、移动互联网、大数据、物联网、社交网络为特征的新一代信息技术架构已逐步形成第三代信息技术平台（第一代信息技术平台是大型计算机，第二代信息技术平台是个人电脑和服务器）。

工信部正式向国内三大运营商发放了TD-LTE的运营牌照，并允许中国电信和中国联通进行LTE-FDD的规模实验。这一举措正式开启了LTE在中国商用的大门，使中国市场一跃成为国际LTE产业关注的焦点。巨大的用户基数、快速攀升的智能手机普及率以及蓬勃发展的移动互联网市场，都为LTE在中国的发展描绘了美好的前景。Strategy Analytics预测，中国的LTE用户数将在2017年超过西欧市场LTE用户数的总和，使中国成为继美国之后的第二大LTE区域市场。

4. 移动互联网网络产业重点技术分析

移动互联网网络关键技术包括移动互联网的核心网演进技术和架构、未来移动通信技术（4G、5G）、面向移动业务的应用开发技术，如HTML5、Widget/Mashup、P2P/P4Pdeng等。更好更酷的用户体验、更丰富的应用软件、低成本、低功耗、智能化、更高的频段、更有效利用频率、网络融合等是移动互联网的发展趋势。

移动互联网在物理层、传输层、网络层、应用层都有安全问题，而要保障移动互联网安全，需要采取多种措施，从身份认证到攻击防护再到应用安全，需要在多个方面构建移动互联网的安全防护。

因此，在未来要强化以应用为牵引的网络融合的创新及实施。加快建设宽带、融合、安全、泛在的下一代信息网络，信息基础设施覆盖城乡，突破后4G和5G无线通信、近场通信、全光网和未来网络关键技术等新一代网络核心关键技术，推进网络技术创新、新兴应用拓展和网络建设的互动结合，创新产业组织模式，提高新型装备保障水平，培育新兴服务业态，增强国际竞争能力，带动我国信息产业实现由大到强的转变，产业发展能力达到国际先进水平。

我国应完善移动互联网网络安全保障体系。例如，加速网络融合实验及测试标准的研究完善；强化国家网络监测机构的环境建设及能力提升；加大对我国网络测试设备、系统厂商的支撑力度，减少国外厂商的垄断带来的安全隐患；完善移动互联网相关安全法规及技术规范，落实中央网络安全与信息化小组确定的目标及措施。

5.2.4 移动互联网应用及安全产业

1. 移动互联网应用及安全产业国际现状及我国发展水平

移动互联网业务的爆炸性增长，改变了业务创新的组织模式、业务营销模式甚至产业的竞争格局（终端厂商的反向业务转型），影响极其深刻。全球移动互联网产业巨头持续推进基于操作系统的纵向一体化整合以进一步扩大产业生态整体优势，与此对应，众多企业积极探索横向融合拓展，移动互联网技术产业要素正面向信息通信乃至传统产业领域全面加速渗透。

我国互联网企业在充分发挥已有优势的同时，通过不断自我颠覆性创新、紧密跟踪及参与Web平台创新等各种路径，构建了我国自有的移动互联网应用体系。通过不断的努力，我国移动互联网企业已成为移动互联网应用服务发展的主要推动力，并逐步占据了我国移动互联网主要领域的主导地位，有些创新式业务（如微信平台）的发展，超越了国外的超级互联网企业。而作为移动互联网重要入口的应用程序商店，发展潜力仍然巨大。目前，基于原生应用商店的应用营销已遇瓶颈，国际上如苹果的App Store中已存在超过50万个的僵尸应用，在Google Play中，下载量小于50次的应用已接近24%，开发者的开发动力减弱，应用规模增速已逐步趋于稳定。国内的应用商店均基于Android平台开发，因此面临着同质化竞争，工信部电信研究院对我国 22 个主流应用商店的检测显示，相同一款应用平均在 7 个平台上发布，多数应用在 3 ～ 12 个平台上同时发布，同质化竞争较为严重。虽然如此，但我国应用商店总体上仍处于良性快速发展状态，可有效满足持续不断的应用需求。目前，我国应用下载量前 10 位占应用下载总规模的 15%，前 100 位的应用仅占下载总量的 31%，70% 的应用占据 99% 的下载量，仅存在 3.87% 的僵尸应用。

伴随着移动互联网的蓬勃发展，移动互联网安全问题成为当前及今后的一个不可回避的问题，移动互联网安全涉及“终端—网络—应用”整个环节，当前移动互联网安全出现一些新动向，预装应用、手机病毒、伪基站、BYOD（bring your own device，即携带自己的电脑、手机、平板等进行移动办公）和移动支付均暴露出严重的安全问题。

2. 移动互联网应用及安全产业的关键产品分析

作为移动互联网和电子商务的结合点，移动电子商务正逐渐成为用户重要的消费方式，京东、淘宝、天猫、苏宁等电子商务企业推出自有应用，加速在移动互联网领域布局。基于位置服务的移动应用目前处于爆发期，功能涵盖了导航、生活服务、生产服务等多个领域。内容推送成为用户依托移动互联网获取信息的基本需求，网易新闻、搜狐新闻、腾讯新闻、新浪微博等移动应用拓展了传统的信息传播渠道，传统门户网站加速向移动互联网内容提供商转型。手机游戏成为客户端游戏、网页游戏之后的又一重要增长点。移动远程医疗是移动互联网与医疗领域的重要结合点，市场潜力巨大，是互联网提升传统产业的前沿方向。移动互联网在互联网金融领域的应用，加速了互联网对传统金融业务的整合过程。互联网模式与传统产业的融合发展使得后向流量经营、能力开放运营等成为电信运营商转型与创新的方向。

应用服务、云平台等技术的发展使数据的存储、传递和分享更加便捷化、智能化，但同时，随着更多具备技术实力的跨国企业在智能生活服务领域的发力，与人类生命财产紧密相关的智能家居开放平台、健康数据平台等应用平台的集约化操控时代也逐步到来，大规模应用引发的国家、社会、企业、家庭及个人的数据安全防护工程也应进入落地阶段。

3. 移动互联网应用及安全产业的产业链及产业环境

我国移动互联网应用服务迅速形成巨大规模。在用户方面，伴随移动智能终端的快速普及和移动互联网络的不断完善，我国移动终端用户规模已居全球第一位，其中移动互联网用户数超过了 8 亿。在应用规模及下载规模方面，截至 2014 年 2 月，我国已拥有了接近 400 万个第三方应用商店应用，累计下载已超过 3 000 亿次。在移动互联网应用开发者方面，我国已拥有 40 多万个开发者，其中个人开发者为 10 万多个，企业开发者为 30 多万个。在核心应用方面，微信已拥有 6 亿名用户，超过 2.7 亿名属于月活跃用户，单日文本传输量高达 127 亿次，UC Web 已拥有 5 亿名用户。在应用渠道方面，我国已拥有超过 50 家的第三方应用商店，这些应用商店成为我国重要的应用聚合平台。

4. 移动互联网应用及安全产业重点技术分析

（1）依托移动互联网的“端—网络—应用”方面的主流技术的开源化浪潮，极大地缩短了我国在移动互联网应用及相关支撑平台方面的创新周期，加快了新型应用的创新速度。我国移动互联网产业实体应在开源模式的基础上，结合自主创新模式，实现新型 Web OS 开发及支持强大应用的开放应用服务平台开发，加强对 HTML5 等新型 Web 技术的攻关，开发基于 HTML5 等技术的自主 Web OS，突破现有 Android 与苹果操作系统的限制；加速以新型 Web OS 为支撑的智能化、生活化公共应用平台研发及产业化，带动智能生活、智慧城市等智能型社会发展，产生亿万元应用市场；加大对移动应用安全保障体系的建设，落实中央“网络安全和信息化”领导小组部署的要求。

（2）构建智能生活化的应用平台。在 OS 和 App Store 这两层之外，增加第三层业务平台。目前，该类业务平台创新的着力点应集中在智能家居、智能健康监测、手机 APP 车联网应用平台等领域：利用智能家居 APP 搭建家庭物联网平台，以智能终端或可穿戴设备为入口形成云平台对人体健康数据的存储、传递和分享，通过手机 APP 车联网应用平台了解车辆的实时动态等。在用户基数逐渐增大的前提下，第三层平台具备的平台发展能力越来越强。

（3）完善移动互联网应用安全保障体系。完善安全保障法规及技术规范，落实中央网络安全与信息化小组确定的目标及措施。完善我国的移动互联网测试、监控手段，建立我国的移动互联网安全检测认证机构，培育我国自主的移动互联网安全监测产业。

5.3 我国移动互联网产业发展问题及趋势分析

5.3.1 我国移动互联网产业发展面临的问题分析

移动互联网作为移动通信业、电子信息制造业和互联网业三业交融的前沿与载体，其技术进步、产业竞合存在着许多关联要素，这些要素对移动互联网的发展路线和方式既有制约，亦有促进。

知识产权将会成为我国企业发展过程中面临的长期问题。由于移动互联网涉足的技术多样化，因此专利的规模及其涉及的领域已经无法被独立企业全面掌控，目前，移动互联网涉足的专利主要被以操作系统及其关联方面形成的阵营所操控。当前全球移动互联网已形成谷歌、苹果和微软三大专利阵营体系，以谷歌、苹果和微软为轴心的专利诉讼波及产业链几乎所有的企业，而我国企业专利规模有限、尚未形成体系。尽管经过多年的努力，我国移动互联网企业的专利数量日益增多，但主要为外观设计等方面的专利，缺少核心技术，如基带芯片、射频方面的专利；由于缺少操作系统产业生态链，相关企业合作少，无法形成利益共享机制。目前，针对我国移动终端厂商，诺基亚、爱立信已提起诉讼。未来随着中国智能终端的不断成长壮大，国际专利阵营必然会将我们推入国际知识产权风暴中心。此外，我国终端企业重度依赖 Android 系统生态，在 Android 开源软件方面仍面临专利收费或诉讼风险。

随着 3G 移动通信的全面商业化，移动数据流量指数式增长，已加剧了类似频谱这样的资源的稀缺性。在 3G、4G 移动通信网络不断更新的同时，移动互联网加速与互联网、传统媒体业务融合，带来了移动网络流量的爆炸式增长。迅速普及智能终端与层出不穷的多元化应用的结合推动了移动数据流量的飞速增长。迅猛增长的移动数据流量，已导致频谱资源的稀缺与需求的爆炸式膨胀之间的矛盾日益突出，国际上有关网络是否中立的产业博弈已如火如荼地展开，在国内，网络资源保障始终是移动网络提供商责无旁贷的义务及收入来源，建立流量、时段、时长、质量等多因素的综合计费，构建智能通道，公正合理地保障客户资源消耗与消费支出之间的平衡，是移动互联网产业能够持续健康有效发展的绝佳选择。

移动互联网基础软件平台的差异性与安全问题的复杂性相互交织。随着移动互联网业务的不断丰富、深入应用及业务接入方式的千变万化，桌面互联网所面临的所有安全威胁已全面进入移动互联网，而且新型安全问题也在移动互联网中出现。移动互联网涉及“云、管、端”，因此移动互联网的安全体系也涉及这三个环节。目前，主要存在如下三方面的问题：①受限于现有技术能力，传输通道缺乏对传输信息中的恶意攻击进行识别与限制的能力。②业务平台主要面临分布式拒绝服务攻击（distributed denial of service，DDoS）、SQL（structure query language，即结构化查询语言）注入、不良信息、隐私泄漏、业务盗用等安全威胁。③许多全新的安全威胁正在威胁着终端侧，主要是远程控制、恶意吸费、隐私泄露等。由于国内智能终端操作系统基本上是基于开源代码（包括 Android 开源代码）进行上层应用系统的综合集成开发，缺乏对核心层面的信息解析，因此无法做到对各种已知的操作系统后门及恶意软件发起攻击的有效防护。

除了以上所述的三个因素，我国在移动终端产业生态培育、网络融合方面还需要进行大力发展。

虽然我国在移动标准中提出了自主的 TD-SCDMA、TD-LTE 标准，但这些只是 TDD 模式，我国尚未能在 TDD/FDD 全模式上提出自我的标准，因此需要继续加强标准的研发力度。

在终端检测认证方面，经过多年的建设，我国相关机构如电信研究院、无线电检测监测中心等在移动终端检测认证能力上有了大幅度的提升，但由于移动终端技术的不断发展，现有的测试环境及能力仍需不断加强。

在移动终端研发、生产、测试认证设备国产化方面，经过“十一五”时期的培育，“十二五”期间已有多家国产设备厂商推出了高端测试仪表及系统，基本覆盖了移动终端整个产业链。国内设备厂商由于进入市场晚，经验积累少，因此尚需不断地完善、提高其能力，以全面抵抗国外厂商的打压。

在移动互联网的网络方面，我国初步建成以IPv6（Internet protocol version 6，即国际网络通信协议第6版本）为代表的下一代信息网络试验平台，但未来网络架构和关键技术研究几乎处于空白状态。我国较早开展了下一代互联网基础理论研究和技术创新，搭建了以IPv6为核心的互联网实验平台，取得了一定的应用成果，但在未来网络体系结构和核心技术的研究方面仍远远落后于发达国家。

5.3.2 “十三五”期间移动互联网产业发展趋势分析

（1）基于开源背景下发展我国核心技术。在主流技术开源开放的移动互联网时代，我国移动互联网产业界从开始就融入了全球的主流技术创新，在操作系统、芯片设计方面进行了一些局部技术创新，并取得了一定的市场份额。“十三五”期间，我国移动互联网产业界将会在全面提升核心技术能力的同时，加大对产业的掌控力度。与此同时，我国在消化吸收开源开放核心技术的基础上，建立起了诸如移动芯片、移动应用平台、新型操作系统、新型移动终端等自主的核心技术产业生态。

（2）创建我国自主移动互联网应用生态。我国互联网企业发挥原有优势，在我国移动互联网主要领域占据了主导地位，构建了本土的移动互联网应用体系，主要体现在：①跟踪原生操作系统的发展动态，进行有针对性的创新，推动应用商店等移动互联网特有业务的规模化发展。②利用业务模式与技术的创新，推动诸如移动浏览器、移动即时消息、轻量应用等新型业务平台迅猛发展，形成以超级应用为核心的移动互联网应用生态。③推动新型移动互联网业务不断创新发展，如借助LBS（location based service，即基于位置的服务）、移动支付等技术，实现线上与线下相结合，加速移动互联网向社会生活领域渗透的步伐。借助网络、终端硬件及人机交互等技术进一步升级，加速新兴应用发展，如可穿戴设备通过心率传感器实现对用户心率的实时监测，如人机交互AR/VR等体感技术将彻底改变用户与终端的交互体验，推动移动应用服务模式的不断创新。

（3）以移动芯片为契机推动集成电路产业创新升级。移动芯片不仅是我国集成电路发展的最重要领域之一，而且是集成电路产业创新的主要方向之一。通过“十二五”的努力，我国移动芯片产业界已全面缩小与国际主流水平差距，实现了从“无芯”到“有芯”的转变，为继续从“有芯”到“强芯”的升级奠定了良好的基础。与集成电路的其他领域相比，移动芯片在设计和制造两大环节已逐渐缩小与国际领先企业的差距。从设计的角度来看，在多核应用处理芯片、LTE多模多频通信芯片、集成型单芯片等关键产品设计方面，与国际主流水平的差距已缩小至一年以内。从制造的角度来看，我国已实现40纳米工艺量产，28纳米产线已初步具备量产条件，与国外相比，虽然存在3～5年的技术差距，但在国内实力不断增强的移动芯片厂商的推动下，芯片制造工艺水平将会加速提升。

（4）产业协同创新推动我国智能终端产业发展。在国家大力推动信息化及国内移动运营商网络快速建设的推动下，国内移动互联网市场实现了较大规模的发展。

近几年移动终端出货量的快速增长，必将带动我国移动终端在品牌影响力、高端拓展、协同创新等方面不断进取，在实现了一定时间段部分国产品牌的单款移动终端出货量超过苹果和三星的情况下，通过国产芯片厂商与终端厂商联动协同创新、缩短开发周期、降低成本、增强市场竞争实力，实现出货量的长期领先。在占据低端市场主导地位的同时，借助国产芯片企业实力不断增强之势，国内移动终端厂商将合力挺进位于利润最高点的中高端市场。

（5）移动互联网产业质量及安全保障要求增强，推动测试测量产业能力提升。伴随着 TD-SCDMA 的全面商用，我国已形成了基本完善的支撑 2G/3G 制式测试测量产业链。随着 LTE 的建设，相关测试测量企业正在大力完善支持 LTE 及其 2G/3G 制式多模测试测量仪表系统全面商业化，逐步由国内市场拓展到海外市场。

5.4 移动互联网产业发展重点案例

2012 年中国移动互联网应用企业年营收总规模超过 2 000 亿元，其中腾讯、阿里巴巴、百度营收过百亿元；网易、搜狐、当当营收超 50 亿元；营收过 10 亿元的企业有 30 余家。腾讯公司创收能力最强，全年营收超过 400 亿元，占 100 强企业收入总和近五分之一，稳坐我国移动互联网应用企业的领头羊位置 [4]，见表 5-2。

表 5-2　2012 年中国移动互联网应用企业 100 强前五位 [4]

排名	名称
1	腾讯（深圳市腾讯计算机系统有限公司）
2	阿里巴巴（阿里巴巴集团）
3	百度（百度公司）
4	网易（网易公司）
5	搜狐（搜狐集团）

（1）腾讯。腾讯是目前中国最大的互联网综合服务提供商之一，也是中国服务用户最多的互联网企业之一。市值超过 350 亿美元，是全球市值仅次于谷歌和亚马逊的互联网公司。腾讯目前已形成了即时通信业务、网络媒体业务、无线互联网增值业务、互动娱乐业务、互联网增值业务、电子商务业务和广告业务七大业务体系，初步形成了“一站式”在线生活的战略布局（图 5-2）。腾讯的成功归功于以即时通信为核心业务，以及以营销策略灵活性、战略性与前瞻性并驱的多元式发展策略。

（2）阿里巴巴。阿里巴巴网络有限公司是全球领先的电子商务公司，于 1998 年 12 月在开曼群岛注册成立。1999 年 3 月阿里巴巴中国在杭州成立，为 B2B（business to business，即商家对商家电子商务）交易提供软件及技术服务。经过几年的飞速发展，作为电子商务巨头，阿里巴巴 90% 以上的交易来自 PC 端 [6]。随着中国消费者

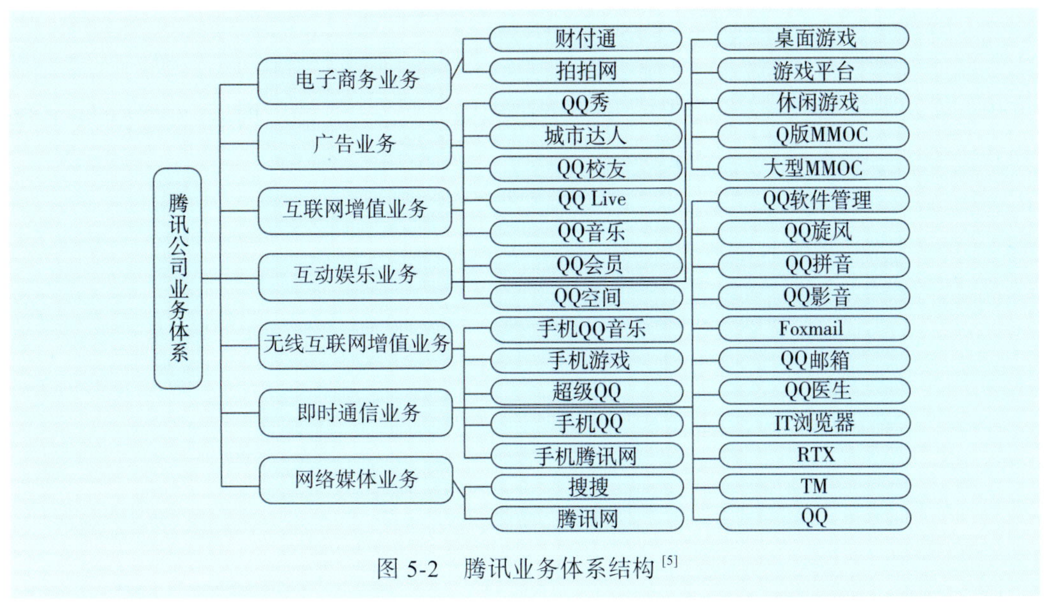

图 5-2 腾讯业务体系结构 [5]

越来越多地使用移动设备开展各种在线活动，阿里巴巴开展了一系列行动树立起自己在移动商务市场的霸主地位。例如，开发淘宝、支付宝、旺信等手机应用，发展云 OS 手机操作系统，与国内手机厂商合作生产云手机。2013 年 4 月，阿里巴巴以 5.86 亿美元换得新浪微博 18% 的股份。2013 年 5 月，阿里巴巴收购中国移动地图公司高德软件 28% 的股份。借助高德提供的数据，阿里巴巴可以向智能机用户提供基于地理位置的广告和产品信息。2014 年 6 月 11 日，阿里巴巴集团与 UC 优视宣布联合，实现中国互联网史上最大规模的合并。

5.5 促进移动互联网产业发展的政策建议

坚持政府前瞻引导、企业市场化运作，以市场需求为导向，以满足市场需求为目标。强化以应用为牵引的网络融合的创新及实施。加速以宽带、融合、安全、泛在为特征的下一代信息网络建设，实现信息基础设施城乡全覆盖局面，突破后 4G 和 5G 无线通信、近场通信、全光网和未来网络关键技术等新一代网络核心关键技术，推进移动互联网络技术创新、以移动互联网为基础的新兴应用拓展和新型网络建设的互动结合，创新产业生态链，加快新兴服务产业生态培育，提升国际竞争能力，推进我国移动互联网产业实现由大到强的转变。

坚持国际化原则，采取开放合作的方式，积极整合国内外智力、技术和资本，充分利用全球先进资源发展壮大我国移动互联网产业。在经济已逐步进入全球一体化的时代，发达国家正逐步将研发环节向发展中国家转移，这为发展中国家加快科技创新和技术进步创造了难得的机遇。当前，我国移动互联网的创新发展已与国际同步，已具备了在移动互联网核心技术领域内开展国际科技合作的基础和条件，因此积极开展跨国技术合作及转移，最大限度地吸纳和利用国际创新资源，已成为现阶段实现技术跨越、提升自主创新能力的重要机遇和途径。

参考文献

[1] 工业和信息化部电信研究院 . 移动互联网白皮书（2013 年），2013.

[2] 工业和信息化部电信研究院 . 移动互联网白皮书（2014 年），2014.

[3] IDC. 全球移动电话 2014 ～ 2018 年预测及分析报告，2014.

[4] 中国互联网协会 . “中国互联网 100 强”（2013）发布 . http：//www.isc.org.cn/zxzx/xhdt/listinfo_27097.html，2013-08-05.

[5] 张军杰 . 中国互联网企业发展模式探析——以腾讯为例 . 经济与管理，2011，（25）：43 ～ 46.

[6] 凤凰科技 . 华尔街日报：阿里巴巴拥抱移动革命 . http：//tech.ifeng.com/internet/detail_ 2013_09/ 29443006_0.shtml，2013-09-09.

第 6 章

网络空间安全产业

程　静　孟　丹　石晓虹　刘科科　王德勇　徐心毅

【内容提要】本章提出了网络空间安全产业的概念及范畴，通过产业链和面向对象两个维度系统地分析了我国网络空间安全产业的发展现状、趋势及存在的问题，并指出应优先重点发展的产业方向。“十三五”处于全球网络空间技术的重大变革期，国际格局正发生深刻调整，我国必须抓住变革机遇期，利用好国内优势，实现技术、产品和服务产业链各环节协同发展，尤其应重点发展国家关键基础设施网络空间安全产业，加强安全服务体系建设。

网络空间译自英文“cyberspace”一词，是指由信息技术基础设施构成的相互依赖的网络，是在线交流发生的载体，包含在各行业中所使用的互联网、电信网、计算机系统、信息或通信系统以及嵌入式的处理器和控制装置等。

网络空间安全问题是伴随网络空间的发展而产生的。网络空间安全的核心就是要保障国家网络空间不受外来侵害。“十二五”期间工信部出台了《信息安全产业“十二五”发展规划》[1]，促使我国信息安全产业取得显著发展，我国信息安全技术取得了一定的自主创新突破，形成了一系列安全可控产品，具备了一定产业规模，产业链初步形成。作为网络空间安全产业的重要组成部分，信息安全产业的发展为网络空间安全产业的发展奠定了良好的基础。“十三五”期间，网络空间安全产业应继续强化技术的自主创新，注重技术、产品和服务的协同发展。从国家安全和长远发展考虑，应优先发展国家关键基础设施的网络空间安全产业，在目前网络空间相关产品尚无法实现全面国产化替代的条件下，需优先发展网络空间安全服务产业，并逐步带动整个产业的蓬勃发展。

6.1 网络空间安全产业的概念及范畴

网络空间安全产业是保障国家网络空间安全的战略性新兴产业，为国家关键基础设施、企业信息系统及公共应用系统提供可持续的安全技术、产品和服务。在“十二五”信息安全产业发展的基础上，我国网络空间安全产业具备了一定的自主创新能力，形成了一系列安全可控产品，产业规模初步形成。“十三五”期间我国需要结合新一代信息技术产业的发展趋势，积极推进网络空间安全产业建设的重大转型，将传统的信息安全产业整合升级为新安全态势下的网络空间安全产业，促进产业链各环节协同发展，努力打造完整的自主安全产业链。

网络空间安全产业链可分为安全技术、安全产品和安全服务，如图 6-1 所示。其中，安全技术是网络空间安全产业的基础，创造核心价值，是产业竞争的根本，主要包括可信计算技术、密码技术、安全认证技术、主动防御技术等；安全产品面向市场需求，主要包括安全芯片、国产操作系统、加固计算机等；安全服务包括面向党政军、国家关键基础设施，企业信息系统，以及公众用户的公共网络空间安全服务。目前我国正逐步通过国产化替代来实现自身安全，应优先保障国家关键基础设施安全，大力发展针对国家关键基础设施各领域行业用户的安全服务产业。通过提供外部保障来维护自身安全，为全面国产化替代赢得时间。

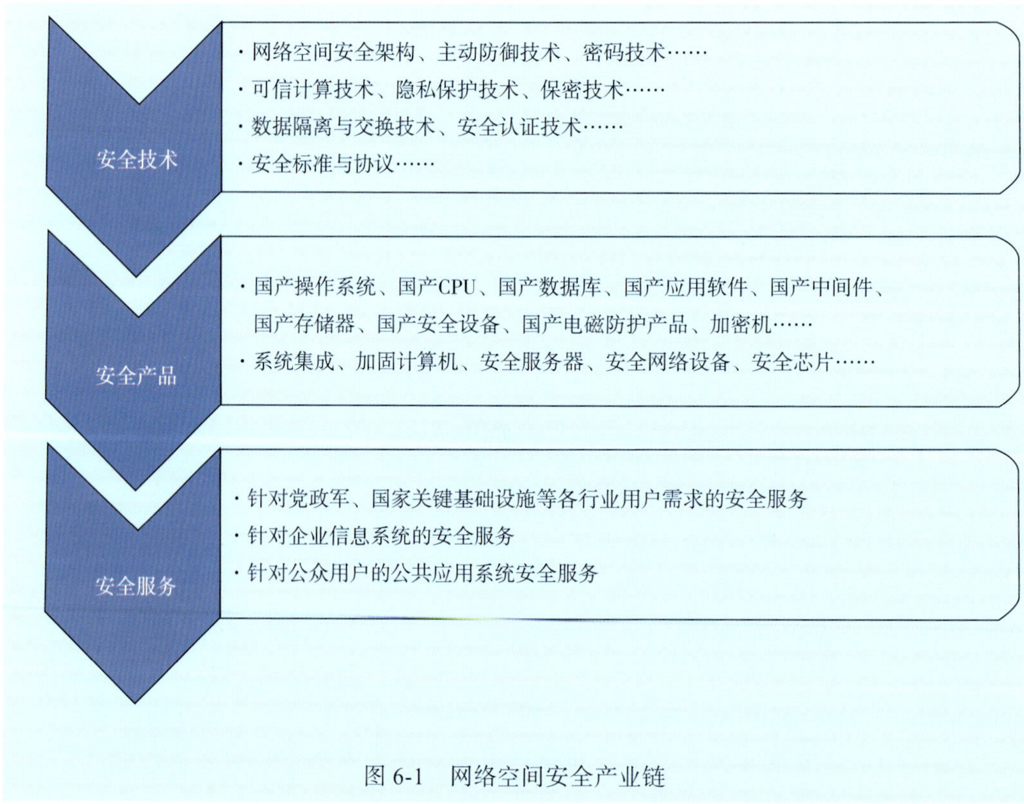

图 6-1 网络空间安全产业链

6.2　网络空间安全产业发展现状分析

“十二五”期间，我国信息安全产业取得了一定发展，具备了一定的产业规模，通过产业链及其面向对象两个维度可综合反映我国网络空间安全产业的发展现状及趋势（图 6-2）。产业链维度包括技术、产品和服务，面向对象维度包括个人、企业和国家。两个维度互相交叉，在国家层面，核心安全技术、安全产品缺乏，安全服务体系尚未形成；在企业层面，安全技术、安全产品取得一定发展，安全服务刚刚起步；在个人层面，安全技术和安全产品较为成熟，安全服务没有得到足够重视。“十三五”期间应优先发展国家层面的网络空间安全产业，重点发展针对国家关键基础设施各行业用户的安全服务产业。

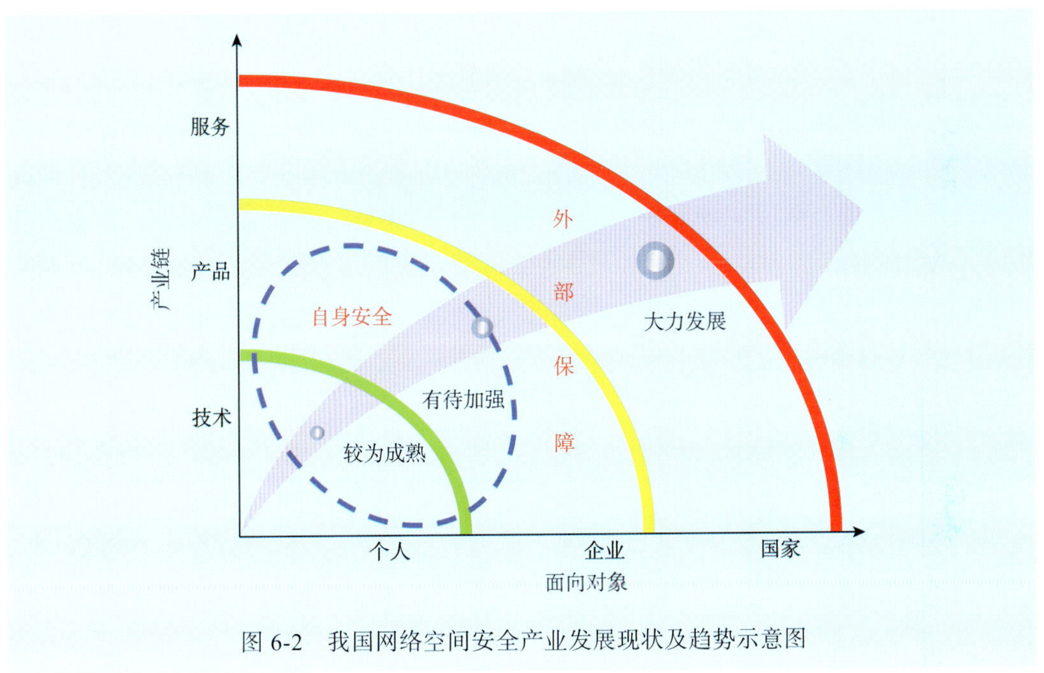

图 6-2　我国网络空间安全产业发展现状及趋势示意图

6.2.1　网络空间安全产业发展总体现状分析

1. 产业规模初步形成

在国家力量和市场驱动的有效结合下，我国网络空间安全产业已形成相当规模。一方面，产业规模不断扩大。据《信息安全产业“十二五”发展规划》显示，2010 年我国信息安全产业规模为 182 亿元，预计到 2015 年将突破 670 亿元 [1]。根据赛迪智库的统计数据，2012 年我国信息安全产业规模为 366 亿元，到 2013 年已达 438 亿元。根据 2014 年第 1 季度数据，我国信息安全产业规模增幅接近 25%，增速进一步增长，预计全年增速能达到 30%，产业规模总值将达到 550 亿元 [2]。以此速度，到

“十二五”末，我国信息安全产业规模将突破700亿元，超过规划预期。另一方面，企业数量不断增加，相对集中的国家示范信息安全产业园及产业各领域的优势企业都已出现，这些产业园和优势企业对网络空间安全产业的发展有积极的引导和促进作用。

2. 自主创新能力有所增强，突破国外技术垄断成为可能

随着新一代信息技术的快速演进，我国的技术创新、自主研发、成果转化能力不断增强，计算、传输、存储、感知能力持续高速提升。特别是在虚拟化、云计算、物联网、移动互联网、大数据等网络空间安全产业相关技术领域的研究取得重要进展，一些较成熟的技术已进入网络空间安全的应用阶段。同时，国际上呈现技术快速迭代、产业颠覆性变革等新趋势，产业格局深度调整，突破国外技术垄断成为可能。

3. 安全产品逐步完善

经过长期的攻坚克难，我国网络空间安全产品日趋完善、初步具备体系化发展基础。在处理器方面，推出基于65纳米～45纳米工艺的飞腾、申威、龙芯处理器。在操作系统方面，发展中标麒麟、银河麒麟等操作系统。在计算机方面，华为、浪潮、曙光、联想采用INTEL Xeon处理器推出通用服务器；中国电子科技集团公司采用INTEL ATOM微处理器推出微服务器等。

4. 安全服务引起重视

在服务标准方面，积极开展建设网络空间安全服务的管理规范和标准制定，用以指导网络空间安全服务工作的开展；在配套工具方面，针对军队、政府、企业各类用户的不同需求，积极研发构建网络空间安全服务配套的工具和产品；在安全服务平台方面，积极打造网络空间安全服务平台，促进网络空间安全服务产业能力的提升。

5. 标准规范日趋完善

我国网络空间安全标准体系的建立已经取得初步成绩，从1993年起，相继制定并发布了一系列信息安全相关法律、行政法规、部门规章等文件。在国家政策的指导下，各级政府部门建立了相应的政策研究和执法监督部门。各用户单位成立了相应的信息安全责任部门，建立起内部的信息安全管理体系，将信息安全工作纳入了单位的日常运行管理考核体系之中。这些工作有效地促进了我国网络空间安全防护体系的建立与运转。

6.2.2 国家关键基础设施网络空间安全产业

国家关键基础设施是指那些出现失效或破坏后，会严重影响国家安全、社会稳

定、经济发展和人民生活的物理存在或抽象的系统和资产。新时期发展下，随着计算机和网络技术的快速发展、信息化与工业化的深度融合，国家关键基础设施对信息技术的依赖不断加深。运用网络技术对关键基础设施进行攻击呈现多样化趋势，各国关键基础设施面临的安全威胁与日俱增。在我国，国家关键基础设施网络空间安全产业得到了空前重视，但由于起步晚、起点低，关键技术和产品受制于人的问题没有得到解决。

1. 国家关键基础设施网络空间安全产业国际现状及我国发展水平

以美国为例，其拥有世界上最先进和最庞大的基础网络和信息系统，是网络空间安全产业发展最迅速的国家，不但掌握核心安全技术和安全产品，而且网络空间安全服务也较为成熟。2014 年 8 月 11 日，美国政府宣布成立了一个全新的数字服务部门团队——美国数字服务团队（United States Digital Service，USDS），以负责诸多政府网站的数据服务，旨在加强电力、运输和电信等国家关键基础设施部门的网络安全，并为这些部门提供专业的安全维护、安全评估、技术分析、应对措施、策略制定等安全服务。

我国政府对网络空间安全的重视程度和政策扶持力度的增强，大大推动了我国网络空间安全产业的快速发展；但我国网络空间安全产业整体起步较晚，缺乏整体规划以及健全的机制。在我国国家关键基础设施领域，一方面由于需求背景和应用环境千差万别，不同应用领域和行业的网络安全水平和产业化程度呈现出极强的行业特点；另一方面，我国国家关键基础设施网络空间安全产业全面滞后，既缺乏自主可控的核心安全技术和安全产品，也缺乏相应完善的安全服务体系，市场需求迫切，产业发展空间巨大。

2. 国家关键基础设施网络空间关键产品分析

目前，国家关键基础设施网络空间安全产业发展明显滞后于各行业本身的发展，没有形成核心技术产品，也没有规范的安全服务体系。尽管已经开始核心信息技术产品的国产化替代，但距离实现安全技术和产品的全面国产化替代尚需时日。需要通过加强外部保障，即通过全方位、专业的安全服务来确保国家关键基础设施的网络空间安全。

发展国家关键基础设施网络安全服务，可以重点从安全咨询服务、监测预警服务、安全防御服务、综合风险评估、应急响应、国产化替代、等级测评与认证和安全培训等方面入手，根据产业需求提供个性化、模块化、有针对性、可持续的安全服务。

3. 国家关键基础设施网络空间安全产业链及产业环境分析

网络空间安全边界的模糊化使得国家关键基础设施成为未来网络攻击的主要对象。我国基础软硬件技术受制于人，缺乏安全整机技术和安全服务能力保障技术；

长期处于关键基础设施控制系统状态不可监、攻击不可阻、漏洞不可补、供应链不可控的状态；产业化成熟度较低，缺乏高质量的专业服务供应商，安全服务产业生态环境和人才建设处于滞后状态。

4. 国家关键基础设施网络空间安全产业重点技术分析

结合我国关键基础设施网络空间安全服务的发展现状，未来的发展趋势将是“完善产品与工具、建立体系、行业探索、综合支撑”。需要重点发展以下技术。

（1）可信身份验证技术。基于综合监管链的身份认证方法，使系统或网络中所有端点都能够得到验证，从而使各端点之间的身份验证信息在任何时候都能够可靠传输。

（2）基于社会工程学的态势感知技术。面对网络空间攻击手段的层出不穷和日益复杂，传统基于因果关联分析法、事件统计法、本体模型法的态势感知技术已无法适应，基于社会工程学理论，将人性心理弱点、本能反应等人类行为习惯与协议深度解析过滤与应用还原技术相结合，可实现对攻击行为的有效预测。

（3）特种木马及 APT（advanced persistent threat，即高级持续性威胁）攻击识别技术。从分析特种木马在植入、潜伏、活跃各个阶段的不同特征以及 APT 攻击经常采用的典型攻击行为入手，突破木马行为辨析与漏洞分析技术，可发现、识别、测量、跟踪特种木马及 APT 攻击。

（4）大规模多层次网络空间主动防御技术。重点研究网络安全自动化、基于主机的安全系统快速反应测试、高级计算机网络访问控制、网络空间冲突规避、网络隐形、协同策略可信性研判等相关技术，实现大规模网络空间安全部件的协作、多层次的主动协同防御，有效提高网络空间整体安全防御强度。

6.2.3 企业信息系统网络空间安全产业

企业信息系统是经济活动的重要载体，如果受到破坏会使企业和各人的财产、利益、隐私受到危害，严重影响经济发展。目前我国企业信息系统网络空间安全产业具备一定规模，安全技术取得了一定突破，形成了一批系列安全产品。

1. 企业信息系统网络空间安全产业国际现状及我国发展水平

从资金投入和厂商规模的角度来看，我国的企业安全产业与国际市场依然存在较大差距。根据 Gartner 的一系列报告显示，2014 年整个大中华区企业用于信息安全的支出约为 30 亿美元，是北美地区的十分之一，见图 6-3。如果按照当前的发展趋势，这一比例到 2017 年为止并不会有太大改变。而全球产出最高的 10 个企业安全厂商，也没有国内安全厂商能够入围。

2. 企业信息系统网络空间安全产业的关键产品分析

根据 Gartner 的分类标准，可将企业安全产品分为四个大类，包括身份认证和访

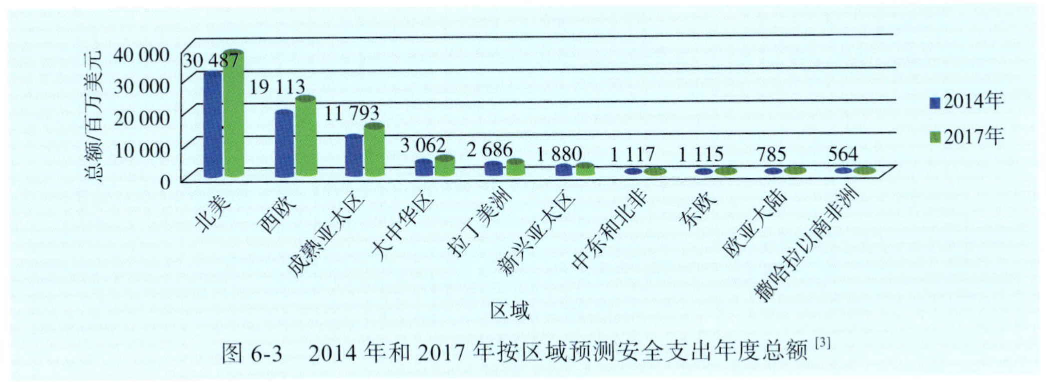

图 6-3　2014 年和 2017 年按区域预测安全支出年度总额 [3]

问控制产品、网络安全设备、企业基础设施保护和安全服务。

（1）身份认证和访问控制产品。身份认证是在计算机网络中确认操作者身份的过程，而访问控制是按用户身份及其所归属的某项定义组来限制用户对某些信息项的访问，或限制对某些控制功能的使用。随着我国企业规模的不断扩大以及互联网应用的普及和多样化，身份认证和访问控制产品的重要性也越来越凸显。目前国内的主要厂商包括飞天诚信、天威诚信等。

（2）网络安全设备。网络安全设备是指对企业网络通信进行防护，以及防止攻击者通过网络对企业信息系统进行入侵的安全设备，主要包括防火墙、入侵监测系统、VPN（virtual private network，即虚拟专用网）和抗 DDoS 系统等。当前网络是企业信息传送的主要渠道，部署网络安全设备则是企业保护自身安全的基础之一，网络安全设备的优劣会直接影响企业安全的其他方面。目前国内的主要厂商包括绿盟科技、启明星辰、天融信等。

（3）企业基础设施保护。企业基础设施保护是指对企业的数据库、Web 服务、邮件服务等基础设施提供安全防护。当前随着网络经济的快速发展，越来越多的企业开始提供在线经营的模式，而数据安全的重要性在此时就越发凸显。数据库、Web 服务、邮件服务是攻击者入侵企业并窃取数据的主要途径，其重要性毋庸置疑。目前，国内的主要厂商包括思福迪、安恒、绿盟科技、网康科技等。

（4）安全服务。网络安全与业务特性具有很强的关联性，所以安全技术和产品往往需要经过大量的配置和运营工作，主要专业人员才能使用。而企业自身维护这样的安全专业人员往往代价过高。所以除了技术和产品外，提供安全专业服务正变得越来越重要。然而国内的安全服务更多倾向于咨询和规划，对安全运维尚有不足，主要厂商包括谷安天下、信安世纪、汇哲科技等。

3. 企业信息系统网络空间安全产业的产业链及产业环境

从产业链角度来看，目前国内的企业安全产业正逐步完善，国产化程度不断提高，基础软硬件平台也渐渐摆脱对国外厂商的依赖。但是厂商间的同质化竞争严重，高端技术和产品创新乏力。其产业环境主要具有以下几方面特点。

（1）国家层面的重视将带来产业快速发展的机遇，而相关法律法规的执行以及对企业合规性的要求，将会持续促进企业安全市场的需求。

（2）不断发生的各类安全事件以及各种安全普及教育，正在促使企业用户提高安全意识。

（3）互联网和企业业务正处于多样化的时期，云计算、虚拟化、大数据、移动网络等带来的网络环境变化，使得安全需求也开始多样化，对创新和产品进化有着促进意义。

（4）政策法规方面对创新和知识产权保护的不足，以及丛林法则和恶性竞争的现状，在一定程度上抑制了创新和发展。

4. 企业信息系统网络空间安全产业的产业重点技术分析

目前保障企业网络安全所涉及的技术种类繁多，从普遍性和前沿性考虑，其中最为重要的包括以下几个技术。

（1）异常检测。异常检测主要是指基于行为及流量模型来发现系统的异常行为。其具体过程如下：首先，构建被保护系统中主体（用户、进程等）的正常访问系统、客体（数据、系统等）的正常行为基线或网络流量特征模型；其次，检测时通过判断是否违背正常行为基线（或网络流量特征模型）来识别异常行为（或异常网络流量）。这种基于行为模型的异常检测方法可提高发现未知安全威胁、系统未声明功能及应对 0day 攻击的能力。

（2）安全信誉技术。安全领域的信誉可指对网络中指定主体行为的长期表现及其被关注属性内容不具有危害性的可信性评估，如 IP 信誉、Web 信誉、ID（identity，即身份）信誉等。安全信誉是基于历史数据的动态评估值，可以由权威机构评测或依据多安全检测设备的评测结果的加权评估得到。必要时可通过对关注对象进行持续评估，构建安全信誉库 。

（3）威胁感知。通过安全产品互联构成的威胁感知网络，实现网络安全威胁情报（如系统的漏洞及补丁配置信息、报警信息、审计日志等）及其他影响网络或系统安全状态变化的各种因素的信息的快速采集、管理与智能分析（统计、关联、融合、预测等），预测网络或系统安全状况的发展趋势，评估其所面临的安全风险。

（4）安全云。这里是指利用云和虚拟化技术，基于虚拟化安全产品、SaaS（Software as a Service，即软件即服务）化安全服务以及安全运营平台，构建能够为用户提供安全监护服务的安全云。

（5）安全闭环运营。闭环通常用于描述反馈控制系统，是指将系统输出量的测量值与所期望的给定值相比较，利用测量值与期望值的偏差对系统进行调节控制，使输出值尽量接近期望值。在安全威胁情报的采集、智能分析及态势评估的基础上，通过洞察网络全局安全态势，及时优化、调整安全防护策略，实现安全威胁的实时发现、快速响应及主动预防。每经过一次完整的闭环周期（威胁感知、态势评估、快速响应、主动预防），都可能有效实现网络状态的改善。

6.2.4 公共网络空间安全产业

公共应用系统是与人们日常生活密切相关的信息系统，主要包括电子商务与电子政务。伴随着信息化的发展，人们日常生活对公共应用系统的依赖日益加深。公共网络空间安全产业是指保护个人财产不受损害、个人隐私不受侵犯、网络活动健康规范的技术、产品和服务。我国公共网络空间安全产业发展较为成熟，具备一定的安全技术能力，安全产品丰富。

1. 公共网络空间安全产业的产业国际现状及我国发展水平

市场调研公司 Gartner 在 2014 年 6 月发布报告称，2013 年全球安全软件市场增长 4.9%，达到 199.72 亿美元，全球安全软件企业营收前 5 名见表 6-1。以增长较为突出的 IBM 为例，IBM 于 2013 年 8 月收购了一家来自中东专注于金融业安全的企业 Trusteer，其产品能够帮助企业对抗恶意软件和网络欺诈，促使 IBM 安全软件业务营收增长 19.08%，达到 11.36 亿美元，超越日本杀毒软件公司趋势科技，成为全球第三大安全软件厂商。可见，公共网络安全产业有巨大的产值增长空间。

表 6-1 2013 年全球安全软件企业营收前 5 名 [4]

公司	2013 年营收 / 亿美元	2013 年市场占比 /%	2012 年营收 / 亿美元	年增长率 /%
赛门铁克	37.38	18.7	37.47	−0.24
迈克菲	17.45	8.7	16.80	3.87
IBM	11.36	5.7	9.54	19.08
趋势科技	11.10	5.6	11.72	−5.29
易安信	7.60	3.8	7.18	5.85
其他	114.83	57.5	107.66	6.66
合计	199.72	100.0	190.37	4.91

我国安全软件用户数以亿计，对安全产品需求量庞大，但人口红利并没有带来相应的经济收益。虽然形成了一定的产业规模，如奇虎 360、百度、金山、瑞星、腾讯等企业，防火墙、漏洞检测、防病毒等安全产品种类丰富且普及度较高，但缺乏核心安全技术，产业总体上仍处价值链中低端。我国安全企业奇虎 360、百度、瑞星等企业纷纷采用免费模式扩大市场占有率，但安全服务模式有待开发。目前我国尚无有国际影响力的安全软件企业，公共网络空间安全产业整体处于短板。

2. 公共网络空间安全产业的关键产品分析

公共网络空间安全关键产品主要包括以下几种。

（1）云 WAF（web application firewall，即网站侧应用防火墙）产品。伴随云计算的发展和应用的深入，云平台承载大量的重要信息资源。因此基于 Web 安全、云端数据安全的 WAF 产品是未来安全防护系统的重要组成部分。

国内安全公司奇虎360、百度、启明星辰等推出的云WAF产品有网站安全检测免费平台、网站卫士。相比传统网络安全设备与产品，基于云的网站和重要信息系统安全保障产品具有显著的成本优势、数据库动态更新升级优势，并可大大提高攻击检测的有效性，同时云WAF产品对ISP（Internet service provider，即互联网服务提供商）与云计算基础设施提供商提高云服务安全性也有重要意义。

（2）终端安全产品。我国是世界网民第一大国，智能终端设备数量庞大。终端安全产品主要是由北信源、奇虎360、金山、冠群金辰等公司推出的终端安全管理系统。以奇虎360的“天擎”产品为例，通过建立一个拥有海量样本数据的黑白名单库，研发了基于机器学习的海量样本自动化检测引擎、恶意文档检测引擎、轻量级沙箱动态行为检测引擎、在线攻击实时阻断系统等恶意攻击检测和防护的关键技术。天擎终端安全管理系统是面向大型企事业单位，以安全防御为核心、以运维管控为重点、以可视化管理为支撑、以可靠服务为保障的全方位终端安全解决方案，为用户构建能够有效抵御已知病毒、0day漏洞、未知恶意代码和APT攻击的新一代终端安全防御体系。

3. 公共网络空间安全产业的产业链及产业环境

公共网络空间安全产业从依附信息产业逐步向规模不断壮大的专门产业转化。公共网络空间安全产业生态体系发展较为成熟，具体由基础软件与元部件提供商、软硬件与服务提供商以及综合服务提供商和渠道代理商组成。

“十二五”期间，我国公共网络空间安全产业抓住发展机遇，市场规模稳步扩大，产业潜力得到充分激发，带动产业规模持续扩大，已经形成了较为完善的产业环境。公共网络空间安全产业环境主要包括：

（1）庞大的用户规模提供良好的产业发展基础环境，尤其是大数据安全、云安全等依赖海量用户促进技术创新与突破的领域。

（2）云安全服务成为主要的发展方向，软件与服务对产业主导能力加强。产业盈利模式发生改变，产业价值从直接产值向间接产值转变。

（3）网络信息安全学科人才建设、社会化人才培养等取得一定进展，有助于产业多层次人才的涌现和储备，有利于产业长期可持续健康发展。

（4）国家信用体系逐步完善，为公共网络空间安全产业快速发展提供强有力的支撑。公众网络安全产品提供商主要有奇虎360、百度、金山、瑞星、江民、腾讯安全，主要提供产品技术服务。产业集群初具规模，但缺乏能带动整个产业发展、有国际影响力的龙头企业。

4. 公共网络空间安全产业重点技术分析

我国公共网络空间安全产业重点技术包括白名单技术、云安全技术。我国本土安全企业面对国外政府在网络安全领域实施高科技禁售的产业局势，借助中国网民数量巨大的先天优势，通过自主创新攻破诸多技术难题，敢于抢占安全技术制高点，不断打破欧美等发达国家在网络安全高科技产品领域的垄断地位，而且在关系到未来信息技术产业健康发展的云计算、大数据等领域的关键安全技术上取得了一定的突破。

（1）白名单技术。白名单技术主要适用于终端安全、移动互联网安全、云安全等场景。通过终端恶意软件实施的网络攻击，已成为各国政府、重要信息系统单位等面临的最主要的安全威胁。通过白名单机制防范终端未知恶意软件的渗透攻击，已成为国际网络安全领域的发展趋势。我国公共应用系统大量采用赛门铁克、迈克菲、卡巴斯基等国外终端安全软件。但这些国外终端安全软件采用的是传统的黑名单库的技术，只能查杀已知的恶意软件。而目前更为先进的基于白名单技术的终端安全产品，美国则出于国家安全的考虑，对华实施禁售。我国部分安全企业通过自主创新已经掌握基于白名单机制的终端安全软件技术，这对打破国外垄断，增强民族安全企业信心具有重要意义。

（2）云安全技术。云安全是继“云计算”和“云存储”之后出现的“云”技术的重要应用，已经广泛运用于反病毒软件，发挥了良好的作用。云安全是我国互联网安全企业创造的概念，在国际云计算领域独树一帜。云安全技术是取代本地特征码扫描技术的新型查杀技术，可利用云计算技术实现自动收集、自动对比文件，实现高效杀毒和检测恶意软件。我国网络安全企业运用白名单技术，利用自主创新的人工智能识别引擎，实现了电脑上的客户端软件与云安全数据中心服务器协同工作，并且利用云计算技术和积累的海量文件知识库资源，全面、快速、准确地查杀最新木马、未知木马等恶意程序，解决了传统杀毒软件滞后于木马病毒、资源占用庞大的问题。

6.3 我国网络空间安全产业发展问题及趋势分析

6.3.1 我国网络空间安全产业发展面临的问题分析

1. 产业生态尚未形成

我国网络空间安全产业处于转型过程中，普遍存在产业链结构单一、资源利用效率不高、耦合关系不明显、企业共生关系不紧密等问题，各相关产业间相互关联、相互协调、相互配套的关系比较松散，与理论上产业生态圈内企业共生的高效能流与物流的对接存在较大的差异。目前，我国对于网络空间安全产业相关配套的管理制度建设和组织职能设立尚需完善。

产业风险投资欠缺，阻碍网络空间安全技术成果的产业化进程。与美国等发达国家相比，我国政府目前在网络空间安全方面的预算明显偏低，2012 年美国政府的安全预算为 65 亿美元，中国政府为 4 亿美元，只有美国的 6%。在更广泛的商业市场中，美国的信息安全支出是 43 亿美元，中国则只有 0.8 亿美元，不到美国的 2%[5]。

我国网络空间安全企业运用知识产权的水平有了很大的提高，虽然很多企业意识到了知识产权的重要性，但是保护知识产权的意识仍然不高，难以形成完备的产业知识产权保护体系。

2. 产业链各环节缺乏协同发展

网络空间安全技术和产业发展是整个信息技术产业发展的重要保障。但网络空间产业存在的安全效益与经济效益的双重性，产业链上下游结构的异质性，以及安全技术、产品和服务的广泛化与非标准化等特征，决定了网络空间安全产业的良性发展必须依赖政府对网络空间安全产业的导向作用。然而事实上，政府在引导网络空间安全产业构建全产业链体系上的重视程度不够，缺少基于产业链内市场环境与企业能力的产业链体系设计，在搭建综合性网络空间安全产业的服务平台以及资源整合等方面也少有作为，同时在融资体系、税收政策、人才培养、产权保护等方面都落后于产业发展步伐，因此网络空间安全产业目前局限于单个或几个安全企业在技术、产品、服务或平台等方面初始的联合发展，清晰完整的产业上、中、下游链条分布、产业协同发展逻辑和机制以及配套的产业政策和体系机制等都未形成。因此，需要政府在构建网络安全产业链体系上花大力气予以引导。

企业是构成网络空间安全产业的创新主体和主导力量，但囿于政府缺乏引导和大多数企业对网络空间安全产业竞争态势和产业链作用机制缺乏正确解读，单个企业在制定和形成其发展战略的过程中，往往只关注自身技术研发或市场开拓，而忽略对全产业链协同发展的结构设计和机制安排，因而使其并不具备为产业链协同发展所必需的功能接口。即便是部分企业嵌入网络空间安全产业链协同发展中，但由于对产业链协同机制缺乏深刻了解，实际上参与企业在一些关键产业链业务流程和环节并没有得到有效整合。这种产业链协同的内在机制在制度安排上存在缺陷，限制了产业链协同的畅通和有效性。

3. 核心关键技术受制于人

我国网络空间安全产业核心关键技术受制于人，关键设施网络安全防御能力较弱。我国重要信息系统、关键基础设施中使用的核心信息技术和关键服务依赖国外，对国外产品的安全隐患和风险掌握不清；我国党政军机关及重要行业的办公用计算机，几乎全部使用国外操作系统或办公软件。重要信息系统的信息化架构在国外软硬件基础产品之上，存在软件后门、芯片逻辑炸弹等安全隐患。据 CNCERT（National Computer Network Emergency Response Technical Team/Coordination Center of China，即国家计算机网络应急技术处理协调中心）监测数据显示，2013 年我国境内有 1.5 万台主机被 APT 木马控制，有 6.1 万个网站被境外通过植入后门实施控制。

4. 核心关键产品依赖进口

目前国家关键整体防御能力较弱，关键基础设施、重要信息系统基本采用商用技术和产品。相关商用技术和产品的基础和核心技术均来自国外，国内的安全加固产品所使用的基础、核心芯片、软件等也基于国外的技术和产品研发而来。在这种情况下，我国网络空间安全保障根基不牢，面临极大风险。我国关键基础设施所使用的工控系统装备几乎完全依赖进口，这是我国网络空间安全的一大软肋。

5. 安全服务体系不完备、缺乏规范

网络空间安全服务是支撑国家网络空间安全不可或缺的重要环节，同时也是我国信息安全产业链中的薄弱环节。当前我国缺乏高质量的专业服务供应商，国家网络空间安全保障体系的建设相对匮乏，尤其是在目前相关专业人才严重短缺的情况下，人力保障与实际需求之间存在巨大的矛盾，造成服务体系建设不完善，尤其是面向重要和关键用户的服务体系发展相当滞后。

6. 人才结构和人才规模无法满足需要

网络空间安全产业的竞争不仅仅是技术和产品的竞争，更重要的是高素质安全人才的竞争。我国在网络空间安全产业链的发展尚未完善，相关人才体制建设有待进一步加强。网络空间安全人才相对分散，无法形成合力。在人才培养结构方面，国家还未在网络空间安全领域建立完整的教育培养体系。因此，网络空间安全产业人才结构和规模都存在严重不足。

6.3.2 “十三五”期间网络空间安全产业发展趋势分析

1. 核心技术自主创新

我国目前面临着网络空间安全核心技术受制于人的不利局面，美国把持着网络核心协议、操作系统、标准规范、高端芯片等核心技术，掌握着以互联网为代表的网络空间核心资源和运营模式，形成了强大的网络空间技术优势和主导地位。为了从根本上摆脱上述困境，我国在“十三五”期间势必突破一些具有较大自主创新性的核心前瞻性技术，如APT、云安全、物联网安全、移动互联网安全、大数据分析与处理安全等技术。核心技术是整个网络空间安全产业的基础和支撑，只有解决了核心技术，才能提供高质量的产品和体系完备的服务。因此，突破具有自主创新的核心技术既是解决我国当前网络空间安全问题的根本途径，也是未来“十三五”期间网络空间安全产业发展的必然趋势。

2. 逐步实现国产化替代

为了维护国家网络安全、保障我国核心利益，我国已将网络空间安全提至国家战略高度，已经开始整合资源并提出相关法规政策。2014年5月20日，中央国家机关政府采购中心通知要求，中央机关采购的所有计算机类产品不允许安装Windows 8

操作系统。早在2006年，我国就开始了“核高基”专项，在此基础上，国产信息安全产品技术发展迅速，在功能、性能、安全、服务上已经完全能够满足政府及企事业单位的需要。因此，逐步实现网络空间安全产品国产化替代既是实现我国网络空间安全产品“自主创新、安全可控”的必由之路，也是未来“十三五”期间网络空间安全产业发展的必然趋势。

3. 服务产业化

网络空间安全服务是网络空间安全产业体系的重要组成部分。未来的网络空间安全服务将主要通过向用户提供咨询、外包、培训三类主要的服务产品，帮助其持续维持和改进自身的安全水平，此类服务应涵盖安全咨询、监测预警、风险评估、渗透测试、应急响应、培训教育等。着力推动网络空间安全服务产业化建设，一是要在大力倡导技术创新的同时，建设网络空间安全服务的管理规范和标准，用以指导网络空间安全服务工作的开展；二是积极研发构建网络空间安全服务配套的工具和产品，针对军队、政府、企业各类用户的不同需求，打造网络空间安全服务平台，促进网络空间安全服务产业能力的提升；三是要培育结构合理、高素质的网络空间安全服务人才队伍，为网络空间安全服务产业发展提供支撑。

6.4 网络空间安全产业发展重点案例

6.4.1 中国电子科技集团公司打造我国网络空间安全产业龙头企业

中国电子科技集团公司（简称中国电科）在信息安全及其相关领域有长达50年的积累，掌握信息安全领域的多项核心技术与产品。围绕国家信息安全战略，打通技术、产品、服务产业链环节，改革自身机制、重组自身资源、联合社会资源，以合作开放的做法，推动国家网络空间安全保障。构建信息领域，尤其是核心器件、基础软件领域的平台和工具保障能力，弥补国家在此重要领域的空白。核心产品通过研究、开发实现自主，其他产品通过引进消化、吸收和再创新做到可控。

中国电科已经在网络空间安全靶场、舆情综合分析数据中心等领域开展规划和建设工作，提升我国在网络空间的威慑、反制能力。国家级网络靶场能对大规模复杂异构网络研究进行高逼真度仿真，将成为我国验证各种网络攻防对抗的国家级资源，为我国网络空间攻防能力带来革命性飞跃。国家级互联网监测平台能为全面掌握网络舆论动态，实现舆论引导提供决策支持。监测平台通过对互联网涉恐信息进行挖掘分析、情报整编，提供多渠道的查控预警手段，能够有力地提升反恐维稳能力。

当前，国内信息安全企业普遍规模较小，相对国外大IT公司，其实力和竞争力较弱。中国电科整合优势资源，组建中国电科网络信息安全有限公司。公司业务分为基础安全产品、国家战略安全业务和公众安全业务三大类。其中，基础安全产品支撑国家战略安全业务和公众安全业务的发展；国家战略安全业务作为保障党政、军队和重要行业信息系统安全的基础，其发展必将引领基础安全产品的研究方向；公众安全业务作为规模发展的重点，将带动基础安全产品和技术的研究，也将推动国家战略安全业务的核心技术和产品不断更新换代、滚动发展。

6.4.2　北京神州绿盟科技有限公司作为“巨人背后的专家”致力于保障企业网络安全

企业是市场经济活动的主要参加者，企业网络安全是我国市场经济繁荣的重要保障之一。北京神州绿盟科技有限公司（简称绿盟科技）是国内最早从事企业网络安全业务的企业之一，总部位于北京。2014 年 1 月 29 日，绿盟科技于深圳创业板上市，表现出在这一市场的雄厚实力，并得到了客户的认同。

绿盟科技在全国设有 30 多个分支机构，并在美国和日本设有分公司。该公司是第一批国家信息安全服务试点企业，第一批具有国家级应急服务处理资质、ISCCC（China Information Security Certification Center，即中国信息安全认证中心）一级应急处理服务资质（国内最高安全服务资质）的企业，是第 29 届奥运会安全保卫工作协调小组信息网络安全指挥部技术保障单位，同时也是担任第 29 届奥运会信息网络安全技术专家的单位。绿盟科技具有强大的科技研发实力和技术成果转化能力，曾先后获得第一批国家高新技术企业、北京市企业技术中心、北京市软件和信息服务业“四个一批”工程首批企业、海淀区重点企业、海淀区重点创新型企业和中关村国家自主创新示范区首批“十百千工程”重点培育企业、2010 年度国家规划布局内重点软件企业等诸多荣誉。

为了保障企业网络安全，绿盟科技多年来持续研究关键技术，拥有国内最具实力的安全研究团队之一，协助微软、Sun、Cisco 等公司解决了 40 个以上的系统安全漏洞问题，共同保护用户的利益不被安全隐患所侵害。绿盟科技建立并维护的全球最大的中文漏洞库已经成为业界广泛参考的标准，拥有一大批有特色、具有自主知识产权的创新技术，拥有软件著作权 40 余项，申请专利 100 项。

绿盟科技以企业巨人背后安全专家的姿态，为企业网络安全提供保障，客户遍布政府、运营商、金融、能源、互联网、教育和医疗等各大行业。基于产品具备的强大市场竞争力，绿盟科技还走出国门，开始进军国际商场，在美国、日本、欧洲等地扩展用户。由于在实际应用中防护作用出色，绿盟科技还收到国际网络运营商 Black Lotus 的多次公开致谢。

6.4.3　奇虎 360 助推中国打造免费安全和免费杀毒服务的互联网大国

奇虎 360 的免费安全产品建立了“免费安全”的创新信息安全服务模式，通过提供免费的云安全服务，在积累庞大免费用户的基础上，再提供增值收费服务，取得了良好的经济效益。奇虎 360 公司 2011 年 3 月 30 日在美国纽约交易所成功上市，并经市场验证了这一模式的可行性。

个人免费安全模式保证了安全软件的高普及率，降低了中国恶意代码感染率，节约了用户成本，目前中国成为全球最早全民享有免费安全和免费杀毒服务的互联网大国。“十二五”期间，我国恶意代码感染率大幅下降。2013 年 11 月微软发布《微软安全情报报告》（卷 15）指出中国恶意软件感染率持续下降，比 2012 年降低了 19%，在全球计算机数量最多的 10 个国家中，中国的恶意软件感染率降幅最大[6]。

此外，奇虎 360 的个人免费安全技术与产品还走出国门，通过投资进入海外市场。从 2011 年开始，奇虎 360 在巴西陆续投资 3 000 万美元，控股了一家巴西本土的安全公司——巴西电脑安全科技股份有限公司（PSAFE 公司）。目前，该公司已经成为巴西排名第一的网络安全公司。截至 2014 年，PSAFE 公司在巴西已经拥有 3 000 多万名个人电脑用户，占巴西可上网个人电脑用户的 34%，是巴西最大的个人电脑安全产品。

6.5 促进网络空间安全产业发展的政策建议

1. 鼓励自主创新，掌握核心技术

以应用为导向，重点攻关网络空间安全核心技术。推动可信计算、APT 攻击行为识别、云安全等新兴技术互相结合，实现融合发展。以提升企业创新能力为出发点和落脚点，培育和扶持掌握核心技术的网络空间安全企业，促使企业将重心从短期行为转移到长期的技术研发中，促使技术、资金、人才等创新要素向企业聚集。加强网络关键设备和核心技术的研发和推广，提高重点行业和重要信息系统中联网设备软硬件的国产化水平，提升软硬件产品和服务的自主可控能力。

2. 统筹制度和市场优势，建立良性发展的产业生态圈

完善相关法律法规，加大对风险投资的政策支持力度，引导其向网络空间安全企业倾斜。从注重单项关键核心技术突破向注重价值网络构建方面发展，以用户为中心，以市场为导向，不断完善创新政策体系，以技术创新破解网络空间安全企业同质化问题。支持知识产权的创造和运用，强化知识产权的保护和管理，鼓励企业建立专利联盟。完善高校和科研机构知识产权转移转化的利益保障和实现机制，建立高效的知识产权评估交易机制。加大对具有重大社会效益创新成果的奖励力度。

3. 鼓励创新商业模式

鼓励网络空间安全产业的商业模式创新，完善网络空间安全产业的基础设施和服务体系，包括信息网络、技术创新平台、配套设施等，为商业模式创新提供多种

可能性。营造公平竞争的市场环境，适当放松管制。加快产品目录、准入规定、审批流程等政策修订，吸引和引导社会资本进入网络空间安全产业领域，给具有自主知识产权的创新产品创造便利条件，加快产品进入市场的步伐。紧密关注对国民经济发生重大影响的商业模式创新，并且进行深度挖掘。改革一些既有的可能阻碍破坏式创新的制度，或者在改革实施前为创新主体提供个别政策优惠。

4. 出台产业扶持政策

加强网络空间安全产业扶持政策顶层设计系统化，提高政策可预期的稳定性，并实现与原有政策的有效对接。制定完善网络空间安全人才扶持政策，按照战略型人才、实战型人才、研发类人才三个层级，打造人才梯队，并给予相关荣誉与激励。联合高等院校、研究机构和产业部门，逐步完善网络空间安全学科的建设，形成完整的培养体系。建立科学的培训机构，加快专业人才的培训。加大对国内网络空间安全企业的扶持，通过专项资金、税收优惠、能源资源等政策，支持有条件的企业尽快开展和推广网络空间安全服务。制定既有利于产业发展，又注重营造公平竞争市场环境的扶持政策。

审稿：吴曼青

参考文献

[1] 工业和信息化部软件服务业司 . 信息安全产业“十二五”发展规划，2011.

[2] 赛迪智库信息安全走势判断课题组 .2013 年信息安全产业规模 438 亿元，同比增长 19.4%.2014 中国信息化论坛（第一季度），2014.

[3] Gartner.Public cloud servies，worldwide，2011—2017，2013.

[4] Gartner.2013 年全球安全软件市场增长 4.9%. http ://www.zdnet.com.cn/files/mobile/article.php?id=3023896，2014-06-16.

[5] Gartner，奇虎 360. 互联网时代的企业安全发展趋势，2013.

[6] 微软公司 . 微软安全情报报告 . http: //safe.zol.com.cn/412/4125023.html，2013-11-14.

第 7 章

可穿戴设备产业

陈益强　王双全　陈晓明　陈志波　高　文

【内容提要】本章给出了可穿戴设备的参考定义，并结合典型产品，分析了可穿戴设备功能分类与市场应用情况。同时总结了“十二五”期间我国可穿戴设备产业发展的价值经验，并重点分析了可穿戴设备产业在市场应用与产业化以及技术研发等方面存在的问题，在进一步归纳、分析可穿戴设备产业发展趋势的基础上，给出了可穿戴设备产业发展所需重点突破的技术方向。最后，从规划重大工程、特殊政策扶持以及鼓励中国特色产品等方面提出了促进我国可穿戴设备产业发展的政策建议。

随着软硬件技术、关联基础设施和应用服务市场的不断成熟，可穿戴设备产业在我国经济社会发展中已经体现出越来越重要的作用。

首先，可穿戴设备是未来移动互联网的重要载体和支撑，而发展移动互联网是促进经济发展方式向信息消费转变的重要方向。目前，移动互联网市场规模已经发展到与电视用户相当的数量，大量的新型应用和商业模式不断涌现。根据国务院发布的《关于促进信息消费扩大内需的若干意见》制订的目标，到 2015 年信息消费规模将超过 3.2 万亿元。大力发展可穿戴设备产业是实现这一目标的关键环节之一。

其次，可穿戴设备产业已成为信息产业发展最快、竞争最激烈、成果转化最迅速、创新资源集聚最多的领域之一，也已成为柔性电子、脑机交互等新材料、新技术、新模式集中呈现的焦点。这不仅带动了可穿戴设备产业链上下游的成熟和壮大，还辐射至传统领域，提升了医疗、家居等关系密切行业的信息化水平，推动了如智慧医疗、智慧家居的信息化产品问世。而智能手表、智能眼镜等融合丰富感知能力的可穿戴设备更是体现出无穷的潜力和巨大的商业价值，吸引国内外巨头竞相布局，正在开启一个新的计算时代[1]。大力发展可穿戴设备产业已成为提升自主创新能力、推动产业升级、建设创新型国家的迫切需要。

最后，可穿戴设备将成为未来我国人民获取和利用信息的重要载体。可以预计，随着 4G、免费 WiFi 热点的广泛布设，还将不断涌现出更丰富的应用平台及个人产品，改变人民的生活方式，提升人民的生活质量。因此，大力发展和普及可穿戴设备，是提升社会信息化水平不可或缺的部分，也是建成小康社会的重要基础条件。

综上所述，发展可穿戴设备产业，在全社会普及相关设备，是推动信息消费，促进经济发展转变的迫切要求；也是促进产业升级，建设创新型国家的迫切要求；更是提升人民生活水平，全面建成小康社会的迫切要求。

7.1　可穿戴设备参考定义

可穿戴设备（或可穿戴计算设备）的历史可以追溯到 20 世纪 70 年代。从那时起，加拿大的史蒂夫•曼（Steve Mann）等学者就开始进行可穿戴计算机的研究工作，后来还研发出了类似于今天谷歌眼镜的 EyeTap 可穿戴设备。史蒂夫•曼给可穿戴设备所下的定义为：可穿戴设备是被纳入用户个人空间和被用户控制的，可由用户持续操作和交互的，并且可持续运行的计算机设备[2]。而国际信息咨询公司 IHS 在其 2013 年发布的《可穿戴技术——市场评估》白皮书中给出的参考定义则更强调了可穿戴设备的用途和网络特性，其大意是：可穿戴设备是用户可以穿戴或者佩戴的，用于增强用户体验等多种用途的，具有无线网络连接能力和一定独立计算能力的设备[3]。

7.2　可穿戴设备产业发展现状分析

7.2.1　我国可穿戴设备产业的发展与市场规模

“十二五”期间，以智能眼镜、智能手环 / 腕带、智能衣物、智能佩饰为代表的可穿戴设备得到了快速发展，成为新一代信息技术领域的热点之一。虽然我国的可穿戴设备产业仍处于探索和市场培育阶段，但已经展现出良好的产业前景，其产品应用领域涵盖运动健身、医疗健康、社交娱乐、工业生产及军事等众多方面。“十二五”期间，我国科技公司和厂商（如百度、华为、中兴、奇虎 360、咕咚网、东软熙康和盛大果壳电子等）纷纷进军可穿戴设备产业，进行相关技术的研发、设备的研制生产和市场开拓。这些公司已经推出了各自的可穿戴设备产品，如 BaiduEye 智能眼镜、华为 TalkBand B1 智能手环、中兴 Grand Watch 智能手表、360

儿童卫士手环、咕咚手环、熙康行表和果壳智能手表等。艾媒咨询预计，到 2015 年我国可穿戴设备市场规模将有望超过 100 亿元，并达到 4 000 万台设备的出货量[4]。

7.2.2 可穿戴设备功能分类与应用市场

从佩戴部位来划分，目前市场上的大多数可穿戴设备分为放置在头部和手部两类；从功能作用上分类，目前可穿戴设备主要分为手机功能扩展、对自身行为感知与交互、对外部世界感知与交互三类。市场上具体产品有智能眼镜、智能头盔、智能手表和智能手环等。其中位于头部的眼镜与头盔类应用多集中在增强现实、游戏娱乐上，而位于手部的手表与手环类应用多集中在运动健身、医疗健康、手机信息提醒与社交上。

头部最典型的可穿戴产品为美国谷歌公司研发的谷歌智能眼镜 [图 7-1（a）] 以及美国虚拟现实设备开发商 Oculus VR 推出的 Oculus Rift 电子游戏头戴式显示屏 [图 7-1（b）]。前者内置多种传感器如定位芯片、动作传感器、摄像头等，通过软件实现增强现实导航、实时照片和视频以及社交互动等应用，将虚拟世界与现实世界有机融合，增强用户对外部世界的感知与脱手交互。后者是一款虚拟现实显示器，能够令使用者身体感官中的“视觉”部分如同身临其境地进入游戏之中。该设备与以索尼 HMZ 系列为代表的头戴显示设备有较大区别，Oculus Rift 提供的是虚拟现实体验，其戴上后几乎没有“屏幕”这个概念，用户看到的是整个世界，极大地增强了用户在游戏娱乐时的沉浸式交互体验。

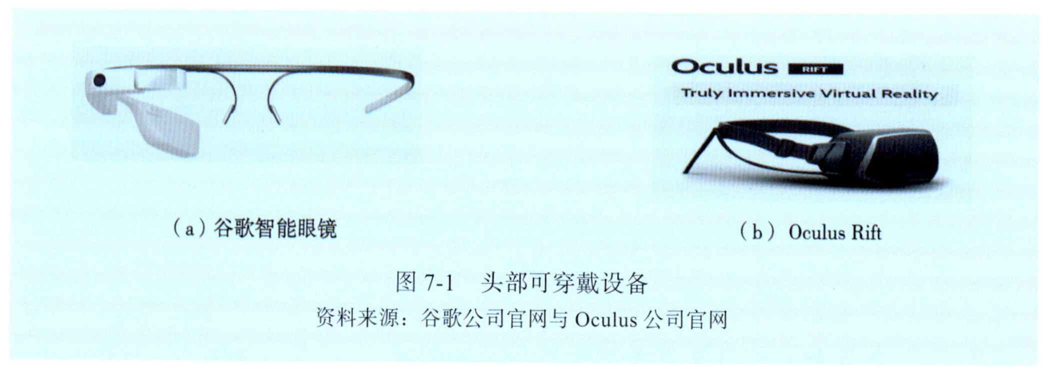

（a）谷歌智能眼镜　　（b）Oculus Rift

图 7-1　头部可穿戴设备

资料来源：谷歌公司官网与 Oculus 公司官网

手部最典型的可穿戴产品如美国 Pebble 科技公司的 Pebble 智能手表 [图 7-2（a）] 和美国 Fitbit 公司出品的 Fitbit Flex 智能手环 [图 7-2（b）]。前者多通过蓝牙连接智能手机，主打来电、短信等消息及时提醒核心功能，以减少用户在特殊情境下遗漏重要信息的可能。后者多用于记录用户生活中的运动、行为、睡眠情况等数据。这些数据可被上载到用户的移动设备进行分析和处理，用于指导和改善用户的生活习惯。

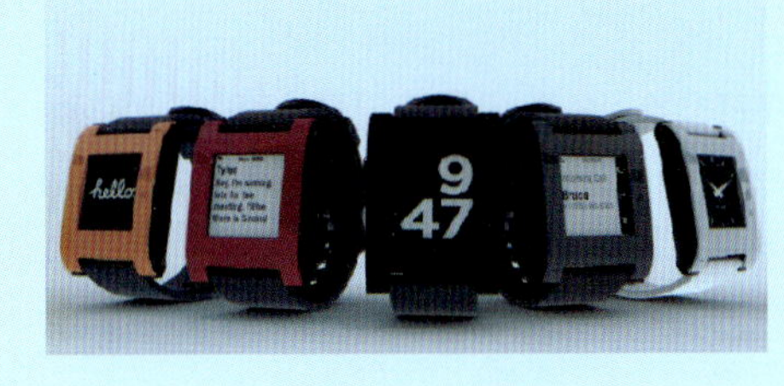

（a）Pebble智能手表

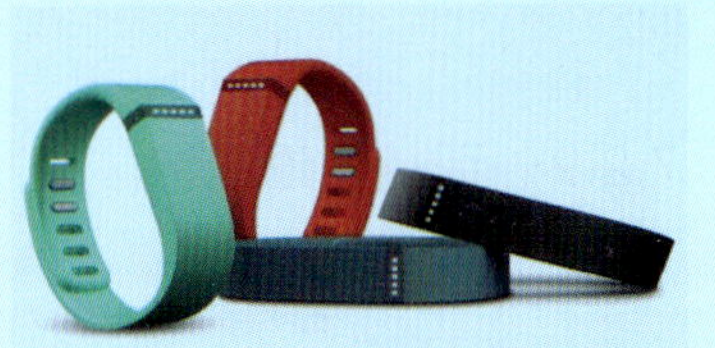

（b）Fitbit Flex智能手环

图 7-2 手部可穿戴设备

资料来源：Pebble 智能手表官方演示视频 与 Fitbit 公司官网

当然，除以上两大类之外，目前可穿戴设备的种类也出现了快速增加，如具有传感功能的服装、智能戒指、智能项链、智能手套和智能鞋等，还有一些专业性可穿戴设备，如可穿戴脉搏血氧仪、动态心电图测量仪等。

总体而言，可穿戴设备产品的市场应用主要是以用户为中心设计，以核心应用为重点导向，包括但不限于：①健康应用。可穿戴设备可以实时、连续、准确地监测特定生理参数以及行为参数，极大地弥补了传统诊疗方式的不足。面向健康应用的可穿戴设备具有庞大的用户群体，需求明确，用户黏性大，且容易形成良好的商业运营模式。②游戏娱乐应用。可穿戴设备将人从显示屏和键盘、鼠标、遥控器等束缚中解脱出来，可以实现更加自然的交互、更为有沉浸感的体验，极大地提升用户黏度。③新型社交应用。基于可穿戴设备的新型社交应用与用户现实生活结合得更紧密，可以扩展社交分享的内容和形式，具有很好的用户吸引力。已有社交平台（如微信等）与可穿戴设备的结合是此类应用的发展趋势之一。④智能手机的配套扩展设备。智能手机拥有庞大的用户群体，但存在特定场景下使用便捷性不足等问题。可穿戴设备不仅在使用方式上可以对智能手机进行扩展，还可以增加智能手机的功能。

目前，世界上众多公司在可穿戴设备各个应用领域的参与情况如图 7-3 所示，可以看出，这些世界知名公司对可穿戴设备产业的巨大发展潜力拥有共识。

7.2.3 “十二五”期间我国可穿戴设备产业的发展经验及问题

“十二五”期间，我国可穿戴设备产业仍处于发展初期，国内各大厂商和研究机构正在进行技术积累和市场培育，可穿戴设备产业尚未形成完全成熟的产业模式和机制。然而，在此过程中，我国可穿戴设备产业的发展仍然取得了众多成果，积累了一些有价值的经验：①以用户为中心细分市场。与移动终端等大众市场不同，可穿戴设备产业面临细分市场。不同的消费者群体，或者在不同消费阶段可能拥有完全不同的功能需求。通过挖掘用户特点，深入分析细分市场的需求，才能创造更大的市场空间，避免产品的同质化和恶性竞争。②以体验为中心设计研发。可穿戴设备比其他产品更加易于融入用户日常生活，甚至成为人体的一部分。设备使用和穿戴的非干扰性、材料的舒适度、设备续航能力、操控的方便性、产品的安全性以及隐私保护能力等，都将决定末端用户的体验和感受，进而决定产品的实际市场接受

图 7-3　可穿戴设备的主要应用领域以及有关公司在各应用领域的参与情况 [3]

度。只有真正以用户为中心的精心设计，才能让可穿戴设备进入用户的日常生活。③以系统为中心提供服务。可穿戴设备不是孤立产品，而是物联网和移动互联网向纵深发展的支撑设备。可穿戴设备与云计算的结合，是产业发展的必然方向；众多异构可穿戴设备将为云计算平台提供实时海量数据进行分析处理，而云计算平台将为设备提供更好更广泛的服务支持。

与此同时，我国可穿戴设备产业的发展过程中，也逐渐出现了一些制约产业应用与技术的问题，有待于在“十三五”期间重点突破和解决。

首先，在市场应用和产业化方面，目前存在的主要问题包括：①可穿戴设备应用的生态系统碎片化严重。无论是现在已有的，还是即将推出的产品，几乎所有设备都运行于不同的应用平台，要满足所有这些环境而打造应用基本不可能。而事实上，越来越精致的应用程序才是可穿戴设备值得穿戴的关键。②可穿戴设备缺乏杀手锏应用。目前可穿戴产品功能过于单一，缺乏让众多消费者青睐的杀手锏应用，没有从根本上创造一种新的使用方式，多数还只是智能手机和平板应用的扩展。国内可穿戴设备品牌数目众多，过分强调设备而忽略以用户为中心的价值提升和产品设计；对用户需求挖掘不够，很难形成规模化使用，其总体还处于炒作概念、秀外观、压成本的阶段。③可穿戴产品缺乏面向中国特色需求的创新应用。目前国内可穿戴产品研制和产业化过程主要模仿学习国外经验，缺乏自主创新，并未以国内市场实际需求为根本。国内可穿戴设备产业与之前的互联网发展路径类似，本土涌现的产品多是模仿国外产品，缺乏真正满足中国特色需求的原创性产品设计。④对知识产权的保护力度不够。我国目前缺乏足够的知识产权保护力度，这导致如果抢在别人前面发布新品，那么作为先驱者的产品将成为被模仿的对象，这种讲究“只更新不创新”的产业氛围阻碍了创新的积极性。⑤数据隐私与安全等问题被忽略。目前少有厂家系统地规划数据的安全和隐私保护机制，而这恰恰是可穿戴设备的主要特点之一。这将使整个可穿戴设备产业存在潜在的巨大风险，可能随时都会爆发用户对整个产业的信任危机，应引起行业的重视。

其次，在设备及相关软硬件技术方面，出现的主要问题包括：①缺乏自主知识产权的软硬件平台。芯片（无论是通信部分还是计算部分）大多通过进口，操作系统主要利用国外开源软件系统。②微机电系统（microelectromechanical system，MEMS）传感器同质化严重。以智能手环为例，低端配件由于门槛较低，供应厂商聚集，导致竞争失序，产品良莠不齐，最后导致恶性竞争层出不穷，对产业发展极为不利。③以用户为中心的设计和技术研发未实现突破。这导致产品缺乏可穿戴性和舒适性，影响用户体验。例如，智能手表/手环等采用的柔性材料、柔性屏幕、柔性电路、柔性电池等工艺不成熟，降低了产品的佩戴舒适性。另外，手势识别、脑电信号感应等体感技术不稳健、不鲁棒（robust），使得臂环、头箍等可穿戴产品的人机交互能力受到限制。④设备续航能力不足，难以获得用户广泛接受。目前可穿戴设备依然沿用传统可充电锂电池，受体积和重量限制，可穿戴设备续航能力不足，导致用户频繁充电，降低产品的认可度和实用性。

7.3 我国可穿戴设备产业发展趋势及重点方向

7.3.1 可穿戴设备产业的发展趋势

从信息产业和信息产品的发展需求来看，第四次信息革命还在继续，计算平台开始向更小、更便携的方向发展。在物联网、移动互联网等浪潮的推动下，可穿戴设备将在整个经济生活的各个领域发挥巨大作用。可以预期的是，在后PC时代，云计算和嵌入式计算的发展和协同，将促进可穿戴计算的蓬勃发展。物联网、普适计算、社会计算、柔性电子等各个领域都将取得重大突破，促进整个信息产业的进一步发展。

可穿戴设备产业的发展趋势集中体现于以下几个方面。

1. 可穿戴应用生态系统平台聚焦化

类似于智能手机市场由Android系统和苹果公司iOS系统主导，可穿戴应用生态系统将逐渐往占有主导地位的平台聚集，这样的好处是开发人员可在减少工作量的同时占有较大的市场，从而让更多开发人员专注于核心应用的创新上。目前谷歌公司推出可穿戴应用平台Android Wear，代表了这一趋势越来越明显。

2. 可穿戴设备微型传感融入化

未来可穿戴设备的体积将逐步缩小，形态将更加多样化，最终“融入”眼镜、服饰等物体甚至人体中，“消失”在用户的日常生活中。这对可穿戴设备的微系统架构、软硬件模块的芯片化、电源供应、材质及制造工艺等技术都提出了严峻的挑战，未来这些方面将逐步形成突破，使得可穿戴设备真正融入人的生活。

3. 可穿戴设备云端系统化

可穿戴设备使得连续和大量的数据采集成为可能，通过云计算平台和可穿戴式设备的连接与协同，可以收集海量数据并进行存储和分析，挖掘更有价值的信息为用户提供服务。例如，基于海量连续个人生理指标监测数据，可以构建高精度的统计预测模型，显著提升疾病诊断和预警的准确度。同时，实时高效的云端协同也将保障服务提供的质量，提升用户体验和产品价值。

4. 以用户为中心的应用普及化

随着可穿戴设备产业的发展，在医疗健康、运动健身、游戏娱乐、社交等核心应用方面将逐步实现设备的普及，这些应用将在一次次用户更替中更加精确地把握对用户价值的提升，以增加产品黏度，最终将与运营服务商一起实现大范围普及。而通过普及化所获得的数据将经过分析后反作用于设备研制，以此形成良性循环，促进产业发展。

5. 新型可穿戴设备产业商业模式出现

传统的信息产业主要是从硬件或软件销售环节获得利润，这使得硬、软件售价居高不下，事实上形成了用户消费信息的门槛。在这种背景下，随着可穿戴设备的普及，服务提供商的获利方式将发生巨大改变，新的商业模式将随之涌现。例如，企业可通过向用户提供低售价甚至免费的设备，获取大规模用户数据，再从中挖掘有价值的信息以增值服务的方式形成销售。这种商业模式在运动健身、医疗健康行业已经初见端倪。可以预见，这些围绕可穿戴设备产业的商业模式创新将不断持续，硬、软件购置将不再成为门槛，数据和服务成为宝贵资源，用户将得到更廉价、更个性化、深入生活各方面的信息服务。

需要正视的是，国内产业界在部分相关技术领域尚处于追赶阶段，在技术研发、设备研制、示范应用和推广等方面需要国家进一步的引导和扶持；同时，社会对于新兴事物需要有一个逐渐适应、接受、普及的过程。这些都是可穿戴设备领域的潜在风险和广大企业需直面的重要挑战。

7.3.2 可穿戴设备产业的重点技术发展方向

可穿戴设备产业在“十三五”期间的主要技术发展方向涉及以下几个方面。

1. 微型精准传感器件

研制微型精准传感器件，一方面利用新技术和新原理，在实现高精度感知和抗干扰的同时，取代传统的物理、化学或生物传感器，实现传感器件与系统平台的融合；另一方面，利用新材料或新工艺，研制体积更小的同类型传感器件，减小减轻集成模块的体积和重量。研发芯片集成技术，利用集成电路工艺将传感器件、处理器和外围电路等无缝集成在同一芯片上，最大限度地降低系统体积和功耗。

2. 稳定可靠操作系统

在可穿戴设备领域，操作系统是制约整个生态系统的瓶颈。已有操作系统的移植或者简单修改只能适用于部分应用，难以满足普适性和通用性需求。面向可穿戴设备的操作系统具有以下几个共性特征：①轻量级。与传统 PC、平板电脑等设备的操作系统相比，受可穿戴设备的存储、计算等资源的限制，新的操作系统必须具有轻量级的特点。②互联互通性。可穿戴设备不是孤立的单个设备，需要和其他终端、设备实现数据通信。操作系统需要适应不同的通信方式和传输需求，保持设备间的互联互通。③实时性。操作系统在完成相应功能的条件下，需要满足应用对计算、传输等功能的时限性要求。④功能可裁剪。操作系统可以根据应用需求，对功能模块进行裁剪，减少系统的“体积”和资源消耗，实现系统对多样化应用的可定制。

3. 可穿戴微系统技术

可穿戴设备面临微体积、低功耗等核心技术挑战，传统 PC 和移动设备的系统架构难以满足上述要求，急需研究新型微系统架构，实现芯片、传感器件、通信和电源等模块的系统级融合。微系统架构必须采用低功耗的软硬件设计技术，包括低功耗感知技术、低功耗通信协议、低功耗分析算法等。与此同时，亟待研发光线充电（包括太阳能充电）、体热发电、运动发电、电磁发电等能量收集技术，在可穿戴设备中嵌入微型能量收集模块，降低甚至消除可穿戴设备对外部电源的依赖。

4. 新型人机交互技术

可穿戴设备受限于体积和屏幕尺寸等，缺乏 PC、平板电脑等设备的人机交互方式，无法通过键盘或鼠标进行输入，也不能通过大屏幕进行直观输出。面向可穿戴设备的新型双向人机交互技术将重点研究手势交互、语音交互、体感交互等新型交互方式以及全息呈现、触觉反馈等信息输出和展示技术，以提高信息输入的便捷性、准确性以及信息反馈的呈现能力和模态多样性。此外，可穿戴设备会无缝“融入”眼镜、服饰等物体甚至是人体之中，这对设备器件的形态和制造技术带来了新的挑战。近年来兴起的柔性电子技术，通过在柔性塑料基板上安装电子器件来构造柔性传感阵列、柔性屏幕等元器件，已成为此领域的研究热点之一。

5. 数据安全与隐私保护技术

相比于传统终端设备，可穿戴设备与用户的“距离”更近，获取的数据更多地涉及用户个人隐私，这就对数据安全和隐私保护提出了更高的要求，涉及硬件安全、存储安全、访问控制、权限管理等多项技术。将软硬件技术相结合，构建芯片级的安全内核，通过多状态（普通状态和安全状态等）切换避免信息泄露和外部攻击，这是目前的研究热点之一。

6. 可穿戴设备快速原型化技术

可穿戴设备产业竞争激烈，要求企业具有敏捷的市场反应能力、高效的产品研发周期和快速的产品推广能力。快速原型化（rapid prototyping）技术旨在提高可穿戴设备原型样机的研发速度，涵盖设计、加工、测试和用户验证等多个环节。快速原型化技术要求模块化可重构的硬件架构设计，可以满足应用对传感、计算、存储、传输等功能模块的选择需求，实现硬件平台的“多片式”模块化构建。新型 3D 打印技术、基于众包机制的产品测试和用户验证等可以缩短加工和测试时间。此外，构建相应的各级创新实验和体验平台也有助于实现可穿戴设备的快速原型化。

7.4 可穿戴设备产业发展重点案例

在可穿戴医疗领域，国外已经有了一些可借鉴的产品和服务模式。例如，美国 CardioNet 公司的心脏监控系统 MCOT（mobile cardiac outpatient Telemetry）（图 7-4）。MCOT 可以记录佩戴者 30 天的动态心电图数据。它可以自动地将这些数据传输至 CardioNet 公司的监控中心进行分析，并为佩戴者和医师提供诊断和治疗所需的报告。2013 年有媒体报道，美国联合健康保险公司（UnitedHealthcare）与 CardioNet 公司签订了三年的协议，将购买 CardioNet 公司的产品为其医疗保险客户服务。这一积极消息促使 CardioNet 公司的股票价值飙升[5]。

CardioNet 公司的 MCOT 是一个典型的利用可穿戴设备监测和治疗心律失常疾病的模式，而这可能只是可穿戴设备应用在医疗领域的冰山一角。很多实力雄厚的国际公司正在尝试探索更为广阔的医疗领域。例如，美国谷歌公司正在研制一种用来检测血糖的智能隐形眼镜（图 7-5）。该隐形眼镜可以通过分析人类眼泪中的化学成分来监测佩戴者的血糖水平。我们认为，在未来的几年里，此类技术和可穿戴产品将会越来越多，可穿戴医疗设备很有可能将迎来迅猛的发展。

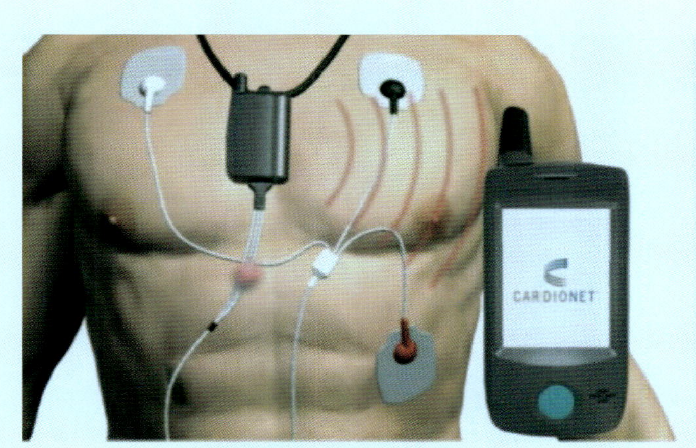

图 7-4　CardioNet 公司的 MCOT 心脏监控系统
资料来源：MCOT 官方演示视频

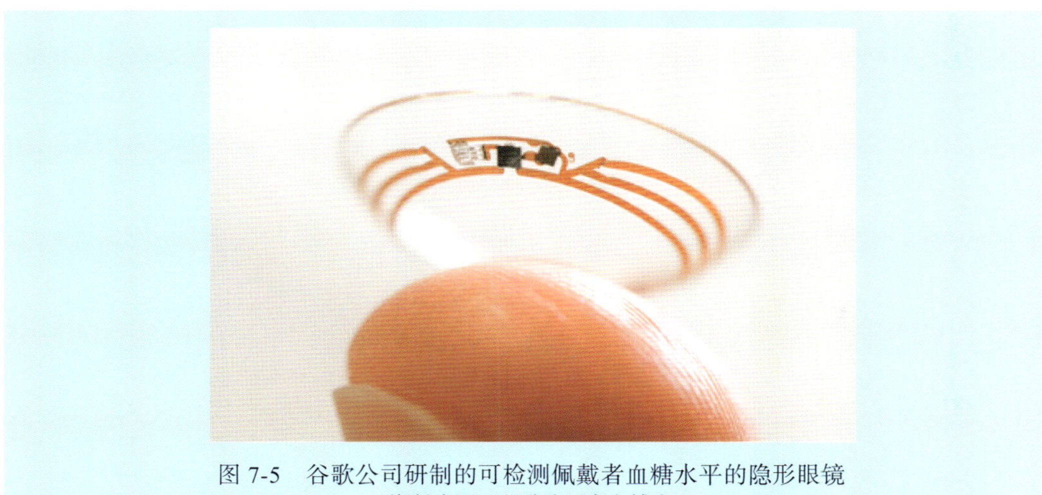

图 7-5　谷歌公司研制的可检测佩戴者血糖水平的隐形眼镜
资料来源：谷歌公司官方博客

7.5　促进可穿戴设备产业发展的政策建议

7.5.1　规划重大工程，产学研协同，突破核心关键技术

可穿戴设备研发涉及体系架构设计、软件开发、硬件设计与生产、测试等多个领域，单一企业或部门难以掌握所有相关核心关键技术。通过重大工程项目，可有效集中多家优势企业联合攻关，优势互补，有助于快速突破核心技术，缩短研发周期，节省研发成本。支持建立各级创新实验和体验平台，促进可穿戴设备的快速原

型化和迭代升级。

7.5.2　制定可穿戴设备产业扶持政策，以产业化带动技术研发

可穿戴设备的需求和产品形态具有多样性，技术研发不可能覆盖所有产品和需求。为此，应该重点支持市场用户接受程度高、能大范围普及的创新产品，在产品研制、生产和市场化等各阶段给予项目资助、贷款补贴以及税收减免等政策支持，从而以产业化带动技术突破，同时也形成技术的快速转化和应用。

7.5.3　积极鼓励和支持中国特色原创产品设计和应用

国外在部分相关技术方面领先于我国，其研发产品和技术的经验值得我们借鉴学习，但不可照搬或简单模仿，必须抓住我国市场的特点，以用户为中心，坚持自主研发为主，形成中国特色产品群。国家应对具有中国特色市场前景产品的设计和应用项目予以支持。

参考文献

[1] 工业和信息化部电信研究院 . 移动互联网白皮书（2014 年），2014.

[2] Mann S. Wearable computing as means for personal empowerment（Keynote）. International Conference on Wearable Computing ICWC-98，Fairfax，1998.

[3] IHS. Wearable technology–market assessment，2013.

[4] 艾媒咨询 . 2012—2013 中国可穿戴设备市场研究报告，2013.

[5] Reuters. CardioNet monitoring systems get insurance coverage，shares jump. http://www.reuters.com/article/2013/06/10/us-cardionet-insurance-idUSBRE95914T20130610，2013-06-10.

生物产业篇

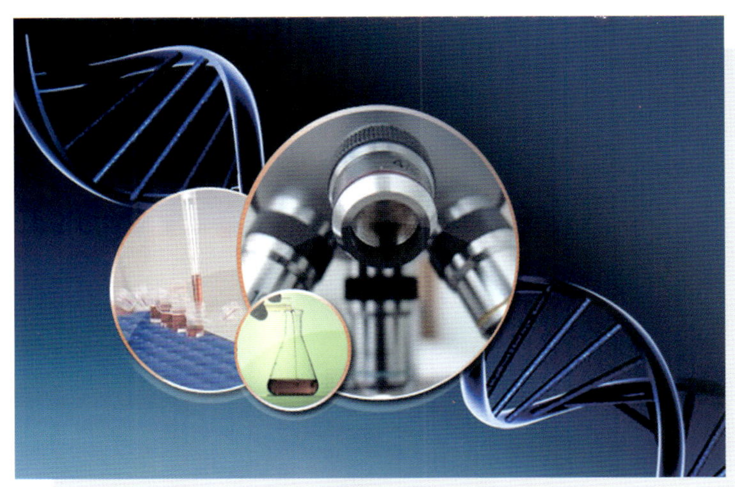

第 8 章

生物制造产业

谭天伟　曹竹安　岳国君　陈必强　武国庆

【内容提要】生物技术是当今国际科技发展的热点，将继信息技术后引领新一轮的全球科技革命，生物产业已经成为国际产业竞争的制高点。生物制造作为生物产业的重要组成部分，是实现生物产品产业化的重要的基础平台，包括以生物合成的方式来替代石油化工产品和珍稀自然资源，以及以绿色生物工艺取代传统化学工艺过程，对于我国产业升级、保障国家经济与国防安全、保护环境、提升人民生活水平具有战略意义。目前全球和中国的生物制造产业正处于技术攻坚和商业化应用开拓的关键阶段，提升技术创新能力和加快产业化进程至关重要。本章将选择生物制造产业作为重点，对全球生物制造产业的发展趋势以及我国“十三五”生物制造的发展重点方向进行深入的探讨。

生物产业是当今世界经济中正在蓬勃兴起和迅猛发展的一个战略性新兴产业。生物产业是以生命科学和生物技术为基础的知识密集型产业，是由生物医药、生物医学工程、生物制造、生物农业等产业构成的庞大产业群，具有自身的典型特点和发展趋势。目前生物产业正处于产业生命周期中的迅速成长阶段，对解决关乎人类健康、资源、环境以及农业、工业等人类社会的重大问题将产生深刻影响。目前，世界许多国家都不约而同地把生物产业作为新的经济增长点来培育，加速抢占“生物经济”制高点。

2013 年我国生物医药制造业和医疗器械分别实现产值 2.1 万亿元和 1 900 余亿元，同比增长 18% 左右。未来 3 年，我国生物产业产值年均增速有望超过 20%。生物医药产业方面，我国化学药和中药行业仍为主导，是拉动整个行业快速增长的主要力量。我国制药企业仍以仿制药为主，占95%以上。世界最大的医药与健康市场咨询公司（IMS Health）预计到2015年，全球药品消费量将达1.1万亿美元，其中仿制药将至少占60%～70%的市场份额，仿制药成为各国降低国内医疗成本同时将本国生物产品推向国际市场的重要手段。而随着牵引企业利润的“重磅炸弹”药品的专利到期，为了逾越所谓的“专利悬崖”，长期推行事业多元化的海外大型制药企业经营战略从“多元化”转向“选择与集中”，持续不断地向本公司最擅长的业务部分聚焦和集中。这样的战略转变，将给全球的制药行业重组带来重要的影响。

以医疗器械为标志的生物医学工程产业在我国起步较晚，但是行业整体发展速度较快，产业整体步入高速增长阶段。与美国、西欧、日本等发展强国和地区相比，其产业规模依然很小，在高端医学影像诊疗设备领域尤为明显。目前，90%以上的世界高端医学影像诊疗设备市场份额被通用电气（General Electric，GE）、飞利浦（Philips）、西门子（Siemens）等跨国企业占据。“十二五”期间，以上海联影医疗科技有限公司为代表的高端医学诊疗设备研发生产企业迅速成长，通过“人才”和“创新”两大战略，已经取得了令人瞩目的成果，创造了对产业格局重新洗牌的有利契机。领军企业的快速成长，将有效地带动上下游企业的发展，从而推动民族企业的真正崛起和全球产业格局的根本性改变。信息技术与生物技术的融合推动了可穿戴医疗设备与系统、康复工程及器械等产业的快速发展。以服务方式体现的干细胞医疗、基因测序服务、分子诊断和生物芯片检测服务、第三方检测服务等领域将成为“十三五”生物医学工程与生物服务产业新的生长点。

在动植物育种方面，我国农作物种业市场产值达到650多亿元，未来5～10年还将增加到900亿元以上。畜禽水产养殖量及产量均居世界前列，农业动物种业市场产值已达2 500亿元。我国农作物种业前50强企业已经占到了整个市场份额的30%以上。转基因产品在争议与质疑声中取得了新进展，截止到2013年年底，转基因抗虫棉品种累计推广面积达4.6亿亩（1亩≈666.67平方米）；转基因抗虫水稻和植酸酶玉米获准生产应用安全证书，产品具有国际竞争力。利用细胞工程技术培育出抗病优质小麦、水稻、蔬菜等作物新品种200余个，累计种植超过3亿亩。

生物制造作为生物产业的重要组成部分，包括以生物合成的方式来替代石油化工产品和珍稀自然资源，以及以绿色生物工艺取代传统化学工艺过程，对于我国产业升级、保障国家经济与国防安全、保护环境、提升人民生活水平具有战略意义。目前生物制造产业正处于产业生命周期中的迅速成长阶段。OECD预计到2030年，大约35%的化学品和其他工业产品将来自工业生物技术，生物制造产业的总产值将占全球生物产业约40%的份额，生物制造的经济和环境效益将超过生物农业和生物医药（生物制造与生物农业和生物医药在生物经济中的贡献率分别为39%、36%、25%）。据OECD报告统计，采用生物技术，化学品生产投资和生产成本可以降低10%～50%，能耗和水资源消耗可以降低10%～80%，环境污染物排放可减少20%～90%。世界自然基金会报告预测，到2030年，生物制造每年将可降低

10 亿～ 25 亿吨的二氧化碳排放，并具有更持久的减排潜力。

“十二五”期间，我国生物制造产业已经取得了长足的发展。2013 年全国发酵产业总产量达到 2 424 万吨，居世界第一位，产值达到 3 000 亿元。发酵制造水平也不断提升，主要产品的水耗、能耗比“十一五”期间也有了较大的改善。相关科研院所和企业已经在生物基产品转型和升级方面进行了一系列积极的尝试。目前全球和中国的生物制造产业正处于技术攻坚和商业化应用开拓的关键阶段，提升技术创新能力和加快产业化进程至关重要。

本章将选择生物制造产业作为重点，对全球生物制造产业的发展趋势以及我国“十三五”生物制造的发展重点方向进行深入的探讨。

8.1 生物制造产业的概念及范畴

8.1.1 生物制造的定义、范畴和分类

1. 生物制造的定义

生物制造是指以生物体机能进行大规模物质加工与物质转化、为社会发展提供工业商品的新行业，是以微生物细胞或以酶蛋白为催化剂进行化学品合成，或以生物质为原料转化合成能源化学品与材料，促使能源与化学品脱离石油化学工业路线的新模式。其主要表现为先进发酵工程、现代酶工程、生物炼制、生物过程工程等新技术的发明与应用，具有低碳循环、绿色清洁等典型特征[1]。

2. 生物制造的范畴和分类

广义的现代生物制造产业包含两类重点领域：①以可再生的生物质为原材料，进行大规模物质加工与物质转化，使其成为消费者、化工工业和能源工业可利用的产品和物质材料，实现生物质原料对化石原料作为工业基础原料路线的替代，又称生物基产品；②运用生物工艺——包括发酵工程、现代酶工程（以酶蛋白为催化剂）或其他生物催化剂等技术，在各类工业行业中实现绿色生物工艺对传统化学工艺路线的替代。

8.1.2 本章研究范围和组织架构

鉴于生物产业规划的其他报告已分别深入探讨生物医药 / 生物医学工程、生物农业、生物能源、生物环保等，因此本章重点探讨：①生物基产品，本章中主要是指生物基化学品，其中包含食品、保健品和以医药辅料应用为代表的生物基精细化学产品，以及生物基大宗化工原料和生物材料，此处不含生物能源、生物医药和生物农业；②绿

色生物工艺在其他新兴领域，如造纸、纺织、制革、采矿与勘探等的应用。

8.2 生物制造产业发展现状分析

8.2.1 生物制造产业发展总体现状分析

生命科学和生物工程是继第五次科技革命——信息技术革命之后影响人类发展至关重要的第六次科学技术革命，为解决长期困扰人类的能源、环保、健康等一系列问题提供重要的突破口。由此引发的生物产业革命正成为下一轮国际产业竞争的焦点，是全球各经济强国的战略重点。生物制造与生物医药、生物医学工程、生物农业、生物能源、生物环保等是生物产业的重要组成部分。

2013 年，全球生物制造规模约 1 700 亿美元①，过去 10 年的平均年增长率约为 9%，但依然处于行业发展的早期阶段。随着工业生物技术的突破以及下游商业化应用的不断开拓，预计未来 5 ～ 10 年生物制造业将加速增长，年均增速将超过 15%。美国农业部预测，到 2025 年占 22% 的全球化学产品将由生物基原料制造。

美国、欧盟、日本等全球主要发达国家和地区纷纷将包括生物制造在内的生物产业纳入国家发展战略，制定积极的产业促进政策，使其成为解决国家提升人民健康、改善环境保护、解决资源保障等一系列关键难题的重要手段。

1. 美国

美国在 1998 年发布《2020 年制造业挑战的展望》，明确将“生物制造技术”作为战略技术领域，并列为 2020 年制造技术挑战的 11 个主要方向之一，期望通过应用生物技术，降低经济发展对化石能源的依赖，减少人类社会活动的碳足迹。

2012 年 4 月，奥巴马政府发布《国家生物经济蓝图》，将生物经济列为优先政策领域，指出生物经济对促进健康、能源、环境、制造、农业等多个领域发展以及创造就业岗位等方面的巨大潜力。其主要从推动技术、商业化、人才培养、法规建设、合作机制 5 个方面提出战略事项，并指出未来生物经济将依赖于前沿科技发展，如合成生物学、蛋白组学、生物信息学以及其他新技术的开发应用。美国一直十分重视工业生物领域的科研投入。目前其在工业生物技术领域的研发投入是欧盟各成员国投入总和的十倍，每年达到数百亿美元。

为促进生物技术发展，美国成立专门的组织领导机构，如美国总统、国会分别设立生物伦理委员会、生物技术委员会来跟踪生物技术的发展，研究制定相应的财政预算、管理法规和税收政策。

此外，美国政府亦出台多项政策，支持鼓励生物基化学品市场的开拓。2011 年

① 波士顿咨询公司研究成果，综合美国农业部及国际投行研究报告估算。

美国农业部正式推出生物优先认证的生物基产品标签计划，旨在为以可再生资源为原料制造的产品提供认证。该标签计划旨在扩大生物基可持续产品市场。2012 年政府亦推出生物基产品优先采购计划，旨在扩大创造生物基可持续产品市场。根据生物优先认证，目前大约 5 100 种产品已经具备联邦机构的采购资格。

目前美国生物制造行业有世界一流科研机构、大型生物化工企业与新创企业参与其中，结合联邦政府巨大的研发投入、及时规范的立法、雄厚的资本市场等国家竞争优势，生物制造水平世界领先。

2. 欧盟

在 2012 年欧盟委员会发布的《一个强大的欧盟工业有利于增长和经济复苏》报告（同年 12 月通过欧盟理事会审核，成为欧盟新工业政策）中，工业生物技术被确定为欧盟的六大关键势能技术（key enabling technologies，KETs）之一，生物基产品被列为重点发展领域。根据欧盟第七研发框架计划（7th Framework Programme，FP7）资助的针对生物炼制行业的 Star-COLIBRI 项目发布的《欧盟生物炼制 2030 愿景》报告中预测，至 2030 年欧盟将实现 30% 的化学产品由生物基制造，其中精细化学品比例达 50%，大宗基础化工原料比例达 10%。

目前欧盟主要通过立法、行政、财务等手段支持生物基产品的发展。欧盟通过加强综合污染预防控制一体化的相关立法，支持生物基产品的使用和促进新技术的扩散；要求中央和地方政府的采购办公室采购包括生物基产品在内的新产品；推广生物基产品标签，突出“欧盟生物基产品”概念，以吸引更多的消费者。

此外，欧盟一直持续对生物基产品的研发进行投入，其资金主要来源于公共财政的投资。其中 FP7 是欧盟层面工业生物技术研发创新活动的最重要资助提供方。2007 ～ 2013 年，工业生物技术始终是 FP7 资助的优先重点领域。且欧盟委员会已承诺，未来的研发框架计划“2020 地平线”将继续增加对工业生物技术的研发投入 [2]。

在一系列的政策支持和推动下，欧盟一直保持着酶技术及生产的世界领先水平，在生物化学、生物中间品和生物高聚合物领域保有优势地位。

3. 日本

日本政府 2002 年提出“生物技术立国”的口号，并成立专门的生物产业战略研究会，由时任首相小泉纯一郎出任主席，提出五年内生物技术科研经费翻一番，达到 8 500 亿美元 [3]。

日本政府倡导和推进政府研究机构、民间企业与大学间的合作和交流。据日本生物技术产业协会（Japan Bioindustry Association，JBA）资料显示，政府研究机构与民间企业合作是日本生物技术企业的主要形式。企业与研究机构共同推进生物技术及其产业化，且企业对生物技术的发展起着支撑作用。日本科研投入的 80% 以上来自民间企业，科研人员的 65% 以上也在民间企业 [4]。

目前日本的生物技术及产业发展居于全球前列，在发酵工程、生物医药等多个生物技术产业领域均具有独特优势，拥有味之素、东丽等一批生物化工领先企业。

8.2.2　生物制造产业的发展对我国的战略意义

1. 占领全球第六次科技革命的制高点，推动产业升级，实现经济的跨越式发展

一方面，在过去500年全球共发生过的五次科技革命中，我国与前四次科技革命都失之交臂，在最近的第五次科技革命——信息技术革命中开始崭露头角，但主要还是处于跟随地位。目前全球正处于第六次科技革命——生命科学与生物工程技术革命前夜，我国与全球其他发达国家基本处于同一水平线，因此有了第一次占领科学技术制高点，引领全球科技发展的机会。

另一方面，我国经过过去30多年的快速发展，原有的依靠廉价劳动力和粗放式资本投资驱动的发展模式已经无法支撑经济的可持续发展。科技创新将是我国跨越“中等收入陷阱”迈向发达国家的关键驱动力。

因此，我国需要紧紧抓住这次科技革命的历史机遇，将包括生物制造在内的整个生物产业的发展与创新提升到国家战略的高度，推动整体经济的转型升级和跨越式发展。同时，生物制造又是整个生物产业发展，实现生物产品产业化的重要基础平台，因此具有极其重要的战略意义。

2. 促进化工原料多元化，降低石油、天然橡胶等战略性资源的对外依存度，保障国家经济和国防安全

化工产业是国民经济和国防工业重要的基础性行业，但受限于资源匮乏，我国目前化工产业在原料方面高度依赖进口。其中，2013年原油对外依存度为58%，烯烃对外依存度为30%～50%，天然橡胶对外依存度为75%等[①]。这给我国的经济和国防安全带来了巨大的挑战。

多元化原料结构是我国化工行业发展的战略重点之一，煤炭和生物质是两个重要的替代原料。“十二五”期间，我国煤化工快速发展，已建成煤制烯烃和煤制乙二醇项目合计产能366万吨/年，并且有大量的项目还在建设和规划中。然而煤制化工过程中需要消耗大量的水资源，并伴有严重的污染排放，而我国煤炭资源主要集中在水资源匮乏、生态环境脆弱的西北地区，过度的煤化工开发将导致生态的进一步恶化，从而导致严重的环境问题。

生物基液体燃料和化学品采用绿色生物工艺，为我国未来化工原料多元化战略提供了一个新的重要突破口。理论上90%的传统石油化工产品都可以由生物制造获得。OECD在2009年发布的《2030年生物经济前瞻》预测，到2030年，随着生物制造技术突破和成本降低，OECD成员国35%的化学品将来自生物基原料。

① 中国石油集团经济技术研究所研究成果。

3. 减少环境污染物排放，实现可持续发展

绿色生物制造工艺具有节省能耗、物耗、水耗，降低污染物排放的环境友好型的特点。例如，生物工艺应用在高耗能和“三废排放”的重点行业如纸浆和造纸过程中，能使漂白工艺降低 40% 的能耗，减少 10% ~ 15% 的氯排放[5]；在纺织后整理环节使用酶，可达到节能 9% ~ 14%，节水 17% ~ 18%[6]；在制革行业、采矿与勘探行业可以减少众多有害物质排放，如硫化氢及含氰废水。

此外，使用可降解生物材料生产的塑料制品可极大缓解白色污染问题。我国是塑料生产和使用大国，白色污染问题非常严重。尤其是农用地膜残留造成的白色污染，继化肥、农药、除草剂之后，正在成为我国农田面源污染的又一大社会公害。据统计，2008 年我国地膜投入量达到 10.78 亿千克，地膜覆盖面积达 1 561.3 万公顷（1 公顷 =10 000 平方米）（相当于中国 18 亿亩基本农田保障面积的 13%）。2013 年，新疆生产建设兵团残膜污染面积约有上千万亩，占兵团耕地面积的 50% 以上。

4. 促进国家食品、医药等产业的升级，提升人民生活水平

生物制造可以通过生物方法合成自然界中稀少的天然提取物，为其大规模工厂化生产提供了一个途径。生物法合成的天然产物能够以更低廉的成本应用到各种食品、保健品、医药等产品中，进而进入寻常百姓家，提升人民整体生活水平。

另外，生物制造还能通过生物法合成新型的功能性产品，替代现有添加剂，更好地满足人们对营养、健康的更高诉求。例如，通过生物合成的方式生产代糖（如功能性糖醇）和代盐（如风味酵母）产品，制作出的产品风味可口且低糖、低盐，是欧洲、美国、日本等国家和地区食品工业日益重要的新兴趋势。此外，用通过生物制造技术生产的生物基替代化工合成的饲用、食品、医药添加剂也一直是重要趋势，如国际上正在突破生物合成取代化工合成的蛋氨酸。

8.3　我国生物产业发展问题及趋势分析

8.3.1　我国生物制造产业发展面临的问题分析

“十二五”期间，我国生物制造产业已经取得了长足的发展。2013 年我国现代发酵工业总产量达到 2 424 万吨，居世界第一位，产值达到 3 000 亿元①。发酵制造水平也不断提升，主要产品的水耗、能耗比“十一五”期间也有了较大的改善。

但我国的生物制造还主要停留在技术含量相对较低的大宗发酵产品上，如谷氨酸、柠檬酸、赖氨酸、淀粉糖和糖醇等。经过几年的快速发展，目前这些行业均面

① 资料来源于中国生物发酵协会（不含传统发酵产品，如白酒、食醋、酱油）。

临一定程度的产能过剩，产品在品类的中低端市场进行同质化竞争，行业利润快速下滑，主要企业面临严峻的经营挑战。因此，相关产业亟须进行转型升级，向更高性能、精细化及多元化下游衍生品拓展。

“十二五”期间，相关科研院所和企业已经在生物基产品转型和升级方面进行了一系列积极的尝试，例如，实现了生物法生产手性丙氨酸、琥珀酸、戊二胺/尼龙5x盐、聚乳酸（polylactic acid，PLA）等一系列产品的中试或小规模商业化等，然而目前还存在以下四个突出的制约因素。

（1）技术研发能力的瓶颈。我国在合成生物学和高通量筛选等基础技术领域的技术，及分离提纯等工艺过程优化方面较日本和欧美等发酵技术领先国家和地区还存在一定的差距，一些前沿产品目前还未突破技术路线，或者发酵过程的转化率和最终产品的纯度和品质有所缺陷，使得产品缺乏性能和成本优势。

（2）技术研发和产业化脱节的问题。研发能力主要集中在科研院所，然而科研院所的研发缺乏对商业应用价值的综合评估和成本经济性的考虑，难以直接产业化。在自身应用研发能力弱，并且“十二五”后期经济形势和融资环境逐渐紧张的情况下，企业进行产品和技术创新的热情降低。

（3）市场接受程度低，需要进一步培育。生物基产品仍然是相对新兴的事物，消费者和企业用户对其还缺乏认知和信任，支付意愿特别是溢价支付意愿较低，此外由于目前许多生物基产品还处于商业化初期，生产规模较小，成本处于高位，往往与石油基产品相比缺乏价格竞争力，导致初期市场难以启动。

（4）生物制造的长期大规模发展还面临生物质原料的供应限制。突破纤维素等非粮原料的糖转化是重要的解决途径，这在全球第二代生物燃料的研究中已被放在重要位置。

“十二五”期间，我国已在绿色生物工艺的应用方面取得了显著的成绩。其中，生物印染、生物退浆在纺织行业的应用比例分别占到了40%～50%和80%～90%[7]，已接近发达国家的水平。生物制浆、生物脱墨在造纸行业中的应用也开始逐步普及。微生物浸矿技术在采矿与勘探行业中的应用也进入了示范项目阶段。未来在自主核心技术（如工业用生物催化剂）的研发方面，还有待进一步提升。

8.3.2 “十三五”期间生物制造产业发展趋势分析

1. 发展战略——实现“生物基精细化学品技术/产业化追赶”，“重点生物基化学品和材料的技术/产业化超越”

根据产品附加值高低以及产品产量规模（间接决定化石或生物基原料需求量），化工产品一般可以分为三类（图8-1）：①精细化学品，主要包括食品、饲料和医药添加剂、日用化学品、溶剂、表面活性剂、高性能材料等；②重要化工单体/中间体及专用材料，主要包括具有重要下游应用或生产相对受限的重要化工单体和中间体，如多元醇、合成橡胶的中间体等；③大宗基础性化学品和大宗材料，主要是指产量规模极大、价格较低的大宗基础性化工原料，如甲醇、乙烯、丙烯等。

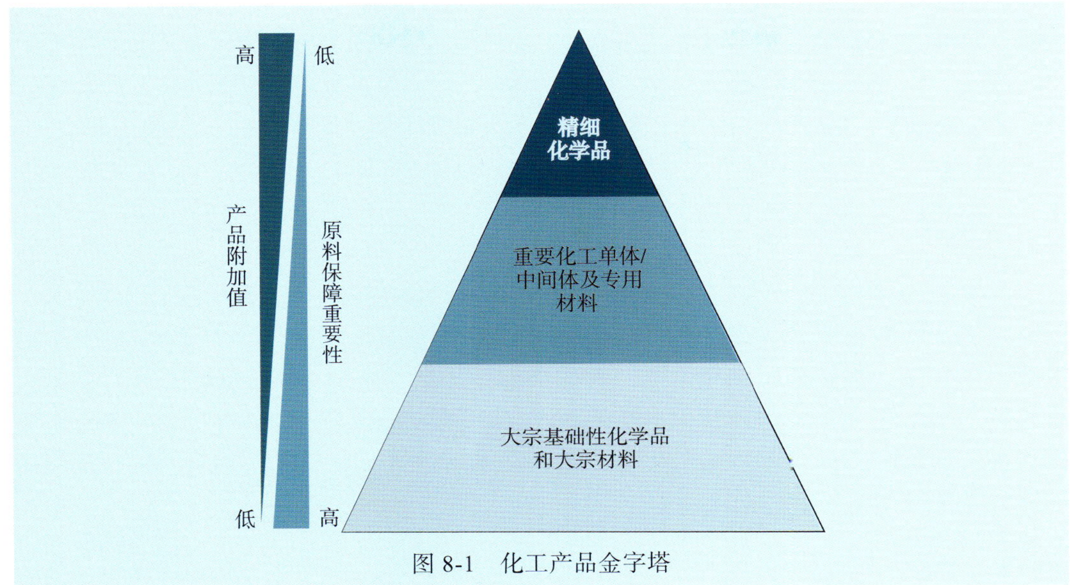

图 8-1 化工产品金字塔

精细化学品离终端消费者最近，附加值最高，代表了化学工业的技术先进程度，通常利润率最高。但技术创新和最终解决方案营销和服务能力要求也很高。中国在精细化学品的发展长期落后于欧美，是化工工业需要追赶发达国家的关键领域（“提高精细化率”）。

大宗化学品和材料的产量规模大，同质化程度高，主要竞争来源于原料供给和成本控制，利润水平低，却是重要的基础工业原料。对中国而言，尚有许多天然资源依赖进口，包括石油、天然橡胶等，突破生物基合成路径，对于多元化化工原料、保障国家资源安全有非常重要的战略意义。

近期欧美等国的生物基产品的发展重点主要集中于精细化学品领域，因其商业应用最为成熟且产品附加值高，从而使得生物基产品相对石油基原料成本高的劣势不再明显，且存在消费者在与人体健康密切相关的领域为生物基产品支付的可能性，最能突显生物基产品的社会效益和经济效益。在欧洲、美国和日本，此部分产业化进程顺利，商业模式成熟，主要以市场为主导，主要由研发实力强大的精细化工及农粮生化企业为推动主力。而对于大宗的生物基化学品和生物材料而言，鉴于其成本竞争力仍明显弱于石油基路径（尤其是对于美国，在获取大量低价的页岩气后，基础化工原料的成本进一步降低），经济效益欠缺，除少数具有成本优势的产品（如1，3丙二醇等），极少实现大规模商业化，总体以学术机构或者研发型企业的技术储备和中小型试制为主。在这些方面，虽然杜邦、巴斯夫等大企业在部分产品上取得了一定的先发优势和产品独有专利，但总体而言中国与欧洲、美国、日本尚未形成巨大的技术和产业化差距，中国如果抓紧技术研发投入，加快产业化准备，则有可能在中长期的相对更大宗的生物基化学品替代的新一轮竞争中弯道赶超。在中短期内，出于经济效益方面的考虑，可以重点突破具有重要下游应用（人体健康、环境保护、国家安全等）的衍生物，或石油基生产相对受限（如异戊二烯）的重要化学单体、中间体和材料。

基于以上分析，我们建议中国在发展生物基产品方面重点把握两大战略方向：①实现生物基精细化学品技术 / 产业化追赶；②实现重点生物基化学品和材料的技术 / 产业化超越。

2. 发展目标建议

2020 年生物制造产业（不包括生物医药）产值规模达 10 100 ～ 11 300 亿元，10% ～ 12% 的化学产品实现生物基制造，其中精细化学品（此处精细化学品包含食品添加剂、医药用精细化学品、日用精细化学品、溶剂、表面活性剂等，但不包含生物材料）中生物基产品替代率达到 20%，产值 9 000 亿～ 10 000 亿元（含大宗发酵产品），见表 8-1。此外，绿色生物工艺在纺织、造纸、皮革和采矿与勘探行业应用的普及率超过 30%。

表 8-1　2020 年生物基产品发展目标

项目	2020 年产值规模 / 亿元	生物基比例 /%	2020 年生物基化学品产值 / 亿元
精细化学品	48 000	20	9 000 ～ 10 000
大宗化工原料	22 000	2	400 ～ 500
聚合物	26 000	3	700 ～ 800
总计	96 000	10 ～ 12	10 100 ～ 11 300

3. “十三五”生物基产品发展重点建议

围绕实现“生物基精细化学品技术 / 产业化追赶”和“重点生物基化学品和材料的技术 / 产业化超越”两个战略方向，建议“十三五”期间生物基产品发展围绕以下四项重点进行。

1）特种食品、饲用和医药添加剂

2013 年全球特种食品、饲用与医药添加剂市场规模 4 300 亿元，其中中国市场规模 1 300 亿元。预计到 2020 年，全球和中国的市场规模将分别增长到 5 600 亿元和 2 300 亿元 [8]。特种食品、饲用与医药添加剂具有高毛利、小批量、多品种的特点，其利润空间能够达到 20% ～ 40%，远高于大宗发酵产品（<10%）。另外，特种食品、饲用与医药添加剂对于下游食品、保健品、医药、化妆品、饲料企业的终端产品的竞争力具有重大影响，因此也是推动未来中国下游相关产品进行转型升级的基础。目前国际上这个领域的大多数细分子行业都被欧美企业所垄断，中国企业仅主要在附加值相对较低的黄原胶、维生素、酸味剂、甜味剂领域占到一定的份额。

目前在消费者更健康、更自然、更多口味的需求以及发酵等生物技术不断发展的驱动下，特种食品、饲用和医药添加剂行业也正经历变革。我国应该重点抓住以

下几方面的发展机遇。

（1）珍稀天然动植物资源等其他营养保健产品的生物合成，如虾青素、人参苷、白藜芦醇等。这些原本昂贵的营养品，现在实现发酵法生产后可以大大提高生产规模，降低生产成本和价格，从而进入寻常百姓家。

（2）代糖、代盐类健康功能性产品，如功能性糖醇和风味酵母等。此类产品符合低糖低盐的健康饮食需求。

（3）生物法取代原本由化学法生产的大品种添加剂。例如，突破生物法制造蛋氨酸和由酵母等其他发酵产品替代化学合成的防腐剂等。

（4）不断提升一些小品种酸味剂（如乳酸、苹果酸等）和氨基酸（如色氨酸、亮氨酸等）的产品性能和生产效率，拓展其作为食品级和医药级添加剂的高级应用。

2）工业酶制剂

虽然酶制剂在整个生物制造行业中规模不大，但对于国家整个生物制造产业的发展影响至关重要。2013 年全球酶制剂行业总体规模 450 亿元，其中工业酶制剂 280 亿元，特种酶制剂 170 亿元。预计到 2020 年，整个酶制剂市场将达到 680 亿元，其中工业酶制剂 430 亿元。目前这个行业主要被诺维信、杜邦和 DSM（帝斯曼）所垄断，这三家占到全球酶制剂市场的 74%[①]。虽然中国企业在低端的饲用酶制剂领域实现了重大突破，已经占到全球饲用酶制剂市场的 14%，但在关系到整个生物制造产业核心的工业酶制剂方面，还落后于国际领先企业。

建议在“十三五”期间，结合国际酶制剂增长趋势及我国技术研发实力，重点发展工业酶制剂。其包括以下三个方面。

（1）保持饲料用酶的快速发展，突破核心技术，如固态发酵法生产植酸酶的纯化技术。

（2）发展高增长且具备近期技术突破可能性的食品饮料用酶，如蔬果加工用复合酶。

（3）集中力量攻关生物制造及生物液体燃料中作用非粮可再生原材料水解的酶品种，具体品种如脂肪酶、纤维素酶、木聚糖酶、木质素酶等。

此外，还应中长期持续关注特种酶制剂领域的研发与应用，包括医药与诊断、生物技术、实验试剂等领域用酶制剂。

3）现有大品种有机酸和氨基酸（如柠檬酸、赖氨酸、谷氨酸等）的衍生物

目前中国部分大宗有机酸（如柠檬酸）、氨基酸（如赖氨酸）低端同质化产品竞争严重，行业利润水平低，可充分利用剩余产能，开发更高附加值的衍生物产品，包括增塑剂、表面活性剂、生物基材料等。

有机酸和氨基酸衍生物是重要的生物基增塑剂和表面活性剂，能够代替传统的对人体和环境有一定危害的邻苯二甲酸酯增塑剂和化工合成的表面活性剂。随着人们对环保和健康的认识的增加，生物基增塑剂和表面活性剂将会继续得到快速发展。

① 波士顿咨询公司研究成果。

预计 2020 年全球增塑剂市场规模将达到 195 亿美元[9]，其中不包括邻苯二甲酸酯的增塑剂将占到四分之一，全球表面活性剂市场规模将达到 400 亿～ 500 亿美元，其中生物基的表面活性剂将占到三分之一。而中国是全球最大的大宗有机酸和氨基酸生产国，具有原料和成本优势。

氨基酸基生物材料，如尼龙 5x 是目前尼龙 6x 的一个潜在替代品。2012 年全球尼龙 6x 的市场规模为 87 亿美元，到 2020 年预计将达到 140 亿美元，其中三分之二用于尼龙纤维制品。包括中国在内的亚太地区是全球最大的尼龙消费地区，占到全球尼龙消费量的 50% 以上。目前化工合成的高性能、差异化的尼龙 6x 主要被 DSM、巴斯夫、霍尼韦尔、Ube 和 Capro 所垄断。因此，通过赖氨酸生产尼龙 5x 将是打破国际垄断的一个重要途径。国际上，味之素与东丽也在共同推进利用赖氨酸生产尼龙的开发与商业化的尝试。中国同样是赖氨酸大国，目前国内已经实现了通过赖氨酸生产戊二胺和尼龙 5x 的初步开发，为产品的进一步商业化奠定了良好的基础。

4）新型生物基大宗化学品及其衍生物

建议“十三五”期间，重点发展生物基丙烯酸、生物基多元醇、生物基异戊二烯及其衍生物等对消费者健康有明显影响或对比石化路线有明显优势的产品。

丙烯酸是制造胶黏剂和密封剂、婴儿尿布等与消费者密切相关的产品的重要原料。2013 年全球仅丙烯酸的市场规模就有 110 亿美元[10]（不包括其衍生物），预计到 2020 年将达到 190 亿美元。由于消费者对环保和健康越来越看重，因此愿意为生物基的胶黏剂和密封剂、婴儿尿布等产品付出更高溢价。巴斯夫、诺维信、嘉吉、陶氏化学、Metabolix 等国际企业也不断增加对生物基丙烯酸的研发投入。中国在传统石化基丙烯酸方面已经落后于大型国际企业，生物基丙烯酸为中国企业赶超国外技术提供了一个良好的契机。

多元醇是聚氨酯的一个重要原料，而聚氨酯主要用于生产胶黏剂、密封剂和发泡材料等与消费者接触较多的产品。2020 年全球多元醇和聚氨酯的市场规模将分别达到 230 亿美元和 700 亿美元。与生物基丙烯酸类似，出于健康、环保的原因，消费者也愿意为生物基多元醇和聚氨酯付出一定的溢价。因此，巴斯夫、陶氏化学、嘉吉、拜耳等企业也积极开发生物基多元醇和聚氨酯。“十二五”期间中国在石化聚氨酯方面已经取得了突破，未来应在生物基多元醇和聚氨酯方面继续保持优势。

异戊二烯是合成异戊橡胶（性能接近天然橡胶）的主要原料。一方面，在目前全球许多乙烯装置采用乙烷作为原料的情况下，异戊二烯全球石化产量受到限制。另一方面，天然橡胶是涉及国家国防安全的战略性资源，但全球产量集中在南美和东南亚，并且每年产量有限。因此，各国（如美国、日本、法国）都十分重视生物基异戊二烯的开发。中国是天然橡胶的消费大国，但目前自给率只有 25%，因此生物基异戊二烯的开发对中国的国防安全也至关重要。

此外，其他国际商业化和研究热点还包括生物基琥珀酸和 PBS（聚丁二酸丁二醇酯）、丁二烯、聚乳酸、生物基丁醇、PHA（聚羟基脂肪酸酯）、生物基环氧氯丙烷、生物基己二酸等领域。目前这些产品或在应用领域、成本方面存在一定缺陷，或还处于商业化早期阶段，但相关研发机构应该及时关注其领域的发展动向。

4. “十三五”绿色生物过程发展重点：推进生物绿色制造业，发展绿色GDP

1）基础科研与过程工艺技术

“十二五”期间我国在生物制造相关基础科研领域已经取得了巨大的成就，但与欧美发达国家相比还有一定的差距。“十三五”期间需要继续集中全国优质资源，对合成生物学、微生物菌种育种和工业微生物高通量筛选、工业酶催化等核心基础技术进行重点攻关。尤其是21世纪刚出现的合成生物学将是催生下一次生物技术革命的基础，我国应该牢牢把握这个机会，进行重点投入，争取率先在生物液体燃料和生物基化学品领域实现突破。

此外，工艺过程技术亦十分关键，其直接关系到实验室成果能否成功转化为工业应用以发挥其经济效益。发酵后的分离提纯技术将影响产品的质量和安全，对大规模生产以及高附加值产品的获取起到了决定性的作用。目前欧美及日本的知名发酵企业的分离提纯技术已十分成熟，但我国这一方面由于处于科研机构和企业的边界，双方对工艺过程技术都缺乏相关建设能力，因此还有较大差距。未来国家应重点加强对工艺过程技术的开发，以支持科研成果的快速产业化。

2）典型工业过程的绿色化转型升级与过程替代

从我国工业过程的生物工艺转型升级对绿色生物过程的需求出发，组织“产学研用”优势单位，以节能、减排、降耗的可持续发展为导向，以过程优化、过程重构、过程替代为发展思路，在化学工业、轻纺工业和食品工业中使用生物催化剂，进一步降低生产成本，提高生产效率，缩短生产步骤，并使废料废液的产出量大幅度减少。

应重点研制纺织、造纸、制革、食品、化工制药等领域的重大酶制剂和生产菌株，建立典型工业过程的绿色化转型升级的工程工艺，为实现节能减排和发展绿色经济提供技术支撑，提升相关行业的绿色制造水平。

（1）过程优化。过程优化是指通过微生物菌株改造、工艺条件优化、装备改造与系统集成等技术，在显著提高过程的生产效率的同时降低废物、废水的排放，降低水耗和能耗。

（2）过程重构。过程重构是指通过改变合成路线、简化生产步骤、强化资源利用和清洁生产等技术，提高目的产物的产量，降低或根除副产物的形成，提高目的产物总收率。

（3）过程替代。过程替代是指用生物工艺对现有的化学合成工艺或者动植物提取工艺进行部分甚至是全程替代，以缩短工艺路线、革除有毒有害原料和溶剂，降低能耗、减少三废排放量。

3）增强生物绿色过程产品的市场竞争力

为绿色化学产品和生物基产品的制造制定标准和标准化的评估方法并支持规模化生产以推动新市场扩张，并提倡健康可持续的生活方式。

8.4 生物制造产业发展重点案例

8.4.1 企业发展案例：中粮集团生化能源产业发展模式

1. 产业概况

中粮集团生化能源业务板块始建于2005年11月，下辖中粮生物能源和中粮生物化工两个事业部。2013年该业务销售收入超过200亿元，年加工玉米量超过600万吨、木薯量（干基）近100万吨，是中国加工规模最大且最具实力的玉米深加工产业基地。其主要产品有淀粉糖、燃料乙醇、柠檬酸、赖氨酸、味精、L-乳酸、聚乳酸、各类专用淀粉及变性淀粉、DDGS饲料、玉米油、糖醇、食用酒精、天然维生素E、植物甾醇、辅助降血脂片等，产品广泛应用于能源、食品、饮料、医药、化工等领域。其中，燃料乙醇、淀粉和果葡糖浆产量位居行业首位，柠檬酸、天然维生素E产量位居行业前列。中粮集团生化能源业务板块作为大型央企玉米深加工业务单元，凭借可靠的上游原料保障、严格的产品质量和安全管理、雄厚的产业基础条件、资深的行业管理团队、日益成熟的研发支撑体系以及中粮全产业链协同和资金优势，致力于成为可持续发展的国家生物质能源与化工产业的领导者和维护者。

2. 研发创新体系

中粮生化能源业务板块以创新发展为企业核心战略，结合中粮集团研发平台和企业研发资源建立了较为完善的三级研发创新体系。一级是基础及前瞻性研究，主要由中粮营养健康研究院与生化能源事业部共同开展；二级是利用生化能源事业部拥有的三个国家级研发中心［玉米深加工国家工程研究中心、国家能源生物液体燃料研发（实验）中心、安徽中粮生物技术研究中心］和企业博士后科研工作站为开发平台，立足市场需求，进行产品创新升级和新产品新工艺开发；三级是各生产企业中试基地，为开发产品进行中试生产实现产业化转化。该业务板块与国内外著名院校和科研院所建立了密切的合作关系，目前已逐步具备了集新产品和新技术开发、科技人才培养、战略决策参谋、新产品孵化四项功能为一体的创新能力，该板块以市场为导向，以技术升级和开发新产品为重点，促进产品转型，使生化能源事业部的产业步入高技术、高附加值的发展轨道。

3. 技术创新与成果

近年来，生化能源事业部在自主创新和技术提升方面取得了较好的成绩。围绕柠檬酸、淀粉糖、赖氨酸、燃料乙醇、谷氨酸等多个重要生化产品，从原料选择、预处理、菌种开发、生产工艺、质量控制等各个环节，以节能降耗、降低生产成本为主题开展了大量的研究，研究成果的应用每年能为事业部新增效益2亿多元。

在新产品及工艺开发方面，生物能源事业部自2006年开始成立2代非粮纤维素燃料乙醇研发团队，先后投入近2亿元科研经费，开发了纤维素乙醇成套技术，开发万吨级纤维素乙醇工艺软件包，目前已经具备商业化运营的条件，正筹建年产5万吨纤维素燃料乙醇的工业化装置。生物能源事业部也一直探索柠檬酸及氨基酸下游衍生物转化技术，积极开发柠檬酸酯生物基增塑剂，以替代传统的对人体和环境有一定危害的邻苯二甲酸酯增塑剂，同时注重研发赖氨酸生产戊二胺聚合生产尼龙5x的技术，为有机酸及氨基酸衍生物产品的商业化生产奠定了良好的基础。

生物化工事业部重视开发变性淀粉、聚谷氨酸、DHA（docosahexaenoic acid，即二十二碳六烯酸）等高附加值产品生产技术，在大宗产品转化方面积极探索生物聚合物——聚乳酸生产及制品技术，企业与国际知名公司合作开发聚乳酸产业化成套工艺，完成万吨级聚乳酸生产，在聚乳酸制品开发方面竞争顺利、效果良好，为产业化推广奠定了良好的基础。

在该领域，中粮集团已承担“863”、“973”等国家级项目10余项，省级项目近30项，“木薯非粮燃料乙醇成套技术及工程应用”获得国家科技进步二等奖，5项科技成果获得省部级奖励，省级新产品新技术鉴定证书12项，近8年来申请发明专利356件，已授权184件。

8.4.2 产业发展案例：绿色生物基增塑剂产业

1. 增塑剂产品与市场现状

增塑剂是塑料制品中大量使用的一种塑料助剂，主要用于PVC（polyvinyl chloride polymer，即聚氯乙烯）等塑料制品的生产，广泛应用于电线电缆、特种纺织、汽车配件、饮用水管、医疗制品（输液袋、输液管、医药包装等）、食品包装（保鲜膜、保鲜袋、密封垫等）、儿童玩具（包含入口玩具、充气玩具）、文体用品等产品中。增塑剂使坚硬而容易断裂的PVC变得柔软有弹性，从而适应各种新应用的需求。作为世界上产量和消费量最大的塑料助剂，增塑剂产业已成为一项与人类日常生活息息相关的巨大产业。

我国是塑料增塑剂产量和需求量最大的国家之一。目前全球增塑剂的生产能力约为800万吨/年，中国的生产能力为450万吨/年，占全球的56%[11]。据Ceresana公司预测，到2020年全球增塑剂市场规模将超过195亿美元[9]。中国增塑剂年消费量约为220万吨（不含氯化石蜡），占全球消费量的37%左右，直接产值近400亿元，其下游应用产生的效益更是近万亿元。

2. 产业发展趋势

1）安全标准日益严格，行业结构转型势在必行

根据化学结构，增塑剂可分为邻苯二甲酸酯类、磷酸酯类、脂肪酸酯类、聚酯

类、环氧酯类和含氯化合物等。邻苯二甲酸酯类物质是一类环境激素，最常用的有邻苯二甲酸二丁酯（DBP）、邻苯二甲酸丁基苄基酯（BBP）、邻苯二甲酸二（2-乙基己）酯（DEHP或DOP）、邻苯二甲酸二正辛酯（DNOP）、邻苯二甲酸二异壬酯（DINP）、邻苯二甲酸二异癸酯（DIDP）6种。而邻苯二甲酸酯类物质具有较强生殖毒性，并且具有一定的致癌性，在塑料制品中的用量为33%～36%。随着石化增塑剂的健康安全性问题的日益严重，在欧洲、美国、日本、韩国等国家和地区，邻苯类增塑剂已在诸多行业被明令禁用。自从2007年欧盟颁布REACH（REGULATION Concerning the Registration，Evaluation，Authorization and Restriction of Chemicals，即《化学品的注册、评估、授权和限制》）法规以来，总共禁止了包括邻苯类石化增塑剂在内的150多种化学品在与人类健康密切相关行业如人体卫生、食品相关的所有塑料制品中的应用；2011年欧盟正式实施《欧盟玩具安全新指令（No. EC765/2008）》，明文规定了不允许在玩具等儿童制品中添加邻苯类增塑剂。2008年，《美国消费品安全改进法案》（The US Consumer Product Salfety Improvement Act，CPSIA）明确限制了6种邻苯类增塑剂在食品包装、儿童玩具、医药领域的应用。美国环境保护总局根据国家癌症研究所的研究结果，已经停止了6种新的邻苯二甲酸酯类工业的生产，DEHP只限于在高水含量的食品包装中使用，肉类包装必须使用其他无毒增塑剂产品来替代。日本在医疗器械相关产品中禁止加入DEHP，仅限于在工业塑料制品中应用DEHP。

而长期以来，我国增塑剂仍然以邻苯类增塑剂为主（市场份额超过80%），2012年在全国230万吨的增塑剂总产量中，邻苯类增塑剂产量约为185万吨，占总量的80.4%[11]。

随着消费者对健康的进一步关注，以及越来越多的国家对邻苯二甲酸酯颁布禁令，邻苯二甲酸酯类增塑剂特别是DEHP逐渐失去市场份额。以儿童玩具行业为例，中国是世界上最大的玩具生产国和出口国，全球约70%的玩具在中国生产。据统计，中国规模以上玩具生产企业有近6 000家，2013年玩具出口总额达到123.8亿美元，美国市场就占到出口量的三成以上[12]。自欧盟玩具安全指令实施后，中国香港于2014年7月初也明确了对儿童用品中6种邻苯二甲酸酯增塑剂的限量要求，而美国目前也发布了增塑剂风险报告[13]。美国消费品安全委员会慢性危害顾问小组发布的玩具和儿童护理产品中邻苯二甲酸酯及其替代物的危害分析报告明确指出：“由于对儿童生殖系统和内分泌系统的危害，DOP、DBP和BBP三类邻苯增塑剂在2008年就已被实施永久禁令，而DINP、DIDP和DNOP则处于暂时禁用。现在DIDP和DNOP被建议继续实施过渡禁令，DINP则被建议永久禁用。”

我国最新修订并拟于2016年1月实施的强制性玩具安全标准GB 6675—2014主要参照欧盟标准制定，其中已对DEHP等6类常见增塑剂提出禁用指标（不超过0.1%）。由于玩具是我国增塑剂应用最大的一个行业，国内强制性安全标准GB 6675—2014的正式出台，一方面将导致目前国内邻苯类增塑剂及应用市场形势十分紧张，另一方面也将推动市场的快速转型，促进我国生物基增塑剂产品的快速发展。

截止到2014年上半年，我国增塑剂主流品种DEHP沿袭一路下滑的趋势，目前我国增塑剂生产厂商60多家，现在产量仅200万吨左右，行业开工率约五成，效益低下[14]。随着2008年欧盟逐步淘汰邻苯类产品后，我国邻苯类产品出口下降70%，并继续逐步下降，导致产能严重过剩，大部分企业亏损经营。如何走出困境，成为增塑剂行业面临的最大问题。

2）各国积极布局，绿色生物基增塑剂市场潜力巨大

随着各国环保意识的逐步提高，医药及食品包装、日用品、玩具等塑料制品等对增塑剂提出了更高的纯度和环境要求。例如，在医疗器械行业，目前塑料医疗器械仍是世界医疗器械的主流产品，有约三分之一的医疗器械由PVC材料制成。DEHP是目前应用最广泛的塑料医疗器械增塑剂。但由于增塑剂尤其是DEHP产生的雄性生殖毒性和肝毒性等不良反应，未来DEHP可能会逐步退出市场，性能优良且更为安全的增塑剂将替代DEHP用于临床[15]。

近年来国外积极研发安全、绿色的生物基增塑剂。生物基增塑剂一般是以可再生的植物油脂为原料，具有良好的生物相容性和环境友好性，不仅能够满足增塑剂性能上的要求，同时还能够满足人们对于健康和环保的需求，是实现增塑剂绿色无毒化转型升级的重要方式。主要的生物基增塑剂包括植物油基脂肪酸酯、环氧脂肪酸酯类、环氧植物油、柠檬酸酯类、多元醇酯等品种[16]。目前国外公司包括德国巴斯夫推出了新型环保塑化剂环氧植物油辛酯；陶氏电线电缆事业部推出以可再生原料谷物基替代邻苯二甲酸的生物基系列增塑剂；瑞典Perstorp开发出新型PVC聚酯型增塑剂；美国伊士曼推出生物基环保型植物油脂增塑剂等[11]。

生物基增塑剂主要用于食品包装材料、医疗设备配件、玩具、电缆护套，其在汽车配件和特种纺织中的应用也在不断增长，预计每年增长率为20%，5年可替代邻苯类产品65%左右。预计“十三五”期间，国内生物无毒增塑剂的市场需求量在120万吨左右，直接市场价值近200亿元，但其相关应用产生的规模效益巨大。例如，在食品行业，生物无毒增塑剂可广泛用于各类食品包装等，涉及食品包装的塑料制品过千万吨，涉及产品年产值近1 000亿元；在医药行业，生物无毒增塑剂广泛应用于各类药物及器械包装、输液袋注射器等医疗器械制造、胶囊等药品制造，涉及产品年产值超过2 000亿元；在儿童玩具行业，随着国内外立法完善，生物无毒增塑剂替代石化邻苯增塑剂已成必然，涉及产品年产值达1 400亿元。在上述几种与人体健康密切相关的食品、医用卫生、玩具行业中，生物基增塑剂在塑料制品中的用量不低于30%，如果算上电子产品、油墨、涂料、汽车配件等行业的应用，生物基增塑剂将会形成一个超过万亿元产值的巨大产业。而由生物无毒增塑剂的使用带来的食品安全、药品安全、玩具安全等社会效益，更是不可估量。

我国增塑剂行业存在产品结构不合理、产品性能无法满足要求的问题，近几年我国许多塑料制品出口被欧美国家扣压、退货，造成巨大的经济损失。而巴斯夫、陶氏、伊士曼等国外大型企业纷纷研制新型生物基增塑剂并进入我国市场，这迫切要求我们开发自己的高端生物环保型增塑剂以及相应的质量和应用标准。除传统的PVC塑料制品外，全球聚乳酸塑料、PBS塑料、PHA塑料等生物塑料制品正得到

快速发展，如欧盟目前80%的奶制品包装是用可降解的生物材料制备，安全无毒的绿色生物基增塑剂将有更广阔的应用空间。因此，开发性能优良、环境友好、可以100%替代邻苯类增塑剂的生物增塑剂品种并快速产业化，已成为直接关系到国计民生和可持续发展战略实施的重要问题。

3. “十三五”发展需求分析

国内生物环保型增塑剂的发展相对较慢，主要原因是面临生产与应用两大方面的问题。

在生产方面，国内目前大多环保增塑剂生产过程并不环保，存在两大问题：一是副产品多，产品收率不高；二是产量低，成本高。同是过程污染和排放严重，传统化学法生产工艺每吨增塑剂产品产生5～10吨废水。

在产品方面，真正能100%替代邻苯类的产品很少，主要原因是产品性能达不到。例如，柠檬酸酯塑化性能好，但是抗老化能力低，容易迁移；而环氧植物油相容性差，添加量超过5%易析出。相对而言，功能性植物油基脂肪酸酯与环氧脂肪酸酯类增塑剂具有良好的塑化性能与抗老化性能，应该加强其应用性能的研究。

综上，“十三五”的发展重点应包括：大力推进技术创新，重点发展绿色、无毒、环保、可100%替代邻苯类产品的新型生物基增塑剂品种；开发低成本、高性能的生物催化剂以及生物基增塑剂的绿色合成工艺，替代高污染、高排放的传统生产过程，建立原料—生产—产品一体化的绿色增塑剂工艺路线；加强生物基增塑剂的应用研究，注重研究不同品种增塑剂在不同制品中的适配性，根据增塑剂的用途细分市场，指导用户正确并安全地使用增塑剂，加速市场推广；制定并完善增塑剂标准和相关法规，促进增塑剂产业的结构调整与健康发展。

8.5 促进生物制造产业发展的政策建议

研发与技术创新是中国生物制造产业实现跨越式发展的关键支柱，也是实现“十三五”所制定的发展目标的关键所在。目前我国的科技创新存在研发资源分散、企业创新力量薄弱、科研与产业化脱节、知识产权保护不力等问题，这严重制约了我国生物制造产业的发展。另外，缺乏市场也是制约生物制造产业发展壮大的一个关键因素，尤其是生物制造产品的成本竞争力还在不断提升的过程中。因此，国家需要重点在科技创新体制和市场培育方面进行相应的政策支持。

8.5.1 科技创新支持相关政策建议

1. 整合国内企业和科研院所的资源，建立具有相当研发实力的大型企业集团

大型企业集团，如杜邦、DSM、巴斯夫、诺维信等，在欧美生物制造领域的研

发和创新方面占据着重要的地位。例如，目前全球纤维素乙醇的示范与商业化项目中，近 80% 的纤维素酶制剂来自这四家企业。

这些大型企业集团均建有大规模的内部研发机构，每年投资大量的人力和物力，课题研究贯穿基础研究、应用研发和技术支持整个研发价值链，并横跨多个学科领域。企业将其有机地联系在一起从而更有效地从市场和产业化的角度来进行研发。例如，美国杜邦公司在全球设立了 150 个研发中心，拥有上万名研发人员，每年的研发投资占其销售收入的 6%，约合 20 亿美元。杜邦在其研发体系中，将研发中心分为三类：3 个全球基础研发中心、4 个地区应用研发中心和众多的业务研发中心。全球基础研发中心主要进行相关基础科学和跨学科的创新研究，以及纳米技术、先进生物燃料与聚合物、农业与生物科技等方向的研究。地区应用研发中心主要侧重于根据基础研究的成果，结合各地区市场情况开发相应的产品或者应用平台。地区应用研发中心的科研人员对于消费者和产业都有很深入的了解。杜邦的每个业务单元里面都有自己的业务研发中心，从事与终端产品直接相关的技术研究，并对现有产品提供技术支持。在整个体系中，基础研发、应用平台研发、产品开发以及不同学科的研发紧密衔接，能够快速将前沿的研究成果实现产业化。

同时，欧美发达国家会将重大的应用技术攻关项目具体落实到各个企业集团，并从资金上为大型企业集团的研发提供支持。例如，法国罗盖特基于植物基的生化项目的科研经费中有 47% 由政府提供。

在中国现有的研发创新体制中，一方面，生物制造领域的研发主要在各大专院校和科研院所进行，而国内相关企业在研发方面投入低、团队弱；另一方面，各大专院校和科研院所的研发又时常与企业的实际需求相脱节。同时，双方又都缺乏从基础研究出发进行应用和产品研发，最终实现产业化的能力。这与国际领先企业的集团作战相比，从体制上就处于劣势。因此，国家在“十三五”期间需要将生物制造领域的企业与科研院所的研发力量进行整合，加强企业的研发力量，建立若干个具有较强研发实力的大型企业集团，并鼓励其走出去并购国际生物制造的领先技术企业，充分吸收先进的创新研究成果和创新体系。

2. 针对重大专项，建立公私合作机制，协调企业、社会和公共研发机构的资源，实现跨机构、跨学科的研发合作

目前，欧盟在科研领域，针对重大专项，大力推进公私合作（public-private pantnership，PPP）的方式，让相关企业和公共研发机构更加方便灵活地参与到共同研发合作当中，以此加速技术转化的过程。PPP 具体合作形式被称为联合技术计划（joint technology initiatives，JTI）。JTI 是一个独立的法人实体，同时也是一个开放性的组织，欧盟委员会、各成员国、非营利产业协会、大中小型企业、学校、研究机构等都可以参与，各自贡献自己的资源，同时也享有相应的投票权和影响力。每个 JTI 将从欧盟获得 5 亿～ 20 亿欧元的资金支持，占整个项目经费的 50%。例如，欧洲的生物技术 JTI 由 20 多家企业和 80 多家研究机构及大学在欧盟的协调下共同进行研发。

欧盟这种由国家主导、组建公私合作平台并对重点科学项目进行联合研发的形式既保证了重要课题的开发和推进，又充分调动了从基础研发到产业应用的一系列资源，在保证了研发资金和人员的同时也解决了技术与应用之间长期以来存在的断层问题。在目前我国生物制造领域研发资源相对分散、企业研发能力相对较弱的情况下，国家可以考虑引入这种公私合作的模式来调动各方资源，促进生物制造产业的技术创新与产业化。

3. 改革科研成果所有权体制，鼓励科技人员进行技术创业

以科技人员自主科研成果为核心的初创企业在欧美发展生物制造的过程中起到了至关重要的作用。这些技术型初创企业的创始人员通常是美国各大研究所或者大学生物制造相关方向的研究人员。例如，美国纤维素乙醇领域的初创公司 Mascoma 由美国达特茅斯大学从事燃料乙醇工程研究的两位教授于 2005 年创立，随后相继获得了多家生物化工方面的风险投资基金，通用汽车、雪佛龙石油、马拉松石油的投资，以及纽约州政府和国家能源部的累计 6 000 万～ 7 000 万美元的资金支持。目前 Mascoma 已经在纤维素燃料乙醇核心的酶制剂领域占据一席之地。美国的另外一家纤维素酶制剂的初创企业 Verenium 在取得成功之后，被巴斯夫收购，并成为巴斯夫建立工业酶制剂业务板块的重要基础。

目前我国的科研体制中由于科研成果的所有权归国家所有，科技人员利用其所研发的技术进行自主创业面临政策限制。因此国家需要对科研成果所有权制度进行全面改革，以激励科研人员研发更加具有应用价值的技术，并鼓励其进行技术创业，从而激活整个科技创新的活力。

4. 加强知识产权保护

由于技术创新难度大、投入高，但技术复制又相对较为容易（尤其是在微生物菌种方面），因此知识产权保护在生物制造技术领域至关重要。目前我国生物制造领域的知识产权保护力度相对较弱，企业侵犯知识产权所需要付出的成本较低，因此客观造成企业在创新研发方面缺乏动力。这也导致国内企业在相关技术领域与国际领先企业的差距越来越大。例如，在赖氨酸领域，国内部分企业主要依靠复制其他企业的菌种来进行规模生产，这一方面导致国内企业在走向国际市场时面临知识产权障碍，另一方面也客观造成企业本身缺乏自主研发的能力，在核心技术方面落后于希杰、味之素等国际企业几代的水平。

因此，我国需要完善微生物菌种登记制度，加强菌种跟踪、菌种鉴定、菌种数据库等技术支撑体系，加大相关知识产权保护和违规处罚的力度，切实保护研发者的权益，以推动国内企业在生物制造领域进行自主研发。

5. 加速新菌种审批流程，加快新兴技术产业化进程

目前我国新菌株申报审批时间较长，通常达 2 ～ 3 年，客观上一定程度地延缓

了新兴菌种研究成果产业化的速度。这一方面是由于菌株的安全生鉴定本身是一个复杂的技术过程，另一方面也与我国安全菌株目录起步晚于国外　丰富程度也落后于创新一直非常活跃的欧洲、美国、日本等国家和地区有关。建议“十三五”期间能够加速新菌种审批流程，特别是对于欧洲、美国、日本等已经完成安全性鉴定和审批通过的菌株类型，应简化和加快审批，使我国先进菌株的产业化能够迅速跟上全球前沿进度。

8.5.2　市场培育与规范相关政策建议

1. 完善和加速生物基食品添加剂及功能性食品的准入机制和流程

目前我国对食品添加剂及保健性食品新产品准入的审批标准透明度较低，审批速度慢，一些新产品的审批过程长期搁置，延缓了升级产品为消费者所用的时间，也影响了产业创新的进程。例如，通过生物法合成人参苷、冬虫夏草成分、虾青素等珍稀天然动植物营养物质，具有较高的市场价值并能够显著提高消费者福利（成本大幅降低，使得价格可以为普通消费者所接受）；采用酶促生物工艺取代纯化学过程生产香精香料等，在技术上已经早有突破，但审批进程缓慢。

建议在“十三五”期间，国家加强重视并完善食品添加剂和保健性食品的鉴定、审批和准入体系，提高标准的规范性和透明性，在保证食品安全的红线上，加速对食品添加剂和保健性食品中生物基产品的审批流程和准入。鉴于食品功能化的趋势，建议考虑将保健性食品的审批监管纳入食品监管体系（欧盟和美国均将保健品纳入食品监管体系或保健品单列，而非列入医药监管体系）。

2. 建立生物基产品认证制度，通过政府采购和公众宣传等支持生物基产品推广

欧洲和美国已经先后建立起一套权威专业的生物基产品认证制度，推广“生物基产品标签”，并使得消费者能够了解和认知生物基产品及其在人体健康、环境保护方面的优势；同时，在政府采购时优先支持包括生物基产品在内的环保和新技术产品。

目前，生物基产品在我国还属于新兴概念，公众了解较少，对于商家市场宣传中使用的多种环保和绿色等标签缺乏判别专业能力和信任，需要具有公信力的权威机构的专业信息。建议在“十三五”期间，国家建立一套生物基产品认证体系，颁布权威的生物基产品标签，并纳入政府采购支持和公众消费文化引导等支持平台。

3. 加强重点行业的环保监管力度，推广绿色生物工艺

“十二五”期间，国家已经在纺织（印染、脱胶）、造纸（制浆、漂白、脱墨）、制革、采矿和勘探、生化合成等行业建成一系列绿色生物工艺的示范项目。“十三五”期间，国家应通过示范项目宣传和绿色工艺补贴制度等在主要高污染行

业，特别是在普及率较低的造纸、制革和采矿行业，大力推广示范项目和相关工艺。

此外，目前由于部分地区环保监管缺失，企业在可逃避承担环保排污成本的情况下，缺乏采用绿色生物工艺的经济激励。国家应进一步加强落实环保监督和排污处罚机制，促使企业综合考虑污染物后处理成本及工艺改造成本，主动寻求生物工艺改造方案。

参考文献

[1] 科学技术部 .“十二五”现代生物制造科技发展专项规划，2011.

[2] 杨继明，吴家喜 . 欧盟领先市场计划及对中国的启示 . 中国科技论坛，2012，6：139 ～ 143.

[3] 瞿学东 . 生物产业的国家战略 . 中国生物产业大会报告，2010.

[4] 尹军祥，李瑞国 . 日本生物产业发展现状与趋势分析 . 中国生物工程杂志，2010，30（8）：131 ～ 135.

[5] 陈庆蔚 . 当今制浆造纸业生物质精技术的新发展 . 中华纸业，2013，6：11 ～ 26.

[6] Erickson B，Hessler C J. New Biotech Tools for a Cleaner Environment-Industrial Biotechnology for Pollution Prevention, Resource Conservation, and Cost Reduction.Washington，D.C.：Biotechnology Industry Organization，2004：8.

[7] 周文龙 . 生物酶在纺织工业中的应用（八）. 印染，2011，2：43 ～ 45.

[8] Leatherhead Food Research. Global Food Additives Market（6 ed.）.Leatherhead：Leatherhead Food Research，Market Intelligence，2013.

[9] 全球增塑剂市场规模将逾 195 亿美元 . 橡塑技术与装备，2014，（6）：27.

[10] Transparency Market Research. Market Research Report，2013.

[11] 高重密 . 新型绿色增塑剂推广路漫漫 . 中国化工报，2012-07-10.

[12] 李琮，仇燕 . 风险报告接连出炉　增塑剂形势愈发严峻 . 中国化工报，2014-09-03.

[13] 张璋 . 中国首次主导制定国际玩具类标准涉及塑化剂使用 .http://politics.gmw.cn/2014-08/16/content_12573327.htm，2014-08-16.

[14] 陈平轩 . 增塑剂：沉疴痼疾盼良方 . 中国化工报，2014-03-24.

[15] 林锟，靳洪涛，王爱平 . 医疗器械中增塑剂的应用和安全性研究进展 . 中国药物警戒，2014，2（11）：100 ～ 103.

[16] 万玉辉，杨树娥 . 新型无毒增塑剂的研究进展与发展前景 . 盐业与化工，2014，7（43）：1 ～ 3.

高端装备制造产业篇

第 9 章

工业机器人技术与产业发展分析

姚之驹　陈　丹　赵军平

【内容提要】本章以工业机器人技术与产业为对象，首先给出了其基本概念和范畴。其次，从产业链、关键产品、重点技术等方面描述了目前国内外工业机器人产业的发展现状，剖析了目前我国工业机器人产业面临的问题，并预测了其未来的发展趋势；同时通过工业机器人本体、关键零部件和系统集成三个主要环节的案例，展现了目前我国工业机器人生产企业的发展水平。最后，结合工业机器人产业的发展特点，分别从技术、产业、市场以及人才队伍培养等多方面提出政策建议。

国际金融危机爆发以来，以“再工业化”为背景，美国、欧盟等发达经济体力促制造业回流，将重整制造业作为推动经济发展的重点，促进制造业向智能化、信息化、网络化方向发展，这已经成为制造业发展的主流方向，智能制造装备产业迎来了新的发展契机。2013 年以来，以工业机器人、自动化成套生产线等为代表的智能制造装备产业体系快速发展：①数控机床的技术继续向高速、高精、高效、复合、绿色方向发展；②德国力推工业 4.0 战略，希望通过打造智能制造的新标准，来稳固其装备制造的龙头地位；③国际 3D 打印产业发展迅速，在航空航天和医疗设备等高端市场中，3D 打印产业正在发挥重要作用，3D 打印技术已经开始制造成品，而不再只用于产品设计验证；④在工业机器人领域，北美、亚洲市场日益增长的自动化需求和欧洲市场的复苏刺激了全球工业机器人市场，2013 年全球工业机器人销量创历史新高。

本书重点讨论“智能制造装备”的另一重点方向——工业机器人。工业机器人是先进制造业中不可替代的重要装备和手段，是战略性新兴产业的重点发展方向，是衡量一个国家制造业水平和核心竞争力的重要标志之一。工业机器人作为智能化和数字化技术的重要装备，发达国家均把应用工业机器人作为重获产业竞争力的主要途径。工业机器人产业不仅能为未来工业生产提供主要的智能设备，而且能有效促进我国工业转型升级，提升制造业整体发展质量和核心竞争力，是涉及国家发展战略的先导产业。

9.1 工业机器人产业的概念及范畴

国际机器人联合会（International Federation of Robotics，IFR）将机器人定义为："机器人"是一种半自主或全自主工作的机器，它能完成有益于人类的工作，应用于生产过程的称为工业机器人，应用于特殊环境的称为专用机器人（特种机器人），应用于家庭或直接服务于人的称为（家政）服务机器人[1]。按照国际标准化组织（International Organization for Standardization，ISO）的定义，"工业机器人"是面向工业领域的多关节机械手或多自由度的机器人，是自动执行工作的机器装置，是靠自身动力和控制能力来实现各种功能的一种机器[2]；它接受人类的指令后，将按照设定的程序和目标执行运动路径和作业。

1959年，世界上第一台工业机器人在美国Unimation公司诞生，开创了工业机器人发展的新纪元。1962年，美国AMF公司制造出第一台实用的示教再现型工业机器人"UNIMATE"，自此工业机器人得以广泛迅速地发展。工业机器人的主要应用领域有焊接、装配、搬运、切割、喷漆、喷涂、检测、码垛、研磨、抛光、上下料、激光加工等复杂或单调的作业。在技术进步的推动下，工业机器人已经广泛应用于汽车制造业、机械加工业、电子电气行业、橡胶及塑料工业、食品工业等各行各业，随着"机器换人"浪潮的掀起，无数的劳动力从重复繁重或有害危险的工作中解脱出来，产品质量明显提升，生产成本迅速下降。2013年全球工业机器人销量创历史新高，达到17.9万台，同比增长12%。

9.2 工业机器人产业发展现状分析

9.2.1 国际现状及我国发展水平

国际上对工业机器人的开发、研制和应用已有五十多年的历史。随着科技水平的提升以及人们对产品加工精度要求的提高，关键工艺生产环节逐步由工业机器人代替人工操作，工业机器人标准化、模块化、网络化和智能化的程度越来越高，功能越来越强。以日本、美国、德国、韩国等为代表的许多国家的工业机器人产业日趋成熟和完善，其所生产的工业机器人已成为一种标准设备在全球得到广泛应用。

为在新一轮科技和产业变革中取得发展先机，抢占国际市场，各个国家纷纷出台多种措施，将突破机器人技术、发展机器人产业摆在本国科技发展的重要战略地位。美国、日本、欧洲、韩国等国家和地区都非常重视机器人技术与产业的发展，将机器人产业作为战略产业，纷纷制定其机器人产业国家发展战略规划。

美国是工业机器人的诞生国，但其之后经历了一段缓慢发展期，在20世纪80年代被日本反超。2008年金融危机爆发以后，美国提出了再工业化的经济复苏战略，希望重振制造业，开始大力发展工业机器人产业。2011年6月，美国总统奥巴马提出了“NRI国家机器人发展计划（NASA，NSF，NIH）”①，目标是开发下一代机器人，提高机器人系统的性能和可用性，鼓励现有和新的研究团体重点关注创新的应用领域。2013年5月，美国推出了自己的新一代机器人发展路线图[3]，在制造业机器人部分指出：“作为制造业先进技术代表的机器人与自动化技术的发展是继续保持美国制造业的领先地位并解决美国技术工人不足问题的关键。”2013年10月，美国国家机器人发展计划再投3 800万美元，支持下一代协作型机器人研发。从技术发展特点来看，美国更重视业务集成与机器人前沿技术的研发。

日本机器人产业在20世纪80年代实现了对美国的反超，日本成为“机器人王国”，这一成就与其对工业机器人技术的一贯重视密不可分。2004年5月，日本发布“新产业发展战略”，明确了机器人产业等七个产业领域为重点发展产业。同时，日本在进一步实施“新产业发展战略”的“新经济成长战略”报告中也把机器人放在使日本成为“世界技术创新中心”的支柱地位上，并重新审视机器人产业政策[4]。

欧盟于2006年启动了针对提升机器人研发能力及商业行为的战略研究规划“Strategic Research Agenda for Robotics in Europe”，该规划由德国KUKA公司牵头，联合欧洲近百所大学和研究机构共同制定，分别于2008年、2009年进行了修订，并最终形成了CARE（Coordination Action for Robotics in Europe）规划。该项规划列出了工业、专业服务、家庭服务、安全、空间五个方面的应用领域，并针对六大类机器人提出了详细的短、中、长期发展规划。2011年8月，欧盟通过了一份发展制造业计划，提出了新工业革命概念，旨在以机器人和信息技术为支撑，实现制造模式的变革。

韩国于20世纪80年代末开始大力发展工业机器人技术，在政府的资助和引导下，由现代重工集团牵头，用了十年的时间形成了其工业机器人体系[5]。从2003年韩国政府提出的“十大未来发展动力产业”政策制定个人机器人技术开发计划开始，继而从2004年韩国信息通信部（Ministy of Information and Communication，MIC）提出的“IT839”计划及其“无所不在的机器人伙伴”项目，到2008年的《智能机器人开发与普及促进法》，韩国政府制定了一系列的相关政策以促进机器人产业的发展。2009年，韩国政府发布了“第一次智能型机器人基本计划”，目标是到2018年

① NASA，全称为National Aeronautics and Space Administration，即美国国家航空航天局；NSF，全称为National Sanitation Foundation，即美国国家卫生基金会；NIH，全称为National Institutes of Health，即美国国立卫生研究院。

使韩国成为全球机器人主导国家。2012 年 10 月，韩国政府发布了“机器人未来战略展望 2022”，将政策焦点放在了扩大韩国机器人产业和争夺海外市场方面[6]。可见，韩国政府的高度重视，加之制定了清晰的近期和远期目标，是推动韩国工业机器人产业快速发展的重要原因。

我国机器人的研究制造始于 20 世纪 70 年代，但由于当时我国工业化进程和市场需求等因素，机器人研发与应用进展缓慢。近些年来，在“十五”、“十一五”攻关计划和“863”计划等科技计划的支持下，尤其是在制造业转型升级市场需求的拉动下，我国工业机器人产业发展迅速，在技术攻关和设计水平上有了长足的进步。国内很多大学和研究机构，如哈尔滨工业大学、中国科学院（简称中科院）沈阳自动化研究所、中科院自动化研究所、清华大学、北京航空航天大学、上海交通大学、天津大学、南开大学、华南理工大学、湖南大学、上海大学等，开展了大量工作，在机构、驱动和控制等方面取得了丰富成果，为国内工业机器人产业的发展奠定了技术基础。沈阳新松机器人自动化股份有限公司（简称沈阳新松）、广州数控设备有限公司（简称广州数控）、哈尔滨博实自动化股份有限公司（简称哈尔滨博实）、安徽埃夫特智能装备有限公司（简称安徽埃夫特）、广州启帆工业机器人有限公司（简称广州启帆）等企业在工业机器人本体生产制造方面不断发展壮大，开发出弧焊、点焊、码垛、装配、搬运、注塑、冲压、喷漆等工业机器人。例如，沈阳新松的新一代工业机器人已具有国际竞争力的性能指标、丰富的产品型号和成套化的优势，在汽车及零部件、电器等行业实现批量化应用。由安徽埃夫特、奇瑞汽车股份有限公司、哈尔滨工业大学、中科院自动化研究所、北京航空航天大学等单位联合研制的“基于工业机器人的汽车焊接自动化生产线”项目在奇瑞汽车焊接生产线上的示范应用，成为我国首条具有完全自主知识产权的智能化工业机器人焊接自动化生产线，打破了国外机器人品牌在此领域长达 30 年的垄断局面[7]。

总体来看，目前我国基本掌握了机器人整机的设计与制造技术，已经能够设计和生产包括直角坐标式、平面多关节型、空间多关节型等各类构型工业机器人，不少机器人拥有自主知识产权。但同全球主要机器人大国相比，我国工业机器人还缺乏部分核心技术的突破，特别是在高精密、高速与高效的关键部件方面，受国外公司垄断制约，大量依赖高价进口，使我国的机器人制造无利可图。

2013 年年底，工信部发布《关于推进工业机器人产业发展的指导意见》，对我国工业机器人产业发展进行了战略层面的规划指导。该文件指出，工业机器人代表着未来智能装备的发展方向。推进工业机器人的应用和发展，对带动相关学科发展和技术创新能力提升，促进产业结构调整、发展方式转变和工业转型升级具有重要意义。该文件已明确加大对于我国本土工业机器人的培育和扶持力度，这将极大地推动国产工业机器人产业的快速发展。

9.2.2 关键产品分析

根据应用领域不同，工业机器人产业的重点产品可分为焊接机器人、搬运机器人、喷涂机器人、加工机器人、装配机器人、洁净机器人和检测机器人等。目前我国市场中搬运机器人和焊接机器人销量最高，根据2013年数据，这两类机器人的销量占比分别高达39%和35%，如图9-1所示。其余产品销量占比总计只有约四分之一。

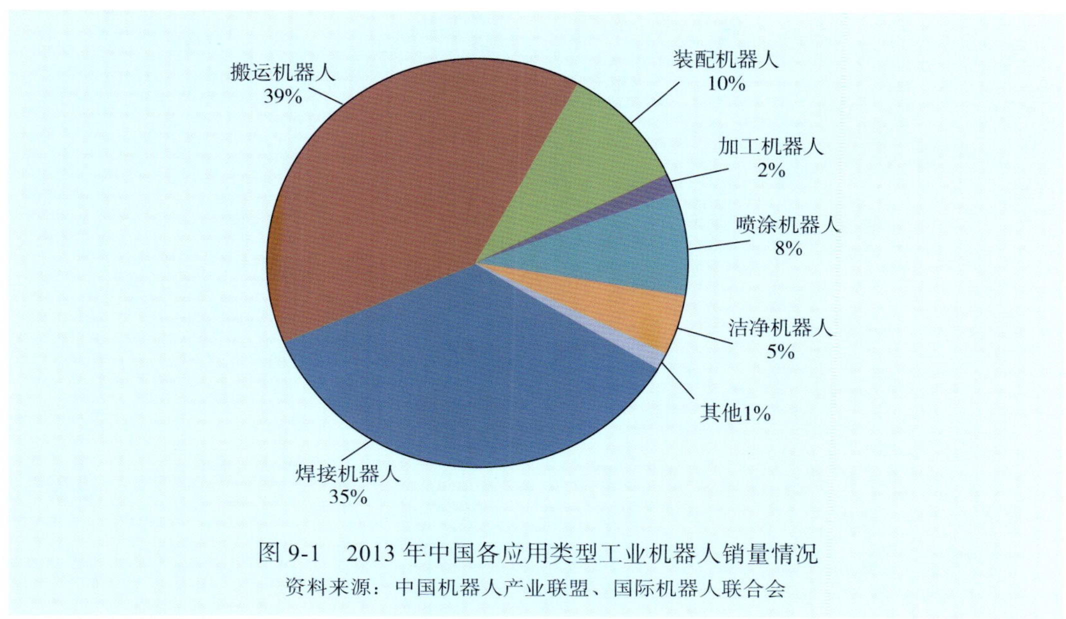

图9-1　2013年中国各应用类型工业机器人销量情况

资料来源：中国机器人产业联盟、国际机器人联合会

搬运机器人是可以进行自动化搬运作业的工业机器人（举例如图9-2所示），其可以安装不同的末端执行器以完成各种不同形状和姿态工件的搬运工作，大大减轻了人类繁重的体力劳动。搬运机器人的种类较多，包括关节型机器人、并联型机器人、直角坐标型机器人、圆柱型机器人、移动型机器人等，搬运机器人工作站由搬运机器人、夹具、传感器、周边设备等组成，主要用于各种物料搬运、机床上下料搬运、塑料成型件搬运等自动搬运作业。部分发达国家已制定出人工搬运的最大限度，超过限度的必须由搬运机器人来完成。在我国，随着制造模式的改变以及人力成本的上升，采用搬运机器人代替人工实现物料和工件的搬运、分拣、上下料等作业成为未来发展的趋势。目前，在复杂、不规则、不同规格、杂乱物料的智能化、柔性化以及高速化搬运方面仍存在挑战。未来几年内，搬运机器人在机床物料搬运和传送带物料搬运领域将会有爆发式增长，随着视觉识别技术的逐渐成熟，采用机器人代替人工进行上下料、分拣等作业是未来的趋势；物流行业以及企业生产制造中的物流环节，将会对搬运机器人有较大需求，其中165千克以上的中、大负载搬运机器人和移动搬运机器人的应用量将会迅猛增长；在石油、化工、核工程等高危险领域，未来对于搬运机器人的需求也会有快速的增长。

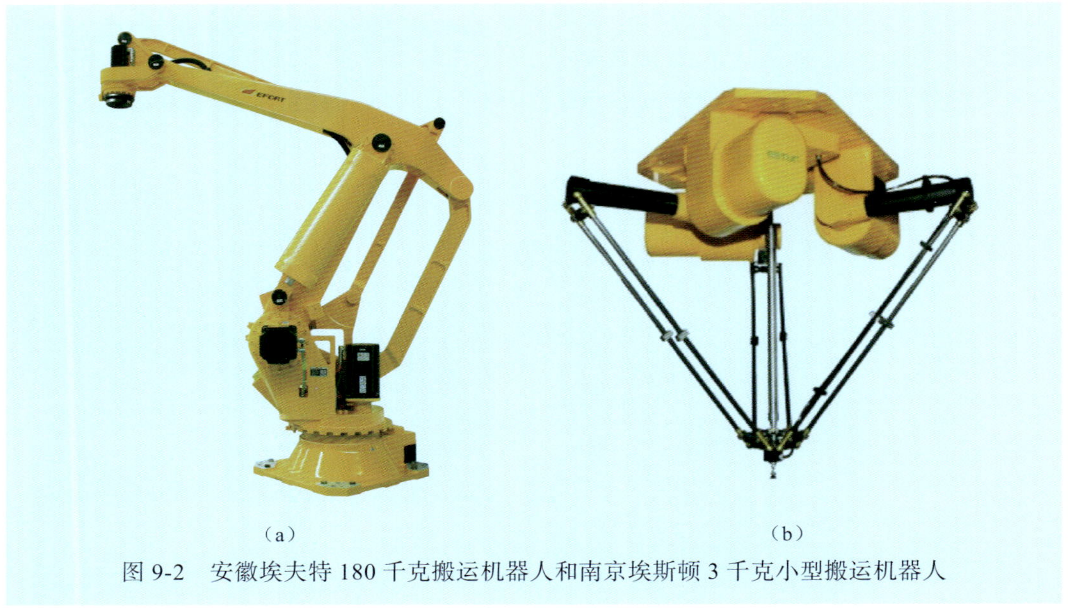

（a）　　（b）

图 9-2　安徽埃夫特 180 千克搬运机器人和南京埃斯顿 3 千克小型搬运机器人

焊接机器人是可以完成焊接作业的工业机器人（举例如图 9-3 所示），主要包括点焊机器人、弧焊机器人、激光焊接机器人和复合焊接机器人等。焊接机器人工作站由焊接机器人、焊机、周边设备和卡具组成，存在多种配置形式，包括头尾式变位机、滑台、转台、双机器人系统等。焊接作为工业“裁缝”，是汽车及零部件、工程机械等行业生产中非常重要的加工手段，焊接质量的好坏对于产品质量起着决定性的影响。在未来一段时间内，汽车及零部件制造、工程机械行业仍然是焊接机器人乃至工业机器人应用的重点行业，我国每万名工人中机器人使用数量与国外发达国家差距较大，汽车行业对于焊接机器人的需求量仍然会高速增长；此外，船舶、管道、桥梁、石油、化工、金属加工、建筑等行业对于焊接机器人也具有较大需求，随着焊接机器人技术的进步和焊接工艺的提高，这些行业中焊接机器人的增长率将会超过汽车及零部件、工程机械这两个行业，焊接机器人使用密度会逐渐接近这两个行业；航空航天、海洋工程、核工程将会是焊接机器人未来新的应用增长点，具有一定的市场潜力。焊接机器人智能化、多样化是其未来的发展方向。

装配机器人是工业生产中用于装配生产线上对零部件进行装配的工业机器人（举例如图 9-4 所示），是柔性自动化装配系统的核心设备。装配机器人工作站由装配机器人、夹具、托盘、周边设备组成。装配机器人可分为直角坐标型、平面多关节型、垂直多关节型和移动装配机器人。直角坐标型、平面多关节型、垂直多关节型装配机器人一般应用于电气 / 电子、汽车零部件等行业。随着科技的进步和社会劳动成本的增加，未来装配机器人的应用将会更加广泛。汽车、电气 / 电子行业的装配机器人占有率将会持续增长，同时在航空航天、仪器制造、船舶等领域，机器人装配将进一步取代人工装配，呈现快速稳定的增长。

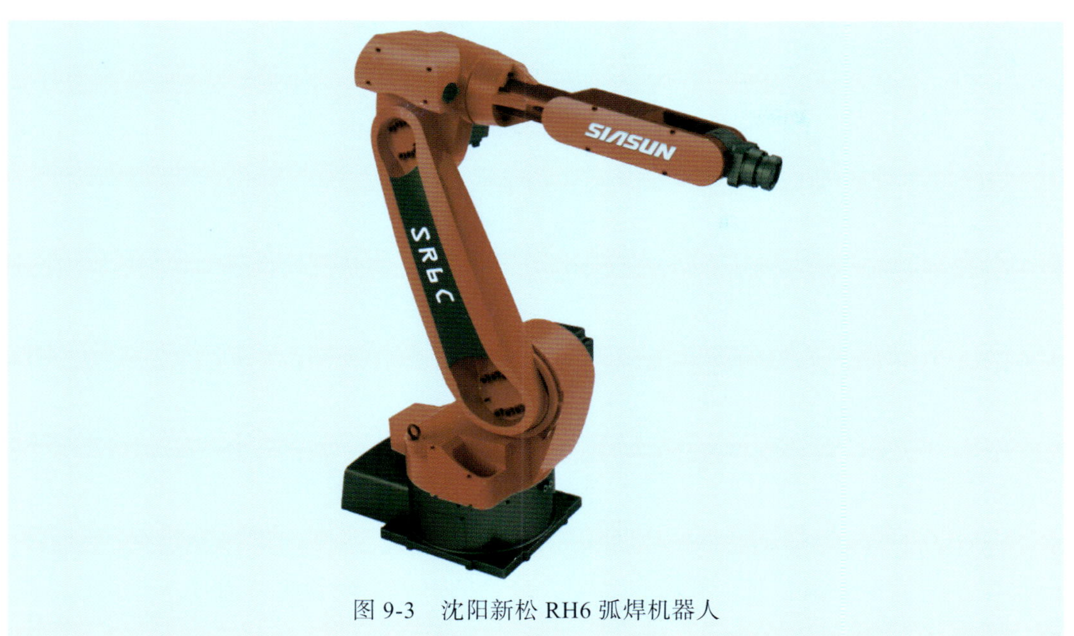

图 9-3　沈阳新松 RH6 弧焊机器人

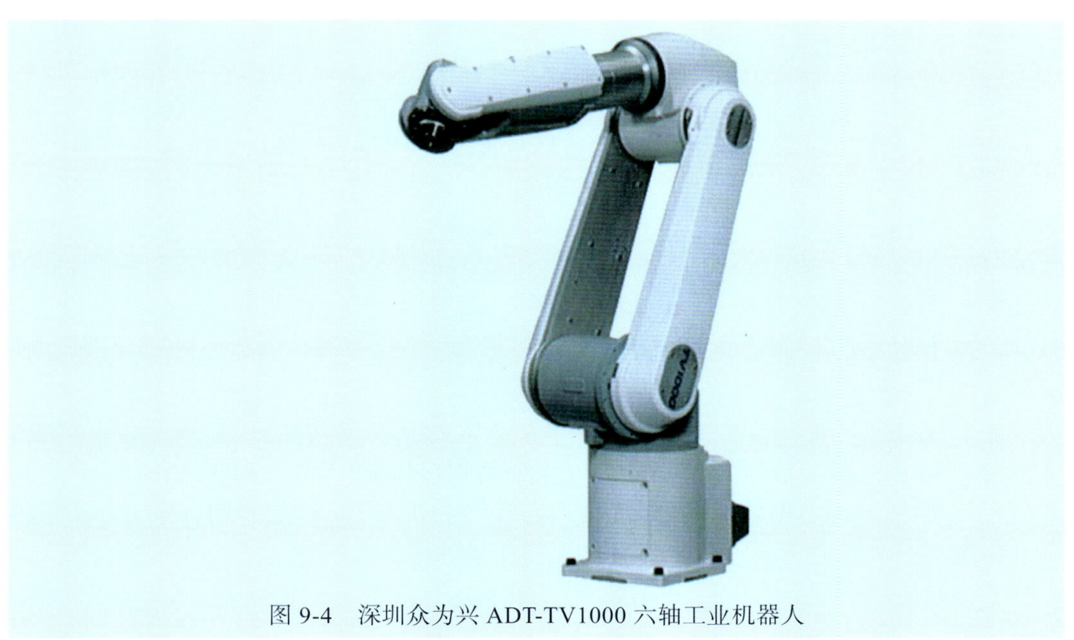

图 9-4　深圳众为兴 ADT-TV1000 六轴工业机器人

洁净机器人是在洁净环境中使用的工业机器人（举例如图 9-5 所示），联结前后段制程，并在各制程中实现物料的交换与传递，是自动传输系统的核心，被广泛应用于半导体、平板显示、LED、太阳能、医药以及食品加工与包装等多个行业领域。半导体、平板显示、LED、太阳能等行业，市场容量大，发展非常迅速，对于洁净机器人的需求量大，其生产具有加工超精密化、超洁净环境的特点，对于洁净机器人产品在控制精度、运动平滑度以及材料洁净度等方面提出了很高的要求。

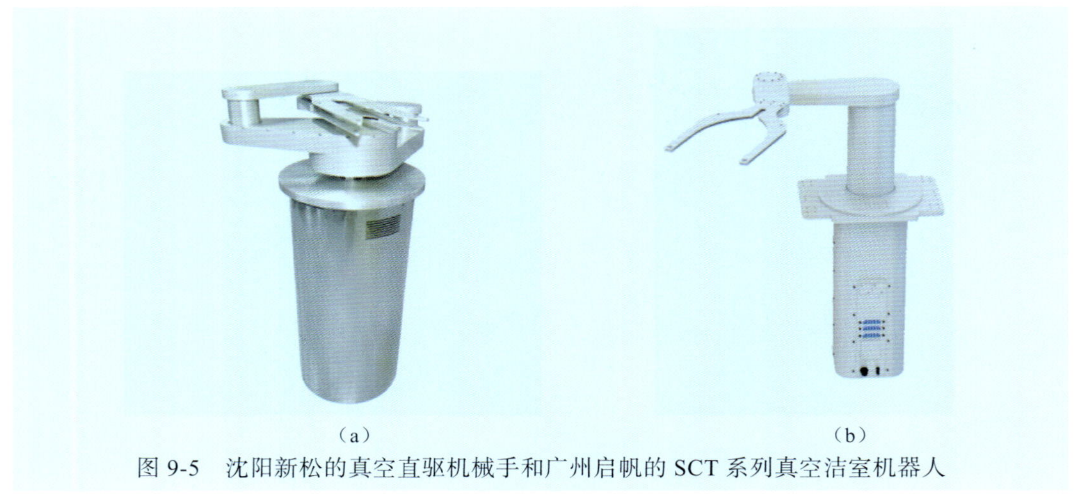
（a）　（b）
图 9-5　沈阳新松的真空直驱机械手和广州启帆的 SCT 系列真空洁室机器人

随着工业机器人的技术突破，其应用将更加广泛，未来工业机器人的市场容量将有望十倍或数十倍扩张。随着自动化大趋势的发展，机器人将有望取代机床成为新一代工业生产的一种方式。

9.2.3　产业链及产业环境分析

按照提供产品的不同环节区分，工业机器人行业内的企业可分类为机器人零部件供应商、本体供应商和系统集成商三类。通常情况下，本体企业设计生产机器人本体、编写软件、采购零部件，以组装的生产方式生产本体，产品具有较高开放性、标准化程度高，可批量化生产，然后通过代理商销售给系统集成商，系统集成商直接面向终端客户。有的本体企业和代理商也会兼做系统集成商。本体是机器人产业链的核心。工业机器人的下游应用领域广泛，需求千差万别。系统集成商需根据下游客户的需要，将一个个单元产品组装成可实现的生产系统，其起着供需双方桥梁的作用。

在关键零部件生产、机器人本体制造、系统集成以及应用行业这四大工业机器人产业链环节（图 9-6）中，目前我国工业机器人企业真正能赚钱的业务是系统集成。由于关键零部件没有真正国产化，国产机器人本体成本远高于国外同行，很难盈利，因此国产机器人多在一些特殊的场合才得到应用。

工业机器人产业的上游主要是钢铁、铝合金等原材料，传感器、减速器、伺服电机、驱动器等零部件，以及系统软件、应用软件等软件。目前我国虽然已有部分企业在减速器、伺服电机和控制器等工业机器人关键零部件研制方面取得了进展，但是技术方面与国外仍然存在差距，还需要突破（表 9-1）。其中，精密减速器是目前我国工业机器人关键零部件中相对薄弱的环节。由于精密减速器制造技术难度大，专用精密加工装备尚未解决，致使其产品质量稳定性较差、精度较低、使用寿命较短，该类产品没有真正实现国产化的批量生产。伺服驱动器在动态性能、单位体积扭矩和运动精度上与国外知名品牌的产品虽尚存在一定的差距，但是已经具有一定

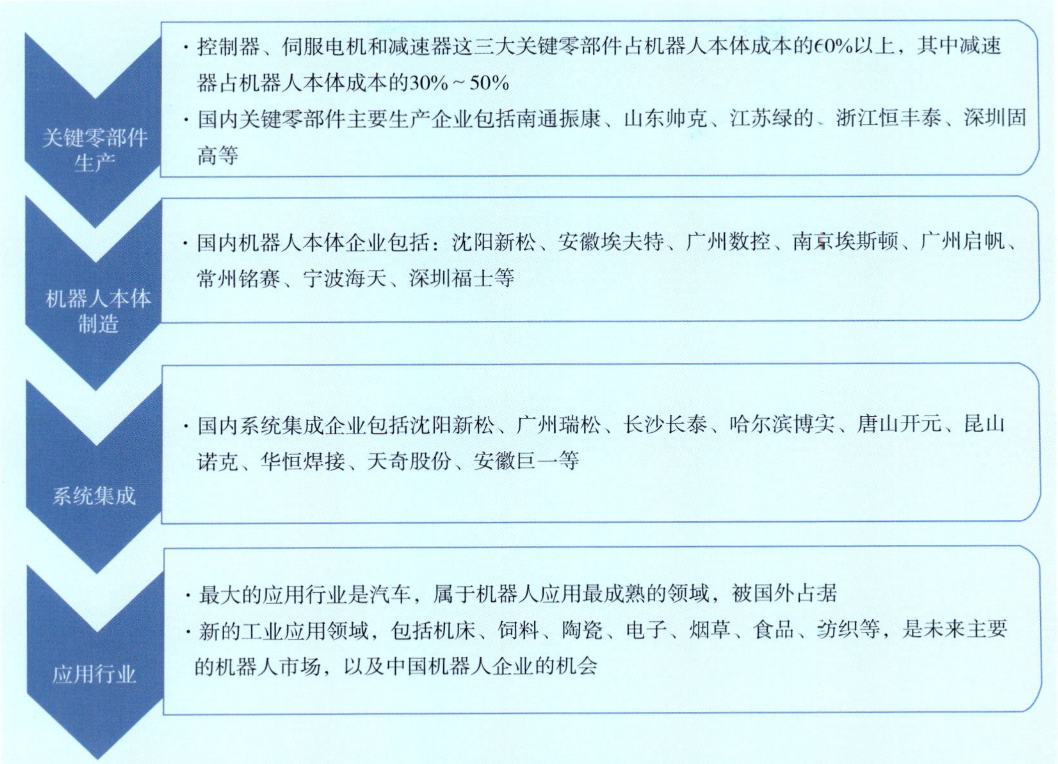

图 9-6　我国工业机器人产业链四大环节

资料来源：中国机器人产业联盟

的自主研发和生产能力。在运动控制器方面，国内产品和国外产品差距相对较小，但是国内企业力量分散，缺乏拳头企业，产品的品牌效应欠佳。

表 9-1　我国机器人产业关键零部件发展现状

关键零部件	伺服电机和驱动	控制器	精密减速器
国外供应商	力士乐、安川、贝加莱、KEBA、倍福、三菱、西门子、发那科、三洋等	发那科、松下、三菱、那智、安川、贝加莱、KEBA、倍福、KUKA、ABB 等	纳博、Harmonic、SPINEA、住友等
国内供应商	南京埃斯顿、广州数控、汇川技术、英威腾等	深圳固高、众为兴、新时达、广州数控、南京埃斯顿、沈阳新松等	南通振康、苏州绿的、山东帅克、浙江恒丰泰、秦川发展、上海机电等
技术差距	体积大，输出功率偏小	差距相对小	精度差、寿命短、质量不稳定
其他	伺服电机国外供应商的可选项比较多	大部分机器人企业有自己的数控系统	全球减速机大都由纳博和Harmonic 制造并销售

资料来源：中国机器人产业联盟

从下游应用行业来看，目前汽车、电子工业是国内工业机器人主要的应用行业，其应用占比分别达到 38% 和 18%，如图 9-7 所示。汽车工业也是机器人使用密度最高的行业。根据IFR估算，2012年我国汽车工业每万名工人拥有机器人台数约为213台，接近我国制造业平均水平的10倍。除汽车工业外的其他工业每万名工人拥有机器人台数仅为11台。

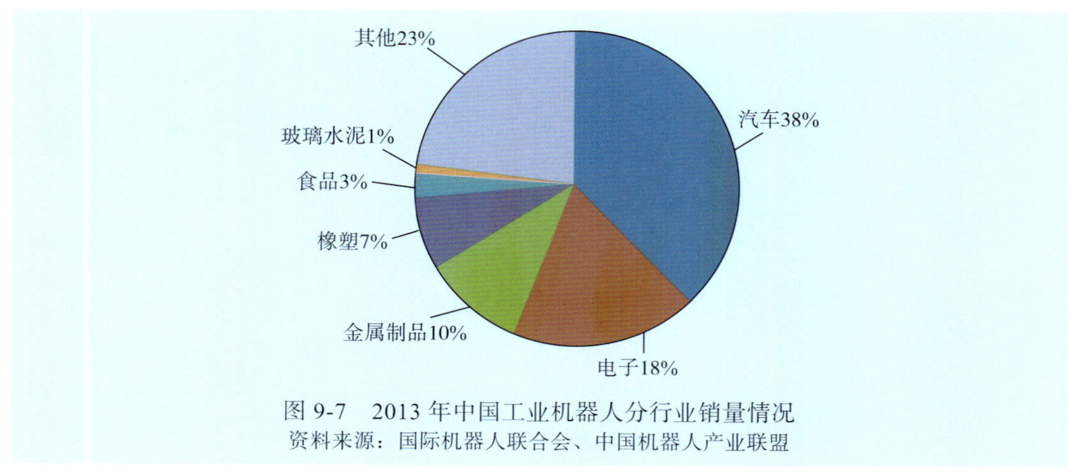

图9-7　2013年中国工业机器人分行业销量情况
资料来源：国际机器人联合会、中国机器人产业联盟

在工业发达国家，工业机器人及自动化生产线成套装备已成为高端装备的重要组成部分及未来的发展趋势，工业机器人已经广泛应用于汽车及汽车零部件制造业、电子/电气行业、机械加工行业、橡胶及塑料工业、食品工业、物流等行业。随着我国工厂自动化的发展，工业机器人在其他工业行业中也将得到快速推广。随着技术的进步，工业机器人在民爆、国防军工和危险作业等方面的应用也将逐步展开，而在这些方面，工业机器人具有不可替代的作用。

9.2.4　重点技术分析

工业机器人是高科技产物，工业机器人产业是综合了计算机、控制论、机构学、信息和传感技术、人工智能、仿生学等多学科而形成的高新技术产业。目前工业机器人最典型的特征是高速、高精度、重载，多用于结构化环境、刚性生产线，完成重复作业使命，几乎不具备智能性，本质上是一种自动化而非智能化装备。这种机器人难以在复杂环境中完成使命，多数都不具备自主控制、认知和学习能力，在人—机—物的共存环境下仍有较多安全隐患。为满足新兴制造业、劳动密集作业、医疗康复、特殊服役环境下作业等需求，新一代工业机器人技术应主要从仿人的灵巧操作技术、自主导航和定位技术、视觉感知及认知技术、人机交互技术等多个方面实现突破。

1. 仿人的灵巧操作技术

新一代工业机器人应能够在制造业应用中进行仿人灵巧操作，通过独立关节以及创新机构、传感器，达到人手级别的触觉感知阵列，能承担加工厂工人在加工制造环境中的灵活性操作工作。我国新一代工业机器人仿人灵巧操作目前的主要研究方向包括一体化柔顺关节，以及仿人臂、手、下肢等方面。关节一体化集成旨在提高关节驱动功率密度，实现类人的灵活动作、精细操作能力、柔顺性以及人工肌肉驱动融合。在仿人臂、手、下肢机构方面，重点研究冗余自由度结构，高负重/自重，高柔顺与高（作业）刚度的统一。根据美国2013年版机器人发展路线图，未来15年，具有触觉阵列密度的高复杂性机械手将接近人手的灵巧性，具备在制造环境中灵巧抓持目标的能力。

2. 机器人自主导航和定位技术

在移动机器人的应用中，精确的位置信息是一个基本要求，机器人的准确定位是保证其正确完成导航、控制任务的关键之一。现有移动机器人存在的主要问题是缺乏灵活性和自主性，大多数机器人只能在预先定义的地图中或者是高度结构化的环境中执行预先规定的动作。在新的环境下或遇到意外问题时，机器人则不能很好地完成任务。自主导航的一个典型应用为无人驾驶汽车的自主导航。根据美国2013年版机器人发展路线图，未来15年，无人驾驶汽车将具备在任何人类能够驾驶的环境中的自主导航能力，与有人驾驶水平相当，并具有学习能力。

3. 视觉感知及认知技术

未来的工业机器人将大大提高工厂的感知系统，以检测机器人及周围设备的任务进展情况，还将能够及时检测部件和产品组件的生产情况、估算出生产人员的情绪和身体状态，这需要攻克高精度的触觉、力觉传感器和图像解析算法，重大的技术挑战包括非侵入式的生物传感器及表达人类行为和情绪的模型[5]。目前我国将重点研究识别与跟踪，定位、测量与检查，视觉伺服控制等方面的技术；通过算法硬件化提高实时性，实现视觉功能的集成化和模块化，提高拓展和升级能力；研究基于自主学习的视觉目标识别技术等。

4. 人机交互技术

智能机器人技术（人机交互）是一种让机器具备自然语言处理、语义分析和理解、知识构建和自主学习的能力，使机器可以像人一样“能听会说、有问必答”，并实现人机之间文字、语音、多媒体、体感等多种通信的技术[8]。未来工业机器人的研发越来越强调新型人机合作的重要性，保障机器人与人、环境之间的绝对安全共处，实现人—机高效协同。根据美国2013年版机器人发展路线图，未来15年，工业机器人将能够在非结构化环境中具备识别人及其他机器人系统的行为，并进行合作，具备适应性行为调节能力。

当前及今后一段时间，机器人技术将朝着自学习、自适应、智能性控制方向发展，将开发出具有灵活的可操作性和移动性，丰富的传感器及其处理系统，全面的智能行为和友好协调的人机交互能力的高级机器人。

9.3 我国工业机器人产业发展的问题及趋势分析

9.3.1 我国工业机器人产业发展面临的问题分析

虽然近年来我国工业机器人产业发展较快，但同国外发达国家相比差距仍然很大。我国 85% 以上的工业机器人市场份额被 ABB、发那科、安川电机、KUKA 等跨国企业所垄断，而国内机器人生产企业市场份额相对较小，企业普遍存在规模较小、创新能力薄弱等问题[9]。

我国工业机器人产业存在的主要问题有以下几个方面。

1. 关键零部件依赖进口，成为产业化瓶颈

我国工业机器人尽管在某些关键技术上有所突破，但运动控制器、伺服驱动器、伺服电机及精密减速器等关键零部件长期依赖进口。国内企业与国外先进企业相比，在核心部件及相关技术方面差距显著，尤其是在高精密减速器方面的差距尤为突出，这制约了我国工业机器人产业的成熟及国际竞争力的形成。在工业机器人的诸多技术方面，我国仍停留在仿制层面，创新能力不足，制约了国内工业机器人产业的快速发展。

2. 企业规模小，成本压力大

目前我国工业机器人生产企业的规模普遍较小，即便是龙头企业其规模也仅在 10 亿元左右，难以形成规模效应，企业人力、研发和营销成本居高不下。加之关键零部件大量依赖进口，导致国内企业的生产成本比国外企业的生产成本高出很多。例如，国内企业购买减速机、运动控制器的价格是国外企业价格的近 4 倍，购买伺服驱动器的价格是近 2 倍。这种情况就导致同等质量的工业机器人，国内企业可获得的利润几乎为 0。以 165 千克六轴关节机器人为例，国产品牌的生产成本比国外品牌要高出 44%。这导致我国机器人生产企业与外资品牌在价格竞争中处于先天劣势。

3. 品牌说服力差距过大，国产件缺乏验证机遇

过去十年，外资机器人公司通过在中国市场的飞速发展已经建立起遍布全中国的庞大营销网络以及本土化的生产基地。以 ABB、安川电机为代表的全球工业机器人巨头企业在汽车行业等高端应用领域的优势地位非常显著，且均在中国市场积极扩产。而当前我国国内机器人需求中近一半来自对设备品质要求最高的汽车及汽车零部件制造业，这些下游企业已习惯使用外国品牌，缺乏项目经验的本土品牌需要更长时间的验证认同期，最终导致已经形成技术突破的国产零部件和本体不能尽快投入市场，即便是有成功应用经验的产品也难以实现规模化应用。

9.3.2 “十三五”期间工业机器人产业发展趋势分析

从工业机器人技术发展趋势来看，虽然拥有五十多年的历史，但是现阶段的技术发展仍不十分成熟，存在着柔性不高、安全性不高、成本高、速度和稳定性不能兼得等问题。围绕这些问题，未来工业机器人的技术发展仍有很大的提升空间。工业机器人技术未来的发展方向主要有：①智能化。智能化就是机器人的操控将越来越简单，能够自主判断，不需要人教示，不需要高级的技术人员操作。②柔性化。目前的机器人是一个单臂的机器人，不能像人手那样灵活。如果双臂机械手技术得到突破，则机器人在工厂里基本可以代替人完成所有的工作。③安全性。目前的机器人，与人交互的一些安全措施还没有做，容易对人造成伤害。需通过安装大量高端传感器等手段来达到人机和谐相处。④低成本。由于目前工业机器人成本还很高，一般传统行业尚难接受，需要通过规模化降低成本。⑤技术融合。机器人技术将类似于20世纪70年代的计算机、80年代的手机、90年代的互联网、21世纪的移动设备，经历一个技术融合的过程。未来的机器人技术将在通信、感知、处理、移动、意识、操作这六个方面取得突破。

随着我国国民经济的快速发展，各行各业转型升级步伐加快，“十三五”时期我国工业机器人的发展将步入“快速成长期”。产业结构升级是我国当前经济发展的重要任务，而其中工业自动化则是关键。随着GDP增速有所回落，我国整体经济处于结构调整期。我国正从劳动密集型向现代化制造业的方向发展，振兴制造业，推进工业自动化成为我国经济发展的一个重要任务。工业机器人作为工业自动化装备的重要组成部分，对应用行业加快转型升级，提高产品质量、提高生产效率、降低成本等意义重大，将带来巨大的经济与社会效益。这是我国机器人产业发展的重大机遇。

我国仍是世界上工业自动化相对比较落后的国家，随着工业自动化进程的推进，未来工业机器人市场还有很大的增长空间。相对于德国、日本、韩国等国而言，我国国内机器人密度仍然很低，2012年中国制造业中每万人工业机器人拥有量仅为23台，远低于世界平均的每万人58台。即使剔除不可比因素，我国机器人密度还存在较大的提升空间，中国工业机器人市场潜力巨大。2012年年末，我国制造业有4 262万职工人数，假设我国制造业工业机器人密度与全球58台/万人的平均水平相当，则需要24.7万台工业机器人，目前我国工业机器人保有量已有13.4万台，那么需新增工业机器人11.3万台。若要赶上德国、日本、韩国等国家的工业机器人密度（分别为273台/万人、332台/万人、396台/万人），所需的工业机器人数量将更大。预计未来5年我国工业机器人行业将呈现高速发展态势。之后随着全球机器人技术的进步，国内工业机器人行业逐渐走向成熟。预计到2020年，我国工业机器人市场需求量将达到11万台，保有量达到60万台。若按照工业机器人均价20万元/台来计算，到2020年我国工业机器人本体市场规模将达到220亿元，加上系统集成工业机器人市场规模将达到800亿元。尤为重要的是，工业机器人的广泛应用，对我国制造业转型升级，提高发展质量和效益意义重大。随着我国由制造业大国走向制造业强国，工业机器人在我国将拥有巨大的市场空间。

9.4 工业机器人产业发展重点案例

9.4.1 机器人本体

随着国内市场对工业机器人的需求越来越迫切，沈阳新松、安徽埃夫特、广州数控、南京埃斯顿、广州启帆等企业在工业机器人本体生产制造方面不断发展壮大，开发出了多关节工业机器人、移动机器人、并联机器人等系列化产品。

沈阳新松机器人自动化股份有限公司是我国专门从事机器人、先进制造装备、数字化高端装备制造研究开发和产业化的公司。目前沈阳新松的新一代工业机器人（举例如图 9-8 所示）已进入批量化生产，可实现在焊接、码垛、搬运、铸造、锻造、智能上下料、打磨、喷涂等多方面的应用；其研制的伺服点焊机器人及成套装备在国内首次工业机器人大批量在线应用，成功进入国内顶级汽车生产线。在机器人单机性能指标方面，包括负载能力、工作半径、重复定位精度、运动速度等指标达到安川电机、NACHI、发那科等国际一流机器人水平，打破了国外机器人点焊产品在汽车行业的垄断，提高了生产效率和产品质量，提高了国内焊接技术的水平，同时推动了国内焊装及配套行业的发展。此外，沈阳新松面向青岛海信公司的平板电视模组装配生产线，研制了智能机器人搬运与装配系统，替代现有手工作业模式。该系统解决了机器人作业单元智能化、数字化生产调度一体化、机器人视觉识别、定位和检测、机器人可靠性等关键技术，研制了洁净等级为 Class 1000 ～ 100 的洁净机器人本体，并为海信平板电视生产线提供了多套机器人系统。

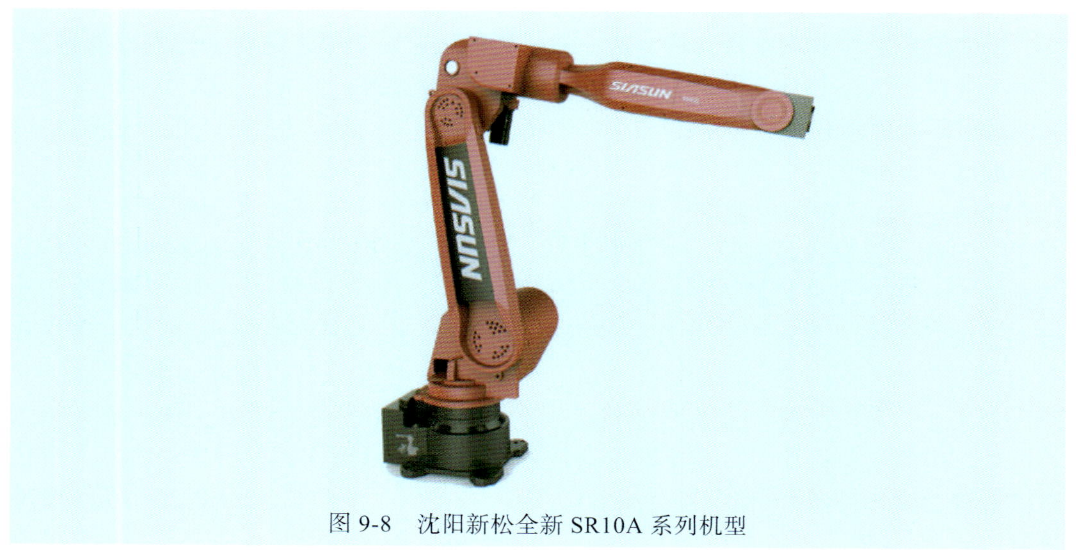

图 9-8　沈阳新松全新 SR10A 系列机型

广州数控设备有限公司是我国专业成套机床数控系统供应商和工业机器人生产商，已开发出搬运、弧焊、码垛等多型号工业机器人产品，部分产品已使用自主研发的控制器、伺服电机、减速器等关键部件。其自主研发的 RB 系列产品（举例如图 9-9 所示），拥有 6 自由度，具备准确、高效的搬运、装卸、喷涂等功能，可应用于汽车、家电、物流等行业，目前销量近 200 台。该型号系列产品根据用户实际需求，机器人可采用地面或者侧面安装，通过移动导轨，增加运动行程和工作范围，实现一台机器人给多台机床上下料。

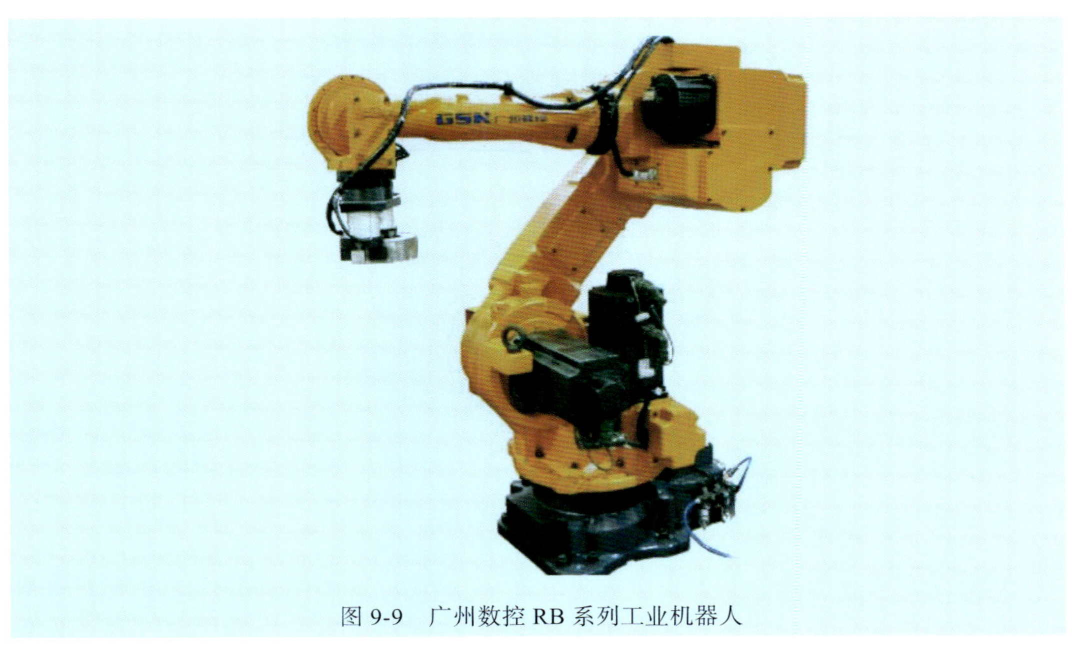

图 9-9　广州数控 RB 系列工业机器人

9.4.2　关键零部件

工业机器人除本体外，主要部件还包括减速器、伺服系统、控制系统三部分，分别约占机器人成本的 38%、28% 和 16%，关键零部件的好坏对工业机器人的性能起到关键作用，具有通用性和模块化的特点。目前在我国，南通振康机械有限公司（简称南通振康）、江苏绿的、浙江恒丰泰、深圳固高等企业在关键零部件研制方面取得了一定进展，在伺服系统和控制系统方面取得了实质性突破，并已有部分厂商开始或已经研制了摆线针轮（rotate vector，RV）减速器。但由于国内的技术基础较为薄弱，减速器产品的综合性能同国外仍有差距。目前只有南通振康率先进入小批量生产阶段，国内没有厂商可以实现大批量生产。

南通振康在掌握 RV 减速器传动理论后，不断深入研究，特别是对修形技术的突破性研究，形成了自主的设计方法。通过对通用设计软件的二次开发，形成了相应的自主设计平台。该项技术的研发，使我国 RV 减速器实现了从理论走向实用的突破。南通振康是目前国内率先实现小批量生产并销售 RV 减速器的企业，已开发了 9 种型号的减速器（图 9-10）。其在研制过程中积累了无数次失败后的宝贵技术经验和众多超精密加工经验，提出了诸多技术创新。2013 年，南通振康销售 RV 减速器 500

多台，客户基本覆盖了国内所有著名机器人制造商。由于国产 RV 减速器具有突出的性价比优势，供货周期快，售后服务及时周到，引来了大批机器人制造商的采购，国际巨头 ABB、KUKA 等公司的采购部门也多次考察了南通振康生产基地。

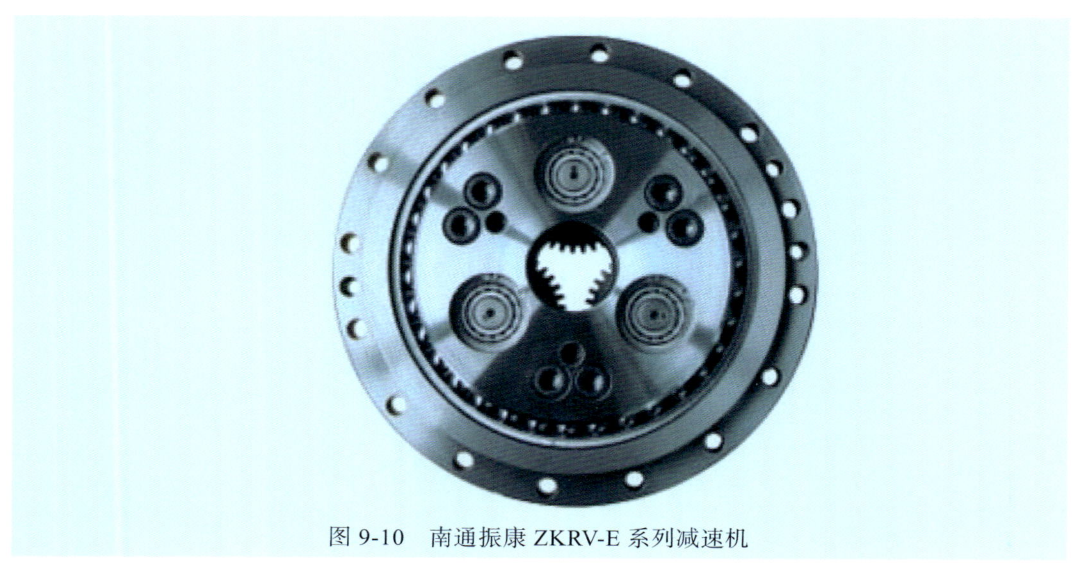

图 9-10　南通振康 ZKRV-E 系列减速机

9.4.3　系统集成

由于受核心技术限制等多方面因素的影响，我国工业机器人产业目前获得突破的主要在系统集成领域。国内一些领先企业从集成应用开始，主要借助了解国内市场需求、本土服务等优势，逐渐脱颖而出。目前以系统集成为主的企业主要有哈尔滨博实、唐山开元机器人系统有限公司（简称唐山开元）、广州瑞松、长沙长泰机器人有限公司（简称长沙长泰）、安徽巨一等。优先发展系统集成领域，是我国工业机器人产业在现实情况下的被动选择。

长沙长泰的工业机器人应用系统主要包括智能铸造、智能焊接及其他应用系统等，目前已进入汽车、工程机械、轨道交通装备等行业。近年来，长沙长泰成功开发出了机器人柔性焊接生产线、全过程铸造生产线、桁架机械手、智能物流生产线等多门类产品（举例如图 9-11 所示），服务的客户包括通用、东风、吉利、玉柴、重庆机电、中国南车、中国北车、三一重工等多家知名装备制造企业，智能物流生产线产品出口至中国台湾、印度尼西亚、越南等国家和地区，总计超过 300 多个工程项目。此外，长沙长泰与清华大学建立“长泰机器人—清华院士工作站”，致力于机器人本体和外围模块的开发及研究，成为具有研发设计加工制造实力的工业机器人自动化系统集成商。

唐山开元采用日本神户制钢的技术和设备，主要进行弧焊机器人系统的集成、培训以及技术和工艺的研发，开发出适应我国市场的中厚板机器人焊接系统和生产线、工程机械变位机械等产品，主要应用于工程机械、铁路车辆、煤炭机械、建筑钢

（a） （b）

图 9-11 长沙长泰汽车焊接生产线和唐山开元机器人自动焊接生产线

结构、桥梁、机床、风电等领域。唐山开元目前正在实施的“钢结构行业机器人自动焊接技术和装备的产业化”项目，可使用户的生产效率提高 1 倍以上，成本降低 25%以上，焊接质量稳定大幅提升，并从根本上解决钢结构制造对较高技能要求的焊接工人需求与人员越来越难招聘的矛盾。

9.5 促进工业机器人产业发展的政策建议

9.5.1 开展面向应用领域的研究，实施细分行业的应用示范工程，发展面向领域应用的机器人企业

加强各领域工业机器人的应用研究，由政府引导，以企业为主体，实施一批效果突出、带动性强、关联度高的典型应用示范工程，在工业机器人用量最大的汽车及其零部件行业，在具有战略意义的装备制造行业，在劳动强度大的纺织、物流行业，在危险程度高的国防军工、民爆行业，在对产品生产环境洁净度要求高的制药、半导体、食品等行业开展自主品牌工业机器人的应用示范，大力推进科研成果产业化。通过应用示范工程，鼓励用户采用国产自主品牌机器人，提升国产自主品牌的市场认知度，同时增强工业机器人生产企业实践经验。支持机器人本体生产企业实行差异化发展，每家企业有专攻的领域和细分的市场。

9.5.2 支持关键基础部件的研发生产

减速器、伺服电机和控制器是工业机器人的三大关键基础部件。我国在三大关键基础部件研制方面仅仅是刚刚起步，与国外先进国家差距很大，大部分关键基础部件大部分依赖进口，严重制约着我国工业机器人产业的发展。因此，应首先重点支持关键基础部件的研发及产业化，重点发展高精度减速器、谐波减速器、高速高

性能机器人控制器、高精度机器人专用伺服电机和伺服驱动器等关键基础部件。实现关键基础部件的国产化是完善我国工业机器人产业链体系的重中之重，应建设重点实验室、国家工程中心、工程实验室，通过产学研合作，奠定关键基础部件发展的雄厚基础。支持专业化生产企业，支持它们与机器人本体企业建立长期紧密合作的商业模式，实现工业机器人产业健康有序发展。

9.5.3 加强质量和标准化建设

我国工业机器人产业可持续发展的关键，是提高产品的可靠性、提高产品全生命周期中的使用价值。一方面，应全面推进质量保障工程，强化产品合格认证，提高企业质量意识，加强产品质量建设，制定质量工作规划，推广先进质量管理方法，大力提升工业机器人本体及关键基础部件的质量。另一方面，应强化统筹协作，依托跨部门、跨行业的标准化研究机制，协调推进工业机器人标准体系建设。按照急用先立、共性先立原则，加快基础共性标准、关键技术标准和重点应用标准的研究制定。鼓励和支持国内企业与机构积极参与国际标准化工作，提升自主技术标准的国际话语权，通过标准化建设引导行业有序发展、平衡发展，形成具有国际竞争力的工业机器人产业体系。

9.5.4 规范市场竞争秩序

规范市场竞争秩序，营造良好的市场环境，充分发挥市场在资源配置中的决定性作用，通过市场竞争的优胜劣汰规律，使分散的生产能力向优势企业集中，改善企业的规模结构，提高产业集中度。引导具有技术与产业优势的地区，合理安排产业布局，科学谋划、有序推进各地机器人产业的集群化发展。科学有序推进工业机器人产业在全国的合理布局，吸取太阳能设备、风电设备等跟风而上形成过剩产能并加剧行业困境的教训，减少各地在制定工业机器人产业发展规划时所确定的产业发展重点的高度相似性，避免形成新一轮“一哄而起”造成地区间的重复建设和低价位的过度竞争。

9.5.5 完善人才培养体系

加强人才队伍建设，建立多层次、多类型的人才培养和服务体系。在高等院校及科研院所，加强工业机器人产业相关专业学科建设，加快培养工业机器人行业所需各类人才；在企业，依托国家重大专项、科技计划和示范工程等，培养工业机器人高层次专业技术人才和领军人才；加强国际人才交流，完善配套服务，吸引全球优秀人才来华创新创业。

9.5.6 提升国际合作水平

提升工业机器人产业发展水平，必须充分利用对外开放的有利条件，扩大多种形式的国家和地区之间的合作与交流，提升国际合作水平。一是鼓励科研院所、高等院校、重点企业与海外研究开发机构在工业机器人制造领域建立联合实验室、研究开发中心、国际合作研究院和专门的技术服务公司。二是积极支持我国企业“走出去”，鼓励国内企业收购、兼并国外优秀工业机器人企业，特别是收购境外成熟品牌，支持国内企业在海外设立研究开发机构或产业化基地。

审稿：王天然　卢秉恒　宋天虎　宋晓刚

参考文献

[1] International Federation of Robotics. Service robots. http://www.ifr.org/service-robots/，2013-06-09.

[2] International Federation of Robotics. Industrial robot as defined by ISO 8373. http：//www.ifr.org/industrial-robots/，2013-10-12.

[3] Robotics Virtual Organization（Robotics vo）. A roadmap for U.S. robotics from interact to robotics，2013 edition. http：//robotics-vo. Us/node/332，2013-03-19.

[4] 王伟 . 日本近年机器人产业政策及发展计划 . 机器人技术与应用，2008（6）：19 ～ 22.

[5] 王田苗，陶永 . 我国工业机器人技术现状与产业化发展战略 . 机械工程学报，2014，50（9）：1 ～ 13.

[6] 李良琦，麦军 . 韩国机器人产业政策研究 . 机器人技术与应用，2009，（6）：6 ～ 9.

[7] 中国机器人产业联盟 . 中国工业机器人产业发展战略研究，2014.

[8] 朱频频 . 智能人机交互技术在不同领域的广泛应用 . 中国标准化，2013，（21）：79 ～ 84.

[9] 姚之驹 . 机器人行业国际巨头竞争力解析 . 工业经济论坛，2014，（3）：42 ～ 50.

新能源产业篇

第 10 章

太阳能光伏发电

戴松元 孔凡太 孙 硕

【内容提要】太阳能光伏发电简称太阳能光伏或光伏，是利用半导体的光生伏特效应将太阳能转变为电能的太阳能利用方式。太阳能光伏发电的核心是太阳电池。太阳电池按照所用材料的不同分为单晶硅太阳电池、多晶硅太阳电池、硅薄膜太阳电池、碲化镉太阳电池（Ⅱ-Ⅵ族太阳电池）、铜铟镓硒太阳电池、染料敏化太阳电池、有机太阳电池、Ⅲ-Ⅴ族太阳电池（主要是砷化镓太阳电池）、量子点太阳电池、钙钛矿型太阳电池等。由于钙钛矿型太阳电池近两年来的飞逗发展，本章将在介绍太阳能光伏产业概况的基础上，将其作为新型太阳电池的重点案例，介绍其相关研究进展。

10.1 光伏产业的概念及范畴

光伏产业的概念分为广义的和狭义的两种。广义的光伏产业包括从所有太阳电池原材料制备到最终光伏系统所涉及的装备制造、原材料、电池片及电池组件、逆变系统、并网及离网系统、测试安装及所有配套系统的完整产业链。由于目前市场的硅基太阳电池占主导地位，狭义的光伏产业是指从硅材料的应用开发到电池组件、光伏系统及相关生产设备制造的完整产业链条，包括高纯多晶硅、单晶硅、太阳电池、电池组件的生产以及相关生产设备的制造等。“十二五”期间关于光伏产业的概念以狭义的光伏产业为主。本书涉及的光伏产业主要包括狭义的光伏产业和广义的光伏产业中的部分太阳电池从原材料到电池片及组件的相关产业。

10.2 光伏产业发展现状分析

图 10-1 列出了 2007 ～ 2013 年世界上主要国家和地区太阳电池的产量。从中我们可以看到，中国的太阳电池产量 2007 ～ 2013 年连续 7 年居世界首位。从 2007 年开始，中国大陆地区的光伏组件产量超过欧洲和日本，成为世界上光伏组件产量最大的地区。2012 年，全球电池片生产比 2011 年有所下滑，产量为 31.90 吉瓦，与 2011 年的 35.09 吉瓦相比，缩幅 9.1%。在电池种类上，目前晶硅电池产量约为 33 吉瓦，薄膜电池产量约为 4 吉瓦，聚光电池产量约为 0.1 吉瓦。各类电池的比例如图 10-2 所示。经过 2012 年的光伏低谷，2013 年全球太阳电池迎来了新一轮的增长，全球太阳电池产量达到 39.50 吉瓦。其中，中国太阳电池生产世界第一大国的位置仍然稳固，大陆地区加台湾地区太阳电池的产量占世界总产量的 78.5%；大陆地区太阳电池产量占世界总产量的 58.2%。表 10-1 列出了中国近几年来光伏组件的产量情况。从中我们可以看到中国光伏组件的产量有了较大规模的提升，2012 年中国光伏组件产量达到 23 吉瓦，2013 年中国光伏组件的产量达到了 26 吉瓦，约占全球总产量的 64%。中国前 13 家光伏组件企业的产量达到 16.88 吉瓦，约占全国总产量的 65%，集中度相对增高，其中保定英利太阳电池和光伏组件产量均居全球首位。

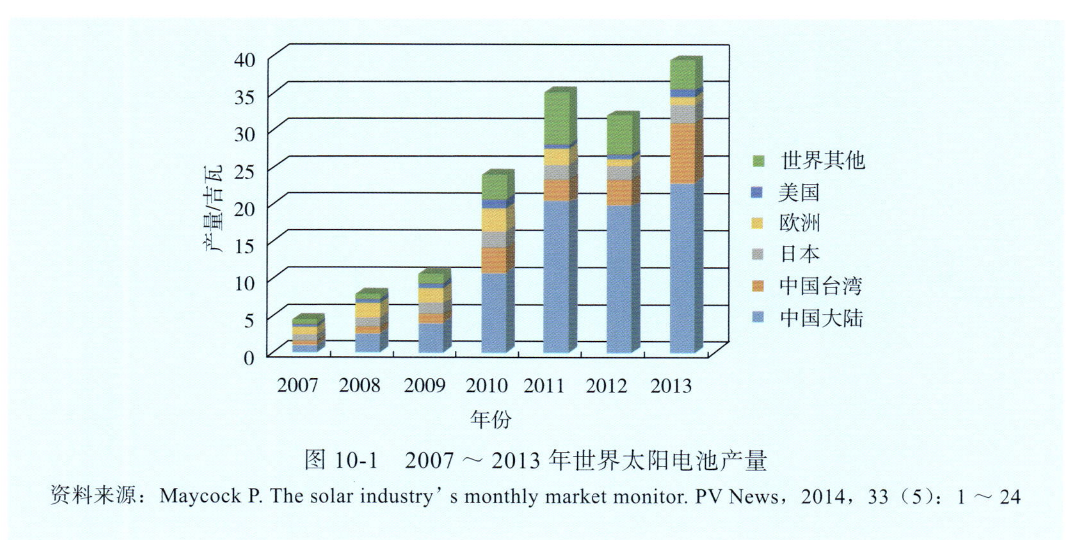

图 10-1 2007 ～ 2013 年世界太阳电池产量

资料来源：Maycock P. The solar industry’s monthly market monitor. PV News，2014，33（5）：1 ～ 24

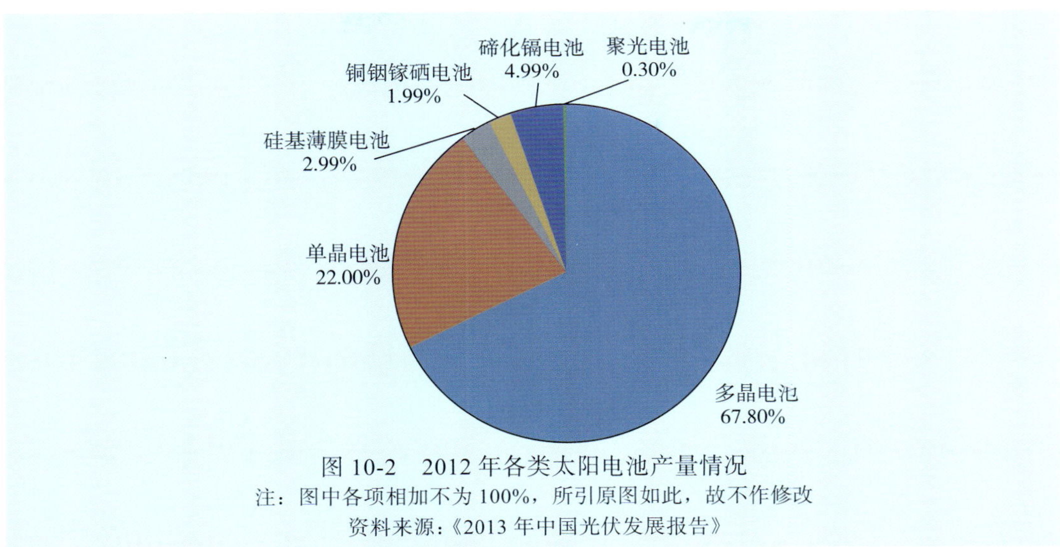

图 10-2　2012 年各类太阳电池产量情况

注：图中各项相加不为 100%，所引原图如此，故不作修改

资料来源：《2013 年中国光伏发展报告》

表 10-1　2004 ～ 2013 年中国光伏组件产量（单位：兆瓦）

年份	2004	2005	2006	2007	2008	2009	2010	2011	2012	2013
单晶硅	44	138	426	1 060	2 550	3 911	10 473	20 592	22 500	25 500
薄膜	6	8	12	28	50	100	327	565	500	500
总计	50	146	438	1 088	2 600	4 011	10 800	21 157	23 000	26 000

资料来源：《国际能源署光伏发电系统项目 2013 年报》

在全球光伏发电市场的带动下，以晶硅太阳电池为主流电池的光伏产业规模不断扩大，产业集中度不断提高，技术创新和产业竞争日趋激烈。表 10-2 为中国光伏价格演变情况，光伏发电的价格在过去的 7 年间（2007 ～ 2013 年）也有了大幅下降。

表 10-2　2007 ～ 2013 年中国光伏价格演变情况

年份	2007	2008	2009	2010	2011	2012	2013
组件价格（元 / 峰瓦）	36.0	30.0	19.0	13.0	9.0	4.5	4.2
系统价格（元 / 峰瓦）	60.0	50.0	35.0	25.0	17.5	10.0	8.0 ～ 9.0
合理上网电价（元 / 千瓦时）	3.50	3.00	2.50	2.00	1.15	1.00	0.9 ～ 1.0

资料来源：《国际能源署光伏发电系统项目 2013 年报》

根据国际能源署（International Energy Agency，IEA）光伏发电系统（photovoltaic power system，PVPS）22 个参加国的统计数据，世界各个国家和地区的光伏装机情况如图 10-3 所示。2013 年新增光伏装机容量 38.4 吉瓦，累计装机容量 138.9 吉瓦；并网系统占到累计装机容量的 95% 以上，占据市场的主导地位。德国经过几年的市场大发展，累计装机 36 吉瓦，占全球累计装机的 26%，居世界第一；2013 年中国新增装机容量为 11.8 吉瓦，同比增长了 237%，接近欧洲 2013 年新增装机容量总和，累计装机到 2013 年年底也已经达到 18.8 吉瓦，位居世界第二[1]。据此分析，全球光伏市场核心区域从欧洲逐步向亚洲转移。中国光伏历年来装机情况如图 10-4 所示。从中我们可以看到中国的光伏市场正在加速发展。

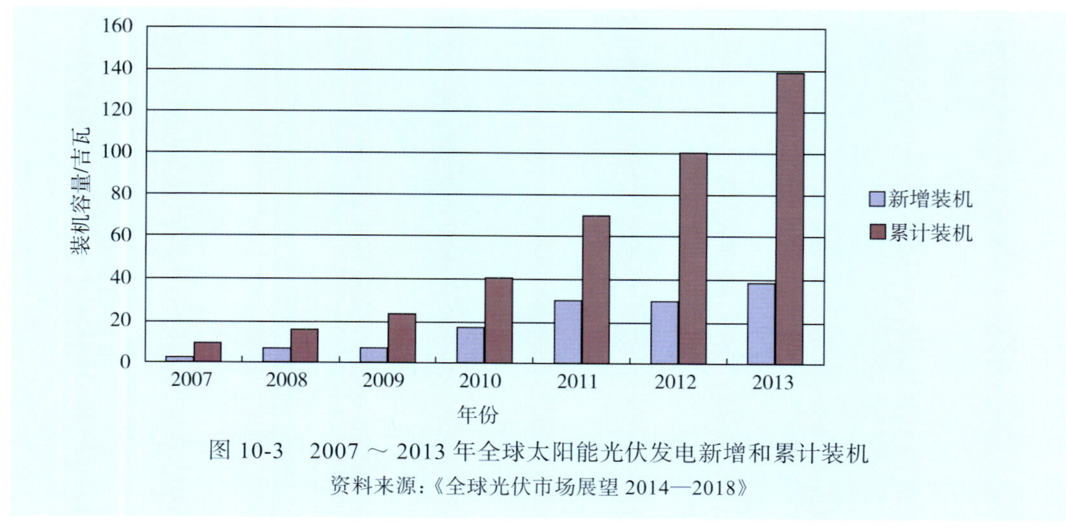

图 10-3　2007 ～ 2013 年全球太阳能光伏发电新增和累计装机

资料来源：《全球光伏市场展望 2014—2018》

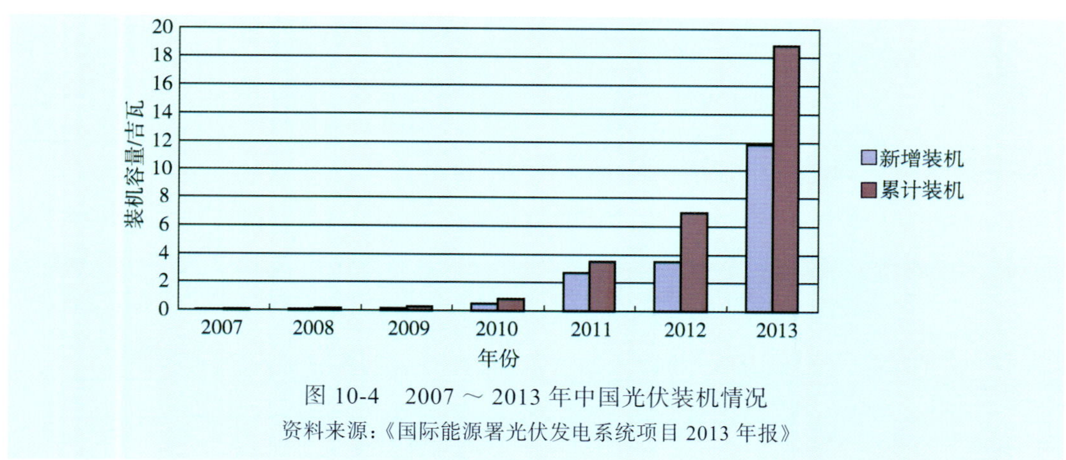

图 10-4　2007 ～ 2013 年中国光伏装机情况

资料来源：《国际能源署光伏发电系统项目 2013 年报》

10.3　中国光伏产业发展问题及趋势分析

10.3.1　中国光伏产业发展面临的问题分析

分析“十二五”光伏产业培育与发展过程中存在的问题及其原因，主要表现在如下几个方面。

（1）部分企业盲目扩张，低水平重复建设严重，结构性产能过剩依然明显。

（2）产品市场过度依赖外需，国内应用市场开发不足。

（3）关键技术装备和材料发展缓慢，部分核心装备和关键材料依赖进口。

（4）财政资金支持需要加强，补贴机制有待完善，行业管理比较薄弱。

在全球光伏市场需求增速减缓、欧美“双反”（反倾销、反补贴）导致产品出口阻力增大、光伏产业发展不协调等多重因素作用下，我国光伏企业普遍经营困难。

10.3.2 “十三五”期间光伏产业发展趋势分析

欧洲光伏产业协会（European Photovoltaic Industry Assocaition，EPIA）2009年发布了“*SET For 2020*”研究报告，该报告明确了到2020年可能会采取的3种光伏发展方案：基本情况是到2020年光伏发电可以满足欧洲电力需求的4%；加速发展状况是电力基础设施无重大变化影响下光伏发电最多能满足欧洲电力需求的6%；理想状态是到2020年光伏发电满足欧洲电力需求的12%。

日本已经制定了到2020年光伏发电安装量达28吉瓦、2030年达53吉瓦的远大目标。

国际能源署2013年发布的《太阳能光伏发展路线图》提出了2020年世界光伏累计装机容量将达到200吉瓦，光伏装机市场将达到34吉瓦/年，在全球发电总量中占比为1%，国际光伏市场将逐步过渡到自我维系的市场[2]。

按照中国到2020年电力装机规划，2020年可再生能源总装机量将达到约695吉瓦，规划水电装机为350吉瓦，风电装机200吉瓦，光伏装机100吉瓦。要达到这一目标，“十三五”期间太阳能光伏装机将达到65吉瓦。太阳能光伏国内市场的加速发展，将有助于改善中国的光伏产业市场在外受制于人的不利局面，为中国光伏产业的健康发展奠定基础。

光伏发电目前的最大发展制约因素是成本高，太阳电池占光伏发电系统价格的50%左右，因此，开发廉价、高效、高可靠、高稳定、长寿命的太阳电池就成为各国攻关的焦点。“十三五”期间中国光伏市场将加速发展，中国将取代欧洲成为世界上最大的光伏市场。面对国际国内严峻的市场环境，中国光伏产业已进入战略转型期。

就太阳电池技术本身来说，目前太阳电池研究和开发主要围绕已经商业化的晶体硅太阳电池、非晶硅薄膜太阳电池、碲化镉薄膜太阳电池、铜铟镓硒薄膜太阳电池以及聚光太阳电池进行，旨在进一步提高太阳电池的效率并降低太阳电池成本。对于下一代太阳电池的研发，各国都投入了很多的资金和研究力量，研究包括晶体硅薄膜太阳电池、染料敏化太阳电池、有机薄膜太阳电池、纳米太阳电池和分光吸收太阳电池，以及新型钙钛矿型太阳电池，旨在占领未来高效低成本的太阳电池开发制高点。

10.4 光伏产业发展重点案例——关于钙钛矿型太阳电池

以钙钛矿型有机金属卤化物[$CH_3NH_3PbX_3$（X=Cl，Br，I），特别是X=I]作为吸光材料的薄膜太阳电池，被称为钙钛矿型有机金属卤化物太阳电池，简称钙钛矿型太阳电池（organometal halide perovskite solar cells，PSCs）。其因兼具较高的光电转换效率和潜在极低的制备成本等优点引起学术界的高度关注。钙钛矿型有机金属卤化物的基本晶体结构和钙钛矿型太阳电池的基本结构分别如图 10-5 和图 10-6 所示。

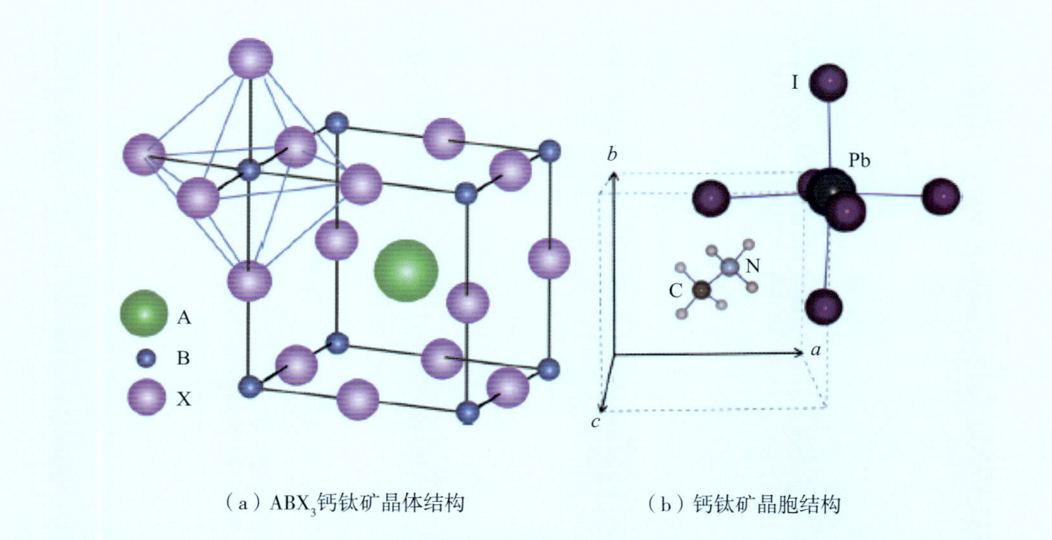

图 10-5　钙钛矿相材料的晶体结构

资料来源：Park N G. Perovskite solar cells：an emerging photovoltaic technology. Mater Today. http://www.sciencedirect.com/science/article/pii/S1369702114002570，2014-08-19

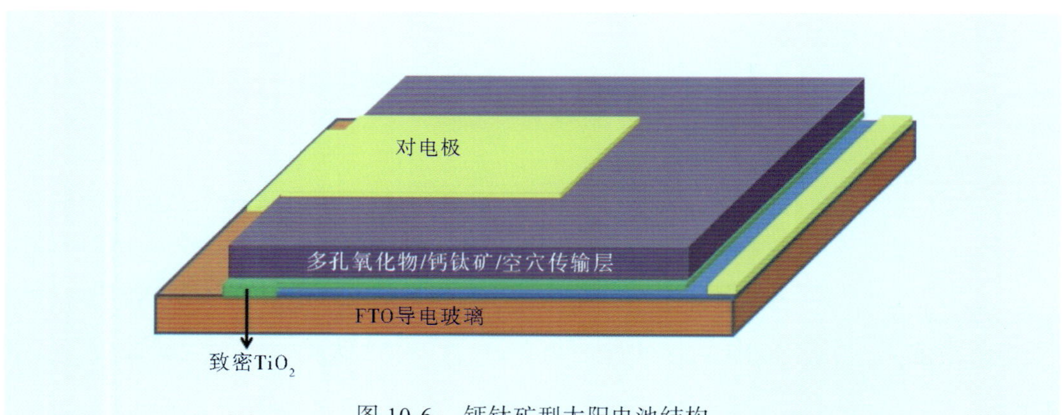

图 10-6　钙钛矿型太阳电池结构

资料来源：Chen H W，Pan X，Liu W Q，et al. Efficient panchromatic inorganic–organic heterojunction solar cells with consecutive charge transport tunnels in hole transport material. Chem Commun，2013，49：7277 ～ 7279

钙钛矿型有机金属卤化物是从传统无机钙钛矿材料中衍生出的一类有机 / 无机杂化钙钛矿材料，一般用通式（RNH_3）$_2A_{n-1}B_nX_{3n+1}$ 表示，其中 RNH_3^+ 为脂肪族（直链）或芳香族有机铵阳离子，A 为 $CH_3NH_3^+$、K^+、Na^+ 等一价阳离子，B 主要为 IVA 族金属（Pb^{2+}、Sn^{2+}、Ge^{2+}），也包括如 Cu^{2+}、Ni^{2+}、Co^{2+}、Fe^{2+}、Mn^{2+}、Pd^{2+}、Cd^{2+} 和 Eu^{2+} 等二价阳离子。杂化钙钛矿的结构与 n 密切相关。当 n=1 时，形成单层无机片层的杂化钙钛矿结构；当 $n \geqslant 2$ 时，形成多层的钙钛矿无机片层和有机组分交替堆积结构；当 $n=\infty$时，形成在各取向延伸的三维网络状的杂化钙钛矿结构。

钙钛矿型太阳电池的基本工作原理如图 10-7 所示。太阳光入射到钙钛矿型太阳电池后，激发钙钛矿型有机金属卤化物吸光材料，产生电子-空穴对（①），并分别将电子和空穴注入 TiO_2 的导带和空穴传输材料中（②⑤）；注入 TiO_2 的导带电子被 FTO 导电玻璃收集后经外电路到达对电极（③④），然后催化还原空穴传输材料，从而形成一个完整的循环。在这个电荷传输的过程中，可能存在以下电荷复合：TiO_2 导带中的电子与有机 / 无机杂化钙钛矿价带中空穴的复合（⑥）；有机 / 无机杂化钙钛导带中的电子与空穴传输材料中空穴的复合（⑧）；TiO_2 导带中的电子与空穴传输材料中空穴的复合（⑦）等。这些复合将降低电池的开路电压和光电转换效率等。抑制电荷复合是改善电池光电性能的有效途径。

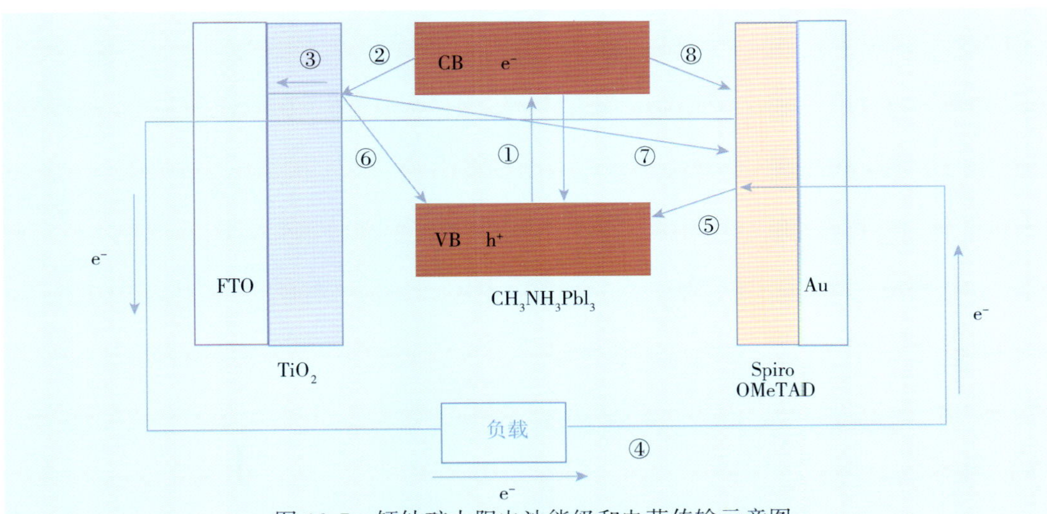

图 10-7 钙钛矿太阳电池能级和电荷传输示意图

资料来源：Marchioro A，Teuscher J，Friedrich D，et al. Unravelling the mechanism of photoinduced charge transfer processes in lead iodide perovskite solar cells. Nat Photonics，2014，8：250 ~ 255

钙钛矿太阳电池与其他新型太阳电池效率演变情况如图 10-8 所示。2009 年，日本桐荫横滨大学 Miyasaka 领导的课题组首次报道了钙钛矿型有机金属卤化物吸光材料在太阳电池中的应用，所得的液态钙钛矿型太阳电池的光电转换效率较低，且稳定性较差[3]。2012 年，韩国成均馆大学 Park 等报道了以 2，2’，7，7’ - 四（N，N- 二对 - 甲氧基胺）-9，9’ - 螺二芴（spiro-OMeTAD）为空穴传输材料的全固态有机 / 无机钙钛矿型太阳电池，光电转换效率达到了 9.7%[4]。2014 年，英国牛津大学 Snaith 领导的课题组采用低温法制备了 TiO_2 致密层并用于制备钙钛矿型太阳电池，使光电转换效率达到了 15.9%[5]；而韩国化学技术研究所 Seok 领导的课题组通过改变 spiro-OMeTAD 分子内部两个甲氧基的取代位置改变了其光学和电学特性，基于邻位甲氧基取代的 spiro-OMeTAD 的太阳电池取得了 16.7% 的高光电转换效率[6]，后来，该课题组通过工艺优化，获得了 17.9% 的 NREL（National Renewable Energy

Laboratory，即美国可再生能源国家实验室）认证效率[7]；美国加州大学洛杉矶分校Yang领导的课题组通过改进电池结构获得了19.3%的效率[8]，展示了钙钛矿型太阳电池美好的应用前景。

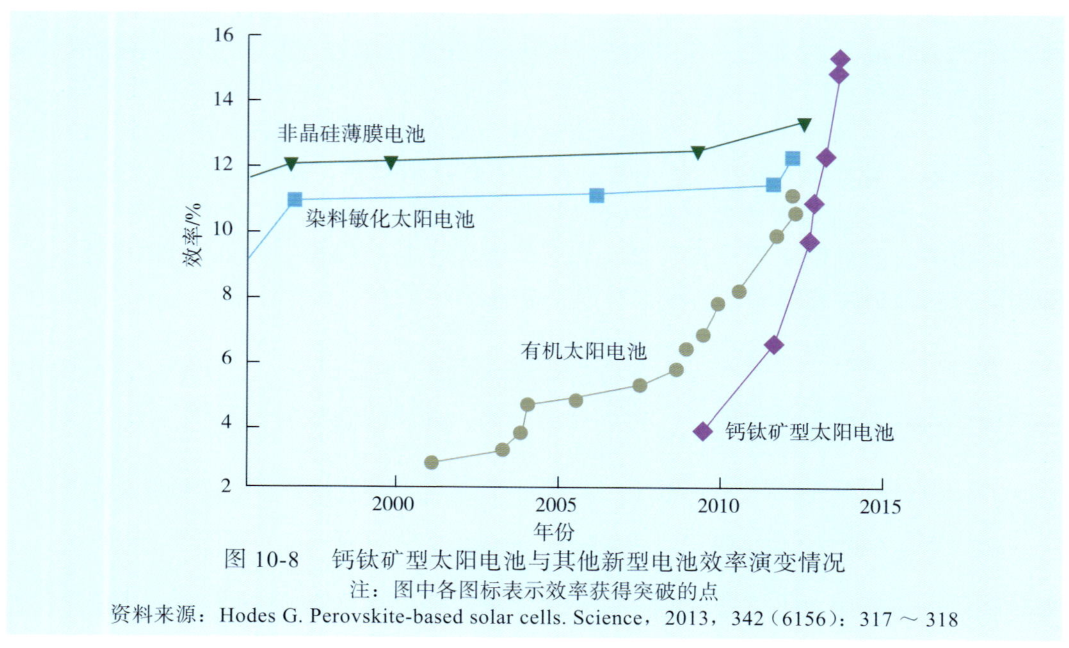

图 10-8　钙钛矿型太阳电池与其他新型电池效率演变情况

注：图中各图标表示效率获得突破的点

资料来源：Hodes G. Perovskite-based solar cells. Science，2013，342（6156）：317 ～ 318

10.5　促进光伏产业发展的政策建议

1. 着力加强各类太阳电池及关键材料的创新发展

面向我国光伏材料战略需求和光伏科学前沿，突破自主创新的薄弱环节。鼓励光伏材料原始自主创新，抓好集成创新和引进消化吸收再创新，提高自主创新能力。实施光伏全产业链的重大科技专项创新工程，积极研发对我国光伏产业发展有重大带动作用、具有自主知识产权的核心技术。例如，低成本高纯度多晶硅材料制备技术、超薄硅片切割及电池制备技术、超高效率晶体硅太阳电池技术、光伏发电并网关键技术、光伏发电应用的大储能技术、光伏在新能源汽车的应用技术等。通过这些重大创新技术的突破，我国的光伏产业继续保持国际领先地位。

2. 强化支撑光伏能源发展的配套装备产业和服务业

光伏产业相关大型生产设备（如薄膜电池的化学及物理气相沉积、高功率划线激光器等关键装备）的进口耗资巨大（占成本的三分之一至二分之一），受制于人。

国内应尽快组织自主研发与批量供应，新建或扩建企业的80%的生产设备应国产化。

重视优质基础材料和关键性辅件与装置的自主研发与批量供应，建议由政府提供支持，并部分投入。例如，薄膜太阳电池的各种高纯气体（硅烷、锗烷、磷烷）、EVA（乙烯-醋酸乙烯共聚物）等封装材料、TPT（聚四氟乙烯-聚对苯二甲酸乙二醇酯-聚四氟乙烯复合物）背板材料、透明导电氧化物（transparent conducting oxice，TCO）导电玻璃等。

为了光伏产业的健康和可持续发展，有必要将光伏产业所涵盖或涉及的业务单独剥离出来进行培育和扩展，使之成为一个独立的光伏服务业。光伏服务业具有不同于传统服务业的知识密集、持续创新、国际化、外部化等特征，光伏产业发展初期生产企业进行的工程咨询等相关服务由企业自身进行，随着光伏应用市场的逐步启动，这些服务工作将逐步由相应的服务业公司来进行。

3. 加强光伏产品技术标准规范及检测认证体系建设

完善国内光伏产品技术标准规范及检测认证体系，依托国家级研发平台，建立国家级检测机构及认证中心，制定电池、组件、原材料、光伏系统等相关强制标准。

4. 加强人才培养的力度

抓住培养、引进、使用三个环节，提高光伏科技人才质量，优化科技人才结构。凝聚一批国内外知名专家学者，重点培养一批创新能力卓越的光伏材料科技领军人才，打造各产业链领域的优秀人才团队，培育一支促进光伏产业结构调整和优化升级的先进适用技术人才队伍。实施人才战略要进一步加强与国内外知名科研机构的合作，创造良好工作氛围吸引人才。

5. 关注前沿发展，着力部署新一代超效率太阳电池的创新研究

目前以钙钛矿型太阳电池、量子点太阳电池、铜锌锡硫太阳电池等为代表的新一代太阳电池表现出了高效、低成本的特性，加强这些新型太阳电池的科技投入，有助于抢占未来高效太阳电池的制高点，为太阳电池的产业化奠定基础。

审稿：褚君浩　黄其励　彭苏萍

参考文献

[1] 欧洲光伏产业协会 . 全球光伏市场展望2014—2018. http：//www.epia.org/news/publications/global-market-outlook-for-photovoltaics-2014-2018/，2014-06-15.

[2] 国际能源署 . 太阳光伏发展路线图 . http：//www.iea.org/media/translations/chinese/pv-foldout_cn.pdf，2010-05-11.

[3] Kojima A，Teshima K，Shirai Y，et al.Organometal halide perovskites as visible-light sensitizers for photovoltaic cells. The Journal of American Society，2009，131：6050 ～ 6051.

[4] Kim H S，Lee C R，Im J H，et al. Lead iodide perovskite sensitized all-solid-state submicron thin film mesoscopic solar cell with efficiency exceeding 9%. Scientific Reports，2012，2：591.

[5] Wojciechowski K，Saliba M，Leijtens T，et al. Sub-150 ° C processed meso-superstructured perovskite solar cells with enhanced efficiency. Energy Environment Science，2014，7：1142 ～ 1147.

[6] Jeon N J，Noh J H，Kim Y C，et al. Solvent engineering for high-performance inorganic–organic hybrid perovskite solar cells. Nat Mater，2014，13（9）：897 ～ 903.

[7] National Renewable Energy Laboratory. Best research-cell efficiencies. http://www.nrel.gov/ncpv/images/efficiency_chart.jpg，2014-08-29.

[8] Zhou H，Chen Q，Li G，et al. Interface engineering of highly efficient perovskite solar cells. Science，2014，345（6196）：542 ～ 546.

第 11 章

核燃料闭式循环产业

叶奇蓁　徐　銤　彭苏萍　黄其励　李思凡　赵成昆　苏　罡　杨　勇　侯留东

【内容提要】我国已制定了核能发展“压水堆—快堆—聚变堆三步走”战略，明确了“坚持核燃料闭式循环”的方针，并实施“安全高效发展核电”的政策，目前我国已成为全球核电在建规模最大的国家。为解决制约我国核电发展的铀资源利用最优化和放射性废物最小化这两大问题，基于快中子增殖堆（简称快堆）的闭式燃料循环系统是实现核能可持续发展的重要选择，也是实现核能发展第二步战略的重要环节。笔者建议统筹考虑压水堆和快堆及乏燃料后处理工程的匹配发展，较早地部署快堆及后处理工程的科研和示范工程建设，探索和建立适应我国国情的闭式核燃料循环产业管理模式，以带动相关产业链发展。

随着我国国民经济持续发展和人民生活水平的不断提高，能源储备、能源需求、能源结构和能源安全问题日渐凸显，我国同时还面临着环境保护与温室气体减排的巨大压力。在各种能源解决方案中，核能作为安全、清洁能源，其作用和地位正在不断得到重视和提高。

当前，世界核能电力供应约占全球总发电量的 16%，有 15 个国家的核电在其国家电力生产中的比例超过 20%，其中法国电力占比高达 78%；而我国现有核电发电量仅占全国总发电量的 2% 左右，远低于世界平均水平。我国已制定了“积极发展核电”的能源发展战略，目前我国已成为全球核电在建规模最大的国家。虽然我国以压水堆作为现阶段的主要堆型，但是由于我国的铀资源不是很丰富，要达到世界核电平均比例的装机容量，铀资源的需求量是十分巨大的，而热堆对铀资源利用率是十分有限的，因此，必须考虑完善能够提高铀资源利用率的科研、工程及产业链建设。

早在 1983 年 6 月，国务院科技领导小组主持召开专家论证会，就提出了中国核能发展“三步（压水堆—快堆—聚变堆）走”战略，以及“坚持核燃料闭式循环”的方针。从技术和制造能力来讲，目前我国的热堆发展已进入大规模应用阶段，可满足当前和今后一段时期核电发展的基本需要；快堆目前处于技术储备和前期工业示范阶段。为实现第二步战略以保证我国核电可持续发展，必须统筹考虑压水堆和快堆核电站及乏燃料后处理工程的匹配发展，较早地部署快堆及后处理工程的科研和示范工程建设，实现裂变核能资源的高效利用。乏燃料后处理工程的建设，还有利于实现核废物的处理和处置，达到废物最小化的目标，保障核能的绿色环保与可持续发展。本章重点阐述我国快堆和乏燃料后处理产业的发展状况。

11.1 核燃料闭式循环产业的概念及范畴

核燃料进入反应堆前的制备和在反应堆中燃烧及以后的处理的整个过程称为核燃料循环。核燃料循环按核燃料性质可分为铀系燃料的铀-钚循环方式和钍系燃料的钍-铀循环方式。典型的铀-钚核燃料循环如图 11-1 所示。

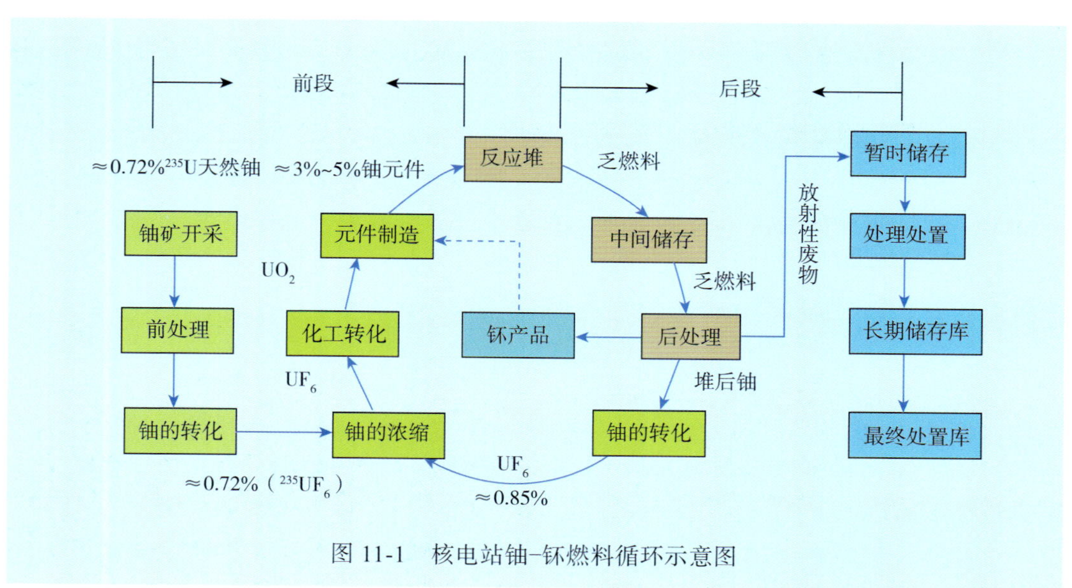

图 11-1　核电站铀-钚燃料循环示意图

核燃料循环主要包括以下三大环节。

（1）核燃料循环前段。核燃料在核反应堆中使用前的工业过程，包括铀（钍）矿开采、加工冶炼、浓缩和核燃料组件加工制造。

（2）反应堆。燃料在反应堆中使用，以获取核能或生产新的易裂变核素等。

（3）核燃料循环后段。对从反应堆卸出后的核燃料（称为“乏燃料”）的处理和处置过程，包括乏燃料的中间贮存、乏燃料的后处理和放射性废物的处理、最终处置等过程。

反应堆是核燃料循环的中心环节。热堆是目前国际上已成熟并广泛应用的堆型；快堆是核能发展的下一代优选堆型。快堆中的中子能量高，核材料的有效裂变中子数远高于热堆，在易裂变核燃料消耗的同时，将更多的铀-238转换成钚-239，实现核材料的增殖。同时，还可以实现焚烧和嬗变压水堆乏燃料中的长寿命高放废物（high level radioactive waste），极大地降低高放废物长期地质贮存的环境风险。

乏燃料后处理是核燃料循环后段的核心，是对核电站卸出的乏燃料元件进行处理，分离和回收未烧尽的铀和新生成的钚，同时对放射性废物进行处理，使其满足处置要求。后处理技术按照乏燃料在主工艺中被处理时的存在状态分为水法（亦称“湿法”）和干法两种。水法萃取流程是目前唯一经济实用的后处理流程，常用的普雷克斯（Plutonium uranium recovery by extraction，Purex）流程就是将反应堆乏燃料元件经过适当的预处理转化为硝酸水溶液，然后采用有机溶剂（常用磷酸三丁酯的煤油溶液）进行萃取分离，以达到回收核燃料和除去裂变产物的目的。而干法后处理对于处理高燃耗乏燃料，特别是快堆乏燃料具有一定的优势，是当前一个重要的研究方向。

不同国家出于政治、技术和经济等方面的考虑，采取了不同的核燃料循环政策。其主要区别在于对乏燃料管理路线的不同：一是对乏燃料进行后处理，回收铀、钚重新制成燃料元件，返回反应堆中循环利用，高放废物固化后进行深地质层处置或进行分离嬗变，称为核燃料闭式循环；二是一次通过，即乏燃料作为废物直接处置；三是将乏燃料暂时贮存，以后再作决策。

核能可持续发展必须解决铀资源利用最优化和放射性废物最小化两大问题。若采用核燃料“一次通过”方式，铀资源利用率约为1%，且乏燃料中含有的裂变产物和次锕系元素（minor actinide，MA）具有高释热、高放射毒性等特点，直接处置需长期监管，对环境的潜在威胁大，经济成本极高。

通过后处理提取的铀、钚，返回热堆复用仅能使铀资源的利用率提高30%；返回快堆复用，则可使铀资源的利用率提高60倍。同时，通过后处理分离出的长寿命、高放射毒性的次锕系元素和裂变产物，在快堆中以焚烧和嬗变等方式消耗，可使最终地质处置核废物的生物毒性、放射性水平降低几个数量级，体积也大大缩减（仅为原来的百分之几），不仅能够有效降低乏燃料对环境的影响，监管时间也能大幅缩短（缩短至300年左右），减少经济和社会成本。

因此，核燃料闭式循环，尤其是包含快堆的核燃料闭式循环，是核能可持续发展的必由之路。

11.2 核燃料闭式循环产业发展现状分析

11.2.1 国际核燃料闭式循环产业发展现状及趋势[1, 2]

美国、法国、英国、俄罗斯、日本、印度等国家是拥有核燃料循环所有环节的国家，除美国以外，其他国家都坚持发展后处理和核燃料闭式循环。

目前，全世界总的后处理能力约为每年 4 850 吨，超过 9 万吨的乏燃料已经被后处理。法国的 UP3、UP2-800 和英国的 THORP 后处理厂代表了当前世界上在运行的商业后处理厂的先进水平。世界上主要国家后处理能力情况见表 11-1。

表 11-1 世界上主要国家后处理能力[1]

国家	厂址	厂名	处理的乏燃料类型	运行时间 / 年		处理能力 / 吨	
				开始运行	停止运行	目前	将来
法国	马尔库尔	APM	FBR	1988	1996		
		UP1	GCR	1958	1997		
	阿格	UP2	LWR	1967			
		UP2-800	LWR	1994		800	800
		UP3	LWR	1990		800	800
英国	塞拉菲尔德	B205	GCR	1967		1 500	
		THORP	LWR/AGR	1994		900	1 000
	唐瑞	UKAEA RP	FBR	1980	2001		
俄罗斯	马雅克	RT1	WWER-440	1976		400	400
	克拉斯诺亚尔斯克	RT2	WWER-1000	1989 年停建			1 500
印度	特朗贝	PP	研究堆	1964		60	60
	塔拉普尔	PREFREI	PHWR	1974		100	100
	卡尔帕卡姆	PREFRE2	PHWR	1998		100	100
		PREFRE3A	PHWR	2005		100	150
	塔拉普尔	PREFRE3B	PHWR	2005			150
日本	东海村	PNC TRP	LWR	1977		90	90
	六个所	RRP	LWR	热调试			800
美国	西谷	NFS	LWR	1966	1972		
	汉福特	Rockwell	U 金属	1956	1989		
	萨凡纳河	SR	U 金属	1954	1989		
	爱达荷弗拉茨	R	U-Al 合金	1959	1992		
总能力						4 850	5 950

国外快堆发展概况如表 11-2 所示。

表 11-2 国外快堆发展概况汇总表[3]

国家和快堆		热功率 / 电（兆瓦）	堆型	冷却剂	燃料	运行时间	类别			
							实验堆	原型堆	经济验证堆	商用堆
美国	Clementine	0.025/0	回路型	Hg	Pu	1946 ～ 1952	√			
	EBR-Ⅰ	1.2/0.2	回路型	NaK	U 合金	1951 ～ 1963	√			
	LAMPRE	1.0/0	回路型	Na	熔 Pu	1961 ～ 1965	√			
	FERMI	200/66	回路型	Na	U 合金	1963 ～ 1975	√	√		
	EBR-Ⅱ	62.5/20	池型	Na	U 合金（U，Pu，Zr）	1963 ～ 1998	√			
	SEFOR	20/0	回路型	Na	UO_2	1969 ～ 1972	√			
	FFTF	400/0	回路型	Na	（Pu，U）O_2	1980 ～ 1996	√			
	CRBR	975/380	回路型	Na	（Pu，U）O_2			√		
	ALMR	nx840/303	池型	Na	（U，Pu，Zr）（Pu，U）O_2					√
	SAFR	nx873/350	池型	Na	（U，Pu，Zr）				√	
法国	Rapsodie	20-40/0	回路型	Na	（Pu，U）O_2	1967 ～ 1983	√			
	Phenix	653/254	池型	Na	（Pu，U）O_2	1973 ～ 2010		√		
	SPX-1	3000/1242	池型	Na	（Pu，U）O_2	1985 ～ 1998			√	
	EFR	3600/1500	池型	Na	（Pu，U）O_2					√
德国	KNK-Ⅱ	60/21.4	回路型	Na	（Pu，U）O_2	1977 ～ 1991	√			
	SNR-300	770/327	回路型	Na	（Pu，U）O_2	1994		√		
	SNR-2	3420/1497	回路型	Na	（Pu，U）O_2				√	
印度	FBTR	42/12.5-15	回路型	Na	（Pu，U）C	1985—	√			
	PFBR	1250/500	池型	Na	（Pu，U）O_2	在建		√		
日本	JOYO	100-140/0	回路型	Na	（Pu，U）O_2	1977—	√			
	MONJU	714/318	回路型	Na	（Pu，U）O_2	1994—		√		
	DFBR	1600/660	双池	Na	（Pu，U）O_2				√	
	CFBR	3250/1300	池型	Na	（Pu，U）O_2					√
英国	DFR	60/15	回路型	Na	U 合金	1959 ～ 1977	√			
	PFR	600/270	池型	Na	（Pu，U）O_2	1974 ～ 1994		√		
	CDFR	3800/1500	池型	Na	（Pu，U）O_2				√	
意大利	PEC	123/0	回路型	Na	（Pu，U）O_2		√			
俄罗斯	BR-2	0.1/0	回路型	Hg	Pu	1956 ～ 1957	√			
	BR-5/10	5-10/0	回路型	Na	Pu，PuO_2	1958 ～ 2003	√			
	BOR-60	60-12	回路型	Na	（Pu，U）O_2	1969—	√			
	BN-350	700/130	回路型	Na	UO_2	1972 ～ 1999		√		
	BN-600	1470/600	池型	Na	UO_2	1980—		√		
	BN-800	2000-800	池型	Na	（Pu，U）O_2	在建			√	√
	BMN-170	nx425/170	池型	Na	（Pu，U）O_2					√
	BN1600	4200/1600	池型	Na	（Pu，U）O_2					√
	BN1800	4500/1800	池型	Na	（Pu，U）O_2					√
韩国	KALIMER	1500/600	池型	Na	（U，Pu，Zr）			√		

法国已建立起独立、完整和较大规模的民用核工业体系，其核能战略是采取闭式燃料循环的方式，法国是对核燃料循环后段采取后处理政策最坚决的国家之一。法国先后建设了三座快堆，目前正在进行第四代快堆的研发工作，其在快堆的设计、研发及运行方面处于国际领先水平。法国大型商业后处理的水平处于世界领先地位，拥有 UP3 和 UP2-800 厂的阿格中心是目前世界上最大的轻水堆乏燃料后处理中心。

英国一直坚持乏燃料后处理政策，在后处理、核废物管理与处置、核退役等方面都拥有一定的工业基础和技术。在后处理方面，世界上只有英国的 THORP 厂与法国的阿格厂一样，是已运行多年的大型商用动力堆后处理厂，其在大型后处理厂的设计、建造、运行等方面都拥有独到的经验和技术。

俄罗斯继承了苏联完整的核工业科研与生产体系，并坚持核燃料闭式循环。俄罗斯是目前世界上运行快堆电站数目最多的国家，快堆技术十分成熟，它积累了 140 堆年的快堆运行经验（包括实验堆）。俄罗斯在发展快堆的同时，也在同步开发快堆燃料循环技术，重点在铀钚混合氧化物（mixed oxide，MOX）燃料技术、氧化物燃料的干法后处理技术、反映堆与燃料循环设施的一体化设计等。1976 年投入运行的马雅克后处理厂（RT1）是目前俄罗斯唯一在运行的动力堆后处理厂。目前，俄罗斯正在计划建设主要用于处理 WWER-1000 乏燃料的后处理试验示范工厂，预计后期可用于进行快堆乏燃料后处理。

印度是继法国、英国之后第三个运行商业后处理厂的国家，同时还是世界上唯一对坎杜堆乏燃料进行后处理的国家，其后处理能力约为每年 400 吨。同时，印度特别重视对快堆乏燃料的后处理，其正在建造一座快堆乏燃料后处理厂。

日本为了减少对国外铀资源的依赖，非常重视发展快堆及后处理技术。基于快堆的闭式燃料循环系统是其发展重点。日本的快堆通过从美国借用军用钚开展零功率实验开始，具有较完善的研发体系和试验设施，先后建成了 JOYO 实验堆、MONJU 示范堆，正在研发 1 500 兆瓦 JSFR 商用快堆。在后处理方面，日本在 20 世纪 70 年代建成了东海村后处理中间试验工厂，截至目前已处理了 1 800 多吨乏燃料。20 世纪 80 年代日本从法国引进技术，开始建造年处理能力为 800 吨的大型后处理厂，目前尚未正式运行。

美国是世界上核电装机容量最大的国家，也是开展后处理及快堆技术研究最早的国家。出于防核扩散原因美国在 20 世纪 70 年代中期停止了商业后处理活动，90 年代停止了快堆建设，但从未停止过相关技术的研发，美国的快堆及后处理技术仍处于世界先进水平。2006 年，布什内阁提出成立全球核能合作伙伴计划（Global Nuclear Energy Partnership，GNEP），2010 年更名为 IFNEC（The International Framework for Nuclear Energy Cooperation）。IFNEC 提倡加强对核能的使用，同时致力于形成闭式燃料循环，提出先嬗变后增殖的发展思路，以减轻核废料的环境压力并降低核扩散的风险。

20 世纪末 21 世纪初，国际上开始积极研究第四代核能系统，其包含钠冷快堆、铅冷快堆、气冷快堆、超高温气冷堆、熔盐堆、超临界水堆六种堆型，以及相关的先进核燃料循环技术。其中，钠冷快堆技术最为成熟，国际上积累了超过350堆年的运行经验，也是法国、俄罗斯、美国、日本、印度等国的重点发展方向；其发展趋势是与干法后处理结合实现有效的分离嬗变，同时注重核电厂安全性与经济性的提高。铅冷快堆仅在俄罗斯核潜艇应用过，目前集中在一体化多用途中小型铅铋合金冷却快堆及加速器驱动的次临界反应堆（accelerator driven sub-critical system，ADS）方面。欧盟及我国的ADS设施的反应堆部分都采用铅铋合金冷却快堆。熔盐堆是另一种一体化的可实现增殖的堆型，主要用于钍-铀循环，我国和国际上都尚处于基础研发阶段。国际上对气冷快堆的研究还较少。超高温气冷堆方面的发展以美国和中国为主，其作用主要集中在氢能的利用，目前尚无闭式循环的考虑。超临界水堆在压水堆技术基础上，利用超临界技术进一步提高核电厂的安全性和经济性。

11.2.2 我国核燃料闭式循环产业发展现状及趋势

我国核能发展基于资源和技术的双重考虑而确定采用“三步（压水堆—快堆—聚变堆）走”，以及“坚持核燃料闭式循环”的战略。2012年，国务院再次讨论通过了《核电安全规划（2011—2020年）》与《核电中长期发展规划（2011—2020年）》，确定了核电发展目标，也再次确立了我国发展核电站乏燃料后处理产业，实行核燃料闭式循环的核能发展技术路线。

1.我国快堆产业发展现状及趋势

我国快堆技术的开发始于20世纪60年代中期，于1970年6月29日研发出首次临界的快中子零功率装置。这一阶段的研究工作是我国快堆技术的前期基础研究阶段，为此后我国快堆技术发展提供了技术储备。

从1987年起，快堆技术发展纳入国家“863”高技术研究发展计划，并为此配套开展了9大课题共61个子课题进行建堆前预研，完成了中国实验快堆概念设计，建成了20台/套具有一定规模的实验装置和实验钠回路。这一阶段是我国快堆工程技术的研究阶段，为中国实验快堆的设计和建造进行了技术准备。

1995年12月，中国实验快堆工程立项，在中俄技术设计合作和设计咨询基础上，我国自主完成了中国实验快堆工程初步设计、施工设计以及50余项设计验证试验。2000年5月，中国实验快堆浇灌第一灌混凝土，2002年8月实现核岛厂房封顶，2005年8月堆容器首批部件吊入厂房开始堆本体安装，2006年2月开始核级钠进场灌装，2010年7月实现首次临界，2011年7月实现40%功率并网发电。快堆堆芯示意图及实验快堆工程全景如图11-2和图11-3所示。

我国快堆发展按照“实验堆、示范堆和商业堆”三阶段进行。在中国实验快堆设计、建造和试运行经验的基础上，目前已进入了第二阶段——设计、建造中国60万千瓦示范快堆；同时积极开展国际合作，引进国际上成熟的快堆核电站技术。第三阶段规划发展百万千瓦级大型高增殖快堆。

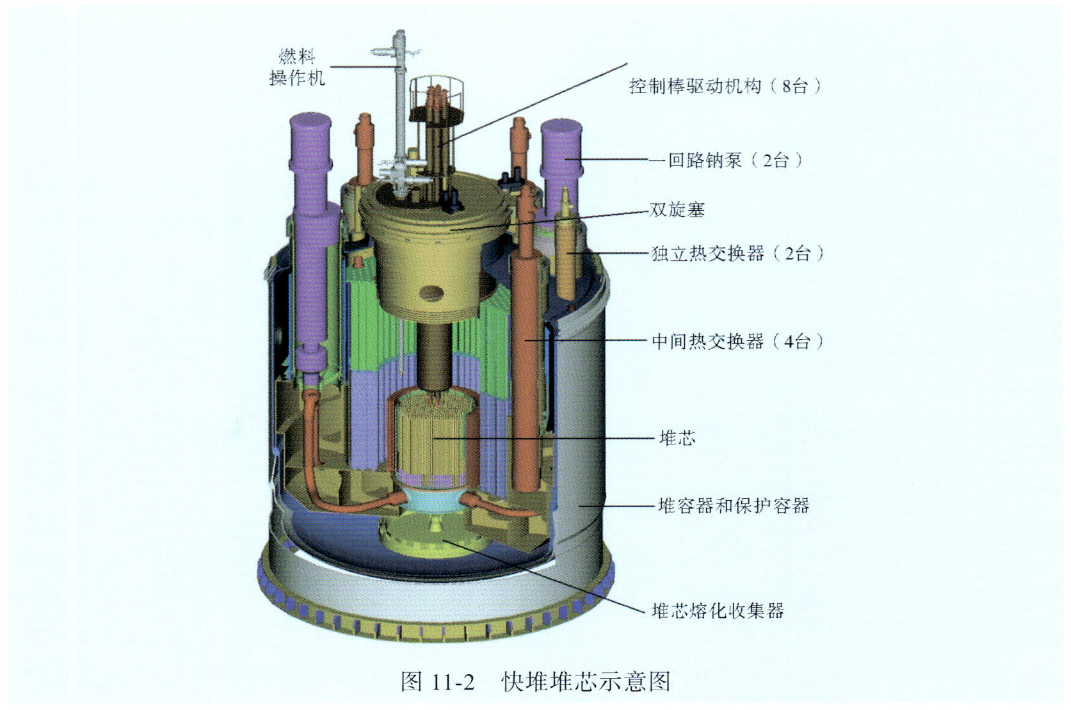

图 11-2　快堆堆芯示意图

图 11-3　实验快堆工程全景

2. 我国后处理产业发展现状及趋势

我国自 20 世纪 60 年代中期开始从生产堆辐照核燃料中分离回收军用钚的工作。20 世纪 60 ～ 70 年代建成第一代后处理厂，其主要技术经济指标、工艺流程、在线分析技术、试剂消耗等方面接近或达到了当时的世界先进水平。

20 世纪 70 年代中期以后，我国开始转向动力堆乏燃料后处理技术的研究。

1990 年 3 月，国务院批准四〇四厂动力堆乏燃料后处理中间试验工厂（简称中试厂）的设计任务书和可行性研究报告。中试厂的任务是通过试验性生产，验证工艺流程和操作参数，验证主要工艺设备，检修设备及仪器仪表的实用性、可靠性和安全性，为以后设计、建造工业规模的动力堆元件后处理厂提供设计依据和运行经验。

1993 年 6 月，国务院批准中试厂初步设计。经 6 年建设，1 年半非放射性调试，3 年半国务院放射性调试，2010 年 12 月，中试工程热调试取得成功，标志着我国已经掌握了动力堆乏燃料后处理技术，为放大设计建造工业规模动力堆乏燃料后处理厂提供了宝贵的设计参数和运行经验。今后，中试厂将成为我国具有一定生产能力的后处理科研试验平台。中试厂全景如图 11-4 所示。

图 11-4　中试厂全景图

由于我国目前尚不具备大型核燃料后处理厂的设计建造能力，为尽快形成工业规模的后处理生产能力，为快堆提供钚，进一步积累动力堆乏燃料后处理建设和运行经验，目前已启动 200 吨 / 年乏燃料后处理厂的前期工作。

为了满足我国核电大规模发展的需要，必须加快建立相应规模的动力堆乏燃料后处理生产能力。2007 年，我国确定将大型乏燃料后处理厂科研列入《国家中长期科学和技术发展规划纲要（2006—2020 年）》中的“大型先进压水堆及高温气冷堆核电站”国家科技重大专项 [4]。实施后处理重大专项将从后处理工艺技术、关键设备和材料、核与辐射安全技术、设计技术等多方面进行科研攻关，并建设一系列的研发平台，全面掌握具有自主知识产权的后处理核心技术，具备自主设计、建造先进商用乏燃料后处理厂的能力。目前，围绕后处理厂总体方案研究，部分周期长、难度大的工艺流程、关键设备及材料研究等，已开展相关研究工作，并取得了阶段性研究成果。

同时，为尽快形成后处理能力，我国还积极开展国际合作，借鉴国际先进技术和经验。2007 年 11 月，中法两国政府签订了发展和平利用核能合作协定的执行协议，中国核工业集团公司（CNNC）-法国阿海珐集团（AREVA）两企业间签署了在核燃料循环后端的合作协议。CNNC-AREVA 开始为在中国建造核电站乏燃料后处理设施与核燃料再循环设施开展相关工作，目前正在中法合作建设核燃料后处理厂的合同谈判阶段。

11.3 国内产业市场规模与战略布局

中国的快堆发展已走过了实验堆阶段，目前正在进行第二阶段工作的起步工作，需要建造60万千瓦示范快堆，经过优化后才能形成规模推广的快堆电站堆型。除增殖核燃料、大幅提高铀资源利用率外，必须发展嬗变堆型号，以期形成高效的核燃料循环体系。目前拟发展的60万千瓦示范快堆一方面担负工业示范，取得相关数据和经验；另一方面，作为中等大小的堆，可以较为灵活地装载含次锕系元素的燃料组件，实现嬗变功能。

预计我国到2023年建造完成60万千瓦快堆CFR-600的首堆，之后进行小规模推广，同时研发大型增殖快堆。2030年前后建造完成百万千瓦级的商用快堆，并进入大规模推广，实现快堆发展的第三阶段目标。

在后处理方面，中试厂热调试成功，我国已初步掌握了动力堆乏燃料后处理技术，可以中试厂技术为基础，尽快培养一定的后处理能力，为快堆提供钚，并在一定程度上缓解乏燃料贮存的压力。积极借鉴国际先进经验，加快研究掌握大型商用核燃料后处理技术，逐步建立与核电发展规模相适应的后处理产业。

根据快堆发展计划，示范快堆初始装料需要工业钚约2.2吨，以后每年需工业钚约1.4吨。随着以后快堆的进一步发展，工业钚的需求将显著增加。现阶段压水堆乏燃料后处理是快堆用钚的唯一来源，因此，发展快堆的同时必须建设与之相匹配的后处理能力。

目前，我国在运行核电站乏燃料堆内贮存容量和时限不同程度地接近饱和，而我国核电规模仍在快速增长，这就面临着乏燃料存储的巨大压力。我国《核电中长期发展规划（2011—2020）》提出到2020年我国核电运行装机容量达到5 800万千瓦，同时达到在建装机3 000万千瓦的目标[5]。据此测算，到2020年，我国核电站乏燃料累积存量将超过1万吨，每年从核电站卸出的乏燃料接近1 000吨，其后每年从核电站卸出的乏燃料将随核电站总装机容量的增加而递增。

根据以上分析，我国的核燃料后处理产业应布局如下：

（1）中试厂继续开展试验性生产，并建设成为具有一定生产能力的后处理科研试验平台，满足我国实验快堆燃料需求。

（2）以中试厂科研、设计、建设和调试的成果为基础，2025年前后建成200吨/年的后处理厂，尽快形成工业规模的后处理生产能力，为示范快堆提供钚。

（3）加快大型商用核燃料后处理厂技术研发和工程建设，2030年前后建成我国第一座大型核燃料后处理厂。鉴于国际合作存在一定的不确定性，我国应坚持独立自主发展和争取国际合作“两条腿走路”的思路。一方面应立足自主，开展大型乏燃料后处理厂科技重大专项科研攻关，全面掌握具有自主知识产权的大型后处理厂设计、建造的核心技术，于“十四五”时期基本具备自主设计、建造先进商用乏燃料后处理厂的能力；另一方面积极争取国际合作，引进国外先进后处理技术和设备，又好又快地建设我国大型核燃料后处理厂。

由于我国后处理厂建设相对滞后，在加快发展后处理的同时，还要根据我国核电站规模发展和后处理能力建设情况，建立一定规模的乏燃料离堆贮存能力。

11.4 方向产业重点技术分析

11.4.1 快堆及其核燃料循环技术

国际上通常按照“实验堆—示范堆—商用堆”三阶段开展研发工作，按照我国快堆的发展思路，三个阶段的工作分别集中在以下方面。

（1）将中国实验快堆建设成中国闭式燃料循环技术的研发平台，重点开展快堆新燃料与新材料的研发与辐照考验工作。完成实验快堆国产包壳材料以及国产 MOX 燃料研发与辐照考验工作，并形成产业能力，保证中国实验快堆长期稳定运行，积累快堆运行经验。建立完善的燃料与材料辐照考验配套设施，特别是辐照后检验设备及相关热室。开展嬗变基础研究，完成含 MA 嬗变辐照燃料靶件的工艺验证及辐照考验。开展含 MA 的快堆乏燃料后处理工艺研究，并适时开展相关工艺验证。

（2）开展 60 万千瓦快堆示范工程，通过示范工程推动产业发展，其目标是 2023 年实现示范快堆运行。通过该工程，建立具有国际水平的快堆设计的协同设计软件平台，具备大型快堆设计的核心技术。开展符合第四代安全目标的示范快堆技术研发与设计工作，在技术上实际消除大规模放射性释放的可能，降低厂外应急的需求。进行关键设备的研发与验证，解决蒸汽发生器、控制棒驱动机构、主泵、大型钠阀等关键设备的研发与国产化问题，为商用快堆积累技术与经验。形成大型快堆的系统综合验证能力，自主建设或借助国际合作，形成快堆零功率、堆本体热工水力、全堆芯流量分配、事故余热排除系统、严重事故试验等系统综合验证能力。建立与示范快堆匹配的 MOX 燃料生产线，开展核燃料循环中的压水堆乏燃料—后处理—快堆运行的工业规模验证。

（3）积极研发百万千瓦级商业快堆技术。开展金属燃料的技术研发工作，进一步提高快堆的固有安全性与增殖嬗变能力。开展快堆乏燃料干法后处理的研究，最终实现一体化快堆（燃料制造—反应堆—后处理在同一厂址）闭式燃料循环（U、Pu、MA 回收利用）。开展完全自然对流的非能动事故余热排除系统研究，从技术上取消厂外应急的需求。

11.4.2 乏燃料后处理技术

动力堆乏燃料后处理厂所处理的介质具有高放射性、高毒性和高腐蚀性，还存在核临界安全和辐射安全等突出问题，对工程技术、专用设备、在线控制与监测、远距离操作、维修等方面要求很高，核燃料后处理技术研究难度大，需要开发一系列特殊的工程技术、专用设备和仪表等。国际上对后处理工艺流程的开发一般包括实验室工艺条件及串级试验、实验室规模台架温热试验、中试规模的热验证等过程；关键设备的开发需经历原理样机研制、设备放大研究和科研样机的研制，以及工程样机研制等阶段，对典型的单元工艺流程、设备和布置、检修方案还需要在非放射（或冷铀）条件下进行 1∶1规模的工程验证。在此基础上，才能开展核燃料后处理厂的工程设计工作，以提高后处理厂的可靠性、可操作性和可维修性，从而确保开工率、经济性和安全性。

我国后处理技术的发展应在充分利用我国多年来积累的研究成果和中试厂后处理运行经验的基础上，根据 200 吨 / 年核燃料后处理厂和大型核燃料后处理厂设计建造的实际需求，有针对性地开展技术研发工作。

200 吨 / 年核燃料后处理厂是以中试厂验证的工艺流程、设备选型以及仪控方案等为基础进行设计的，考虑到乏燃料燃耗更高、处理量更大，并要保证较高的开工率，在安全性、经济性、可靠性和可维修性等方面的要求更高，需要在中试厂的基础上，对工艺设备的放大设计、核临界安全等方面开展进一步的技术攻关，并有序开展单元和系统的工程验证、操作维修的工程验证，以满足 200 吨 / 年后处理厂工程设计及建造的需求。

根据国际经验，我国建设的大型核燃料后处理厂的生产能力应不小于 800 吨 / 年。在后处理重大专项支持下，其主要进行以下方面的技术开发工作。

（1）工艺技术。在 Purex 工艺流程基础上，研究、开发先进无盐二循环工艺流程和高放废液分离流程，实现减少循环数、无盐化、兼顾有用核素镎锝的提取、高放废液非 α 化等要求。

（2）关键设备、材料及仪控技术。在满足核临界安全要求的前提下实现较大的处理能力，设备可靠性高，满足开工率要求，可实现远距离操作和维修。重点突破剪切机、溶解器、钚尾端设备、大型萃取设备等后处理厂关键设备的设计制造技术，实现模块化设计，达到高可靠性远距离检修；溶解器、蒸发器的特殊耐腐蚀材料；射流泵等免维修、少维修流体输送系统；非接触式测量技术等。

（3）核与辐射安全技术。研究确定大型乏燃料后处理厂可能发生的事故和对应的防范措施，掌握燃耗信任制技术和先进的临界安全分析、设计方法。

（4）设计与支撑技术。研究掌握后处理大厂先进的设计技术和手段，形成完整配套的数据库、计算软件和接口，实现三维设计与协同设计；建立和完善后处理标准规范。

我国在立足于自主创新的同时，可借鉴国际先进技术和经验，通过消化吸收和再创新，提高后处理研究水平，缩短研究周期，更好地完成研发任务。

在后处理重大专项研究开发成果和 200 吨 / 年后处理厂的设计、建造、调试和运行的基础上，同时借鉴引进后处理大厂的先进设计理念和工程技术，我国将具备自主建设更先进的后处理厂的能力（工艺更先进，达到目前国际水平或更先进的后处理工艺流程、先进的高放废液分离流程；关键设备、设计技术等达到引进后处理大厂的水平；智能化、数字化的仪控系统等）。

11.5　核燃料闭式循环产业发展重点案例

俄罗斯是最早开始发展快堆的国家之一，也是目前世界上运行快堆电站数目最多的国家，其快堆技术十分成熟。俄罗斯积累了 140 堆年的快堆运行经验（包括实验堆），占世界快堆运行堆年数的 35%，丰富的运行经验充分证明其快堆技术的稳定可靠。

俄罗斯总共建成并运行过四座快堆，分别是 BR-5/10、BOR-60、BN-350 以及 BN-600。其中，实验快堆 BR-5/10 运行了 44 年，目前已退役；BOR-60 已成功运行了超过 44 年，目前延寿至 2014 年；BN-600 成功运行 33 年，平均负荷因子约为 74%，向电网输送 1 165 亿千瓦时电量，目前延寿至 2025 年。在经济方面，BN-600 作为别洛亚尔斯克核电站的 3 号机组向当地电网输入电力，其电价在斯维尔德洛夫斯克地区比煤电价还便宜。

目前俄罗斯已经完成大型商用示范电站 BN-800 的建设，预计 2014 年年底发电。BN-800 将作为别洛亚尔斯克核电站的 4 号机组投运，其热功率为 789 兆瓦，投运后将成为世界上正在运行的功率最大的快堆核电站。

俄罗斯重视快堆的发展，其快堆发展战略目标是先建成 BN-800 电厂，为 2030 年之后大规模部署快堆核电站提供技术基础。随着 BOR-60 临近退役，俄罗斯计划设计并建造一座多功能的钠冷实验快堆 MBIR，计划 2019 年投运，其届时将成为国际化的快堆试验及研究平台。俄罗斯在发展快堆的同时，也在同步开发快堆燃料循环技术，重点在 MOX 燃料技术、氧化物燃料的干法后处理技术、反应堆与燃料循环设施的一体化设计等。

俄罗斯快堆及后处理技术发展路线图如图 11-5 和图 11-6 所示。

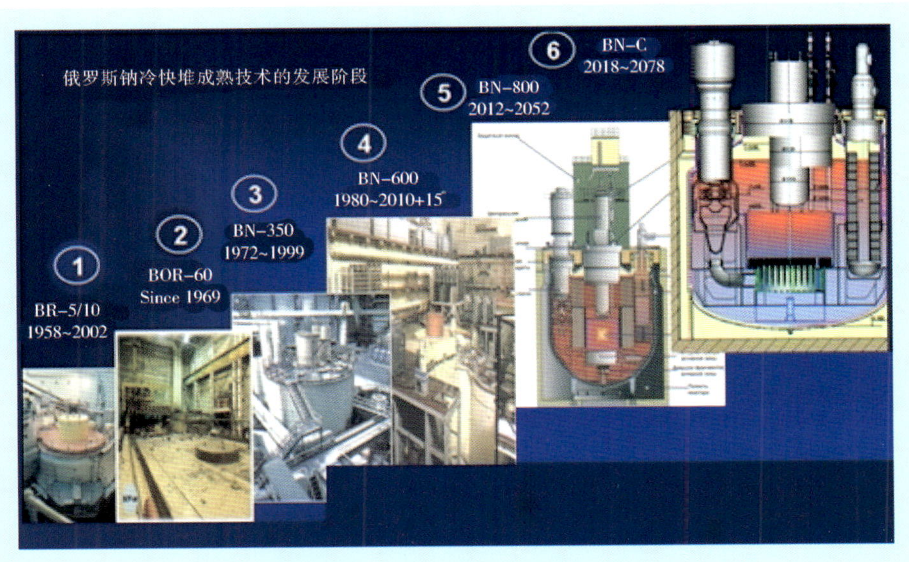

图 11-5　俄罗斯快堆技术发展路线图

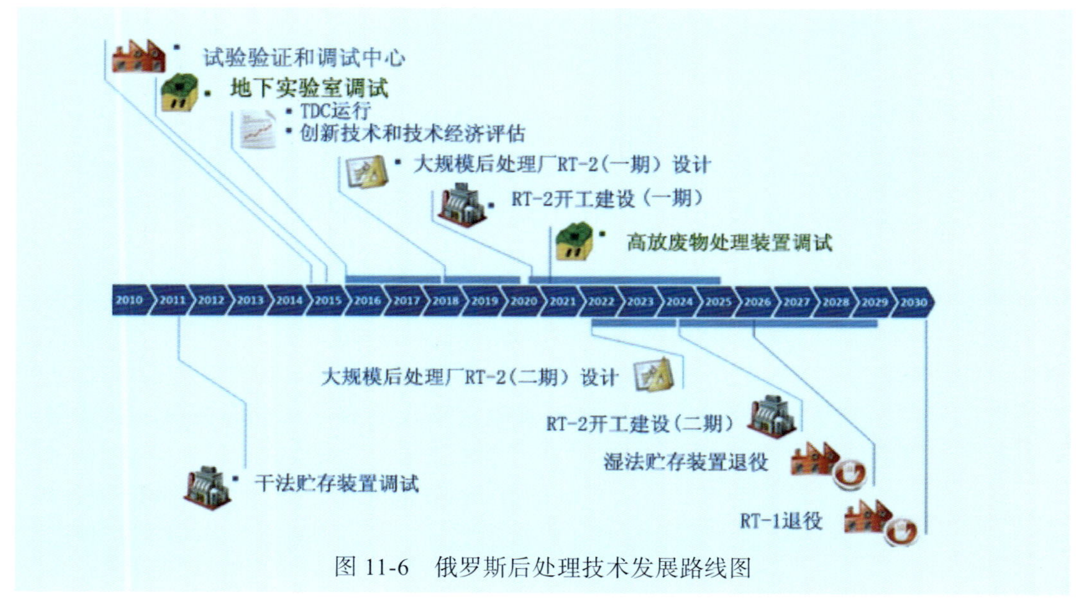

图 11-6 俄罗斯后处理技术发展路线图

11.6 促进核燃料闭式循环产业发展的政策建议

11.6.1 充分利用快堆示范工程建设，带动相关产业链发展

由于快堆体系及分离-嬗变均与先进燃料循环紧密相关，其中涉及大量铀、钚的储存和监管、燃料循环基础设施建设等一系列问题，关系到国家核燃料循环的长远策略，应积极开展研究论证，科学决策。

快堆燃料循环相关配套条件和能力需统一规划。压水堆燃料制备、压水堆电站、压水堆乏燃料后处理、快堆燃料制备、快堆电站和快堆乏燃料后处理等是闭式燃料循环系统的主要组成部分，各部分必须相互配套，协调发展。

从配套能力方面看，我国快堆技术的研发条件还比较薄弱，已建立的实验设施已经陈旧，中国实验快堆相关试验和运行配套条件并不完整，而围绕快堆核电站的实验验证条件还不具备，需建设协同设计及计算中心、涉钠设备综合试验设施、核安全综合研究以及试验设施等研发设施。

11.6.2 充分利用国内外资源，做好后处理技术的研究开发，加快后处理工程建设进度

鉴于后处理产业经济规模大、技术敏感且复杂、涉及领域广、管理要求高及项目开展的紧迫性，最重要的是要在政府主导下，发展后处理专业技术和管理队伍，

尽快形成后处理产业发展格局。为了做好后处理技术的研究开发，我国应充分有效地利用国内外各种可利用资源；应根据核系统研究院所、工厂和相关大学各自的特长，建立产学研用紧密结合的研究开发体系；还应积极开展各种形式的国际合作，尽快提高国内的研究开发水平与能力。

应尽快启动并争取早日建成200吨/年核电站乏燃料后处理工程项目，达到自主设计、自主建造、自主运营工业规模动力堆核燃料后处理厂的目标，形成工业规模乏燃料后处理能力，并为快堆示范工程提供燃料。

加强大型核燃料后处理厂重大专项研发工作，争取尽快全面掌握具有自主知识产权的大型后处理厂设计、建造的核心技术，具备自主设计、建造先进商用乏燃料后处理厂的能力。同时积极推进中外合作，借鉴国际先进的商用后处理厂工程技术和运行管理经验，为加速我国后处理产业发展创造有利条件。

11.6.3　深化体制改革，探索和建立适应我国国情的核燃料闭式循环产业管理模式

快堆和乏燃料后处理是当前我国核燃料工业体系中最为薄弱的环节，尚处于起步阶段，不具备商业竞争力，应给予后处理产业优惠政策，加大国家投资力度，并予以重点支持。

科学规划乏燃料基金的使用，制定具体合理的基金管理制度，确保乏燃料基金使用合理和实现最大效益，促进后处理产业稳步发展。

参考文献

[1] IAEA. Status and trends in spent fuel reprocessing. IAEA-TECDOC-1467，2005.

[2] IAEA. Assessment of nuclear energy systems based on a closed nuclear fuel cycle with fast reactors. IAEA-TECDOC-1639，Rev.1，2012.

[3] IAEA. Fast reactor database. IAEA-TECDOC-1531，2007.

[4] 国务院. 国家中长期科学和技术发展规划纲要（2006—2020年），2006.

[5] 国务院. 核电中长期发展规划（2011—2020年），2012.

第 12 章

燃煤污染物超低排放产业

彭苏萍　黄其励　俞珠峰　孙　锐　廖海燕　张　军

【内容提要】燃煤发电污染物超低排放是构建生态文明社会、防治大气污染、推进煤电产业转型升级的重要手段。目前，我国在超低排放技术研发和工程示范等方面已经积累了一定的基础，配备超低排放系统的燃煤电站新增投资约占电厂总投资的6%、新增运行成本约4%，所以超低排放燃煤电厂建设和技术改造项目的技术经济可行。预计到2020年，我国超低排放燃煤机组改造超过30%，污染物排放总量大幅减少。加快制定标准、优化电力布局是推进燃煤电站超低排放的重要政策保障。

近年来，雾霾天气在我国很多地区频繁出现，严重影响了国民经济生产和公众生活。继2013年年初出现全国较大范围的4次雾霾之后，雾霾天气波及了我国25个省、100多个大中城市，2013年全国平均雾霾天数达到29.9天，创52年来之最。众多研究结果认为，大量汽车尾气、燃煤、施工粉尘、垃圾焚烧等污染物排放、累积及二次污染，是雾霾形成的重要原因。

2013年9月10日，国务院发布《大气污染防治行动计划》，提出“经过五年努力，全国空气质量总体改善，重污染天气较大幅度减少；京津冀、长三角、珠三角等区域空气质量明显好转。力争再用五年或更长时间，逐步消除重污染天气，全国空气质量明显改善”的奋斗目标。国家要求下大气力，解决雾霾问题。

燃煤发电用煤占我国燃煤消费总量的一半以上。加强燃煤电厂的污染物控制是缓解大气污染的重要内容之一。

12.1 超低排放技术可有效解决燃煤发电污染问题

12.1.1 现有单项技术已不能满足日益提高的大气污染物控制需求

2013 年全国发电消耗煤炭约 19.5 亿吨，共排放二氧化硫约 820 万吨，占全国二氧化硫排放量的 40.12%；排放氮氧化物约 833 万吨，占全国氮氧化物排放量的 37.40%；排放烟尘约 142 万吨，占全国烟尘排放量的 9.47%。

“十二五”期间，国家提出了二氧化硫减排 8%、氮氧化物减排 10% 的约束性指标，颁布了全世界最严格的火电厂大气污染物排放标准 (GB 13223-2011)。2013 年 2 月 27 日，环保部又发布了《关于执行大气污染物特别排放限值的公告》，要求京津冀、长三角、珠三角等“三区十群”的 19 个省（自治区、直辖市）47 个地级及以上城市重点控制区的火电等六大行业执行大气污染物特别排放限值。

在国家的高度重视下，近年来，我国燃煤电厂在二氧化硫、氮氧化物、粉尘等单项污染物控制技术方面已取得重大突破和大规模产业应用，正在运行的火电机组已普遍安装烟气净化系统，对各类主要污染物的排放控制已达到较高水平，但仍满足不了当前更加严格的大气污染物控制需求。

1. 脱硫技术

燃煤电厂脱硫技术已基本成熟，形成了包括石灰石-石膏湿法脱硫、干法脱硫、半干法脱硫、海水脱硫、有机胺脱硫、氨法脱硫、双碱法脱硫等在内的较多技术方向。目前，我国已掌握自主知识产权的石灰石-石膏湿法烟气脱硫技术，具备 100 万千瓦级机组脱硫装置的生产制造能力。在实际应用中，石灰石-石膏湿法脱硫居于主导地位，占 95% 以上，主要技术包括托盘塔技术、石灰石-石膏湿法双塔串联脱硫技术、石灰石-石膏湿法双循环技术。

2. 脱硝技术

目前氮氧化物减排技术主要是低氮燃烧技术与 SCR 技术。

低氮燃烧技术包括低氮燃烧器、空气和燃料分级（再燃）、煤粉浓淡分离燃烧、尾部烟气再循环、低氧燃烧法等。其中，空气分级燃烧与燃料再燃技术是目前应用最广泛、效果最明显的炉内氮氧化物减排技术，具有投资少、运行费用低、无二次污染等优点，是我国燃煤电厂氮氧化物排放控制的首选技术。但低氮燃烧技术难以达到最新的氮氧化物排放指标要求，需要在尾部烟道加选择性催化还原装置。

SCR 技术是目前最主流的炉后烟气脱硝技术，该技术利用还原剂（氨气、尿素）在金属氧化物催化剂的作用下，选择性地与氮氧化物反应生成氮气和水，脱硝效率可达到 80% 以上。但由于催化剂昂贵，SCR 技术运行成本很高。实现催化剂的生产技术和原材料的国产化，降低催化剂成本并生产出适应我国烟气条件的 SCR 催化剂，是我国脱硝产业当前面临的最迫切的难题。

“低氮燃烧技术 +SCR”已成为我国氮氧化物减排控制的大趋势。

3. 除尘技术

燃煤烟气颗粒物脱除技术主要包括袋式除尘技术、静电除尘技术及电袋复合除尘技术。为了适应逐渐严格的环保标准要求，目前燃煤电厂除尘系统升级的技术主要包括脱硫前的干式除尘技术和脱硫后的湿式除尘技术。

袋式除尘技术及电袋复合除尘技术对颗粒物脱除效率高达 99.9% 以上，可达到烟尘质量浓度低于 20 毫克 / 标准立方米的排放指标，但其存在运行压损大、滤袋更换成本高、处理困难、长期运行稳定性差等缺陷，在大型燃煤电站中应用相对较少。

静电除尘技术已经应用在我国 90% 的燃煤机组。常规静电除尘器对 PM10 可达到 99.8% 以上的脱除效率，而对细颗粒的脱除效率则相对较低。国内一些环保企业和高校在烟气余热利用结合低低温静电除尘性能提效方面取得了突破，大唐宁德电厂 60 万千瓦低低温静电除尘设备成功投运，静电除尘在 90℃～ 100℃下运行，出口粉尘排放低于 20 毫克 / 标准立方米，且具有较强的二氧化硫、PM2.5、汞等污染物协同脱除能力，同时实现烟气余热回收利用节约煤电消耗。

湿式静电除尘技术突破了传统干式除尘技术的局限，克服了反电晕、二次扬尘等干式电除尘难以解决的关键问题，可实现 PM2.5 的深度脱除，对酸雾、细微颗粒物、超细雾滴、汞等重金属均具有良好的脱除效果。随着湿式静电技术的进一步发展，在细颗粒物、超细雾滴、二氧化硫、氮氧化物、汞等雾霾前体污染物进一步协同控制和深度净化上被寄予更多预期，这是今后发展的趋势。

12.1.2 超低排放技术集成可有效解决燃煤污染问题

对燃煤电厂烟气中的二氧化硫、氮氧化物、粉尘等多种污染物进行高效协同控制，可实现大型燃煤电站大气污染物的超低排放，是解决我国大气复合污染问题的关键。

欧美发达国家的部分燃煤电厂，采用低氮燃烧 +SCR 脱硝 + 低（低）温静电除尘 + 烟气脱硫 + 湿式静电除尘的烟气处理技术，已有成功的污染物排放指标达到天然气机组排放标准（烟尘浓度＜ 5 毫克 / 标准立方米，二氧化硫浓度＜ 35 毫克 / 标准立方米，氮氧化物浓度＜ 50 毫克 / 标准立方米）的应用案例。日本碧南电厂 100 万千瓦机组采用分级燃烧技术和新型燃烧器、SCR 脱硝装置、干式静电除尘器、湿式脱硫塔及湿式静电除尘器等实现了烟尘排放浓度 3 毫克 / 标准立方米，二氧化硫排放浓度 30 毫克 / 标准立方米，氮氧化物排放浓度 25 毫克 / 标准立方米的指标。

我国个别电厂脱硫、脱硝单项技术已达到超低排放指标（二氧化硫＜ 20 毫克 / 标准立方米，氮氧化物＜ 30 毫克 / 标准立方米）。国电集团、神华集团国华电力分公司、浙能集团等所属部分电站均正在开展燃煤电站烟气污染物超低排放达到燃气标准的技术示范。我国首套烟气超低排放装置已在浙能集团嘉兴电厂 8 号机组投入运行。神华集团国华舟山电厂新建的4号35万千瓦国产超临界燃煤发电“近零排放”机组于2014年6月25日完成168小时的试运，顺利投入商业运行。

综上所述，国外个别燃煤电厂综合指标接近燃气机组排放标准，但由于技术壁垒以及煤种、运行水平等差异，很难直接应用到我国。国内虽仅有少数运行案例，针对我国国情，以燃煤电厂全部达到二氧化硫、氮氧化物、粉尘、天然气排放指标为目标，开展燃煤电站大气污染物超低排放技术研究，具有重要的现实意义和发展紧迫性。

12.2 燃煤污染物超低排放具有巨大的产业空间

12.2.1 超低排放技术可有效推进我国燃煤发电产业升级

我国以煤炭为主的一次能源结构决定，燃煤发电仍是我国当前电力发展的主流，是目前技术最成熟、转化效率最高、最经济的规模化发电途径。尽管以天然气替代燃煤的“煤改气”工程，可以大幅降低污染物排放量，满足新的环保要求，但天然气平稳持续供应和发电成本等问题，使得发展大型天然气电厂困难重重。电力行业急需燃煤电厂超低排放技术，急需切实可行的可持续清洁发展模式，实现超低排放是推进我国燃煤发电产业升级的重要支撑。

12.2.2 超低排放技术发展已具备一定的技术和产业基础

我国已有良好的烟气除尘、脱硫、脱硝等单项技术的发展基础，可在现有单项技术的基础上，通过开发高效、低能耗、具有自主知识产权的烟气除尘、脱硫、脱硝以及烟气深度净化技术与装备，提高除尘、脱硫、脱硝各个环节相应的脱除效率；在技术的集成化与设备的成套化、大型化方面进行整体优化，充分利用各个烟气净化设备彼此之间的交互影响，通过协同减排，降低能耗、物耗，突破技术制约瓶颈，实现尘、硫、硝、汞等多种污染物排放全方位达到或优于燃气机组的排放水平。

12.2.3 超低排放技术可实现很好的环保效益

神华集团国华舟山电厂新建的4号35万千瓦国产超临界燃煤发电机组，于2014年6月25日完成168小时的试运，正式移交生产，这意味着我国首台“近零排放”燃煤机组顺利投入商业运行。该机组试运行期间，通过连续监测，主要污染物排放为粉尘2毫克/标准立方米、二氧化硫2毫克/标准立方米、氮氧化物25毫克/标准立方米，远远低于被称为“国际最严”的我国环保部最新《火电厂大气污染物排放标准》限值，小于燃气发电机组大气污染物排放限值的一半（燃气机组排放限值为粉尘5毫克/标准立方米、二氧化硫35毫克/标准立方米、氮氧化物50毫克/标准立方米）。浙能集团嘉兴电厂8号100万千瓦燃煤机组污染物超低排放改造后主要污染物排放为粉尘2.12毫克/标准立方米、二氧化硫17.47毫克/标准立方米、氮氧化物 38.94 毫克 / 标准立方米，亦达到了国际先进水平。

以 100 万千瓦机组（年利用 5 500 小时）为例，以国家最新环保标准（燃煤电厂排放限值二氧化硫 100 毫克 / 标准立方米、氮氧化物 100 毫克 / 标准立方米、粉尘 30 毫克 / 标准立方米）为基础，按燃煤机组实现粉尘＜ 4.5 毫克 / 标准立方米、二氧化硫＜ 20 毫克 / 标准立方米、氮氧化物＜ 30 毫克 / 标准立方米的超低排放目标测算，每年该机组可分别减少二氧化硫、氮氧化物和粉尘排放量 1 320 吨、1 155 吨和 420.75 吨，可在最新环保标准的基础上进一步减排二氧化硫 80%、氮氧化物 70% 和粉尘 85%。

若相对于最新排放标准，远期将超低排放技术推广应用到我国 8 亿千瓦燃煤机组，则每年全国燃煤发电二氧化硫、氮氧化物和粉尘排放总量分别仅为 39.6 万吨、26.4 万吨和 5.9 万吨，减少的排放量分别为 92.4 万吨、80.85 万吨和 29.45 万吨。

12.2.4 燃煤电厂超低排放的经济性可以接受

我国首套烟气超低排放装置已在浙能集团嘉兴电厂 8 号机组投入运行。该台百万千瓦燃煤机组经技术改造后，主要污染物排放达到了国际先进水平，也达到了燃气轮机排放标准，为我国东部经济发达地区发展燃煤发电产业开辟了新的途径。经初步检测，该装置投入运行后其排放指标已经达到设计要求。与达标排放的 100 万千瓦燃煤电厂相比，预计增加投资约 6%，增加运行成本约 4%，远低于燃气电厂单位发电成本，约低 50%。

12.3 燃煤发电超低排放产业发展的目标和重点任务

12.3.1 燃煤发电超低排放产业发展目标

到 2020 年，我国中东部地区、中西部地级市及以上地区新建机组的排放标准接近燃气轮机组排放标准；对于重点地区的存量机组进行改造，排放全部达到燃气机组排放标准。到 2020 年，以燃煤发电行业装机 11.7 亿千瓦为情景，按照 30% 装机达到超低排放环保标准（粉尘＜ 5 毫克 / 标准立方米、二氧化硫＜ 35 毫克 / 标准立方米、氮氧化物＜ 50 毫克 / 标准立方米），其余执行最新《火电厂大气污染物排放标准》，则燃煤发电每年排放粉尘、二氧化硫和氮氧化物总量分别为 28 万吨、81 万吨和 151 万吨。与 2013 年粉尘排放量 142 万吨、二氧化硫排放量 820 万吨、氮氧化物排放量 833 万吨相比，可减少排放量超过 80%。

12.3.2 燃煤发电超低排放产业发展的技术重点

研究开发燃煤电站多种污染物超低排放环保岛优化运行控制系统，通过单元污染物减排设备控制系统集成优化，对环保岛各运行系统进行集成控制，通过静态控制系统与动态控制系统耦合优化，形成污染物超低排放环保岛运行性能的优化控制系统，实现多目标共同优化控制，挖掘环保岛运行节能减排潜力，在污染物高效协同脱除的同时，实现经济效益、能量效率最优化。

12.3.3 燃煤发电超低排放的产业发展规划

目前国内五大发电集团相继在东部发达地区部署“超低排放”发展战略，数家发电企业已经开始了“超低排放”的改造工作。神华集团国华电力的 61 台燃煤机组中的 48 台将相继进行“近零排放”技术改造，预计到 2017 年改造完成。国华电力所有新建燃煤机组，拟采用“近零排放”技术路线，全部达到或低于燃气机组排放标准。

目前一系列燃煤电厂正在进行或已经完成超低排放的改造或新建，统计情况如表 12-1 所示。

表 12-1 2014 年燃煤电厂超低排放改造机组统计

地区	投资方	机组	机组容量 / 千瓦	机组型式	完成时间
上海	中电投	上电漕泾 2 号	1 000 000	超超临界	12 月
天津	国投	北疆 1 号	1 000 000	超超临界	11 月
天津	华电	军粮城 9 号	350 000	亚临界	10 月
河北	神华	国华三河 1 号	350 000	亚临界	7 月
浙江	神华	国华舟山	350 000	超临界	6 月
浙江	大唐	乌沙山 4 号	600 000	超临界	12 月
浙江	浙能	嘉华 8 号	1 000 000	超超临界	5 月
浙江	浙能	乐清 1 号	600 000	超临界	12 月
江苏	国电	常州 1 号	600 000	超临界	12 月
江苏	国电	泰州 2 号	1 000 000	超超临界	10 月
江苏	华能	金陵 1 号	1 030 000	超超临界	12 月
山东	华能	白杨河 6 号	300 000	亚临界	7 月
江苏	华能	金陵电厂	1 000 000	超超临界	12 月
山东	华能	黄台 9 号	350 000	超临界	7 月
广东	华润	南沙热电 1 号	330 000	亚临界	7 月
广东	粤电	珠海金湾 3 号	600 000	超临界	11 月

浙江省将于 2015 年率先提出对“超低排放”电厂实行 200 利用小时的电量补贴政策。这一政策的引导必将带动整个火电行业环保水平的提升，使燃煤发电机组迈入清洁能源发电的行列。

12.4 燃煤发电超低排放产业发展政策建议

12.4.1 加快制定标准，规范超低排放产业发展

燃煤污染物超低排放是燃煤发电未来发展的必由之路。超低排放技术作为一种先进的洁净发电技术应该具有行业统一的规范和标准。该技术的规范不仅有利于超低排放技术研发的聚焦，更有利于污染物脱除装备制造及相关配套产业的健康发展。

12.4.2 优化电力布局，大力发展超低排放技术

超低排放技术适宜在我国东部沿海地区和京津冀地区发展应用，国家应对超低排放技术的发展进行统一布局。随着相关技术的创新和推广，燃煤发电可以变得更清洁、更环保、与环境更友好，超低排放技术也可以适当地扩展应用范围。

第 13 章

能源互联网

韩英铎　余贻鑫　黄其励　彭苏萍　曹军威　王成山　谢小荣

【内容提要】能源互联网代表着未来信息与能源-电力技术深度融合的必然趋势，是新一代工业革命大潮的重要标志，是智能电网的重要组成部分和未来的发展前沿。本章在介绍能源互联网的基本概念、内涵与外延的基础上，总结了其国内外发展现状，分析了能源互联网需要重点解决的关键技术问题，即能源互联网总体架构与标准体系，能源互联网组网与互操作模型与技术，能源互联网建模、仿真与分析技术，能源互联网运行与控制装备技术，能源互联网的安全防护、质量监督与认证体系，能源互联网量测、评价与技术经济分析。本章还在总结相关产业发展现状的基础上给出了促进能源互联网产业发展的政策建议。

13.1　能源互联网概念及范畴

各种一次能源的转换形式多种多样，如电、热、汽等二次能源，并且都已形成方便使用的基础设施网络。供热网等能源传输方式具有节约燃料、减少城市污染等优点，但存在长距离输送损耗大、动态调节周期长、输送管道建设和维护成本高等固有缺欠；而电能在传输、调控，转换等方面则具有不可比拟的综合优势，因此未来能源基础设施在传输方面的主体必然还是电网，随着分布式可再生能源发电的发展，未来能源互联网基本上是以互联网式的电网为枢纽构成的能源—信息系统。

13.1.1 基本概念

能源互联网是以互联网思维与理念构建的新型信息-能源融合“广域网”，它以大电网为“主干网”，以微网、分布式能源等能量自治单元为“局域网”，以开放对等的信息-能源一体化架构，真正实现能源的双向按需传输和动态平衡使用，因此可以最大限度地适应新能源的接入[1]。

能源互联网基本架构如图 13-1 所示。微网、分布式能源等能量自治单元可以作为能源互联网中的基本组成元素，通过新能源发电，微能源的采集、汇聚与分享，以及微网内的储能或用电消纳形成“局域网”。能源互联网是在此基础上的广域连接形式，作为分布式能源的接入形式，其是从分布式能源的大型、中型发展到了任意的小型、微型的“广域网”。大电网的形成有其必然性，其将来仍然是能源互联网中的“主干网”。微网或分布式能源接入、互联和调度灵活但存在供电可靠性问题，大电网供电可靠性较高但尚难以适应大量新能源的灵活接入和双向互动，能源互联网则可以起到衔接作用，综合两方面的优势。能源互联网采取自下而上、分散自治、协同管理的模式，与目前集中大电网模式相辅相成，符合电网发展集中与分布相结合的大趋势。

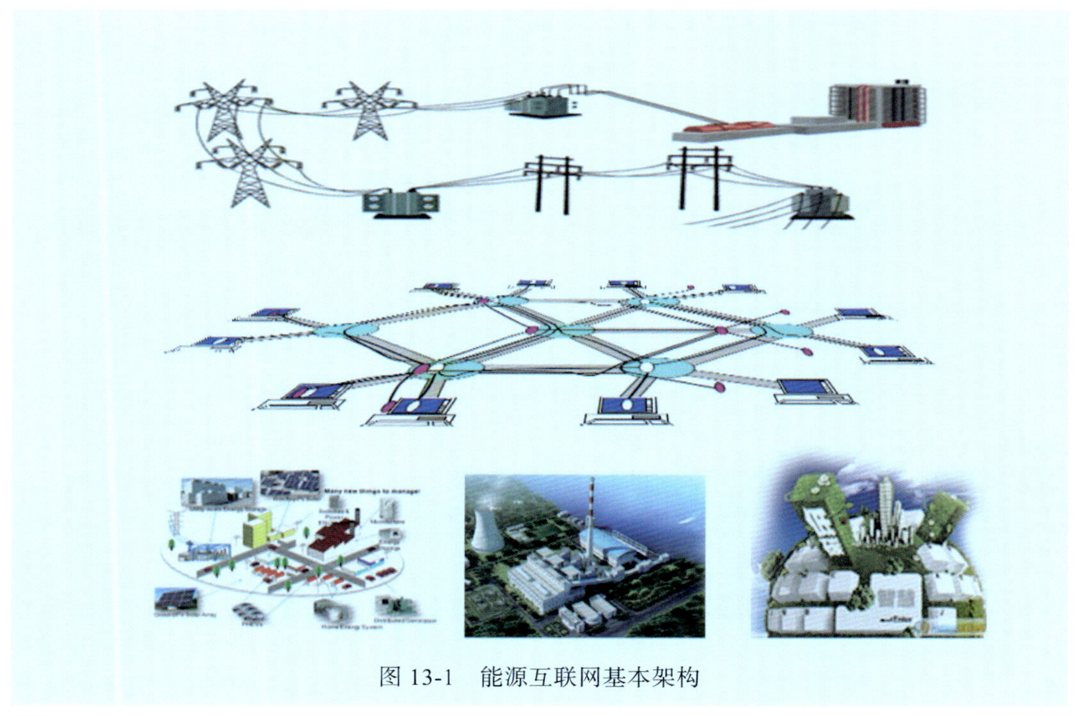

图 13-1 能源互联网基本架构

13.1.2 内涵与外延

能源互联网的内涵是以互联网思维和理念来变革能源基础设施。如果说智能电网还是在现有电网架构上通过信息化和智能化的手段，解决设备利用率、安全可靠性、电能质量等基本问题；而能源互联网的关键性拓展在于采用互联网理念、方法和技术实现能源基础设施架构本身的重大变革，使得能源的开放互联与交换分享可以跟互联网信息分享一样便捷。能源互联网区别于传统能源基础设施的本质特征包括以下几点。

1. 开放

互联网实现信息的随时随地接入与获取，主要取决于开放式的体系结构。能源互联网要实现开放性，需要可再生能源与储能用能装置的“即插即用”。能源互联网的发展要借鉴互联网的发展方式，走标准先行、应用驱动、进一步带动产业和市场发展的道路。

2. 互联

“局域网”与“广域网”的本质不同在于“广域网”必须解决规模化开放互联的问题，这就需要简洁易行的标准协议作为基础。“局域网”内部可以进行多种能源形式的转换，可以进行风、光、储、用的平滑与协调，但“广域网”的互联必须建立在局域消纳的基础上，形成简捷的能量交换方式，才可能实现大规模互联。

3. 对等

同传统电网自顶向下的树状结构相比，能源互联网的形成是能量自治单元之间的对等互联。任意单元之间的连接是逻辑上的，其真正的实现必须建立在分散路由的基础之上。能量的传输应该是多次路由的结果，其间是解耦的，进而可以避免一系列安全稳定性问题；同时传输路由路径之间可以是动态、互为备用的，在保证冗余和可靠性的同时不降低系统的利用率。

4. 分享

分布、分散与分享也是能源互联网的主要特征，原来仅依赖于中心调度与管理的功能可以采用分散-协调的方式来更高效地实现，而“局域网”（如微网）的监控甚至可以采用没有“中心”的对等模式。借鉴互联网应用中社交网络的信息分享机制，能源互联网中各局域网之间的能量交换与路由也都是就近实时动态进行的，以分散式局部最优和高效的全局协调来实现电网整体能量管理的优化。

能源互联网的外延在于信息物理融合，真正实现信息能源基础设施的一体化。信息基础设施与能源基础设施发展的内在动因决定了信息-能源基础设施走向融合一体化的发展道路。未来信息基础设施以数据中心为核心，通过高速通信网络相连接，同时支持物联网和移动互联网的接入，其发展过程中遇到了明显的能源瓶颈；同时，智能电网与能源互联网的发展对信息化、智能化的要求也越来越高，迫切需要新一代信息技术的支撑。信息-能源基础设施之间的功能、性能等方面的互补性也为其融合一体化提供了经济可行性。

13.1.3 概念的演进

1. 分布式可再生能源

能源可持续发展是当前摆在人类面前最重要的难题。目前人类处于工业化社会，需要大量的能源，但使用的能源主要是化石能源，这种能源不具有可持续性，有着不可再生的局限，存储总量有限，且会对环境造成破坏，如碳排放、温室效应等。同时，由于经济的发展和社会的进步，能源的需求还在进一步加大，供需矛盾导致了化石能源价格的不断增长，这会对人类社会特别是发展中国家的发展带来很大阻碍。为了摆脱社会发展对化石能源的过度依赖，可再生能源的发展为人类提供了彻底解决能源可持续发展的希望。

分布式能源是指分散存在且易于利用的各种类型的能源，包括可再生能源（如太阳能、生物质能、风能、水能、波浪能等）和可方便获取的化石类燃料（如天然气），将这些能源转换为电能充分加以利用，实现对用户的分布式供电，有助于提升能源的利用效率，更好地满足用户的能源需求。在分布式能源中，可再生能源不会对环境造成影响，可以被重复利用，具有可持续的特点。由于以上特点，分布式可再生能源受到了各国能源专家的重视，被视为替代传统能源的可靠途径。

2. 智能电网和微网

尽管分布式可再生能源具有可持续、可再生的特点，但该种能源大多具有能量输出不稳定的特点，如太阳能受限于太阳光的强弱，风能受限于风力的大小。同时由于其分布式的特点，大量能源节点的无序接入将对电网的稳定运行产生很大的影响，会造成不必要的扰动，甚至导致整个电网的崩溃。因此，需要采用一定的设备和结构形式对分布式能源的接入进行处理，而智能电网和微网技术为解决这一问题提供了新的契机。微网为中小容量分布式能源接入提供了一种新的结构形式，可有效地解决分布式能源的接入和使用。而智能电网借助信息系统的支持，不但有助于分布式能源的灵活接入，而且能实现其间的双向互动。

3. 能源互联网

通过借助互联网的信息交互和传输共享的概念，作为智能电网的进一步发展的能源互联网概念被提了出来。通过能源互联网，能量能够以类似于互联网的方式，在电力线路网络中按需流动。同时，能源互联网能够对电力流动的路径进行优化和管理，类似于互联网中的路由。通过能源互联网实现了能量流在电力网络中的双向按需流动。

目前开展的智能电网基本上是现有电网架构下的信息化、智能化[2]，能源互联网则是借鉴互联网思维与理念构架的新型电网，其中的开放互联、能量交换与路由等特征有别于目前一般意义上的智能电网，可以形象地称为智能电网的 2.0 版本[3]。

总的来说，信息通信与能源电力结合发展分为三个阶段：第一个阶段为数字化、信息化阶段。此时，信息通信为能源电力行业提供服务，带来方便、快捷等好处。第二个阶段为智能化阶段，即智能电网阶段。在该阶段，信息通信成为能源电力基础设施不可或缺的组成部分，以信息流与能量流的结合为特征。第三个阶段为信息物理融合阶段。其表现为信息通信基础设施与能源电力基础设施的一体化，也就是信息-能源基础设施一体化意义上的能源互联网阶段。

13.1.4 意义与作用

1. 能源互联网是现实意义上能源可持续发展切实可行的道路

能源可持续发展是当前摆在人类面前最重要的难题，可再生能源的发展虽然提供了彻底解决能源可持续发展的希望，但可再生能源的利用方面仍然存在问题。能源互联网在现实意义下提供了一条切实可行的发展道路。里夫金在《第三次工业革命》一书中做了这样的描述："当数以百万计的建筑实时收集可再生能源，并通过智能互联电网将电力与其他几百万人共享，由此产生的电力使集中式核电与火电站都相形见绌。"[4]

2. 能源互联网天然支持分布式可再生能源的接入

欧盟、美国和中国相继分别提出到2050年实现可再生能源在能源供给中占比100%、80%和60%～70%的目标。而风、光等大部分可再生能源的间歇性和波动性决定了仅依赖现在的集中式电网运行架构是无法适应如此大规模的可再生分布式能源接入的。能源互联网通过局域自治消纳和广域对等互联，可最大限度地适应可再生能源接入的动态性，通过分散协同的管理和调度实现动态平衡。

3. 能源互联网在安全、可靠、稳定及利用率等方面技术优势明显

互联网体系架构决定了其安全稳定性较高，而其冗余方式可保证系统整体的可靠性；同时通过分散路由等方式实现设备和线路的动态备用，保持一定的利用率。能源互联网可以借鉴其中的机制，但能量与信息的交换和传输是有着本质不同的。相比现在集中式电网自上而下的紧耦合模式，能源互联网能实现局域自治，在广域互联中可通过储能缓冲、直流输电等方式实现解耦，同时局域不稳定问题可以通过广泛互联实现广域的动态相互备用，达到安全、稳定、可靠的目标，而不是依靠过大的安全裕度而降低了系统的利用率。

4. 能源互联网是源-用混合场景下对现有输配网的有益补充

能源互联网不是取代现有电网架构，而是着重在分布式可再生能源接入越来越广泛、源-用混合场景越来越普遍的形势下借鉴互联网理念提供的一种自下而上的新型组网方式。能源互联网通过局域自治和广域能量交换最大限度地适应源-用的动态随机性，减少对大电网的影响，大大降低了大电网的安全稳定性风险，是对现有大电网的有益补充。

13.2 能源互联网技术发展现状

13.2.1 国外发展现状

国际上专门针对能源互联网进行的研究与开发始于2008年，一些国家如德国、日本等已经开始小范围实践能源互联网。下面对国际上的几个能源互联网相关项目进行介绍和分析。

1. 美国

2008年，美国国家科学基金项目“未来可再生电力能源传输与管理系统”（the future renewable electric energy delivery and management system，FREEDM系统）[5, 6]，研究一种构建在可再生能源发电和分布式储能装置基础上的新型电网结构，称之为能源互联网。效仿网络技术的核心路由器，他们提出了能源路由器的概念并进行了原型实现[7, 8]，利用电力电子技术实现对变压器的控制，路由器之间利用通信技术实现对等交互。FREEDM系统是从电力电子技术的角度出发，希望以分布对等的系统控制与交互，实现能源互联网的理念。

美国加利福尼亚大学伯克利分校的研究团队更关注智能电网的底层信息架构，提出了“以信息为中心的能源网络”架构[9]，以期在一个通用架构中将智能通信协议与电能传输相结合，能够实现分布式控制，以及对于价格信号或更详细可用电量的持续需求响应。以信息为中心的能源网络在配电系统之上覆盖了信息传输，遍布各种物理场所，如机房、楼宇、社区、发电孤岛和区域电网等。该研究团队构建的能源网络对电源、负荷或储能容量进行分组，构成能源子网；子网通过名为“智能电源开关”（intelligent power switch，IPS）的接口与该网络的其他部分进行交互。能源网络将其子网成员的总供需以可预测、可筹集、可调整的计划商品的形式表示，并在电源和负荷间不断进行电力交易时为双方提供通信服务。该能源网络是以互联网数据中心作为研究的案例，对深层需求响应和“随供电量调整负荷”进行研究，随后将这种智能负荷的概念扩展到数据中心之外，应用于整座楼宇乃至楼宇群。

美国麻省理工学院（Massachusetts Institute of Technology，MIT）的《科技创业》（*Technology Review*）杂志报道了一个位于加利福尼亚州的叫做Stem的新兴能源公司[10]，开发了一款用于商业建筑的智能电池，将精简型的汽车锂离子电池和电力电子设备相连接，这些电力电子设备在向楼宇供电和从电网中充电这两种状态之间快速切换，而大量的智能分析通过云计算来完成。这样的智能电池稍加拓展实现相互之间的通信与控制，就完全符合里夫金描述的以建筑楼宇为单元的能源互联网原型，这是从储能的角度实现能源互联网的典型例子。

2．欧洲

E-Energy（即电子能源）是2008年德国联邦经济技术部与环境部在智能电网的基础上推出的一个技术创新促进计划，是基于信息与通信技术（information and communication technology，ICT）的未来能源系统[11]。它提出打造新型能源网络，在整个能源供应体系中实现综合数字化互联以及计算机控制和监测的目标。E-Energy充分利用信息和通信技术开发新的解决方案，以满足未来以分布式能源供应结构为特点的电力系统的需求。它将实现电网基础设施与家用电器之间的相互通信和协调，进一步提高电网的智能化程度。换句话说，其目标不仅是通过供电系统的数字联网保证稳定高效供电，还要通过现代信息与通信技术优化能源供应系统。德国总理默克尔专门针对E-Energy表示："应该为能量生产和消费提供智能IT支持，包括从电站中的发电机到客户的各个环节。"把信息通信技术和能源这两个领域综合起来是E-Energy项目的重点，在解决核心技术之后，德国准备从配电到循环电网打造一个全新的能源互联网。到2015年，E-Energy会引导德国由集中发电模式逐渐过渡到集中式大型发电厂和用户侧分布式可再生能源发电共存，最终在2020年实现在电力系统覆盖信息网络，能源网络中所有的元素通过互联网信息协调工作。

瑞士联邦理工学院研究团队开发的"Energy Hub"称为能量集线器[12～15]，是由计算机科学中的集线器概念引申而来的，也叫能量控制中心。宏观上看，Energy Hub是一个信息中心，它通过超短期负荷预测以及实时在线监测分布式电源、配电网的潮流数据，对各发电侧及受控负荷侧进行优化控制。Energy Hub规模可以覆盖一个家庭甚至整个城市。Energy Hub在系统中是一个广义的多端口网络节点，它与配电网连接，对配电网上的能量起到补充、缓解、转换、调节、存储的作用。Energy Hub上的端口分为输入和输出两种，输入侧一部分为从配电网流入Hub的电量，另一部分为从各分布式电源中流入Hub的不同形式的能量；输出侧一部分为供给各种负荷（电／热／冷）用的不同形式的能量，另一部分为反馈回配电网中的冗余电量。

3. 日本

日本研制的数字电网路由器称为"电力路由器"，可以统筹管理一定范围的地区的电力，并可通过电力路由器调度地区电力[16]。

日本数字电网建立在互联网的基础之上，通过逐步重组国家电力系统，逐渐把目前同步电网细分成异步自主但相互联系的不同大小的电网，把相应的IP地址分配给发电机、电源转换器、风力发电场、存储系统、屋顶太阳能电池及其他电网基础结构等。类似于互联网中信息的传递，该网中能源分配由电力路由器完成，旨在实现使电网的运转与互联网一样的目标。电力路由器与现有电网及能源局域网相连，可以根据相当于互联网地址的"IP地址"识别电源及基地，由此就可进行"将A地区的风力发电电力送往B地区的电力路由器"等控制。在电网因发生灾害而停止供电时，电力路由器之间可相互调度蓄电池存储的电力，从而防止造成地区停电。

2011 年，日本成功展示了“马克一号”数字电网路由器（digital grid router，DGR）。DGR 通过提供异步连接、协调局域网内部及不同局域网来管理和规范用电需求。多支路的 DGR 由固态 AC/DC/AC 变换器组成，能够根据不同需求并随着电网频率的变化适时提升或降低电压。2013 年 5 月，日本的数字电网联盟设立项目公司，并在肯尼亚的未通电区域开展试验。

综上所述，目前对能源互联网的理解主要有以下三种。

（1）以互联网的开放对等理念和体系架构为指导，形成新型的能源网。以美国的 FREEDM 为典型代表，效仿网络技术的核心路由器，提出了能源路由器的概念并且进行了原型实现。届时能源互联网（Energy Internet）的本质是能源网。

（2）借助互联网收集能源相关信息，分析决策后指导能源网的运行调度。以欧洲的 E-Energy 为典型代表，打造一个基于信息和通信技术的能源供应系统，连接能源供应链各个环节业务流程，实现示范应用，形成能源需求和供给的互动。这时候能源互联网（Internet of Energy）的本质还是信息互联网。

（3）以上两种理解混合在一起，两种成分都有，以日本的数字电网、电力路由器为典型代表。

目前国际上提出的“第三次工业革命”[4] 概念也包含了融合互联网技术和可再生能源技术，构建新型能源供需架构的思路，由此，能源互联网的相关技术获得了广泛关注。

13.2.2 国内发展现状

从 20 世纪 80 年代清华大学前校长高景德院士提出“CCCP”概念 [现代电力系统是计算机 /（computer）、通信 /（communication）、控制 /（control）与电力系统 /（power system）及电力电子 /（power electronics）技术的深度融合]，到 90 年代韩英铎院士等提出现代电力系统三项前沿课题 [柔性输电技术、智能控制、基于全球定位系统（global positioning system，GPS）的动态安全分析与监测系统][17]，再到近年来智能电网强调信息流与能量流的结合，无不突出信息技术与现代电网的紧密结合。能源互联网同样是互联网技术、可再生能源技术与现代电力系统的结合。清华大学在国内较早开始开展能源互联网方面的研究工作 [18]，提出了能源互联网基本架构、关键技术，并开展能源路由器等方面的研发工作。

虽然能源互联网技术目前在国内引起了广泛关注，但相关研究尚处于起步阶段。除了清华大学，目前国内开始从事能源互联网研究的单位还包括国防科技大学 [19]、天津大学 [20]、中国电力科学研究院、中科院电工研究所、中科院声学研究所 [21] 等。2012 年 8 月 18 日和 2013 年 9 月 25 日，由中科院主办的能源互联网论坛分别在长沙和北京举行，会议文集刊登在《中国科学：信息科学》2014 年第 44 卷第 6 期的可再生能源互联网专题栏 [22]。

从 2013 年开始，北京市科学技术委员会组织了“第三次工业革命”和“能源互联网”专家研讨会，并启动了相关软课题研究，完成了《北京能源互联网技术及产业发展研究报告》，形成了详细的能源互联网调研报告和路线图，为进一步科技立项提供了指南。2014 年 2 月，国家能源局委托江苏现代低碳技术研究院开展中国能源互联网发展战略研究。2013 年 12 月，国家电网公司在《科技日报》发文明确指出，未来的智能电网就是“能源互联网”[23]。2014 年 2 月和 6 月，国家电网公司于南京和北京召开“智能电网承载第三次工业革命”研讨会，中国电力科学研究院于 2014 年 6 月启动了“能源互联网技术架构”方面的基础性前瞻性项目研究。

13.3 能源互联网发展重点及重要技术

能源互联网的发展需要多方关键技术的支撑，目前技术创新发展方向和研究热点主要集中在总体架构与标准体系，组网与互操作模型，技术、建模、仿真与分析技术，运行与控制装备及技术，安全防护、质量监督与认证体系，量测、评价与技术经济分析等方面。

13.3.1 能源互联网总体架构与标准体系

在图 13-1 所示的能源互联网基本架构的基础之上，发展分层分级的能源互联网总体架构，大致分为以下三个层面。

1. 能源“局域网”

对应目前电网架构中的用户侧，如在微网或智能小区的内部，实现多种能源形式的转化和分享。例如，里夫金提到未来理想的能源互联网场景“在即将到来的时代，我们将需要创建一个能源互联网，让亿万人能够在自己的家中、办公室里和工厂里生产绿色可再生能源。多余的能源则可以与他人分享，就像我们现在在网络上分享信息一样”。这是典型的在需求侧实现能量的分享。

2. 能源“广域网”

对应目前电网架构中的配电网，在微网或者分布式能源等能量自治单元基础之上实现能量交换与路由。与美国 FREEDM 项目类似，在配电网层面上实现可再生能源接入、储能负荷的“即插即用”。

3. 能源“主干网”

对应目前电网架构中的输电网，把一个同步集中控制的大电网逐步转变成一个异步自治互联式电网，如可以大力发展高压直流输电技术连接区域交流电网，或者采用直流“背靠背”技术，将现有集中统一的交流大电网进行分隔，避免由于无法实现动态灵活的供需平衡而引发安全稳定性问题。

能源互联网的标准体系共分为四层。

（1）第 1 层是能源互联网通用基础标准。

（2）第 2 层是能源互联网的公共支撑性标准，包括术语与缩略语、方法学、用例分析、概念模型、体系架构和技术指导原则等。

（3）第 3 层是能源互联网的专业基础标准。这是各专业的共性要求，可以分为八个专业，分别是组网、运行管理、测量、互操作、信息集成、安全、市场和技术支持系统。这八个专业是目前的分法，以后不排除增加新的专业，或者在专业领域增加新的个性标准。

（4）第 4 层是针对各专业的个性标准。这样，通过将通用基础标准、公共支撑性标准和专业基础标准提取出来，既可以避免重复和不一致，也能使个性标准的专业针对性更强。

标准化工作是能源行业的重要基础，是推动技术进步，提高产品质量、工程质量和服务质量，促进国民经济和社会健康发展的重要技术基础。从技术发展角度看，互联网的成功经验显示，标准的引领作用显得非常重要。因此，能源互联网的发展也应该走标准引领进而推动市场和产业发展的道路。

13.3.2　能源互联网组网与互操作模型与技术

开放性是能源互联网区别于以往智能电网的一个关键，要实现类似互联网的开放对等与广泛互联，在能源互联网标准体系中开放的接口定义和互操作模型框架必不可少。互联网的标准模型协议的主要特点是开放、简洁、易行，这才使互联网得到大规模应用和迅速发展。例如，TCP/IP 协议等奠定了互联网发展的基础，广域互联规避了局域网信息交换底层复杂协议和机制，与局域网协议有本质的不同，因此才能形成大规模的互联发展。

要实现能源互联网开放式的组网，相关单元如风、光、储、负荷、能量交换与路由装置等要实现“即插即用”，必须满足相应的互操作模型。不但信息模型与交换技术是必需的，相应的能量传输、交换乃至路由技术更加重要。组网与互操作模型是能源互联网能够以开放对等方式实现广泛互联的基础。虽然不同层级互联的对象不同，其相应的组网与互操作模型应该是一致的。

13.3.3　能源互联网建模、仿真与分析技术

基于现有的电网仿真环境，结合信息物理融合仿真技术，将信息和能源基础设施仿真紧密结合，开发适合能源互联网场景的软硬件结合的仿真和开发环境，为能源互联网的研究与发展奠定基础。

1. 开发信息物理多元模型

针对能源互联网涉及的通信、计算、储能、电力电子、可再生能源接入等开发相应的仿真模型。

2. 实现能源局域网、广域网和主干网的联合仿真

与互联网类似，能源互联网在局域网、广域网和主干网中的特点不同，相应的实现和管理方式也有着本质的不同，能量在局域网侧重多种形式的快速转化，在广域网传输侧重系统的开放性、可扩展性和标准协议的简约，在主干网强调大电网的异步自治解耦互联。而联合仿真意味着将现有的电网暂态和稳态仿真分析与计算机网络仿真技术相结合，得到信息物理融合意义下的电网运行和信息网络运行相互作用关系的分析结果。

3. 实现分散协同的能源路由调度、分析与优化

首先，能源互联网中需要的新型能源管理系统必须是分散协同式的，其充分考虑了可再生能源发电的特点，强化可再生能源发电系统和电网之间的链接和交互，使得可再生能源发电被充分利用，最大化了整个电网的收益。其次，在能源互联网系统中，传统电网用户不仅是电力使用者，也是电力生产者。他们可以将生产的电力无障碍地传输给电网，并获取相应的回报。通过电力生产控制、通信技术和能源存储装置的协调工作，能源互联网系统可以实现可靠的双向电力传输，同时为普通用户和工业用户提供高质量的电力供应。

另外，能源互联网发生故障时要求能源互联网各分布子系统可以自动实现孤岛运行与并网运行之间的平滑切换，整个网络的中枢系统可以基于本地信息对能源互联网中的事件做出快速独立的响应。传统的能量管理系统在消纳大规模可再生能源发电方面遇到瓶颈时，需要在能源互联网的基础上建立一个能源信息实时采集、处理、分析与决策的分散协同式的新一代能源管理系统。

基于物联网、云计算和大数据分析等先进通信信息技术的支撑，能源互联网主要包括电能信息采集控制系统、电能质量监测分析系统、电网能源管理系统、用户侧的能源管理系统等多个子系统。例如，负荷信息不全和参数不准一直是电力系统仿真分析和能源管理的重要问题，能源互联网与信息基础设施紧密结合，可以为实时动态地收集和处理海量负荷信息提供最强有力的技术支撑，同时提供智能信息处理和决策支持能力，实现电源和负荷的协调控制、电能质量控制以及其他高级能源管理功能和应用。如果能够根据能源需求、市场信息和运行约束等条件实时决策，则可以自由控制可再生能源发电与电网的能量交换；提供分级服务，通过延迟对弹性负荷的需求响应确保关键负荷的优质电力保证；对设备和负荷进行灵活调度确保系统的最优化运行；等等。

13.3.4 能源互联网的关键装备——能源路由器

能源路由器是能源互联网运行与控制的具体实施装置，其在实际应用中执行智能管理系统的调控指令，包括能源的高效传输装置、低损耗转换装置、高效能源自由路由装置等。通过这些装置实现能源远距离、高功率、低消耗的传输与调配，完

成不同地区上传能源的全网优化分配，实现不同地区用能需求的全网调配。优化的能源路由方式与低功耗能量传输装置的结合，是实现能源互联互通、共享能源生产与分配的核心环节。

能源互联网从根本上是对能源流的精细化管理控制，使传统能源流单项的流向改变为双向的流向，在能源网络中对电源、负荷或储能容量等进行分组，构成能源子网，分区域、分层次地实现能源的管理控制。因此，可以友好接入当前电网中的能源路由器，完成区域能源的管理控制，对覆盖于当前电网上的能源互联网来讲是核心的设备。任何不稳定的能源接入（如风能）都需要一个优秀的能源路由器。通过能源路由器可以管控能源互联网内的能源流，能源路由器提供多种接口以对应多种能源流类型的接入和输出，可以提供对不同结构电网的管理，实现多层次能源网络的开发式管理控制。

能源路由器是能源互联网实现的核心，它比信息路由器要复杂很多，是智能变压器的进一步发展，主要技术包括能源路由器的存储控制、能源互联与路由机制，在分布式能源的基础上实现能源的对等互联、缓存、交换和路由。能源路由器可以根据信息流完成对能量流的控制，是电磁技术、通信技术、控制技术、电力电子技术、计算机技术的高水平综合产物。

13.3.5　能源互联网的安全防护、质量监督与认证体系

当前基础设施部署广泛，已投入高额成本，且技术为人们所熟知，彻底更换现有基础设施的激进做法并不现实。但照搬互联网架构到能源领域的问题之一是安全性，现有互联网架构的最大问题是发展之初没有做好安全防护方面的顶层设计，导致大规模发展之后互联网安全问题成为制约因素。例如，传统网络强调机器的连接，而现在互联网是以内容为中心，借鉴内容中心架构、软件定义架构，可以更好地解决互联网安全问题。因此，要在能源互联网中实现信息流支撑能源流的安全防护和管理，可以借鉴未来网络体系架构研究的最新成果，从源头上避免安全方面的问题。

能源互联网的开放并不意味着没有监管，相反，由于能源互联网对安全可靠性的要求更高，而更需要加强监管和质量保障。需要通过调查研究相关领域的质量监督和认证体系，尝试建立能源互联网场景下的相关体系架构，其中包括能源互联网建设、组网、实施、运行、服务、运营等多个阶段的相关监督和认证体系。

13.3.6　能源互联网量测、评价与技术经济分析

借鉴互联网和电网的发展经验，量测和评价体系是必不可少的。这包括对能源互联网量测体系架构与一般要求、测量数据传输接口与管理规范、测量组件接入能源互联网的技术要求等内容。

能源互联网的评价指标体系将涉及多个维度：从基础设施到上层业务服务；从能源到信息增值服务；从网络性能到传输质量；从安全可靠性到风险成长性；等等。这些都需要仔细梳理，形成对实践具有指导意义的评价体系。

能源互联网关键技术涉及储能、电力电子、数据中心等，许多技术仍然处于产业化前期，尚不具备大规模推广的市场前景。能源互联网发展的经济可行性如何是一个被广泛关注的问题，其中除了关键技术的经济可行性之外，还需要考虑能源互联网作为整体架构的技术经济分析，并进行具体研究和详细核算。

13.4 能源互联网产业发展现状与问题分析

能源互联网采用互联网理念、方法和技术构建新型的信息能源融合网络，是跨越多学科领域的综合系统建设工程。能源互联网是对能源基础设施架构的重大变革，其影响范围不仅包括分布式能源、信息产业、电力行业，而且涵盖了先进制造业、系统工程科学、能源行业。更进一步的，能源互联网的发展将对新能源、新材料、先进装备制造业、信息通信行业、交通运输业、电力生产行业、电力输配行业、能源服务业等多个行业部门产生影响，促进这些产业的升级换代，促进生产力发展。

13.4.1 相关产业国际现状及我国发展水平

在能源互联网的相关产业中，其关键和重点的产业发展现状汇总如下。

1. 可再生能源发电产业

由于分布式能源生产装置是能源互联网架构的一个主要组成部分，因此，能源互联网的发展必将极大地促进新能源发电产业的逐步壮大。分布式可再生能源发电主要包括风力发电、水力发电、太阳能发电、生物质能发电、潮汐发电等多种方式，其中，水力发电等属于比较成熟的技术，而风力发电、太阳能发电、地热发电及潮汐发电等都属于相对新兴的发电技术。

我国新能源科技水平有了显著提高，但核心技术仍然落后于世界先进水平。这体现在关键技术和设备依赖国外，与发达国家相比，在能源安全、高效与清洁开发利用等技术领域存在较大差距。例如，风力发电技术的自主创新能力不强，控制系统、叶片设计及轴承等关键部件依赖进口；太阳能发电技术与国际先进水平相比仍具有一定差距。

2. 智能电网产业

2009 年 10 月 27 日，美国总统奥巴马宣布政府将拨款 34 亿美元建立智能电网投资基金，以此带动美国智能电网建设。同时，美国政府的投资还将刺激美国民间配套投资 47 亿美元，使得总投资达到 81 亿美元。这是美国有史以来为能源网络现代化改造进行的最大的一次性投资。

据测算，到 2020 年我国电网投资将达 4 万亿元，其中智能化应用将达 7 600 亿元，无论是投资规模还是应用广度和深度都将远超美国。在智能电网的投资构成上，如果不考虑大规模储能装置，配电网自动化和用户侧系统将占 40%，智能变电站占 20%，智能调度占 15%，柔性输电系统（含清洁能源接入侧设备）占 10%，其他投资占 15%。

随着计算机、电力电子、数字控制器及高级传感测量等技术的不断进步，配电自动化设备的互动、自愈、兼容、优化等特征将更加突出，智能用电管理终端、配电自动化装置、遥控遥测装置、故障诊断装置、一体化测控保护终端等配电自动化智能化设备的市场前景将更加广阔。

3. 分布式储能产业

储能产业是风力发电、太阳能发电、电动汽车等能源互联网相关产业共同的基础性产业。近几十年来，储能技术的研究和发展一直受到各国能源、交通、电力、通信等部门的重视。储能技术已被视为电网运行过程中的重要组成部分。

近年来，国际电力储能产业得到了迅速发展，截至 2010 年年底，年均增长 9.0% 左右，远高于全球电力产业 2.5% 的增长率，储能产业已成为世界上主要发达国家重点发展的新兴产业。

我国储能产业发展总体落后于欧美发达国家，截至 2010 年年底，全球电力储能总装机为 125.52 吉瓦，约占世界电力装机总量的 3.0%。而我国电力储能总装机约为 16.345 吉瓦，仅约占全国电力装机总量的 1.7%。随着可再生能源和智能电网的蓬勃发展，我国对大规模发展储能产业的需求也越来越大。随着智能电网产业化逐步推进，预计到 2020 年，电力储能产业的价值规模将占到电力产业总规模的 15%。随着电力储能产业的大规模发展，相关的储能行业，尤其是新型储能和大规模储能方向，将会获得巨大的发展机会。

4. 电力电子产业

实现可再生新能源的有效利用要依靠电力电子技术，并网逆变器、光伏电池、风力发电机、燃料电池、储能元件等都需要通过电力电子变换器才能与能源局域网相连接。实现能源流的精细化管控也需要利用电力电子技术。例如，智能通用电力变压器是将电力电子变换技术和基于电磁感应原理的电能变换技术相结合，实现将一种电力特征的电能转变为另一种电力特征的电能的静止电气设备。

2014 年 1 月 15 日，美国总统奥巴马在北卡罗来纳州立大学高调宣布，以该校为核心建立“下一代电力电子技术国家制造业创新研究所”。其作为规划中的国家先进制造业创新中心之一，以下一代电力电子技术和设备制造为研发对象的国家级制造业创新中心正式进入人们的视线。奥巴马政府认为，建立“电力电子技术创新中心”的目的是，使美国占领这个正在出现的规模最大、发展最快的新兴市场，这个市场将涵盖从家用电器到工业设备制造、从电信技术到清洁能源技术等众多领域，并且为美国创造出一大批高收入就业岗位。

我国电力电子产业经过五十多年的发展取得了长足进展，尤其是电力系统中的电力电子控制技术的应用与国外差距不大，能源互联网的发展对电力电子的控制要求更高，必将促进电力电子产业的进一步发展。目前我国电力电子市场增长率达到每年20%，电力电子产业是有着良好发展势头的国家战略性新兴产业。

5. 智能用电产业

欧美国家近几年开展的智能用电服务的研究和实践，主要是以自动抄表和用电信息采集、用电设备自动控制（需方响应）为主，并开始了分布式能源接入的研究实践。

我国电力公司的电能计量主要是为了完成电费计算，对客户计量数据的采集精细度不够，实时性不强，数据没有充分地深度利用，随着大数据技术普及和应用，在电能计量体系建设、规划、管理、数据挖掘等方面还有较大的提升空间。

6. 电力通信产业

能源互联网的数据获取、保护和控制、需求侧响应都依赖于高速通信系统的支持，因此，高速通信系统是迈向能源互联网的第一步。依赖智能、安全的信息网络，可以实现能源数据的实时获取、快速准确的保护与控制等功能。电力通信产业已成为能源互联网的重要一环，其在提高骨干通信传输网的承受能力，改善中低压通信网的接入特性，构建布局合理、安全传输的电力通信网络等方面具有重要的推动作用，其同时也推动着电网企业、设备制造业、通信运营商等领域的融合与革新。

能源互联网的信息网络更需要相应的措施来保障其数据通信安全。由此，各项针对能源网络安全的技术研究与产品开发将进入一个新的阶段。根据国际市场研究机构预测，该项产业的未来产值将超过百亿美元的规模。

13.4.2　能源互联网产业链及产业环境分析

能源互联网产业链的核心企业包括主产业链上的新能源发电设备制造企业、储能产品生产企业、接入设备生产企业、电力软件系统研发企业。直接为产业价值链核心企业提供技术、产品、服务的上游企业主要包括电力设计单位、电力试验研究单位、电力软件系统开发企业、电力关键设备生产企业、计算机及其外围设备供应商、通信设备及通信服务供应商等。电力软件系统开发企业也为电力设计单位、电力试验研究单位提供技术、产品或服务；电力关键设备生产企业也为电力试验研究单位提供技术、产品或服务。电力软件系统开发企业的上游企业包括商业软件（操作系统、开发工具、数据库等）供应商、地理信息系统及信息服务供应商、通信设备及通信服务供应商、计算机及其外围设备供应商等。电力关键设备生产企业主要包括一次设备和二次设备的生产企业。一次设备生产企业的上游企业包括：钢铁等原材料供应商，模具生产、机械加工企业，传感器、芯片、电力电子器件等供应商，以及二次设备生产企业，等等。二次设备生产企业的上游企业包括：模具生产、机械加工企业，传感器、芯片、电力电子器件等供应商，印刷电路加工商，计算机及其外围设备供应商，通信设备及通信服务供应商，等等。

能源互联网采用互联网的理念、方法和技术实现能源基础设施架构本身的重大变革，构建新型的信息能源融合网络。这一行动是跨越多学科领域的综合系统建设工程，涉及众多行业、技术、研发的尖端变革。在我国 2010 年发布的七大战略性新兴产业中[24]，能源互联网产业的发展将直接带动六大战略性新兴产业（即节能环保产业、新一代信息技术产业、高端装备制造产业、新能源产业、新材料产业、新能源汽车产业）的融合发展，并促进这些产业的快速升级。

能源互联网将催生一系列新的能源装备制造（如能量集线器、能量交换机、能源路由器）商、能源网络运营商（或虚拟运营商）、信息能源系统集成商、信息能源融合应用开发商等。能源互联网虽然类似于互联网，但附以能量内涵，因此具有巨大的产业规模和广阔的市场前景，必将孕育出全新的商业模式。

13.4.3 能源互联网产业发展的问题

在“十二五”期间，国务院、科技部、国家自然科学基金委员会等在相关领域支持了一批相关的重大和重点研发项目，使能源互联网相关产业的发展势头迅猛，在一些领域取得了新的突破，为其进一步的发展奠定了良好的基础。但是也要对其发展中出现的问题和面对的挑战进行反思和总结。针对我国的具体情况，当前能源互联网产业的发展仍然受技术创新、市场竞争环境、产业政策及政府支持方式等众多问题的制约。具体来说，有以下几个方面。

1. 技术创新

在技术创新层面：首先，大规模分布式能源的接纳及路由传输将对大电网带来严重的可控性等问题；其次，能源互联网产业涉及网络、通信、电力、储能、电力电子、新能源等多个领域技术的交叉融合，技术的突破需要科技方面的大量投入。我国在这些技术领域的原创性技术太少，尤其是在新材料、电力电子器件和电子元器件等关键领域，我国对外依赖度高达 90%。与发达国家相比，我国仍然将资金、技术、市场等战略高点留在海外，而引入低门槛、低附加值的下游产品制造环节。发展能源互联网不能忽视基础技术，应围绕发展能源互联网的主要目标，开展基础关键技术的研发，鼓励原创技术，最终掌握支撑能源互联网产业的核心技术。

习近平主席于 2014 年 8 月 18 日主持召开了中央财经领导小组第七次会议，研究实施创新驱动发展战略。习近平在会议上发表重要讲话并强调，创新始终是推动一个国家、一个民族向前发展的重要力量。我国是一个发展中大国，正在大力推进经济发展方式转变和经济结构调整，必须把创新驱动发展战略实施好。实施创新驱动发展战略，就是要推动以科技创新为核心的全面创新，坚持需求导向和产业化方向，坚持企业在创新中的主体地位，发挥市场在资源配置中的决定性作用和社会主义制度优势，增强科技进步对经济增长的贡献度，形成新的增长动力源泉，推动经济持续健康发展。能源互联网产业的发展需要走创新驱动的道路。

2. 市场竞争环境

良好的市场竞争环境将更好地促进技术创新。虽然在“十二五”期间与能源互联网相关的一些产业在国家重点支持下获得了飞速发展，如光伏产业，但同时也造成了部分产业一哄而上产生的过剩危机问题。

能源互联网涉及开放组网，打破现有电网“发输配变用”的格局，但我国能源电力行业市场仍处于相对封闭垄断的状况，这些不利于发展能源互联网开放对等式的广泛互联。为能源互联网的发展打造良好的市场竞争环境，依赖于我国能源电力体制改革的进程。

3. 产业政策

能源互联网的出现将对能源供给关系、能源市场运行、技术研发和产业拉动等产生深远影响。而目前我国政府仍未将能源互联网产业本身纳入经济社会发展总体布局，整体上还没有对能源互联网形成深入广泛的社会认知。

2014 年 6 月 13 日习近平主席主持召开中央财经领导小组第六次会议，研究我国能源安全战略。习近平发表重要讲话并强调，能源安全是关系国家经济社会发展的全局性、战略性问题，对国家繁荣发展、人民生活改善、社会长治久安至关重要。面对能源供需格局新变化、国际能源发展新趋势，保障国家能源安全，必须推动能源生产和消费革命。推动能源生产和消费革命是长期战略，必须从当前做起，加快实施重点任务和重大举措。从“能源革命”的内涵来讲，不仅是消费侧和供给侧革命，还包括技术革命、体制革命。尤其是体制革命，其意味着颠覆延续数十年的生产模式、市场格局、管理体制。这些都为能源互联网的产业发展奠定了基础。

4. 政府支持方式

能源问题与单纯的信息问题的不同之处在于其对于安全可靠性的要求更高，因此不能完全地放任其自发发展。我国目前缺少能源互联网、智能电网、智慧城市、物联网、云计算等技术发展和融合的统筹规划思路，应该由政府牵头和主导，站在国家整体利益最大化的角度，坚持战略引领、重点突破，明确能源互联网发展的战略重点方向，促进产学研紧密配合，尽快开展全方位的研究和思考，明确核心思路、发展目的和预期效果，避免各领域各自为战、互不关联和衔接、效率低下、浪费资源等问题。

展望未来，能源互联网产业是战略性和市场性同时兼备的产业，必将成为解决当前人类可持续发展困境的重要战略途径。因此，能源互联网产业不仅是未来五年应对能源、资源环境、生态建设、节能环保等方面的重要举措，更是我国相当长时间内抢占未来全球竞争战略制高点的重要举措。

13.5 促进能源互联网产业发展的政策建议

13.5.1 工作推进建议

1. 工作思路

能源互联网的未来建设是个庞大、复杂的系统工程，需要从系统架构、技术研发、标准制定、政策设计等多个方面和环节入手，建立能源互联网技术和产业发展体系。其方式应当是从小规模到大范围，从简单到复杂，从试验到示范再到成熟推广。

为稳步推进能源互联网的研究和建设，笔者建议采取硬技术攻关与软课题研究相结合，理论研究与实验研究相结合的方式；分步骤、分阶段地展开能源互联网建设所涉及的理论研究、基础研究、技术突破、项目示范、政策环境、机制设计、产业带动、规模推广等工作。改善我国能源结构，带动新材料、电力电子元器件、终端设备、电动汽车、新型储能设备、通信设备和软件等相关产业的发展。

2. 总体目标

能源互联网的研究和建设需要组建一支电力系统、信息技术、电力电子、储能跨学科研究的专家队伍，确定一批有深入研究价值的课题，形成一定的技术突破，建设一定规模的示范项目，带动一批相关产业发展。

近期工作目标以基础研究、战略规划、重点技术发展方向、政策机制等为主，从战略高度上把握能源互联网的发展。完成能源互联网技术和产业发展体系研究，理清思路，确定能源互联网未来十年的发展模式和技术路线。

中期工作目标为结合我国相关优势资源、组织知名科研院所和高新技术企业开展协同技术攻关，推进基础研究发展，建设试验性、示范性项目，支持对前沿基础技术攻关的突破性研究，支持技术体系与网络建设系统架构研究，将基础研究成果逐渐在实践中转化，建设能源互联网研发和示范基地以及高科技产业园区。

远期目标为根据研究发展状况适时调整能源互联网的建设工作，推广成熟稳定的能源互联网系统建设，在需求调研、机制设计、政策支持等方面完善软环境，全面带动新能源体系建设和先进制造业的发展，推动我国能源供给和消费革命。

13.5.2 政策措施建议

1. 产业规划政策

能源互联网的发展要处理好自发性和引导性之间的关系。能源互联网的研究与产业发展可能会存在力量分散、内容重复、各自利益影响研究方向等问题，不能集中有效资源解决问题。国家层面应该成立技术和产业联盟，推动国家能源行业能源互联网标准化技术委员会的建设，建设跨学科的专家团队和人才队伍，参与方的技术攻关和研究重点应各有侧重、分工和明确定位，实现整体力量推进能源互联网技术和产业的有序发展。同时鼓励地方政府的积极投入，带动地方产业结构的调整。

2. 财税金融政策

能源互联网的发展需要科技金融政策的支持，应该大胆尝试互联网思维下的能源众筹等新模式。能源互联网产业发展将催生全新的能源互联网设备提供商、运营商、虚拟运营商、系统集成商及应用开发商等，具有巨大的市场空间。初期应该在国家税收、政策和能源补贴等方面给予支持，随着新能源、储能、电力电子等方面技术的产业化，进而走上市场驱动的良性发展轨道。

3. 科技创新政策

能源互联网技术的发展需要新能源、新材料技术和新一代信息技术的结合。在技术层面涉及网络、通信、电力、储能、电力电子、新能源等多个领域技术的交叉融合，技术的突破需要科技方面的大量投入。能源互联网是一个信息和能源技术发展的载体，它提供了一个蓝图和愿景，给信息和能源技术的发展提供了牵引和动力。

应该创新科技立项方式，鼓励多学科、多领域的交叉协作，鼓励能源互联网相关科技研发基地的创立，如协同创新中心、国际合作中心等。鼓励成立实体化、市场化运作的能源互联网研究院，发挥平台和资源聚合效益，推动能源互联网技术从科学研究、实验开发到推广应用的“三级跳”。

4. 人才培养政策

技术的发展离不开人才的培养。能源互联网的发展有其独特性，需要大量能源与信息的复合型人才。传统能源行业和体制相对封闭，人员较容易形成思维定势，信息技术的发展开放且日新月异，但从业人员很少能深刻理解我国能源行业的现状、特点和需求。因此，应该两方面紧密结合、深度融合，为复合型人才的成长提供广阔的空间。

5. 市场环境建设政策

虽然我国目前关于能源互联网的讨论逐渐增多，但还没有真正形成深入广泛的社会认知。首先，对能源互联网的理解还停留在对国外相关资料的参考和解读层面，还没有就我国如何发展能源互联网、如何在第三次工业革命浪潮中取得先机等问题形成深度共识。

其次，目前能源互联网的讨论还更多局限在专家学者和政府官员的小范围内，未在更广泛的社会群体层面形成广泛认同。能源互联网本质上借鉴了互联网的理念和模式，是要形成开放对等、自下而上的新能源体系架构，需要像互联网那样形成广泛的认知和社会参与。

我国目前正处于能源体系革命的关键机遇期，需要理念、技术、市场等多方面因素的相互影响和共同促进。能源互联网的发展为能源体系变革提供了一个有力的抓手，在技术、管理、市场等多层面对传统能源体系形成冲击。同时变革应该是以安全可靠运行、节能增效减排为前提的，所以在这个过程中尤其要把握和处理好其中的关系。需要正确处理能源互联网发展与国家能源体制变革的关系。电网是集能源输送、市场交易、优化配置等功能于一体的基础设施，是现代能源体系的重要组成部分。能源互联网代表着未来能源体系的发展方向，与大电网、微网、分布式能源等的发展是相辅相成的。

6. 重点领域和关键环节改革政策

能源互联网与新能源的发展密不可分，我国近期发布了多项鼓励分布式能源和新能源并网的相关政策，随着分布式能源的不断发展和越来越多的小型、微型化新能源接入电网，现有电网的大一统的体系架构将无法满足安全稳定、动态调度的需要，对类似能源互联网的新电网架构需求的迫切性将很快显现出来。可以预见，未来国家能源政策将在一定程度上改变过去偏重刚性的、行政指令性的调控，注重指导性和规划性调控，更多采用经济激励、市场机制的柔性政策，通过改革体制机制来释放制度红利。

目前我国发布的相关政策还主要是围绕智能电网的建设和发展，还没有发布任何直接针对能源互联网发展的相关政策，随着集中与分布相结合的新一代电网的不断发展，相关政策保障将越来越重要。能源互联网作为分散协同横向力量的典型代表、信息能源技术创新的载体，以互联网理念激发能源基础设施的根本变革，实现信息能源基础设施一体化融合，积极促进地方社会、经济、科技产业发展，为国家能源体制改革提供切入点，为绿色经济提供丰富的商业模式，为创新型高技术产业提供技术支撑。能源互联网的发展将对上层国家能源供给、消费、技术与体制革命产生深远影响，而能源革命也会给能源互联网的发展提供契机。

参考文献

[1] 曹军威，孟坤，王继业，等 . 能源互联网与能源路由器 . 中国科学：信息科学，2014，44（6）：714 ～ 727.

[2] 曹军威，万宇鑫，涂国煜，等 . 智能电网信息系统体系结构研究 . 计算机学报，2013，36（1）：143 ～ 167.

[3] Cao J，Yang M. Energy Internet—towards smart grid 2.0. 4th International Conference on Networking and Distributed Computing，Hong Kong，China，2013.

[4] 里夫金 J. 第三次工业革命 . 张体伟，孙毅宁译 . 北京：中信出版社，2012.

[5] Huang A Q. FREEDM system—a vision for the future grid. IEEE Power and Energy Society General Meeting，2010：1 ～ 4.

[6] Huang A Q，Crow M L，Heydt G T，et al. The future renewable electric energy delivery and management（FREEDM）system：the Energy Internet. Proceedings of the IEEE，2011：133 ～ 148.

[7] Xu Y，Zhang J H，Wang W Y，et al. Energy router： architectures and functionalities toward Energy Internet. 2011 IEEE International Conference on Smart Grid Communications，2011：31 ～ 36.

[8] Zhang J H，Wang W Y，Bhattacharya S. Architecture of solid state tranformer-based energy router and models of energy traffic. 2012 IEEE PES Innovative Smart Grid Technologies，2012：1 ～ 8.

[9] Katz R H，Culler D E，Sanders S，et al. An information-centric energy infrastructure: the berkeley view. Sustainable Computing：Informatics and Systems，2011，1（1）：7 ～ 22.

[10] LaMonica M A startup’s smart batteries reduce buildings’ electric bills. MIT Technology Review. http ://www.technologyreview.com/news/506776/a-startups-smart-batteries-reduce-buildings-electric-bills/，2012-11-06.

[11] Vermesan O，Blystad L C，Zafalon R，et al. Internet of energy-connecting energy anywhere anytime// Meyer G，Valldorf J. Advanced Microsystems for Automotive Applications. Berlin：Springer-Verlag，2011.

[12] Perrod P F，Geidl M，Klokl B，et al. A vision of future energy networks. Power Engineering Society Inaugural Conference and Exposition in Africa，2005：13 ～ 17.

[13] Geidl M，Klokl B，Koeppel G，et al. Energy hubs for the futures. IEEE Power & Energy Magazine，2007，（1）：24 ～ 30.

[14] Ghasemi A，Hojiat M，Javidi M H. Introducing a new framework for management of future distribution networks using potentials of energy hubs. 2nd Iranian Conference on Smart Grids，2012：1 ～ 7.

[15] Schulze M，Friedrich L，Gautschi M. Modeling and optimization of renewables：applying the energy hub approach. International Conference on Sustainable Energy Technologies，2008：83 ～ 88.

[16] Boyd J. An internet-inspired electricity grid. IEEE Spectrum，2013：12 ～ 14.

[17] 韩英铎，王仲鸿，林孔兴，等．电力系统中的三项前沿课题——柔性输电技术、智能控制、基于 GPS 的动态安全分析与监测系统．清华大学学报（自然科学版），1997，37（7）：1 ～ 6.

[18] 高艳鹏．能源互联网技术挑战与机遇——访清华大学信息技术研究院研究员曹军威．科技日报，2012-12-19，第 9 版．

[19] 查亚兵，张涛，谭树人，等．关于能源互联网的认识与思考．国防科技，2012，（5）：1 ～ 6.

[20] 余贻鑫，秦超．智能电网基本理念阐释．中国科学：信息科学，2014，44（6）：694 ～ 701.

[21] 慈松，李宏佳，陈鑫，等．能源互联网重要基础支撑：分布式储能技术的探索与实践．中国科学：信息科学，2014，44（6）：762 ～ 773.

[22] 查亚兵，张涛，黄卓，等．能源互联网关键技术分析．中国科学：信息科学，2014，44（6）：702 ～ 713.

[23] 刘振亚．智能电网与第三次工业革命．科技日报，2012-12-05，第 1 版．

[24] 国务院．国务院关于加快培育和发展战略性新兴产业的决定，2010.

新材料产业篇

第 14 章

海洋工程材料

周　廉　马朝利　贾豫冬

【内容提要】海洋是21世纪世界政治、经济及军事竞争的制高点。世界各海洋强国已把开发海洋、利用海洋、管控海洋列入国家最高层次的战略规划。随着中国经济的高度发展，海洋经济在国民经济中的比重越来越高，对海洋资源、空间的依赖程度也越来越高。本章阐述了我国关键海洋工程材料，包括钢铁、钛合金、复合材料等以及海洋防护技术的现状与发展趋势；梳理了海洋工程材料产业存在的突出问题；针对我国高性能海洋工程材料缺乏自主保障、新材料及先进材料需求低迷、海洋工程材料装备保障能力严重不足等技术、政策、市场等方面的问题，提出了包括设立国家级海洋工程材料产业指导委员会、设立若干个海洋工程材料发展中心以及“产学研用”联盟等多项政策建议。

14.1　海洋工程材料的发展现状和趋势

14.1.1　海洋工程材料的概念及范畴

海洋工程材料，是指用于海洋工程装备制造及海洋资源开发使用的各种结构材料，包括海洋工程用钢铁材料、有色金属材料（铝、镁、钛、铜等）、复合材料的腐蚀防护材料等，简称海工材料[①]。有些情况下舰船用钢不包含在海洋工程材料内，为叙述方便，本章没有加以区分。海洋工程材料是拓展海洋空间、开发海洋资源的物质前提，是实施海洋科技创新、建设海洋生态文明的物质基础，是提升海洋国防实力、维护海洋权益的物质保障。因此，加快海洋工程建设、培育海洋工程材料产业，对把我国建设成海洋强国具有重要战略意义。

14.1.2 海洋工程材料的发展现状

进入“十二五”以来，随着我国经济转型升级，加快海洋资源开发和利用已成为我国经济发展的重要战略之一。2013 年我国海洋产业的总产值为 5.4 万亿元，较上年增长了 7.6%。至 2020 年，我国海洋生产总值将在 2010 年的基础上翻一番。与海洋工程材料相关的产业如海洋船舶工业生产总值将达到 1 183 亿元，海洋工程建筑业实现产值 1 680 亿元，海洋电力产业实现产值 87 亿元，海水利用产业实现产值 12 亿元。上述目标的实现强烈依赖于先进的海洋工程装备。海洋工程装备的发展已列入国家高端装备制造业“十二五”发展规划，国家发改委也已组织实施 2013 年海洋工程装备开发及产业化专项。未来 5 ～ 10 年将是我国海洋工程材料产业发展的大好时机。

1. 海洋工程用钢产业发展现状

我国在舰船、海洋工程用钢等方面，经过几十年的发展取得了巨大进步，初步建立了我国自己的舰船及海洋工程钢铁材料体系以及具有较强生产能力的钢铁企业。海洋工程钢铁材料国产化率已达到 90% 以上，有力地支撑了海洋经济建设。

在舰船用钢领域，我国舰船用钢的研究开发已进入快速发展阶段，许多具有世界先进水平的钢种研发成功并得到应用，且品种规格及配套材料较为齐全，强度覆盖 400~1 000 兆帕，极大地满足了国防建设需求。

在海洋油气资源开发用钢领域，海洋复杂的服役环境对钢铁材料提出了较高的要求，目前国外开发了一系列大尺度、大线能量焊接、耐腐蚀、高强度、高韧性，同时兼具其他一些特殊性能的高端海洋工程用钢产品。我国 EH36 以下海洋平台用钢基本实现国产化，占海洋平台用钢量的 90%。但关键部位所用高强度、大厚度材料仍依赖进口。根据这种市场需要，进一步提高海洋平台用钢的强度级别，对于提高海洋平台的承载能力、延长海洋平台使用寿命和缩短维修间隔具有重要作用。

在海洋基础设施建设用钢领域，我国桥梁建设中使用的桥梁用钢的强度级别较低，屈服强度≥ 690 兆帕的高性能桥梁用钢用量极少。

2. 海洋工程用钛产业发展现状

钛合金密度小、强度高、耐蚀性好，特别耐海水和海洋大气腐蚀，是优异的轻

① 周廉:《中国海洋工程材料发展战略咨询报告》，化学工业出版社，2014 年。

型结构材料，被称为“海洋金属”。我国船用钛合金研究始于20世纪70年代，早期主要是仿制苏联、美国的钛合金。自90年代以来，我国在钛合金基础研究及合金开发方面投入了大量的国家财政支持，先后自主开发了多种海洋工程专用钛合金，基本形成了较为完善的船用钛合金体系。我国已成为钛合金生产大国。据统计，我国2012年的海绵钛产量达8.1万吨，钛材产量达5.1万吨，居世界首位，然而同年我国海洋用钛合金量仅为钛材产量的3.7%（2 000吨左右），远远落后于世界海洋强国。

3. 海洋工程用复合材料产业发展现状

复合材料在船舶及海洋工程中使用具有其独特的优势。在渔船领域，美国目前近海捕捞渔船几乎全部为玻璃纤维增强树脂基复合材料制造。2010年日本的玻璃钢渔船，占全国海洋渔船的96.3%。在军船领域，树脂基复合材料的优势更加明显，采用树脂基复合材料的船艇壳体及上层建筑可以更加容易地做到隐身、减重、降噪等功能，无磁性的玻璃纤维增强树脂则是建造扫雷艇的理想材料。可以说，复合材料的应用情况能够反映一个国家海洋工程装备的先进程度和未来的发展趋势。我国海洋工程装备用复合材料经历了从无到有、从小到大的发展过程，也经历了跟踪仿制、改进改型再到自主创新研制的发展阶段，取得了骄人的成绩，但同时也要看到，我国部分海洋工程装备用复合材料无论“质”还是“量”，相对于发达国家来说都还有一定的差距。

4. 海洋工程材料的腐蚀与防护产业发展现状

我国每年由于海洋工程材料腐蚀造成的损失约为GDP的5%，美国为3.4%，而日本约为3%。采取有效的腐蚀防护措施，25%～40%的腐蚀损失就可以避免。目前，海洋工程材料的腐蚀与防护产业主要有涂料、耐腐蚀材料、表面处理与改性、电化学保护、缓蚀剂、结构健康监测与检测、安全评价与可靠性分析及寿命评估等。我国是海洋防腐涂料的生产大国，据统计，2012年我国涂料总生产量为1 270万吨，居世界第一。但我国涂料产业的现状是生产企业多、产量大、单产低、产值低，国产品牌所占市场份额很小，如国产船舶涂料不足市场份额的20%，集装箱涂料的90%以上的市场由国外厂商占领。

14.1.3 海洋工程材料的发展趋势

1. 海洋工程用钢产业发展趋势

随着船舶向大型化和大潜深方向发展，研发高性能结构钢仍将是未来舰船用钢的主要发展趋势之一。海洋工程用钢产业应提高钢材综合性能，包括强度、韧性、塑性、抗爆性能、抗脆性破坏、抗疲劳等性能；改善冷热加工和焊接工艺；注重高强结构钢的成分设计、制备、应用技术的理论和方法研究，同时开发厚规格高强钢生产技术；注重全尺寸大型构件、厚板、超厚钢板及焊缝的强度、断裂和疲劳等力学性能的检测与评估。

对于油气资源开发用钢，需要开发出高强度、高韧性、高耐蚀的海洋平台用钢，同时配套解决高效焊接和组织均匀化等问题。

对于海洋基础设施建设用钢，基础研究与应用技术研究是产业发展的助推剂，特别是南海特殊服役条件下的海洋工程用钢的耐腐蚀机理研究、以新一代热机械控制工艺技术为基础的新型合金及其加工工艺研究、大线能量焊接桥梁用钢及配套焊接材料的研发，以及扩大高强桥梁用钢的应用 。

2. 海洋工程用钛产业发展趋势

成本是限制钛合金在海洋工程中应用的主要障碍之一。降低生产成本的新技术以及扩大应用范围是海洋工程用钛产业的重点发展方向。完善现有钛合金材料标准，使之适合于各种工况环境下使用，提高其应用水平；开发韧性高、抗应力腐蚀、易焊接、满足大型海洋工程需要的新型钛合金；着力开展以解决焊接、成型、表面处理等工程应用技术问题为主的新工艺和新技术研究；开展短流程、高效率、低消耗的近净成形技术，如精密铸造、超塑成形 / 扩散连接、粉末冶金等技术的研发。积极开展海洋工程装备用的大规格、低成本钛合金制品研制。

3. 海洋工程用复合材料产业发展趋势

未来 5 ～ 10 年，海洋油气资源勘探开发对海洋平台、海底管道、系泊系统等有旺盛的需求。由于复合材料在耐蚀性、比强度、比模量及维护成本等方面与传统金属材料相比具有得天独厚的优势，复合材料在替代传统金属材料用于上述海洋工程装备领域适逢前所未有的发展机遇。但是，复合材料的设计、制造、检验并不像传统金属材料那样成熟，对于海洋工程用复合材料产业来说，有很多工作要做。海洋工程用复合材料产业需向低成本、高性能、集成化生产的方向发展，向虚拟设计、制造、验证一体化的方向发展，向新型可靠生产工艺的方向发展。

4. 海洋工程材料的腐蚀与防护产业发展趋势

苛刻环境中使用的新型重防腐涂料、新型防污涂料是涂料产业的发展重点。同时耐腐蚀材料自身的发展亦相当重要，如耐海水腐蚀钢、耐腐蚀钢筋、双相不锈钢、钛合金、铜合金、复合材料、高分子材料、高性能混凝土。虽然对于大面积的海上构筑物可以采用重防腐涂料等防护技术，但对于许多形状复杂的关键重要部件，如管件、阀门、带腔体、钢结构螺栓、接头等复杂结构的零部件，传统的防腐涂料无法进行有效保护且很难达到使用要求。因此，一方面通过提高材料等级来防腐；另一方面，亟须发展先进的低成本表面处理等防腐技术。发展海洋腐蚀监测 / 检测设备及基础设施的监控，开展数据积累和数据库建设工作以支持工程结构的安全评价、可靠性分析、寿命评估等都是海洋工程材料腐蚀与防护产业未来发展的主要方向与趋势。

14.2　海洋工程材料产业的发展重点及关键技术

14.2.1　高强韧、易焊接舰船用纳米相强化钢

为了满足我国大潜深器需求，尤其是现代化海军建设的需求，急需高强度、高韧性，同时具有高焊接性能和耐候性的纳米相强化钢。沉淀强化是开发新型舰船用钢的新途径。

14.2.2　深海钻井平台用钢

超高强度、大厚度海洋平台用钢的冶金学原理及关键生产技术，包括厚规格产品的组织与性能控制理论、“大热输入”氧化物冶金原理及高耐腐蚀合金与显微组织结构的设计机理等，为我国深海资源开发利用积累了相关理论并提供了关键工艺技术。

14.2.3　厚规格、高耐蚀、易焊接深海管线钢

随着海洋油气开采走向深海，厚规格、高耐蚀、易焊接深海管线钢需求量巨增。今后几年我国每年将需要 20 万～25 万吨的海底管线钢，设计最大深度达到 3 000 米，钢管最大壁厚超过 32 毫米。厚规格、高耐蚀、易焊接深海管线钢的开发、生产及应用是相关产业的发展重点。

14.2.4　舰船船体用钛

针对国家对于建设现代化海军的要求，舰船壳体、动力系统、管道系统、球鼻艏、声呐导流罩、舰载武器与设备对钛材品种规格与数量将有巨大的需求。特别是对于耐压壳体、船本等大型部件的全钛化将是未来舰船发展的重点。

14.2.5　油气资源开发用钛

随着我国逐步将钻探水深由 500 米提升到 3 000 米，自主开发油田水深由 200 多米增加到 2 000 多米，铺管水深由 150 米增加到 2 200 米，油气资源钻探装备也会逐步向钛制设备靠拢，包括钛制钻杆、钻管、应力接头等，开采装备的逐步钛化，将延长设备的使用寿命。

14.2.6　低成本制造工艺与技术

海洋工程用复合材料一般要求的制件尺寸大，低成本制造是未来海洋工程复合材料工艺的主要研发对象。液体成型工艺包括真空辅助成型、真空袋压成型等，依然是海洋工程复合材料使用的主流工艺，缠绕成型、拉挤成型等成型工艺目前仍处于不可替代的地位。树脂传递模塑工艺成型、热压罐成型等在辅助和特殊应用场合主要用于部分性能要求较高的海洋工程复合材料部件。而自动化生产一直是我国复

合材料发展的一大瓶颈，是将来海洋工程复合材料工艺发展的研发对象之一。

14.2.7 海洋涂料技术

环保、节能、省资源、高性能和功能化是重防腐涂料产业的发展重点。其关键技术为：①低表面处理防锈涂料；②无铅无铬化；③水性无机富锌涂料；④无溶剂涂料；⑤纳米粒子的引入；⑥超耐候性面漆等防腐涂料。我国拥有 30 余万艘近海船舶，过去一直普遍使用含三定基锡（TBT）、滴滴涕（DDT）防污涂料，严重污染了海洋环境。发展对环境友好的防污材料是重中之重。

14.2.8 先进的表面处理与改进技术

以先进的热喷涂技术、薄膜技术、激光表面处理技术、冷喷涂为代表的现代表面处理技术，是当下发展重点也是未来技术革新的关键。该技术的发展是提高海洋工程装备关键重要部件表面的耐磨、耐腐蚀、抗冲刷等性能，满足海洋工程材料在苛刻工况下的使役要求，延长关键重要部件的使用寿命，以及提高可靠性、稳定性的重要途径。

14.3 海洋工程材料产业面临的问题

14.3.1 我国海洋工程材料产业发展面临的问题

新中国成立以来，特别是改革开放以来，我国海洋工程材料在基础研发、生产加工及海洋工程应用等方面取得了长足进步，极大地促进了国民经济的发展，保障了国防建设的需求。然而，与世界海洋强国相比，我们仍存在巨大差距。

1. 高性能海洋工程材料缺乏自主保障

从整体来看，虽然我国海洋工程材料对海洋运输、海洋资源利用以及沿岸与离岸工程建设等方面起到了支撑作用，但在关键及核心材料上远没有实现自主保障，特别是涉及舰船、海洋平台、油气管线及离岸建筑等方面使用的高性能大规格结构钢、高品质钛合金、复合材料及防护涂料等严重依赖进口，相当一部分国产材料质量不稳定。例如，美国舰船用钢代表了世界一流水平，我国舰船的主要用钢只相当于美国 20 世纪 50 ～ 60 年代水平；等等。这导致了我国高端海工装备受制于人的现状，削弱了开发海洋、利用海洋的能力；同时导致舰船性能水平落后，海洋权益管控能力不足，国家利益得不到充分保障；海洋工程产品“欧美设计、亚洲制造、中国承接低端技术产品”的局面难以打破，严重阻碍了我国建设海洋强国的前进步伐。

2. 基础研究薄弱，应用研究不足，新材料及先进材料需求低迷

我国海洋工程材料长期实行跟踪仿制的发展模式，这一方面大大加快了我们的发展进程，缩短了与世界先进水平的差距，但同时也导致了基础研究与创新能力不足，减缓了创新发展步伐；舰船用钢的发展历程就是例证。另外，我国对材料的应用技术开发研究缺少宏观的指导与有效的管理机制，主要表现是应用研究经费投入不足，实验室成果不能及时转化为有效产品。同时，设计、生产、应用部门缺少在工程装备中采用新材料的共同意愿与目标，工程化研究与考核验证方面的问题突出，导致新型材料成熟度低，设计、加工、制造标准缺乏，对国产先进材料应用需求不足。我国最新成功下潜 7 000 米的蛟龙号深潜器，其关键部位钛合金壳体，尽管是由我国自主设计，但合金材料及其加工成型均由国外承包。

3. 专业海洋工程材料生产企业自主创新研发和技术应用薄弱，舰船海洋工程材料装备保障能力严重不足

虽然近年国内制造装备水平大幅提高，但同样由于应用技术研究缺乏，生产过程控制缺乏依据，甚至类似于蒙乃尔合金的常规材料质量很不稳定，无法满足需求。此外，我国海洋工程材料产业的产业结构自身还不能快速适应海洋经济的高速发展，缺乏专业海洋工程材料生产企业和专业技术人才，缺乏特殊严酷环境材料加工生产工艺，导致我国舰船和海洋工程装备保障能力严重不足。

4. 管理体制、机制不合理，制约了海洋工程材料发展

我国现行的科研体制弊端仍根深蒂固，主要是资源分散、效率不高、体制封闭、协同不够，在科研立项、经费使用、项目验收及科研考核评价等方面还存在不足和缺陷。由于部门利益驱动作祟，难以形成资源、数据共享的良好机制，直接影响了我国海洋工程材料的研发、应用、成本及可靠性，制约了舰船及海洋工程装备的发展。

5. 缺少海洋工程材料战略规划，尚未建立完整的海洋工程材料体系

针对海洋工程材料，我国目前缺少顶层设计和长远战略规划。我国至今没有严格意义上的海洋工程材料体系；缺乏完整、严谨的海洋环境以及材料耐蚀、服役性能数据库，对新材料需求不足，限制了国产先进材料在设计中的选用。我国目前缺少海洋工程材料腐蚀和服役性研究的专业研究机构，缺少以海洋工程应用为背景的材料基础研究单位，导致海洋工程材料发展无标准可依、无规律可循，海洋工程材料引领性、颠覆性研究成果则无从谈起。

14.3.2 “十三五”期间海洋工程材料产业发展趋势分析

在相关主管部门的组织下，海洋工程材料产业各研发、生产及应用单位加强顶

层研究，进一步理清我国海洋工程材料技术发展及应用的思路、重点和方向，制定我国海洋工程材料发展战略规划；以海洋工程材料的协同研发为切入点，搭建“产学研用”的平台；以提高舰船用材料工艺水平和规格完备性，研发第三代船用高强度钢、新型隐身材料，研究复合材料、钛合金、新型防护材料等应用技术为重点，进一步加大基础研发和技术攻关，研制一批满足海洋工程装备发展需求的材料；开展前沿材料技术及其应用探索研究；深入科学论证，初步建立起具有中国特色的海洋工程材料体系，提升我国海洋工程材料技术的体系化、系列化、通用化及标准化水平。

14.4 海洋工程材料产业政策建议

14.4.1 设立国家级海洋工程材料专业指导委员会

设立国家级海洋工程材料专业指导委员会，其主要任务是负责制定我国海洋工程材料发展的各项政策；制定海洋工程材料长远发展规划，设计发展路线图，制定海洋工程材料近期、长期发展目标；负责规范海洋工程材料的发展导向，为开展基础性、前瞻性、战略性材料研究的源头创新把握方向，科学合理地配置资源；建立海洋工程材料会商制度，指导“产学研用”产业技术创新联盟的有效运行。

14.4.2 设立若干个海洋工程材料发展中心

（1）建立国家海洋工程材料腐蚀测试与评价中心，开展海洋工程材料在各海域的腐蚀失效行为研究，建立我国海洋工程材料应用数据库与应用标准，为国产海洋工程材料的研究与应用提供依据。

（2）建立若干个海洋工程材料基础研究中心，凝练海洋工程材料的关键科学问题，开展先进海洋工程材料基础性、前瞻性、创新性研究，为我国海洋工程材料创新能力的不断提高提供坚实基础。

（3）建立若干个海洋工程材料应用技术研发中心，凝练海洋工程材料的关键共性技术问题，开展海洋工程材料的关键技术应用研究，建立健全我国海洋工程材料创新技术体系，为我国海洋工程装备升级换代、产业结构的合理调整与实现海洋高新技术的飞跃发展提供技术支撑。

（4）建立若干个专业的海洋工程材料“产学研用”联盟，探索新型材料研究体制与模式，开展材料基础理论、应用技术、服役性能的一条龙研究，建立设计、研究、应用的海洋工程材料创新发展机制，为材料的创新研究、成果转化提供机制体制保障。

14.4.3 设立海洋工程材料国家专项基金

通过大力投入，加强“973”计划、自然科学基金对海洋工程材料的支持力度，促进基础研究和前瞻性新材料研发；加强海洋工程材料关键技术创新研究，促进我国海洋工程材料技术体系的形成；加强专业海洋工程材料企业的技术创新能力，促进企业真正成为创新主体。

14.4.4　建立新型科技体制机制，激发创新活力

全面进行海洋工程材料发展的体制机制改革，建立健全会商机制和对接机制，实现合作、共享；探索激励机制，尊重知识产权，切实解决各方利益分配；完善军民融合机制，推动建立民间企业的合作机制，广泛建立并推广“政产学研用”联盟，实现全方位的协同创新发展。

14.4.5　广泛开展国际合作，拓展全球化发展空间

我国海洋工程材料技术水平与海洋强国相比差距很大，在当前信息全球化、人才全球化、资源配置全球化、市场全球化的网络化时代，广泛开展国际合作，培养具有国际化的海洋工程材料人才是发展我国海洋工程材料的关键。

第 15 章

半导体照明产业

吴 玲 阮 军 郝建群

【内容提要】半导体照明包括 LED 和 OLED，是继白炽灯、荧光灯之后的又一次光源革命。其因节能环保、寿命长、应用广泛，被列入我国战略性新兴产业[1]。2013 年，我国半导体照明产业规模达 2 576 亿元，形成了相对完整的产业链，关键技术与国际水平差距逐步缩小，示范应用居于世界前列，已成为全球照明产业变革中转型升级发展最快的领域。现阶段半导体照明产业发展面临的主要挑战是产业集中度低、技术创新能力不足、市场不规范。未来将在继续提高 LED 性能、降低成本的同时，重点开展智能和超越照明应用等关键技术研发与集成创新，加强系统布局和产业发展环境的优化。

15.1 半导体照明产业的概念及范畴

LED 和 OLED 是分别采用第三代半导体材料与有机半导体材料制作的光源和显示器件，具有耗电量少、寿命长、无污染、色彩丰富、耐震动、可控性强等特点，是继白炽灯、荧光灯之后照明光源的又一次革命。半导体照明产业主要包括上游的外延芯片、中游的封装及下游的应用，其关联产业可扩展到光通信、光伏、光存储、光显示、消费类电子、汽车、军工、农业、生物、医疗、装备制造等领域。

15.2　半导体照明产业发展现状

15.2.1　总体现状分析

LED 技术向更高光效、更优品质、更低成本、更可靠方向快速发展，并不断催生新应用；OLED 作为柔性平面光源，与 LED 光源形成互补优势，近年来发展同样迅速。

近年来，全球半导体照明产业发展迅猛，世界各国都在全力抢占这一战略性新兴产业的制高点，专利、标准、人才竞争白热化，产业整合速度加快，呈现爆发式的增长态势。

在国家持续支持和市场强力需求的拉动下，我国半导体照明产业技术创新能力得到迅速提升，产业链日趋完整，产业初具规模，具备了跨越式发展的机会。

15.2.2　LED 产业发展现状

1.LED产业国际现状

一是立足国家战略积极部署。美国、欧盟、日本、韩国等立足国家战略进行系统部署，如实施国家科技计划、发布白炽灯禁限售令、出台示范应用与推广政策、加快检测与标准化进程等措施，抢占技术与产业发展主导权。

二是技术进步日新月异。2013 年大功率白光 LED 产业化光效提前两年达到 160 流明 / 瓦；日本 Nichia 公司的小功率白光 LED 实验室光效超过 249 流明 / 瓦。技术创新速度远超预期。

三是市场规模不断增长。2013 年全球 LED 器件市场为 144 亿美元（图 15-1）。LED 已在景观、小尺寸背光、显示屏、指示显示等领域得到了广泛应用；在汽车照明、大尺寸背光等领域进入规模化应用阶段；通用照明呈现爆发式增长态势；在农业、医疗、智能交通、光通信、航空航天等领域也不断开发出新的应用，市场潜力巨大。

2.我国LED产业发展水平

经过十多年发展，我国已形成了比较完整的 LED 产业链和一定的产业规模，具备了较好的发展基础；技术发展迅速，成本快速下降，产品示范应用逐步推开，节能减排效果日益明显。我国已成为全球半导体照明产业发展最快的区域之一。

1）政策环境逐步完善

近年来，我国政府通过一系列政策和计划，如“863”计划、科技支撑计划、《半导体照明节能产业发展意见》、《半导体照明节能产业规划》、《半导体照明发展“十二五”专项规划》等，支持 LED 技术研发及产业化。此外，政府还通过“十城万盏”示范工程、半导体照明应用产品示范工程、半导体照明产品财政补贴推广项目等，加快 LED 应用推广和市场培育。此外，政府还支持国家半导体照明工程研发

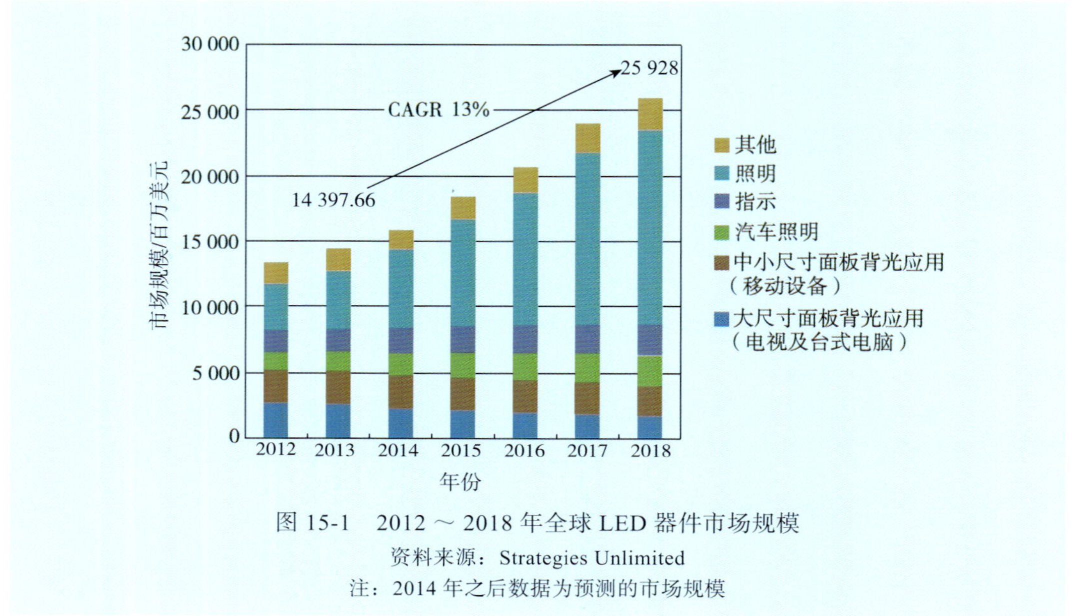

图 15-1　2012 ～ 2018 年全球 LED 器件市场规模

资料来源：Strategies Unlimited

注：2014 年之后数据为预测的市场规模

及产业联盟（China Solid State Lighting Alliance，CSA）等行业组织积极探索新兴产业发展模式。

2）关键技术不断进步

目前，我国产业化技术取得重大突破，部分单项核心技术国际领先。2013 年蓝宝石衬底功率型白光 LED 研发水平超过 160 流明 / 瓦，产业化水平达到 140 流明 / 瓦；芯片国产化率达 75%；具有自主知识产权的功率型硅衬底白光 LED 产业化光效水平达到 130 流明 / 瓦；深紫外 LED 在 20 毫安电流下输出功率超过 4 毫瓦，处于国际先进水平；开发出 48 片生产型金属有机物化学气相沉积（metal-organic chemical vapor deposition，MOCVD）设备定型产品并实现销售 [2]。

3）产业规模不断扩大

2013 年我国 LED 产业规模达到 2 576 亿元，较 2012 年增长 34.2%（图 15-2），预期到 2015 年整体产业规模将超过 5 000 亿元。珠三角、长三角、闽赣三大区域集中了 80% 以上的 LED 照明企业和产值，初步形成了产业集聚 [2]。

4）应用市场快速增长

我国 LED 示范应用在产品种类和应用规模上都居于全球领先地位。2013 年通用照明市场迅速启动，产值达 696 亿元；背光应用产值达到 390 亿元。同时，LED 在汽车、医疗、农业等新兴照明领域的应用增长幅度超过 25%。2013 年我国 LED 通用照明产品市场渗透率达到 8.9%，节电约 230 亿度（1 度 =1 千瓦时）[2]，图 15-3 显示了 2013 年我国 LED 产业的应用领域分布。

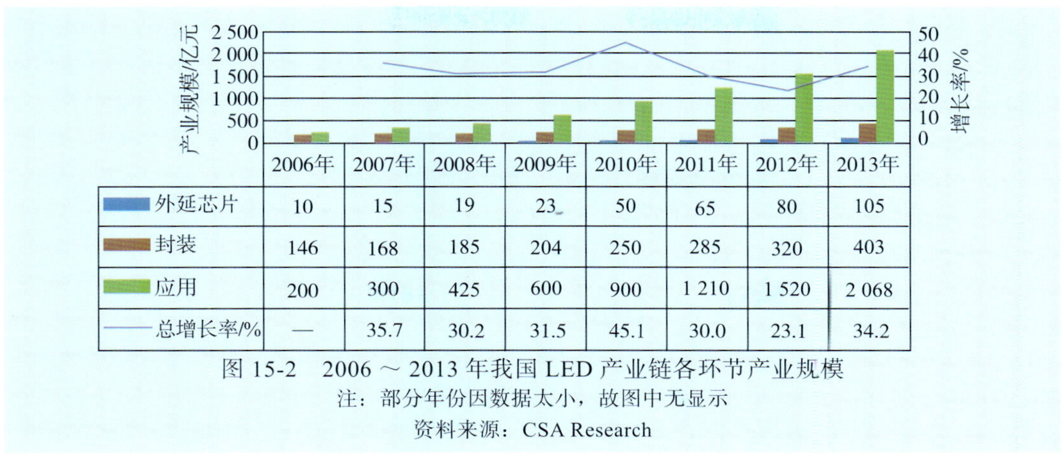

	2006年	2007年	2008年	2009年	2010年	2011年	2012年	2013年
外延芯片	10	15	19	23	50	65	80	105
封装	146	168	185	204	250	285	320	403
应用	200	300	425	600	900	1 210	1 520	2 068
总增长率/%	—	35.7	30.2	31.5	45.1	30.0	23.1	34.2

图 15-2　2006 ~ 2013 年我国 LED 产业链各环节产业规模

注：部分年份因数据太小，故图中无显示

资料来源：CSA Research

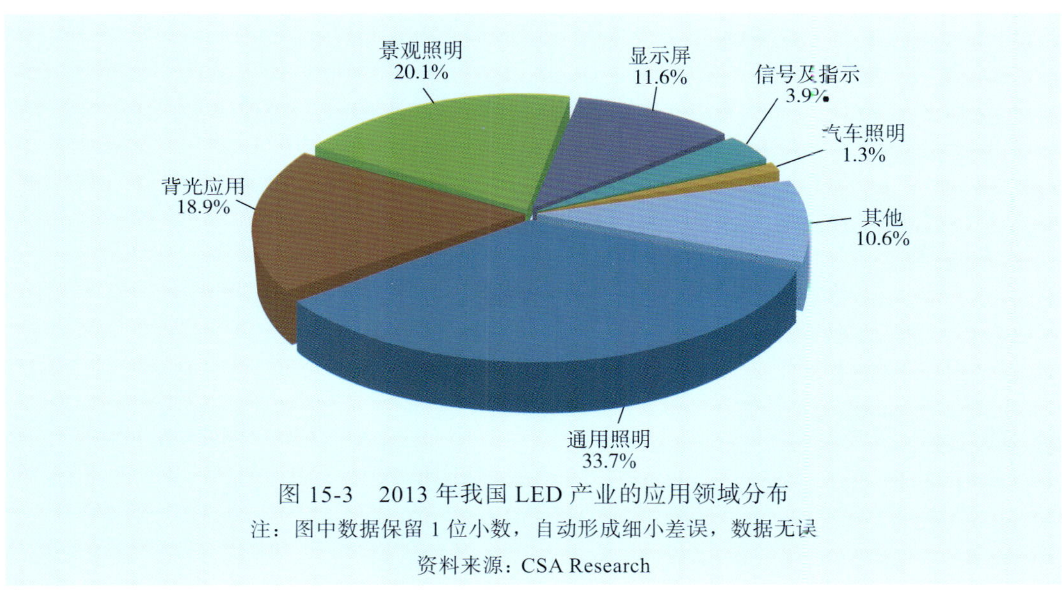

图 15-3　2013 年我国 LED 产业的应用领域分布

注：图中数据保留 1 位小数，自动形成细小差误，数据无误

资料来源：CSA Research

5）标准检测认证工作取得阶段性进展

在国家标准委员会支持下，我国研究制定了 33 项国家标准、11 项行业标准；建设了一批国家级检测机构；启动了 5 种 LED 照明产品的节能认证工作；成立了半导体照明标准领导小组、专家组和工作组；此外，CSA 标准技术委员会已制定 28 项联盟标准，其中 5 项上升为国家标准，3 项纳入国家发改委、国家标准委员会“百项能效标准”。CSA 秘书处还作为 ISO/TC 274（即光与照明标准化技术委员会）国内技术归口单位联合工作组组长单位，组织和参与国际标准化工作。

3. LED产业关键产品分析

LED 产业链条较长，上游主要是 LED 外延与芯片制备，LED 芯片是 LED 应用产品的核心部件，其功能是将电能转化为光能，转化效率是芯片质量的关键指标，也关系到最终应用产品的性能。目前芯片有三种基本结构，即正装、倒装和垂直结构。用于提高 LED 光提取效率的主要方法有表面粗化技术、芯片外形技术及新型透明电极技术[3]。

封装是实现 LED 从芯片走向最终产品所必需的环节，涉及光学、热学、电学、力学、材料、工艺和设备等各个方面[4]。经过封装的芯片是 LED 器件，封装的作用是保护芯片、电气互连和增强性能。封装主要工艺包括贴片、焊线、荧光粉涂敷、安装透镜、灌封固化等。目前主要的封装形式有引脚式、表面贴装器件（surface mounted devices，SMD）和板上芯片（chip-on-board，COB）[4]。

LED 器件与驱动电源、散热系统、控制系统、光学系统及产品外壳等最终组成应用产品，应用于照明、背光、显示、超越照明等领域。

4. LED产业链及产业环境

1）LED产业链

LED 产业链可分为六部分，即原材料、LED 上游产业、LED 中游产业、LED 下游产业、测试仪器和生产设备[5]，具体如表 15-1 所示。

表 15-1　LED 产业链分布

产业链位置	具体内容
原材料	MO 源（即金属有机源）、氨气、氮气等
上游产业	外延、芯片制备
中游产业	LED 器件封装及模块
下游产业	应用 LED 显示或照明器件形成的产业
测试仪器	衍射仪、荧光谱仪、卢瑟福背散射沟道谱仪、LED 光电特性测试仪、光谱分析仪等
生产设备	MOCVD 设备、液相外镀炉、光刻机、划片机、固晶机、金丝球焊机、硅铝丝超声压焊机、灌胶机、真空烘箱、芯片计数仪、芯片检测仪、倒膜机、光色电全自动分选机等

2）LED产业环境

尽管我国半导体照明产业快速发展，取得了一定的成绩，但仍然面临着持续创新能力不强，公共研发平台支持不足，标准、检测、认证滞后于技术和产业发展，市场混乱，高端技术人才缺乏，研发和产业配套服务不足，跨领域协同创新及成果产业化难度大等问题。

5. LED产业重点技术分析

1）MOCVD外延重大核心装备

美国 Veeco 公司与德国 Aixtron 公司占据了全球 90% 以上的 MOCVD 市场份额，Nippon Sanso 公司占据了日本市场。德国 Aixtron 公司采用水平行星和近耦合喷淋头技术，美国 Veeco 公司采用高速旋转盘技术。我国中科宏微、理想能源、中微半导体等企业都开展了相关研发工作，在单机容量及工艺方面都取得了较大进步，开发出了生产型样机并已完成工业化验证，但总体上，国产 MOCVD 在工业化应用过程中的长期均匀性及稳定性上还要进一步验证，深紫外 LED 等用专用型 MOCVD 正在成为开发热点。

2）LED衬底技术

目前在蓝宝石衬底上生长 LED 是主流技术，硅衬底上外延 LED 已实现产业化。氮化钾（GaN）、碳化硅（SiC）等新型衬底是提高 GaN 器件效率的重要方向。我国中镓半导体、天科合达、苏州纳维等企业在新型衬底研究方面已取得较大进步，但在晶体质量和尺寸上与国外仍有差距，未来要向大尺寸、低位错方向集中攻关。

3）外延及芯片制造技术

我国已基本掌握了外延结构设计和优化方面的核心技术，三安光电、德豪润达、扬州中科、士兰明芯等企业都达到了 140 ～ 150 流明 / 瓦的水平。目前正装芯片市场应用最多，倒装结构和垂直结构是 LED 芯片的两个主要发展方向，但涉及关键技术的键合设备需从国外引进，对产业发展形成了一定制约。此外，高压交 / 直流驱动 LED 前景还有待验证。

4）新型封装技术

LED 封装从直插式发展至 SMD、COB 等形式，近两年，无金线封装和晶圆级封装成为热点，而集成封装将是未来的发展趋势。此外，涉及封装材料和工艺流程的散热材料、灌封材料、荧光粉及涂敷技术等还需要进一步研究开发。我国半导体照明联合创新国家重点实验室正在开发基于柔性基板的新型封装技术，可连续自动化生产、配线密度高、重量轻、体积小、易加工成各种形状等特性，为 LED 封装提供了一条全新的技术路径。

5）LED驱动技术

LED 驱动技术经历了从单输出恒压驱动（+ 光源内置恒流源）、单输出恒流驱动及调光技术阶段，发展到多输出恒流技术及多输出恒流调光技术的过程 [6]。未来 LED 驱动方案除高效率、高可靠性、低成本外，模块化、标准化、高集成度、高智能化也是发展方向。我国的茂硕、英飞特等企业在技术研发、产品质量、实际应用等方面有一定优势。

6）LED应用技术

LED 应用技术要综合考虑照明系统的功能、易用性、兼容性、可替换性、可升级性及成本，朝着降低成本、提高可靠性、提高光品质及产品一致性方向发展。此外，农业、医疗、光通信等超越照明及智能化是应用技术的重要发展方向。我国半导体照明联合创新国家重点实验室开发的全球第一个室内光定位、导航系统已实现产业化。

15.2.3 OLED 产业发展现状

1.OLED产业国际现状及我国发展水平

1）OLED产业国际现状

近年全球 OLED 技术不断取得突破，OLED 的应用也从小尺寸便携式终端显示向大中尺寸电脑屏幕和电视应用发展，并开始向通用照明领域渗透。2013 年，日本 NEC 公司实现了光效 156 流明 / 瓦；日本 AFD 公司在 56 毫米 ×42 毫米的柔性基板上开发出光效 130 流明 / 瓦的 OLED 照明面板；蓝色荧光加红、绿磷光的混合式白光结构器件成为开发热点。2010 年 OLED 全球销售收入达到 14 亿美元，2011 年超过 30 亿美元[7]，国际电子商情网（Display Search）预测 2019 年 OLED 销售额将达到 435 亿美元（图 15-4）[7]。

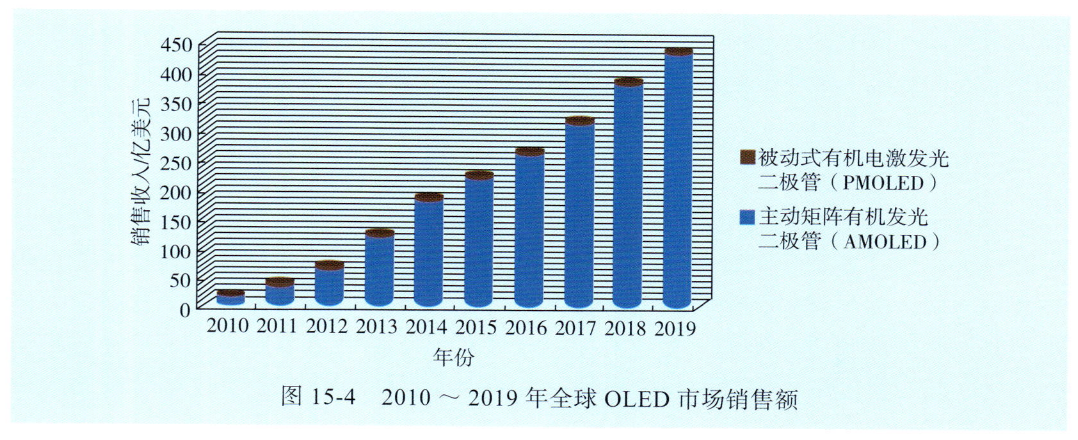

图 15-4 2010 ～ 2019 年全球 OLED 市场销售额

2）我国OLED产业发展水平

我国十分重视 OLED 技术研发和产业发展，明确将发展 OLED 产业列入《半导体照明科技发展“十二五”专项规划》中。我国维信诺公司已建立 OLED 照明中试线，预计 2015 年建立大规模生产线；2013 年，南京第壹有机光电在 370 毫米 ×470 毫米的玻璃基板上成功制备了有机白光照明模块；苏州大学等通过“863”项目显著提高了 OLED 产品性能；2014 年，苏州方昇光电成功研制出大面积线源 OLED 研究型设备。但目前，我国 OLED 照明并未真正进入产业化阶段。

2.OLED产业关键产品分析

由于 OLED 面光源、超薄型的特点，且采用聚合物材料作为基板，OLED 在柔性、平面照明方面具有突出优势，不仅在体积上更加轻薄，功耗上也低于传统器件，同时基于其可弯曲、柔韧性佳的特性，其耐用程度也大大提高。OLED 照明产品将首先应用在装饰和通用照明市场上，未来将应用于广告、医疗、工业、汽车等领域。

3.OLED产业链及产业环境分析

1）OLED产业链

OLED 产业链分布如表 15-2 所示。

表 15-2　OLED 产业链分布[8]

产业链位置	具体内容
上游	设备制造（显影、刻蚀、镀膜、测试等） 材料（ITO 玻璃、有机功能材料、透明导电基板、封装材料和光提取材料等） 元器件（驱动 IC、电路板等）
中游	面板制作、模组组装
下游	光源和灯具制造（显示器、仪器仪表、消费类产品、照明等）

2）OLED产业环境

OLED 照明产业在我国还处于酝酿期，面临着技术研发与产业环境的诸多挑战。例如，现阶段我国缺乏关键材料与先进制造设备技术，工艺条件和技术有待提高，大中尺寸和柔性 OLED 研究较少，核心专利缺乏，高技术人才不足等。

4.OLED产业重点技术分析

1）新材料技术

OLED 材料可分为第一代的荧光材料、第二代的磷光材料，以及最近发明的热激发延迟荧光材料。第二代磷光材料将内量子转换效率提高了 4 倍，对制备高效率 OLED 起到了开创性的作用。第三代热激发延迟荧光材料避免使用磷光材料中的贵金属（如铱、铂等），具有磷光材料高效率的特点，并可降低材料成本。

2）加工设备制造技术

OLED 生产设备主要技术有清洗技术、真空技术、镀膜技术和封装技术等。借鉴现有的平板显示领域的清洗和封装技术以及半导体行业的真空技术，我国可以创新出具有自主知识产权的 OLED 生产设备。在镀膜技术方面，则有更大的研发空间。

3）器件优化技术

器件结构设计是提高器件效率的关键，目前器件结构包括多发光层结构、单发光层结构、叠层结构和顶发射结构。其中叠层兼具提高效率和延长寿命的作用，是近年 OLED 器件优化方面的关键技术[9]，苏州大学和南京第壹有机光电已实现了技术突破。

15.3 我国半导体照明产业发展面临的问题及趋势分析

15.3.1 我国半导体照明产业发展面临的问题

我国半导体照明产业已具备一定基础，呈现出良好的发展势头，但面对激烈的国际竞争，仍有严峻挑战。

第一，产业资源不集聚、集中度低。据 CSA 统计，我国半导体照明产业集中度（排名前 10 的企业销售总额占行业总销售额比重）仅约为 7%，与国际差距较大（全球排名前 10 的企业销售总额占比约为 68%），企业数量多但普遍规模小，缺乏龙头品牌，存在低水平重复建设与盲目投资现象。

第二，持续创新能力不足。研发力量分散，企业研发力量薄弱；单个企业无法解决产业共性难题，正在建设的公共技术研发平台需要进一步加大投入；系统集成技术和创新应用需加强研究。

第三，核心产业化装备依赖进口。MOCVD 等重大装备的国产化还需要国家在政策、资金等方面的大力支持，特别是引导半导体照明产业采用国产重大核心装备的配套政策的落实，改变目前生产企业进口设备地方政府给予高额补贴的现状，构建国产重大装备公平竞争的市场环境。

第四，产业发展环境有待完善。高科技服务平台缺失，服务支撑体系尚未建立。半导体照明产业标准、检测和认证体系亟待健全，市场急需规范；节能环保的消费理念需要加强；高端人才缺乏问题有待解决；品牌和渠道建设有待加强，商业推广和服务模式需要进一步探索。

15.3.2 “十三五”期间半导体照明产业发展趋势分析

半导体照明技术持续向更高光效、更低成本、更高可靠性、更高光品质的方向发展，并逐步开始跨领域的交叉融合，形成更高技术含量与产品附加值，并呈现以下趋势。

一是光效达到 200 流明 / 瓦。突破下一代外延、芯片等核心专利，进一步提高光效，降低成本。

二是实现智能化。随着互联网、物联网及云技术等 IT 技术的迅猛发展，LED 照明将成为智慧家居、智慧城市的重要组成部分。

三是按需照明和超越照明应用。基于 LED 照明数字化、可控性强等特性，未来灯具的形式和照明方式将会发生变革，按需照明成为发展方向，同时 LED 还将广泛应用于光通信、可穿戴设备、农业、医疗等超越照明领域。

四是标准检测认证进程加快。标准化重点逐步转向体现 LED 技术特点的可靠性测试、接口要求、智能控制、系统能效、健康舒适照明评价等方向。

五是产业爆发性增长，整合速度加快。全球半导体照明产业规模以超过 20% 的速率增长，亚洲引领全球半导体照明产业发展，中国是亚洲的核心地区之一。同时，产业格局不断调整，优势资源逐步向行业巨头集聚。

15.4 半导体照明产业发展重点案例

15.4.1 半导体照明联合创新国家重点实验室——体制机制创新的联合开放研发平台

为解决行业共性关键技术，探索联合创新模式，经科技部批准，依托 CSA 组建了开放创新的半导体照明联合创新国家重点实验室。该实验室筹建以来，充分发挥了企业创新主体作用，引领了集成创新的应用方向，探索了联合创新的模式。开发的可穿戴、光定位等技术国际领先，并有力支撑了先进技术标准的制定，2 000 小时测试方法在全球首次提出，规格接口已被国际大企业采用，实验室参建单位——中科院半导体照明研发中心全球首创宽光谱、全向复合光学膜结构及制备技术，成功研制了国际领先的金属复合衬底，攻克了氮化物 p 型掺杂空穴浓度低的世界性难题。

该实验室的主要特点：一是突出了企业创新主体地位，产业化项目完全由市场导向，引导企业关注基础前沿技术，支撑产业可持续发展；二是研发离市场更近，企业参与研发，易实现无缝转化，创新效率高；三是探索了一条风险共担、利益共享的成功研发模式，研发经济性好，创新风险低，其自主创新技术支撑的标准研制见效快；四是通过国有研发机构设备使用权盘活存量，开放式利用国际创新资源；五是用人的体制机制灵活，自身造血功能强。

15.4.2 南昌大学——自主知识产权的硅衬底功率型白光 LED 技术

南昌大学通过优化 AlN/AlGaN 过渡层结构、优化量子阱结构、分立生长、大尺寸衬底键合技术、荧光粉直涂、共晶固晶等关键工艺，在 350 毫安电流下，6 英寸（1 英寸≈ 2.54 厘米）硅衬底 LED 芯片实验室最高光效突破 140 流明 / 瓦，并在国际范围内率先实现量产，产业化水平超过 120 流明 / 瓦。我国拥有自主知识产权的硅衬底 LED 制备技术从源头上避开了与目前日本、美国所垄断的蓝宝石衬底、碳化硅衬底两种主流技术的正面交锋，公开或获得国际国内发明专利 70 多项，走出了一条具有中国特色的新技术路线，对做大做强我国半导体照明产业具有重要的影响。

15.4.3 三安光电——我国规模最大的芯片企业

三安光电股份有限公司（简称三安光电）是我国目前最大的 LED 外延芯片供应商，现有 160 台 MOCVD 设备，并计划投资 100 亿元新增 200 台 MOCVD，其目前国内芯片市场占有率达到 45% 以上。在大力发展 LED 外延、芯片等核心业务的同时，三安光电也积极拓展蓝宝石衬底、封装及应用产业链，实现产业配套。2013 年三安光电成功收购美国 Luminus Devices 公司，并参股我国台湾地区第二大芯片厂——璨圆光电。2014 年 6 月通过台湾地区的产业整合，三安光电成为全球规模最大的 LED 外延芯片公司——晶元光电的第二大股东。三安光电是我国半导体照明企业通过并购整合走向国际舞台的优秀代表。

15.5 促进半导体照明产业发展的政策建议

半导体照明是战略性新兴产业中少有的几个走在世界前列的产业，打开了第三代半导体产业化应用的突破口，是一个孕育着全球性产业革命的领域。未来十年是半导体照明产业发展的关键时期，应抓住这一重要发展机遇，通过体制机制创新和深化改革引领和推动产业发展，实现我国从半导体照明产业大国变为产业强国的战略目标。

15.5.1 加强规划布局和统筹协调

从国家层面加强半导体照明产业链的统筹规划，推动半导体照明产业健康有序发展。支持建设第三代半导体重大创新基地，整合创新要素，发挥整体效能；充分发挥联盟、学会、协会等行业组织在整合资源、产学研对接、公共服务等方面的作用，推动半导体照明技术与新一代信息技术的集成应用，推进跨界资源整合；支持设立产业发展基金，鼓励产业基金共同参与技术成果转化孵化的创新商业模式，引导企业并购重组；适度扩大消费端财政政策推广力度，推动实施一批公共照明应用工程，落实节能产品的政府采购政策。

15.5.2 建立协同创新的公共研发平台

立足于市场应用需求，针对产业发展的共性关键技术问题，支持建立体制机制创新的、开放的、国际化的，集技术研发、标准研制、孵化转化、人才培养为一体的公共研发平台，引导企业、高校、科研院所共同参与，推动协同创新，实现共性关键技术突破与共享。探索新的项目组织方式和管理模式，上游核心材料与装备另辟蹊径，加强系统集成技术的研发，在创新应用上抢占国际制高点。

15.5.3 优化产业发展生态环境

支持第四方建设开放的分析、测试、评价服务平台；修订认证规范，放开认证门槛，引入产品认证竞争机制；积极布局专利战略，加强标准建设，通过联盟标准试点工作推动联盟标准升级为国家标准；完善财政补贴方案、招标流程和管理体系，加强市场监管；完善人才培养、引进和流动机制；强化公共政策引导，开展宣传教育，培育科学消费理念；支持国际半导体照明联盟建设，深化国际与区域交流合作；建立以半导体照明产业发展为核心的科技服务平台，完善产业支撑服务体系。

审稿：李晋闽　范玉钵

参考文献

[1] 国家发展改革委员会，科学技术部，工业和信息化部，等 . 半导体照明节能产业规划，2013.

[2] 国家半导体照明工程研发及产业联盟 . 2013 年中国半导体照明产业数据及发展情况，2013.

[3] 中国科学技术协会，中国照明学会 . 学科发展报告——照明科学与技术，2014：45 ～ 49.

[4] 中国科学技术协会，中国照明学会 . 学科发展报告——照明科学与技术，2014：57 ～ 61.

[5] 国家半导体照明工程研发及产业联盟 . 上海市光电子行业协会：半导体照明，2006，6：24.

[6] 华桂潮 . LED 驱动控制进展 // 国家半导体照明工程研发及产业联盟 . 半导体照明产业发展年鉴（2010—2011）. 北京：机械工业出版社，2011：313.

[7] 中国工程科技发展战略研究院 . 中国战略性新兴产业发展报告 2013. 北京：科学出版社，2013：151 ～ 152.

[8] 刘飞 . OLED 照明技术进展及应用 . 半导体照明，2014，6：57.

[9] 李艳蕊，张国辉，段炼，等 . 白光 OLED 技术国内外发展动态 // 国家半导体照明工程研发及产业联盟 . 半导体照明产业发展年鉴（2010—2011）. 北京：机械工业出版社，2011：294.

第 16 章

生物医用材料产业

张兴栋　蔡开勇　张　璇

【内容提要】生物医用材料可用于诊断、治疗、修复、替换或增强人体组织或器官，是保障人类健康的必需品和发展健康服务产业的重要物质基础。生物医用材料产业代表的是一种典型的低原材料消耗、低能耗、高技术附加值产业，符合我国发展战略性高技术新兴产业、转变经济发展方式的重大国策。

本章阐述了国内外生物医用材料和植入器械产业的现状、发展趋势、重点方向，以及我国面临的问题、重点案例，并提出了相应的政策建议。

16.1　生物医用材料产业定义

生物医用材料，又称生物材料，用于诊断、治疗、修复、替换或增强人体组织或器官，其作用非药物所能替代，是保障人类健康的必需品和发展健康服务产业的重要物质基础。生物医用材料的研发与其终端产品密不可分，通常所述生物医用材料既指材料本身，也包括其终端产品，按使用领域可分为高端或高技术生物材料以及常规生物材料，前者是指植入或直接与血液等人体循环系统接触的材料和器械，如人工骨、人工关节、血管支架、血液净化材料、心脏瓣膜、牙科植入材料、医用高端耗材等；后者是指药棉、纱布、一次性输注器械等。生物医用材料产业是典型的低原材料消耗、低能耗、高技术附加值产业，按照国际惯例，其管理划属医疗器械范畴[1]。

16.2 生物医用材料产业发展现状

16.2.1 总体现状

随着人口老龄化、中/青年创伤增加、高技术引入，以及人类对自身健康的关注度随经济发展而不断提高，生物医用材料产业一直处于高速发展的状态（图 16-1）。即使发生全球金融危机，2008～2009 年全球生物医用材料市场仍保持 8% 的年增长率，表明其对国家经济安全具有重要意义。与此同时，生物医用材料产业带动相关产业（不含医疗）新增产值约为其直接产值的 1.9 倍。此外，生物医用材料产业亦是世界贸易中最活跃的领域，年贸易额复合增长率（compound annual growth rate，CAGR）达 25%，正在成长为世界经济的一个支柱性产业。近年来我国生物医用材料以远高于国际的、高达 30% 以上的 CAGR 持续增长，特别是医改政策的实施，更使市场面临“井喷式”的发展[2]。

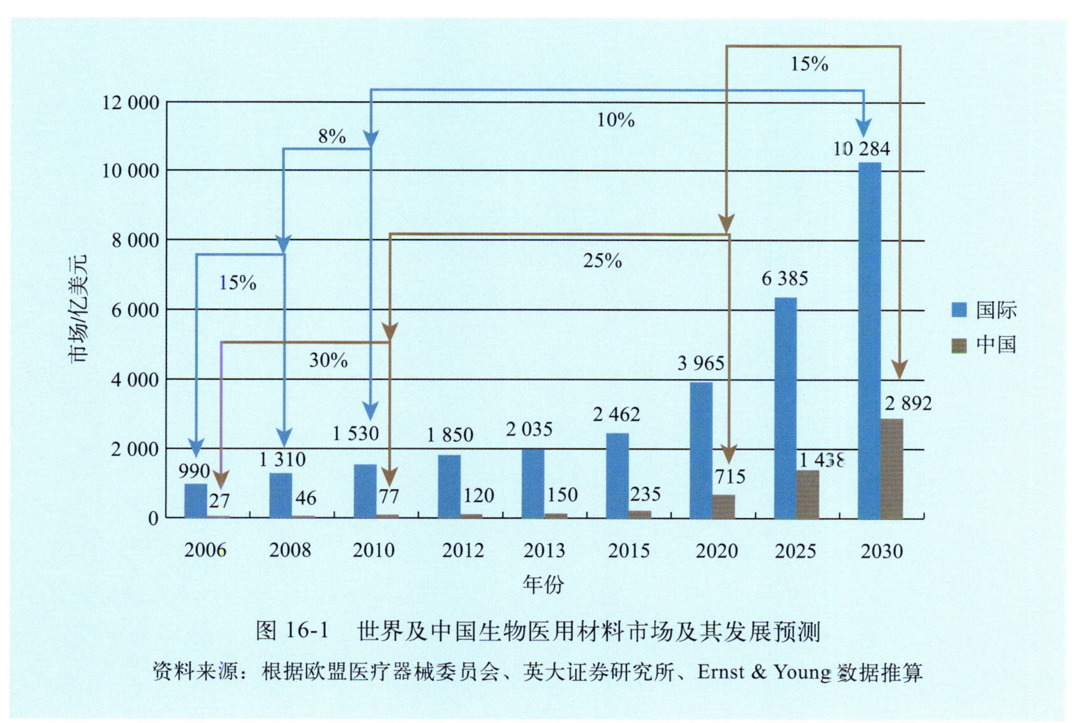

图 16-1 世界及中国生物医用材料市场及其发展预测

资料来源：根据欧盟医疗器械委员会、英大证券研究所、Ernst & Young 数据推算

生物医用材料产业主要由以下几大类产品构成（表 16-1）。

表 16-1 生物医用材料产业主要产品及其市场和预测

产品类别	国际			国内		
	2013 年 / 亿美元	2013 ~ 2020 年 CAGR/%	2020 年 / 亿美元	2013 年 / 亿美元	2013 ~ 2020 年 CAGR/%	2020 年 / 亿美元
骨（牙）科材料及植入器械	593	8	1 028	30	26	155
心血管系统介 / 植入材料和器械	380	11	783	39	21	144
医用高分子及耗材	793	9	1 427	73	24	335
医用高分子及高端术中耗材	317	7	509	49	23	210
血液净化及体外循环系统耗材	174	10	339	9	28	50
眼科耗材	130	8	222	10	26	51
其他（伤口护理、疝修补、美容整形材料等）	172	11	357	5	25	24
神经调节及植入性微电子器械等	100	15	266	—	—	25
其他	169	—	476	8	—	56
总计（约）	2 035	10	3 980	150	25	715

目前生物医用材料产业的发展呈现出以下特点。

1. 国际生物医用材料的产品和技术面临革命性变革

常规材料的时代正在过去，可再生组织材料将成为未来生物医用材料产业的主体。大量产品和技术面临更新换代。技术创新能力的提高已成为企业生存和进一步发展的基础。为此，发达国家生物医用材料企业研发经费投入平均已达企业销售额的 9%，最高达 15.3%，仅次于新药研发 [3]。鉴于生物医用材料产品上市审批及研发周期较长，近年来国际大公司已开始缩减公司自身研发经费和团队，转而通过兼并或收购来获取新技术。

2. 国际生物医用材料及医疗器械产业进一步集中

2012 年世界医疗器械产业由 27 000 余个医疗器械公司构成，其中 90% 以上为中小企业，但全球生物医用材料销售额的约 70% 被 12 家跨国公司瓜分。截至 2012 年年底，我国共有医疗器械生产企业 14 928 家，其中从事高端生物医用材料生产的企业仅约 2 500 家；2013 年 7 家上市企业销售额仅约占全行业销售额（150 亿美元）的 9%，企业多、小、散、集中度低导致我国生物医用材料企业市场竞争力不足。但是通过自身扩大生产、兼并中小企业，威高集团有限公司（简称威高）、纳通医疗集团（简称纳通）、乐普（北京）医疗器械股份有限公司（简称乐普）、微创医疗器械（上海）有限公司（简称上海微创）等年销售额约 2 亿美元的大型企业已经萌生，

2013 年威高销售额更逾 16 亿美元。

3. 多元化（多品种）产品生产进一步发展

生物医用材料产业单一产品的市场容量不大，大多数销售额小于 100 亿美元。为回避风险，发展壮大企业，国际跨国公司已从最初的较单一产品生产，发展为通过企业内部技术创新和并购其他企业，不断进行产品生产线延伸和扩展，最终实现多品种生产。例如，通过多元化产品生产，2013 年美国美敦力公司销售额达到 165.9 亿美元，较之 1970 年提高了 60 倍①。

我国主要从事心血管支架生产的企业乐普和上海微创已扩大生产心瓣膜、硬脑膜、骨科材料；威高已从以生产一次性器械为主扩大为进行血管支架、骨科植入器械、血液净化材料等的生产。

4. 生产和销售进一步国际化

几乎所有生物医用材料大型企业都是跨国公司，其销售额的相当一部分来自国际市场，如 2013 年美国强生医疗器械及诊断产品销售额的 51.6%（147 亿美元）、波士顿科学（Boston Scientific）销售额的 47%（21.9 亿美元）、美敦力公司销售额的 45%（74.7 亿美元）均来自境外市场。2013 年上海微创斥资 2.9 亿美元将美国 Wright 公司骨科业务收入旗下，说明中国生物材料企业已开始走向国际。

5. 发展中国家地位提高

新兴国家已成为拉动全球生物医用材料市场的主要动力。2009 ～ 2015 年以中国和印度为代表的亚洲地区生物医用材料市场的 CAGR 可达 16.1%，拉美地区可维持在 15.2%。2013 年我国医疗器械进出口贸易总额已达 343.1 亿美元，其中进口 149.75 亿美元，出口 193.35 亿美元，进出口涉及 217 个国家和地区，向全球提供了约 60% 的常规医用耗材，已成为国际生物医用材料行业不可缺少的一员。

16.2.2 骨（牙）科材料及植入器械产业②

1. 国际现状及我国发展水平

骨（牙）科材料及植入器械是生物医用材料最成功的领域，2013 年占全球生物医用材料市场的约 29%，我国生物医用材料市场的约 20%。2013 年全球和我国骨（牙）科材料市场及其发展预测可参见表 16-2。我国市场虽高速发展，但 2013 年销售额仅占国际市场的 5.1%，远不能满足临床需求。经过近 10 年的发展，我国骨

① http://www.medtronic.com。

② *Us Market for Orthopedic Biomaterials 2013*。

（牙）科材料产业技术水平已大幅度提高，创伤修复器械国产化率已大于60%，首创了国际新一代骨再生材料——骨诱导人工骨。但是，高技术含量品种，特别是脊柱修复材料和人工关节仍然依靠进口，而牙科材料的约90%也依靠进口。

表16-2　几大类骨（牙）科材料及植入器械及其市场和预测

产品类别	国际			国内		
	2013年销售额/亿美元	2013～2020年CAGR/%	2020年销售额/亿美元	2013年销售额/亿美元	2013～2020年CAGR/%	2020年销售额/亿美元
人工关节	156	8	267	7	26	35
脊柱植入体及相关器械	80	7	128	5	27	27
创伤修复材料	63	6	95	6	24	27
软组织修复及关节镜、运动医疗	45	8	77	2	30	12
生物性骨科材料	52	12	115	1	30	6
其他（骨科）	35	10	68	1	28	6
小计（骨科）	431	8	750	22	26	113
牙科重建、耗材及假体	98	8	168	—	—	—
牙科预防、治疗类耗材	64	8	110	—	—	—
小计（牙科）	162	8	278	8	27	42
总计	593	8	1 028	30	26	155

资料来源：*Orthpaedic Industry Annual Report 2013* 及相关公司年报整理

2. 关键产品分析

产业的主要产品可参见表16-2。

国际骨（牙）科材料及植入器械约70%的市场份额被美国强生、史赛克、捷迈、美敦力等10家大公司占有。

国内代表性公司有威高、纳通、上海微创等。原有的两家代表性企业创生医疗器械（中国）有限公司（简称创生）和康辉控股（中国）公司（简称康辉）已于2012年分别被美国史赛克和美敦力收购。

3. 产业链及产业环境分析

我国骨科患者众多，但用于创伤、脊柱和关节患者的植入器械仅分别达需术量的2.7%、1%和0.4%。技术含量高的脊柱修复/融合器械70%～80%依靠进口，供需之间存在巨大的缺口，为骨（牙）科材料的发展提供了巨大的驱动力，同时新一代骨（牙）科产业的发展亦有相当的工程技术基础。但是，完整的骨（牙）科材料产业链还有待形成，主要是源头的医用级原材料（如钛合金、磷酸钙等）我国尚无产品标准和定点供应商；此外，植入器械加工的自动化精密设备仍主要依靠进口。

4. 重点技术分析

我国骨（牙）科材料和植入器械产业的振兴，必须立足产业发展的方向和前沿，跨越式地向前发展。支撑其发展的关键技术包括：赋予材料诱导骨（牙）再生的生物功能的设计和制备技术，以及骨组织工程技术，我国学者在这方面已做出开创性工作；材料 / 植入器械表面和表面生物活化改性技术，我国在一系列生物活性涂层等技术方面已取得自主知识产权；骨（牙）科材料和植入器械的计算机设计及快速成型技术和设备，即广义的三维生物打印技术，是支撑新一代个性化骨（牙）科修复材料和植入器械制造的一项革命性技术，并可用于组织工程支架及体外活体骨植入器械等的制造，我国已展开与国际同步的研发工作。

16.2.3　心脑血管系统介 / 植入材料和器械产业 [4, 5]

1. 国际现状及我国发展水平

心脑血管疾病是导致人类死亡的第一大病因，心脑血管系统介 / 植入材料和器械成为国际生物医用材料第二大市场，已占国际生物医用材料市场的约 19%，我国市场的约 26%。其主要产品、市场及其预测如表 16-3 所示。我国心脑血管介 / 植入材料和器械产业发展迅速，已开始向高端产品发展，药物洗脱冠脉支架约 76% 实现国产替代，心脏封堵器国产率已达 90%。

表 16-3　心脑血管系统介 / 植入材料和器械关键产品及其市场和预测

产品类别	国际				国内		
	2013 年销售额 / 亿美元	CAGR/%		2020 年销售额 / 亿美元	2013 年销售额 / 亿美元	2013 ～ 2020 年 CAGR/%	2020 年销售额 / 亿美元
		2008 ～ 2013 年	2013 ～ 2020 年				
血管支架及介入手术器械	136	6.8	12.5	308	31	18	99
血管支架	95	—	13	223	21	18	67
介入手术器械	41	—	11	85	10	18	32
心律调节器械	160	5.4	10	309	6	20	35
心脏起搏器	79	4.0	8	135	3	30	19
植入式除颤器	58	5.7	10	113	2	30	13
电生理器械	23	8.9	15	61	1	20	4
心脏植入器械	84	7.3	10	166	2	24	9
心脏瓣膜	24	11.4	13	56	1.5	26	8
其他（包括人工心脏、封堵器等）	60	5.9	9	110	0.5	13	[illegible]
总计（约）	380	6.3	11	783	39	21	144

2011 年美国雅培公司的全降解高分子药物支架上市，有可能取代相当大部分我国占主导地位的药物洗脱金属支架，以解决后者植入后发生远期血管再狭窄问题；

适于介入治疗的人工心脏瓣膜、智能化心脏起搏器等新型植入器械已经进入国际市场；组织诱导性心肌补片、小口径人工血管也将很快入市，对我国心脑血管介 / 植入材料和器械的发展提出了挑战。

2. 关键产品分析

心脑血管系统介 / 植入材料和器械关键产品及其市场和预测可参见表 16-3。

心脑血管系统介 / 植入材料和器械约 78% 的市场份额被美国美敦力、圣犹达、波士顿科学、雅培、强生等 10 家公司占有。

国内主要生产企业有乐普、上海微创、威高、先健科技（深圳）有限公司（简称先健）、吉威医疗制品有限公司（简称吉威）等。

3. 产业链及产业环境分析

当前人口老龄化已使我国进入心脑血管疾病爆发期，患者已达 2.9 亿人，年死亡人数达 300 万人，因而对心脑血管系统修复材料存在巨大的需求。例如，我国风湿性心脏病患者已达 223.5 万人，需进行心脏瓣膜置换或修补的患者达 18 万人，但年植入量仅 3 万只左右。巨大的临床需求是我国心脑血管产业发展的强劲驱动力。国家医改和管理政策的进一步完善和实施，提高了我国心脑血管疾病患者的支付能力，并为产业的健康发展提供了保障。

4. 重点技术分析

“十三五”期间应重点突破新一代具有自主知识产权的可诱导血管自修复功能的全降解支架及介入手术器械国产化的工程化技术；用于介入治疗的人工心瓣膜、心肌补片和小口径血管的工程化技术；材料表面抗凝血改性技术以及智能化心脏起搏器等。除智能化心脏起搏器需与引进技术相结合外，其他技术突破我国已有相当基础。

16.2.4　医用高分子及高端术中耗材产业

1. 国际现状及我国发展水平

高端术中耗材，主要是指人工肾、人工肝、人工晶体、可降解缝合线、软组织修复、术后防粘黏膜和组织黏结剂等植入体内或与循环系统直接接触的耗材。中国是常规医用耗材生产、使用及出口大国，产销量世界第一，2013 年市场销售额接近 450 亿元，但其不是高端耗材大国或强国，高端耗材的 80% 以上依靠进口。

2. 关键产品分析

表 16-4 为国际血液净化材料和体外循环系统及其市场和预测。

表 16-4 国际血液净化材料和体外循环系统及其市场和预测

产品类别	2013 年销售额 / 亿美元	CAGR/%		2020 年销售额 / 亿美元
		2008 ～ 2013 年	2013 ～ 2020 年	
肾透析系统	147	6.6	10	285
透析器	80	5.9	9	145
透析机	67	7.3	11	140
血液灌流器及自身免疫系统病毒吸附剂等	28	7.0	10	54
总计（约）	175	6.6	10	339

国际透析产品市场主要被费森尤斯（61 亿美元）及百特（31 亿美元）等大型公司垄断①。

眼科耗材涵盖角膜接触镜、人工晶状体、人工角膜等。目前市场规模最大的是用于近视和散光治疗的角膜接触镜，其次是用于白内障治疗的人工晶状体。2013 年眼科材料国际市场已达 130 亿美元，我国为 10 亿美元，2013 ～ 2020 年国际市场 CAGR 可保持 8%，我国高达 26%，但是我国产品技术结构落后，软式可折叠人工晶体、青光眼植入物基本上靠进口，角膜接触镜亦为进口品所主导。

国际眼科耗材市场主要被爱尔康、强生、库博、博士伦和雅培 5 家大型公司垄断。

3. 产业链及产业环境分析

医用高分子术中耗材是生物材料中用量最大的材料，亦是其发展的巨大驱动力。虽然我国是医用高分子常规术中耗材生产、使用和出口大国，但制备常规耗材或器具所需的高分子原材料 90% 以上依靠进口，年耗 100 万～ 200 万吨。与此同时，必需的高分子高端术中耗材原材料如动物源组织、胶原、聚乳酸等能达到医用水平、产业化生产的企业太少。我国医用高分子高端术中耗材产业链起始端尚待形成，且加工技术仍需进一步发展。

4. 重点技术分析

聚砜是人工肾血液透析膜材料应用最广泛的一种高分子材料，应开发磺化聚砜新材料，形成规模化产业，摆脱对国外产品的依赖，同时加强人工肝、人工肺等国产品牌的研发力度；应解决制约我国高端医用敷料发展的材料开发和加工技术问题，如壳聚糖、藻酸盐等纺丝技术，以及胶原蛋白和明胶海绵等生物源材料的处理技术等；加强不含塑化剂的医用高分子材料的开发，彻底解决药物与血液储存与输注过程中塑化剂析出进入药液和血液对人体危害的问题；开发抗辐射老化的医用高分子耗材，解决当前环氧乙烷灭菌消毒带来的对人体的危害和对环境的破坏；同时还要研发软组织修复和人工假体用高分子材料、眼科医用高分子材料，并实现产业化。

① 《莫尼塔（上海）投资发展有限公司研究报告》。

16.3 我国生物医用材料产业发展面临的问题及趋势分析

16.3.1 我国生物医用材料产业发展面临的问题

1. 产业规模小、市场竞争力弱

我国企业规模小、经济和技术实力不强，不仅产品质量不能保证，且难于形成规模化生产，缺乏市场竞争力。2012 年销售额 1 亿元以上的 26 家企业总销售额仅占生物医用材料市场总销售额的 23% 左右，而全球排名前 25 位的医疗器械公司销售额却占全球医疗器械总销售额的 60%。我国生物医用材料产业落后发达国家 10 ～ 15 年。

2. 技术创新与转化能力弱、高端产品依赖进口

我国企业技术创新能力弱，2010 年研发经费平均仅占企业销售收入的 1.77%。2011 年出口产品中 50% 以上出自外企和三资企业，且其中 50% 是对外加工贸易。高端产品的关键核心技术基本上为外商所控制，70% 依靠进口。我国生物医用材料研究虽已进入国际先进水平，但成果工程化、产业化水平低，80% ～ 90% 的成果仍保留在实验室中。

3. 外资化严重

大量外商涌入，通过收购、兼并或控股民营企业，取得产品市场准入许可及销售渠道，逐步吞融中国市场。例如，近 2 ～ 3 年来，我国发展稍好的民营企业北京蒙太因医疗器械有限公司（简称蒙太因）、康辉、创生等已陆续被外资企业收购，加之国外大企业在中国大规模建厂实施就地生产，我国生物医用材料和植入器械产业外资化已是十分需要关注的问题。

4. 管理机制有待完善

在我国，基于现行政策法规，新产品获得市场准入及原产品再注册周期过长，影响着医用生物材料开发和产业发展。另外，管理部门缺乏协调机制，未能形成统一的一盘棋式的全面规划和管理机制，这些都有碍国内生物医用材料产业的发展。根据 2014 年 3 月李克强总理签发的《医疗器械监督管理条例》，应进一步制定完善落实管理细则，充实市场准入评审力量，提高评审人员水平。

16.3.2 “十三五”期间生物医用材料产业发展趋势分析[①]

传统（常规）的生物医用材料时代正在过去，可再生人体组织和器官的新一代

---

① 《2014 年美国材料基因组计划的战略规划草案》。

生物医用材料已成为其发展的方向和前沿，并正处于实现重大突破的边缘。未来20年左右的生物医用材料产业将以可再生人体组织的材料和植入器械为主体，以在其引导下的表面改性（常规）植入器械为补充。在我国高技术生物医用材料市场和关键技术已被外商控制的情况下，立足生物医用材料科学与产业发展的前沿，以可再生人体组织和器官的新一代生物医用材料为重点和方向，实现跨越式的发展，是进一步发展我国生物医用材料产业的最佳途径，也是改变以低、中端产品为主，提升产业技术水平，调整产业技术结构的方向。

支撑生物医用材料科学与产业革命性变革的关键技术包括：基于生物医用材料基因组研究的新材料设计与表征技术；适用于个性化治疗的三维生物打印的生物制造技术；材料表面改性技术；生物可降解及智能材料设计与制备技术；介入治疗技术及器械；体外或短期体内试验、检验、评价新一代材料及植入器械长期生物相容性的模型及新方法；等等。此外，与信息技术结合的植入性微电子器械亦是其十分活跃的研究领域。在分子水平上深化材料与机体相互作用的认识，建立和完善新一代生物医用材料的科学基础或理论体系亦是产业发展的重要任务。基于临床需求，重点发展的领域包括：肌肉-骨骼系统、心脑血管系统修复材料及高端医用耗材，并以此推动产业结构调整，形成以大型企业或企业集群带动中、小型企业发展的产业结构。

16.4 生物医用材料产业发展重点案例

16.4.1 心血管材料向高端产品发展

中国冠脉血管支架介入性治疗手术在2002年冠脉支架植入量仅为4.0万套，2011年增至65万套，10年间增长大于15倍。2005年以前，中国心血管支架介入器械市场主要被国外产品占据，随着我国对海外优秀人才的积极引进，对核心技术的不断探索和创新，国产支架的市场占有率逐年增加，2011年已占据70%以上的国内市场。且我国心血管系统植入器械已向高端产品发展。

16.4.2 威高成为有中国特色的大型高端医疗器械企业

威高成立二十多年来，走出了一条以市场为导向、企业为主体、高校和科研院所为技术依托、临床需求为牵引的产学研相结合的道路，实现了产品由中低端向高端、企业由小向大的跨越。

目前该公司拥有30多个系列、400多个品种、6 000多个规格的高端生物医用材料和器械。2013年销售额达100多亿元人民币，成为国内最大的生物医用材料企业。

16.4.3 上海微创收购美国Wright公司关节重建业务

2013年6月，上海微创以2.9亿美元成功收购美国Wright公司旗下OrthoRecon

系列产品 Evolution 全膝关节和 Superpath 微创伤复位关节器械，布局全球骨科植入物市场。这是迄今为止国内医疗器械公司最大的一次海外并购。上海微创此次收购行为，为中国医疗器械企业长远发展、做大做强提供了借鉴。

16.4.4 可诱导骨再生的骨修复材料问世

中国工程院院士张兴栋及其团队（四川大学）在国际上率先发现并确证无生命的生物材料可诱导有生命的骨形成，建立生物材料骨诱导理论雏形，首（独）创骨诱导人工骨，2003 年获国家食品与药品监督管理局市场准入认可，迄今临床应用有 10 万余例，疗效良好。张兴栋院士及其团队进一步转移技术，合资建立了高技术生物材料生产企业以扩大生产，宣告了“划时代的用于再生医学的骨诱导材料的到来”。2014 年张兴栋院士也主要因此成果获选美国国家工程院院士（外籍）。

16.5 促进生物医用材料产业发展的政策建议

16.5.1 强化顶层设计，统筹协调发展

为了便于组织协调、统筹规划、集中力量、突出重点、统一使用国家有限的科研创新资源，建议国务院成立跨部门的“国家医疗器械产业发展领导小组”，以统一协调和引导我国医用生物材料和植入器械产业的发展。

16.5.2 建立公用科技创新平台及资料库

我国尚缺实力强大的大型企业支撑，且企业自身具有逐利性，因而要求其主动将技术向行业扩散有一定的难度。所以我国急需建立开放性的公用科技创新平台及资料库以支撑行业发展，特别是新一代生物医用材料的研发，包括：建立国家级跨部门、跨学科、产学研医结合的协同创新中心，以及以其为核心的研发网络；建设与国际接轨的或互认的生物医用材料临床试验专业平台；建立生物医用材料基因库。

16.5.3 扶持创新型中、小型企业及大学和科研院所研发机构的发展

生物医用材料研发周期长，市场准入认可难度大，产品及技术更新换代周期短，新产品、新技术研发耗时、耗资。2012 年国际医疗器械企业达 27 000 余家，90% 以上为小、中型企业，从事较为单一的产品生产，缺乏市场竞争力。通过收购或兼并中、小型企业以获取现成新技术和市场，成为更大甚至巨头公司实现产品多元化、提高产业集中度的重要途径，与此同时相应减少了大公司研发人力和经费的投入。国际生物材料企业这种研发模式的变化更值得关注，加之中国生物材料产品市场约 80% 为中、小型企业及大学和科研院所，研发工作的发展更应纳入规划。

16.5.4 完善生物医用材料监管及相关政策法规

遵照2014年3月李克强总理签发的《医疗器械监督管理条例》，认真梳理有关医疗器械监管措施，完善有关政策规定，制定实施细则。建议特别关注和完善以下政策：①对承担高端医疗器械研究制造任务的企业和单位加大研发经费支持力度，制定税费减免政策、人才招聘优惠政策等；②对国产创新产品实行政府优先采购政策；③将使用国产创新产品项目纳入医保报销目录政策等；④对新一代组织再生材料产品的注册开设或完善绿色通道等。

16.5.5 加大国家引导性资金投资力度，拓宽融资渠道

生物医用材料虽然技术附加值高，但产品市场准入难度大、周期长、投资难以立竿见影，短期内难获得回报。应当加大国家引导性资金投入力度，建立风险投资基金，吸引社会资金投入，形成多渠道融资机制，确保产业发展资金来源。

审稿：殷敬华　王云兵

参考文献

[1] Ratner B D，Hoffman A S，Schoen F J，et al. Biomaterials Science：An Introduction to Materials in Medicine（2nd ed.）. Waltham：Academic Press，2004.

[2] The Lewin Group. State economic impact of the medical technology industry，2010.

[3] Dorsey E R，de Roulet J，Thompson J P，et al. Funding of U.S. biomedical research，2003—2008. JAMA，2010，302（2）：137～143.

[4] Coronary Stents Market. Global industry analysis，size，share，pipeline overview，growth，trends and forecast，2013—2019，2014.

[5] 产业经济研究院．中国心血管介入器械市场调研分析与投资前景预测报告（2014—2019年），2014.

第 17 章

高温合金材料产业

张国庆　肖程波　张　勇　刘　娜　张明军

【内容提要】高温合金是航空航天、舰船、兵器、核电、超超临界火力发电及石化等领域不可缺少的重要材料。2012 年全球高温合金用量为 28 万吨，市场规模达 100 亿美元，形成了完整产业链。我国未来需加强科研成果向产业发展转化，推动研发水平和产业化能力提升，加快我国高温合金产业持续发展。本章主要介绍了高温合金材料产业的发展现状，以及我国高温合金材料产业面临的问题及发展趋势，并列举一系列重点案例，最后对促进我国高温合金产业发展提出了相关建议。

17.1　高温合金材料产业的概念及范畴

高温合金材料具有高温强度高、抗氧化和耐腐蚀性优异、组织稳定性好等特点，成为航空航天、核电、石化、火电等领域的关键材料 [1]。其按成型工艺可分为变形、铸造、粉末三类，主要用于制造航空发动机、燃机的涡轮叶片、导向叶片、涡轮盘、压气机盘、机匣和燃烧室等热端部件，以及航天飞行器、火箭发动机、车用涡轮增压发动机、核反应堆、石油化工设备及煤电转化等能源装置等。

17.2 高温合金材料产业发展现状

17.2.1 总体现状

（1）需求量大，市场竞争激烈。随着航空航天技术的快速发展、燃气轮机量产及涡轮增压发动机的应用，我国高温合金需求量将大幅增加。军民用航空发动机潜在需求将分别达到2.9万台与2万台，核心高温合金部件年产值将达80亿元。未来15年我国工业燃机的市场空间将超过500亿元，每年高温合金的市场需求约7亿元。此外，我国天然气开采用的镍基耐蚀合金无缝管年需求量约为15 000吨。镍基耐蚀合金板带在石化、核电、环保等领域应用广泛，产品需求近20 000吨/年，目前主要依赖进口。

（2）牌号多，技术成熟度低。高温合金生产工艺难度大、投入高、产品需求量相对较小。我国在发展初期以型号需求为牵引、国家配套项目为支撑的发展模式实现了快速技术攻关，但也造成国产高温合金“多品种、小批量”的特点；材料研制重点解决了“有、无”问题，但对基础研究不深入，影响了批产质量的稳定性。目前研制开发的高温合金牌号多达200余种。

17.2.2 变形高温合金产业

1. 国际现状

欧美与俄罗斯等航空强国十分重视变形高温合金的研发，技术不断进步，体现在以下三个方面。

（1）熔炼工艺先进。针对不同使用对象，采用不同的熔炼工艺。航空发动机转动件用变形高温合金较多采用三联（真空感应熔炼+气氛保护电渣重熔+真空自耗重熔）熔炼工艺制备，非转动件多使用真空感应熔炼+真空自耗重熔工艺。合金锭型尺寸进一步增大。大规格棒材（≥200毫米）晶粒细小、组织均匀、批次性能波动小、成本低。

（2）工程化应用研究深入，技术成熟。针对合金材料的应用研究深入透彻，结合热加工工艺实现了“一材多用”。形成了原材料→冶炼→热加工→冷加工→成品件→废料回收产业链，通过充分利用返回料，既节省资源，又降低成本。

（3）市场规模不断扩大，竞争激烈。变形高温合金应用广、用量大，市场竞争激烈。Inconel718用量约占变形高温合金总用量的1/2，在美国就有ATI、SMC和CARPENTER三家工厂生产Inconel718。

2. 我国发展水平

1）工程化应用研究技术成熟度低，关键技术未获突破

目前我国大规格高温合金棒材存在夹杂物含量高、组织不均匀问题。国产盘锻件、

环形件等下游产品一直受到棒材质量影响。目前我国还没有掌握制备 Φ200 毫米以上难变形高温合金棒材的制备技术。此外，发动机高温合金紧固件用冷拉棒材绝大部分依赖进口，国产冷拉棒材杂质元素含量偏高，不同批次间性能波动大、组织均匀性差。

2）国内市场需求快速增长

我国变形高温合金需求量增加迅速。燃气轮机盘件与叶片、地面燃机盘件和叶片，以及超超临界火力发电、石化、海洋油气开采用大型锻件和管材等市场需求量快速增加。

3）返回料利用率低，生产成本高

因熔炼技术水平落后，我国变形高温合金返回料循环再利用率低，国产变形高温合金产品成本较高。

3. 关键产品分析

高品质变形高温合金棒材是高性能产品（盘件、环形件、紧固件等）制备的重要基础。钢锭采用双真空熔炼或三联熔炼，然后使用热处理炉均匀化退火，再开坯锻造制备出组织均匀、晶粒细小的变形高温合金棒材。按规格和工艺不同，变形高温合金棒材分为锻棒、热轧棒和冷拉棒。

4. 产业链及产业环境分析

我国变形高温合金产业链分为四部分：上游产业为原材料产业；中游产业是各种规格的高品质棒材产业；下游产业包括变形高温合金涡轮盘、紧固件、板带丝材、管材、环件产业等；此外还包括测试仪器和生产设备产业。

5. 重点技术分析

1）棒材纯净化熔炼及制备技术

纯净化熔炼主要解决的是我国变形高温合金材料中存在的夹杂物含量高、性能波动大、合格率低等突出问题。美国采用三联纯净熔炼工艺制备的 IN718 合金中夹杂物数量明显减少，使 IN718 涡轮盘使用寿命大于 3 万小时，而国内的 GH4169 盘件寿命远低于该值。目前我国已开展高温合金棒材三联纯净熔炼制备研究，制备技术难点在于合金热加工抗力大。

2）冷拉棒材及丝材制备技术

冷拉棒材质量与发动机用高温合金紧固件的性能直接相关。国产紧固件用冷拉棒材在组织性能、表面质量和生产稳定性方面与国外相比存在一定差距。

3）高性能盘件精密锻造技术

涡轮盘是先进燃气涡轮发动机的核心关键热端部件之一，要求具有良好的力学性能、工艺性能及优异的抗疲劳性能。锻造温度、变形量和变形速率对盘件性能影响大。

17.2.3　铸造高温合金产业

1. 国际现状

20 世纪 50 年代，等轴晶铸造高温合金迅速发展，“以铸代锻”大量用于航空发动机涡轮叶片制备[2]，陆续出现了性能优异的 IN100、IN713LC、B-1900、MAR-M200 等合金。中航工业北京航空材料研究院最早研制了 K401 铸造高温合金，随后研制了 K405、K406、K4002、K419、K406C、K465、K447A 等等轴晶合金。我国等轴晶铸造高温合金合金化程度高、成型性好，与国外相比，主要是铸造工艺及设备上存在差距。

为满足高性能航空发动机的设计需求，航空发达国家十分重视单晶高温合金制备工艺的研究。20 世纪 90 年代中后期美国 Allison、GE、P&W 等公司研究出的双层壁冷结构的单晶叶片已用在发动机上。英国罗尔斯•罗伊斯（简称罗•罗）公司研制的双层壁超气冷单晶叶片已成功应用到发动机中。俄罗斯发明了叶片壁内孔型结构与制造技术，一次性铸出叶片中心孔和叶片壁厚内的细孔，获得孔型冷却系数达 0.7 以上的高效气冷叶片，且已完成发动机试验。

2. 我国发展水平

我国自 20 世纪 80 年代初开始研制单晶高温合金，现已研发出具有低成本、高性能特点的第一代合金 DD3、第二代合金 DD6、抗热腐蚀型合金 DD8 等具有自主知识产权的单晶合金。目前初步具备了单晶叶片的小批量试制或生产能力，满足了我国先进航空发动机研制需求。

在地面燃气轮机用铸造高温合金材料产业方面，国外燃气轮机技术已发展到第四代。我国在地面燃机涡轮叶片或喷嘴的应用上与国外有很大差距。国内在等轴晶材料仿制、等轴晶叶片制备及应用方面开展了较多的工作，在 F 级地面燃气轮机用的定向合金、第一代单晶合金方面的研制刚起步，缺乏工程应用研究和考核验证，针对 H 级以上地面燃气轮机要用的第二代单晶合金的研制则刚刚开始。

3. 关键产品分析

铸造高温合金以其承温能力高、组织稳定、抗氧化 / 腐蚀性能好等优点，是目前所有航空发动机 / 燃气轮机涡轮叶片的材料。例如，在航空发动机中，一般高压涡轮工作叶片采用定向 / 单晶铸造高温合金，后续温度相对较低的级数的涡轮工作叶片及导向叶片普遍采用等轴晶或定向合金。工业燃气轮机涡轮叶片用材原则和航空发动机一致，涡轮前 1 ～ 2 级采用定向 / 单晶铸造高温合金，后续 2 ～ 4 级普遍采用等轴晶铸造高温合金。

4. 产业链及产业环境分析

铸造高温合金质量和可靠性取决于设计、材料、工艺的技术综合，目前全世界铸造高温合金核心技术及产业链被几家国际大企业（如美国 PCC、Howmet 等）垄断。

在航空领域，全球现运行的航发数量超过 4 万台，考虑到新机研制、批产、大修等，航空用铸造高温合金需求在逐年增加。美国 Howmet、GE、PCC 公司，法国 Allison、SNECMA 公司，英国罗•罗公司，俄罗斯 SALUT 发动机制造厂等均大量生产铸造高温合金铸件，品种包括涡轮叶片、导向叶片、叶片内外环、喷嘴扇形段、封严块、燃油喷嘴等。

在工业燃机领域，重型燃机发电在发达国家已超过 50%，舰船燃机在全世界已装备上万台，加上管线增压、热电联产、分布式电源用燃机领域，铸造高温合金的需求与航空发动机齐头并进。

我国铸造高温合金虽然发展很快，但高端精铸件比例小。在航空发动机、燃机领域，产业非常薄弱。虽然国家各级部门近年来均有资金和政策支持，但要国内科研院所和企业在短时间内实现众多的关键技术突破进而实现产业化，比较困难。

5. 重点技术分析

未来 5 ～ 10 年，我国铸造高温合金材料产业需要掌握的重点技术包括如下几个方面。

（1）等轴晶高温合金微晶铸造技术。

（2）大型复杂结构铸件整体成型技术。

（3）第三、四代航空用单晶高温合金材料及应用技术。

（4）密均细组织高效气冷单晶叶片精确制造技术。

（5）单晶高温合金复杂空心叶片制备技术。

（6）大尺寸地面燃机定向 / 单晶高温合金材料及叶片制备技术。

17.2.4 粉末高温合金产业

1. 国际现状

目前全球只有美国、俄罗斯、英国、法国等掌握了粉末高温合金部件的生产技术。粉末高温合金盘件的发展是从 20 世纪 60 年代开始的，80 年代以前主要以发展制造技术为主，追求高强度，生产出以 Rene95、In100、MERL76 为代表的第一代粉末高温合金涡轮盘。美国 P&W 公司于 1971 年在 F100-PW100 发动机上使用 IN100 粉末高温合金涡轮盘，至今已有 3 万多个粉末盘在服役。新型高效发动机 PW-2037 有 5 个 MERL76 粉末盘。美国 GE 公司自 70 年代中期起，已在 F101、F404、T700 等军民用发动机上采用了粉末盘。80 年代后期，粉末盘材料的发展主要为合金和工艺并重，出现了适应损伤容限设计的第二代粉末高温合金涡轮盘材料，成为高推重比航空发动机的唯一选择，如 F120 和 M88 发动机分别采用了 Rene88DT 和 N18 粉末高温合金涡轮盘、F119 发动机使用了双性能涡轮盘等。

俄罗斯粉末高温合金的发展虽起步晚，但其发展和应用的水平却较高，与西方国家实力相当。俄罗斯粉末高温合金的研究始于1973年，80年代初研制出军用发动机盘件，80年代末研制出民用发动机盘件。目前已有数种航空发动机以及某些火箭发动机等使用粉末高温合金涡轮盘。截至1995年已使用的粉末高温合金涡轮盘轴类总数超过4万件，使用时间累积超过100万小时，单件使用时间短寿命要求件达1 500小时，长寿命要求件已达10 000小时。

2. 我国发展水平

我国粉末高温合金的研究从20世纪80年代初开始，集中在中航工业北京航空材料研究院和钢铁研究总院[3]。尽管我国在粉末高温合金研发、关键设备建设等方面做了大量工作，取得了巨大成就，初步建成了粉末高温合金研究、开发和生产体系，但因其工艺复杂、制造工艺难度大，与先进航空发动机要求及欧美先进技术相比还存在较大差距，表现在如下几个方面。

（1）粉末涡轮盘成本偏高，应用范围受限制。这是因为粉末涡轮盘制造工艺流程复杂，控制要求严格。

（2）粉末涡轮盘纯净度偏低。粉末涡轮盘的缺陷主要包括原始颗粒边界和非金属夹杂物等。纯净度偏低影响粉末涡轮盘的合格率和使用寿命。

（3）材料成熟度偏低。国外研制成功的三代粉末高温合金已广泛应用于军民用航空发动机，而我国粉末高温合金成熟度低于8级。

（4）粉末涡轮盘核心技术有待进一步突破。氩气雾化制粉、挤压开坯、锻造成型、双性能涡轮盘制造、双幅板涡轮盘制造、整体叶盘制造等技术均需进一步研究与发展。

3. 关键产品分析

粉末高温合金产品包括喷射成型锭坯、合金粉末、热等静压锭坯、棒材、板材、涡轮盘、封严盘等。

4. 产业链及产业环境分析

粉末高温合金产业链包括上游金属镍、钴、铬、钨等原材料产业，中游合金粉末产业和热等静压加工产业，下游粉末涡轮盘产业、封严盘产业等。该产业链已相对完整，产业发展的关键技术与国外差距逐步缩小，示范应用已居于世界前列。我国粉末高温合金产业已成为全球高温合金产业变革中转型升级发展最快的区域之一，具备了由大变强的发展基础。

5. 重点技术分析

1）新一代粉末高温合金材料技术

新一代粉末高温合金优异的综合性能归功于成分优化设计和制备工艺的合理

制定。为了适应更高性能航空发动机发展的需要，开展我国第三代和第四代使用温度为 800℃以上、具有高强 + 损伤容限型特性的粉末高温合金的研制工作势在必行。

2）纯净高温合金细粉制备技术

涡轮盘等热端部件对高温合金粉末的粒度、纯净度、形貌等方面的要求越来越高，推动高温合金粉末制备技术朝着细化、少夹杂、高球形度、高效率、低成本方向发展。目前美国用于挤压的粉末粒度≤ 53 微米或≤ 45 微米。俄罗斯目前大量使用的 PREP 粉末粒度为 50 ～ 140 微米，为进一步降低粉末中的夹杂尺寸，俄罗斯也在考虑采用更细的粉末。针对先进航空发动机粉末涡轮盘对高品质粉末日益增长的需求，急需开展高纯净细粉制备技术研究。

3）粉末高温合金前沿制备技术

粉末高温合金前沿制备技术包括双性盘、双幅板、整体叶盘及挤压成形和全封闭等温锻等。高性能发动机用涡轮盘的盘心部位承受低温高应力，需要细晶组织以保证足够强度和疲劳抗力，而边缘部位则承受高温低应力，需粗晶保证良好的高温蠕变性能和持久性能。目前采用同一种合金制备出轮缘和轮毂部位具有不同显微组织的双组织、双性能盘成为关注热点。

17.3 我国高温合金材料产业发展面临问题及趋势分析

17.3.1 面临问题

国内高温合金材料产业发展面临的主要问题如下。

第一，型号牵引研制的高温合金牌号多，满足了型号需求，但每种牌号批量都较小且比例较低，加之技术细节研究不透，质量稳定性较低。因而，淘汰一批性能相近的材料，建立新材料产业体系，是高温合金材料产业规模化发展的必然要求。

第二，国产材料质量稳定性较差，有些主干工艺尚未完全成熟。应加强基础研究，研究单位要和工程结合以找准问题根源，如性能波动到底是纯度、偏析还是组织控制问题，组织力量攻关解决；另外，高温合金因生产链长，针对质量控制的工艺研究耗资巨大，普通项目无力承担，多个项目又难以互相结合，因此，一种材料研发成功进入批产后，各种质量问题持续出现。需要加强对重要工艺环节共性控制机理的认识，优化工艺参数。学习国外企业先进的在线质量控制技术，改变国内以经验控制质量的现状。

第三，“十二五”和今后十年，国内高效能源、海油开采、石化、核电设施等高端装备制造对镍基耐温、耐蚀合金的需求很大，国内材料及低成本生产技术的开发虽起步较晚，但发展势头强劲。另外，国内一些可驱动高温合金产业提升的前瞻性、先导性工艺技术近年已有突破，一些重要核心技术已呈现出革命性突破的先兆，但缺乏统筹支持，难以实际应用。

17.3.2 “十三五”期间高温合金材料产业发展趋势分析

1. 开展成本更低、可靠性更高的新材料研发

发展具有良好工艺性能的第三代、第四代单晶合金，满足先进航空发动机的发展需求；发展兼顾强度、抗热腐蚀性能及工艺性能的定向和单晶合金，满足先进地面燃气轮机的发展需求；发展第四代双性能粉末涡轮盘；发展新型轻质高温结构材料，满足发动机的减重、长寿命要求；发展低成本、高性能汽车涡轮增压器转子材料和制备技术。

2. 发展热端材料的新工艺、新技术

发展高温度梯度液态金属冷却定向凝固技术，提升现有定向和单晶合金的性能水平；发展承温能力更高的新材料，提高复杂叶片特别是大型燃机叶片的成品率；发展纯净化冶炼技术，降低高温合金中有害元素含量，提高合金综合性能等。

3. 发展新型复杂和大型构件的制造技术

单晶复杂层板冷却叶片已在国外先进发动机和燃机中应用，是高推比发动机的关键热端部件；先进的冷却技术能够有效提高叶片的使用温度。随着冷却技术的发展，国外进口温度为 1 500℃和 1 350℃的重型燃机都采取了高效气膜冷却等冷却技术，叶片制造技术趋于复杂化、精密化、大型化。F、H 级燃机的导向、工作叶片均为大型定向和单晶叶片，长度超过 600 毫米的定向叶片、超过 450 毫米的单晶叶片决定了 H 级及以上燃气轮机的发展速度。

重型燃机的突出要求是涡轮盘大型化（直径达 Φ1 850 ～ 2 200 毫米）。而冶炼重型燃机用的变形高温合金大规格钢锭（Φ685 ～ 915 毫米，重 6 000 ～ 15 000 千克）的制备是技术难题之一。

双性能整体涡轮盘在航空发动机中将大量应用，因为减重是未来航空发动机发展的重要趋势。

17.4　高温合金材料产业发展重点案例

17.4.1　中航工业北京航空材料研究院

中航工业北京航空材料研究院（简称航材院）是我国面向航空工业的唯一的综

合性材料研究机构。航材院先进高温结构材料重点实验室不但承担着高温结构材料基础研究和应用研究任务，还起到联系应用研究和工程化研究的桥梁作用，肩负着众多国家重点型号关键技术的攻关任务和向航空工厂输出技术的使命。

在变形高温合金方面，航材院建成了一个中试型变形高温合金应用研发平台，设备包括真空感应熔炼 + 气氛保护电渣 + 真空自耗三联纯净化熔炼设备、快锻机、精密轧机以及先进检测分析仪器、仿真软件等，初步建成了变形高温合金多品种、小批量生产基地。该中试平台实现了硬件和软件融合，为工程化应用技术优化提供支持，推动变形高温合金工艺标准制定。同时可加快产业技术创新并探索科研单位作为技术创新主体、联合企业产业化的新模式。

在铸造高温合金方面，航材院自 20 世纪 60 年代起一直从事铸造高温合金研制生产，是国内最大的铸造高温合金生产研发中心、单晶铸造高温合金叶片研发及生产基地，单晶叶片国内市场份额占 90% 以上。其建立了一支多学科、多专业、配合密切、年龄结构合理的人才队伍，是国内航空发动机、燃气轮机叶片铸造领域的技术龙头，国内航空发动机工厂用的涡轮叶片等轴晶技术、定向凝固技术均是航材院转让的。航材院拥有叶片生产的完整成套设备，具备年产 10 万件涡轮叶片的生产能力。

在粉末高温合金方面，依托粉末高温合金涡轮盘工程化应用研发平台，航材院粉末高温合金盘件研究与工程技术中心致力于粉末冶金高温合金、钛铝基合金等的研发，在合金材料开发、气雾化制粉、净尺寸成型、挤压锻造等技术领域处于国内领先水平。粉末工程技术中心拥有多套先进的制粉、筛分、包套封焊、热等静压、热处理及检测等设备，具有良好的粉末冶金技术研究与工程化条件，成为我国军民用先进粉末冶金材料自主创新研究、重大关键技术攻关和工程化应用的重要基地。

17.4.2 钢铁研究总院

钢铁研究总院是研究钢铁材料及冶金工艺综合技术的科研院所，形成了以冶金新材料为主的材料科学与工程体系，成为国防军工和国民经济建设中重要的冶金材料研发基地。为国家“两弹一星”、长征系列运载火箭、“神舟”号飞船等研制开发出具有国际先进水平的关键材料。高温结构材料是钢铁研究总院的重点研究方向之一，为我国航空航天、舰船和兵器等国防工业的发展提供了高温合金材料和技术支撑，已形成变形、铸造、粉末高温合金和金属间化合物四大高温材料体系和科研队伍。

17.4.3 中科院金属研究所

中科院金属研究所成立于 1953 年，是新中国成立后中科院创建的首批研究所之一。其为国家若干重大工程提供了关键材料，完成了大量高难度的科研任务，是我国高性能金属材料研究与发展的重要基地。中科院金属研究所的高温合金研究部主要从事航空航天发动机用高温结构材料的合金设计、制备工艺、微观结构和使役性能等方面的研究，开发了一系列铸造、变形高温合金材料及制备工艺，研究成果在航空航天、舰船、能源和石化等领域广为应用。

17.4.4 抚顺特钢公司

抚顺特殊钢股份有限公司（简称抚顺特钢公司）是我国最早的高温合金生产企业。其产品广泛应用于国内外的航空航天、石化、核能、汽车、电力、有色冶金等领域，产品覆盖锻材、轧材、板材、管材、丝材、带材。其配合承担国家大量变形高温合金科研项目，同钢铁研究总院、航材院、中科院金属研究所、北京科技大学等科研院所保持长期合作。

17.4.5 宝钢特钢公司

宝钢特钢有限公司（简称宝钢特钢公司）前身为上海第五钢铁厂，创建于1958年，是我国最早的特殊钢生产基地之一。该公司拥有特种冶金、不锈钢、高温合金长材、银亮钢、合金板带及钢管等多条现代化的生产线，形成了以特冶、不锈钢、结构钢三大系列为核心的产品体系，并聚焦于航空航天、能源、汽车三个关键行业，以及模具钢、轴承钢、冷轧辊 / 芯棒及不锈钢线材四大类专业化产品。

17.4.6 攀钢长城特钢公司

攀钢集团江油长城特殊钢有限公司（简称攀钢长城特钢公司）始建于1965年，是我国重点特殊钢科研生产基地。其产品涉足航空航天、航海、电子、石油化工等领域。研发的金属材料大量用于“神六”重要部件及其他重要工程。G50、Cu4Nb等产品市场占有率居国内第一，高温合金、高合金模具钢达1/3以上，核电管填补国内空白，航空精密管国内领先。

17.5 促进高温合金材料产业发展的政策建议

17.5.1 坚持统筹规划，加强顶层设计

从国家发展战略层面对高品质高温合金基础研究、前沿技术开发、应用研究和产业化的全链条进行统筹规划和顶层设计，通过国家“973”计划、“863”计划、科技支撑计划、中小企业技术创新基金的联动，整合和调动各类创新资源，促进高品质高温合金领域的科学发展。

17.5.2 坚持需求优先，聚焦发展重点

面向国家重大需求，瞄准国际科技前沿，以清洁能源、现代交通、先进制造等领域所涉及的战略高技术特殊钢材料为重点，突破高温合金高性能化与低成本、绿

色制造核心关键技术，形成自主知识产权，为高品质高温合金产业及相关产业发展提供科技支撑。

17.5.3 坚持创新引领，促进产业升级

选择一批有基础的创新型企业，通过国家科技计划的联动、高校院所和企业资源的结合、科技与金融资本的衔接，推进科技创新成果的转化与产业化示范，提升企业的技术创新能力和国际市场竞争能力，以科技创新促进高温合金产业升级与增长方式转变。

参考文献

[1] 师昌绪，陆达，荣科．中国高温合金四十年．北京：中国科学技术出版社，1996.

[2] 师昌绪，仲增墉．中国高温合金五十年．北京：冶金工业出版社，2006.

[3] 郭建亭．高温合金材料学：高温合金材料与工程应用（下册）．北京：科学出版社，2010.

新能源汽车
产业篇

第 18 章

新能源汽车产业

钟志华　欧阳明高　抄佩佩　万燕波　高金燕

【内容提要】在政府的高度重视和密集的政策扶持下，我国新能源汽车产业环境持续改善，技术水平大幅提升，示范推广进展明显，产业化进程不断加快。本章内容立足于我国新能源汽车产业发展现状，选取新一轮新能源汽车示范运营工程为重点案例，对产业环境、市场推广、产品技术、商业模式、基础设施等新能源汽车产业发展的关键要素进行了系统分析，对“十三五”新能源汽车的市场和产品技术趋势进行了初步预测，并从环境保障、产品供给、市场需求三个角度剖析了制约我国新能源汽车产业发展的主要问题，并提出了相应的政策建议。

18.1　新能源汽车产业的概念及范畴

随着产业进步及技术发展，我国对新能源汽车的定义在不断变化，所包含的车辆类型也逐渐由模糊变得清晰。2009 年，根据《中华人民共和国工业和信息化部公告》（工产业〔2009〕第 44 号）[1] 的定义，“新能源汽车包括混合动力汽车、纯电动汽车（BEV，包括太阳能汽车）、燃料电池电动汽车（FCEV）、氢发动机汽车、其他新能源（如高效储能器、二甲醚）汽车等各类别产品”。2012 年，根据《节能与新能源汽车产业发展规划（2012—2020 年）》[2] 的内容，新能源汽车分类包括插电式混合动力汽车、纯电动汽车和燃料电池汽车，主要特征是采用新型动力系统，是指完全或主要依靠新型能源驱动的汽车，不再包含氢发动机汽车和其他新能源（如高效储能器、二甲醚）汽车。目前这一定义被行业广泛接受及使用。

2012 年 7 月，根据《国家“十二五”规划纲要》和《决定》的部署和要求，《规划》[3] 将新能源汽车产业列入国家战略性新兴产业。新能源汽车产业作为国家七大战略性新兴产业之一，未来发展将以纯电驱动为主要战略取向，当前重点是推进纯电动汽车和插电式混合动力汽车产业化。

18.2 新能源汽车产业发展现状分析

真锂研究的数据显示，2013 年全球新能源汽车销量共计 22.55 万辆左右，较 2012 年的 12.96 万辆增长约 74%，整体呈现出快速增长趋势。插电式、纯电动汽车电池技术进步加速，产业化进程提速，2013 年销量分别为 9.62 万辆和 12.93 万辆，占比分别为 42.66% 和 57.34%；燃料电池汽车研发稳步推进，继续占据电动汽车技术制高点。美国、欧盟、日本及中国为全球电动汽车主力市场，2013 年市场份额依次为 43.95%、32.81%、14.36% 和 6.03%；其他国家和地区合计市场份额不到 3%。

18.2.1 总体情况

从产销量来看，2014 年上半年，我国新能源汽车生产 20 692 辆，销售 20 477 辆（图 18-1），同比分别增长 2.3 倍和 2.2 倍。其中销量已超过 2013 年全年，并接近十城千辆节能与新能源汽车示范推广应用工程（简称十城千辆工程）的推广总量（27 432 辆），预计 2014 年全年新能源汽车的销量将突破 5 万辆，届时我国新能源汽车保有量将由 2014 年上半年的 5.2 万辆增长至 8.2 万辆以上。

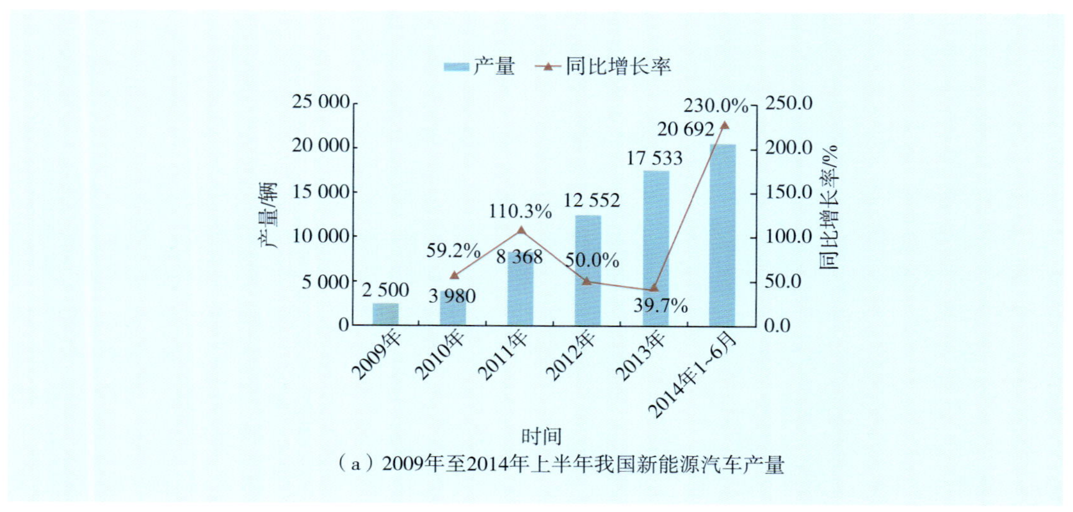

（a）2009年至2014年上半年我国新能源汽车产量

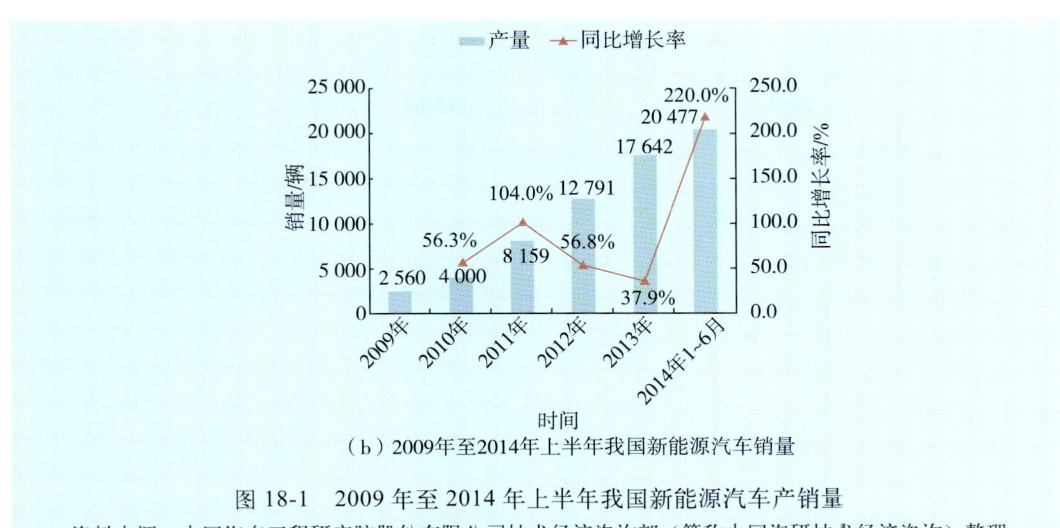

（b）2009年至2014年上半年我国新能源汽车销量

图 18-1 2009 年至 2014 年上半年我国新能源汽车产销量

资料来源：中国汽车工程研究院股份有限公司技术经济咨询部（简称中国汽研技术经济咨询）整理

从车型来看，纯电动汽车为我国新能源汽车应用的主力车型。在推广总量中占比达 73.4%，插电式混合动力汽车占比为 26.4%，燃料电池汽车目前仍处于产业化初期，占比不到 0.2%（共推广 96 辆）。新能源车总保有量中，乘用车车型为最大市场，占比达 61% 左右，客车车型占比约为 29%，专用车车型占比 9.8%（图 18-2）。

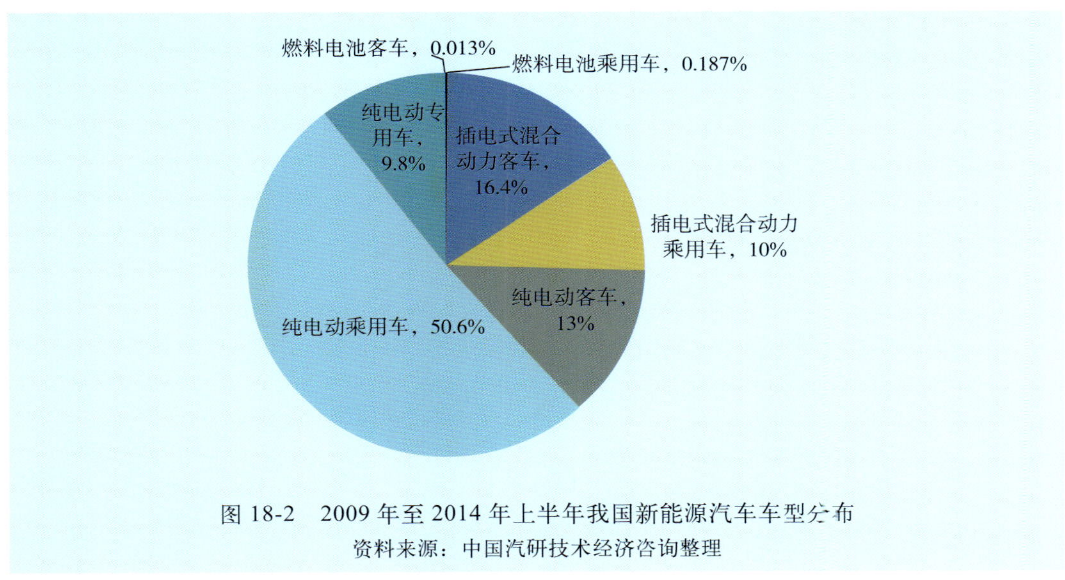

图 18-2 2009 年至 2014 年上半年我国新能源汽车车型分布

资料来源：中国汽研技术经济咨询整理

从应用领域来看，私人领域占比由十城千辆工程（2009 ～ 2012 年）中的 14%，于 2013 年增长至 21%，2014 年上半年增长至 62%，截至 2014 年上半年在推广总量中的占比达到 31%。公共领域车型在总保有量中的占比仍为多数，截至 2014 年上半年占比达 69%（图 18-3）。

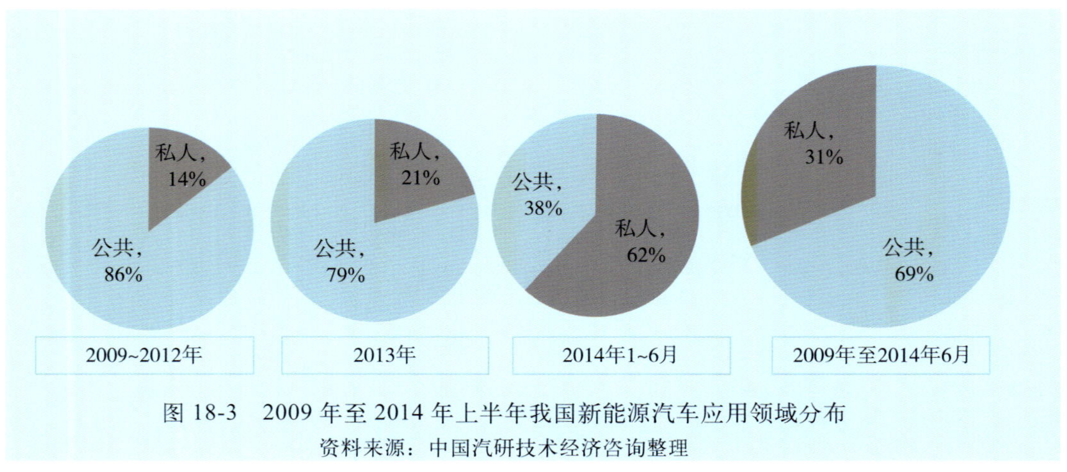

图 18-3　2009 年至 2014 年上半年我国新能源汽车应用领域分布

资料来源：中国汽研技术经济咨询整理

从生产企业来看，华普、江淮、北汽、比亚迪为 2013 年全国新能源乘用车产销量排名前四的企业，均超过 1 000 辆；宇通、比亚迪、五洲龙、恒通为新能源商用车推广数量排名靠前的企业，产销量均在 500 辆以上，其中宇通表现得最为突出，推广数量突破 1 000 辆（图 18-4）。

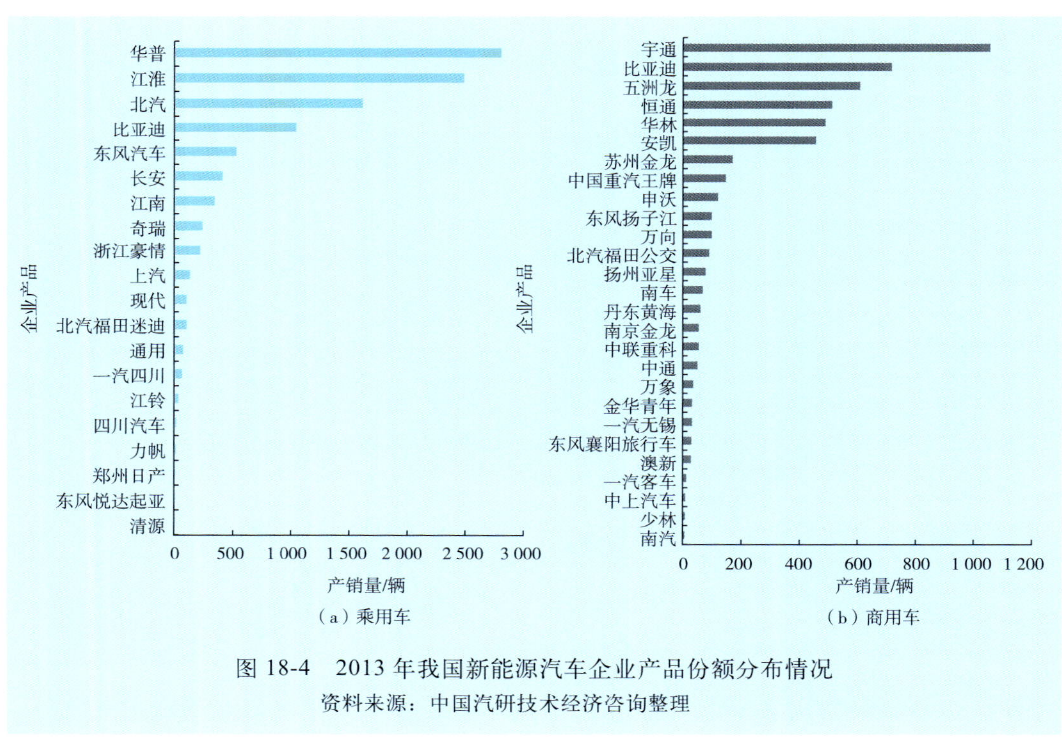

图 18-4　2013 年我国新能源汽车企业产品份额分布情况

资料来源：中国汽研技术经济咨询整理

18.2.2 产业环境

1. 政策环境日趋成熟

自"八五"时期起，经过二十多年的发展，我国新能源汽车产业已建立从顶层设计、标准法规、产品技术到市场应用等领域的较为成熟的政策体系，覆盖产业链上、中、下游各个环节。"十二五"以来，新能源汽车产业政策密集出台，政策环境加速成熟，2014年，我国连续出台《关于进一步做好新能源汽车推广应用工作的通知》、《关于免征新能源汽车车辆购置税的公告》和《国务院办公厅关于加快新能源汽车推广应用的指导意见》，强力推进产业快速发展（图18-5）。

时间	政策名称	颁布单位
2013-09	《国务院关于印发大气污染防治行动计划的通知》	国务院
2013-09	《关于继续开展新能源汽车推广应用工作的通知》	财政部、科技部、工信部、国家发改委
2013-12	《京津冀及周边地区落实大气污染防治行动计划实施细则》	环保部
2013-12	《四部委确定首批新能源汽车推广应用城市或区域名单》	财政部、科技部、工信部、国家发改委
2014-01	《关于进一步做好新能源汽车推广应用工作的通知》	财政部、科技部、工信部、国家发改委
2014-01	《关于支持沈阳长春等城市或区域开展新能源汽车推广应用工作的通知》	财政部、科技部、工信部、国家发改委
2014-05	《2014—2015年节能减排低碳发展行动方案》	国务院
2014-06	《政府机关及公共机构购买新能源汽车实施方案》	国管局、财政部、科技部、工信部、国家发改委
2014-07	《国务院办公厅关于加快新能源汽车推广应用的指导意见》	国务院办公厅
2014-07	《关于电动汽车用电价格政策有关问题的通知》	国家发改委
2014-08	《关于免征新能源汽车车辆购置税的公告》	财政部、国家税务总局、工信部

图18-5 2013～2014年我国新能源汽车主要政策

资料来源：中国汽研技术经济咨询整理

2. 标准体系初步建立

我国新能源汽车标准体系初步建立。截至2014年9月，我国已发布电动汽车标准75项，涵盖电动汽车基础通用、整车、关键总成（含电池、电机、电控）、电动附件、基础设施、接口与界面等各领域。我国电动汽车标准体系已基本建立，可以基本满足我国现阶段电动汽车推广应用发展的需要（图18-6）。"十二五"期间，涉及电动汽车碰撞标准、动力蓄电池单体/模块、动力蓄电池系统安全性、增程器与驱动电机等十多项标准还将陆续出台。

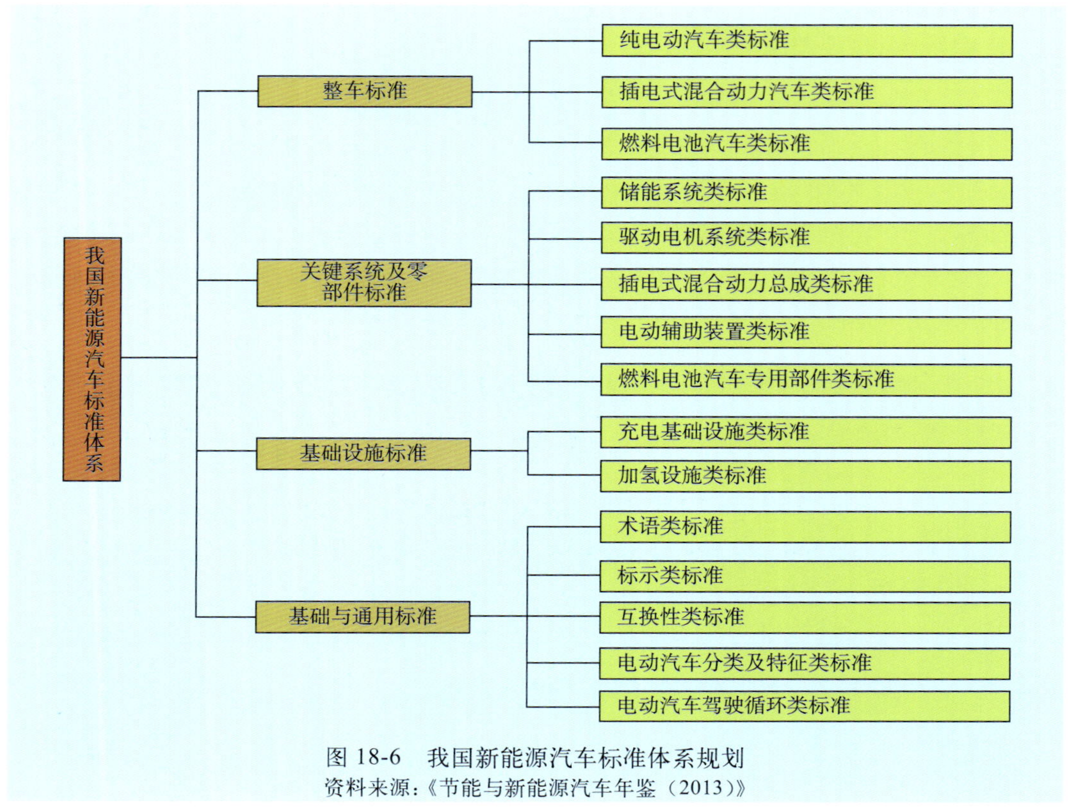

图 18-6　我国新能源汽车标准体系规划

资料来源：《节能与新能源汽车年鉴（2013）》

3. 补贴力度持续加强

“十五”、“十一五”期间，科技部分别投入 8.8 亿元、11.6 亿元用于支持“863”计划——节能与新能源汽车重大项目。“十二五”期间，在产品技术领域，国家开展新能源汽车产业技术创新工程，截至 2012 年年底，累计投入资金 40.55 亿元，重点支持全新设计开发的新能源汽车车型及动力电池等关键零部件。在市场应用领域，十城千辆工程中央财政累计拨付 88 亿元；2013 年 9 月，国家发布《关于继续开展新能源汽车推广应用工作的通知》，将补贴范围从公共领域扩展至非公共领域，推广目标大幅提升，补贴力度显著加强。

4. 协同创新平台建立

我国已逐步建立覆盖产品技术研发、测试评价、产业联盟的协同创新平台。在产品技术研发方面，随着技术创新工程的稳步推进，我国已建成 30 多个新能源汽车技术创新平台，产出新能源汽车相关专利 3 000 余项。在测试评价平台方面，已建成满足新能源汽车整车、动力系统、核心部件及总成研发需求的公共测试平台，提出了适合我国技术发展阶段的测试评价规范，覆盖“三纵三横”布局中关键技术研发的测试评价需求。在产业联盟方面，基于新能源汽车技术链、产业链和价值链，我国相继成立了由政府、非政府组织和科研院所组成的中央企业电动车产业联盟、TOP10 电动汽车产业联盟等国家级产业联盟，各区域组建的地方产业联盟，以及依托科研专项合作的企业联盟。形成了政府主导，整车企业为主，联合零部件企业、高校及科研院所协同创新的局面，在关键共性技术研发、产品生产等环节，上下游协调配合，有效形成产业链合力。

5. 产业集群初步形成

我国新能源汽车产业链主要集中在东南沿海和中部地区，西南地区仅重庆和成都具备一定竞争力。在关键零部件方面，目前已形成珠三角、长三角和京津地区三大产业集群。动力电池共拥有以力神、万向、比亚迪等为代表的 80 余家企业，产业资金投入近 100 亿元，年产能接近 200 亿瓦时。车用电机企业生产规模基本满足目前电动汽车发展需求，涌现出精进电机、上海电驱动、大洋电机等优秀的生产企业（表 18-1）。建成从材料到部件，再到系统总成的全产业链产品的研发、生产与批量供货能力。在整车企业方面，从事新能源汽车研发生产的主要企业有比亚迪、北汽、上汽、江淮、长安、宇通、厦门金龙、金旅、海格、申沃等，分布于全国各地，相对较为分散，尚未形成明显的产业集群。

表 18-1　我国新能源汽车电池电机产业集聚

企业＼产业集群	京津地区	长三角地区	珠三角地区	其他地区
动力电池企业	盟固利、力神、普莱德	江苏春兰，上海万宏、恒动、奥维，杭州万向	深圳比亚迪、比克，东莞新能德、捷威	哈尔滨光宇、巨容，洛阳中航锂电，新乡新太行，湖南科力远、神舟，锦州凯美
车用电机企业	精进电机	上海电驱动、上海大郡	大洋电机	湖南南车时代

18.2.3　产品技术领域

随着“863”计划节能与新能源汽车重大项目和新能源汽车产业技术创新工程的稳步推进，按照《电动汽车科技发展“十二五”专项规划》[4] 的要求，我国新能源汽车产品、技术自主化水平不断提高，基本实现“三纵三横”三大平台矩阵式体系。截至 2014 年 6 月，已有近 110 家汽车生产企业的 1 100 余款产品进入工信部《节能与新能源汽车示范推广应用工程推荐车型目录》。其中，客车产品 730 款左右（占比 66%），乘用车产品 180 款左右（占比 16%），其他车型 200 款左右（占比 18%）。

1. 整车分析

1）纯电动汽车

我国纯电动汽车已形成完备的产品技术研发、生产体系。“十一五”以来，我国在乘用车、客车领域自主研发出众多性能优良的整车产品，随着近年产业快速发展，我国纯电动汽车产品技术发展加速，整车性能进一步优化。

乘用车领域，我国在先进车载能量系统、动力系统匹配、智能充电、整车智能控制和通信交互等纯电动汽车关键技术方面进步迅速，开发出具有完全自主知识产权的纯电动专用小型乘用车平台，建立了完整的纯电动乘用车开发流程、评价规范和测试标准。

国内外纯电动乘用车代表车型及相关性能参数如表 18-2 所示。

表 18-2　国内外纯电动乘用车代表车型及相关性能参数

车型	国内					国外	
	比亚迪 E6	北汽 E150EV	江淮 iEV4	东风启辰晨风	荣威 E50	日产聆风	特斯拉 Model S
上市时间	2011 年	2012 年	2014 年	2014 年	2013 年	2010 年	2012 年
长 × 宽 × 高 /（毫米 × 毫米 × 毫米）	4 560×1 822×1 645	3 998×1 720×1 503	4 190×1 650×1 445	4 467×1 771×1 549	3 569×1 551×1 540	4 445×1 770×1 549	4 970×2 187×1 445
轴距 / 毫米	2 830	2 500	2 400	2 700	2 305	2 692	2 960
整备质量 / 千克	2 380	1 370	1 200	1 494	1 080	1 471	2 108
电机最大功率 / 千瓦	90	45	42	80	52	80	85
电机最大扭矩 /（牛 • 米）	—	144	170	254	155	180	—
百千米加速时间 / 秒	10	15.5	20	—	14.6	11.9	4.4
最高车速 /（千米 / 小时）	140	120	100	145	130	144	210
百千米耗电 / 千瓦时	19.5	12.5	13	14.6	15	12	—
最大续驶里程 / 千米	300	150	160	175	120	200	480

客车领域，我国建立和完善了纯电动客车设计理论与系统集成体系，构建了整车及关键部件系统开发和动力系统匹配标定技术平台；开发出低地板公交车专用电动化底盘，在轻量化、动力经济性、结构和高电压安全、电磁兼容等核心技术上取得较大进展，经济性与技术水平较高，应用规模处于国际领先地位。

纯电动客车代表车型及相关性能参数如表 18-3 所示。

表 18-3　纯电动客车代表车型及相关性能参数

车型		比亚迪 K9	恒通 CKZ6127HBEV	安凯 HFF6112D03EV	五洲龙 FDG6751EVG2
长 × 宽 × 高 /（毫米 × 毫米 × 毫米）		12 000×2 550×3 200	12 000×2 550×3 260	11 220×2 550×2 950	7 495×2 340×3 050
轴距 / 毫米		6 200	6 100	5 700	4 800
整备质量 / 千克		18 000	13 200	13 000	8 250
电池	类型	磷酸铁锂	钛酸锂	磷酸铁锂	锂离子电池
	容量	324 千瓦时	50 千瓦时	450 安时	—

续表

车型	比亚迪 K9	恒通 CKZ6127HBEV	安凯 HFF6112D03EV	五洲龙 FDG6751EVG2
最大续驶里程 / 千米	250	30 ～ 50	260	—
最高车速 /（千米 / 小时）	80	80	69	69
充电时间	3 小时 /6 小时 （中 / 慢）	10 分钟	—	—
充电次数 / 次	4 000	20 000	—	—

2）插电式混合动力汽车

我国近年在插电式混合动力车型研发上取得有效突破，在动力系统技术研发平台、多能源动力总成控制、混合动力发动机匹配、制动能量回收等关键技术研发平台和混合动力系统匹配优化技术平台等方面取得了较大进展，已经基本具备了产业化发展基础。目前，国内整车企业基本掌握插电式混合动力汽车的整车开发技术，开发出拥有完全自主知识产权的插电式混合动力客车和乘用车系统平台，打破了国外对该领域产品的技术垄断。

在乘用车领域，自主车企近年来推出了一系列插电式混合动力汽车车型，产品技术成熟程度高，综合油耗表现好，性能参数与国外同类车型不相上下。

国内外插电式混合动力（含增程式）乘用车代表车型及相关性能参数如表 18-4 所示。

表 18-4　国内外插电式混合动力（含增程式）乘用车代表车型及相关性能参数

车型	国内		国外	
	比亚迪秦	荣威 550	普锐斯插电版	雪佛兰 Volt
上市时间	2013 年	2013 年	2013 年	2012 年
长 × 宽 × 高 /（毫米 × 毫米 × 毫米）	4 740×1 770×1 480	4 648×1 827×1 479	4 485×1 745×1 510	4 498×1 787×1 439
轴距 / 毫米	2 670	2 705	2 700	2 685
整备质量 / 千克	1 720	1 699	1 395	1 700
最高车速 /（千米 / 小时）	185	200	180	160
百千米加速时间 / 秒	5.9	10.5	10.7	9
纯电续驶里程 / 千米	70	58	23.4	80
能耗	电耗：15 千瓦时 油耗：1.6 升	电耗：12 千瓦时 油耗：2.3 升	电耗：— 油耗：2.6 升	电耗：— 油耗：15.7 升
最大爬坡度 /%	40	—	—	26.7

在客车领域，目前插电式混合动力客车处于市场推广初期，随着第二轮推广应用工程的推进，国内主流客车企业研发出多款具有较强竞争力的产品，节油率较高，排放满足国Ⅳ标准。

插电式混合动力客车代表车型及相关性能参数如表 18-5 所示。

表 18-5　插电式混合动力客车代表车型及相关性能参数

车型	宇通 ZK6120CHEVNPG3	安凯 HFF6127G03PHEV-1	北汽 BJ6105PHEVCA-7	南车时代 TEG6129EHEVN04
长 × 宽 × 高 /（毫米 × 毫米 × 毫米）	11 500×2 550×3 050	12 000×2 960×3 200	10 500×3 100×3 420	11 980×3 280×3 480
轴距 / 毫米	5 800	6 100	5 000	6 000
整备质量 / 千克	12 000	13 800	10 900	13 000
纯电动续驶里程 / 千米	65	186	50	55
燃料消耗量	11.5 千克 /100 千米	20 升 /100 千米	19.1 千克 /100 千米	37.5 立方米 /100 千米
节能率 /%	42	40	—	—
整车整备质量 / 千克	12 000	13 450	10 600	13 600
动力蓄电池组总能量 / 千瓦时	40	202	25	31

3）燃料电池汽车

在国家“863”计划电动汽车关键技术重大科技专项和节能与新能源汽车重大项目支持下，近年来我国燃料电池汽车技术研发取得重要进展，基本掌握了整车、动力系统与关键零部件的核心技术；建立了具有自主知识产权的燃料电池汽车动力系统技术平台；形成了燃料电池发动机、动力电池、DC/DC 转换器、驱动电机、储氢与供氢系统等关键零部件配套研发体系，具有百辆级燃料电池汽车动力系统平台与整车生产能力。

在燃料电池汽车整车及动力系统平台前沿技术方面，建立了燃料电池汽车动力系统平台设计理论和方法，探索了基于模块化思想的整车柔性适配技术，研发了燃料电池汽车功率控制单元及其他关键零部件，开展了燃料电池汽车整车可靠性、电安全、氢安全、一体化热管理、智能容错控制、碰撞安全性等关键技术研究，未来三五年内，国产燃料电池汽车有望进入量产阶段。

2. 零部件分析

1）动力电池

我国动力电池技术水平大幅提升。关键原材料技术方面，重点围绕高容量富锂锰基、尖晶石锰酸锂、橄榄石磷酸铁锂及层状三元正极材料，高容量锡基、高容量硅基、石墨类等负极材料，具有热保护机制的温度敏感电极［PTC（positive temperature coefficient）电极］，具有热关闭功能的电解液添加剂等开展了系统研究；成组技术方面，开发了电池模块化封装系统，突破了动力电池在纯电动客车应用中的技术瓶颈，有效提高了续驶里程、能量利用率及电池成组使用寿命；安全性技术方面，通过使用陶瓷隔膜或在负极表面直接涂敷耐高温氧化铝或使用新型安全阀设计等方式，显著提升了电池的安全性能；电池管理技术领域，热管理技术和电池组结构设计技术取得了长足进步，开发出先进分层结构电池管理系统，可监视电池模块中每个电池单体的电压、温度，以及模块的电流和漏电流等运行状态，具有过压、欠压、温度、漏电报警及保护功能；制造技术方面，逐步从半自动中试向全自动大规模制造技术过渡，掌握了动力电池的配方设计、结构设计和制造工艺技术，在系统集成技术方面取得了较大进展，已形成 8 ～ 200 安时的多个系列车用动力电池的生产制造能力。

动力电池比能量、比功率、循环寿命等性能指标显著提升。高比能量电池方面，基于高镍三元材料为正极材料、天然石墨或MCMB（mesocarbon microbead，即中间相炭微球）为负极材料，开发出 5、10、15、20、28、30、45 安时能量型电池，能量密度大于 180 瓦时 / 千克；研发的 25 安时高电压富锂层状锰酸锂动力电池，能量密度接近 160 瓦时 / 千克；研发的 50 安时磷酸铁锂动力电池，能量密度达到 140 瓦时 / 千克；研发的 25 安时软包装尖晶石锰酸锂动力电池，能量密度达到 162 瓦时 / 千克。高比功率电池方面，基于尖晶石锰酸锂和镍钴锰三元材料混合材料为正极材料、人造石墨材料为负极材料，开发出 6 安时高功率电池，其能量密度为 81 瓦时 / 千克，可实现 30C（即放电倍率）充放电，50%SOC（state of charge）条件下输入输出功率密度大于 4 000 瓦 / 千克，5 000 次以上的循环寿命（70% 剩余容量），-20℃低温条件下充放电性能优越，充放容量大于 83%。

涌现了一批创新能力强、产业化能力高的电池企业，产品满足整车规模化应用需求。2014 年上半年，国内动力电池产量 8.04 亿瓦时，远高于 2013 年全年的 3.6 亿瓦时；正负极材料、电解液隔膜均实现国产化，进入国际动力电池生产企业的供应体系。

2）燃料电池

我国燃料电池系统性能与耐久性稳步提升，成本大幅下降，已成为世界上少数几个具有车用百千瓦级燃料电池发动机的研发、制造和测试技术的国家之一。在燃料电池可靠性、寿命等方面取得较大进展。电堆模块比功率超过 1 000 瓦 / 升，实现全系统 -10℃、电堆 -20℃储存与启动，耐久性超过 3 000 小时，达到千套级批量生产能力。燃料电池发动机系统最高效率超过 61%，模块最大功率密度超过 700 瓦 / 千克，最大体积比功率达 1 000 瓦 / 升。

3）车用电机

我国车用电机技术显著提升。设计方面，掌握了现代车用电机系统设计理念方法，解决了多目标高性能车用电机的极限设计与多领域精确仿真分析技术难题。采用结构集成设计技术，实现了电机与变速器在机械、电磁、散热方面的高度一体化设计与应用；共性基础技术方面，无取向硅钢研发、永磁材料、电机转子位置传感器、功率模块取得了突破；检测试验方面，开展了测试规范的研究与制定工作，建立了电机及控制器专用性能检测试验台架，具备了较齐备的性能检测和初步环境试验检测条件；制造工艺方面，在拼块式铁心、绕线技术、螺旋式水道与直接铸造式水道和整体充磁等电机制造工艺方面进行了工程化开发。通过自主创新，我国还在强混合动力双电机系统、电机/发动机/变速器一体化车用动力总成系统、电驱动机械式自动变速器（electronic mechanical transmission，EMT）等核心技术研究中取得重要突破。

总体来看，我国永磁同步电机、交流异步电机和开关磁阻电机产品实现了系列化，电机系统的研发与产品也已经能够满足我国新能源商用车、乘用车的电驱动的需求，部分指标达到国际水平，高功率永磁驱动电机达到2.68千瓦/千克，产品功率覆盖200千瓦以下的范围，系统最高效率达到94%以上，至少有5家企业产能达到万套级以上，产品批量出口欧美。

4）电控系统

我国基本掌握电动汽车整车控制系统关键技术。整车控制策略方面，建立了电动乘用车策略分析优化模型，成功解决了电动乘用车全工况下能量优化管理的核心难题；开发了电控制动分配技术，在确保整车制动安全的前提下，优化了制动能量回收效率，提高了车辆制动稳定性，解决了制动安全和回收效率难以协调兼顾的控制难题；控制安全技术方面，建立了电动汽车整车控制系统三层安全监控技术，从功能层面、软件层面和硬件层面对整车安全相关的工作参数进行监控与处理，解决了困扰电动汽车规模化运行的安全监控问题；软硬件开发方面，掌握了通用化、平台化的电控系统硬件平台关键技术，实现了控制器硬件电路的标准化；开发了16位和32位整车控制器平台，产品安全性和可靠性能表现良好，采用国际标准的AUTOSAR汽车开发系统软件架构，实现应用层、接口层、底层软件的标准化。

我国整车控制系统的标定协议和诊断系统协议实现了与国际标准接轨，在标定协议采用国际规范ASAP（*Arbeitskreis zur Standardisierung von Applikations systemen*），开发出了满足CCP（*CAN Calibration Protocol*）标定协议的底层软件，实现了实时数据监控及数据标定等，为电控系统的雕饰、标定匹配提供了软件工具，诊断协议采用国际标准SAE-J1979协议，实现了外部诊断仪的各种诊断功能。

总体应用层面，我国建立了电动汽车电控系统通用技术平台，建立了整车控制器生产线，实现多款混合动力整车控制器和纯电动整车控制器的开发，形成批量生产能力。

18.2.4 市场应用领域

1.示范推广应用

2009年我国启动首轮新能源汽车推广试点工作，即十城千辆工程（图18-7）。截至2012年年底，25个试点城市总计推广节能与新能源汽车27 432辆。其中，公共领域23 032辆，私人购车4 400辆。混合动力公交车仍是十城千辆工程中推广数量与成效最好的产品，纯电动乘用车在私人试点城市实现一定数量的推广。

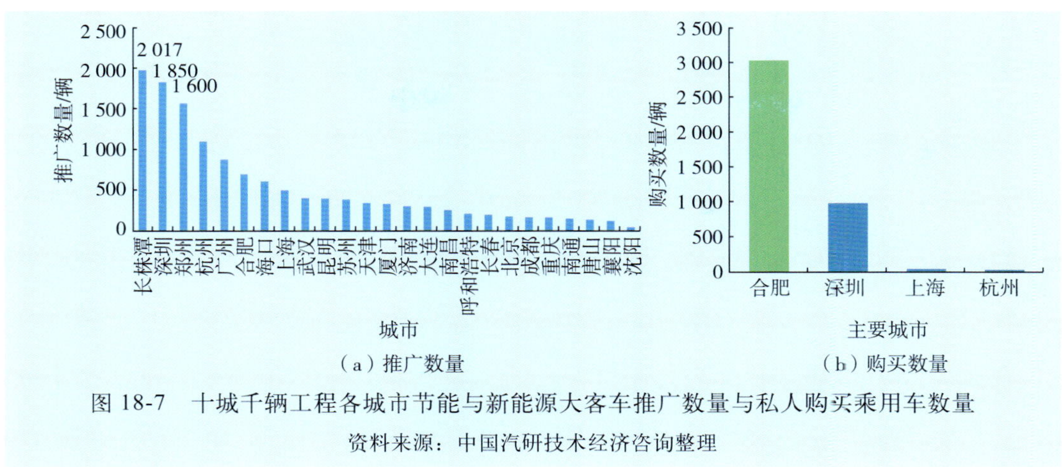

图 18-7　十城千辆工程各城市节能与新能源大客车推广数量与私人购买乘用车数量

资料来源：中国汽研技术经济咨询整理

非示试点城市协同发展。2013 年 1 ～ 5 月，国家部委实施了混合动力公交客车非试点城市示范推广工作，采取集中招标方式，选择了十多家中标企业的 70 款产品在非试点城市推广，共推广 5 304 辆混合动力公交客车（图 18-8）。该模式有效规避了地方保护主义，极大地促进了整车企业市场推广的积极性，仅用 5 个月时间就实现了 5 000 辆混合动力客车的推广目标。规模化的市场推广提升了国内客车企业的自主创新能力，降低了整车成本，加快了混合动力城市公交客车摆脱政府补贴的市场化进程。

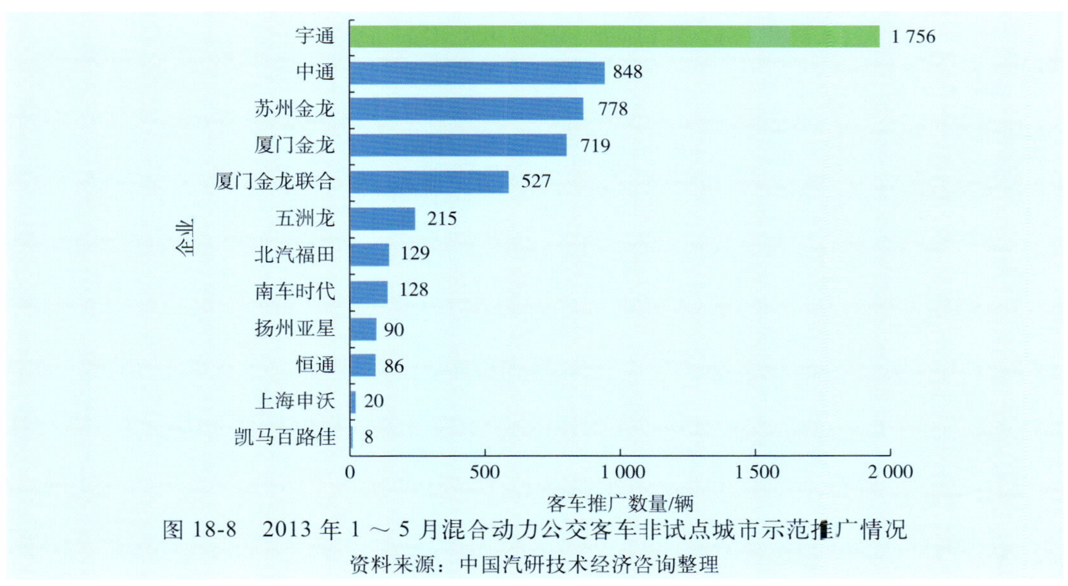

图 18-8　2013 年 1 ～ 5 月混合动力公交客车非试点城市示范推广情况

资料来源：中国汽研技术经济咨询整理

市场推广应用力度强化。为进一步加快培育市场，2013 年 9 月我国启动了新一轮新能源汽车示范推广应用工作，分两批共批复 39 个新能源汽车推广应用城市或区域，计划推广新能源汽车总数超过 33 万辆。2013 年作为新一轮示范推广工程元年，新能源汽车市场产销量激增，2013 年北京、襄阳、杭州等试点城市的推广数量均超过了上一轮推广数量（图 18-9）。

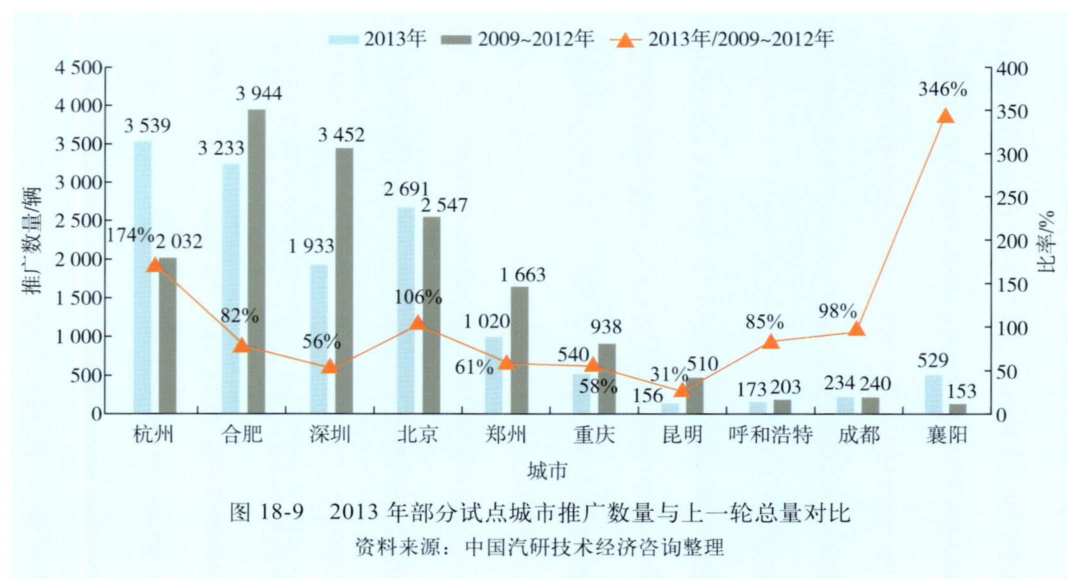

图 18-9　2013 年部分试点城市推广数量与上一轮总量对比

资料来源：中国汽研技术经济咨询整理

市场推广应用驱动产业发展加速。进入 2014 年以来，随着各地方政府新能源汽车产业发展规划、补贴政策的出台，以及市场推广、培育力度的加强等多方面促进，新能源汽车产销量持续攀升，5 月新能源汽车产量已突破 5 000 辆，上半年乘用车私人购买量月均达到 2 000 辆以上，示范工程的市场带动效应逐渐凸显（图 18-10）。

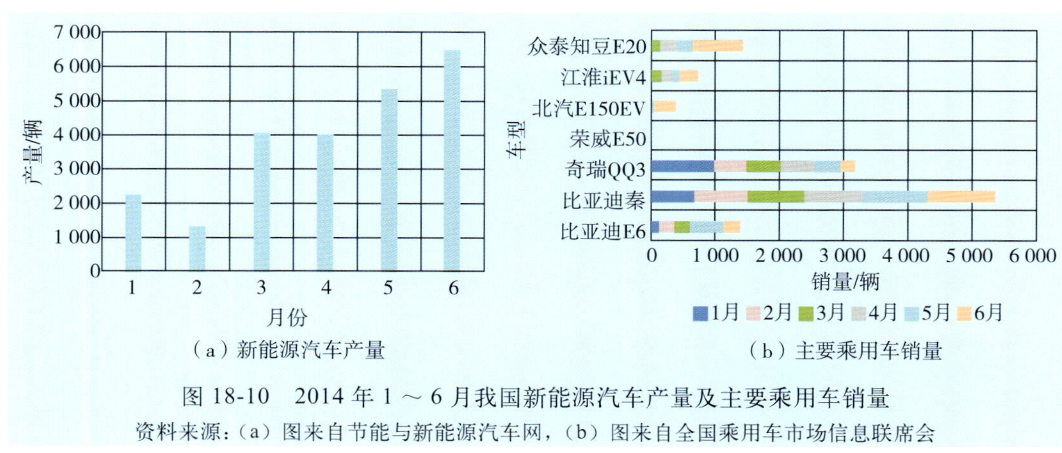

（a）新能源汽车产量　　（b）主要乘用车销量

图 18-10　2014 年 1 ～ 6 月我国新能源汽车产量及主要乘用车销量

资料来源：（a）图来自节能与新能源汽车网，（b）图来自全国乘用车市场信息联席会

2. 商业模式

为加快新能源汽车示范推广，各示范城市及车企纷纷结合当地市场规律和产业现状，探索出一批独具特色的商业模式，有力推动了新能源汽车的快速商业化。其中具有代表性的有公交领域的“融资租赁、车电分离、充维结合”模式；出租车领域的“单车包干、定额营收、全天运营”模式；租赁领域的“以租代售、分时分期租赁”微公交模式；物流车领域的“专营公司、整车租赁、维保结合”模式；私人领

域的“定向购买”模式。

公交领域——“融资租赁、车电分离、充维结合”模式。该模式引入金融公司等社会资本参与商业运营，是新能源汽车逐步摆脱政府补贴依赖，独立市场化运营的初步探索（图 18-11）。其中，“融资租赁”是指由金融租赁机构合作向公交企业提供纯电动公交车裸车或混合动力公交车整车融资租赁服务。按不高于银行同期贷款利率水平分期收取本息，公交企业购车款由一次性支付转为 8 年分期支付，减缓公交企业资金压力。“车电分离”是指对于纯电动公交车，动力电池由充电设施运营商购买，进一步减轻公交企业资金压力。“充维结合”是指由充电设施运营商负责对充电设施进行投资、运营，提供充电维保服务。该模式下，公交公司需承担的费用包括：一是向金融租赁机构支付的购车款项及利息；二是向充电设施运营商支付的充电及维保费用。目前该模式的代表应用城市有深圳、青岛等，是公交领域新能源汽车应用的主导模式。

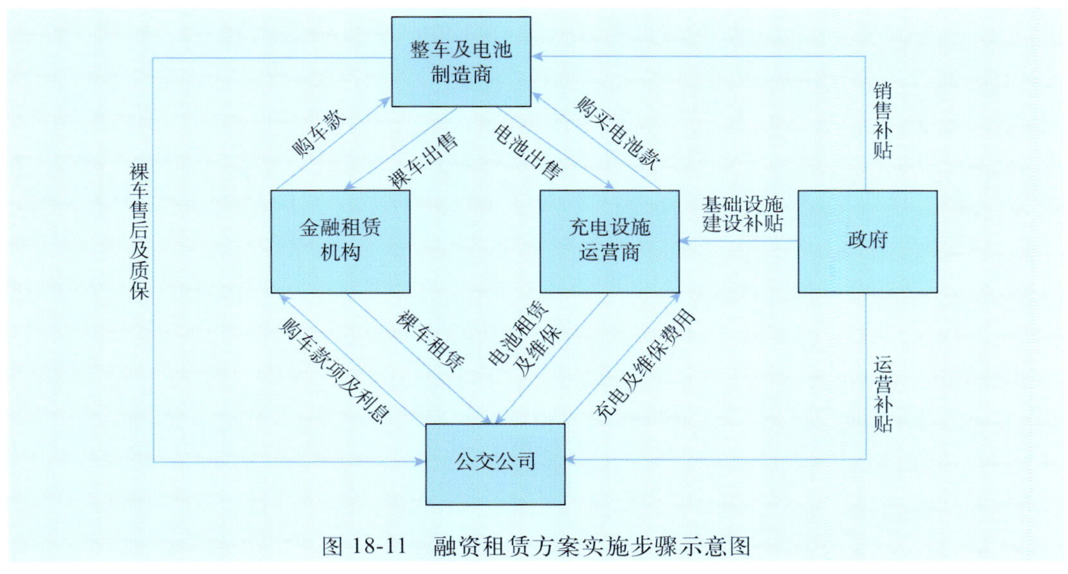

图 18-11　融资租赁方案实施步骤示意图

出租车领域——“单车包干、定额营收、全天运营”模式。在该模式中，深圳巴士集团与比亚迪公司合作设立鹏程电动汽车出租有限公司，并由其专门负责全部运营管理（图 18-12）。起初，鹏程电动汽车出租有限公司采取 8 小时工作制管理模式，由于油电差额收入较少，营收效果相对较差。随着示范运营的进行，营运方案由员工制升级为定额营收制的 24 小时双班倒，逐步达到盈亏平衡进而实现盈利。相比其他城市以整车企业和地方政府联合运营为主，依赖于政府补贴，后期独立商业运作能力弱，产品技术不能完全满足出租运营的情况，该模式独具特色，市场化程度高，商业运作能力强，是电动出租车行业可持续经营的典型实例。

租赁领域——“以租代售、分时分期租赁”微公交模式（图 18-13）。杭州率先在新能源汽车租赁领域探索出该模式，其采用纯电动汽车，按照一车多人共享理念，通过一套分时租赁智能管理系统与租车网点（专用地面停车位、专用立体停车场），利用刷卡自助、定点租还车服务，为用户提供一种在运营区域内租车自驾的出行方

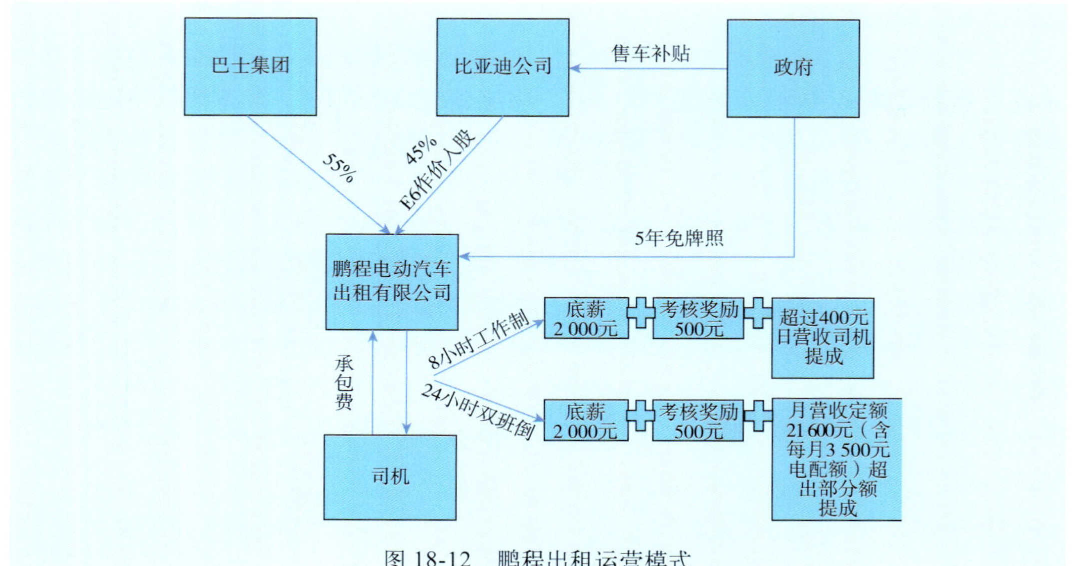

图 18-12　鹏程出租运营模式

式。这是一种高效率、低能耗、低成本的新型公共交通模式，不仅能够提高车辆的使用效率，而且可以解决城市大公交末端的出行问题。目前该模式在杭州已经推广上千辆纯电动汽车，上海、芜湖等地也将陆续开展类似运营模式。

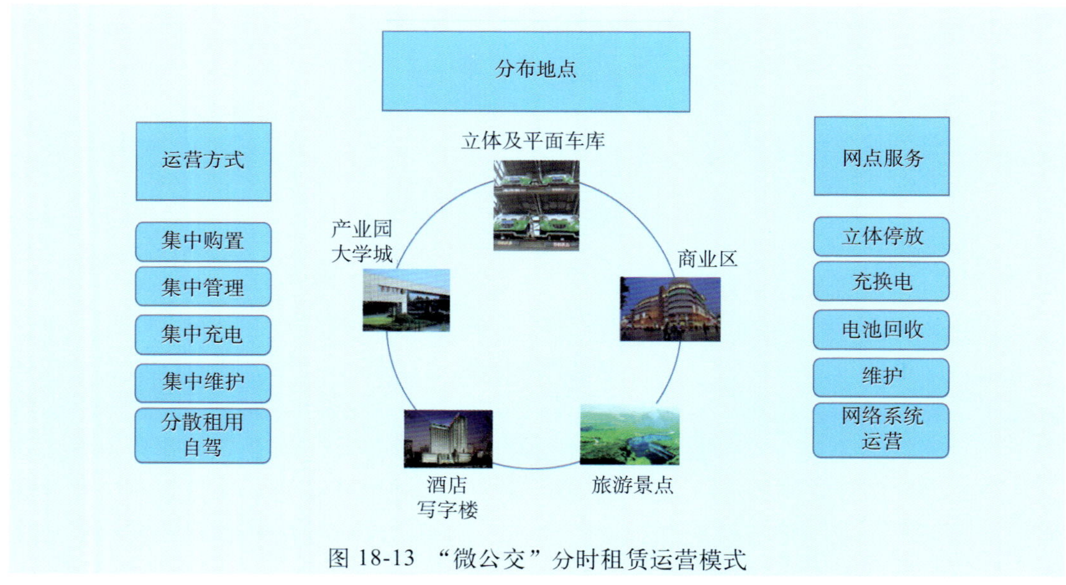

图 18-13　“微公交”分时租赁运营模式

物流车领域——“专营公司、整车租赁、维保结合”模式。该模式是由牵头单位（可以是电池企业或投资公司）联合整车厂及上下游资源（可整合当地大型物流快递企业及行业协会资源），在地方市政府、当地相关企业支持下，成立专业运营公司进行自筹资金组织运营的一种多方合作模式（图 18-14）。其中，专业运营公司即电动物流车租赁公司，负责出资购买纯电动物流车，完成上牌、相关税费及保险等工作，将整车出租给物流快递公司，并负责总体管理、维保等。由于物流车辆运营具有中速中短程、定线运行等特点，十分适合纯电动车型的推广应用，且在该模式下物流企业的运营成本较传统车明显降低，未来物流领域将是新能源汽车推广应用的重要新兴目标市场。目前该模式已在重庆市开始逐步推行。

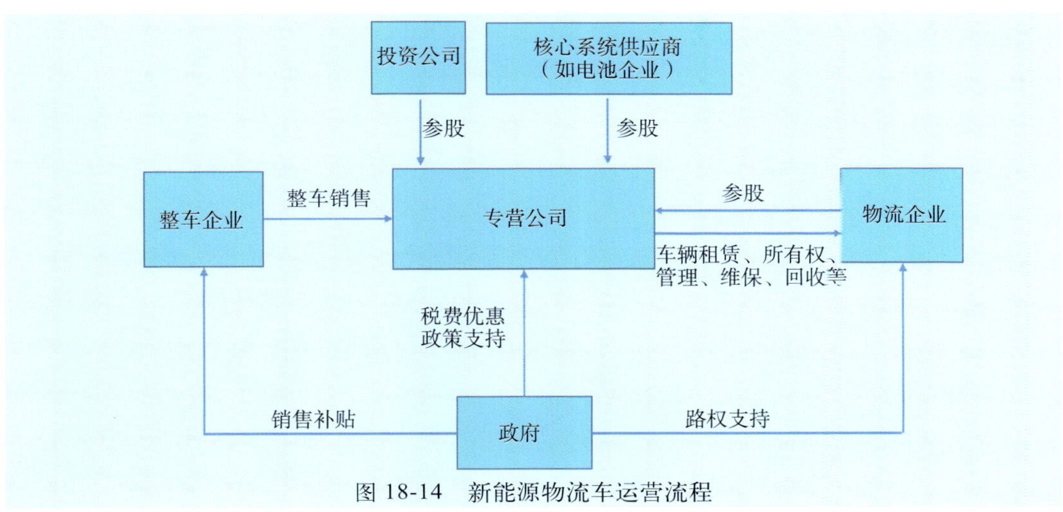

图 18-14　新能源物流车运营流程

私人领域——“定向购买”模式（图 18-15）。该模式是指企业针对特定消费者销售电动汽车，有效避免电动汽车目前存在的性能不足以及充电困难等问题的一种特殊模式。该模式针对部分消费者用车路线固定、用途相对单一，且充电地点相对固定的特点，向其定向投放新能源汽车，并在固定地点设置充电桩，以满足绝大部分汽车的充电需求。合肥市通过该方式拉动新能源汽车产业链上下游企业参与推广，已向市场投放上千辆纯电动私家轿车。每辆车经国家、合肥市政府、江淮汽车三级补贴后，车价在 6.5 万元左右，与同级别的传统内燃机汽车价格相当，同时消费者的使用成本大幅降低。

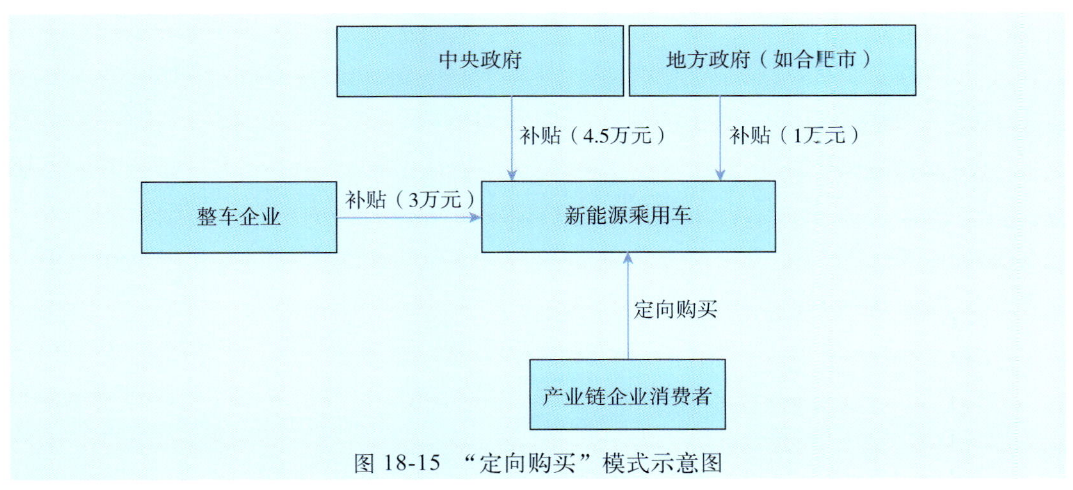

图 18-15　“定向购买”模式示意图

3. 充换电基础设施

初步形成了“点—线—面”规划布局。“点—线—面”网络一直是我国新能源汽车充换电设施建设的规划布局，在 2009 ～ 2012 年我国第一轮新能源汽车示范推广工程中，共建成充换电站 174 个，充电桩 8 107 个，新能源汽车的应用环境不断改善（图 18-16）。

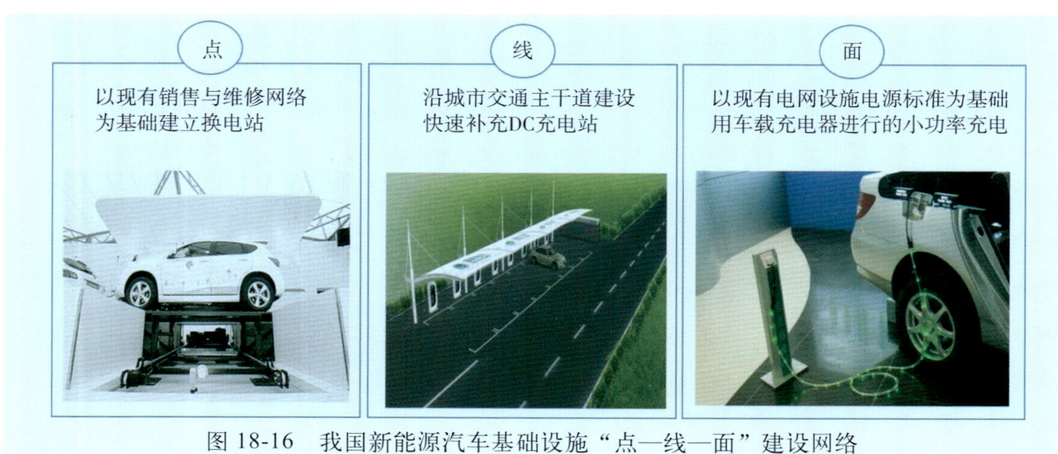

图 18-16 我国新能源汽车基础设施“点—线—面”建设网络

充电基础设施建设进度逐步提速。为进一步完善新能源汽车应用环境，在启动的新一轮新能源汽车示范推广工作中，“点—线—面”基础设施建设继续加快推进。截至 2014 年 6 月，新能源汽车示范城市已建成充换电站 506 个，充电桩 3.73 万个，充换电网络初步形成。未来将通过创新体制机制，采取特许经营等方式积极引导社会资本参与基础设施的建设运营投资，加速充电基础设施的全面建设。

18.3 新能源汽车产业发展问题及趋势分析

18.3.1 我国新能源汽车产业发展面临的问题分析

我国新能源汽车产业正处于从政策驱动向市场主导的过渡阶段。通过以十城千辆工程、新能源汽车产业技术创新工程等国家级重大项目为抓手，我国新能源汽车产业取得了重大进展，但目前在环境保障、供给端的技术产品研发及需求端的推广应用等方面仍存在诸多问题。

1. 环境保障问题

政策设计有待进一步优化，法规倒逼机制仍需加强。新颁布的补贴政策对产品技术路径实行差异化扶持，企业在产品设计和研发过程中容易盲目追逐补贴标准，

忽视市场需求，影响创新技术研发、创新模式发展和创新环境营造，如纯电动公交（超级电容、无轨电车）方面的补贴争议。此外，油耗排放法规的约束推动力还未有效形成，使得部分企业仍以完成任务的态度对待新能源汽车，尚未上升到企业战略高度，缺乏技术研发的原始动力。

部分地方政策出台滞后，地方财政压力增大。2013 年起国家陆续出台新能源汽车推广应用政策，推广城市 / 区域达到 39 个。截至 2014 年 7 月，只有 13 个省市颁布了地方相关政策，地方政策出台滞后，阻碍了新能源汽车在相关区域的推广。新能源汽车推广过程中，伴随着中央补贴力度的退坡，同时地方新能源汽车购买和基建资金投入较大，地方财政面临巨大压力，部分地方推广任务完成面临挑战，若为盲目追求任务目标而背离当地实际，易造成后续更大的财政和遗留问题。

示范推广考核体系缺失，市场竞争环境尚未形成。目前针对 39 个示范城市和区域，除推广目标外，缺乏以实际运营车辆和便利使用环境等面向市场的多维考核指标体系，同时缺少明确的对示范城市的奖励办法及标准，示范推广效果得不到有效保障。各地新能源汽车生产企业面对研发技术风险高、产品市场销路不明确、建设投资巨大等问题，仍处于观望状态，内在驱动力不够，对政策依赖性较强，以“政府做引导、企业为主体”的良性市场竞争环境尚未形成。

标准体系不完善，不利于行业健康有序发展。新能源汽车国家标准不完善，很多车型在示范推广时需用车单位与车辆生产企业对产品技术标准进行协商；缺乏充电接口、充换电模式等相关基础设施的建设验收标准，国标具体参数模糊、关键技术参数不统一，导致已建成的充电桩大量不兼容；未出台安全监控平台建设标准，不利于行业规范管理。

2. 供给端问题

产品技术水平不高，可供市场选择的车型产品较少。我国新能源汽车多基于传统车型开发，部分核心零部件及关键技术，如混合动力整车集成、动力系统匹配优化、发动机及专用变速器控制、电池成组、机电耦合技术等尚未完全突破。产品成熟度不高，尤其在乘用车领域，已纳入《节能与新能源汽车示范推广应用工程推荐车型目录》的 182 款乘用车车型中只有比亚迪秦、E6、北汽 E150EV 和江淮同悦等少数车型具有一定量产规模，其他车型大部分属于改装车型，不具备量产条件。

技术短板和产品性能有待进一步提升。国内新能源汽车仍存在续驶里程短、充电时间长、电池寿命短及回收处理难等技术短板，我国在高功率电池性能、电池成组技术、能量管理与热管理等方面，明显落后于国际先进产品；国内电机控制器和 DC/DC 转换器的体积和质量相对偏大，对车用环境适应性考核不足，电机控制核心芯片及封装技术大多依赖进口；试验验证、整车匹配标定、可靠性、耐久性等性能不高，部分车型运行故障率高，质量得不到有效保障。

制造工艺水平落后制约产品能力提升。制造装备水平、制造工艺水平、质量控制管理和供应链管理等方面的短板也导致我国新能源汽车的产品性能、品质和使用体验与国外先进产品存在较大差距。

3. 需求端问题

充电设施建设滞后，面临土地、布局、资金、技术路线选择等一系列问题。在总体规划上，目前仍缺少国家充电设施建设总体规划，地方基础设施规划、建设呈无序状态，部分城市建设布局欠合理、闲置率高。在资源配置上，各地面临土地资源紧张、充电设施建设空间有限、大型充换电站选址难的问题。在政策实施上，面临充电设施审批流程复杂、充电计量办法和收费标准不明确、居民小区停车配电方案未明确规定、部分地区电网企业参与积极性不高等问题。在营利模式上，建设基础配套设施前期投入大，投资回报期长，运营维护环节的可营利模式仍未取得突破。

适应于新能源汽车的售后服务体系缺失。新能源汽车零部件有别于传统内燃机汽车，现有传统内燃机汽车售后服务体系已经不再适合新能源汽车。关于新能源汽车的售后维保、车辆回收、年检等都缺少相适应的行业管理体系，相关法律法规不完善阻碍了新能源汽车售后服务体系建设，影响了消费市场信心。

18.3.2 “十三五”期间新能源汽车产业发展趋势分析

1. 市场趋势

未来 5 年销量规模将迅速增长。咨询机构 Navigant 研究公司预测，2014 年全球轻型电动汽车，包括混合动力汽车、插电式混合动力汽车和纯电动汽车的年出货量将首次突破 200 万辆大关。其中，纯电动汽车和插电式混合动力汽车的销售规模将分别达到 21 万辆和 13 万辆。根据德勤预测，中国新能源汽车的市场规模或将在 2020 年超过 200 亿元人民币，中国新能源汽车产业化规模和市场化规模将有望达到全球第一。

新能源汽车将在汽车共享租赁中发挥主导作用。汽车共享正在全球许多主要城市兴起，2014 年将是这一新能源汽车租赁模式突破发展的一年，而这其中将主要归功于电动汽车。电动汽车非常适合想节约成本、出行方便但不愿购买汽油车的消费者。此外，许多消费者对电动汽车十分好奇，但对电动汽车的技术性能水平还存在忧虑，推行汽车共享恰恰能够以低成本满足他们的感受体验，为未来电动汽车大规模商业化提供市场基础。

推广区域的单点独立式发展将逐步向区域网络式发展升级。新一轮示范推广不以单一城市为推广单位，示范城市群的数量大幅增加，且形成区域集聚。城市群内的新能源汽车、基础设施的共用共通，加上地方保护的取消、城际间高速公路充电网络的建设完善，将进一步推进我国新能源汽车市场网络式联动发展。

充电基础设施在“十三五”期间将迎来大规模建设。随着国家电网、南方电网、中国普天、中国石化等大型国企持续发力，社会资本陆续进入基础设施建设环节，预计到2020年前，新能源汽车产业价值链中会增加大量电气零部件供应商、基础设施供应商、电力供应商及移动服务供应商等重要的新参与者。

整车企业逐步实现产品智能联网，收益渠道不断拓展。新能源汽车的新车销售比例越来越高，由于维护和零件更换需求较少，对经销商和汽车制造商来说目前收入可观。新能源汽车本身拥有出色的联网能力，覆盖了远程信息处理和通信系统，实现了与智能手机的联动，汽车制造商的这种能力能给消费者提供更多信息和娱乐服务。数据调查也是其收入渠道，汽车制造商可以与能源聚合服务公司或公用事业部门合作，提供其车辆能源消耗数据，如需求响应及配套服务。

原材料及零部件环节面临整合。在原材料生产方面，由于某些原材料（如稀土、锂碳酸盐等）需求上升，供应端需要被整入技术战略；零部件制造方面，由于新的动力系统及零部件的电子化，单体电池生产商将面临整合。

2. 技术趋势

纯电动汽车：呈现车身轻量化、平台专用化、总成模块化发展趋势。结构设计轻量化和轻量化材料应用逐渐成为纯电动汽车发展的方向。纯电动汽车动力系统呈现平台化趋势，特别是轮毂/轮边驱动电机技术应用，不但使动力传递链最短、传动效率提高，而且动力系统更易于平台化，可以创造出更大的内部空间。在关键技术上，掌握纯电动汽车动力系统技术平台集成优化匹配核心技术、整车网络与控制技术、电池成组技术、高压系统安全性技术、电磁兼容技术、线控技术，提高动力性、能量效率、可靠性、安全性，进一步降低成本、完善生产工艺、扩大产业规模，是未来的主要发展方向。

插电式混合动力汽车：一是轿车混合动力的模块化。通过功能模块的发展与组合，逐步推进汽车动力的电气化。从只具备自动启停、怠速关机功能的“微混”，发展到以并联式混合动力发动机为主体的“轻混”，再发展到以混联式为特征的“全混合”，最终过渡到串联式“可充电混合”。二是城市客车混合动力系统的平台化。发电机组+驱动电机+储能装置构成了混合动力系统的基本技术平台。通过换用不同的辅助动力总成（auxiliary power unit，APU），适应从汽、柴油内燃机到氢能燃料电池各种不同的能源动力转化装置，形成油—电、气—电、电—电各种不同混合动力，促进动力系统的平稳过渡与转型。

动力电池：正负极材料向高容量化、纳米化方向发展；电池组技术向智能化、模块化方向发展；生产技术向绿色化、全自动化发展。未来新能源高性能电化学体系将采用镍钴锰、镍钴铝、富锂层状锰基等正极新材料和锡基/硅基等合金类复合负极材料组合。下一代电化学体系将采用硫、空气等作为正极材料，与锂金属等负极材料组合。固态电池、锂金属电池、锂硫电池、锂空气电池等是主要发展方向。

车用电机系统：朝集成化、永磁化、数字化方向发展。集成化，即电机与发动机总成、电机与变速箱总成、电力电子总成（功率器件、驱动、控制、传感器、电源等）。永磁化，即永磁电机功率密度和转矩密度高，具有效率高、功率因数高、可靠性高和便于维护的优点。永磁电机采用矢量控制的驱动控制系统，实现宽广的调速范围。数字化，即控制系统数字化，其是电驱动技术发展的必然趋势。

充电技术：朝着充电快速化、充电通用化、充电智能化、电能转换高效化和充电集成化方向发展。随着纯电驱动汽车的逐步推广和产业化，以及纯电驱动汽车技术的日益发展，采用传统的充电方式效率低、充电时间长，严重阻碍了电动汽车的推广，因此，快速有效、安全可靠的充电系统是目前电动汽车行业重点研发的技术。

3. 产品趋势

总体来看，根据我国的市场特点，大中型客车和小型乘用车两种车型是未来我国新能源汽车产品的趋势。我国节能与新能源客车已经实现较好的发展，逐步步入正轨，具有了较大的产业规模。在微型车、小型车发展上，市场需求不断涌现，多种租赁模式逐渐成熟，未来“十三五”期间将会得到快速发展；中等规格车型则需要慢慢过渡，从油电混合到插电式混合动力再到纯电动，这中间的过程需要更多时间。优先发展小型纯电驱动汽车和大中型公共客车，向新一代纯电驱动汽车发展的这种“两头挤”车型开发战略，是一种公认的有效撬动规模市场的杠杆。

插电式混合动力乘用车：我国混合动力乘用车的技术原理和实现路径清晰，在工程化开发方面相对薄弱，仍处于小批量生产阶段。以启停技术为代表的微混技术将成为轿车标配，由混合动力技术延伸过来的插电式混合动力汽车（有别于由电动汽车延伸过来的增程式混合动力汽车）兼备两者的优点，具有更长的续驶里程、更少的燃料消耗等优点，尤其为中高档汽车所青睐。插电式混合动力汽车将成为未来5年的重点发展方向。

插电式混合动力客车：从技术路线来看，气电混合动力客车具有更高的燃油经济性，更低的排放，并且静音效果良好，随着加气站的快速扩张，气电混合动力客车在混合动力客车中的份额快速提升，并且将在未来占据主导地位。

纯电动乘用车：在培育阶段，纯电动汽车市场份额不会太大，随着电池技术逐渐成熟、成本逐渐下降、充电网络逐步完善，纯电动乘用车将迎来快速增长阶段，发展重点一是小型乘用车，二是市政、邮政、短途物流等特殊用途车辆。

纯电动客车：当前产品动力性和能耗水平与国外相当，一些大型公交客车实现了小规模生产和示范运行，但由于动力电池规模制造与品质保证技术有待升级、电池模块及其一致性问题有待解决、成本高及充电设施不完善等因素制约着纯电动客车发展，市场有待进一步培育。纯电动客车未来需要5～10年培育，将主要应用于公交领域。

燃料电池乘用车：由于电池发动机的耐久性有待提高、成本居高不下、对环境的使用性差等技术瓶颈的存在，燃料电池汽车尚处于开发初期，市场待培育，未来燃料电池汽车将出现模块化趋势，以满足不同车辆对燃料电池功率等级的要求，预计10年后可以达到满足商业化使用的技术条件。

燃料电池客车：产品可靠性和成本离实用化还有相当大的差距，产品竞争力较弱，但根据我国目前对新能源客车的需求，氢燃料电池城市客车是最易推广应用的，所以其市场亟待培育，预计2035年后进入产品成熟期。

18.4 新能源汽车产业发展重点案例——新一轮示范运营工程

新产品的推广应用及产业化示范，对于促进新兴产业关键技术产业化、重大战略性产品攻关、市场培育及普及具有重大意义。我国新能源汽车示范运营工程，以试点城市为核心，设立试点区域，有效带动新能源汽车科技资源迅速向示范城市聚集，并引导社会资本对新能源汽车全产业链投入资金支持。截至2012年年底，十城千辆工程结束，中央财政累计安排补贴资金88亿元，25个示范城市推广各类新能源汽车27 432辆，打开了我国新能源汽车的消费市场，有效带动了产业发展。

为进一步加快市场培育，激发企业技术创新和地方推动市场的积极性，促进我国新能源汽车顺利走向成熟，2013年9月17日，财政部、科技部、工信部、国家发改委四部委联合发布了《关于继续开展新能源汽车推广应用工作的通知》，要求继续依托城市尤其是特大城市推广应用新能源汽车，并对消费者购买新能源汽车继续给予资金补贴，这标志着我国新一轮新能源汽车补贴政策的出台及示范推广方案的初步启动。

2013年11月26日，财政部、科技部、工信部、国家发改委组织专家对各地申报的新能源汽车推广应用方案进行审核评估，确认北京、上海等27个城市或区域为第一批新能源汽车推广应用城市。2014年2月8日，经专家审核，沈阳、长春等12个城市或区域成为新能源汽车第二批推广应用城市。自此，我国新一轮新能源汽车示范推广全面启动。

相比十城千辆工程，新一轮示范运营不仅在示范区域规模、计划推广数量方面大幅增加，而且在全面开展不到一年的时间内，在地方配套带动、市场需求刺激、产业成熟度促进、基础设施和商业模式完善等方面取得显著成效，成为加快我国新能源汽车产业由政策驱动向市场驱动过渡的重要牵引工程。

18.4.1 示范区域全面扩大

新一轮示范推广城市或区域分两批申报审批，分别于2013年年底及2014年年初公布，共涉及26个省份的88个城市（包括直辖市），几乎覆盖绝大部分有条件实施推广的区域。其中独立城市共29个，包括4个直辖市、12个省会城市、4个计划单列市和9个一般城市；试点城市群共10个，包括8个含省会的城市群、1个既含省会又含计划单列市的福建城市群、1个不含省会或计划单列市的广东城市群。京津冀、长三角、珠三角等PM2.5治理任务较重的区域为示范集中区，汇集了多个试点城市群（图18-17）。

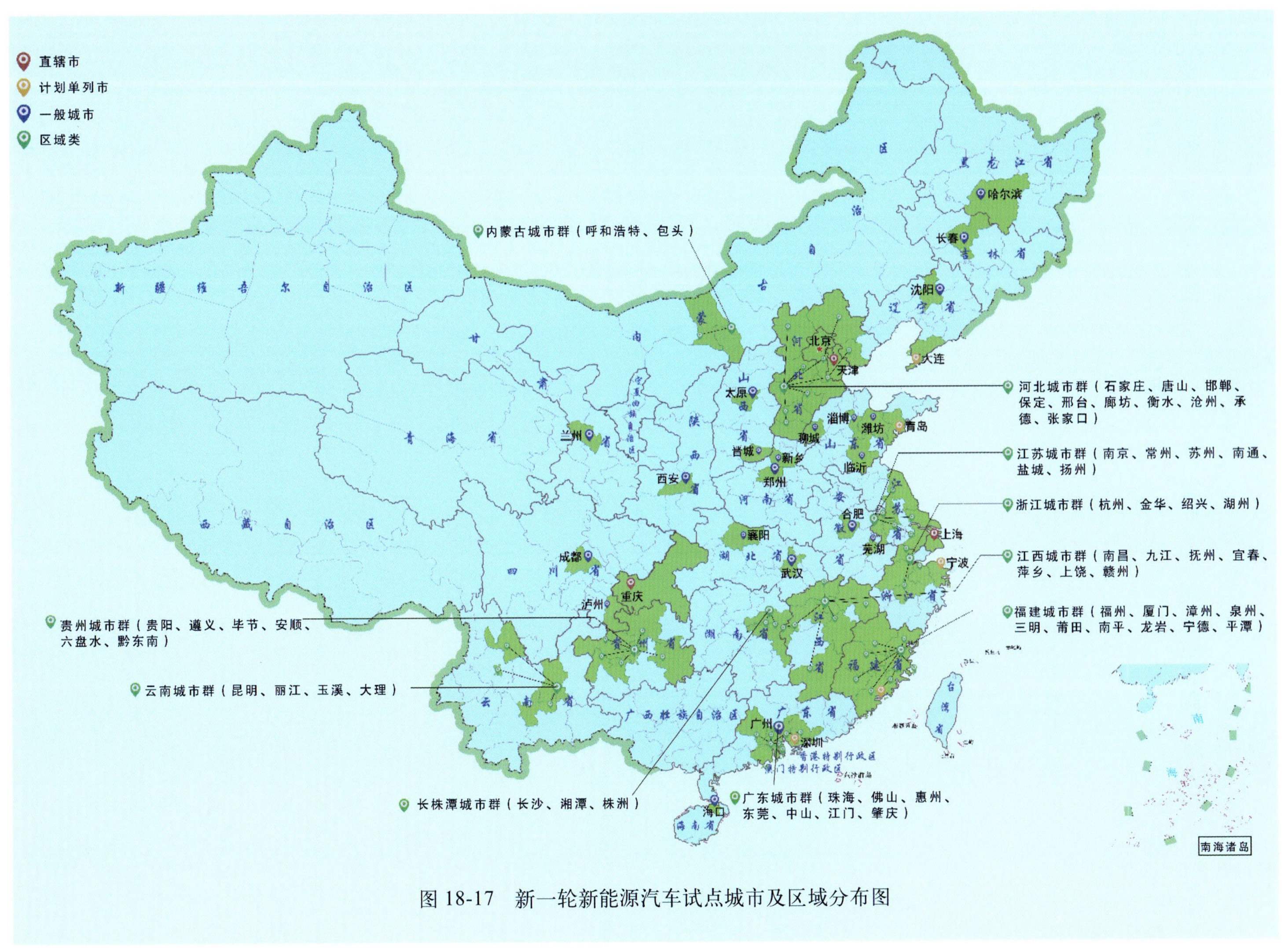

图18-17　新一轮新能源汽车试点城市及区域分布图

相比上一轮 25 个示范城市，新一轮示范全新增加的城市和区域有 4 个省会城市（太原、兰州、西安、哈尔滨）、2 个城市群（广东城市群、贵州城市群）、2 个计划单列市及 8 个一般城市；原有试点城市扩充为城市群的有唐山、杭州、厦门、南昌、呼和浩特、南通、苏州、昆明；原试点城市保持不变的有 4 个直辖市、8 个省会城市（合肥、郑州、武汉、成都、沈阳、长春、广州、海口）、1 个城市群（长株潭城市群）以及深圳、襄阳、大连；另外，济南市作为上一轮试点城市未进入新一轮示范运营名单（图 18-18）。

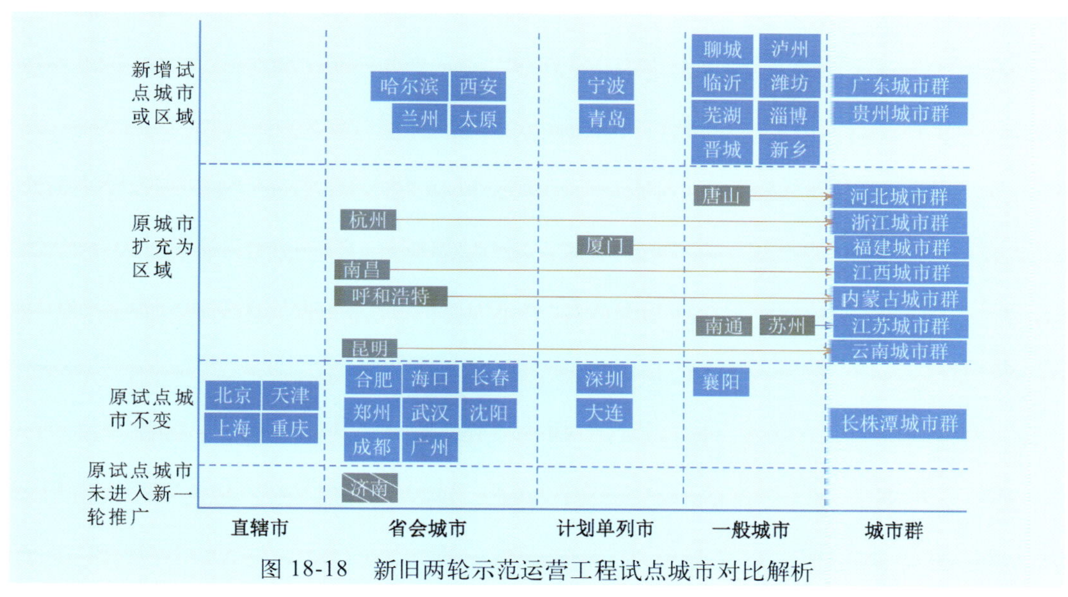

图 18-18 新旧两轮示范运营工程试点城市对比解析

18.4.2 推广目标大幅提升

按照《关于继续开展新能源汽车推广应用工作的通知》要求，2013～2015 年，参与推广的特大型城市或重点区域新能源汽车累计推广量不低于 10 000 辆，其他城市或区域累计推广量不低于 5 000 辆，而上一轮示范工程多数城市的推广目标仅为 1 000 辆。为此，新一轮申报城市或区域均大幅提升推广目标，其中第一批 27 个城市或区域计划推广总量达 26 万辆；第二批 12 个城市或区域计划推广总量达 7 万辆，全国计划推广总数约 33 万辆，相比此前十城千辆工程 18 万辆的推广计划，增长近 1 倍（图 18-19）。

从省份角度来看，广东省推广目标最高，达到 55 000 辆，其次为北京市、山东省，各达到 35 000 辆和 25 200 辆，推广目标为 10 000～20 000 辆的省份共 15 个，推广目标为 5 000～6 500 辆的省份共 8 个。从城市角度来看，北京、深圳为最高目标城市，计划推广量均达 35 000 辆，其次为江苏城市群和河北城市群，分别达到 18 085 辆和 13 000 辆。推广目标为 10 000～20 000 辆的城市有天津、上海、重庆 3 个直辖市，西安、武汉、广州、长春 4 个省会城市以及江苏、河北、浙江、福建、广东 5 个城市群。其他试点城市的计划目标均在 5 000 辆左右（图 18-20）。

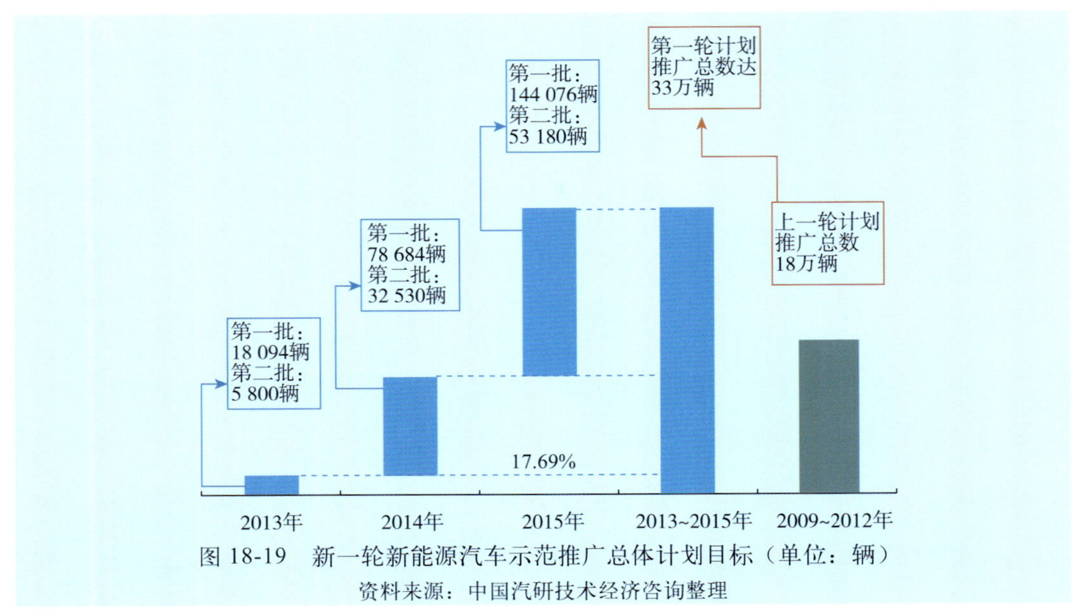

图 18-19　新一轮新能源汽车示范推广总体计划目标（单位：辆）

资料来源：中国汽研技术经济咨询整理

省份	广东	北京	山东	江苏	湖北	浙江	河北	天津	陕西	安徽	河南	重庆	四川	上海	辽宁	福建	山西	吉林	湖南	江西	内蒙古	海南	甘肃	黑龙江	云南	贵州
合计	55 000	35 000	25 200	18 085	15 500	15 100	13 000	12 000	11 000	10 830	10 500	10 000	10 000	10 000	10 000	10 000	10 000	10 000	6 100	5 300	5 000	5 000	5 000	5 000	5 000	5 000
直辖市		北京 35 000						天津 12 000				重庆 10 000		上海 10 000												
省会城市	广州 10 000				武汉 10 500				西安 11 000	合肥 5 720	郑州 5 500		成都 5 000		沈阳 5 000		太原 5 000	长春 10 000				海口 5 000	兰州 5 000	哈尔滨 5 000		
计划单列市	深圳 35 000		青岛 5 200			宁波 5 000																				
一般城市			淄博 5 000 临沂 5 000 潍坊 5 000 聊城 5 000		襄阳 5 000					芜湖 5 110	新乡 5 000		泸州 5 000				晋城 5 000									
城市群	广东城市群 10 000			江苏城市群 18 085		浙江城市群 10 100	河北城市群 13 000									福建城市群 10 000			长株潭城市群 6 100	江西城市群 5 300	内蒙古城市群 5 000				云南城市群 5 000	贵州城市群 5 000

图例：30 000辆以上；10 000~20 000辆；5 000~6 500辆

图 18-20　新一轮试点城市或区域计划推广目标（单位：辆）

18.4.3　私人市场打开，专用车领域成新亮点

进入新一轮示范推广后，新能源汽车的私人消费市场逐渐打开，并形成一定规模。比亚迪秦自 2013 年年底上市以来，每月销量持续上升，2014 年 5 月以来连续 3 个月销量破千，1 ～ 7 月累计销售 6 457 辆（图 18-21），占比同时期我国新能源汽车市场总销量的 25% 左右，成为私人领域的主导车型。与此同时，江淮和悦、荣威

E50、比亚迪 E6 等纯电动车型销量也稳步增加。更多优质乘用车产品的上市，将引领我国新能源汽车发展进入私人市场的驱动阶段，加大新一轮示范推广对新能源汽车产业的带动效应。

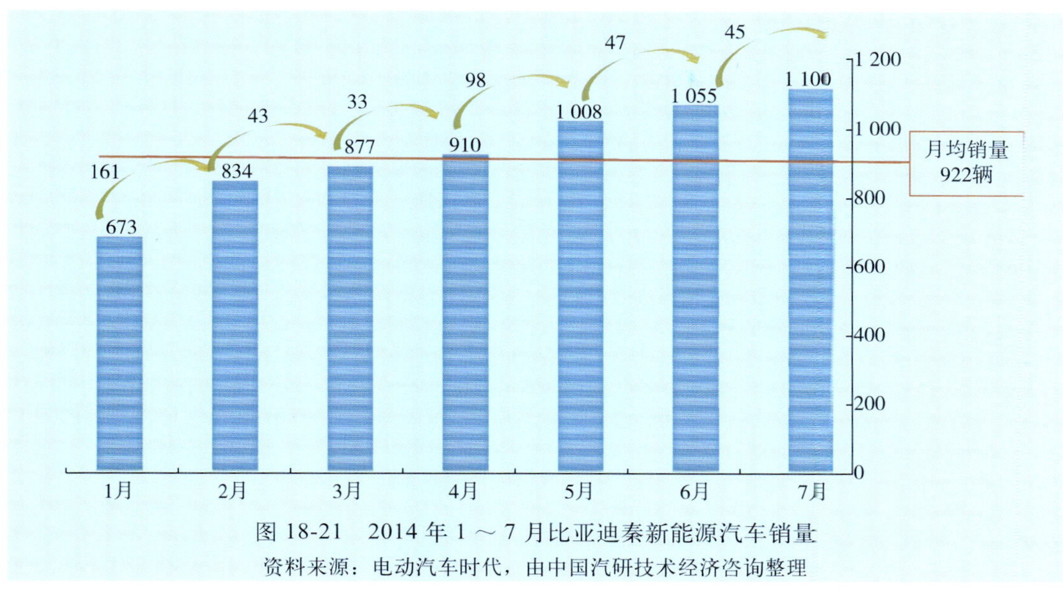

图 18-21　2014 年 1 ～ 7 月比亚迪秦新能源汽车销量

资料来源：电动汽车时代，由中国汽研技术经济咨询整理

按照新一轮示范推广政策要求，推广城市或区域新增或更新的公交、公务、物流、环卫车辆中新能源汽车比例不低于 30%，这一比例要求可以确保公车采购及其他公共领域率先使用新能源汽车（图 18-22）。在当前纯电动汽车电池能量供应有限、续驶里程不足、充电设施不够完善的情况下，物流、环卫、邮政等领域由于具有车型较小、行驶里程较短、路线固定、行驶区域集中于市区等特点，十分适合大力推广。而 2009 年启动的十城千辆工程对公共领域各车型推广指标无硬性要求，导致多个城市仅以公交车作为主力推广车型，物流、环卫、邮政等领域的推广状况一直良莠不齐。若新一轮示范推广中，30% 的新增或者更新比例可以落实，各城市的物流车和环卫车将会有大发展，也将促进各城市推广目标的完成。

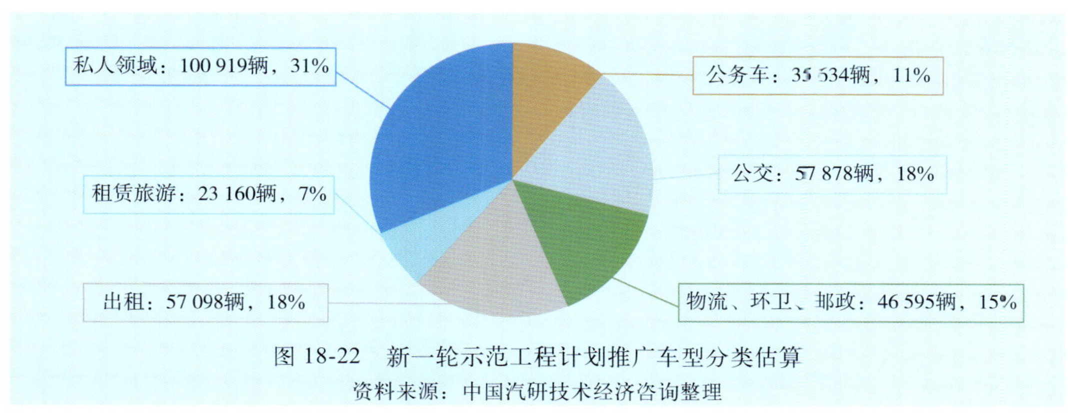

图 18-22　新一轮示范工程计划推广车型分类估算

资料来源：中国汽研技术经济咨询整理

18.4.4 基础设施建设进一步加速

充换电基础设施是新能源汽车大规模使用的基础，随着新一轮示范运营工程的快速推进，各地方政府加快了与新能源汽车相配套的充换电站（桩）的建设步伐，完善新能源汽车产业化的应用环境。试点城市或区域2015年基础设施建设规划如图18-23所示。

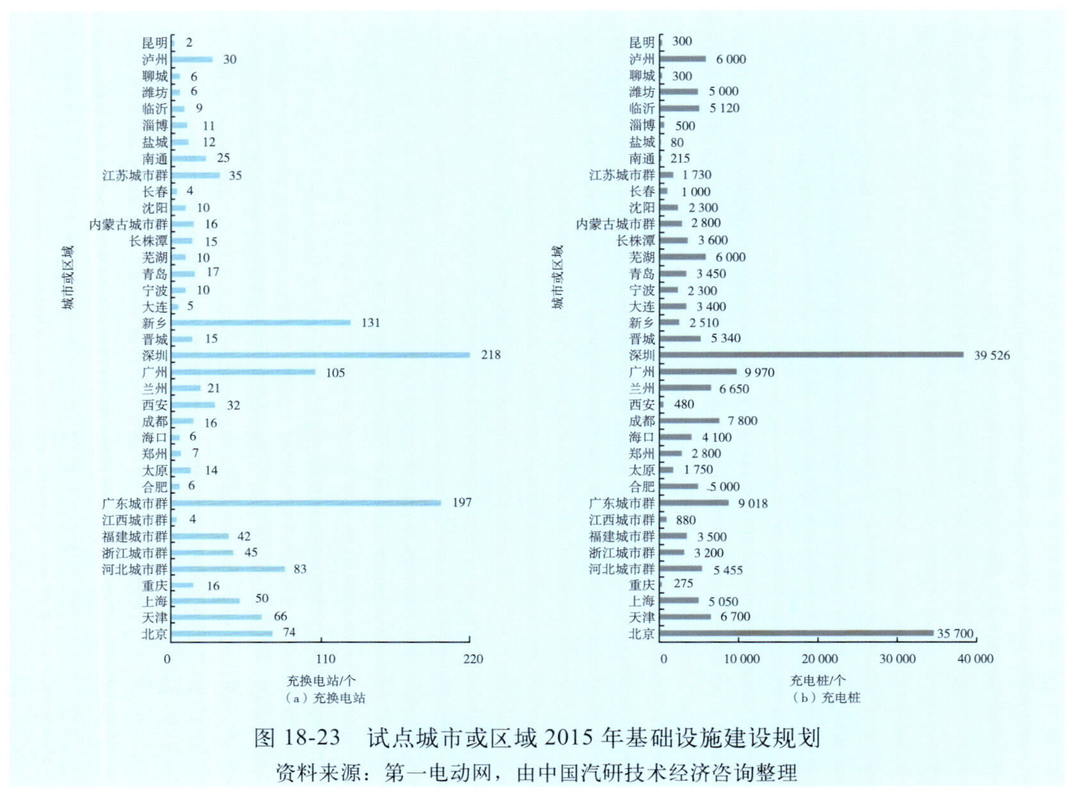

图18-23 试点城市或区域2015年基础设施建设规划

资料来源：第一电动网，由中国汽研技术经济咨询整理

18.4.5 商业模式逐步形成

进入新一轮示范推广期后，在上一轮示范推广中已探索形成的推广模式，不断扩大应用区域，趋向成熟发展。其中，在新能源汽车推广初期，消费者对车辆性能、电池可靠性、使用便捷性顾虑较多，租赁模式就成为提升公众认知度的重要手段，得到多个城市和车企的拥护。截至目前，北京、上海、杭州、芜湖、成都、宁波等11个城市已开始推行电动汽车租赁模式，上汽、北汽、康迪等整车企业大力参与（表18-6）。

表18-6 新能源汽车推广租赁模式汇总

城市	车企/高校	租赁模式	租赁车型	租赁方式
北京	北京理工大学清华科技园	分时租赁	北汽E150EV	时租2小时59元，日租159元，月租3 999元，夜租99元。交3 000元租车押金和2 000元违章押金
	华晨宝马	长租	之诺1E	每日400元，三年长租每月7 400元
	北汽新能源	分时租赁	北汽E150EV	未公布（将推出）

续表

城市	车企/高校	租赁模式	租赁车型	租赁方式
成都		年租	多款车型	每年1万元，至少5年起租
上海	同济大学	分时租赁	雪佛兰赛欧Springo、荣威E50	每小时30元起，日租金131元起，包含了保险、维修和电力费用
	上海国际汽车城	企业长租服务+分时租赁共享服务	多款车型	“企业长租服务”是企业由直接购买车辆转为购买汽车租赁服务 “分时租赁共享服务”则面向普通市民，类似于传统燃油车的租赁方式，但不同的是，其全部租赁手续都可在官网上和手机APP终端完成
		租赁服务	荣威E50	10月上线
	上汽	分时租赁		未公布（将推出）
杭州	康迪	分时租赁	康迪小电跑	凭有效身份证和驾驶证，填写一张租赁合同，用信用卡或现金预付1 000元就可以租用，费用为每小时20元，24小时不打烊
	浙江时空电动汽车	年租	众泰时空E20	租一年1 588元/月，租两年1 488元/月，租三年1 288元/月。租金中包含保险、车辆和电池保养费用。另需缴纳8 000元车辆押金和2 000元交通违法押金 促销：交12.88万元的车辆押金，1元租金开一年
	浙江康迪电动汽车	团租	康迪	100辆起租，租期3年，交3 675元保险金和1 000元押金
	青年汽车	租赁		公交公司可由金融租赁公司垫付采购资金，获得产品的使用权，而后几年逐步偿还本息
金华	金华雷多克	租车+换车	众泰V10EV物流车	每月1 500元/辆，同时还有多种租赁套餐供客户选择，且免费提供送车、换车业务等服务
绍兴		多种模式		未公布（将推出）
宁波		分时租赁		未公布（将推出）
芜湖	奇瑞	分时租赁		日间租赁的价格为5元/小时，晚间租赁为20元/晚。日间租赁每小时超过10千米后按每千米0.5元加收，晚间租赁超过30千米后按每千米0.5元加收。单次租赁不满1小时按1小时收费，超过1小时按2小时收费，单次收费中0.5元按1元计。另交2 000元押金
合肥		多种模式	江淮iEV5	11月推出
武汉		分时租赁		未公布（将推出）
南昌	知豆新能源汽车	易租易售+体验	知豆	第一套方案：租期1年，押金12 000元，月租金1 498元。第二套方案：租期2年，押金14 000元，月租金1 298元。第三套方案：租期3年，押金16 000元，月租金998元。第四套方案：租期4年，押金18 000元，月租金899元。第五套方案：租期5年，押金18 000元，月租金798元

资料来源：第一电动网，由中国汽研技术经济咨询整理

18.5 促进新能源汽车产业发展的政策建议

18.5.1 进一步营造外部政策环境保障

进一步优化政策顶层设计，引导市场选择技术路线。建议国家进一步优化示范推广补贴政策，针对公交车燃油补贴、纯电动公交（超级电容、无轨电车）的扶持力度等问题进行专项研究，引导行业技术创新，让市场选择技术路线。政府相关部

门应重点在安全、节能和环保领域加强监管，走“依托市场、面向发展”的道路，对同类技术统一补贴标准，避免歧视性补贴政策；有条件适度放开对类似短程电动车的车辆准入、技术路线等政策干预细则，激发市场竞争和创新活力，加速实现新能源汽车规模化发展。

加强中央政策解读，指导地方制定适应性推广政策。各示范城市或区域应因地制宜，尽快结合各地区特点制定地方配套政策。建议分类推进车型和推广模式，市区代步建议以纯电动汽车为主，鼓励混合动力汽车规模化发展，逐渐提升节油水平，以插电式混合动力作为向纯电动的过渡车型；在城乡结合处和农村有序发展短途纯电动车。

科学建立示范推广考核机制，营造良性市场竞争环境。结合我国目前新能源汽车的发展阶段，综合考虑各地区车辆实际运营效果、使用环境、商业模式创新、安全监控等多个因素，建立科学的示范推广考核机制，并“由点到面”地验证优化，对各地示范推广效果进行科学考核，避免地方为完成推广应用任务而背离当地实际，逐步营造良性的市场竞争环境。

尽快完善产品技术标准体系，引导行业健康有序发展。建议国家尽快完善新能源汽车国家标准，实现全国范围内电动汽车与基础设施的配套与标准化，同时配套出台相关基础设施的技术和验收标准，尽快出台监控平台技术指南，明确建设主体，避免企业重复投资。

18.5.2 大力提升供给端产品技术水平

明确行业标准法规，构建技术创新倒逼机制。尽快讨论明确未来相关油耗及排放法规标准，推动企业依据市场（包括法规及其执行、油价的变化、消费者的需求等）综合判断，真正重视、加快新能源汽车研发及产业化；确保油耗法规执行到位，并加强各大企业在研新能源项目考核，将新能源汽车发展纳入各项业绩考核。

深化技术创新工程，强化产品技术攻关。近期应重点提高规模产业化技术水平，提高新能源汽车试验验证、整车匹配标定和生产工艺能力，中长期瞄准汽车技术竞争制高点，完成战略技术储备，实现技术升级转型。建议当前重点攻关集成化混合动力总成系统、混合动力专用发动机和变速箱等关键技术，提高电动化底盘技术、高能量密度动力电池及成组技术、高效驱动电机及控制系统等关键技术自主创新能力。特别是在锂离子动力电池方面，进一步提高动力电池能量密度及系统集成能力和水平，加强动力电池及模块安全技术的研究以及电池及模块在整车可靠性上的试验研究和评价，加强新型锂离子电池及相关新材料的研究与应用，加强新体系电池基础技术研究。

积极引导组建相关产业联盟，加大对新能源汽车核心技术的联合攻关力度。例如，组建国家级新能源汽车核心技术产业联盟、建设新能源汽车重大创新基地、成立国家电池研究中心等。支持产业化制造、质量、管理水平提升。优化产品制造质量，提升产品安全性、可靠性、一致性，并降低成本，提升运营产品的综合品质和市场竞争力。加强国际合作，拓宽科技研发途径，降低科技研发成本，支撑和服务产业发展。通过政策引导健全服务体系，提升新能源汽车第三方评测、公共创新平台及政府等机构的服务产业发展能力。

18.5.3　逐步解决需求端应用环节问题

进一步完善基础设施建设总体规划和政策细节。尽快制定新能源汽车基础设施发展的专项规划及公用充电站和社区停车位充电桩的设计建设规范，完善充电设施和新能源公交车运管的财政政策，尽快出台配套设施建设补助政策。在初期充电基础设施使用率较低时，给予适当财政补贴，明确基础设施的建设用地、基础路径、运行经济、运行模式、电价运行模式等相关细则。

简化流程，加快新能源汽车充电设施建设项目的审批。重点针对私人购买领域，协调电网、住建部等相关政府机构、企业，针对不同区域、不同小区，私人用车私人充电不同地方建设充电设施，加快高速公路服务区公共充电设施服务建设，为消费者创造良好的新能源汽车使用条件。

鼓励多元化投资。充分体现市场在资源配置中的决定性作用，鼓励多元化投资主体进入，通过特许经营制度等优惠政策，形成以国家能源单位为主、多方渠道共赢的发展模式。对投资规模较大的充换电基础设施提供补贴，研究对新能源汽车动力电池引入新的所有权主体等新型模式。

针对新能源汽车的特点，建立动力电池回收、售后服务维保、车辆年检等售后服务体系。尽快制定新能源汽车年检年审标准，规范车辆维保和回收制度，重点针对动力电池，明确动力电池收集、存储、运输、再生处理等环节的管理要求，有效形成电池的梯次利用，研究制定促进电池再生企业提高技术水平和环保水平的优惠政策。

参考文献

[1] 工业和信息化部 . 中华人民共和国工业和信息化部公告（工产业〔2009〕第 44 号），2009.

[2] 国务院办公厅 . 国务院关于印发节能与新能源汽车产业发展规划（2012—2020 年）的通知（国发〔2012〕22 号），2012.

[3] 国务院办公厅 . 国务院关于印发“十二五”国家战略性新兴产业发展规划的通知（国发〔2012〕28 号），2012.

[4] 科技部 . 关于印发电动汽车科技发展“十二五”专项规划的通知，2012.

区域篇

第 19 章

战略性新兴产业发展的区域创新体系支撑机制

李应博　李　燕

【内容提要】活跃的创新活动是战略性新兴产业的显著特征，完善的区域创新体系是战略性新兴产业发展的必要条件之一。本章在借鉴国内外对区域创新的研究的基础上，从区域创新能力的视角构建了评价体系，并以此度量各地的区域创新水平。在此基础上，分别对七大战略性新兴产业的发展水平和区域创新能力各个侧面的关系进行了实证研究，识别出促进各产业发展的长短期显著因素，有助于在“十三五”时期进一步发展战略性新兴产业的过程中更有针对性，这也对于加速我国技术创新，加快发展战略性新兴产业及经济的发展具有十分重要的意义。

区域创新体系研究兴起于20世纪90年代。以库克、伦德瓦尔、纳尔森等为代表的从事创新领域研究的学者，从系统性、互动性和网络化的角度，为区域发展建立创新的新范式。生产要素条件、需求条件、相关支撑产业、厂商结构战略与竞争、政府与政策、社会文化与制度环境等，均被视为区域创新体系的要素。区域创新体系最初的定义来自于规制视野下区域发展的新活力来源，是指企业和其他相关组织基于根植性在特定的制度环境体系下进行的互动式学习过程[1]。因此，区域创新体系是一个地区内有特色的、与地区资源相关联的、推进创新的制度组织网络，旨在推动区域内新技术或新知识的产生、流动、更新和转化。从当今全球创新发展趋势的特点看，社会经济发展、研发绩效、教育水平成为衡量区域创新体系的重要属性[2]。培育战略性新兴产业具有显著的地域性特点，区位条件、资源禀赋和区域制度等都将影响战略性新兴产业在该地区的培育与发展。研究区域创新体系如何支撑战略性新兴产业发展的机制与模式，具有重要的实践意义。

19.1 区域创新体系支撑战略性新兴产业发展的机制分析

完善的区域创新体系是战略性新兴产业发展的必要条件之一。战略性新兴产业以重大技术突破和重大发展需求为基础，战略性新兴产业的发展应做到“顶天立地”:“顶天”要求战略性新兴产业要通过颠覆性技术创新以及由此所带来的一系列组织创新、管理创新和制度变革产生新的、超前的知识和技术；“立地”要求战略性新兴产业发展要对经济社会全局和长远发展具有重大引领和带动作用。因此，战略性新兴产业不等于战略性新兴技术，必须把技术转化为产品和产业，并培育成服务于经济和社会发展的主导产业。可见，区域战略性新兴产业的发展必须立足于区域产业、经济和社会发展实际和长远需求，要体现特定的区域要素禀赋。

区域创新体系由区域创新资源（区域内技术、知识、资金、人力资本、基础设施）、区域创新组织（包括区域内的企业、大学、科研机构、中介服务机构和地方政府）、区域创新制度（区域内体制机制、法制环境、创新文化）三部分构成。案例研究与统计方法是研究区域创新体系的两类方法。从区域创新体系支撑战略性新兴产业发展看，区域创新体系是否完善、区域创新能力是否有效促进产业发展，就成为评价区域创新体系能力的重要维度。

从区域创新体系与战略性新兴产业发展的关系看，构建区域创新体系可以有效地从资源、组织和制度角度来促进战略性新兴产业的培育发展。对此，我们构建了区域创新体系支撑战略性新兴产业发展的机制框架图（图 19-1）。产业培育发展必须有科学合理的产业结构关系，而战略性新兴产业由于具有颠覆性技术创新的重大技术突破引领，因此与区域创新资源投入、创新机构的完善度密切相关。

产业组织是由不同数量、规模的企业所组成的整体以及彼此形成的竞争合作关系；产业组织培育发展的过程也就是从市场结构出发，促进市场主体行为互动并形成有效的市场绩效的过程。学术界通常用 SCP（structure-conduct-performance，即结构-行为-绩效）范式来界定产业组织研究边界。区域创新组织类型广泛，既包括具有较强创新能力的不同规模、行业的企业，也包括科研机构、大学、科技中介、风险投资，还包括近年出现的各类协同创新联盟，等等。那么，从创新体系向新兴产业的支撑传导机制看，创新组织将成为有效促进产业组织完善壮大的新鲜血液和润滑剂，并为战略性新兴产业的企业创新发展提供创新网络节点。

产业布局既包括行业布局，也包括空间布局，产业区位选择是其主要部分。由于区域创新能力越来越被视为影响产业区位选择的因素[3, 4]，尤其是对具有颠覆性技术创新引领特征的战略性新兴产业，更加需要创新要素和能力支撑。因此，区域创新体系将为战略性新兴产业布局优化调整提供重要的制度决策依据。区域内的创新

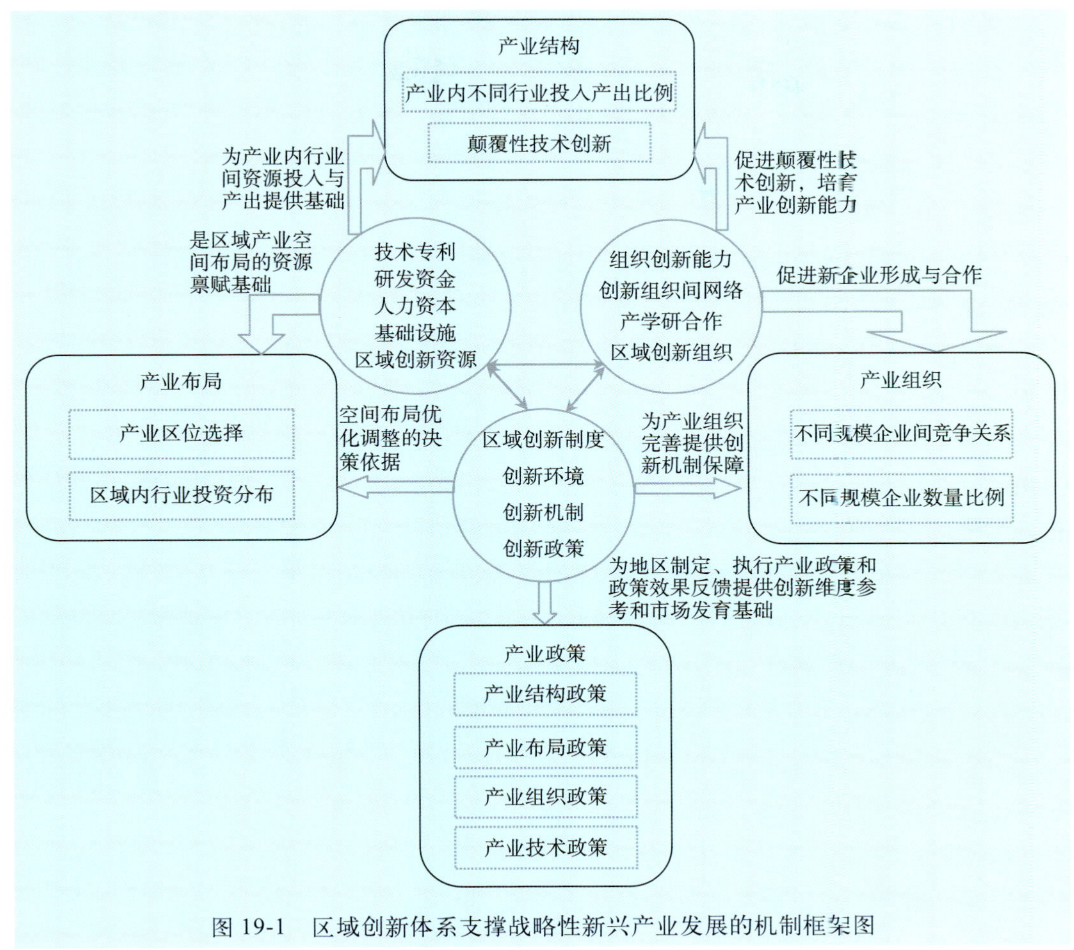

图 19-1　区域创新体系支撑战略性新兴产业发展的机制框架图

资源禀赋将影响产业区位选择和区域产业政策制定；创新机制同时也对地区产业政策制定和完善提供参考依据。

产业政策主要包括产业结构政策、布局政策、组织政策、技术政策等，是一个从规划、制定、执行到反馈的政策环，更是一个包括制度性政策和过程性政策的政策体系。因此，产业政策的复杂性、动态性、多元化为地区战略性新兴产业规划发展带来了一系列挑战。在这些挑战背后，区域创新体系将发挥有效的正向效果。区域创新资源存量和区域创新组织能力的建设可为战略性新兴产业的企业提供创新所需的资源与组织保障，为地方政府创新产业培育发展政策提供参考。同时，区域创新体系还包括金融、风险投资、科技中介、技术市场等组织要素以及活跃的创新环境，这些要素非常有助于地区战略性新兴产业市场的培育和发展。

创新是具有外部效应、反馈效应的。因此，战略性新兴产业得到培育发展后，对区域创新体系本身的建设与完善也将发挥非常重要的促进功能；而这些将成为区域创新体系内的“存量资源”，作用于下一阶段的产业培育发展。整体上讲，区域创新体系与战略性新兴产业是相辅相成、互为推进的：区域创新体系的完善性和有效性，必将对战略性新兴产业的培育发展发挥重要作用，有时甚至是决定性的；反之，战略性新兴产业的发展壮大，必将极大地促进区域创新体系的形成和完善。

19.2 区域创新体系支撑战略性新兴产业发展的评价指标体系选择

学术界广泛采用从“能力”视角研究区域创新体系作用与绩效的测度[5]。2004年美国竞争力委员会构建了创新评价指标体系，它主要包括创新基础设施、公共政策环境、创新投入要素、创新执行要素、企业产出绩效、国家创新产出、国家创新成果等指标[6]。2005年以来中国科技发展战略研究课题组发表的年度《中国区域创新能力报告》建立了包括知识创造、知识获取、企业创新能力、创新环境及创新经济绩效五类指标的区域创新能力评价框架。国内外也有众多研究对全区域创新体系的理论与实证进行探讨[7]。

综合目前的文献，我们发现，关于区域创新能力评价研究，虽然分类方式及要素名称各不相同，但也有许多相似之处。例如，指标体系中大多有创新基础设施、技术创新投入及技术创新产出。而这些创新能力评价指标正是区域创新体系效果测度的重要构成部分。本章研究从这三方面入手，借鉴《中国区域创新能力报告》中的指标体系，采用区域创新能力维度的“投入”与“产出”指标，对区域创新体系支撑战略性新兴产业发展的效果进行评价分析。

19.2.1 区域创新能力的相关指标构成与权重确定

基于创新能力构成要素及可量化指标的数据可得性，本章将区域创新能力相关指标界定为几部分，即创新基础设施、技术来源（自主创新能力和技术获取能力）能力、技术吸收能力与创新产出，如表19-1所示。

表19-1 支撑战略性新兴产业发展的区域创新能力评价指标构成

项目	一级指标	二级指标
创新基础设施	劳动者素质（Labor）	教育经费支出 对教育的投资占GDP的比重 对教育的投资的增长率 16岁及16岁以上人口中受教育程度大专及以上人口数 16岁及16岁以上人口中受教育程度大专及以上人口占比 16岁及16岁以上人口中受教育程度大专及以上人口增长率
	通信能力（Comu）	电话用户数/万户 互联网上网人数/万人 互联网上网人数增长率

续表

项目	一级指标	二级指标
自主创新能力	研发人员投入（HR）	R&D 全时人员当量 每万人平均 R&D 全时人员当量 R&D 全时人员当量增长率
	研发经费投入（RD）	R&D 投入 R&D 投入占 GDP 比重 R&D 投入增长率
技术获取能力	购买国内技术（Dome）	规模以上工业企业购买国内技术经费支出 规模以上工业企业平均购买国内技术经费支出 规模以上工业企业购买国内技术经费支出增长率
	购买国外技术（Forn）	规模以上工业企业引进技术经费支出 规模以上工业企业平均引进技术经费支出 规模以上工业企业引进技术经费支出增长率
	技术改造（Refm）	规模以上工业企业技术改造经费支出 规模以上工业企业平均技术改造经费支出 规模以上工业企业技术改造经费支出增长率
技术吸收能力	消化吸收能力（Absr）	规模以上工业企业消化吸收经费支出 规模以上工业企业平均消化吸收经费支出 规模以上工业企业消化吸收经费支出增长率
创新产出	专利数量（Innov）	各行业的发明专利数

创新基础设施是一个地区创新的各种要素流动的载体[8]。一方面，创新基础设施包括信息和知识的载体，如有线和移动电话、互联网、计算机的发展水平。另一方面，劳动者素质的高低也是创新基础设施的又一重要因素。概括而言，通信能力和劳动者素质是衡量一个地区创新基础设施完善程度的重要指标。基于劳动者素质是一个综合性指标，我们用教育经费支出、教育投资水平、16 岁以上（含 16 岁）人口中大专及以上人口所占比重来综合衡量一个地区的劳动者素质。

技术来源包括自主创新和技术获取。创新的本质决定了它的许多特性不能定量描述，目前用于自主创新评估的许多定量指标都是代用指标。我们综合考量各类指标，同时也考虑指标之间重合的部分，并以尽可能用较少的指标较全面地反映企业自主创新能力为原则，来选取自主创新指标。其中，R&D（research and development，即研究与试验发展）能力是评价自主创新能力的传统指标[9]，也是目前自主创新能力测度的最有代表性的指标之一，并且 R&D 投入能力是工业企业自主创新的前提和保障，是企业进行自主创新的重要推动力。综上考虑，本章研究选取了 R&D 能力中研发经费投入（RD）和研发人员投入（HR）两项主力指标，分别从经费投入强度和人员投入强度来衡量自主创新。这两项投入决定着自主创新进行的速度和难易程度，属于基础性保障指标。

除自主创新外，另一个主要的技术来源是知识获取。它对地区创新能力提升与产业贸易都具有显著的正向促进作用，也反映了一个地区企业对知识需求的程度和对创新的驱动水平[10]。技术获取能力主要考虑了规模以上工业企业从国内其他企业中购买国内技术、购买国外技术和技术改造三个指标。这是国内目前反映技术获取能力比较重要的可得指标，一般由消化吸收购买国内外技术及技术改造经费支出来衡量。

企业只有将创新资源转化为新产品，进而与市场结合实现商业化，最后获取经济利益，才能有效促进区域创新水平的提高[11]。企业的技术吸收能力是企业对外部知识的价值评估、获取、消化和使用的能力[12]。其中，企业技术吸收能力的主要量化指标是企业为将技术吸收转化成其自身的生产力而需要的经费支出。本书选取《中国统计年鉴》中规模以上工业企业消化吸收经费支出作为技术吸收能力的主要衡量指标。

创新产出是判断区域技术创新能力的直接指标。创新产出主要涉及科技成果、经济效益及社会效益等方面，一般由专利、科研论文、新产品等情况来体现。其中，专利指标直接反映的是发明，其在传播发明创造、体现创新产出能力方面作用尤为突出，95%的发明创造都会被记录在专利文献之中[13]。专利数量能够反映自主创新成果及质量水平，最直接地体现企业的研发能力，并已经被纳入研发能力的指标集中。故本章采用2014年4月中国知识产权局发布的《战略性新兴产业发明专利统计分析总报告》中各行业的发明专利数来表示创新产出水平。

本章采用熵权法确定各个指标的熵权（表19-2），然后利用熵权计算各个指标的权重，通过分析指标权重的大小对指标进行检验，最后得到客观的修正权重[14]。若某指标的熵值越小，其指标值的变异程度越大，提供的信息量越多，在综合评价中该指标起的作用越大，其权重应该越大。若某指标的熵值越大，其指标值的变异程度越小，提供的信息量越少，在综合评价中起的作用越小，其权重也应越小。

表19-2　创新能力各指标的熵权值

Labor	劳动者素质					
	教育经费支出		对教育的投资占GDP的比重		对教育的投资的增长率	
	2011年	2012年	2011年	2012年	2011年	2012年
熵值	0.938	0.938	0.866	0.881	0.938	0.954
熵权	0.121	0.136	0.260	0.262	0.120	0.101
Labor	劳动者素质					
	大专及以上人口数		大专及以上人口占比		大专及以上人口增长率	
	2011年	2012年	2011年	2012年	2011年	2012年
熵值	0.940	0.939	0.906	0.905	0.897	0.929
熵权	0.117	0.135	0.183	0.209	0.199	0.157
Comu	通信能力					
	电话用户数/万户		互联网上网人数/万人		互联网上网人数增长率	
	2011年	2012年	2011年	2012年	2011年	2012年
熵值	0.738	0.804	0.587	0.702	0.719	0.601
熵权	0.274	0.219	0.432	0.334	0.294	0.447
HR	研发人员投入					
	R&D全时人员当量		每万人平均R&D全时人员当量		R&D全时人员当量增长率	
	2011年	2012年	2011年	2012年	2011年	2012年
熵值	0.836	0.849	0.636	0.737	0.817	0.711
熵权	0.231	0.216	0.512	0.374	0.257	0.411

续表

RD	研发经费投入					
	R&D 投入		R&D 投入占 GDP 比重		R&D 投入增长率	
	2011 年	2012 年	2011 年	2012 年	2011 年	2012 年
熵值	0.827	0.842	0.643	0.763	0.822	0.689
熵权	0.245	0.223	0.504	0.336	0.251	0.441
Dome	购买国内技术					
	购买国内技术经费支出		平均购买国内技术经费支出		购买国内技术经费支出增长率	
	2011 年	2012 年	2011 年	2012 年	2011 年	2012 年
熵值	0.841	0.833	0.445	0.589	0.797	0.641
熵权	0.173	0.178	0.605	0.439	0.221	0.383
Forn	购买国外技术					
	引进技术经费支出		平均引进技术经费支出		引进技术经费支出增长率	
	2011 年	2012 年	2011 年	2012 年	2011 年	2012 年
熵值	0.795	0.779	0.458	0.591	0.688	0.532
熵权	0.194	0.202	0.511	0.373	0.295	0.426
Refm	技术改造					
	技术改造经费支出		平均技术改造经费支出		技术改造经费支出增长率	
	2011 年	2012 年	2011 年	2012 年	2011 年	2012 年
熵值	0.847	0.843	0.443	0.649	0.771	0.665
熵权	0.163	0.186	0.594	0.417	0.244	0.397
Absr	消化吸收能力					
	消化吸收经费支出		平均消化吸收经费支出		消化吸收经费支出增长率	
	2011 年	2012 年	2011 年	2012 年	2011 年	2012 年
熵值	0.793	0.806	0.303	0.574	0.601	0.599
熵权	0.159	0.190	0.535	0.417	0.306	0.393

19.2.2　战略性新兴产业发展水平评价指标选择

综上，结合《中国区域创新能力报告》中构建指标体系的方法，对战略性新兴产业发展水平建立如下的评价方法（表 19-3）。

表 19-3　产业发展水平评价方法

一级指标	二级指标
战略性新兴产业发展水平	相应战略性新兴产业的销售产值 平均每家战略性新兴企业的销售产值 相应战略性新兴产业的销售增长率

依然利用上文提到的熵权法确定各个指标的权重，各个产业发展水平的具体结果如表 19-4 ～表 19-17 所示。

表 19-4 2011～2012 年节能环保产业发展水平各指标值

地区	销售收入 / 亿元		平均每家企业销售收入 / 亿元		销售收入增长率	
	2011 年	2012 年	2011 年	2012 年	2011 年	2012 年
北京	2 730	3 730	6.81	8.40	0.21	0.37
天津	2 860	4 630	7.81	9.71	0.42	0.62
河北	5 660	7 020	3.29	3.69	0.25	0.24
山西	6 830	7 170	4.68	4.62	0.37	0.05
内蒙古	5 230	5 850	5.26	5.60	0.46	0.12
辽宁	8 510	10 200	2.98	3.27	0.15	0.20
吉林	1 260	2 000	2.07	2.84	0.36	0.59
黑龙江	2 370	4 400	5.05	7.80	0.11	0.86
上海	2 960	2 960	3.69	3.11	0.13	0.00
江苏	7 040	8 720	2.32	2.33	0.22	0.24
浙江	4 570	4 940	2.11	1.85	0.17	0.08
安徽	2 920	3 730	2.18	2.12	0.32	0.28
福建	2 350	2 390	2.32	1.93	0.24	0.02
江西	1 380	1 810	2.15	2.48	0.27	0.31
山东	12 700	15 900	3.92	4.38	0.23	0.25
河南	6 540	7 230	2.37	2.46	0.28	0.11
湖北	2 130	2 750	1.79	1.90	0.25	0.29
湖南	3 230	3 840	1.61	1.74	0.45	0.19
广东	6 350	7 940	3.70	3.55	0.20	0.25
广西	1 330	1 920	2.78	3.48	0.91	0.44
海南	672	748	17.68	16.62	0.27	0.11
重庆	953	1 020	1.20	1.19	0.29	0.07
四川	3 960	4 510	1.87	1.92	0.35	0.14
贵州	1 130	1 320	1.33	1.47	0.66	0.17
云南	734	955	1.32	1.41	0.24	0.30
西藏	22	28	3.75	4.75	0.54	0.27
陕西	3 650	6 140	4.88	6.70	0.28	0.68
甘肃	1 610	2 160	8.85	10.14	0.25	0.34
青海	195	461	4.24	9.22	0.35	1.36
宁夏	562	832	5.25	7.17	0.11	0.48
新疆	2 020	3 600	7.06	9.86	0.21	0.78

表 19-5 节能环保产业发展水平各指标的熵权

项目	2011 年			2012 年		
	销售收入	平均销售收入	销售增长	销售收入	平均销售收入	销售增长
熵值	0.904 207	0.865 986 7	0.913 576	0.911 975	0.871 667	0.903 148
熵权	0.302 921	0.423 783 5	0.273 295	0.281 041	0.409 736	0.309 223

表 19-6　2011～2012 年生物医药产业发展水平各指标值

地区	销售收入 / 亿元		平均每家企业销售收入 / 亿元		销售收入增长率	
	2011 年	2012 年	2011 年	2012 年	2011 年	2012 年
北京	784	870	2.12	2.12	0.10	0.11
天津	721	1 150	2.45	3.40	0.16	0.60
河北	1 780	2 070	2.56	2.86	0.30	0.16
山西	380	405	1.88	1.98	0.20	0.07
内蒙古	1 020	904	3.31	2.94	0.23	−0.11
辽宁	3 160	3 760	2.26	2.52	0.27	0.19
吉林	2 310	2 550	3.67	3.84	0.34	0.10
黑龙江	740	822	2.61	2.74	0.36	0.11
上海	1 790	1 860	3.05	3.05	0.08	0.04
江苏	9 110	10 200	3.01	3.23	0.28	0.12
浙江	2 520	2 750	1.97	1.93	0.17	0.09
安徽	1 130	1 370	1.80	1.83	0.52	0.21
福建	981	1 160	1.88	1.99	0.23	0.18
江西	1 580	2 140	3.05	3.49	0.31	0.35
山东	11 000	12 100	3.07	3.26	0.20	0.10
河南	3 000	3 280	2.21	2.24	0.36	0.09
湖北	1 580	2 050	2.07	2.31	0.45	0.30
湖南	1 960	2 160	2.33	2.45	0.37	0.10
广东	4 510	4 430	3.32	3.12	0.33	−0.02
广西	989	1 180	2.37	2.62	0.36	0.19
海南	189	220	3.00	3.61	0.07	0.16
重庆	609	638	2.01	2.10	0.29	0.05
四川	2 260	2 220	2.29	2.11	0.35	−0.02
贵州	313	334	2.28	2.17	0.35	0.07
云南	346	447	1.59	1.94	0.21	0.29
西藏	6	8	1.29	1.56	0.03	0.33
陕西	585	781	2.07	2.54	0.31	0.34
甘肃	128	172	1.52	1.83	0.09	0.34
青海	31	52	1.72	2.90	0.36	0.68
宁夏	101	122	2.97	3.39	0.32	0.21
新疆	125	155	1.30	1.45	0.15	0.24

表 19-7　生物医药产业发展水平各指标的熵权

项目	2011 年			2012 年		
	销售收入	平均销售收入	销售增长	销售收入	平均销售收入	销售增长
熵值	0.815 436	0.920 110 01	0.920 042	0.822 114	0.925 232	0.936 194
熵权	0.535 882	0.231 960 29	0.232 158	0.562 111	0.236 263	0.201 626

表 19-8　2011～2012 年新能源产业发展水平各指标值

地区	销售收入 / 亿元		平均每家企业销售收入 / 亿元		销售收入增长率	
	2011 年	2012 年	2011 年	2012 年	2011 年	2012 年
北京	234	277	1.79	2.01	0.18	0.18
天津	133	144	1.40	1.44	0.20	0.08
河北	377	353	2.45	1.87	0.18	-0.06
山西	33	44	1.67	1.76	0.45	0.33
内蒙古	194	170	1.80	1.21	0.42	-0.12
辽宁	854	862	2.16	2.26	0.09	0.01
吉林	131	152	1.31	1.48	0.25	0.16
黑龙江	57	85	0.96	1.18	-0.01	0.49
上海	445	457	1.68	1.59	0.03	0.03
江苏	1 820	2 210	2.18	2.48	0.19	0.21
浙江	1 120	1 220	1.39	1.33	-0.03	0.09
安徽	176	218	1.07	1.09	0.20	0.24
福建	285	340	1.27	1.39	-0.12	0.19
江西	153	235	1.38	2.06	0.22	0.54
山东	1 240	1 360	2.57	2.76	0.20	0.10
河南	329	413	1.99	2.40	0.30	0.26
湖北	403	500	2.44	2.59	-0.17	0.24
湖南	393	453	1.42	1.53	0.28	0.15
广东	1 360	1 450	1.87	1.87	-0.02	0.07
广西	188	240	1.57	1.86	0.02	0.28
海南	28	28	6.92	6.99	0.36	0.00
重庆	103	126	1.49	1.75	0.11	0.22
四川	757	765	2.11	1.95	0.31	0.01
贵州	101	164	1.49	2.45	-0.13	0.62
云南	218	270	1.60	1.74	0.06	0.24
陕西	250	291	3.13	2.97	-0.03	0.16
甘肃	121	133	1.39	1.28	0.36	0.10
青海	67	93	4.81	5.46	0.03	0.39
宁夏	17	29	4.13	2.26	-0.06	0.71
新疆	77	114	1.87	2.11	0.04	0.48

表 19-9　新能源产业发展水平各指标的熵权

项目	2011 年			2012 年		
	销售收入	平均销售收入	销售增长	销售收入	平均销售收入	销售增长
熵值	0.815 436	0.920 110 01	0.920 042	0.822 114	0.925 232	0.936 194
熵权	0.535 882	0.231 960 29	0.232 158	0.562 111	0.236 263	0.201 626

表 19-10　2011～2012 年新材料产业发展水平各指标值

地区	销售收入 / 亿元		平均每家企业销售收入 / 亿元		销售收入增长率	
	2011 年	2012 年	2011 年	2012 年	2011 年	2012 年
北京	375	7 250	2.18	24.91	0.51	18.33
天津	3 150	4 660	5.34	5.08	0.32	0.48
河北	10 300	11 200	8.03	6.29	0.36	0.09
山西	2 710	3 320	8.58	8.90	0.26	0.23
内蒙古	2 530	2 900	6.95	6.46	0.39	0.15
辽宁	6 540	6 950	4.27	3.57	0.20	0.06
吉林	1 040	1 640	4.37	5.11	0.35	0.58
黑龙江	317	440	3.56	3.14	0.17	0.39
上海	3 430	3 340	4.27	2.96	0.03	-0.03
江苏	15 800	19 700	3.60	3.07	0.19	0.25
浙江	8 140	11 700	3.34	3.34	0.25	0.44
安徽	3 390	4 740	4.53	3.75	0.26	0.40
福建	2 310	3 330	3.26	3.07	0.33	0.44
江西	3 150	5 020	5.84	5.70	0.37	0.59
山东	10 400	14 000	3.58	3.75	0.24	0.35
河南	5 860	7 310	4.23	4.18	0.38	0.25
湖北	2 410	3 140	3.69	3.00	0.43	0.30
湖南	3 620	4 100	2.94	2.70	0.38	0.13
广东	5 800	7 060	2.49	1.82	0.21	0.22
广西	1 950	3 050	4.58	5.96	0.29	0.56
重庆	1 220	1 370	3.60	3.16	0.46	0.12
四川	3 490	3 620	3.87	3.02	0.27	0.04
贵州	733	1 120	3.38	4.43	0.67	0.53
云南	1 630	2 030	6.71	5.75	0.29	0.25
陕西	1 050	1 370	5.74	4.76	0.56	0.30
甘肃	1 180	1 390	9.44	9.27	0.32	0.18
青海	549	664	9.31	10.71	0.27	0.21
宁夏	424	576	3.09	3.60	0.20	0.36
新疆	802	954	14.07	8.15	0.45	0.19

表 19-11　新材料产业发展水平各指标的熵权

项目	2011 年			2012 年		
	销售收入	平均销售收入	销售增长	销售收入	平均销售收入	销售增长
熵值	0.861 554	0.922 745	0.904 337	0.871 977	0.855 104	0.538 844
熵权	0.444 643	0.248 118	0.307 239	0.174 401	0.197 385	0.628 213

表 19-12　2011～2012 年新能源汽车产业发展水平各指标值

地区	销售收入 / 亿元		平均每家企业销售收入 / 亿元		销售收入增长率	
	2011 年	2012 年	2011 年	2012 年	2011 年	2012 年
北京	2 230	2 500	13.27	13.66	0.16	0.12
天津	1 580	1 470	6.93	6.02	0.05	-0.07
河北	1 090	1 280	3.92	3.93	0.26	0.17
山西	56	58	1.95	1.53	0.05	0.04
内蒙古	211	191	13.19	9.55	0.20	-0.09
辽宁	1 770	2 190	4.63	5.82	0.30	0.24
吉林	4 420	5 240	13.27	14.12	0.13	0.19
黑龙江	116	89	2.52	2.02	-0.41	-0.23
上海	4 000	4 160	8.26	8.19	0.13	0.04
江苏	3 630	4 280	3.62	3.84	0.28	0.18
浙江	2 430	2 830	2.04	2.13	0.09	0.16
安徽	1 650	1 610	3.75	2.85	0.20	-0.02
福建	777	745	3.01	2.55	0.16	-0.04
江西	560	627	4.06	4.42	0.15	0.12
山东	3 760	3 840	4.44	4.25	0.07	0.02
河南	1 290	1 400	3.32	3.20	0.41	0.09
湖北	3 590	3 700	5.03	4.43	0.10	0.03
湖南	565	618	3.16	3.12	0.25	0.09
广东	4 000	3 750	8.33	7.41	0.11	-0.06
广西	1 350	1 540	5.17	5.54	0.18	0.14
海南	139	120	6.04	5.22	0.32	-0.14
重庆	2 090	2 220	4.10	4.16	0.17	0.06
四川	910	1 140	3.40	3.74	0.33	0.25
贵州	49	74	3.04	3.20	0.60	0.51
云南	112	133	4.87	5.32	0.04	0.19
陕西	853	930	18.15	14.31	0.07	0.09

表 19-13　新能源汽车产业发展水平各指标的熵权

项目	2011 年			2012 年		
	销售收入	平均销售收入	销售增长	销售收入	平均销售收入	销售增长
熵值	0.839 361	0.826 179 07	0.898 237	0.835 455	0.832 378	0.774 229
熵权	0.368 250	0.398 467 48	0.233 283	0.294 917	0.300 431	0.404 652

表 19-14　2011～2012 年高端装备制造产业发展水平各指标值

地区	销售收入 / 亿元		平均每家企业销售收入 / 亿元		销售收入增长率	
	2011 年	2012 年	2011 年	2012 年	2011 年	2012 年
北京	397	357	10.78	7.81	-0.01	-0.10
天津	436	360	7.00	8.93	0.15	-0.17

续表

地区	销售收入 / 亿元		平均每家企业销售收入 / 亿元		销售收入增长率	
	2011 年	2012 年	2011 年	2012 年	2011 年	2012 年
河北	538	460	1.49	2.85	0.30	–0.14
辽宁	1 440	1 270	4.96	4.62	0.14	–0.12
上海	705	595	95.00	13.13	0.10	–0.16
江苏	2 860	2 920	27.20	7.04	0.23	0.02
浙江	655	683	3.53	2.23	0.03	0.04
安徽	272	320	3.06	2.96	0.56	0.18
福建	125	124	26.56	7.65	–0.22	–0.01
江西	68	85	5.44	3.34	0.34	0.25
山东	2 680	2 670	46.47	7.05	0.35	0.00
河南	363	257	2.57	10.12	0.11	–0.29
湖北	531	474	4.21	6.98	0.38	–0.11
湖南	797	801	6.78	3.34	0.26	0.01
广东	666	591	6.39	6.04	–0.01	–0.11
广西	41	63	7.27	5.42	0.09	0.54
重庆	375	331	74.50	20.14	0.36	–0.12
四川	595	365	26.32	9.88	0.15	–0.39

表 19-15　高端装备制造产业发展水平各指标的熵权

项目	2011 年			2012 年		
	销售收入	平均销售收入	销售增长	销售收入	平均销售收入	销售增长
熵值	0.799 309	0.559 467	0.860 361	0.782 632	0.774 496	0.857 842
熵权	0.257 011	0.564 162	0.178 827	0.371 551	0.385 457	0.242 992

表 19-16　2011 ～ 2012 年新一代信息技术产业发展水平各指标值

地区	销售收入 / 亿元		平均每家企业销售收入 / 亿元		销售收入增长率	
	2011 年	2012 年	2011 年	2012 年	2011 年	2012 年
北京	345	1 960	10.78	7.81	0.14	4.68
天津	112	2 330	7.00	8.93	0.53	19.80
河北	6	242	1.49	2.85	–0.10	39.33
辽宁	84	720	4.96	4.62	0.20	7.57
上海	3 610	5 580	95.00	13.13	–0.04	0.55
江苏	3 400	14 700	27.20	7.04	0.16	3.32
浙江	180	2 020	3.53	2.23	–0.09	10.22
安徽	40	659	3.06	2.96	2.91	15.48
福建	425	2 510	26.56	7.65	0.02	4.91
江西	33	622	5.44	3.34	0.41	17.85

续表

地区	销售收入/亿元		平均每家企业销售收入/亿元		销售收入增长率	
	2011 年	2012 年	2011 年	2012 年	2011 年	2012 年
山东	1 580	3 820	46.47	7.05	0.34	1.42
河南	21	1 630	2.57	10.12	−0.14	76.62
湖北	67	1 130	4.21	6.98	0.24	15.87
湖南	88	974	6.78	3.34	2.86	10.07
广东	2 420	19 100	6.39	6.04	−0.08	6.89
广西	29	417	7.27	5.42	0.22	13.38
重庆	596	1 390	74.50	20.14	7.75	1.33
四川	579	2 460	26.32	9.88	12.19	3.25

表 19-17　新一代信息技术产业发展水平各指标的熵权

项目	2011 年			2012 年		
	销售收入	平均销售收入	销售增长	销售收入	平均销售收入	销售增长
熵值	0.577 219	0.559 466 87	0.717 721	0.662 278	0.774 496	0.703 434
熵权	0.369 050	0.384 545 88	0.246 404	0.392 795	0.262 277	0.344 928

19.3　区域创新体系支撑战略性新兴产业发展实证分析结果

针对上述七个产业，分别建立反映短期效应的误差修正模型（error correction model，ECM）和反映长期效应的回归模型［在此用广义最小二乘（generalized least square，GLS）方法估计］。其中，误差修正模型是一种具有特定形式的计量经济模型，它的主要形式是由 Davidson、Hendry、Srba 和 Yeo 于 1978 年提出的，称为 DHSY 模型。

首先对 ADL（1，1）模型

$$y_t = \beta_0 + \beta_1 x_t + \beta_2 y_{t-1} + \beta_3 x_{t-1} + \varepsilon_t$$

移项后，整理可得

$$\nabla y_t = \beta_0 + \beta_1 \nabla x_t + (\beta_2 - 1)\left(y - \frac{\beta_1 + \beta_3}{1 - \beta_2} x\right)_{t-1} + \varepsilon_t$$

该方程即为误差修正模型，其中，$y - \frac{\beta_1 + \beta_3}{1 - \beta_2} x$是误差修正项，记为 ecm。

模型解释了因变量的短期波动是如何被决定的：一方面，它受到自变量短期波动的影响；另一方面，它取决于误差修正项。如果变量存在长期均衡关系，即有$\bar{y} = \alpha\bar{x}$，式中的 ecm 可以改写为$\bar{y} = \frac{\beta_1 + \beta_3}{1 - \beta_2}\bar{x}$。

ecm 反映了变量在短期波动中偏离它们长期均衡关系的程度，被称为均衡误差。

模型可简记为

$$\nabla y_t = \beta_0 + \beta_1 \nabla x_t + \lambda \mathrm{ecm}_{t-1} + \varepsilon_t$$

一般地，由于$|\beta_2| < 1$，所以$\lambda = \beta_2 - 1 < 0$。因此，当$y_{t-1} > \dfrac{\beta_1 + \beta_3}{1 - \beta_2} x_{t-1}$，$\mathrm{ecm}_{t-1}$为正，$\lambda \mathrm{ecm}_{t-1}$为负，使正向偏离减少，反之亦然，这体现出均衡误差对因变量变动的控制。

对数据分别进行单位根检验、协整检验和格兰杰因果检验，发现目前使用的数据平稳，且与因变量有显著的因果关系，因此可以进行回归分析。七个产业的长短期效果如表 19-18 和表 19-19 所示。

表 19-18　各产业短期效应实证结果

短期	节能环保	生物医药	新能源	新材料	新能源汽车	高端装备制造	新一代信息技术
lnLabor	0.698	0.685***	0.380	0.161	0.125	0.406	0.573
lnComu	0.136	0.155	0.034	0.357**	0.108	0.140	0.198
lnHR	0.158	0.326*	0.310	0.179	0.067	0.692**	0.429
lnRD	0.066	0.289	0.304	0.328***	0.948***	0.331	0.854
lnDome	0.031	0.201**	0.378***	0.074	0.120	0.092	0.485*
lnForn	0.135	0.113	0.199*	0.201	0.124	0.017	0.493**
lnRefm	0.178**	0.013	0.033	0.045	0.092	0.223	0.560*
lnAbsr	0.067	0.100	0.199**	0.132	0.003	0.038	0.071
lnInnov	0.874**	0.147**	0.096	0.200*	0.028	0.022	0.242*
误差项 u	−0.321**	−0.729**	−0.076**	−0.808**	−0.198**	−0.337**	−0.863**
cons	0.022	2.659	0.739	−3.603	−1.259	4.732	2.886
N	60	61	59	58	52	41	41
Adj. R^2	0.74	0.889	0.721	0.654	0.761	0.59	0.781

*、**、*** 分别表示在 10%、5%、1% 的显著性水平下显著

表 19-19　各产业长期效应实证结果

长期	节能环保	生物医药	新能源	新材料	新能源汽车	高端装备制造	新一代信息技术
lnLabor	0.182 (0.281)	0.513** (0.239)	0.200 (0.223)	0.161 (0.349)	0.417* (0.240)	0.543* (0.320)	0.785 (0.552)
lnComu	0.074 9 (0.131)	0.117 (0.116)	0.026 7 (0.108)	0.357** (0.181)	0.173 (0.112)	0.242 (0.147)	0.437* (0.254)
lnHR	0.146 (0.163)	0.311** (0.146)	0.159 (0.145)	0.179 (0.259)	0.102 (0.141)	0.445* (0.236)	0.557 (0.406)
lnRD	0.136 (0.190)	0.103 (0.167)	0.286 (0.193)	0.139*** (0.377)	0.950*** (0.281)	0.097 8 (0.315)	0.269 (0.545)
lnDome	0.042 7 (0.097 6)	0.123 (0.088 4)	0.219** (0.085 3)	0.074 4 (0.149)	0.107 (0.092 2)	0.092 9 (0.160)	0.486* (0.277)
lnForn	0.082 5 (0.077 2)	0.012 5 (0.069 7)	0.001 57 (0.065 5)	0.201* (0.121)	0.025 0 (0.081 8)	0.061 5 (0.123)	0.450** (0.212)
lnRefm	0.239** (0.095 9)	0.075 3 (0.085 7)	0.177** (0.088 2)	0.045 (0.161)	0.016 8 (0.138)	0.003 62 (0.187)	0.319 (0.323)
lnAbsr	0.027 1 (0.079 7)	0.087 4 (0.071 9)	0.013 1 (0.072 8)	0.132 (0.128)	0.033 2 (0.074 0)	0.115 (0.121)	0.063 4 (0.209)

续表

长期	节能环保	生物医药	新能源	新材料	新能源汽车	高端装备制造	新一代信息技术
lnInnov	0.892** (0.384)	0.141** (0.060 1)	0.092 4 (0.081 8)	0.200* (0.108)	0.009 45 (0.099 3)	0.135 (0.129)	0.257* (0.136)
cons	4.540* (1.044)	4.329*** (0.886)	3.225*** (0.838)	0.422 (1.322)	1.469 (1.238)	1.814 (1.255)	0.518 (2.158)
N	60	61	59	58	52	41	41
Adj. R^2	0.748	0.687	0.618	0.595	0.767	0.685	0.413

*、**、*** 分别表示在 10%、5%、1% 的显著性水平下显著
注：表中各产业均经过 Hausman 检验，使用了随机效应模型

从表 19-18 和表 19-19 可以看出，各产业的误差修正项 u 对 $\Delta\ln y$ 构成显著影响，即产出与区域创新各指标间的长期均衡关系对产出增长率变化有深刻影响。短期中，若上期产出增长率 $\Delta\ln y_{t-1}$ 大于根据目前自变量增长率产生的预期值，则本期经济系统会产生一个负的作用；若前者小于后者，则进行正向修正，修正力度为 u 的系数，它们使得产出与区域创新能力的 9 个变量可以在长期中达到均衡。另外，根据 Hausman 检验的结果，各产业主要利用随机效应模型的结果进行分析。

1. 节能环保产业

短期中区域创新体系对节能环保产业发展的影响为正，其中技术改造（lnRefm）和专利数量（lnInnov）对其影响显著为正①，同时专利数量的影响大于技术改造的影响（0.874>0.178）。在长期模型中，只有技术改造和专利数量的影响显著。两者的长期效应略低于短期效应，但差距不大。技术改造的弹性在 0.25 上下，专利数量的弹性在 0.88 上下。根据长短期综合分析结果，目前要促进我国节能环保产业发展，可以从技术改造和获得发明专利授权两方面着手。同时，还应注意研发投入和国内技术交流的作用，两者的作用会随着时间的推移而不断强化。

2. 生物医药产业

短期中区域创新体系对生物医药产业发展的影响均为正，但影响显著的只有四个变量，分别是劳动者素质（lnLabor）、研发人员投入（lnHR）、购买国内技术（lnDome）和专利数量（lnInnov），且四个变量影响大小的排序是劳动者素质（lnLabor）>研发人员投入（lnHR）>购买国内技术（lnDome）> 专利数量（lnInnov）。在长期模型中，劳动者素质（lnLabor）、研发人员投入（lnHR）和专利数量（lnInnov）的影响依然显著，但是购买国内技术（lnDome）变得不显著。三个显著变量影响大小的排序是劳动者素质（lnLabor）>研发人员投入（lnHR）>专利数量（lnInnov）。结合长短期分析的结果，说明要促进我国生物医药产业发展，短期内可以从提升劳动者素质（lnLabor）、加大研发人员投入（lnHR）、购买国内

① t 统计量大于 1.64，说明至少在 10% 的显著性水平下显著。

技术（lnDome）和增加专利数量（lnInnov）入手；长期来看，虽然购买国内技术（lnDome）的作用将不再显著，但其他三项的作用依然重要。

3. 新能源产业

短期中区域创新体系对新能源产业发展的影响均为正，其中购买国内技术（lnDome）、购买国外技术（lnForn）和消化吸收能力（lnAbsr）这三个指标影响显著，其影响大小排序为购买国内技术（lnDome）> 购买国外技术（lnForn）= 消化吸收能力（lnAbsr）。在长期模型中，只有购买国内技术（lnDome）和技术改造（lnRefm）的作用显著，且两者的排序是购买国内技术（lnDome）> 技术改造（lnRefm）。结合长短期分析的结果，说明要促进我国新能源产业发展，短期内可以以加强国内外技术获取和提高对技术的消化吸收能力为主；从长远看，主要是加强对本国技术的获取和技术改造。

4. 新材料产业

短期中区域创新体系对新材料产业发展的影响均为正，其中有三个指标具有显著影响，分别是通信能力（lnComu）、研发经费投入（lnRD）和专利数量（lnInnov），且三者影响大小排序为通信能力（lnComu）> 研发经费投入（lnRD）> 专利数量（lnInnov）。在长期模型中，通信能力（lnComu）、研发经费投入（lnRD）和专利数量（lnInnov）的作用依然显著，同时购买国外技术（lnForn）也由不显著变为显著。四个长期影响显著变量的影响大小排序是通信能力（lnComu）> 购买国外技术（lnForn）> 专利数量（lnInnov）> 研发经费投入（lnRD）。通信能力的弹性在 0.36 左右，购买国外技术和专利数量的弹性在 0.2 左右，研发经费的弹性在 0.13 ～ 0.33 上下浮动。结合长短期分析的结果，说明要促进我国新材料产业发展，短期内可以从提升通信能力（lnComu）、加大研发经费投入（lnRD）和增加专利数量（lnInnov）入手；长期来看，从国外获取技术也是可以采用的重要途径。

5. 新能源汽车产业

短期中区域创新体系对新能源汽车产业发展的影响均为正，其中研发经费投入（lnRD）的影响显著。在长期模型中，除了研发经费投入（lnRD）依然保持显著外，劳动者素质（lnLabor）也变得显著，两者的排序为研发经费投入（lnRD）> 劳动者素质（lnLabor）。结合长短期分析的结果，说明要促进我国新能源汽车产业发展，提高研发经费投入是主要的手段。此外，通过加大教育经费投入和提升高等教育入学率等措施提高劳动者素质也是重要途径。

6. 高端装备制造产业

短期中区域创新体系对高端装备制造产业发展的影响均为正，其中研发人员投入（lnHR）的影响显著。在长期模型中，研发人员投入（lnHR）的影响依然显著，同时劳动者素质（lnLabor）也变得显著，两者的影响排序为劳动者素质（lnLabor）>研发人员投入（lnHR）。结合长短期分析的结果，说明要促进我国高端装备产业发展，最重要的是“人”的作用，不仅短期内迫切需要加强研发人员投入，从长远来看，提升劳动者素质也十分重要。

7. 新一代信息技术产业

短期中区域创新体系对新一代信息技术产业发展的影响均为正，其中购买国内技术（lnDome）、购买国外技术（lnForn）、技术改造（lnRefm）和专利数量（lnInnov）对它的影响显著，按影响大小排序为技术改造（lnRefm）>购买国外技术（lnForn）>购买国内技术（lnDome）>专利数量（lnInnov）。在长期模型中，购买国内技术（lnDome）、购买国外技术（lnForn）、专利数量（lnInnov）的影响仍然显著，技术改造（lnRefm）变为不显著，而通信能力（lnComu）则变为显著。四者影响度的排序是购买国内技术（lnDome）>购买国外技术（lnForn）>通信能力（lnComu）>专利数量（lnInnov）。结合长短期分析的结果，说明要促进我国新一代信息技术产业发展，短期内可以从技术改造、购买国外技术、购买国内技术和增加专利数量四个方面着手；长期来看，技术改造的作用越来越不明显，除需要加强国内外技术获取和增加专利数量外，还需要加强通信基础设施建设，提升通信能力。

由于我国战略性新兴产业发展仍处于起步阶段，本章研究仅采用2011～2012年两年的数据，其分析结果有一定的局限性。但本章研究方法以及所得出的简略分析结果，可作为各领域产业政策制定的参考依据，可根据实际情况择取适当的结果参考。

审稿：石立英

参考文献

[1] Cooke P. Regional innovation systems：competitive regulation in the new Europe. Geoforum，1992，23（3）：365～382.

[2] Hajek P，Hennques R，Hajkova V. Visualising components of regional innovation systems using self-organizing maps—evidence from European regions. Technological Forecasting and Social Change，2014，84：197～214.

[3] Heidenreich M. Innovation patterns and location of European low-and medium-technology industries. Research Policy，2009，38（3）：483～494.

[4] Best M H. Greater Boston’s industrial ecosystem：a manufactory of sectors. Technovation. DOI：10.1016/j.technovation.2014.04.004.

[5] Doloreux D，Parto S. Regional innovation systems：current discourse and unresolved issues. Technology in Society，2005，27（2）：133～153.

[6] 美国竞争力委员会．创新美国：在挑战和变革的世界中达至繁荣，2004.

[7] 吕月英，邸泽．区域技术创新与战略性新兴产业成长耦合发展研究．工业技术经济，2013，（10）：90 ～ 100.

[8] 程雁，李平．创新基础设施对中国区域技术创新能力影响的实证分析．经济问题探索，2007，（9）：51 ～ 54.

[9] 卢方元，靳丹丹．我国 R&D 投入对经济增长的影响——基于面板数据的实证分析．中国工业经济，2011，（3）：149 ～ 157.

[10] Tsai K H，Wang J C. External technology sourcing and innovation performance in LMT sectors：an analysis based on the Taiwanese Technological Innovation Survey. Research Policy，2009，38（3）：518 ～ 526.

[11] Su Z，Ahlstrom D，Li J，et al. Knowledge creation capability，absorptive capacity，and product innovativeness. R&D Management，2013，43（5）：473 ～ 485.

[12] Wesley M C，Daniel A L. Absorptive capacity：a new perspective on learning and innovation. Administrative Science Quarterly，1990，35：128 ～ 152.

[13] Wang Y，Roijakkers N，Vanhaverbeke W. How fast do Chinese firms learn and catch up? Evidence from patent citations. Scientometrics，2014，98（1）：743 ～ 761.

[14] 游达明，许斐．基于熵值法的区域旅游业经济效益比较分析．数理统计与管理，2005，（3）：82 ～ 85.

第 20 章

战略性新兴产业区域发展的评价指标体系与效果测度

李应博　李　燕

【内容提要】要更好地促进战略性新兴产业的发展，对产业发展现状进行客观的定量分析是十分必要的。本章利用国家统计局最新制定的《战略性新兴产业分类》，并与《国民经济行业分类》的小类相衔接，从盈利能力、偿债能力、发展能力和营运能力四个方面，建立了完全针对战略性新兴产业的成长评价指标体系，全面细致地分析了战略性新兴产业中类、大类和整个产业的发展现状，对目前的研究做了重要的补充。

战略性新兴产业发展以重大技术突破和重大发展需求为基础，因此，必须通过颠覆性技术创新以及由此带来的一系列组织创新、管理创新和制度变革，产生新的、超前的知识和技术；必须对经济社会全局和长远发展具有重大引领带动作用。战略性新兴技术不等同于战略性新兴产业，必须把技术成果转化为产品和产业，并逐步培育成为服务国家和地区经济社会发展的主导产业，才能发挥重大引领和带动作用。地区培育战略性新兴产业，也应立足于区域产业、经济和社会发展实际和长远需求，体现特定的区域要素禀赋。《规划》发布之后，不同区域借助传统产业转型升级、发展新兴产业、抢占产业价值链高端环节等一系列措施，推动了地区新兴产业培育和发展，战略性新兴产业已经成为部分地区新的经济增长极。因此，如何评估区域战略性新兴产业的发展即成为重要问题。有必要分析不同地区在培育与发展战略性新兴产业上的异同点，建立评价指标体系，对产业创新绩效、产业集中度、地区产业发展能力等重要方面进行测度评估，以利于更好地把握产业发展规律，基于地区发展实际和未来需求来选择产业增长点，集聚产业发展所需的资源，培育健康完善的产业组织形态，制定有针对性的产业政策，促进地区战略性新兴产业成长和各类产业协调发展。

20.1　战略性新兴产业发展的地区影响因素

20.1.1　区域自然要素禀赋

要素禀赋通常分为自然资源禀赋[1]（地理资源）和社会资源禀赋[2]（劳动力、资本、技术、区域政策、市场化条件）。要素禀赋是影响社会经济发展的必要外部条件。一方面，要素禀赋决定着产业结构的选择、发展路径和转变方式；另一方面，产业对某种要素的依赖程度和敏感程度，同时反映了产业在国民经济中的地位、内部结构分布、所处发展阶段和发展中存在的问题等一系列特性。从战略性新兴产业的发展实践看，区域要素禀赋好的地区具有产业发展的“先动”优势。要素禀赋应与战略性新兴产业的发展领域与方向相互匹配，产业发展才具有良好的基础，才能够有效规避风险。

20.1.2　人力资本驱动

人力资本是地区战略性新兴产业发展的关键要素。美国德勤公司与美国竞争力委员会共同发布的《2013全球制造业竞争力指数》指出：影响国家制造业竞争能力的首要关键驱动因素是人力驱动的创新，其中包括科学家、研究人员、工程师及技术工人的素质与可得性[3]。

在地区发展战略性新兴产业上，高水平的人力资本体现在两个方面。一是站在技术前端、具有一流创新能力的领军型技术人才和团队；二是能够洞察全球产业发展前沿，高度融合产业、技术与市场的综合型战略性分析人才。这两个领域的人力资本决定了一个地区是否能够持续有效地推动战略性新兴产业的发展。

20.1.3　区域产业综合承载力

在生态学中，承载力定义为“某一生境所能支持的某一物种的最大数量”[4]。区域产业承载力代表着区域内培育新兴产业的可能性，如果区域产业承载力处于超载水平，那么，即使新兴技术培育成功的可能性很大，这个区域也无法将新兴技术培育成产业。区域产业承载力需要重点考察区域资源承载力、区域创新活动承载力及区域配套环境承载力。区域资源承载力是区域战略性新兴产业培育的基础。战略性新兴产业的培育一方面需要依托现有的产业资源，另一方面需要大量创新资源的持续投入。由于战略性新兴产业高度的不确定性，往往造成投入大、投资回报周期长的局面，因此，区域是否有足够的创新资源以支撑持续的投入，即成为制约新兴产业发展的关键。

20.1.4 区域综合创新能力

区域综合创新能力包括知识创造、知识获取、企业创新、创新环境、创新绩效等方面的综合能力。《中国区域创新能力报告（2011—2012 年）》[5] 对我国区域创新能力调查的年度数据显示：我国区域创新能力总体上呈现出逐年增强的趋势，但地区间差异较大；在若干项细分指标上，地区间差异度较大；通过区域创新能力可以分析地区优势和劣势，从而找到提升区域创新能力的有效途径。战略性新兴产业具有产业关联系数大、产业链长、能够引导和创造重大的经济社会需求等特点；但技术的市场预期不确定性较大。因此，区域创新能力强的地区能够有效提供新兴产业发展所需的各种要素、资源和机制。

20.1.5 地区市场需求条件

市场需求是战略性新兴产业的第一推动力。新兴技术的市场结构必须要考虑可能形成的市场、供给、需求及供需缺口；对于颠覆性技术创新，尤其要充分考虑潜在的市场规模。国外有研究表明：市场环境复杂度（主要是指异质性信息复杂程度、竞争程度、发展活跃度）较低的情况下，地区市场定位（包括顾客定位、竞争者定位及组织功能间协调）越清晰，颠覆性技术创新的产出越低，但渐进式技术创新的产出越高；在高复杂性市场环境中，市场定位越清晰，颠覆性技术创新越活跃，渐进式技术创新则没有显著变化[6]。

20.1.6 产业发展的区域政策

战略性新兴产业和传统产业在生命周期上存在显著差异，主要由于前者的成长和衰退速度具有较大的不确定性，不少战略性新兴产业具体领域的培育和发展周期更短、投资风险更大。地区培育和发展战略性新兴产业，既需要准确的产业发展预见力，又需要政策的完整性和有效性。社会学研究学者指出，影响产业区位的重要因素是区域政策[7]，政府对区域经济发展的干预措施具有重要的意义。

20.2 区域战略性新兴产业发展评价的指标体系

20.2.1 统计尺度

目前我国国家层面正在制定的战略性新兴产业分类标准主要有三种：一是工信部发布的《战略性新兴产业分类目录》，其将战略性新兴产业划分为 34 个大类、152 个中类、470 个小类、332 个次小类，共包含 721 种产品；二是国家统计局制定的《战略性新兴产业分类》，其将战略性新兴产业划分为 30 个大类、102 个中类、311

个小类[1]；三是国家发改委编制的《战略性新兴产业重点产品和服务指导目录》，其囊括了七大战略性新兴产业的139种重点产品和服务[8]。

在这三个标准中，工信部标准和国家发改委标准对战略性新兴产业的划分较为详细，具体到了产品层面，但数据获取也更为困难，采用这两种标准对战略性新兴产业进行测算目前还难以实现。而国家统计局标准实现了将战略性新兴产业的小类与《国民经济行业分类》中的小类相衔接，在数据的可获得性方面具有明显优势，更适合现阶段的统计分析。

以国家统计局标准为蓝本，按照科学性、同质性、唯一性、可操作性和大口径的原则，在借鉴相关学术研究方法的基础上，将因多重属性或产业链交叉产生的重复的战略性新兴产业小类予以剔除和归并，整理出可统计的战略性新兴产业分类表，并对相关产业经济层面的发展情况进行分析。具体的战略性新兴产业统计分类情况如表20-1所示。

表20-1　战略性新兴产业分类及数据可得性

产业名称	大类	中类	小类（对应的行业代码）	备注
节能环保产业	高效节能	高效节能通用设备制造	3411、3441、3442、3444、3461、3462、3464	数据完整
		高效节能专用设备制造	3511、3515、3516、3521、3531、3532、3533、3546、3572	数据完整
		高效节能电气机械器材制造	3811、3812、3839、3871	数据完整
		高效节能工业控制装置制造	4012、4014、4019	数据完整
		新型建筑节能材料制造	3021、3024、3031、3035、3062	数据完整
	先进环保	环境资源专用设备制造	3591、3597	数据完整
		环境保护监测仪器制造	4021	数据完整
		环境污染处理药剂制造	2665	数据完整
	资源循环利用	矿产资源综合利用	0610、0620、0690、0710、0720、0810、0820、0890、0911、0912、0913、0914、0915、0916、0917、0919、0921、0922、0929、0931、0932、0939、1011、1013、1019、1020	无数据
		工业气体液体循环综合利用	2511、3360、3463	数据完整
		工业设备用品回收及再利用	2914、3735、4210、4220	数据完整
		水资源循环利用与节水	4610、4620、4690	数据完整
新一代信息技术产业	通信传输及高端计算机设备制造	通信传输基础设备制造	3921、3922	数据完整
		高端计算机及网络设备制造	3911、3912、3913	数据完整
	广播电视设备及数字视听产品制造	广播电视设备制造	3931、3932	数据完整
		数字视听产品制造	3951、3952、3953	数据完整
	电子元器件器材及仪器制造	电子元器件及器材制造	3832、3962、3963、3969、3971	数据完整
		电子仪器制造	4028	数据完整

续表

产业名称	大类	中类	小类（对应的行业代码）	备注
生物医药产业	生物制品制造	生物药品制造	2710、2720、2730、2740、2750、2760、2770	数据完整
		生物食品制造	1461、1462、1469、1491、1492	数据完整
		生物燃料制造	2512	数据完整
		生物农业用品制造	1320、1363、2625、2632	数据完整
		生物化工制品制造	2614、2661、2662、2684	数据完整
	生物工程设备制造	生物医疗设备制造	3581、3582、3583、3584、3585、3586、3589	数据完整
		生物其他相关设备仪器制造	3551、4024、4041	数据完整
高端装备制造产业	航空航天装备	航空、航天器及设备制造	3740	无数据
	轨道交通装备	铁路高端装备制造	3711、3714	数据完整
		城市轨道装备制造	3720	数据完整
		轨道交通其他装备制造	3412、3899	无数据
	智能制造装备	智能测控装备制造	3421、3422、3425、3429、4011	数据完整
		重大成套设备制造	3490、3512、3542、3562、3599	数据完整
		智能关键基础零部件制造	3489	数据完整
新能源产业	水力发电	水力发电	4412	数据完整
	核力发电	核力发电	4413	数据完整
	其他能源发电	其他能源发电	4414、4415、4419	数据完整
	智能电网	智能电网	3821、3823、3824	数据完整
新材料产业	新型功能材料	新型功能涂层材料制造	2641、2642、2643、2644	数据完整
		新型膜材料制造	2921、2924	数据完整
		特种玻璃制造	3049、3051	数据完整
		功能陶瓷制造	3072	数据完整
		其他新型功能材料制造	2612、2613、2619、2631、2645、3091、3841、3842、3849	数据完整
	先进结构材料	高纯金属材料制造	3110、3120、3211、3212、3213、3214、3215、3216、3217、3219、3221、3222、3229、3231、3232、3239	无数据
		高品质金属材料制造	3130、3140、3250、3261、3262、3263、3264、3269	无数据
		新型合金材料制造	3150、3240、3311、3321、3340、3389、3391	数据完整
		工程塑料材料制造	2653、2927、2929	数据完整
	高性能复合材料	高性能纤维复合材料制造	2659、2821、2822、2823、2824、2825、2826、2829	数据完整
		其他高性能复合材料制造	2651、2652、3339	无数据

续表

产业名称	大类	中类	小类（对应的行业代码）	备注
新能源汽车产业	新能源汽车整车制造	新能源汽车整车制造	3610、3640	数据完整
	新能源汽车零部件配件制造	新能源汽车零部件配件制造	3660	数据完整

20.2.2 评价指标

创新能力和经济效益是评价战略性新兴产业发展的两个重要维度。结合目前数据的可得性和专家意见，本部分拟从产业创新绩效和产业发展绩效两个维度对战略性新兴产业的发展情况进行评价。

创新绩效采用专利指标进行测度。其中，发明专利在反映创新产出能力的方面作用尤为突出，95%的发明创造都会被记录在专利文献之中[9]。如第19章所述，专利数量是研发能力指标集的重要指标之一。

产业区域发展绩效从两方面进行测度。一是采用产业区域熵测度产业集中度；二是采用产业内规模以上企业年度财务指标对产业整体发展水平进行测度。测度产业集中度通常采用区位熵方法，它可以反映行业在特定区域的集中程度，以衡量行业在空间的分布情况。该指数可用于分析该区域在全国具有一定地位的优势产业，评价其专业化率水平，区位熵取值越大，代表专业化水平越高。一般而言，区位熵大于1.5时，意味着该产业在本地区具有明显的竞争优势。我们选取该地区某行业增加值占该地区生产总值的比重除以全国该行业增加值占GDP的比重来测算区位熵。基于数据信度和效度，本书采用18个战略性新兴产业大类，将其细化到49个战略性新兴产业中类、31个省（自治区、直辖市）层面、2011年和2012年的数据（表20-2）。在权重设置上，对一级指标来说，采用的是财务统计口径。结合专家评估和企业财务管理实际情况，“盈利能力”是产业发展绩效评估的核心内容，因此将其权重设置为四个一级指标中最高的，为0.45。“发展能力”对于产业的可持续发展至关重要，将其权重设置为0.35，将“偿债能力”和“营运能力”的权重都设置为0.10。对于二级指标来说，大部分都是将在一类中的各个指标权重设置为相同，但是考虑到“利润总额增长率”对发展能力的影响较大，因此将其权重设置高于其他两个二级指标。设置权重有很多种方法，考虑到数据可得性和口径一致性等因素，本书所用指标体系主要是从财务数据角度构建相应权重。

表20-2 我国战略性新兴产业发展绩效评估指标体系

一级指标	权重	二级指标	权重	计算方法	指标意义
盈利能力	0.45	销售利润率	0.33	销售利润率＝企业利润总额/净销售收入	反映综合的盈利能力
		净资产收益率	0.33	净资产收益率＝公司税后利润/净资产	反映运用自有资本的效率
		资产报酬率	0.33	资产报酬率＝（净利润＋利息费用＋所得税）/平均资产总额×100%	反映全部资产获取收益的水平

续表

一级指标	权重	二级指标	权重	计算方法	指标意义
偿债能力	0.10	资产负债率	0.50	资产负债率 = 负债总额 / 资产总额	反映负债水平及风险程度
		利息保障倍数	0.50	利息保障倍数 = 企业生产经营所获得的息税前利润 / 利息费用	反映偿付债务利息的能力
发展能力	0.35	利润总额增长率	0.40		反映实现价值最大化的扩张速度
		资产增长率	0.30		反映经营规模总量上的扩张程度
		销售收入增长率	0.30		反映主营业务收入规模的扩张情况
营运能力	0.10	应收账款周转率	0.50	应收账款周转率 = 销售收入 / 平均应收账款	反映管理应收账款的效率
		流动资产周转率	0.50	流动资产周转率（次）= 主营业务收入 / 平均流动资产总额	反映投入流动资产的运营效率

注：关于计算方法空白部分，原始数据库直接有“利润总额增长率”、“资产增长率”、“销售收入增长率”的数据，不用再行计算；其他有计算方法的是因为需要对原始数据进行处理

盈利能力，是指企业获取利润的能力或者资本增值能力。通常表现为一定时期内企业收益数额的多少及其水平的高低。战略性新兴产业发展之初，是以重大的技术突破为引领，但产业发展进入成长期和成熟期后，就要以有效市场需求和实现产业的重大收益为特征。因此，盈利能力指标可以直接体现产业目前的经济效益。

偿债能力，是指企业用其资产偿还长期债务与短期债务的能力。企业偿债能力是反映企业财务状况和经营能力的重要标志。资产负债率反映债权人发放贷款的安全程度，是衡量企业长期偿债能力的指标之一。利息保障倍数反映企业经营所得支付债务利息的能力。用这两项指标来评价偿债能力，可以比较清晰地反映出战略性新兴产业内的企业在投资和产业运营过程中的资产运用能力。

发展能力实际上是对战略性新兴产业成长性的评估。选择利润总额、资产和销售收入这三个维度的增长率，可以预期产业未来整体经营收益能力、产业规模扩张能力和主营业务的营收能力。战略性新兴产业要具有很好的成长性，才能够被市场预期和接受；同时能够积聚更多的资源进入产业。因此，发展能力评价是判断产业未来发展空间大小和产业成长性的重要内容。

营运能力反映产业内企业的经营运行能力，即企业运用各项资产来获得利润的能力。应收账款周转率是体现应收账款周转速度的指标，指标值越高，说明企业资产流动性越强。流动资产周转率反映企业流动资产周转速度，体现着企业生产经营状况的好坏。选择营运能力相关指标对战略性新兴产业发展效果进行分析，有助于考察整体产业的经营状况，帮助决策者改善产业经营管理，促进投资决策，也有利于高效使用产业信贷资金。

20.2.3 数据来源

各产业专利数据来自国家知识产权局发布的《战略性新兴产业发明专利统计分析总报告》；各产业经济方面的数据来自中宏产业数据库。中宏产业数据库的数

据来自国家统计局、国家发改委、海关总署、各行业主管部门和行业协会等单位的统计资料。该数据库包含了我国的十大支柱工业产业群（即能源、冶金、机械、汽车、电子、石化、轻工、纺织、医药、建材）和五大服务业支柱产业群（即交通、房地产、信息、旅游、商贸）等；选择的企业样本是规模以上企业。因为统计数据发布一般滞后于统计时点，因此本部分选取的是2011年和2012年的统计数据。

20.3 评价结果分析

20.3.1 产业创新绩效

七大新兴产业在2011年和2012年专利产出的地区分布上，仍主要聚集在东部沿海地区，且新一代信息技术产业主要专利产出地仍是广东，2012年新能源汽车产业专利产出转向湖南、重庆等地。

从整体上看，各产业的创新产出均呈现较明显的空间集聚特点，较高的地区集聚在东部省市，较低的集聚在西部省市。2012年和2011年相比，创新产出能力有所增强，但是空间分布特征没有大的变化，显示出创新产出增长具有较强的路径依赖性。

探索性空间数据分析是将统计学和现代图形计算技术结合起来，用直观的方法展现数据中隐含的空间分布、空间模式及空间相互作用等特征。主要使用Moran's I统计量来测度[10]。七大战略性新兴产业的Moran's I指数如图20-1所示。

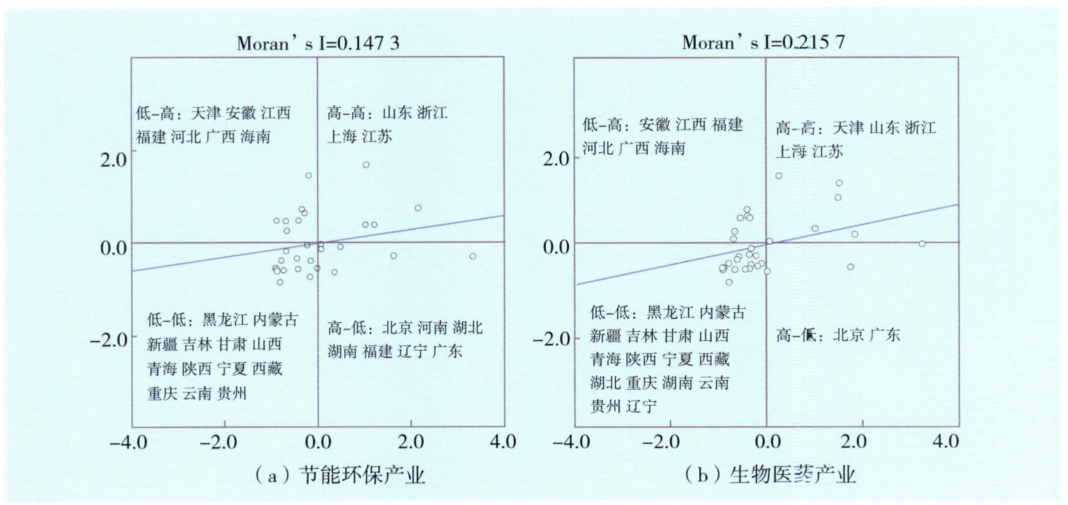

（a）节能环保产业　（b）生物医药产业

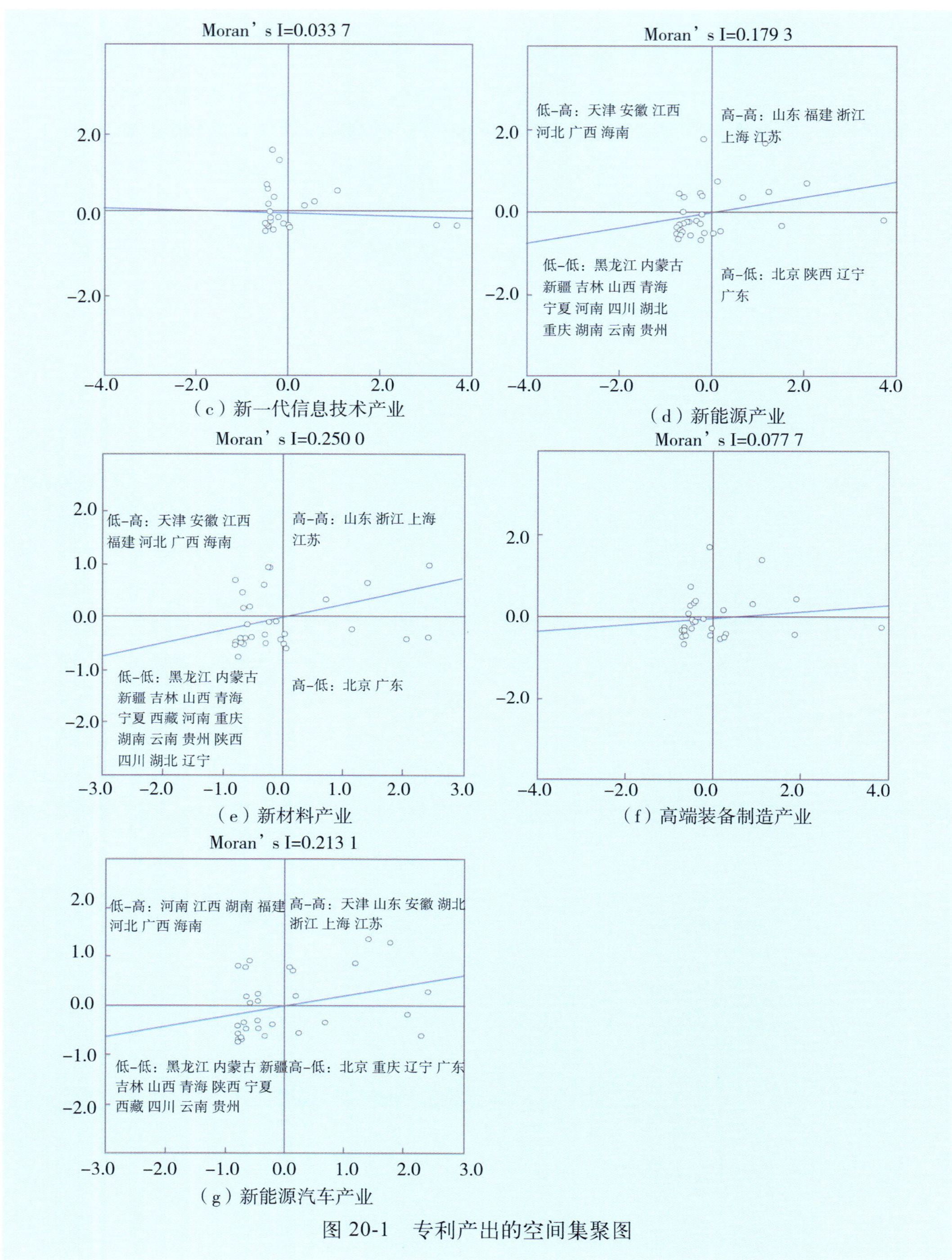

图 20-1 专利产出的空间集聚图

分析发现，Moran’s I 指数分类的区域集聚分布情况在 2011 ～ 2012 年并未发生变化，因此只对 2012 年的区域集聚分布情况进行分析。根据图 20-1，各产业创新产出水平 Moran's I 指数均在 1% 的水平下显著为正值，表现出明显的空间自相关性。新一代信息技术产业、高端装备制造产业的 Moran's I 指数不显著，说明这两个产业的空间分布处于随机状态，空间相关性不明显。Moran's I 散点图的四个象限分别对应于空间单元与其邻近区域单元之间四种类型的局部空间联系形式。

（1）高-高集聚。第一象限代表高观测值的空间单元为同是高值的区域所包围。此类地区自身发展较好，而且可以从周边省份获得正的溢出。从各个产业的图上看，山东、浙江、上海、江苏属于这种类型。

（2）低-低集聚。第三象限代表低观测值的空间单元为同是低值的区域所包围。这类地区是发展现状和发展潜力相对较差的省域，东北地区的黑龙江和吉林、北部边疆以及西部的省份属于此类范畴。

（3）低-高分布。第二象限代表低观测值的空间单元为高值区域所包围。这类区域一般可以从外围省份获得较高创新发展的外部性，天津、河北、江西、福建、广西、海南属于这种类型。

（4）高-低分布。第四象限代表高观测值的区域单元为低值区域所包围。这类地区是区域发展中的增长极，能给周边地区形成正向溢出效应。北京、广东、辽宁属于此类范畴。

20.3.2　产业集中度

采用区位熵方法测度产业集中度，结果如表 20-3 所示。从表 20-3 中的数值可发现，江苏具有比较优势的产业最多。从产业类型上看，节能环保产业具有优势的地区包括天津、山西、辽宁、陕西、宁夏和新疆。生物医药产业具有优势的地区包括江苏、江西和山东。新能源产业具有比较优势的地区包括江苏、浙江和青海。新材料产业具有比较优势的地区包括北京、河北、江苏和江西。新能源汽车产业具有比较优势的地区包括北京、吉林、上海、湖北和重庆。高端装备制造产业具有比较优势的地区包括辽宁、吉林、江苏和山东。新一代信息技术产业具有比较优势的地区为天津、上海、江苏和广东。

表 20-3　2012 年战略性新兴产业区位熵分析

地区	节能环保	生物医药	新能源	新材料	新能源汽车	高端装备制造	新一代信息技术
北京	0.92	0.45	0.68	1.69	1.72	0.81	1.00
天津	1.58	0.82	0.49	1.51	1.41	1.14	1.65
河北	1.16	0.72	0.58	1.76	0.59	0.70	0.08
山西	2.61	0.31	0.16	1.14	0.06	0.50	0.33
内蒙古	1.62	0.53	0.47	0.76	0.15	0.24	0.05
辽宁	1.81	1.40	1.51	1.17	1.09	2.08	0.26
吉林	0.74	1.97	0.56	0.57	5.41	2.14	0.04

续表

地区	节能环保	生物医药	新能源	新材料	新能源汽车	高端装备制造	新一代信息技术
黑龙江	1.42	0.56	0.27	0.13	0.08	0.61	0.01
上海	0.65	0.85	0.99	0.69	2.54	1.20	2.52
江苏	0.71	1.74	1.78	1.52	0.98	2.20	2.48
浙江	0.63	0.73	1.54	1.41	1.01	0.80	0.53
安徽	0.95	0.74	0.55	1.15	1.15	0.76	0.35
福建	0.53	0.54	0.75	0.71	0.47	0.26	1.16
江西	0.62	1.53	0.79	1.62	0.60	0.27	0.44
山东	1.40	2.24	1.19	1.17	0.95	2.17	0.70
河南	1.08	1.02	0.61	1.03	0.58	0.35	0.50
湖北	0.54	0.85	0.98	0.59	2.05	0.87	0.46
湖南	0.76	0.90	0.89	0.77	0.34	1.47	0.40
广东	0.61	0.72	1.11	0.52	0.81	0.42	3.05
广西	0.65	0.84	0.80	0.98	1.46	0.20	0.29
海南	1.15	0.71	0.43	0.06	0.52	0.00	0.11
重庆	0.39	0.52	0.48	0.50	2.40	1.18	1.11
四川	0.83	0.86	1.40	0.63	0.59	0.62	0.94
贵州	0.85	0.45	1.04	0.68	0.13	0.28	0.07
云南	0.41	0.40	1.14	0.82	0.16	0.21	0.02
西藏	0.18	0.10	0.62	0.33	0.00	0.00	0.00
陕西	1.87	0.50	0.88	0.40	0.79	0.61	0.12
甘肃	1.68	0.28	1.03	1.03	0.02	0.16	0.04
青海	1.07	0.25	2.14	1.46	0.09	0.28	0.01
宁夏	1.57	0.48	0.55	1.03	0.00	0.32	0.00
新疆	2.11	0.19	0.66	0.53	0.04	0.00	0.03

20.3.3 地区产业发展能力

根据上述指标体系和从中宏产业数据库得到的数据，可计算出 2011 年、2012 年相应产业的相关子类在盈利能力、偿债能力、发展能力和营运能力四个方面的分值，并进一步得到其综合评估结果（表 20-4）。

表 20-4 2011～2012 年我国各地区战略性新兴产业发展绩效评估结果

地区	节能环保		生物医药		新能源		新能源汽车		新一代信息技术		高端装备制造		新材料	
	2011 年	2012 年	2011 年	2012 年	2011 年	2012 年	2011 年	2012 年	2011 年	2012 年	2011 年	2012 年	2011 年	2012 年
北京	11.90	12.91	14.64	10.64	12.42	25.60	19.51	11.31	9.94	9.13	4.78	9.15	14.86	5.31
天津	12.56	7.19	4.27	−8.83	9.07	11.96	14.81	8.00	15.66	18.08	11.19	−1.63	22.88	7.94
河北	16.16	24.38	39.43	32.19	13.47	14.14	7.19	10.72	11.65	25.79	26.66	16.95	30.96	10.84
山西	36.01	6.26	12.75	10.87	15.17	29.48	21.42	13.75	−0.66	26.23	−2.38	4.12	17.67	2.05
内蒙古	16.97	10.66	20.43	5.65	11.99	14.33	22.06	18.48	4.77	24.22	51.97	31.62	22.56	12.45

续表

地区	节能环保		生物医药		新能源		新能源汽车		新一代信息技术		高端装备制造		新材料	
	2011年	2012年	2011年	2012年	2011年	2012年	2011年	2012年	2011年	2012年	2011年	2012年	2011年	2012年
辽宁	18.59	18.00	38.42	27.74	10.40	9.67	29.88	19.27	9.38	16.72	[illegible]8.90	11.83	22.37	16.42
吉林	36.76	11.82	30.01	20.06	19.60	4.92	14.82	16.45	10.67	17.28	4[illegible].39	21.12	26.98	16.05
黑龙江	17.35	13.05	26.05	33.66	3.41	−7.47	−12.93	5.69	3.90	2.01	[illegible].16	3.73	19.79	11.58
上海	17.15	14.11	20.56	15.32	15.81	5.17	9.86	5.20	9.75	13.45	1[illegible].26	4.87	10.00	9.03
江苏	18.83	14.67	31.77	24.67	16.22	26.38	24.25	21.44	19.73	20.27	[illegible]9.56	15.25	22.82	12.48
浙江	15.15	11.60	18.46	21.85	14.46	21.04	13.29	13.77	21.60	16.43	[illegible].55	13.04	20.82	11.22
安徽	30.70	28.29	49.22	28.17	11.43	16.94	22.62	15.18	39.53	21.49	3[illegible].18	13.27	34.12	25.43
福建	26.18	16.43	27.22	17.28	11.90	12.58	14.06	12.73	6.23	16.10	[illegible].72	9.83	26.71	8.79
江西	27.06	17.53	32.22	32.79	12.04	15.22	21.70	20.38	12.02	26.77	2[illegible].79	12.01	36.55	25.16
山东	27.87	19.28	29.75	25.62	19.11	16.42	25.41	15.84	15.32	25.51	2[illegible].13	15.44	25.02	19.92
河南	30.88	16.25	32.72	30.28	23.13	22.08	33.14	20.78	11.60	27.34	2[illegible].27	15.75	31.59	14.95
湖北	28.78	18.34	29.85	25.99	5.71	5.34	5.46	13.95	15.10	15.97	32.22	15.29	29.77	22.23
湖南	22.76	8.84	30.39	29.82	24.95	−14.47	22.18	9.09	54.48	35.60	2[illegible].39	17.23	22.95	12.27
广东	21.15	16.22	19.51	17.29	9.89	23.37	8.49	9.84	5.84	15.44	[illegible]0.23	6.77	18.11	18.56
广西	50.19	15.66	26.98	57.36	14.37	12.18	18.38	23.13	−1.26	36.53	25.17	18.14	12.49	11.58
海南	16.36	10.39	3.26	5.35	16.09	9.94	22.33	2.88	0.00	8.42	0.00	0.00	8.71	1.68
重庆	20.77	22.32	41.63	24.11	11.42	26.63	10.12	16.56	30.72	14.24	25.36	15.99	24.48	16.96
四川	31.13	22.46	29.27	15.03	11.16	15.35	31.75	30.56	6.06	27.63	25.35	30.75	19.50	18.86
贵州	17.31	21.08	7.83	25.31	−3.18	11.00	−8.03	29.42	0.00	10.23	14.11	8.89	18.04	7.26
云南	7.33	9.65	16.77	6.08	23.34	17.65	11.34	6.03	0.00	8.23	9.90	22.89	1.29	11.69
西藏	11.58	0.29	1.29	2.08	0.94	6.33	0.00	0.00	0.00	0.00	0.00	0.00	0.00	1.78
陕西	23.97	22.14	24.20	16.27	23.76	18.10	2.24	0.33	2.00	4.58	12.99	18.74	31.48	26.62
甘肃	20.47	12.13	4.04	5.88	36.92	15.01	20.22	29.89	6.88	2.05	9.22	7.37	8.53	−0.21
青海	23.00	1.39	4.63	4.96	7.22	18.98	9.88	42.38	0.00	4.10	2.06	5.97	7.96	4.00
宁夏	14.22	18.17	8.97	4.68	5.93	25.46	−9.64	−1.85	0.00	0.00	[illegible].88	8.35	18.53	8.93
新疆	3.60	9.02	8.89	7.15	10.96	10.93	30.63	22.04	0.00	1.73	−2.80	3.21	25.21	10.25

将表20-4中的七大战略性新兴产业的分值加总，得到整体发展绩效。从战略性新兴产业整体发展绩效看，相比2011年，2012年整体略有下降，但西部地区略有上升。在均值方面，2012年（454.12）较2011年（528.37）下降了14百分点。在区域分布上，2012年平均发展绩效较好的有广西（24.94）、四川（22.95）和江西（21.41），较低的分别为西藏（1.50）、海南（5.52）和天津（6.10）；2011年平均发展绩效较好的有安徽（31.26）、湖南（28.44）和吉林（26.60），较低的分别为西藏（1.97）、宁夏（5.70）和青海（7.82）。

如表20-5所示，从战略性新兴产业整体盈利能力看，新一代信息技术产业最高，2011～2012年两年平均为14.49（但其营运能力较低，2011～2012年两年平均为4.46）。其次为生物医药产业，2011～2012年两年平均为10.41。以下依次为新材料产业、新能源汽车产业、新能源产业、节能环保产业和高端装备制造产业。

表 20-5 2011～2012 年战略性新兴产业各产业各项能力得分

产业中类	盈利能力得分		偿债能力得分		发展能力得分		营运能力得分	
	2011 年	2012 年	2011 年	2012 年	2011 年	2012 年	2011 年	2012 年
节能环保产业	7.94	7.21	44.74	43.97	35.26	16.58	13.12	10.87
新一代信息技术产业	14.54	14.44	19.48	40.96	13.45	16.11	1.74	7.18
生物医药产业	10.19	10.62	36.68	36.93	36.16	25.00	12.02	13.36
高端装备制造产业	7.79	7.14	41.58	42.12	26.66	14.14	6.36	5.88
新能源产业	7.81	8.15	44.87	44.80	14.98	16.42	2.75	3.06
新材料产业	10.36	6.90	49.53	49.20	30.05	9.10	9.58	12.20
新能源汽车产业	8.43	7.82	55.02	54.86	15.85	17.33	3.72	3.71

在偿债能力方面，新能源汽车产业得分最高，2011～2012 年两年平均为 54.94（但该产业的营运能力较低，两年平均为 3.72，即新能源汽车产业虽然清偿债务能力或保障程度较好，但其资产营运的效率和效益并不太好）；其次是新材料产业，其 2011～2012 年两年平均为 49.37。以下依次为新能源产业、节能环保产业、高端装备制造产业、生物医药产业和新一代信息技术产业。

在发展能力方面，生物医药产业最强，发展空间较大，2011～2012 年两年平均为 30.58；其次为节能环保产业，2011～2012 年两年平均为 25.92（其偿债能力和营运能力也相对较优，两年平均分别为 44.36 和 12.00）。仅从目前数据来看，除生物医药产业外，节能环保产业未来发展潜能也较大，综合绩效较优。发展能力排在第三位的为高端装备制造产业，其 2011～2012 年两年平均为 20.40（但其他各项能力指标并不是很高，不过也不属于最低一类，该产业的成长性和发展潜能较好）。以下则依次为新材料产业、新能源汽车产业、新能源产业和新一代信息技术产业。

在营运能力方面，生物医药产业最强，2011～2012 年两年平均为 12.69；以下依次为节能环保产业、新材料产业、高端装备制造产业、新一代信息技术产业、新能源汽车产业，新能源产业相对最低，其 2011～2012 年两年平均为 2.91（但新能源产业的发展能力相对较优，排第四位，属于相对具有发展潜力但资产营运效率不高的产业）。

2012 年，我国七个战略性新兴产业在偿债能力（即产业内规模以上企业的财务状况和风险规避能力）方面较强，分布较为均衡；发展能力（产业成长性）方面，全国各地区均不突出；营运能力方面（经营能力），中部地区好于东部地区和西部地区；在盈利能力方面，山东和江西最为突出。

总体来讲，目前我国各地区战略性新兴产业发展呈现出以下特征。

一是新兴产业集群不断形成和发展，创新型企业不断涌现，呈现出一定的示范效应。从上述分析可以发现：在我国部分地区，已经形成了若干新兴行业领域的集群优势，资源整合力度不断增强，创新能力不断提升。例如，珠三角地区的战略性新兴产业的产值已达 8.58 万亿元，区域内形成了电子信息、新能源汽车和半导体照明等产业集群，其中深圳以打造未来的接续产业为目标，在基因组测序分析及关联产业、干细胞等前沿领域抢先布局。

二是研发驱动和市场拉动同步推进，产业链不断完善。当前，很多地区，尤其是东部地区，在建设区域创新体系方面投入力度较大。在战略性新兴产业的技术创新方面，研发强度逐年提升，专利产出不断增加；同时在市场培育方面，通过产业基金、产业示范等措施和手段拉动了市场需求。从数量分析结果发现：七大战略性新兴产业的规模以上企业的财务运转情况都呈现较好局面，这在一定程度上说明我国各地区战略性新兴产业在适度规避风险和可持续发展上具有较好的基础。

三是地区支持性政策不断完善，支撑产业发展的力度不断增强。迄今全国31个省（自治区、直辖市，不包括港澳台地区）均发布了促进战略性新兴产业发展的相关规划与政策；基本都设置了专项配套资金；颁布了战略性新兴产业知识产权保护措施；建立了若干产业示范、产业化基地；制订了细化的金融支持方案并引导社会资金投入；部分省（自治区、直辖市）建设了战略性新兴产业相关网站，及时发布本地区战略性新兴产业相关资讯。在培育和优化地区市场环境方面，很多地区也制定了相应的激励性政策，设计了多类型的政策工具，如在产业示范、产业基金、专利政策、技术交易市场等方面有很多创新性的做法。

四是产业发展仍呈现出区域的非均衡性，地区间差异较大。从前面的分析结果可以看出：目前我国七大战略性新兴产业在大的区域板块上，仍体现了东、中、西部发展的不均衡性；大部分的西部地区省份不论是在前端资源配置，还是后端区域市场建设上，对战略性新兴产业的支撑力度不及其他省份，产业成长空间有限。地区间在区域制度、组织环境、创新文化与公共服务水平上存在较大差异，制约了战略性新兴产业发展所需的资源供给和环境支撑。例如，在战略性新兴产业所需的各类人才获取上，西部地区优势明显不足。另外，在一些战略性新兴产业领域，各地区的发展方式和行业领域选择又存在明显的同质性，存在不同程度的重复建设和地区间非良性竞争。

综上所述，为促进我国各区域战略性新兴产业的培育发展，必须根据各地区特点，制定差异化、特色化的产业培育政策，基于区域禀赋和创新优势选择立足区域发展实际的产业项目，提供各类政策保障措施、创新商业模式、培育地区市场，在不同领域、不同地区形成差异化的区域产业发展格局，进而从整体上推动我国战略性新兴产业的健康良性发展。

审稿：石立英

参考文献

[1] 刘长生，简玉峰，陈华．中国不同省份自然资源禀赋差异对经济增长的影响．资源科学，2009，(6)：1051～1060.

[2] 陈耀，陈钰．资源禀赋、区位条件与区域经济发展．经济管理，2012，(2)：30～39.

[3] 德勤．2013全球制造业竞争力指数，2013.

[4] 高鹭，张宏业．生态承载力的国内外研究进展．中国人口•资源与环境．2007，(2)：19～26.

[5] 中国科技发展战略研究小组．中国区域创新能力报告（2011—2012 年），2012.
[6] Sarpong D，Maclean M. Mobilising differential visions for new product innovation. Technovation，2012，32（12）：694 ～ 702.
[7] 姜丽丽，王士君，冯章献．区域协调发展战略指引下的区域政策框架构建．世界地理研究，2009，（2）：56 ～ 63，152.
[8] 吕岩威，孙慧．中国战略性新兴产业统计分类与发展绩效跟踪．开发研究，2013，（2）：30 ～ 34.
[9] Tsai K H. Collaborative networks and product innovation performance：toward a contingency perspective. Research Policy，2009，38（5）：765 ～ 778.
[10] 张红历，周勤，王成璋．信息技术、网络效应与区域经济增长：基于空间视角的实证分析．中国软科学，2010，（10）：112 ～ 123，179.

第 21 章

湘鄂渝三地战略性新兴产业发展情况*

周　源　韦结余　洪志生

【内容提要】本章在战略性新兴产业发展专家委员会专家组对湖北、湖南、重庆三地实地调研的基础上，介绍了三地战略性新兴产业的发展现状，梳理了其发展战略性新兴产业的主要举措，指出了战略性新兴产业发展面临的主要问题，并提出了相应的政策建议。

为了更客观地掌握中部地区战略性新兴产业发展情况、有效经验以及发展过程中面临的问题和迫切需求，由国家发改委高技术产业司李嘉岩副司长带队，会同战略性新兴产业发展专家咨询委员会的部分专家及国家信息中心、清华大学的部分研究人员，赴湖北武汉、湖南长沙、重庆三地对当地战略性新兴产业的发展进行了调研，除了参与各地组织的战略性新兴产业发展座谈会之外，调研组还对三地的十多家企业进行了走访和深入调研。

通过调研发现，在经济形势整体下滑的背景下，战略性新兴产业发展独树一帜，是传统产业转型升级的拉动力，是区域创新型驱动发展战略的主抓手，是区域经济结构调整爬坡换档的刹车板。其中，园区创新和企业创新相互融合，互为推动，共同支撑着战略性新兴产业的有序发展。与此同时，调研组也感受到发展战略性新兴产业还须进一步加大工作力度，着力破解现有政策执行困难、体制机制不顺和知识产权保护等方面的问题。

* 本章相关数据由各地方发改委提供。

21.1 湘鄂渝战略性新兴产业发展现状

湘鄂渝三地由于有着丰富的科教资源和厚实的重工业实力，发展战略性新兴产业具有较好的基础，特别是“十二五”以来，各地区按照国务院《关于加快培育和发展战略性新兴产业的决定》精神，以国家确定的七个战略性新兴产业为指导，基于自身的比较优势培育和发展战略性新兴产业，取得了积极的阶段性成效。

21.1.1 在经济发展中的地位逐渐增强

在总体经济形势下滑的背景下，各地战略性新兴产业的发展已成为区域经济的主要增长点和重要支撑。2013 年，湖南战略性新兴产业实现增加值 2 622 亿元，年均增长 20% 以上，增加值占湖南生产总值的比重为 10.7%。2014 年上半年，在宏观经济总体疲软的形势下，湖南战略性新兴产业仍然发展势头强劲，上半年全省战略性新兴产业实现增加值超过 1 500 亿元，增速达到 20% 左右。

2014 年 1 ～ 5 月湖北战略性新兴产业规模以上工业增加值同比增长 15.7% 左右，始终高于规模以上工业增加值增长速度约 4 百分点，增速较 2013 年同期提高了 0.6 百分点左右。其中，电子信息产业实现了增加值保持同比增长 30% 的增长速度，计算机、通信和其他电子设备制造业规模以上增加值同比增长 33.7%，成为湖北当前工业增长的亮点。

2013 年重庆战略性新兴产业实现产值 1 880 亿元，同比增长 26%，带动智能终端制造行业实现产值 1 410 亿元。2014 年 1 ～ 5 月，产业继续保持较高增长速度，产值突破 1 000 亿元，同比增长 25%，远高于其位列全国第一的 10.9% 的生产总值增速。

21.1.2 产业集聚效用逐渐体现

湖南省逐渐形成了以长株潭（长沙、株洲、湘潭）地区综合性国家高技术产业基地为核心，衡阳、岳阳、益阳、常德等区域协同发展格局。基地园区在成果孵化、税收优惠、风险融资等方面形成了较为完善的政策扶持体系，产业的承载能力得到加强。2013 年园区实现产值 10 717.2 亿元，占全省生产总值的近 80%。经过近几年快速扩张，长沙已发展成为全球重要的工程机械制造基地，涵盖了工程机械、制药机械、输变电设备、汽车发动机等领域，培育形成了中联重科、三一重工等世界级企业，研发了大量全球领先的科技成果，先后实现了对德国、意大利和英国一批企业的国际并购。株洲轨道交通装备产业集群是全国最大、产业链最完整的电力机车和轨道交通装备研发生产基地，集聚了南车时代、南车株洲电力机车等 20 多个龙头和骨干企业，是全国首批十大创新型产业集群之一。

湖北省武汉市依托东湖国家自主创新示范区聚集了光电子信息产业、生物产业和高端装备制造业等，示范带动作用不断增强。2014 年 1 ～ 5 月，东湖高新区累计实现高新技术产业产值 1 940 亿元，同比增长 29.2%。其中，光电子信息产业引入锐科、华工精密激光等高新技术支撑的企业，累计实现企业总收入 1 330 亿元，同比增长 43.3%；生物产业引入科前、禾元等由院士和千人计划创业的企业，累计实现企业总收入 249.3 亿元，同比增长 25.2%；高端装备制造产业引入华工科技等知识型企业，累计实现企业总收入 310.1 亿元，同比增长 21.9%。

重庆重点推动战略性新兴产业在都市功能核心区、都市功能拓展区、城市发展新区三个区域进行布局。都市功能核心区，突出引领作用，重点发展工业设计、电子商务等生产性服务业，发展价值链高端产业，聚集了 70% 的高技术服务产业产值。都市功能拓展区，以两江新区为龙头，重点培育笔记本电脑、高端装备等支柱产业，集聚了全市 80% 的电子信息产业产值。城市发展新区，重点推动先进制造业，大力发展装备、新材料、电子配套、生物医药等支柱性产业，建成全市战略性新兴产业的主要承接地和川渝、渝黔区域合作的产业密集带，聚集了 70% 的装备产业产值、70% 的材料产业产值、60% 的生物医药产业产值。

21.1.3 企业作为创新主体的角色越来越明显

湖南省博云新材自主研发的飞机刹车片打破了西方国家的技术垄断；科力远建成了全国首条镍氢汽车动力电池全自动生产线；华曙高科实现了国内首台套激光烧结 3D 打印设备及材料产业化；南车株机自主研制的世界最大功率超级电容单体成功实现了批量生产；经阁铝材历时五年研制出的彩色电氟铝型材成功下线，打破了高端铝型材领域的国外垄断。

湖北省中博承担了生物产业中基因工程疫苗建设；光谷北斗卫星定位技术是典型的国家自主创新技术，定位精度高于 GPS，其建设的连续运行卫星定位综合系统（continuous operational reference system，CORS）基站的误差是微米；武汉华丽公司自主研发的淀粉改性塑化技术目前已达到世界先进水平，填补了我国在该领域的空白。

重庆市墨希科技公司与国虹科技、赛丰基业等近 10 家在渝手机制造企业展开对接，有望生产出第一部国产石墨烯可折叠手机。重庆山外山科技有限公司（简称山外山公司）先后研发出国内第一台具有国际先进水平的在线式血液透析滤过机和国内第一台床旁持续血液净化系统，填补了国产高端血液透析机的空白。海扶公司主导的聚焦超声治疗技术已经引领国际微无创医疗新兴领域在全球范围兴起。

21.1.4 部分战略性新兴产业国际化步伐加快

首先，重点企业不断扩大海外市场。南车株机新签 459 台南非机车订单，价值超过 20 亿美元，创下国内纪录；三一重工在美国博览会拿下 1.3 亿美元订单，为历届最好成绩；科力远与 GE 合作打造了微网分布式储能节能国家示范基地；光谷北斗和泰国签订了一揽子协议，包括在灾害预警、石油管道、精细农业、智慧交通、军事反恐等方面的应用，马来西亚、柬埔寨、缅甸等东盟国家也向光谷北斗发出邀请；海扶公司的聚焦超声治疗设备和技术得到了韩国医学界及政府医保部门的广泛认同，聚焦超声治疗子宫良性疾病被纳入韩国全民医保报销范围。

其次，部分企业通过并购重组占领国际前沿技术制高点。中联重科收购全球干混砂浆设备第一品牌德国 M-TEC 公司，进一步提升了企业在行业内的地位。

最后，部分国内典型企业以振兴民族工业为宗旨，展开“非短期利益”的合作，占领国际行业的制高点。例如，虽然光谷北斗定位系统价格偏高，但是三一重工在践行德国提出的行业智能供应链理念中，对于其产品工程机械的作业跟踪和作业定位弃 GPS 而择光谷北斗定位系统。

21.2 湘鄂渝发展战略性新兴产业的主要举措

“十二五”期间，各地以国务院发布的《规划》为指导，按照中央部署，结合当地产业发展实情，先后出台了培育发展战略性新兴产业的指导意见、实施方案和推进计划，主动对接有关部门制定的重点行业发展规划，编制了地方战略性产业发展“十二五”规划及重点领域子规划，成立了由省市领导亲自挂帅的战略性新兴产业领导小组，设立了战略性新兴产业专项资金，从自主创新、产业集聚、创业投资、知识产权等方面展开了战略性新兴产业扶持政策。通过调研，各地培育和发展战略性新兴产业的有益做法可以归结如下。

21.2.1 突出顶层设计，战略上高度重视战略性新兴产业发展

湖南省除了制定《关于加快培育发展战略性新兴产业的决定》、《湖南省加快培育和发展战略性新兴产业总体规划纲要》（2010 年 10 月出台）和七大战略性新兴产业发展专项规划之外，其近年来制定出台的一系列重大政策或发展战略，均突出或涵盖了战略性新兴产业发展的内容。例如，“四化两型”发展战略，是以战略性新兴产业作为发展的重要引擎；《创新型湖南建设纲要》（2012 年 3 月出台）也把战略性新兴产业的发展作为重要内容，明确提出了战略性新兴产业的发展定位和目标。

湖北省审议发布了《湖北省战略性新兴产业发展“十二五”规划》（2012 年 5 月出台）、《关于促进生物产业发展的若干意见》（2011 年 1 月出台）、《湖北省物联网发展专项行动计划（2014—2017）》（2014 年 1 月出台）等战略性新兴产业发展指导及支撑性政策文件，成立了全省战略性新兴产业领导小组、生物产业发展领导小组、国家生物基地领导小组等，相关办公室设在省发改委和东湖高新区，并由省委、省政府领导担任组织。

重庆市则强化重庆科学教育领导小组和战略性新兴产业发展工作领导小组的统筹协调职能，开展联合组织实施重大项目、重大工程、重大基地建设等试点示

范，突破体制分割、资源分散等统筹瓶颈，形成了部门分工协作，市、区、县联动的良性工作机制。

21.2.2 重视产业集聚在战略性新兴产业发展中的作用

湘鄂渝三地都非常重视产业集群发展在战略性新兴产业培育中的作用，通过建设高新技术园区、科技园区、创业园区，集聚资源、要素和人才，从孵化器、加速器到产业基地，为战略性新兴产业发展提供全方位、全过程的支持和服务。但湘鄂渝三地由于产业基础和资源优势的差异，其战略性新兴产业集群的培育和发展也存在一定的差异。

湖南省通过着重培育传统重点企业，如中联重工、三一重工、南车时代等，在社会发展的强劲需求下（如高铁建设、建工发展），依托引入及自主开发的先进技术，改造升级传统产业，并辐射扩散到产业链上下游，形成战略性新兴产业集群发展的态势。此外，湖南省在战略性新兴产业集群发展中，特别重视海外人才（如华曙高科）及本土高校和科研机构的知识共享。

湖北省主要依托丰富的教育和科研资源，建设了光谷生物域，通过系列优惠政策和良好的创业环境从海内外名校大力引进具有雄厚知识背景的专家入园创业，甚至搭建孵化器平台，扶持知识密集型的战略性新兴产业的发展，目前在光谷比较突出的战略性新兴产业集聚是光电产业和生物产业。另外，宜昌市通过建立专门的园区服务相关研究院科研成果的市场转化，即拥有科研成果的科研机构，通过技术授权，吸引生产运营商入住园区，推进研发成果的市场化。

重庆市曾经依托中央西部大开发的政策，以招商引资的方式着重发展电子信息、生物医药、新能源等产业集群，建设笔记本电脑和离岸数据开发处理两个全球重要基地。当前，重庆市继续深化推动机器人、节能环保、电子商务等优势战略性新兴产业重点领域集群式发展。此外，重庆是典型的军工产业支撑的城市，本土战略性新兴产业（如机器人、单轨列车）集群的培育中，部分得益于军工企业的技术外溢。

21.2.3 探索和创新战略性新兴产业发展所需资金的投入及使用方式

首先，加强对战略性新兴产业的资金倾斜。例如，湖南省设立了规模5.5亿元的省战略性新兴产业专项引导资金和规模10亿元的省新型工业化引导资金，并调剂2亿元电价溢余资金专项支持以新能源为重点的战略性新兴产业。

其次，创新财政资金的使用方式。湖北省武汉市东湖新技术开发区通过与汉口银行合作，国家划拨的资金补贴统一使用，悉数存到汉口银行，作为回报，汉口银行低息贷款给开发区内部的新兴产业中小企业（有专门的目录）。目前，武汉市正探索这一方式的开放式架构，考虑以财政资金为杠杆，调动大量民间资本建立资金池全额存到合作的银行里。另外，宜昌市通过资金配套1亿元建立资金池，包括创业投资资金、企业直接投入、银行贷款贴息、研发平台直接补助、股权投入，该资金池对列入目录的项目可以放心投资。

最后，创新投融资模式。湖南省成立了湖南省股权登记管理中心，开展中小企业私募债券业务试点，并且以股权投资等模式支持了一批战略性新兴产业发展项目，还设立了11只新兴产业创业投资基金，基金规模达到28.8亿元。湖北省审定印发《湖北省创业投资引导基金管理暂行办法》（2011年10月出台），牵头成立了省创业投资引导基金理事会。重庆市按照“政府引导、市场参与”的原则，多渠道整合财政资金，筹建25亿元的市级产业引导股权投资基金，重点支持工业、科技、现代服务业等战略性新兴产业。

21.2.4 注重平台建设，构建以企业为主体的创新格局

第一，从顶层推进自主创新体系的建设。湖南省先后出台了《关于强化企业技术创新主体地位的意见》、《关于促进产学研结合增强自主创新能力的意见》等一系列政策文件，促进建立以企业为主体、市场为导向、产学研用紧密结合的技术创新体系。重庆市在前期自主创新基础能力调查研究的基础上，正在加紧完善《重庆市自主创新基础能力建设五年规划》，统筹建设电子信息、智能装备、生物医药、新材料、新能源、节能环保等领域的自主创新平台。

第二，加强科技研发平台的建设。截至2013年湖南省共设立国家工程研究中心（实验室）11家、国家级企业技术中心30家、国家地方联合创新平台17家、省级工程研究中心和实验室66家、省级企业技术中心162家。湖北省2013年来新增4个国家工程研究中心、3个国家工程实验室，其国家认定企业中心和省认定企业技术中心分别达到42家和380家，并推动建设了武汉生物技术研究院。重庆市推动重庆通信学院与重庆公安科学技术研究所联合建成国内首个省部级应急通信重点实验室，使重庆市成为系统研究公共安全应急通信科学技术的引领者。

第三，推动产业协同创新。实施跨部门、跨行业、跨学科的“大兵团”协同创新，调动多方力量和资源，提升创新效率。湖南省建立了66个产业技术创新战略联盟，成员单位超700家。组织实施战略性新兴产业技术攻关，推动科技、产业与金融深度融合，实现全省80%以上的科技经费集中支持“产学研”结合，全省80%的重大科研成果来源于协同创新。除了鼓励高校及科研机构的专家和团队到光谷园区创业之外，湖北省将科技体制创新作为推动产学研协同创新的突破口，出台了全省科技成果处置权和收益权的“黄金十条”。

第四，强化企业自主创新的主体地位。首先是培育并扶持具有技术创新优势的企业。湖北省以光谷生物城为平台，通过培育器、孵化器、加速器等的建设，为中小型创业企业的各个发展阶段排忧解难；重庆市则建立中小企业创业园，通过系列配套措施鼓励刚毕业的大学生赴渝创业。其次是鼓励重点企业自主建立研发平台。以中联重科为例，该企业建立了由国家重点实验室、国家级企业技术中心、国家工程技术研究中心、国家城市公共装备技术研究院和博士后工作站组成的“五位一体”的国家级创新平台，公司年均产生约300项新技术、新产品，对

公司营业收入的年贡献率超过 50%。重庆通用工业（集团）有限责任公司企业技术中心被授予“国家认定企业技术中心”称号。重庆市科学技术研究院评估与转移服务中心、重庆工业服务港投资管理有限公司两家单位获批“国家技术转移示范机构”称号。

21.3　湘鄂渝战略性新兴产业发展面临的主要问题

21.3.1　企业自主创新能力有待提高，关键核心技术缺乏

战略性新兴产业的一些领域虽然取得了较大突破，但囿于平台、高端人才、市场等的制约，湘鄂渝三地战略性新兴产业大部分企业与行业领先水平仍有较大差距，表现为从事高端产业的多、致力于高端研发的少；组装型产品和引进技术型的产品多，自主研发的新产品和名牌产品少，单纯依靠引进技术维持发展，对创新的关注和投入都显不够，尚未成为技术创新和成果应用的主体。例如，湖南省较有优势的先进装备制造业，零部件本地化率不足 40%，60% 的零部件依靠国外配套；在工程机械领域，尽管湖南省的产量和企业数量位居全球前列，但骨干企业发明专利只占行业全球专利的不到 1%。2012 年湖北省企业百强年研发投入占销售收入的比重仅为 1.61%，与世界 500 强企业 3% 的比重差距较明显，有近 70% 的企业未设研发机构。

21.3.2　科技创新机制满足不了产业创新发展的需求

科技创新对战略性新兴产业的发展起着决定性的作用，但是目前我国战略性新兴产业发展的科技创新机制仍存在一定的问题。

其一，当前科技体制机制对企业创新主体地位的重视不足。当前的政策法规，对高校、科研院所的科研项目和科技成果转化强调较多，但对如何激发企业的自主创新动力和活力，以企业和市场为核心进行制度设计，将政策支持重点聚焦到鼓励和支持企业创新上来尚显不够。高校、科研院所主要以职称和论文为导向，而企业以追求短期利益的复制和模仿为主要方法，从而使得科研有效供给及产业有效需求不足。

其二，各级政府的科技计划、资助项目和考核评比成为引导企业创新的主要手段，从而忽略了市场的引导作用。政府选择产业发展方向、制定科技计划项目指南、组织专家评选项目和评价研究成果，导致了企业和科研机构围绕着政府的指挥棒转，甚至为迎合政府要求而偏离市场需求。以各种评比和考核等要求企业创新，导致创新指标化。例如，现行高新技术企业和创新型企业的评选指标以专利数量、R&D 支出强度和 R&D 人员强度为主，入选企业可以享受减免税的优惠政策。这一政策虽然在某种程度上促进了企业加大创新投入，但也有部分企业虚

报 R&D、花钱购买专利等，利用政策寻租。

21.3.3 机制体制的不健全限制了战略性新兴产业的发展

一是不合理的行业管理体制影响战略性新兴产业技术创新。例如，现行医药管理体制和药品定价、采购机制制约医药企业创新。一方面，我国医疗与药品生产过程管理和质量认证体系与国际水平相差较远，市场准入和退出制度不健全，导致“优不胜，劣不败”，难以形成具有国际竞争力的医疗与制药企业。例如，武汉康圣达主要为医院提供专业化的检测，但由于受到医疗监管体制的制约，其开发出来的检测技术难以在市场上快速推广，他们希望“谁批准谁负责”能转化为“谁使用谁负责”，但按照目前的医疗管理体制则只能“一厢情愿”。同样的情况在山外山和海扶医疗等公司也有发生。另一方面，药品定价和采购机制使许多医保目录药品的生产亏损，一些所谓新药价格偏高，药品利润的 60% 被流通环节拿走，大部分国内医药企业缺乏创新能力和持续发展后劲。

二是市场竞争的区别化限制了民营资本的创新力。长期以来，我国资源、能源、土地、劳动力等生产要素价格没有很好地形成对创新驱动的“倒逼机制”，部分行业垄断突出，国有科研机构和企业在市场准入方面要比民营科研机构和企业具有相对优势，如新能源公司在开发建设过程中，优质风资源被传统五大垄断性电力公司占据。

三是企业及地方政府的短期利益导向导致竞争的无序性。目前，部分企业在产品选择和投资方向上，以考虑短期利益为先，形成了逐利而上蜂拥投资的现象，只顾短期利益的过度市场化导向将降低研发创新。例如，湖南长沙的锂电池材料产业，正逢新能源发展的机遇，原本属于景气行业，但在许多企业纷纷抢滩以后，竞争日益白热化，目前整个行业处于微利、无利甚至亏损状态。同时，地方保护主义使得政府经济性越位突出，加剧了竞争的无序性。例如，激光做的不错，地方政府会引导当地企业加大对激光产业的投入，从而形成恶性竞争，如安徽、江苏限制本地医院标本外送，限制了康圣达公司的市场开拓；新疆新能源开发被金风公司垄断；各个地方都照顾本地的产业、企业。

21.3.4 鼓励企业创新的政策落实不到位

一是政策本身存在问题导致难以落实。以 R&D 支出加计扣除所得税为例，该政策是一项受企业欢迎的政策，但据湖北省统计局的调查，2011 年该项政策的受惠企业仅占有研发活动的规模以上工业企业的 22%，免税金额只有 252.4 亿元，所抵研发费用占实际发生额的 45%。这其中最主要的原因是 R&D 的重要支出——部分人工成本不能纳入抵扣范围。另外，相关面向战略性新兴产业扶持的政府采购政策缺少细则，一些国有投资的大型工程项目招标缺乏对知识产权的重视。

二是政策执行受到部门协调问题的影响。例如，最近各地大力提倡的战略性新兴产业引导基金，虽然有利于充分发挥资金的杠杆效用，但与战略性新兴产业相关的部门都各自设立本部门的基金，基金的设置很难整合全局利益。此外，政出多门，虽然有些地方成立了战略性新兴产业指导办公室，但由于战略性新兴产业的工作涉及经信委、财政局、发改委、科技局等部门，难以统筹，某地方联合经信委、发改委、科技局、财政局等的战略性新兴产业协调会计划了半年多仍旧没开成。部门协调问题还表现在，国家层面培育战略性新兴产业职责是在发改委，湖南省在经信委，长沙市却在发改局。

三是政策的执行受到传统机制及观念的影响。例如，虽然国家鼓励运用金融创新，通过创新投资平台或风险补偿基金的建立发挥财政拨款的杠杆效用，但由于传统的思维习惯、考核指标、政策惯性等，创新性的政策大多停留在口头和想法上，如湖北省对于国家下拨的集聚试点配套资金，更多的是直接贴用。这其中有三个原因：第一，企业希望快点把钱划拨下来，传统方法好做；第二，资金划拨的使用需要备案管理，通过东湖风险基金等传统平台投钱更方便；第三，执行者有法律风险规避，不敢轻易把钱投到风险投资基金。

21.3.5　科技与金融结合不够

科技型企业大多是科技人员创办的民营企业，拥有固定资产较少，难以通过抵押获得银行贷款，科技型企业特别是中小企业普遍面临融资困难、融资成本过高的压力。与沿海发达地区相比，湘鄂渝三地的风险投资发展还不够充分、担保体系不够健全、小额贷款公司还未成气候，直接融资比重偏小，难以支持企业快速成长。以生物医药产业为例，生物医药的发展周期较长，研发投入大，风险大，资金投入严重不足已成为制约医药企业发展的瓶颈，甚至威胁到很多中小型企业的生存。一方面，企业限于自身规模和短期利益需要，没有形成投资主体；另一方面，技术创新长期以来只有政府拨款支持，如国家自然基金、国家攻关计划，以及省市的各种创新基金等，但是这种扶持基金有限，往往申请到的资金离项目开发需求资金相距甚远，导致很多科研项目做到一半即告夭折。企业创业阶段本应以风险投资为主，但由于资本融资市场尚未完善，目前对生物产业的投资以自有资金和银行贷款为主，风险投资和从证券市场进行的直接投资较少。由于我国私募基金较少，担保公司力量薄弱，很多初创型企业由于缺乏足够的资金或担保，很难得到风险投资的支持。

21.3.6　战略性新兴产业发展中的人才问题突出

在人口红利下降的同时，战略性新兴产业发展对技术性人才又有一定的需求，这共同加剧了战略性新兴产业的人才问题。例如，技工招聘中，很多人是没考上大学的，他们的基础非常差，连一般的齿轮和尺寸都数不清楚，并且这些群体多是农民工二代，都不想延续上一代人的工地大棚生活，但又无法满足现在的工作需求。战略性新兴产业的发展和人的城镇化融合是一个非常重要的问题。

当前劳动法可能存在部分漏洞，过度重视对劳动者的保护，这种保护可能会变成对懒惰、投机者的保护，对优秀员工则没有多大影响，这一定程度上影响了企业的创新。

另外，由于知识产权保护有限，经常出现人才和技术外流，新兴企业的员工可能把公司的相关设备、技术和产品拉出去“山寨”一份，这种情况下总公司长期研发出来的产品由于分摊成本太高无法与其竞争，影响了企业创新能力和产业的高精端发展。

对于中部地区来讲，战略性新兴产业企业很多来源于科研机构，企事业性质难以划分，为了培育和发展战略性新兴产业需要改革企业的所有制，发展混合所有制。作为当前企业的管理层人才，他们大多担忧个人利益在改革过程中不能得到保障，企业家利益的保证影响这类企业的可持续发展。

21.4 湘鄂渝战略性新兴产业发展相关建议

根据上述发展现状和存在的主要问题分析，结合当地企业、政府的反馈和需求，湘鄂渝发展战略性新兴产业可围绕如下方面进行相关调整。

21.4.1 提高企业自主创新能力

在技术方面，强调自主创新技术及基础性关键性技术联合开发，提高企业自主创新能力。虽然当前各战略性新兴产业的发展存在典型的科研机构（中联重工）和高校（华工科技大学）等引领战略性新兴产业，但国外领头公司都是专利互相授权，别人都在他们的壁垒之外，引进国外先进技术一方面是使用费高，另一方面是不能走出去（专利授权只能用于国内市场）。因此，建立各行业的基础性研发平台非常必要，这个基础性研发平台可以联合政府、高校、企业等多方力量，主要在于探索关键性技术环节和自主技术的研发，这里对知识产权的保护要求比较高，也急需一些产业公共性研发平台，也可以考虑每个行业列出被国外控制的关键技术和关键部件目录，作为重点开发对象。

21.4.2 充分发挥资金支持作用

在资金支持方面，实施金融创新政策，充分发挥财政资金的杠杆效应。财政投入上，一方面要考虑投入产业发展中的某个关键环节，甚至可以集中财力办好关键的事情，如对于光伏产业的财税扶持，可以把财力应用于协调产业链联合创新的工作中。另一方面仍然需要继续探讨如何通过风险补偿调用社会资本实现杠杆效应。在金融创新上，可以探索科技银行的运营，创新贷（款）改投（资），投贷结合，探索股债权互换、资本市场融合、退出机制、风险担保机制等方式。

21.4.3 营造公平的市场环境

在市场方面，继续加强对需求端的扶持，通过体制机制改革营造公平的市场环境。进一步完善首台套政策，完善国产新技术优先采购政策，强调补贴环节的需求端，规范市场秩序和知识产权保护。进一步细化政府采购政策，发挥政府采购对创新的激励作用；通过法律、技术标准、安全标准、市场准入等措施促进新技术的利用和推广；对应用节能减排等社会效益明显的创新产品和技术，给予适当的补贴和减免税收等；以试验示范项目的形式，通过税收、金融等政策鼓励使用国产首台套或首批次重大技术装备。

建议推进重点领域和关键环节的体制机制改革，着力消除历史原因形成的行业性垄断和部门分割对发展战略性新兴产业带来的约束和限制，及时解决一些新兴产业发展面临的管理体制问题。鼓励示范区、主导功能区先试先行。建议改变传统的市场主体准入管理模式，消除或明或暗的所有制歧视，减少企业规模等经济性管制要求，鼓励不同所有制企业和不同规模企业进入战略性新兴产业，为国内民营企业和中小企业在产品的政府采购和市场准入方面提供和落实更为优惠的区域性政策，营造公平进入、公平竞争的市场环境。

21.4.4 提供合理的人才保障

在人才保障方面，应该加强人力资本投入和完善人才激励政策，为创新提供各类适用人才。优化教育结构，改进教育模式，为社会提供适应创新链条各环节需要的多层次人才。进一步落实国有企业、院所转制企业、高校和科研院所创办的企业股权激励政策。构建以鼓励创新为目标的人才评价机制，改进科研院所和高校的考核制度，将成果转移纳入科研人员评价和考核体系。实行政府支持与市场选择相结合的人才引进政策，政府人才引进计划应重点满足参与国家重点研究项目和创新型企业的需要。

21.4.5 提升国内品牌的国际化形象

在国际化方面，政府应该规范国内同类企业国际竞争的秩序，提升国内品牌的国际化形象。

目前，我国高新产业在国际市场的形象比较低端。如何提高战略性新兴产业企业的国际品牌，除了技术研发和生产之外，品牌的国际营销也非常关键，尤其是地方品牌包装营销很有必要。随着部分战略性新兴产业企业的壮大，国内越来越多的战略性新兴产业企业开始开拓国际市场，这期间将出现本土企业在走出去过程中面对海外客户展开恶性竞争的现象，如商业贿赂、低价等，为避免这种现象，政府应出台优化国内企业国际竞争的政策法规。

审稿：苏　竣

政策篇

第 22 章

战略性新兴产业运营模式创新及制度环境分析

薛　澜　洪志生　周　源

【内容提要】本章在理解运营模式创新概念的基础上，归纳了目前我国战略性新兴产业发展中运营模式创新的类型，并剖析了战略性新兴产业发展中现有企业和创业型企业运营模式创新的差异；进一步阐释了战略性新兴产业商业模式创新尤其是运营模式创新的内在阻力，以及其外在制度环境，其包括准入制度、市场体系、支撑机制、金融服务等。最后基于此提出了利于战略性新兴产业运营模式创新的制度安排。

商业模式创新是战略性新兴产业发展中的重要创新方式之一。商业模式创新包括战略、运营、获利三个层面的创新[1]，对于战略性新兴产业来说，不管是战略层面还是获利层面的创新，都需要有运营层面的创新作为保障，可以说，运营模式创新是战略性新兴产业商业模式创新的核心。了解战略性新兴产业运营模式创新的主要类型及其面临的制度环境，提出相应的制度建设，对战略性新兴产业的培育和发展具有重要的价值。另外，现有大企业凭借其强大的资本实力，固然更易于进行各种创新试验。然而，战略性新兴产业的重要特征是初期阶段性和成长性，其产业创新和发展可能对传统产业具有一定的颠覆性，创新创业型企业的商业模式创新具有更高的积极性、灵活性和适应性，是战略性新兴产业从无到有、从小到大的主要推动力量。区分这两种类型企业的运营模式创新差异及其制度环境需求，有助于更进一步认识战略性新兴产业运营模式创新及其制度环境。

22.1 运营模式创新的理解

商业模式创新是对现有价值链的重塑，是企业如何为顾客创造更多价值而提供的基本逻辑的创新与演化，既包括收益流的变化，也包括多个商业模式构成要素的变化，以及要素间关系或动力机制的演化[2]。战略性新兴产业商业模式创新中，技术创新是商业模式构建的起点，缝隙市场创造力是关键，良好的社会环境是客观要求，保持商业模式异质性是重要途径[3]。可见，在战略性新兴产业商业模式创新过程中，通过基于新技术和新市场的商业模式异质性构建，是最重要的途径，这一途径一般需要运营模式创新来实现。

运营模式是在给定的环境中由客户界面、内部构造、伙伴界面组成的具备要素形态的有意义的组合[4]，是运营主体所缔结的跨越组织边界的各种关系组合[5]，是由产品、服务和信息构成的有机系统。因此，运营层面的商业模式创新可以通过改变运营模式的内容（增加新的活动环节）、架构（各类活动的联系或组合方式），以及组织方式（活动参与主体之间的组合关系）等来实现[6]。或者说，运营模式创新是指引入新技术、推出新产品或者开发新市场所涉及的流程、客户、供应商、渠道、资源和能力的总体构造，其相关决策变量包括产品或服务的交付方式、管理流程、资源流、知识管理和物流等。运营模式创新可以创造企业商业模式的异质性，是企业组织的深层变革[7]，其反映的是企业的一种运行机制。

22.2 目前我国战略性新兴产业运营模式创新的类型

战略性新兴产业大多还处于发展的初步阶段，战略性新兴产业内部的运营模式创新，一部分是传统企业开拓新业务所引致的运营创新，一部分是创新创业型企业的创新，前者的创新更多可以在企业内部实现，后者的创新则更多需要借助外力，需要上下游企业及配套服务商的合作。总体上，根据运营过程中所涉及的主体之间的关系，可以把运营模式创新分为以下四种类型。

22.2.1 企业内部运营创新

战略性新兴产业发展的初步阶段，企业的创新要么来源于产品创新，要么来源于技术创新，这将引发面向市场定位的战略层面的商业模式创新。相应的，企业便需要调整内部运营流程，增加或删除生产服务活动、重新组合生产服务活动架构、调整组织结构，如在线零售企业不需要门店、导购等服务环节，取而代之的是网站设计、大仓储、快递配送、售后服务等服务环节，并且需要把这些全新的服务活动有机组合起来，提升效率。如果是传统企业发展战略性新兴产业，其运营创新的最直接表现是重构组织部门，并且重新梳理企业内各部门之间的沟通机制（尤其是市场部门、研发部门、客户服务部门之间的沟通），如三一重工在工程机械的移动信息化建设中，为了实现远程设备运行监控、远程设备维修、远程作业指导、现场信息查询等功能，一方面通过移动通信，引进 LBS 定位、GPS 定位等技术，搭建起能够覆盖全国的监控、调度和售后服务平台；另一方面在全国搭建了 56 个服务网点仓库、6 条 800 绿色服务通道，以及遍布各设区市的维修团队。通过总部平台和全国各网点的信息及知识连接，实现工程机械的跟踪与即时维护。除了面对产品创新和技术创新进行运营模式创新，部分战略性新兴产业的运营创新却是为了绕开现有体制机制的管制而开展的，如因为现有国内医疗采购目录的限制，武汉康圣达和重庆海扶的医疗服务及产品未能在国内实现产业化，它们便通过开辟海外市场（前者开拓了东南亚市场，后者开辟了韩国市场）来探索国际化运营的创新。

22.2.2 客户界面运营创新

在企业运营创新中，与客户直接接触的界面创新是其重要内容之一。在传统产业中，银行、零售、酒店等服务业旨在提高客户体验的客户界面创新较为普遍，而其他制造类企业的客户界面运营创新则较少。根据技术变革的康德拉季耶夫波[8]，自产业革命以来，人类创新的主要动力也产生了系列更替：纺织品工厂化生产阶段，创新行为主要来自发明家，发明家一般成为企业家；蒸汽动力与铁路时代，创新行为来自工程师和企业家的合作；电气与钢铁时代，创新行为主要来自大公司的实验室开发和市场推广；汽车与合成材料时代，国家的科研及产业战略布局具有越来越重要的作用；信息网络时代，依托信息技术平台的顾客参与的网络式创新将渐成主流。我国战略性新兴产业的培育和发展是在以信息网络技术为核心的新一轮科技革命背景下提出的，由于信息技术的介入，随着制造业和服务业的融合，战略性新兴产业中客户界面的运营创新显得更为重要。除了提高客户体验，如网络零售企业的网页设计及配送体系建设，当前战略性新兴产业中客户界面的运营创新主要是为了吸收顾客的反馈意见及需求，实现顾客参与生产和创新，其包括两类：一是面对终端消费者的创新平台构建，如小米的网络创新社区，社会盈余已成为当前网络社会里取之不竭的资产，如何通过客户界面运营创新，充分使用这类“免费”资产，是创新创业型企业破茧而出的捷径，也是现有大企业保持领先优势的重要途径；二是面向生产性企业的服务型制造，如提供全生命周期服务的高端装备制造，这类创新一般适合实力雄厚的大企业。

22.2.3 供应链运营创新

运营创新除了基于企业内各部门之间的关系和企业与客户之间的关系进行之外，还可以考虑基于企业与企业之间的关系进行：一是企业和上下游供应商之间的关系，即供应链运营创新；二是企业与其他企业合作的优势互补，即横向联盟运营创新。

战略性新兴产业还处于发展的初级阶段，大多配套性的生产服务环节欠缺，产业链条远未成熟。例如，新能源汽车发展中充电桩服务欠缺，太阳能、风能发电中储能站发展未能跟上，页岩油气开发中勘探及管道服务空白。因此，对于战略性新兴产业来说，直接创新生产服务环节，有效对接产业链的上下游企业，实现供应链运营创新，是当前战略性新兴产业商业模式创新的重要内容，有利于完善产业链，推进产业发展。例如，面对新能源汽车发展中电池昂贵、续航能力弱、充电网点少等问题，有的企业便创新电池租赁服务，在汽车制造商和汽车用户之间增加一个服务环节，即租赁电池给车主，车主只要从汽车制造商那里购买车身，实现供应链运营创新，弥补技术创新和配套服务建设的不足。合同能源管理创新也是典型的供应链运营创新，节能服务公司的产生与加入，使得节能项目设计企业、节能设备供应商、用能单位、项目施工单位，乃至银行、担保公司、保险公司等节能上下游企业更为紧密有机地结合起来，从而催生了节能服务这一新兴产业。较有实力的企业则通过直接投资或并购在企业内部延伸供应链，如首航节能，其通过筹建太阳光热发电站消化自身核心技术。当然，在实现供应链运营创新过程中，也调整了利益分配机制，实现获利模式的创新，如电池租赁服务商获取租赁利润，节能服务公司从用能单位减少的能源费用中获取营业收入。

22.2.4 横向联盟运营创新

在传统产业中，为了资源共享，很多企业采用横向联盟式的运营创新，如星空联盟的建立、联邦快递和柯达的网点共享等。当前，新一轮科技革命正在酝酿中，不同类型的技术交叉与融合正在成为技术创新的重要趋势，如信息技术和生物技术的融合、新材料技术与生物技术的融合、新能源汽车和信息技术的融合。相应的，跨行业的横向联盟正成为战略性新兴产业运营模式创新的重要方式，如谷歌和诺华公司共同开发了一款追踪血糖水平的“智能”隐形眼镜；阿里巴巴和上汽集团联合推出以用户为导向的“互联网汽车”，阿里巴巴提供“Yun OS”操作系统、大数据、阿里通信、高德导航、阿里云计算、虾米音乐，而上汽集团则提供整车与零部件开发、汽车服务贸易。除了战略性新兴产业之间的融合创新，横向联盟还出现在传统产业和战略性新兴产业之间的融合创新，如金融和互联网结合的互联网金融、出租车行业和移动互联网结合的滴滴打车等运营创新。在横向联盟运营创新中，最为关键的是如何发挥联盟方的比较优势，实现优势互补，同时和供应链运营创新一样，也需要着重关注协调各参与者的组织架构及利益分配机制。

22.2.5 现有企业和创业型企业的运营创新差异

战略性新兴产业商业模式创新主体，通常包括传统既有优势的大企业和创新创业型企业。由于既有资源基础和优势的差异，这两类企业的创新路径存在一定的差异。现有企业抵触全新的变革和创新，一般追求巩固现有收益逻辑的商业模式创新，并且可以用原有商业模式收益来支撑新商业模式的试验；创业型企业则力求实现产品的颠覆，以备能后来居上，一般通过对一些偶然事件的快速反应，另辟蹊径，创造新的商业模式，但只能在一个时间段内尝试一个创新，并且不能持续太久地试验。因此，现有企业的产品创新是基于现有产品的改造，所以其相应的运营创新倾向于选择企业内部运营创新，以此为基础寻找上下游合作伙伴，或者与其他产业类企业强强联合；而创业型企业则更容易开发颠覆性的产品，通常会通过供应链运营创新快速抢占产业链空白点，由于实力有限，一般会通过外包或成立合资企业，然后渐渐自己进行技术研发控制核心节点。以新能源汽车为例，现有汽车公司所关注的不是提供不同的电动汽车，而是提供一个主流的汽车，这样会给消费者更大的信赖安全感，通用汽车甚至承诺保修 8 年或者 10 万英里（1 英里≈ 1.609 千米），确保消费者不会因为电池技术的进步而受害，在这个过程中企业会寻找新的合作伙伴，同行竞争者也容易跟随而至[9]；创新创业型企业，如特斯拉汽车则全新改变汽车生产和使用方式，甚至引入互联网改造传统汽车构造。

22.3　战略性新兴产业运营模式创新的制度环境

一般情况下，新兴产业发展过程中会受到传统产业利益者的阻扰，并面临产业链不完善、配套服务不健全、监管机制滞后等障碍性因素。我国战略性新兴产业的培育与发展是在新一轮科技革命和国内经济结构转型的背景下提出的，其发展除了需要应对新兴产业发展初期阶段所面临的一般性问题，还需要考虑我国在经济转型时期特有的制度环境。基于此，我国战略性新兴产业运营模式的创新需要关注产业阶段性障碍和我国特有的制度性障碍。

22.3.1　运营模式创新的产业阶段性障碍

新兴产业的新生性和初期阶段性，使得新兴产业的商业模式创新受到既有观念、认知力、流程、组织结构的惯性影响。尤其是在现有大企业中，虽然雄厚的资本实力、强大的技术基础、广阔的市场渠道有利于进行商业模式创新的试验。但也正是因为这些优势，使得基于战略性新兴产业的运营模式创新，会面临与支撑原先商业模式的资产不匹配的问题。一是组织结构问题。运营层面的商业模式创新中，创新主体是最重要的要素，基于部门协调的限制和自身利益的考虑，部门经理的创新力度非常有限，而总经理则经常有任期问题，也不足以进行商业模式创新试验[10]。二是技术冲突。新的商业模式所引致的技术总是和公司现存完善的技术相冲突，面向新商业模式的技术体系往往需要重构。另外，战略性新兴产业发展中，支撑新商业模式的技术通常技术路线仍不清晰，技术成熟度不高，整体商业模式创新的边际利润很可能低于现存商业模式，其所取得的关注和资源分配也在一定程度上受到影响[11]。三是供应链结构。新兴产业的发展将可能革新传统产业提供产品或者服务的形式，这在一定程度上会使得现有企业的设备、原料、配套服务等供应商的利益受损，他们可能成为运营模式创新的外在阻力，而全新供应链的建立并非那么容易，这又使得创新主体不敢轻举妄动。四是组织决策的惯性。企业决策中往往依据传统的主导逻辑，在最短时间内最有效地寻找符合主导逻辑的有价值的信息，然而，过于盲目地遵从主导逻辑在一定程度上会导致企业放弃可能很有潜力的科学决策，出现效益短视对新型商业模式的负面影响[12]。

对于创新创业型中小企业，可以举全企业之力进行运营层面的商业模式创新，并且少有传统力量的羁绊，但由于基础薄弱，该类企业的运营模式创新不得不面临一些难以跨越的问题。一方面是新兴产业技术研发对技术突破和革新的要求高[13]，创新创业型企业一般无力承担；另一方面是技术和产品的研发回报周期长，运营模式创新的试验面临着很大的不确定性，需要有大量资金的不断投入。另外，创新创业型企业的产品生产能力、市场开拓能力、售后服务能力也都相对有限。这些限制使得新兴产业中的创新创业型企业在运营模式创新中不得不借助外力，借助顾客知识、供应链伙伴、联盟企业等。

22.3.2 运营模式创新的制度障碍

基于上述分析，创新创业型企业的商业模式创新是战略性新兴产业商业模式创新的主流，该类企业的运营模式创新需要借助外力，对科研机构、金融机构、上下游供应链、相关配套服务等有很强的依赖性。特别是，我国战略性新兴产业的培育与发展和深化经济体制改革处于时间上的交汇点，运营模式创新的制度障碍显得更为突出。基于上述运营模式创新的类型及两类企业创新的内在障碍，战略性新兴产业运营模式创新需要供应链上下游乃至配套服务商，需要吸收商品和服务创新的市场，需要可得的科技、宽松的监管机制及相应的价格税收机制，需要源源不断的资金支持。我国战略性新兴产业运营模式创新的制度障碍，其实是这些需求的难以满足，包括投资准入、市场体系、支撑机制、金融支持等方面。

1. 创新主体的投资准入受到限制

民营资本，尤其是创新创业型的中小民营企业，是我国战略性新兴产业创新的主导力量。然而，一直以来计划经济观念的影响根深蒂固，我国民营资本难以进入诸如电信、军工、航空、能源等业务领域，战略性新兴产业中的民营企业参与这类项目存在明显的壁垒，即使能够进入，也无法与国有企业进行公平性的竞争。民营资本投资准入的限制，一方面限制了民营创业型企业的创新主导作用，另一方面也限制了战略性新兴产业的链条建设，影响了产业内的供应链运营模式创新。以页岩气产业的发展为例，我国被认为是世界上页岩气储量最大的国家，但短期内我国页岩气产业的繁荣却并不容易，这其中最为关键的原因是民营资本准入的限制导致产业生态创新有限。美国页岩革命中充当先锋的是中小企业，它们尝试用多种不同的方法“解开密码”，开采油气，并且拥有一个由多达万家的石油服务企业组成的丰富生态系统。而我国页岩开发主要由中国石油化工集团公司和中国石油天然气集团公司两家国有企业主导，缺乏竞争激烈的行业环境，运营模式创新乏力，影响了勘探、管道设施等相关配套服务的有效供给。

2. 缺乏统一规范的市场体系

战略性新兴产业运营模式创新，最终目的是让市场接受其所提供的产品或者服务，只有市场的接受，创新才能继续。然而，由于产品目录滞后、行业垄断、地方市场分割，战略性新兴产业运营模式创新的经济回报受到影响。产品目录滞后更容易出现在生物医药产业，以医药创制领域为例，新药和新医疗服务审批政策不完善、审批周期过长，如武汉康圣达通过集成创新国外先进的检测技术，为医院提供专业化的检测服务，但由于受到医疗监管体制的制约，其创新的检测服务难以在市场上快速推广。这一管制甚至使得国内创新创业型企业在产品研发与产业化过程中，竟难以获得与国外大型跨国企业类似的在国内市场的优先采购权，造成了国内企业要想获得国内市场份额，必须得先开辟国外市场的怪圈。

此外，在电力、电信、能源等行业性垄断领域，政府和中央企业的采购倾向于选择国有企业，国有企业在竞争中占有绝对优势。以风能发电为例，我国部分地区发电项目与接网工程的规划建设不协调，新能源的并网和出售存在一定困难。很大一部分原因是国家电网针对并网认证的强制性规定：只有通过认证才能被允许并网，而且只要核心部件发生变化，即须重新认证；国家电网公司还要求风机制造企业将核心技术对其指定企业开放。

另外，地方保护主义导致竞争无序性。官员升迁的 GDP 考核机制、地方财税的重要性，造成了我国特有的“诸侯经济”现象，各地方积极加入经济发展竞赛中，地方保护主义不可避免。地方保护主义影响了公平竞争环境，加剧了竞争的无序性和区域分割性。例如，由于地方政府出于对本土战略性新兴产业发展的保护，新能源汽车产品无法进入更多其他省份的城市；一些省份的新能源开发被本省主要企业所垄断；国产医疗器械产品的政府采购受到区域性医保政策的影响。

3. 相关支撑机制滞后

一是科技成果转化机制滞后。战略性新兴产业作为依托重大科技突破和重大市场需求的新兴成长产业，其商业模式创新的过程就是技术商业化的过程，运营模式创新是基于技术商业化过程所展开的。目前我国高校和科研院所等科研机构虽然在相关领域的论文发表上已经取得了不菲的成就，但企业并未享受到这些科研成果带来的好处，要么是企业缺乏合理的通道获取有价值的科技信息，习惯于获取短期利益的简单复制和模仿；要么是科研成果和企业应用之间还存在很大的差距。当前政府的科技政策虽然意识到这一问题，也力图能够把政策支持重点聚焦到激发企业自主创新上，但仍是以政府计划为主，忽略了市场引导作用。例如，政府把应用于高校和科研院所的科技计划指南搬到企业来，通过创新指标（专利数量、R&D 费用和研发人员等）考核评比减免税优惠对象，这在一定程度上会导致企业偏离市场，以政府为中心。另外，对于高校和科研院所的科研成果转化收益机制、企业研发成果知识产权的保护机制仍在健全和探索中。

二是竞争性管制成为战略性新兴产业运营模式创新不得不考虑的障碍。战略性新兴产业在发展过程中，通过新产品研发和新服务推广，从而对传统既有行业造成一定的利益挤占。传统行业利益代表者便会通过合法性的行业管制，限制新兴产业的运营模式创新。例如，传统电信运营商曾经提案对微信业务流量的收费，传统银行业对余额宝等互联网金融的抵制，出租车公司对嘀嘀打车业务模式的阻扰，等等。

三是部分行业现有管理体制满足不了新兴产业迅速发展的需求。以电子商务为例，现行工商登记制度规定每一个货物囤积点需要办理一个工商执照。另外，可再生能源配额制、上网电价制、资源环境税费、能源价格形成机制等的建设滞后，使得新能源产业的运营模式创新面临障碍。部分新兴产业的发展需要有全新的监管体系来适应，在一定程度上也限制了自身的运营创新，这是一个国际性难题。例如，谷歌与诺华达成协议，将共同开发“电药”（electroceuticals），即一种利用电脉冲影响和调整人体机能的人体植入物。这一生物医药和信息技术结合的交叉性技术的创新是可能的，但推向市场却并不简单，因为这需要一个能够充分考虑将科技设备植入人体以及利用设备收集人体机能信息的全新的药物和疫苗监管体系；该产品运营中需要考虑安全、设备所承载信息的保密性及相关的伦理性。

4. 金融支持发展的作用有限

战略性新兴产业运营模式创新过程其实是技术商业化的过程，但战略性新兴产业中的技术成熟度不高，技术和产品的投资回报期长，尤其是创新创业型企业在运营创新过程中，可能需要对一些技术进行工程化商业化试验，具有高投入、长周期、高风险的特征，急需健全金融服务。但目前除了投资领域的政策性限制外，我国还存在金融体系不完善、资本市场不发达、信用评价体系有待完善等问题。一方面，长期以来国有银行垄断的局面并未得到根本改善，金融服务供给有限。在追求信贷利润最大化的情况下，银行业容易出现嫌贫爱富的情况，这使得真正需要资金的中小型创新创业型企业信贷困难；即使各类投资银行发展迅速，但总体规模偏小，能力有限，对一些急需大量资金投入的项目支持不够，所以目前出现一种令人担心的景象，即我国不少成长性非常好的电子商务、生物医药、信息服务类企业的主要投资者都是外资投资银行，这对使得我国战略性新兴产业发展有一定的潜在风险。另一方面，资本市场仍然以主板市场为主，即使新三板市场在近年来迅速发展起来，但其中的规范和条例建设仍有待完善。另外，服务新兴产业发展的金融创新不足，如今，面向资本投资的金融创新层出不穷，但直接服务于实体经济生产、直接服务于科技成果转化的金融创新还相当有限，这可能是因为目前国内缺乏完整的信用评价体系[14]和金融担保制度，并且对金融监管过于谨慎。

22.4　战略性新兴产业运营模式创新的制度需求

战略性新兴产业的培育可以采用新需求和新技术的双螺旋结构培育模式[15]，也就是在加强对基础技术和关键技术研发投入的过程中，同时关注战略性新兴产业的商业模式创新，尤其是处于核心地位的运营模式创新。对于重大基础和关键技术，需要国家战略层面给予引导和财政支持；对于面向市场需求的运营模式创新，则更多的是发挥市场的决定性作用，通过对体制机制的梳理，为战略性新兴产业运营模式创新提供良好的制度环境。基于上述制度障碍的分析，战略性新兴产业运营模式创新比较迫切的制度需求主要包括如下几点。

22.4.1　适度放宽行业的相关管制

如上所述，战略性新兴产业运营模式创新是典型的企业行为，尤其是中小型创新创业型企业是创新的主体。对于此类由市场决定的创新行为，最主要的制度需求是政府的“无为而治”，尽可能避免出现一些过度干预的管制。首先，放宽民营资本进入战略性新兴产业的投资限制，在战略性新兴产业七大领域的部分环节，尽可能多地允许民营资本参与投资，特别是传统垄断行业里的电信和新能源领域，尽快打破行业垄断。其次，政府应站在战略性新兴产业发展的大局上，识别竞争性管制，对于那些传统产业利益代言者力图通过某些合法法规阻碍新兴产业运营模式创新的行为，应予以制止，以确保战略性新兴产业创新的零阻力。再次，政府应密切跟踪产业发展，在简政放权的大背景下，对于某些滞后的可能对战略性新兴产业运营模式创新带来阻力的陈规旧制进行适当的清理。最后，应跳出地方局部利益，通过一定的体制机制改革，取消地方保护主义性质的部分管制条例，确保战略性新兴产业的运营模式创新能够在一个统一开发、公平有序的市场环境下进行。

22.4.2　构建相关配套机制

推进战略性新兴产业运营模式创新，除了有所不为，为其创新提供一个宽松的环境，还得有所为，为创新提供尽可能的配套支持，主要从如下几个方面给予关注。

（1）完善科技成果转化机制，使科技能够成为在战略性新兴产业市场上自由流动的要素。构建产学研协同创新机制，加强企业与高校、科研院所的联系，确保最新科研成果能够和市场需求及应用有机联系起来。一方面，可以构建科技创业园区，积极吸引科技人才或团队入园创业；另一方面，可以建立区域科技市场，甚至构建全国性的技术转让网络，使得科技能够和资本自由转换，当然，需要根据各行业各区域对科技成果转化的需求确定科学合理的收益标准。

（2）提供相关标准。战略性新兴产业处于产业发展的初期阶段，特别是运营模式创新中往往涉及不同部门、不同企业之间的关系，标准混乱将极大地影响运营创新的推进，而良好的标准将降低运营创新成本，引导运营创新的方向和路径，甚至有利于该产业占据国际主导地位，特别是在新能源汽车、信息技术、生物医药、新能源并网等方面。所以，政府应组织专业队伍，先于产业的发展尽早确定技术标准、产品标准和行业标准。目前标准制定的趋势是强强联合，要么由国内本行业重点企业联合制定，要么由在该产业具有优势互补的两个国家联合制定。

（3）创建鼓励商业模式创新的制度环境。首先，营造鼓励冒险、容忍失败、尊重企业家及其创新成果和知识产权的文化氛围，通过一定的评选机制，对运营模式创新的企业给予鉴定及宣传，发挥示范作用。其次，确立保障创新者利益的制度约束，积极推行商业模式创新知识产权保护制度。我国在知识产权强国战略框架下，加强服务创新的知识产权保护力度，推进商业模式专利保护工作。选择部分地区和行业作为试点，开展商业模式专利审查、授权，并在此基础上扩大商业模式专利的审查范围，加强专利审查员的培训，规范商业模式专利审查标准[14]。

22.4.3 培育市场需求

由于技术成熟度有限，产品生产成本高，战略性新兴产业在发展初期具有明显的价格劣势，市场有效性需求不足。因此，培育市场需求是促进战略性新兴产业运营模式创新、拉动产业发展的重要手段，一般可以通过如下途径实现。

（1）加大政府采购力度。我国应采取保护性开放策略，尽快完善政府采购制度和法规。采取多元化政府采购机制和模式，明确将信息、节能、生物、新能源、新材料等新兴领域的新型产品和新型服务模式纳入国家、地方政府采购目录清单[14]，通过政府采购，培育市场需求，进一步诱导运营模式创新。特别是，加快研究和制定《政府采购协定》（Agreement on Government Procurement，GPA）下政府采购优先购买和必须购买国内产品的目录：对非 GPA 目录下的战略性新兴产业产品或服务，应明确必须购买本国产品；对 GPA 目录下的战略性新兴产业产品或服务，应优先购买本国产品[16]。

（2）协助开拓国际市场。不管是在发展中国家还是发达国家，各国战略性新兴产业发展水平大多处于同一起跑线，国际市场的开发有利于起跑第一秒占据先发优势。政府可以通过积极拓展国际资源帮助企业开拓国际市场。例如，通过友好城市、项目共建等多种形式，加强对外宣传，提升知名度；充分利用驻外使馆、国外华商会等资源，帮助企业获取商业信息和交易机会；通过项目互换、公共项目支援等形式，支持战略性新兴产业领域重点企业签订国际订单[16]。

（3）培育内生性市场需求。一方面通过需求端的激励，积极培育拓展下游市场，如购买价格补贴、消费税减免、消费贷款贴息、重大示范等，目前我国对这一政策工具的运用已较为成熟，下一阶段主要考虑政策完善，并且着重放宽市场准入政策，鼓励产业内竞争，降低价格。另一方面则引导新型消费观念，宣传绿色化和低碳化的消费理念，甚至通过产品标识认证体系的建设，让消费者能够客观地认识战略性新兴产业产品相对传统产品的优越性。此外，则需营造有利于战略性新兴产业公平竞争、高效率的市场环境，在定价、标准制定、政府采购招标制度、准入门槛等方面兼顾各类企业的权益[14]，并且在新能源、信息技术等方面建设新型基础设施[17]，确保创新创业企业家有持续动力推进商业模式创新。

22.4.4 健全金融服务的支撑体系

战略性新兴产业运营模式创新中，需要有充足的资金作为保障，这需要完善的金融服务作为支撑。根据上述运营模式创新中的金融环境分析，构建完善的金融服务支撑体系，需要考虑如下几个方面。

（1）引导金融机构贷款向战略性新兴产业运营模式创新倾斜。发挥商业银行的主体作用，通过构建商业银行和政府、科技园区、科技小额贷款公司、创业投资公司等的合作机制[18]，建立包括财政出资和社会资金投入在内的多层次的担保体系。这一方面可以降低商业银行对战略性新兴产业的信贷风险，另一方面可以有效建立绿色信贷通道，拓宽战略性新兴产业运营模式创新的资金来源。

（2）加快多层次资本市场体系建设，进一步完善主板市场，发展新三板市场，争取建立真正的创业板市场，发展场外交易市场，实现各级资本市场间的无缝连接。此外，基于技术在战略性新兴产业运营模式创新中的重要性，尤其需要重视技术产权交易市场的建设，该类市场内交易的品种主要包括科技成果、技术外参股权、不希望在公开资本市场上市的企业和暂不满足证券市场公开上市条件的企业产权（股权）等[19]。

（3）健全中小企业信用担保体系。战略性新兴产业运营模式创新的主体力量是民营创新创业型企业，其资本实力弱，信用担保对其具有重要的价值。政府主要可在市场准入、税收等方面提供必要的便利政策，鼓励民间投资，促进商业性担保机构的发展，建立中小企业互助担保基金，多渠道发展融资担保机构。当然，政府仍不可忽视对担保行业的监管、对担保市场风险的防范，需着力降低信用担保的违约风险，为战略性新兴产业中的创新创业型企业获取金融支持创造一个良好的担保环境[19]。

（4）推进服务战略性新兴产业发展的金融创新。创新金融产品，借鉴国内外比较成熟的信贷制度实践，建立完善针对企业新型商业模式推广试验期内的抵押担保贷款机制[14]，可以通过合理运用金融衍生品来实现风险分散[19]；创新供应链金融，借助互联网技术加强上下游的资金联系，提高资金使用效率，使得战略性新兴产业在不需要外来资金，仅充分整合供应链内部资金的情况下便可实现运营模式创新。

参考文献

[1] Morrisa M，Schindehutte M. The entrepreneur' s business model：toward a unified perspective. Journal of Business Research，2003，58（6）：726～735.

[2] Osterwalder A，Pigneur Y. Business Model Generation：A Handbook for Visionaries，Game Changers，and Challengers. Hoboken：Wiley，2010.

[3] 周辉，李亭亭，郭本海．战略性新兴产业中核心企业商业模式评价实证研究．科技进步与对策，2013，30（11）：127～132.

[4] 翁君奕．商务模式创新：企业经营“魔方”的旋启．北京：经济管理出版社，2004.

[5] Zott C，Amit R. The fit between product market strategy and business model：implications for firmperformance. Strategic Management Journal，2008，（29）：1～26.

[6] Amit R，Zott C. Creating value through business model innovation. Sloan Management Review，2012，（3）：41～49.

[7] Michael H. Deep change：how operational innovation can transfer your company.Harvard Business Review，2004，82（4）：85～93.

[8] 弗里曼 K，苏特 L. 工业创新经济学．华宏勋，华宏慈，等译．北京：北京大学出版社，2004.

[9] René B，Jonatan P，Ans K. Business models for sustainable technologies：exploring business model evolution in the case of electric vehicles. Research Policy，2014，43（2）：284～300.

[10] Chesbrough H. Business model innovation：opportunities and barriers. Long Range Planning，2010，43（2/3）：354～363.

[11] Christensen C，Raynor M. The innovator' s solution.Cambridge：Harvard Business School Press，2003.

[12] Chesbrough H. Business model innovation：opportunities and barriers. Long Range Planning，2009，（2）：9～17.

[13] 邢相军．新能源产业商业模式创新的影响因素、机会与障碍．中国流通经济，2014，（8）：93～99.

[14] 姜江．促进新兴产业商业模式创新．宏观经济管理，2014，（8）：31～36.

[15] 王宏起，杨仲基，安宁．创新双螺旋视角下区域战略性新兴产业培育模式及应用研究．中国科技论坛，2014，（8）：55～59.

[16] 王洪．创新商业模式促进我国战略性新兴产业发展的对策．经济论坛，2013，（10）：63～65.

[17] 陈昭锋．国外政府促进战略性新兴产业发展商业模式的创新．南通大学学报（社会科学版），2013，29（6）：103～109.

[18] 王认真．商业银行支持战略性新兴产业发展的改革路径探讨．广州大学学报（社会科学版），2014，13（5）：50～53.

[19] 姜棱炜．战略性新兴产业初期融资模式及其效率评价．武汉大学博士学位论文，2013.

第 23 章

战略性新兴产业发展中人才的作用及政策创新研究

沙 勇 周 源

【内容提要】 人才是战略性新兴产业发展的重要“引擎”，完善人才政策已成为发展战略性新兴产业的关键性战略举措。本章通过对我国当前战略性新兴产业人才及人才政策现状进行分析，指出重点要根据战略性新兴产业人才成长特点，提升人才理念，强化人才顶层规划；加强基础管理，完善人才培养机制；加大政策扶持，创新人才引进机制；强化人才激励，健全人才评价机制；坚持以人为本，优化人才创业环境。

战略性新兴产业的科学、快速、健康、可持续发展，关键在于发挥人才的比较优势，人才比较优势的形成需要切实有效的体制机制保障。党的十八届三中全会通过的《中共中央关于全面深化改革若干重大问题的决定》，明确提出了人力资源领域的改革方向，人力资源社会保障工作在中央重大文件中出现的频率和篇幅如此之大前所未有。2010 年年初至今，国家先后出台《国家中长期人才发展规划纲要（2010—2020 年）》、《国家中长期教育改革和发展规划纲要（2010—2020 年）》、《中国的人力资源状况》等系列文件，提出要“造就宏大的高素质人才队伍，突出培养创新型科技人才，重视培养领军人才和复合型人才，大力开发经济社会发展重点领域急需紧缺专门人才”。2010 年 3 月，教育部以教高厅函〔2010〕13 号的形式鼓励国内高校围绕新能源产业、信息网络产业、新材料产业、农业和医药产业、微电子和光电子材料产业等领域申报新专业。2010 年 6 月 23 日，教育部启动“卓越工程师教育培养计划”，以期加速战略性新兴产业的人才培养。当前，世界各国都在集中力量，抢抓新兴产业的发展机遇期，谋求新一轮经济增长，战略性新兴产业领域的高层次人才争夺战愈演愈烈。相对而言，我国目前战略性新兴产业的人才层次、结构和开发机制等方面，尚难以满足产业发展的需要，迫切需要进一步加强战略性新兴产业人才政策创新，为实现战略性新兴产业发展提供强有力的人才支撑体系。

23.1 战略性新兴产业的知识密集型特征

战略性新兴产业是以新技术为基础的知识密集型产业，其经济活动主要致力于知识的创造、积累和传播，显著依赖专门领域的专业性知识，技术及人力资源投入密度高、附加值大，这也就决定了人力资本特别是高层次人才在战略性新兴产业发展过程中的重要作用。战略性新兴产业所具有的知识密集度高、技术依赖性强及高创新性等特点，决定了其在投入、生产、需求、布局和环境特征等方面都具有不同于普通产业的特征。

23.1.1 高知识密集度和高素质劳动力投入

战略性新兴产业在很大程度上依赖专业性知识，高度的知识密集性和高素质劳动力投入是其最重要的要素投入特征。特别是与制造业和传统产业需要大量资金和设备等有形资产投入不同，战略性新兴产业主要是知识、智力、研发等无形资产的投入起决定作用。同时，由于战略性新兴产业致力于知识的创造、积累和传播，必然要求从业人员具有较高的专业水平和实践经验。因此，战略性新兴产业中的从业人员作为高素质的知识工作者，既是这些专业知识的拥有者和载体，也是服务功能的最终实现者，是战略性新兴产业中重要的投入要素。另外，战略性新兴产业高度依赖新技术，研发投入比例也比较高。

23.1.2 高度创新性和复杂性的生产

知识在战略性新兴产业的生产中处于核心地位，使得劳动形式、对劳动者的要求以及劳动者在生产中的地位都发生了变化，传统的简单、重复劳动逐渐被复杂、创新的劳动替代，并成为影响生产经营成果的关键因素。同时，不同于传统的大批量标准化生产方式，战略性新兴产业作为专业知识产品或服务的生产者，其生产方式是一种典型的精益化生产方式，劳动者在生产中的地位相对也较高。

23.1.3 需求国际化程度不断提高

在知识经济时代，知识存在形式的数字化、编码化和知识活动的计算机化、网络化，使得知识密集型服务产品具有极强的可流动性。因此，与传统产业相比，战略性新兴产业的发展受本国市场规模的限制较少，国际化程度很高。同时，战略性新兴产业通过提供更专业化、更有效率的产品和服务促进了分工的进一步深化，提高了生产的专业化程度，通过知识溢出效应提高了制造业企业的创新能力和生产效率。

23.1.4　向城市或发达地区空间集聚

在知识经济时代，城市成为战略性新兴产业发展的主要载体，战略性新兴产业的发展存在着明显的向城市或发达地区空间集聚的发展特征。这主要表现为：首先是战略性新兴产业向城市特别是少数大城市和发达地区集聚，大型城市成为引领地区和国家战略性新兴产业发展的龙头；其次是向城市内部的特定区域集聚，形成综合性或专业化的战略性新兴产业集群。

23.1.5　对综合配套环境要求高

战略性新兴产业发展对综合配套环境要求更高。一个地区或城市基础设施的改善和城市功能的强化能提供良好的物理空间和物质条件，有利于战略性新兴产业的空间集聚且产生集聚效应。通信建设、网络环境、信息化平台等基础设施的建设，不仅有利于构建一个促进知识流动和扩散的环境，而且区域内信息化程度的提高将大大降低战略性新兴产业的创业成本、市场开拓成本和规模提升成本，从而为其创造更大的发展空间。同时，由于创新活动具有很强的溢出效应和正外部性，战略性新兴产业的发展有赖于现代市场经济制度的不断完善，尤其是知识产权保护制度的不断完善。

23.2　人才在战略性新兴产业发展中的作用分析

23.2.1　人才是知识的载体

人是生产力中最能动、最积极、最活跃的因素，人才作为人力资源中的先进部分，是知识的重要载体，是一个国家发展的最重要的资源。同样，人才是科技的主要载体，任何科技的研究、发明、利用都离不开人才。人才是科学技术的创造者、拥有者和传播者，科学的发展、技术的创新都要通过人才来实现。只有突破性的科技创新，才能打造核心优势、实现新的跨越、为发展提供不竭动力。也只有创新型的科技人才，才能实现突破性的科技创新、发展先进生产力、推动经济社会科学发展。人才对经济社会发展的创造性贡献，决定了人才是最活跃的先进生产力。

人力资本与人才之间具有密切的联系，高层次人才就是人力资本积累到一定程度的表现形式。战略性新兴产业的人力资本群体包括风险企业家与经营管理者、技术专业人员和技术创新人员等。战略性新兴产业是建立在知识的基础之上的，知识和技术的密集程度高，需要多技术、多门学科、多种专业所组成的综合型人才。这就注定了人力资本在战略性新兴产业发展中扮演着非常重要的角色。

23.2.2 战略性新兴产业人才内涵与人才体系

1. 战略性新兴产业人才内涵

战略性新兴产业人才是在战略性新兴产业相关领域中具有较强的科技研发、专门技术和经营管理能力，能够参与战略性新兴产业的各项生产与管理活动，并且取得创新成果、为产业发展做出贡献的人才的总称。

推动战略性新兴产业发展的“引擎”是科技创新人才。战略性新兴产业人才是科技新创造、发展新突破的引领者和开拓者，是增强科技和经济实力、实现经济社会又好又快发展最重要的资源和关键性要素。而异质性人力资源供给是其培育和发展的关键。破解战略性新兴产业的人力资源瓶颈，必须加强统筹规划和分类指导，围绕科技领军人才、产业技术创新人才、工程技术人才、产业实用专业技术人才，创新其发现与开发机制、流动与配置机制、激励与保障机制。

2. 战略性新兴产业人才体系

根据人才在战略性新兴产业领域的不同功能、层次和作用，战略性新兴产业人才体系可以分为以下五类。

科技创新领军人才：具有顶尖科技创新能力、能够带领科研团队取得重大科技创新成果与重大突破的顶尖人才，他们是人才金字塔的“塔尖”，人数虽少，却是关键力量。

经营管理人才：新兴产业企业中进行战略部署和经济管理的人才，他们是战略性新兴企业产业化扩张和规模化发展的重要推动力量。

科研人才：是指从事研究与开发工作的人员，他们具有较强的科研能力，能够取得一定的创新成果，是战略性新兴产业发展的中坚力量。

高技能创新人才：生产一线人员中具备精湛的专业技能、能够解决生产操作难题并进行技术创新的具有相应高级职业资格的技能人才。

科技成果转化人才：在新的发明创造、专利运用到实际生产的过程中开展工作和解决问题的人员，是技术创新和实际生产力之间的桥梁，能够保证科技成果的价值体现[1]。

23.2.3 我国战略性新兴产业发展中的人才价值

战略性新兴产业是新兴科技和新兴产业的深度融合，没有人才和科技支撑，就谈不上战略性新兴产业的发展。当今世界，从表面上看，经济发达的欧美国家和地区是因为拥有先进的科技实力，其工业发达、产业经济布局合理。其实最主要的原因是这些先进的工业背后有着一支庞大的科技人才队伍作保障，近些年来诺贝尔发明奖得主主要产生在这些国家和地区，足以说明这一点。拥有人才并有效使用人才，是一个国家、地区或企业在激烈竞争中处于优势地位的关键。

第一，战略性新兴产业发展需要高水平人才队伍提供强大的科研力量支持。战略性新兴产业必须要有强大的科技创新人才力量进行支撑，进行自主研发与创新。因此，吸引来自高校、科研院所和企业研发部门的各类优秀科研人员组成高水平的科研团队，在七大战略性新兴产业领域中进行世界先进水平的科技创新和研发工作，是推动战略性新兴产业发展的关键。

第二，战略性新兴产业发展需要高水平人才队伍提供有利的专业技术保障。在支撑产业发展的核心技术研发成功后，到具体实现产业化还有漫长的路要走，其中技术层面仍需要大量的专业技术人才进行科研成果的产业化，转化层面需要大量的科技成果转化人才将科技成果变为现实生产力。因此，从科研成果的产生到产品的产生进而实现产业化，需要强有力的专业技术保障，需要各类优秀的人才队伍之间的通力合作。

第三，战略性新兴产业持续健康发展需要高水平人才队伍提供良好的经营管理服务和商业模式的不断创新。产业发展离不开企业管理，科技成果经过开发、转化、生产等一系列流程之后，最终通过产品销售出去才能支撑产业的发展。优秀的经营管理人才能够统筹规划企业人力、物力、财力和信息资源，共同推动战略性新兴产业的发展和壮大。政府必须有目的地通过多种渠道、多种方式引进人才特别是战略性新兴产业人才，以保证经济社会又好又快、可持续发展[2]。

23.3　我国当前战略性新兴产业人才构成分析

23.3.1　我国当前战略性新兴产业人才的总体状况

《规划》提出要建设高素质人才队伍，促进战略性新兴产业快速发展。随着战略性新兴产业的不断发展，其对人才的数量与质量都提出了更高的要求。结合第六次全国人口普查数据，总体上看，我国战略性新兴产业人才发展的人才资源储备比较充足、人才质量不断提升、人才区域需求逐步加大、人才培育力度持续加强。

1. 战略性新兴产业人才资源储备比较充足

近年来，随着大力实施科学人才观和人才强国战略，我国的人才队伍建设获得了巨大发展，人才增长趋势明显，增长速度加快。《2012 年度人力资源和社会保障事业发展统计公报》显示：截至 2010 年年底，我国人力资源储备达到了 1.2 亿人，其中专业技术人才 5 550.4 万人，高技能人才 2 863.3 万人。以环渤海区域为例，包括北京、天津、河北、山东、辽宁在内的环渤海地区各省市，为了抢占相关战略性新兴产业发展的制高点，先后推出了相应的人才发展规划，或利用已有政策加强战略性新兴产业人才的引进与培养。在人才引进方面，诸多省市先后提出了海外人才聚集工程、引智工程等措施；在人才培养方面，各地高校陆续增设战略性新兴产业的相关专业，持续为新兴产业发展输送人才。

2. 战略性新兴产业人才质量不断提升

战略性新兴产业是典型的知识密集型产业，具有强烈的人才资源依赖性，所急需的人才需要具有良好的教育背景与知识储备。随着我国高等教育的迅速发展，早在 2011 年具有高等教育学历的从业人数已超过 9 000 万人，为战略性新兴产业输入了大量的高端人才，我国在卫星导航、高性能计算机、超大规模集成电路、通信技术等当代科技的尖端领域不断取得新突破，在工业设计研发信息化、生产装备数字化、生产过程智能化和经营管理网络化方面不断取得新进展，这都表明我国相关领域高层次人才的质量已经处于世界较高水平。

3. 战略性新兴产业人才区域需求逐步加大

在国家产业政策带动下，战略性新兴产业人才的需求日益旺盛。根据赛迪顾问对重点区域与城市人力资源市场的需求分析，高层次人才需求量中排在前 3 位的分别是工程技术人员、企业高级管理人员、科技研发设计人员；高技能人才需求量中排在前 3 位的分别为机械制造加工人员、机电产品装配人员、市场营销人员。以信息产业人才为例，2010 年我国信息产业人才资源总量达到 1 050 万人，到 2015 年和 2020 年，人才资源总流量将分别达到 1 300 万人和 1 800 万人，产业发展对人才的需求呈现急剧增长的态势。再以无锡为例，无锡规划到 2015 年总投资 40 亿元，建成引领中国传感网技术发展和标准制定的中国物联网产业集聚地，汇聚各类传感网企业 500 家，实现产值 500 亿元，需要引进和培养高级物联网人才 5 000 名，集聚从业人员 5 万人。仅仅无锡就有 5 000 名高级物联网人才的市场需求，全国的物联网人才需求数量可想而知[3]。

4. 战略性新兴产业人才培育力度持续加强

结合战略性新兴产业发展的实际需要，教育部公布的 2010 年同意设置的高等学校战略性新兴产业相关本科新专业的名单中，新增专业 25 种（140 个专业点），全面覆盖了新能源产业、新一代信息技术产业、新材料产业、农业和医药产业以及空间、海洋和地球探索与资源开发利用等相关产业。除了高等院校，还有社会上大量的职业教育培训、企业培训和第三方培训，这些机构在战略性新兴产业人才培养方面具有很强的针对性、专业性和系统性，虽然某一机构只针对某一具体领域，但是社会培训的普遍推广、人才投资的不断加强有利于战略性新兴产业人才的蓬勃发展。

23.3.2 我国当前战略性新兴产业人才构成存在的问题

尽管我国战略性新兴产业人才发展的总体现状表现良好，但各个重点区域和城市对战略性新兴产业的发展布局各有差异，导致各地区对相应新兴产业的人才需求各有不同，由此引发了战略性新兴产业各区域人才发展与需求的结构性矛盾与挑战。

1. 人才层次结构失衡，领军人才等高层次人才数量不足

产业结构与人才层次结构具有强关联性，发展战略性新兴产业需要相应高层次科技人才作为支撑。我国人才总量不断增长，但低层次、初级科技人才占大多数，高端人才比较缺乏，存在层次性结构失衡问题。虽然我国的人才总体规模已超过 6 000 万人，但以科技创新领军人才为代表的高层次人才仍然十分短缺。公派留学生数量不足，国外高端智力使用严重不足，缺乏高端技术专家和复合型人才，国有企业人才流失严重，民营企业人才状况堪忧。据科技部的统计显示，全国高层次科技创新人才目前仅有 1 万名左右，而到 2020 年，我国各类高层次科技创新人才要达到 3 万～4.5 万人才能基本满足战略性新兴产业的发展需要。

2. 人才分布结构失衡，区域间人才分布有待优化

根据第六次全国人口普查统计，2010 年我国的人才构成中仍以大学学历为主，其占比高达 97%，而研究生学历的人才占比仅为 3%。东部、东北、中部及西部的研究生及以上学历的人才占比依次为 4.61%、3.06%、2.48% 和 2.50%，比例上的差距非常明显。从战略性新兴产业的人才区域分布来看，华东、华南等沿海经济发达地区是人才最为密集的区域，而广大中部、西部及东北等地区的人才缺口较大。环渤海、长三角及珠三角是我国战略性新兴产业人才最为密集的区域，从城市分布来看，北京、上海、深圳、杭州、无锡、武汉等城市聚集了超过 30% 的战略性新兴产业相关人才，而广大中部、西部及东北等地区对人才的吸引力度不够，造成产业人才缺口较大。在各个区域内，传统产业领域人才相对集中，战略性新兴产业缺乏创新型人才、高新技术人才和复合型人才。同时，由于我国战略性新兴产业发展总体处于以制造为主的阶段，制造岗位上从业人员占绝大多数，而技术开发、相关市场人员及高技能人才缺乏，有待随着产业结构进一步优化升级而进行调整。

3. 使用与培养失衡，高层次人才流失严重

战略性新兴产业的业态还处于成长阶段，人才培养体系还未成熟，存在重使用轻培养的现象。一方面，社会各界高度重视人才，纷纷采用高薪聘请等各种手段吸引和留住人才；另一方面，却鲜有人愿意投入资金和时间培养人才。短时间来看，高薪聘请是解决技术骨干人才不足的有效手段，但从长远看，其不仅不能增加人才的总体储量，而且还会造成人才流失问题的出现。我国目前的高层次人才流失现象十分严重，每年有大量的高层次人才流入欧美等发达国家或地区。教育部统计数据显示：2010 年出国留学的人员达到 17.7 万人，而同期的归国人员仅 5.3 万人；我国 1 052 个高新产品研究项目的部分核心人才（项目负责人）已经出国，其中硕士以上学历超过流失总人数的一半。人才的流失将会成为制约战略性新兴产业发展的一个重要因素。因此，在未来战略性新兴产业的发展中如何建立和完善相关领域的人才培养、使用、交流、激励、引进政策，形成凝聚力强、稳定度高的人才队伍是发展

战略性新兴产业所要面临的一大问题[4]。

23.4 我国当前战略性新兴产业人才政策现状及问题

23.4.1 我国当前战略性新兴产业人才政策现状

近年来，我国各地纷纷开始树立人才为第一资源战略的观念，思想上已经从过去不合时宜的人才观念、做法和体制中解放出来，尊重劳动、尊重知识、尊重人才、尊重创造。对于战略性新兴产业的人才政策制定基本能从实际出发，与时俱进，努力做到“三性”：一是体现时代性，深化对人才重要性的认知，积极实施科技创新创业人才战略，做好战略性新兴产业人才规划工作；二是把握规律性，科学把握创新创业人才的成长规律，努力创造好的自然环境和制度环境，促进人才的成长；三是富于创造性，科学规划、设计创新创业人才的职业生涯、激励机制和生态环境，推进人才引进体制改革。在一系列人才政策的推动下，我国逐步优化了战略性新兴产业人才发展环境，人才队伍建设取得了较大进展。但与发达国家相比，尤其是与我国战略性新兴产业快速发展对人才的巨大需求相比，人才队伍建设及人才政策上仍存在着诸多问题。

23.4.2 我国当前战略性新兴产业人才政策存在的问题

1. 人才政策不够完善，未形成整体合力

人才政策是一个系统工程，非某一部门或单位凭一己之力所能完成的。在政府层面，其一般涉及财政、税务、人事、教育等各个职能部门。目前，这些政府部门往往会从自身利益出发，制定一些旨在维护自身利益的政策，在人才开发过程中利则相争、弊则推诿。且这些部门在政策实施过程中往往存在利益冲突，部门之间相互牵制、互设关卡，最终导致政策落实困难、到位困难，难以形成整体合力。据有关对战略性新兴产业的调研，有多位企业负责人和创新人才都反映，争取人才优惠政策的成本太大，甚至大于政策可以带来的收益。

2. 人才培养模式不尽合理，校企供求脱节

当前，高校人才培养与市场需求脱节，高校专业设置落后于社会需求，市场需求量已经减少的专业没有及时调整，而战略性新兴产业急需人才却没有相应专业进行培养，导致大学生就业和新兴产业招工“两难”问题日益严重。同时，高校与企业还没有形成长期稳定的合作机制，一方面，许多企业尚未建立现代企业制度，缺乏科学的中长期发展规划，往往只见局部不见整体，只顾短期不顾长远，不愿意为

大学生提供实践机会、实习平台和成长保障；另一方面，高校绩效考评机制不合理，绩效考评及职称职务晋升大多重科研而轻教学、重理论而轻实践　高校缺乏推动校企合作的内在动力，导致校企合作流于形式，缺乏长期、稳定、系统的机制保障。

3. 人才激励力度不够，人才支撑体系不强

战略性新兴产业所需专门人才的工作积极性和创造性的更好发挥，往往需要涉及工资薪酬、养老保险、子女教育、住房等各方面配套的人才政策。在过去相当长的一段时间里，一些地方人才理念落后，对人才重视程度不够，人才政策激励力度不强，人才激励机制不健全，制约了高层次人才的引进和能力的发挥。同时，一些地方人才政策制定过于复杂，宣传也存在方式与渠道单一、形式主义严重等问题，宣传效果不佳，很多专业性人才难以理解政策要义，因而这些政策也就失去了吸引力。多种因素叠加导致很多地方人才政策流于形式，很难真正为企业提供强有力的人才支撑体系。

4. 人才服务体制机制不健全，人文关怀不够到位

目前，我国的人才服务机制体制还不够健全。在由计划经济向市场经济转轨的过程中，我国人才市场的建立是由政府主导的，并以政府成立人才服务机构为主。然而，政府人才服务机构作为政府公共服务的执行机构，借助政府名义开展经营性服务，存在政事不分、事企不分等体制问题，在运营机制上存在管市场和办市场不分的矛盾，有悖市场公平、公正原则，既不利于市场人才服务机构的发展，也不利于政府人才服务机构的完善，使得人才工作陷于两难困境。同时，当前我国人才服务机构尤其是政府所属人才服务机构还存在服务理念落后、服务水平低下、服务意义不强等问题，人才服务机构的人文关怀不到位，人才服务无法满足人才的现实需求，不利于吸引和激励人才，也不利于通过良好的服务促使人才开展创新活动。

23.5　我国战略性新兴产业发展的人才政策创新

23.5.1　完善人才政策，强化人才顶层规划

遵循战略性、先导性及带动性原则，紧扣国家战略性新兴产业发展的战略部署，加强战略性新兴产业人才发展顶层设计，制定具有区域特色和优势的战略性新兴产业人才政策，建立健全人才引进、使用、流动、激励保障等一系列政策，形成完整配套的政策体系。具体包括：一是围绕战略性新兴产业发展重点，确定人才尤其是领军人才的规划目标，定期向海内外发布战略性新兴产业高层次紧缺人才目录；二是按照发展总体要求和主攻方向，绘制战略性新兴产业高端人才全球分布地图；三

是设立人才开发专项资金，实施“人才特区”制度，加大对引进人才创新创业的财政补贴和税收减免力度；四是实施人才“柔性流动”政策，“不求所有，但求所用”，变人才所有权为使用权，同时可实行灵活多样的工资分配方式，鼓励企业采取岗位、项目、任务聘用等多种方式；五是政府要发挥自身优势，牵头组织企业形成人才招聘联盟，政企联合纳英才，协调部门利益，落实人才政策。

23.5.2 加强基础管理，完善人才培养机制

健全战略性新兴产业人才培养制度，创新人才培养培训方式，强化基础管理，协调运用高等教育、企业培养、国际交流等途径，构筑相互协作的多级培养体系。逐步形成符合战略性新兴产业特色需求的战略梯队人才、骨干、基础协同培养体系和制度，有效构建战略性新兴产业人才孵化机制，实现产业发展的强力人才支撑。一是构建战略性新兴产业人才的产学研联合培养机制。高校以市场为导向优化专业结构，要与企业合作对接，提高人才培养的应用导向和实践能力，使高校培养的各专业、各层次人才与市场需求相吻合。二是开展战略性新兴产业领军人才成长工程。创造条件鼓励行业高层次人才参与学术交流活动，围绕本产业领域的前沿知识及相关综合知识、科技前沿的新技术和工程实践开展培训交流，保持战略性新兴产业人才对技术发展的跟踪和知识更新，为领军人才成长建立沟通交流、素质提升的平台和机制。三是实施战略性新兴产业人才团队支持计划。重点支持从事重大原始创新项目研究、推动具有重大市场前景的战略性新兴产业项目转化的人才团队。对于享受政府财政支持的战略性新兴产业项目，安排一定比例的资金用于培养创新研发人才及团队。

23.5.3 加大政策扶持，创新人才引进机制

制定富有吸引力的人才引进政策，加大战略性新兴产业人才引进的政策扶持力度。一是实施战略性新兴产业高层次人才引进计划。围绕战略性新兴产业重点发展领域，以重大产业化攻关项目为载体，采取团队引进、核心人才引进、项目引进等方式，引进一批能够突破关键技术、发展高新产业、带动新兴学科、拓展新兴领域、开发新兴市场的领军人才和团队。二是努力构建海内外专家引智平台。抓住与国外企业经济技术合作的良好机遇，以项目促进本地战略性新兴产业人才成长成才，在工作实践中锻炼提高，推动本地战略性新兴产业人才国际化。同时，积极探索战略性新兴产业人才梯队选拔机制，分梯次做好战略性新兴产业领军人才引进工作。

23.5.4 强化人才激励，健全人才评价机制

建立健全与战略性新兴产业人才工作需求相匹配的绩效和能力评价机制，形成人才参与创新创造的多元激励机制。一是建立健全人才评价体系，打破地域、身份、年龄、学历、资历、名额等的限制，推行资格考试与评聘相结合、考试考核与同行评议相结合、社会公认与业内认可相结合的人才评价体系，突出操作性与实践性；

二是深化分配制度改革，完善人才创新的激励机制，推行技术要素、知识要素参与分配的政策，加大科技奖励支持制度，形成事业、文化、薪酬等多元的人才激励体系，充分调动战略性新兴产业领军人才的积极性和创造性；三是建立战略性新兴产业人才专家库，推行战略性新兴产业领军人才实名推荐制，为战略性新兴产业人才提供长期服务[5]。

23.5.5　坚持以人为核心，优化人才创业环境

要明确战略性新兴产业人才发展规划愿景，通过完善的公共服务平台，优化战略性新兴产业领军人才创业环境，为领军人才发展提供政策性服务。一是营造战略性新兴产业人才创业创新的人文环境，广泛宣传战略性新兴产业人才工作的相关政策和典型事例，让全社会尊重战略性新兴产业人才成为普遍共识，引导各类战略性新兴产业人才争作贡献；二是拓宽科技人才创新创业筹融资渠道，为战略性新兴产业企业制定优惠的财政与税收政策，降低人才创新创业成本；三是建立战略性新兴产业人才备受关爱的成长环境，政府部门要从政策制定上多注重宏观方面引导、支持，切实改变战略性新兴产业人才的生活待遇、工作待遇、人文关怀等软环境；四是健全知识产权保护相关法律法规，制定适合战略性新兴产业发展的知识产权政策，加强重大发明专利、商标等知识产权的申请、注册和保护，鼓励国内企业申请国外专利。

审稿：薛　澜

参考文献

[1] 李莉．战略性新兴产业人才体系与孵化机制构建．发展研究，2014，(1)：104 ～ 108.

[2] 阳立高，贺正楚，韩峰．战略性新兴产业人才开发问题与对策．科技进步与对策，2013，(10)：1 ～ 4.

[3] 唐宏，张雨微．战略性新兴产业的人才供求特征及人才战略．经济研究导刊，2014，(4)：251 ～ 253.

[4] 李德煌．战略性新兴产业区域人才发展对策研究．中国统计，2014，(2)：48 ～ 50.

[5] 张惠娜．首都战略性新兴产业领军人才发展问题与对策研究．人力资源管理，2013，(9)：35 ～ 37.

第 24 章

战略性新兴产业二次创新模式及典型案例分析

许冠南　周　源

【内容提要】二次创新作为发展中国家追随发达国家的创新模式，是发展中国家战略性新兴产业发展的重要创新模式，一般包括模仿创新、创造性模仿、改进型创新、后二次创新或准一次创新四个阶段，整个创新的推进处于动态升级过程。本章基于二次创新的理论，对京东方的典型案例进行了分析，指出战略性新兴产业企业在创新过程中，需要把握行业发展趋势、积极开展网络合作、培育创新生态系统。

24.1　二次创新——发展中国家的技术创新模式

技术创新过程在不同技术、经济背景下呈现出不同的特点和规律。随着技术与市场的动态化、复杂化发展，技术创新过程的渐进性、逻辑性、继承性和学习、积累的进化特征日益受到重视。

一次创新是指主导了技术范式和技术轨迹的形成、发展和变革的技术创新。二次创新是指在技术引进基础上进行的、囿于已有技术范式，并沿既定技术轨迹发展的技术创新[1]，或者是引进技术经过消化吸收，进而取得突破性的成果[2]。

一般认为，发达国家的创新往往以一次创新为主。而由于科技基础、经济发展水平、环境条件、文化教育和人员素质等诸方面存在的差异，以及为了节约自主研制所需的资金和时间，发展中国家往往立足于引进发达国家的先进技术，并通过消化吸收与积累，进行技术集成、转移和创新，以此后发优势，缩小与发达国家的差距。因此，二次创新是一种发展中国家经常采用的创新模式。在中国战略性新兴产业发展过程中，二次创新发挥了重要的作用。

二次创新是一个渐进积累的进化过程，是一个量变与质变并存的多维过程，是一个从原有技术体系向新技术体系“学习”到新、旧技术体系相互竞争和“理解”的非线性过程，也是打破原有技术平衡态到形成新的技术平衡的非平衡过程。

相对于一次创新，二次创新具有以下特点。

（1）二次创新大多始于有目的的技术引进，引进主体的技术能力和研究开发能力是在消化吸收的过程中逐渐形成的。其技术、经济环境相对较弱，尤其缺乏人才、资金，只有少数高层次的二次创新有自主 R&D 的早期参与。

（2）因为有技术输出国的示范，二次创新在技术上及市场上的风险都大为下降，但是却面临着技术机会少，甚至被替代的风险。

（3）二次创新表现为接受已有技术范式，并在其制约下实现渐进积累的技术进步。

（4）二次创新的环境和条件多变，需要更多的动态协调。

（5）相较完全自主开发而言，其 R&D 花费较低。

（6）二次创新过程反映了一个反向的技术能力积累过程。

24.2　二次创新的过程

伴随着经济全球化发展，基于全球竞争的二次创新过程可以包括模仿创新、创造性模仿、改进型创新、后二次创新或准一次创新四个阶段[3]（图 24-1）。

1. 阶段1

阶段 1——模仿创新，见图 24-2。

这一阶段始于一个或数个企业引进系统的生产技术，包括产品设计、制造工艺、测试方法、材料配方、技术标准等，也常包括一些关键设备和样机。该阶段的主要工作是：可行性研究、洽谈、成交、将有关图纸资料和设备乃至专业人员引入接受技术的企业。随之而进行的便是根据技术要求引进设备并将原有设备按工艺进行重组。

该过程以简单模仿国外产品和工艺为基本特点，称为模仿创新阶段。其目的是提高生产效率、实现规模经济、降低生产成本，并使企业产品的性能、质量有所提高，提高国内市场占有率，同时使产品符合出口要求，利于拓展国际市场。随着对这一模仿流程的经验累积，工人熟练程度也会提高，并向设计和研究开发部门、生产技术管理部门反馈信息，利于企业的知识积累。

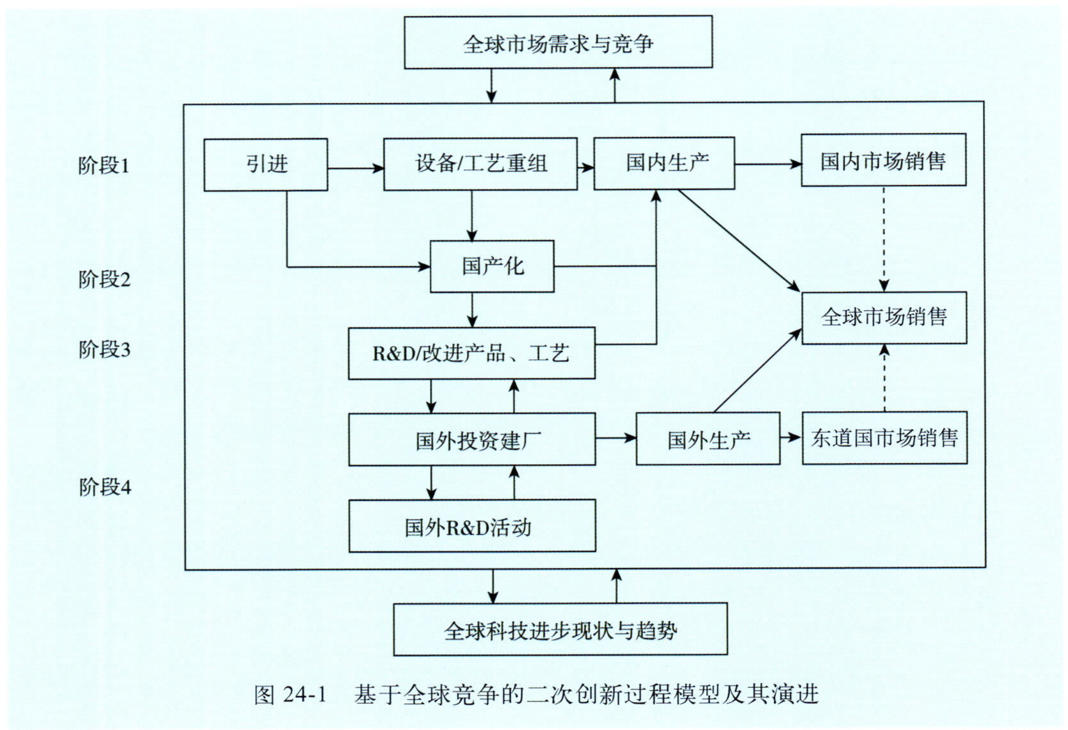

图 24-1　基于全球竞争的二次创新过程模型及其演进

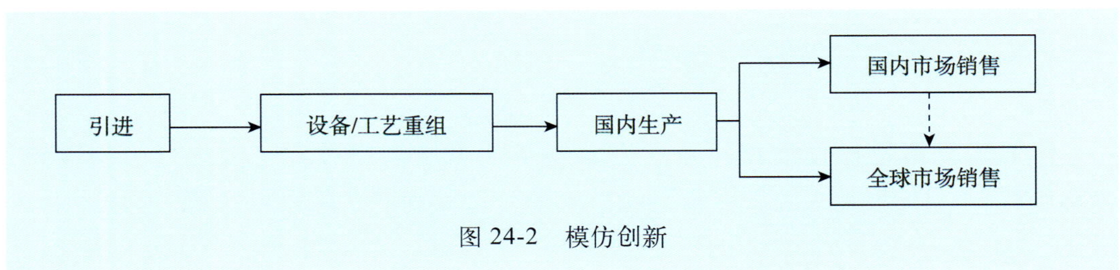

图 24-2　模仿创新

2. 阶段2

阶段 2——创造性模仿，见图 24-3。

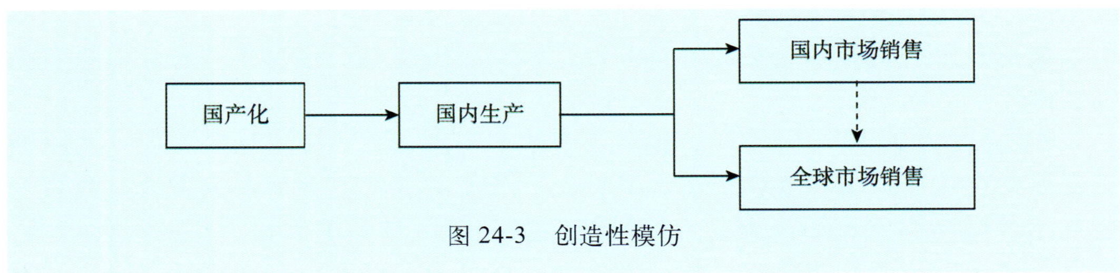

图 24-3　创造性模仿

国产化过程是新旧技术结构相互适应的过程，这一过程以持续引进产品的性能进行工艺创新为主，在不失产品性能的前提下尽可能多地采用国内已有的原材

料、部件，通过国产化，企业的产品和工艺的设计能力有较大程度的提高。这一过程使引进技术的质发生很大的变化，为创造性模仿阶段。模仿的结果是企业能够在不依靠再引进技术的情况下，生产国际同类技术的产品，扩大国内国际市场份额。

3. 阶段3

阶段 3——改进型创新，见图 24-4。

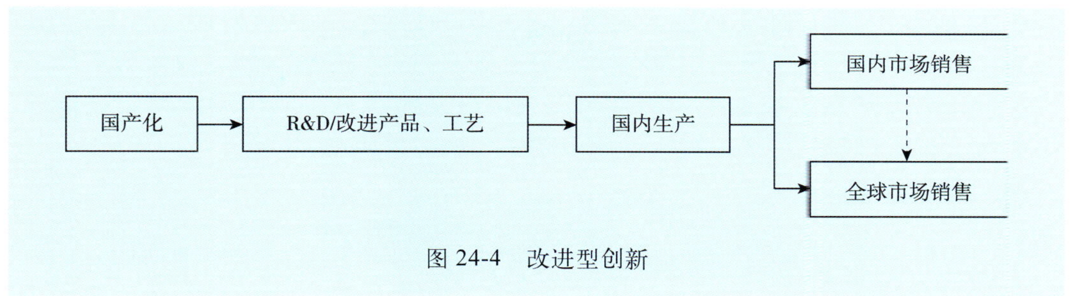

图 24-4　改进型创新

这一过程是在国产化的基础上，根据已有的技术积累，逐步形成自我的 R&D 能力，并根据国内外市场的需要，通过自主的 R&D 进行改进型创新。这时的技术要领先于一些更落后的发展中国家，因此可以到这些国家投资建厂，既可以利用当地资源生产，也可以在投资输出、技术输出的过程中扩大关联产品销路。

4. 阶段4

阶段 4——后二次创新或准一次创新，见图 24-5。

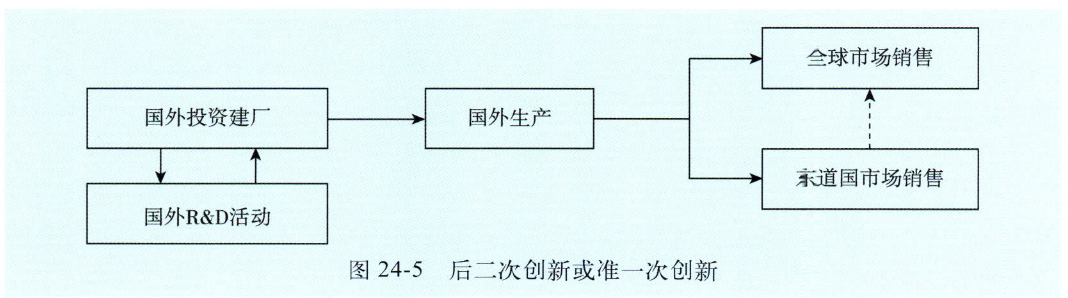

图 24-5　后二次创新或准一次创新

在本阶段，企业在技术与研发能力上有了很大的提高，产品在国内市场有了很强的竞争力，在国际市场上也有了一定的影响，因此可以考虑在技术领先国投资建厂，并设立研发机构，与东道国企业合作研究与开发，跟踪前沿技术，反馈到国内总部，结合总部的研发力量，进行比二次创新更为深入的创新，并逐步过渡到一次创新。此时，企业的产品在发达国家已确立了竞争地位，企业的全球竞争力有望提高。

这类创新活动始于对国际上的新兴技术甚至是实验室技术的引进或消化吸收，并通过自主 R&D 的早期参与实现以我为主的对标准的一次创新过程的切入。因此，这类创新又可称为后二次创新或准一次创新。

24.3 二次创新进化过程的规律

图 24-6 描述了技术引进的动态性和二次创新动态过程。其中，二次创新动态过程是指从基于第Ⅰ类技术引进（成熟技术）向基于第Ⅱ类技术引进（新兴技术）动态升级的过程。基于第Ⅰ类技术引进，简称引进Ⅰ，引进的是成熟技术，该技术在引进时已经处于技术生命周期模型中的特性阶段，工艺创新与产品创新的频率都在降低，主导设计已经趋于成熟，技术竞争的焦点已经转向产品与工艺上的渐进改进；基于第Ⅱ类技术引进，简称引进Ⅱ，引进的是新兴技术或实验室技术，该技术在引进时处于技术生命周期模型中的转换阶段末期，主导设计正在形成，技术改进的空间相对较大，对研发能力和生产能力要求高。

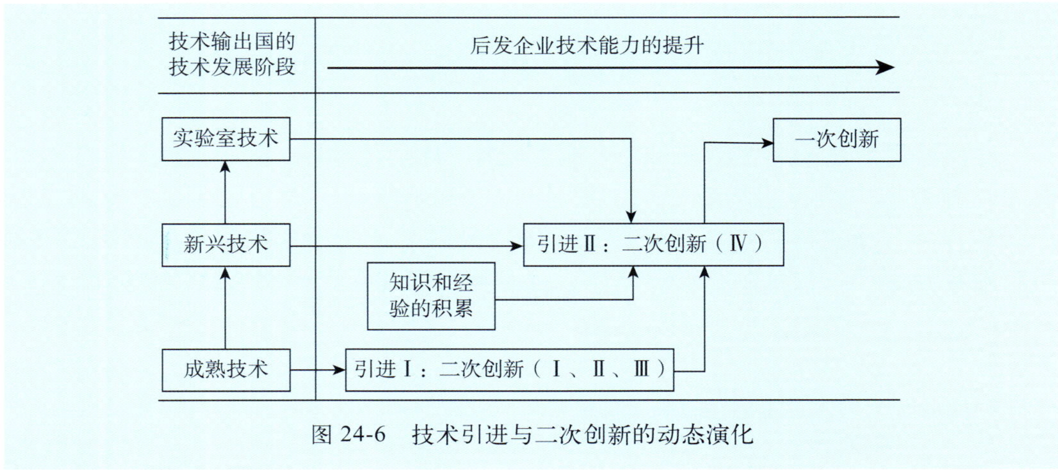

图 24-6 技术引进与二次创新的动态演化

对于培育发展中国战略性新兴产业来说，在产业发展的初始阶段可以发挥后发优势，此阶段主要是以包括模仿创新、创造性模仿和改进型创新的引进Ⅰ型二次创新模式［二次创新（Ⅰ、Ⅱ、Ⅲ）］为主。而当我国产业实现跨越式发展、立足世界发展水平前沿时，我们将与发达国家在同一起跑线上展开竞争，此时产业发展不能再采用跟踪模仿的技术追赶方式，而是要针对新兴技术乃至实验室技术，探索新的技术范式和新的技术轨迹，技术创新模式逐渐演变为后二次创新［二次创新（Ⅳ）］或者一次创新。

24.4 典型案例研究：京东方科技集团股份有限公司

二次创新是中国战略性新兴产业发展中一种典型的创新模式。本章将以京东方科技集团股份有限公司为例，研究发展中国家在技术追赶过程中的创新发展。

24.4.1　企业简介

京东方科技集团股份有限公司（简称京东方）创立于 1993 年 4 月，是一家半导体显示技术、产品与解决方案的提供商。其 2013 年度营业收入为 338 亿元；截至 2013 年 12 月 31 日，公司总资产为 925 亿元[①]。

目前，京东方累计可使用专利超过 18 000 项，2013 年新增申请专利数量突破 4 282 项，年新增专利数居全球业内前两名、研发人员人均和单位产值产出专利量全球业内第一；截止到 2014 年，京东方已构建完成完整的半导体显示技术研发和制造体系，成为中国内地唯一可自主制造全系列半导体显示屏的高科技企业，毛利率居全球业内前三、出货量排名全球业内第五。

京东方的核心业务是显示器件业务，从事 TFT-LCD（thin film transistor，即薄膜场效应晶体管；liquid crystal display，即液晶显示器）和 AMOLED（active matrix/organic light emitting diode，即主动矩阵有机发光二极管）面板及模组的研发、生产和销售。京东方自主研发和生产的 TFT-LCD 和 AMOLED 面板及模组具有轻薄节能、色彩逼真、画质清晰、视角广阔、绿色环保等优越性能，广泛应用于手机、平板电脑、笔记本电脑、显示器、电视等领域，可满足数字化、智能化生活中的无限视觉需求。

京东方拥有北京第 5 代和第 8.5 代 TFT-LCD 生产线、成都第 4.5 代 TFT-LCD 生产线、合肥第 6 代 TFT-LCD 生产线和第 8.5 代氧化物 TFT-LCD 生产线以及鄂尔多斯第 5.5 代 AMOLED 生产线六条半导体显示生产线，同时还有一条正在建设中的重庆第 8.5 代新型半导体显示器件及系统项目生产线，是中国唯一能够自主研发、生产和制造全系列半导体显示产品的企业。

24.4.2　企业的技术创新发展历程

京东方自成立以来，不断吸收外部技术资源，并且进行自主参与研发的内部消化，不断进行技术积累，同时关注产业发展的趋势，极力追赶显示领域领先的三星和 LG，在短短 11 年间迅速发展成为世界第五大显示产业厂商。其技术创新发展历程可以分为四个时期，即初创期、发展期、研发期、拓展期。

1993 ～ 2003 年为初创期。京东方直接购买国外生产线，学习国外的工艺制作流程，此时公司产业方向并不明晰，使用的技术为 CRT（cathode ray tube，即阴极射线管）技术，基本没有自主研发的部分。此时业内标杆企业是三星、LG，三星显示在 1991 年的时候已经启动 TFT-LCD 开发线，而 LG 显示在 1987 年已经进行 TFT-LCD 的开发。京东方在 1994 年成立项目预研小组，主要跟踪研究新型显示技术中的 TFT-LCD、PDP（plasma display panel，即等离子显示板）、FED（field emission display，即电子发射显示器），终于在 1998 年确定了 TFT-LCD 为公司以后的主要技术战略方向。该阶段，京东方在创新上的作为并不多，

① 资料来源：《京东方科技集团股份有限公司 2013 年度报告》。

专利数量很少，战略定位是初始技术积累与进入市场。

2003 ~ 2005 年为发展期。京东方着力关注同行业者的战略动向，根据市场及时调整战略，以收购的形式开启了技术学习的道路。此期间值得一提的是，京东方的收购战略十分成功，从而为后期自主研发国内 5 代线打下了基础。这比起当时京东方的竞争者上海广电信息产业股份有限公司（简称上广电）和昆山龙腾光电有限公司（简称龙腾光电）而言，有很多的优势，上广电和龙腾光电通过合资的方式以为可以获取技术，但是核心技术仍由外企掌控，导致最后在收益上微乎其微，而且由于没有核心技术，很快就退出市场。此时期的京东方虽然专利的增长速度较为缓慢，但是开启了自主研发的道路，这也是企业在发展初期必然会经历的漫长技术积累阶段。

2005 ~ 2010 年为研发期。这个阶段是进阶的技术积累期，京东方的战略定位更加清楚，对于自主研发开始有所投入，前期包含了科研中心的建立计划和技术人才的引进，后期开始介入和高校、咨询机构等的合作，从而系统、全面地开展和创新生态系统中其他角色的互动与合作。当然由于处于技术积累的阶段，投入较多，此时从总体上来看，也并无收益，因而政府的优惠政策和扶持策略就在这个阶段起了至关重要的作用。

2010 年至今为拓展期。前期的技术积累可以大批量地转化为产品、服务，此时需要增加对市场的重视，京东方的几条生产线投入量产后，很快就有了整体收益的最直观体现。该阶段的合作深化，与供应商和客户的互动更为频繁：供应商方面，除了加强与传统供应商的持续合作，同时开始培养自己的供应链，扶植国内配套的中小企业，从而获取与供应商讨价还价的能力。客户方面，一是了解客户需求，增强了逆向互动，即对客户进行引导，提升客户的购买力，此时京东方会与合作客户开展一对一的定期会议，在会议上对于已有的新兴技术产品进行展示，并且为客户提供产品策略，引导其对于京东方产品的购买。二是内部组织架构在这个阶段开始发生调整，通过从咨询机构和高校获得调整意见，从而以企业内部的组织架构创新推动企业的发展。

24.4.3 从追赶创新到前沿创新的二次创新过程

如表 24-1 所示，京东方技术创新发展历程各阶段的特征归纳如下。

表 24-1　京东方二次创新特征

发展阶段	创新特点	合作（对象与方式）		政策环境	市场环境	市场策略
初创期（模仿创新阶段）	技术：基本无创新 战略：初始技术积累与进入市场	外企：日本松下	购买国外生产线	国企改制，股份制改造，银行债转股	国内彩电产业市场刚刚起步，CRT 产业红火 新型显示技术发展（TFT-LCD、PDP、FED）	发展 CRT 技术，拓展彩色电视机市场 1998 年确定发展 TFT-LCD 技术战略，生产液晶显示面板

续表

发展阶段	创新特点	合作（对象与方式）		政策环境	市场环境	市场策略
发展期（创造型模仿阶段）	技术：工艺创新 战略：关注同行业者行为，以市场为诉求	外企：韩国现代	收购外企、引进技术人才	地方政府提供担保辅助借贷	2001～2006年，三星、LG和奇美、友达、中华映管与瀚宇彩晶共召开53次"晶体会议"，联合操纵液晶面板价格，造成垄断	2003年起，实施TFT-LCD技术发展战略，并实施产业报国战略，积极发展液晶面板
研发期（改进型创新阶段）	技术：改进型产品创新 战略：以市场为诉求，关注配套产业发展	外企：三星、LG、飞利浦、戴尔 配套企业：康宁、冠捷科技、住友化学 相关大学	产学研合作研发，配套产品企业加盟合作，国内企业寻求合作	地方政府给予大量补贴支持，地方政府入股	2005年，创维、TCL、康佳、长虹在寻求外国企业技术支持时受创转而与京东方合作 2006年国内三家显示巨头（上广电、京东方、龙腾光电）受挫	龙腾计划[1]； 内部"3020"行动[2]； 建设投资规模较小的低世代线，在中小液晶面板市场做到最强后再向高世代线扩张
拓展期（后二次创新阶段）	技术：产品组合创新 战略：全面考虑市场、政策，内部体制、组织架构调整	外企：三星、LG、飞利浦、戴尔 配套企业：康宁、冠捷科技、住友化学 相关大学	研发合作继续进行，产品拓展，开辟新市场	地方政府给予大量补贴支持，关税保护政策，国家新兴产业示范单位	2010年年初，国家发改委总共批准5条高世代生产线建设，其中包含了京东方8.5代线，推动国内"液晶热"	着力发展OLED技术； 2013年整体战略"PS+"[3]； 2012年面板显示"1113"规划[4]

1）2009～2013年，京东方实现盈利率业界第一（已经实现）；2013～2017年实现从产业追随者转变为领导者

2）提高产品价值30%，降低单位成本20%，以速度和品质取胜

3）PS+战略：P即panel（显示面板），占据85%的销售收入；S即system（智慧系统），占据10%的销售收入，主要应用于数字看板和地铁应用等；+即服务占据5%的销售收入，主要应用在投资项目上，如健康医疗服务、商业地产类项目

4）第一个"1"是指技术创新力全球第一（2013年京东方专利申请4 282件，与三星并列第一，包括OLED、OLE专利超过1 000件）。第二个"1"是指盈利率居全球行业第一（2014年一季度已完成，三星、LG、群创、友达比京东方低）。第三个"1"是指细分市场各产品类别分居全球市场占有率第一：带touch的笔记本第一；广视角显示器第一，如苹果的屏幕；60寸以上4K以上的高端产品第一。"3"是指目标产能和销售要做到全球第三。目前，三星、LG的产销量加起来可以占到全球一半，所以只争第三的位置。但是在具体的市场领域会有一些目标，预计目标是实现销售收入2014年达到500亿元，2017年达到"1113"规划全部目标，销售收入超过1 000亿元，提升产业规模和市占率为目前的迫切战略

初创期的企业都是刚刚建立的企业，从外部获取资源技术和生产设备，此时位于创新生态系统中游的企业往往并不能很快地确定上游供应商和下游产品面向的市场客户。这个阶段的企业会遭遇同行业者的排挤，所以需要迅速确立企业的发展方向，本案例中京东方在成立之初并没有明确企业的技术战略定位，在慢慢的摸索中才得以确定产品业务同显示技术有关。企业方向确定后，要了解行业标杆企业的生产状况和技术水平，虚心学习，引进先进技术与外部人才。

发展期的企业处于技术积累阶段的初期，这一阶段的企业还在着重学习外部的产业核心技术，具体的学习方式以京东方为例，并购是一种很好的方式，既保证了生产线的引进，同时也能保证核心技术的掌握。此时内部研发开始进行，在

研发的初始阶段更多的还是模仿创新，但可以根据企业的内部状况和企业所处具体市场的产品需求进行一些自主式研发。该阶段通常要进行设备投入、技术引进、人才引进带来的大量资金投入。企业需要做好长远规划，从而可以避免投入过多造成的资金链断裂，以及由此引发的不利局面。

研发期的企业自主研发能力逐渐增强，技术、知识的积累储备前所未有地膨胀。此阶段，企业专利研发水平的提升十分显著，和上游供应商的合作已经进入了较为成熟的阶段，核心材料的获得有了比较可靠的渠道，此时则要注重对市场的考量，了解市场需求，毕竟企业是以营利为目的的组织。努力挖掘可以为企业以及整个生态系统带来利好的上游供应链合作企业，对于下游客户反馈的需求有所了解，及时调整技术研发的战略方向。该阶段的企业不能只专注于内部的技术积累，还要适度地开放平台，和更多的机构（包括高校和企业）建立合作实验室，从而促进技术更好地发展。

拓展期是企业将技术转化为产品的主要阶段。此阶段，企业的盈利收入有明显的增长，并且其合作成本也变得更低，一方面是长久的合作伙伴造成的沟通成本降低，另一方面是公司扶植的配套产品企业成长起来。此时企业与下游客户的合作从单向变为双向，既从消费者处了解需求，又能够较好地引导消费者消费公司的技术产品。企业的生产线逐步扩大，产量提高，此时供货不仅面向国内，也拓展到国际。

24.4.4 案例启示

京东方的二次创新的发展历程是中国战略性新兴产业企业创新发展和技术追赶的一种典型模式。其技术创新模式的演化可以分为四个阶段，即初创期、发展期、研发期、拓展期。在这四个阶段，由于企业的生态角色位置不同，因而其经营的战略方针也会相应发生改变。在企业创新发展过程中，要注重从以下几个方面着手培育企业的创新能力。

（1）把握行业发展趋势。从上述案例分析可见，京东方对于显示技术的模仿和研发都是按照显示行业的发展轨迹进行的，符合显示行业的发展趋势。这表明，战略性新兴产业的发展过程中，创新企业要具备长远的眼光，把握技术范式的演变规律，顺应市场发展趋势，以实现企业持续、稳定、良好的发展。

（2）积极开展网络合作。随着全球化的演进，企业间的合作越来越多。京东方在发展过程中，对外合作方式越来越多样化，合作不断深化。尤其作为发展中国家战略性新兴产业的典型企业，更应联合起上下游相关重点企业，争取形成技术联盟，促进知识流动，实现整个行业的良性发展。

（3）培育创新生态系统。京东方在发展中非常重视构建以自身为核心的供应链体系。在战略性新兴产业的发展中，重点企业应该立足当前发展状况，适量考虑未来发展，这一方面可以适应未来企业扩大生产规模的需求，另一方面则利于培育和发展相关战略性新兴产业的产业链条。

24.5 小结

全球化背景下，在战略性新兴产业的培育发展中，我国的二次创新发展模式呈现出新的规律与趋势。在产业发展的初始阶段可以发挥后发优势，此阶段以模仿创新、创造性模仿和改进型创新等二次创新模式为主。而当我国产业实现跨越式发展、立足世界发展水平前沿时，我们将与发达国家在同一起跑线上展开竞争，此时产业发展不能再采用跟踪模仿的技术追赶方式，而是要针对新兴技术乃至实验室技术，探索新的技术范式和新的技术轨迹，技术创新模式逐渐演变为后二次创新或者一次创新。

二次创新是发展中国家获得后发优势的有效途径。同时需要注意的是，一方面，如果企业没有通过消化吸收来积累技术能力和资源，无力进行技术改进与创新，或当技术沿着技术轨迹上升时，企业通过多次技术引进、消化吸收和改进，其资源积累和技术能力还是跟不上技术进步，出现引进—落后—再引进的恶性循环，那么，落后企业就掉入了能力型陷阱。要避免这类陷阱，企业应该加强资源积累与提升技术创新能力。另一方面，企业若引进旧技术范式后端的技术，或沿着旧范式的技术轨迹进行生产改进，那么在出现范式转变时，企业将面临巨大的竞争压力和转换成本，掉入投资型陷阱。要避免这类陷阱，企业应提高技术监测能力和技术战略能力[3]。

审稿：苏　竣

参考文献

[1] 吴晓波．全球化制造与二次创新赢得后发优势．北京：机械工业出版社，2006.

[2] 雷家骕，洪军．技术创新管理．北京：机械工业出版社，2012.

[3] 吴晓波，许冠南，刘慧．全球化下的二次创新战略——以海尔电冰箱技术演进为例．研究与发展管理，2003，15（6）：7 ～ 11.

第 25 章

“十二五”期间战略性新兴产业相关政策回顾分析

韦结余　洪志生　许冠南

【内容提要】本章在梳理“十二五”期间（2011 年 1 月 1 日至 2014 年 6 月 30 日）产业政策的基础上，首先对战略性新兴产业的政策颁布情况进行了介绍，对中央政策进行了梳理和归纳，分别对七大战略性新兴产业政策进行了分析；其次对战略性新兴产业的政策执行情况进行了介绍；最后对政策执行过程中存在的问题进行了分析。总体来看，政府颁布的供给型政策和环境型政策比较多，这对于加强产业要素集聚、构建良好的产业环境、促进产业创新发展具有重要意义，但战略性新兴产业的进一步健康、持续发展，有赖于政府从需求侧加大引导和支持，培育市场需求。

“十二五”期间，在《规划》的指导下，中央和地方政府通过完善各个领域的规划制定，加强政策引导，以核心技术的研发及商业化、市场需求的培育、产业的集群化、企业的国际化等方面为着力点，充分应用示范工程、财政扶持、金融创新、机制调整、组织协调等多种政策工具，使我国战略性新兴产业在认识、重要性、创新性、集聚性、国际化、机制探索等方面都取得了长足的发展，但仍然存在部分问题，尤其是政策制定及执行问题需要在“十三五”期间加以关注。

25.1 “十二五”期间战略性新兴产业政策颁布情况

本章在《中国战略性新兴产业发展报告2014》的基础上（2011年1月1日至2013年6月30日），通过清华大学公共管理学院政府文献信息系统、国务院及各部委的官方网站、各战略性新兴产业技术协会网站、《中国科技政策要目概览（1949—2010年）》[1]以及《战略性新兴产业观察》① 等途径，进一步收集整理了新的一年（2013年6月30日至2014年6月30日）国务院和各部委颁布的战略性新兴产业主要相关政策（详见附录），进行综合梳理和分析。

25.1.1 中央政策分析

根据政策工具产生影响的层面不同，将政策工具分为供给型、环境型和需求型三种[2, 3]。其中，供给型政策工具表现为政策对科技活动的推动力，是指政府通过对人才、技术、资金、公共服务等支持直接扩大技术的供给，推动科技创新和新产品开发；环境型政策工具则表现为政策对科技活动的影响力，是指政府通过目标规划、金融支持、税收优惠、法规规范、产权保护等政策来影响科技发展的环境因素，从而间接影响并促进科技创新和新产品开发；需求型政策工具是指通过政府采购、贸易政策、用户补贴、应用示范、价格指导等措施减少市场的不确定性，积极开拓并稳定新技术应用的市场，来拉动技术创新和新产品开发[4～6]。下面，本小节将从供给、环境、需求三方面对战略性新兴产业相关政策进行分类和解析，来梳理我国战略性新兴产业公共政策的现状。

1. 主要供给型政策工具分析

供给型政策工具直接对战略性新兴产业的科技活动给予推动力，主要通过人才培养、资金支持、技术支持及公共服务等方面，改善技术创新相关要素的供给，从而促进产业创新发展。图25-1梳理分析了我国“十二五”期间培育发展战略性新兴产业的主要供给型政策工具。

从图25-1可以看出，在我国“十二五”期间颁布的供给型政策中，技术支持方面占比较高，其中，战略性新兴产业总体政策、节能环保产业相关政策数量较多，在支持方式、推动民营企业技术创新、鼓励发展战略性新兴产业等方面都有不同程度的推进；在资金支持方面，节能环保产业及新能源产业相关政策数量相对较多，以项目为依托，重点支持重大生产、研发及产业化、公共平台、示范应用项目，兼顾产业基地、配套设施建设等，但高端装备制造产业、新材料产业、新能源汽车产业方面尚无政策支持；在公共服务方面，只有节能环保产业相关政策数量相对较多，高端装备制造产业尚未有相关政策出台；在人才培养方面，落实到具体的产业领域，可操作性略显不足。

① 内刊，由战略性新兴产业发展部际联席会议办公室主办、国家信息中心资源开发部技术支撑。

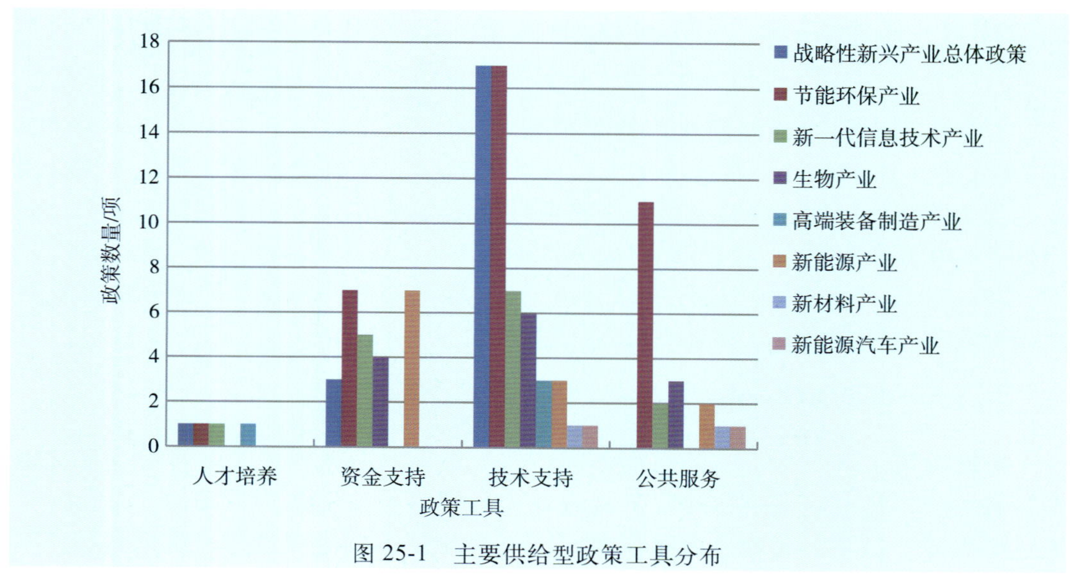

图 25-1　主要供给型政策工具分布

2. 主要环境型政策工具分析

环境型政策工具体现了政策对产业科技活动的影响力，主要通过目标规划、金融支持、法规规范、产权保护、税收优惠等方面，为技术创新等科技活动提供有利的政策环境，从而间接作用于产业发展。图 25-2 梳理分析了我国“十二五”期间培育发展战略性新兴产业的主要环境型政策工具。

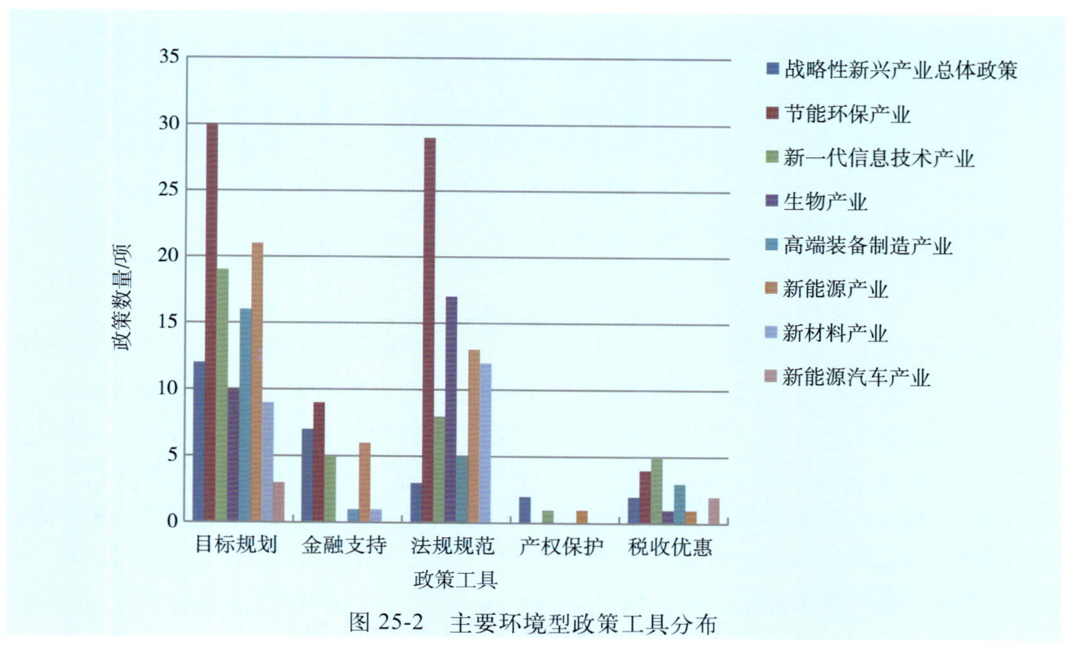

图 25-2　主要环境型政策工具分布

从图 25-2 可以看出，我国“十二五”期间战略性新兴产业现阶段政策支持仍是以环境型为主，目标规划方面，节能环保产业、新能源产业及新一代信息技术产业政策相关数量较多，除了出台各产业细分领域的目标规划外，还出台了一系列指导意见，以促进产业健康有序发展；金融支持方面，节能环保产业和战略性新兴产业总体政策数量较多，目前主要以配套政策为主，在加强政策性金融对自主创新和产业化的支持力度及营造激励自主创新的金融环境上略显单薄；在法规规范方面，节能环保产业、生物产业相关政策数量较多，出台了细分领域的准入条件，进一步促进了市场环境规范化，提高了企业准入门槛及竞争力，其他产业以服务性规范政策较多；在产权保护方面，有可操作性产权保护方面的政策略显匮乏；在税收优惠方面，国家给予新一代信息技术产业的支持力度相对较大，对其他产业的支持则相对较少。

3. 主要需求型政策工具分析

需求型政策工具是政府通过政府采购、贸易政策、用户补贴、应用示范、价格指导等措施来引导市场需求，减少市场的不确定性，从而带动产业健康发展。图 25-3 梳理分析了我国“十二五”期间培育发展战略性新兴产业的主要需求型政策工具。

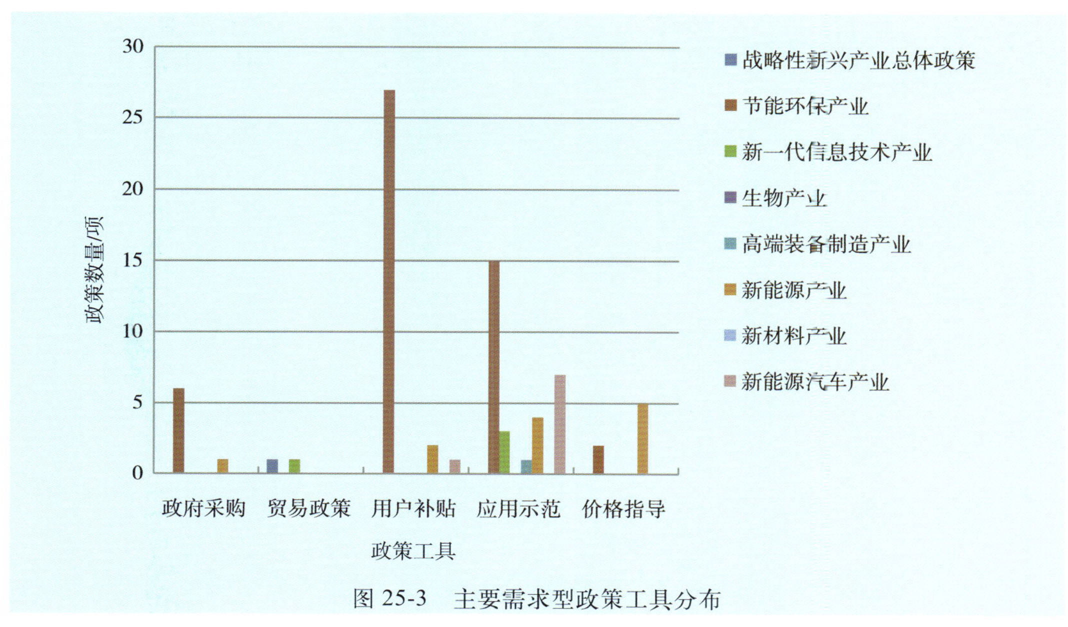

图 25-3　主要需求型政策工具分布

从图 25-3 可以看出，我国“十二五”期间需求型政策工具仍是以用户补贴为主拉动市场需求，以促进战略性新兴产业发展，节能环保产业相关政策数量最多；政府采购方面，节能环保产业政策数量较多；贸易政策方面相对较少；应用示范方面，节能环保产业和新能源汽车产业相关政策数量较多；价格指导方面，主要集中在新能源和节能环保两个可操作性较强的产业上。

4. 综合分析

如图 25-4 所示，“十二五”以来，我国出台了一系列相关政策支持战略性新兴产业发展，国务院和各部委颁布的战略性新兴产业政策共计 439 项，其中，节能环保产业政策数量最多，占政策总数的 36%，其次是新能源产业和新一代信息技术产业，分别占 15% 和 13%。从政策出台时间来看，2012 年《规划》颁布以后相关政策密度大大提升，政策体系不断完善，到 2013 年政策体系有所改善，政策数量有所下降，2014 年上半年出台的政策数量较之原来有所下降，合计仅为 20 多项，是 2011 年至今出台政策数量最少的半年。

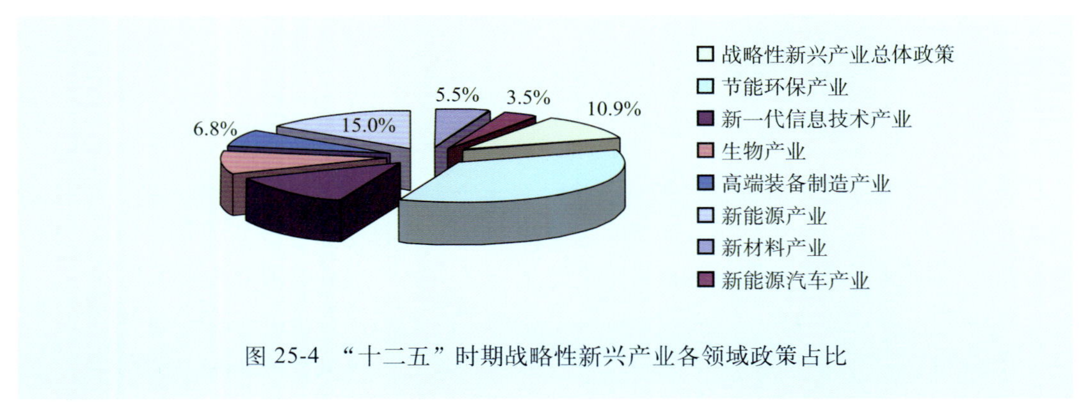

图 25-4 “十二五”时期战略性新兴产业各领域政策占比

如图 25-5 所示，我国在“十二五”期间对战略性新兴产业出台的产业政策中，环境型政策工具的数量最多，共 258 项，占政策总数的 59%；其次为供给型政策工具和需求型政策工具，分别为 105 项、76 项，占政策总数的 24%、17%。

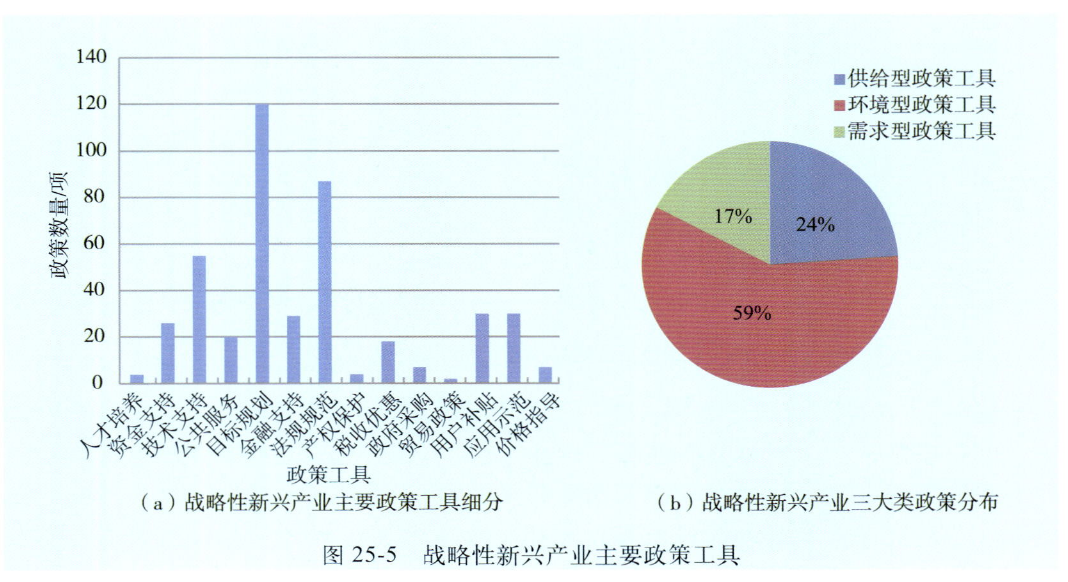

（a）战略性新兴产业主要政策工具细分　　（b）战略性新兴产业三大类政策分布

图 25-5 战略性新兴产业主要政策工具

由此可以看出，在“十二五”期间，中央部委的战略性新兴产业政策着力点主要在于环境面，通过统筹规划产业布局、规范市场秩序、改善金融财税条件、鼓励企业创新等方式，来构建、完善产业生态系统。此外，这一期间的政策供给面推动和需求面拉动并举，政府一方面通过增加战略性新兴产业的人才培养、技术支持、资金支持和公共服务来推进产业要素集聚；另一方面通过培育、拓展新兴市场，引导市场需求，减少市场的不确定性来拉动产业进一步发展。

伴随着产业环境的不断完善和优质生产要素的集聚发展，预计在战略性新兴产业的下一步发展中，中央政府相关政策的着力点将向需求面倾斜，通过发挥中国拥有巨大市场内需的发展优势，引导战略性新兴产业从政策主导向市场主导转变。

25.1.2 各领域产业政策分析

由于不同产业的发展阶段、产业技术、市场导向性等各具特点，供给型、环境型、需求型政策工具在各产业的应用也不尽相同。下面，本小节将对七大战略性新兴产业的政策进行逐一分析。

1. 节能环保产业

节能环保产业主要包括高效节能产业、先进环保产业、资源循环利用产业。其主要政策工具分布如图25-6所示，供给型政策工具占比为23%，环境型政策工具占比为45%，需求型政策工具占比为32%。环境型政策工具的目标规划最多，为30项，其次是法规规范，有29项，需求型政策工具的用户补贴占到27项，其他如技术支持、公共服务、应用示范均在10项之上；相比之下，人才培养、资金支持、金融支持、产权保护、税收优惠、贸易政策、政府采购、价格指导等政策支撑较弱。

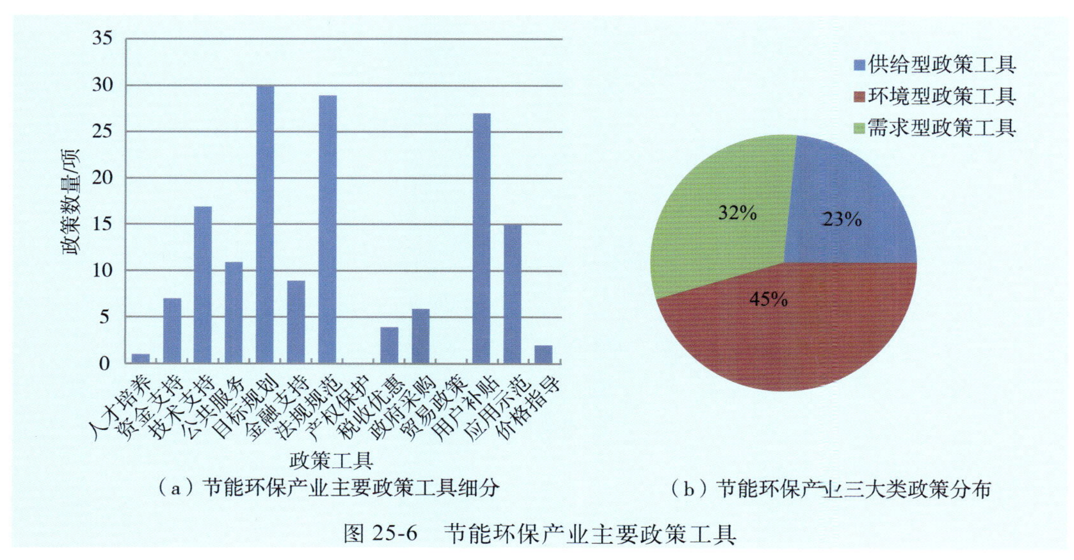

（a）节能环保产业主要政策工具细分

（b）节能环保产业三大类政策分布

图25-6 节能环保产业主要政策工具

2. 新一代信息技术产业

新一代信息技术产业主要包括第三代移动通信网络、物联网、云计算、移动互联网、下一代互联网等产业。其主要政策工具分布如图 25-7 所示，供给型政策工具占比为 26%，环境型政策工具占比为 67%，需求型政策工具占比为 7%。在供给型政策方面，以技术支持、资金支持为主，人才培养、公共服务方面的政策支持则略显单薄；在环境型政策方面，出台了一系列细分产业相关的规划，布局整个产业发展的各个方面，政府主要通过更细分领域的政策支持使新一代信息技术产业发展更具操作性，法规规范方面也出台了一些政策来规范新一代信息技术的发展；在需求型政策方面，主要以应用示范为主，其他方面的支持作用较弱。

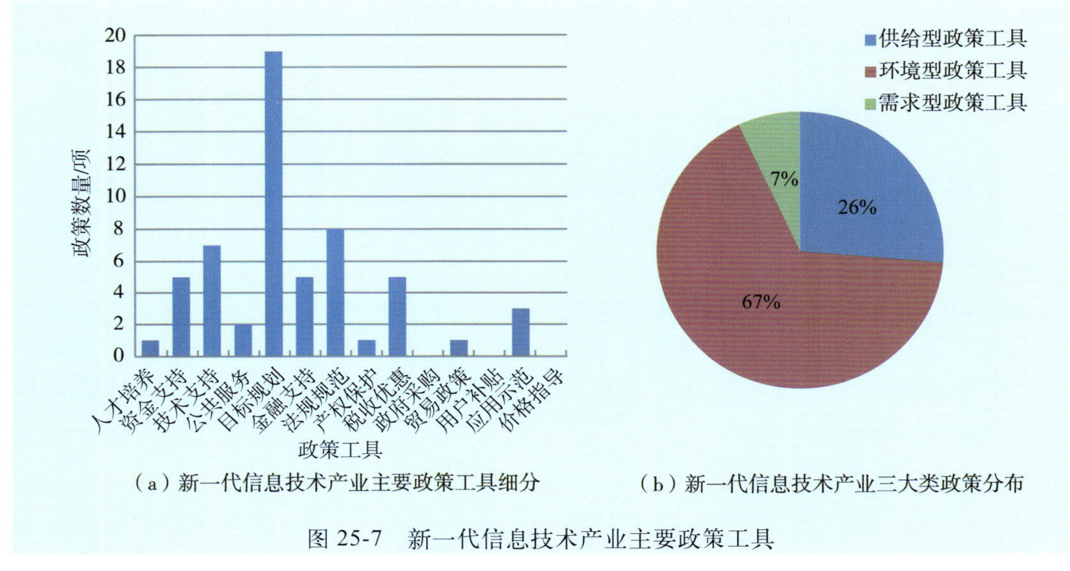

（a）新一代信息技术产业主要政策工具细分　（b）新一代信息技术产业三大类政策分布

图 25-7　新一代信息技术产业主要政策工具

3. 生物产业

生物产业主要包括生物医药产业、生物医学工程产业、生物农业产业、生物制造产业。其主要政策工具分布如图 25-8 所示，供给型政策工具占比为 32%，环境型政策工具占比为 68%，需求型政策工具 0 项。其中，在供给型政策方面，技术支持政策较多，资金支持政策次之，人才培养政策缺失；在环境型政策方面，以法规规范方面居多，重大专项科研项目规划（目标规划）次之，金融支持、产权保护等方面没有相关政策支持；在需求型政策方面，没有相关政策颁布。

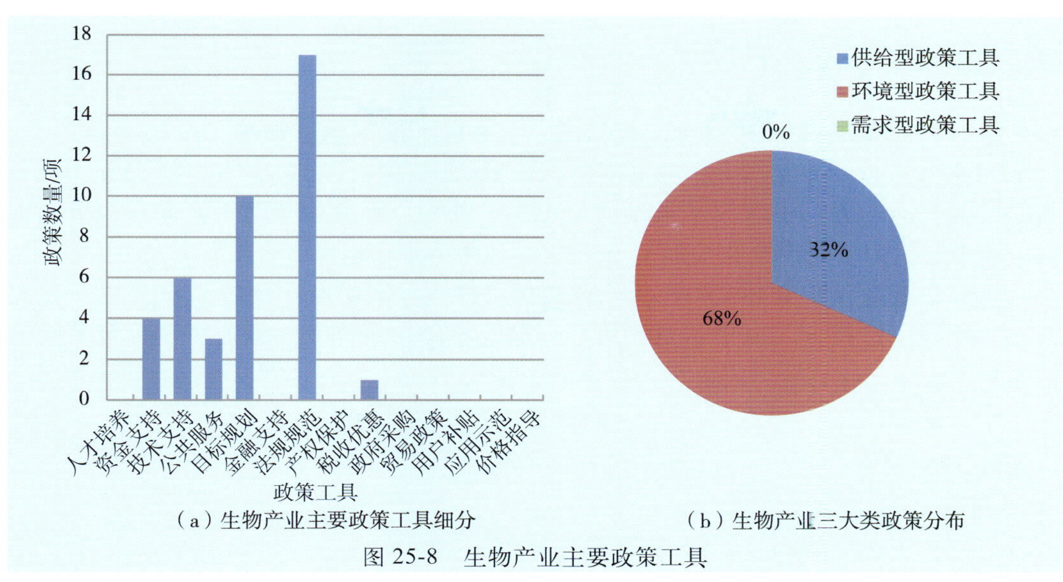

（a）生物产业主要政策工具细分 （b）生物产业三大类政策分布

图 25-8 生物产业主要政策工具

4. 高端装备制造产业

高端装备制造产业主要包括航空装备产业、卫星及应用产业、轨道交通装备产业、海洋工程装备产业、智能制造装备产业。其主要政策工具分布如图 25-9 所示，供给型政策工具占比为 14%，环境型政策工具占比为 83%，需求型政策工具占比为 3%。其中，在供给型政策方面，针对资金支持和公共服务的产业政策尚无；在环境型政策方面，以目标规划、法规规范、税收优惠相关政策为主；在需求型政策方面，以应用示范政策为主，其他方面没有相关政策颁布。

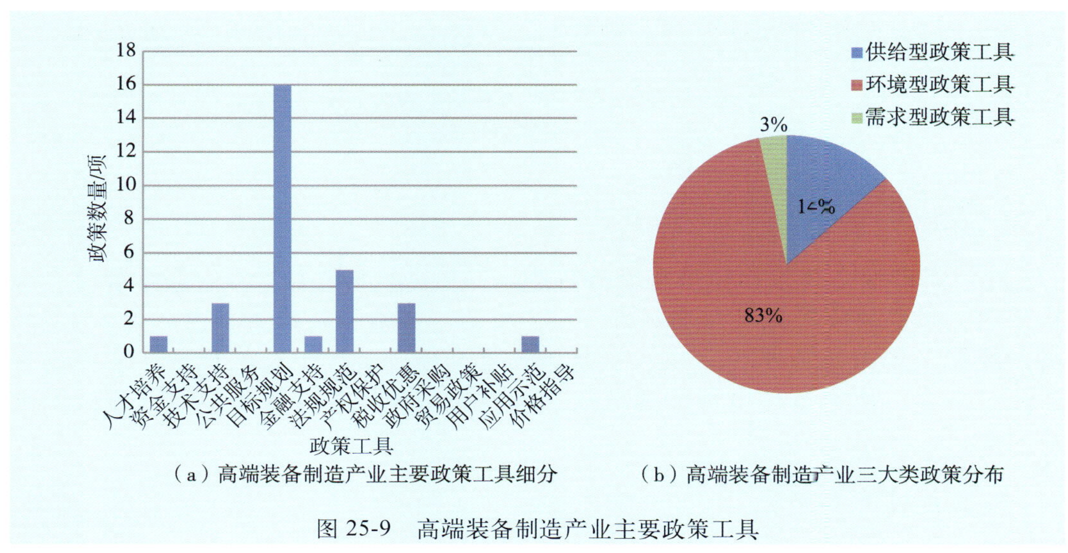

（a）高端装备制造产业主要政策工具细分 （b）高端装备制造产业三大类政策分布

图 25-9 高端装备制造产业主要政策工具

5. 新能源产业

新能源产业主要包括核电技术产业、太阳能产业、风能产业、生物质能产业。其主要政策工具分布如图 25-10 所示，供给型政策工具占比为 18%，环境型政策工具占比为 64%，需求型政策工具占比为 18%。其中，在供给型政策方面，以资金支持、技术支持为主推动产业发展；在环境型政策方面，以细分产业的目标规划为主，同时辅以法规规范和金融支持，为产业提供可持续发展的产业环境；在需求型政策方面，通过价格指导、应用示范、用户补贴等拉动市场需求，政府采购、贸易政策方面相关政策支持则较少或者仍为空白。

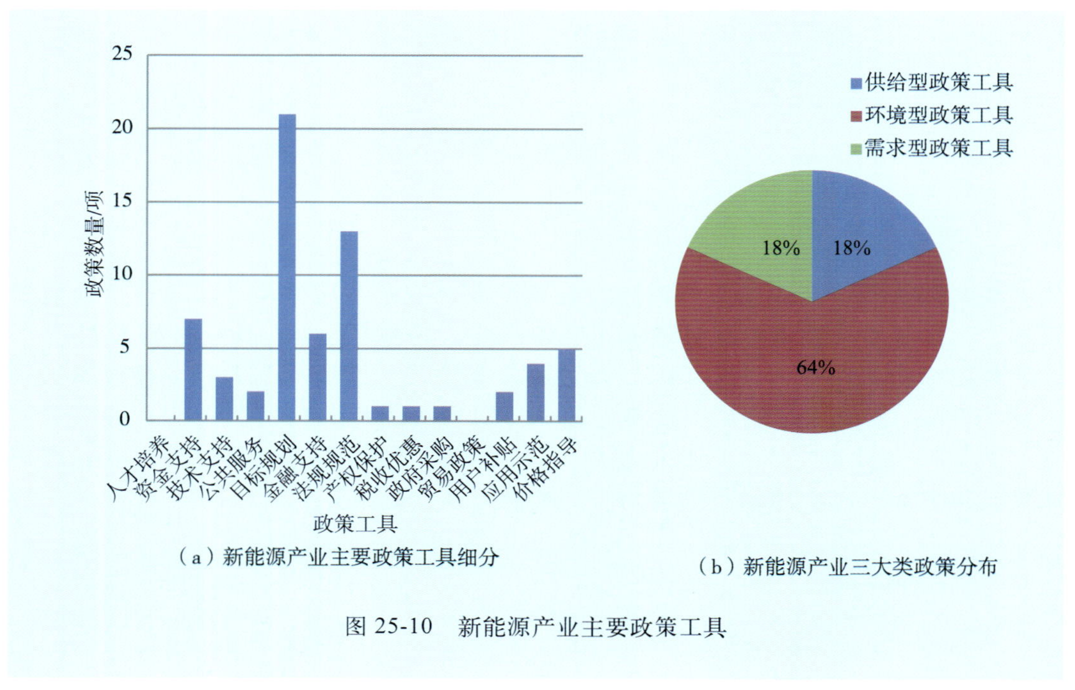

（a）新能源产业主要政策工具细分

（b）新能源产业三大类政策分布

图 25-10　新能源产业主要政策工具

6. 新材料产业

新材料产业主要包括新型功能材料产业、先进结构材料产业、高性能复合材料产业。其主要政策工具分布如图 25-11 所示，供给型政策工具占比为 8%，环境型政策工具占比为 92%，需求型政策工具 0 项。其中，在法规规范方面出台的政策最多，使市场环境更加规范化。而供给型政策出台较少，需求型政策则未出台。

7. 新能源汽车产业

新能源汽车产业当前重点推进纯电动汽车和插电式混合动力汽车的发展，其主

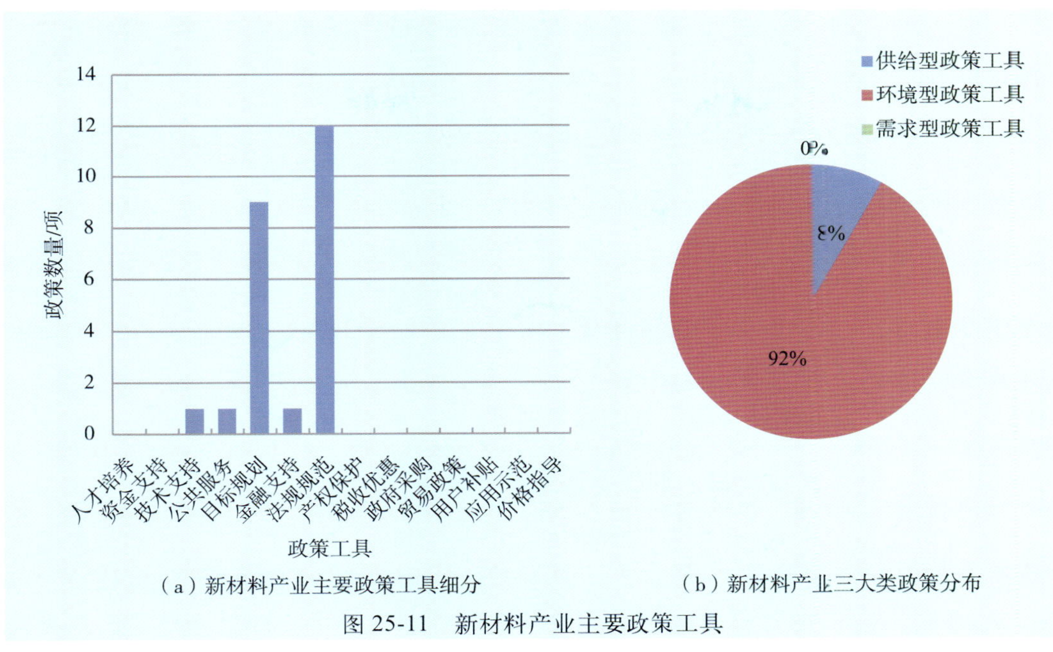

（a）新材料产业主要政策工具细分　　（b）新材料产业三大类政策分布

图 25-11　新材料产业主要政策工具

要政策工具分布如图 25-12 所示，供给型政策工具占比为 13%，环境型政策工具占比为 34%，需求型政策工具占比为 53%。其中，技术支持、公共服务、目标规划、税收优惠、用户补贴、应用示范有相应的政策工具支持，且以需求侧推广应用示范的相关政策最为密集。

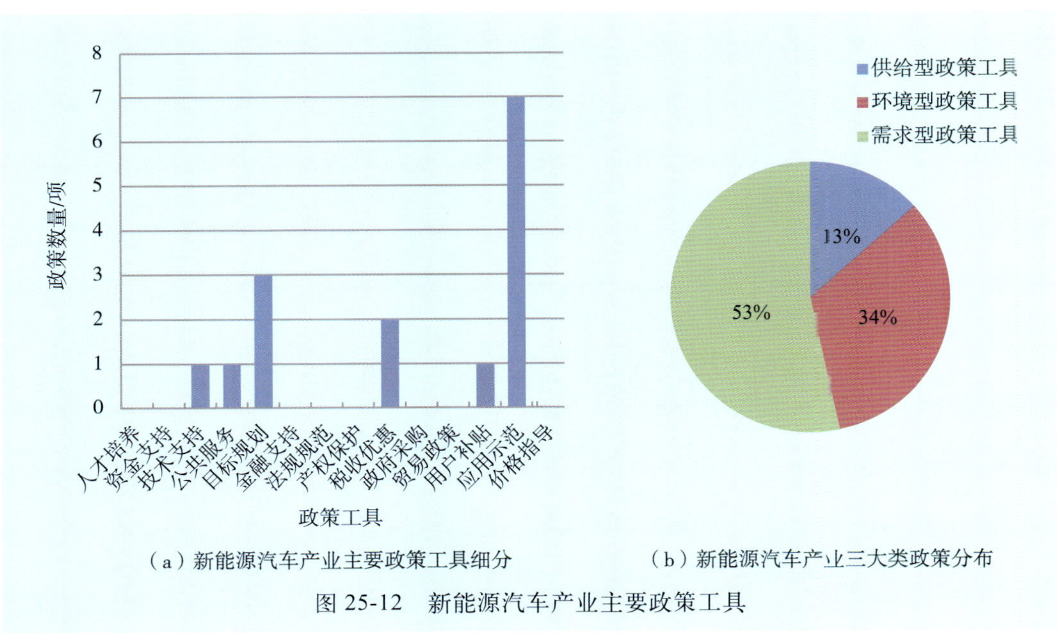

（a）新能源汽车产业主要政策工具细分　　（b）新能源汽车产业三大类政策分布

图 25-12　新能源汽车产业主要政策工具

25.2 “十二五”期间战略性新兴产业政策执行情况

“十二五”期间，国务院有关部门积极落实《决定》中的各项工作任务，按照《国务院办公厅印发贯彻落实国务院关于加快培育和发展战略性新兴产业决定重点工作分工方案的通知》（国办函〔2011〕58号）（简称《分工》）的要求，发布了《规划》。围绕《决定》和《规划》的部署，7个产业专项规划陆续出台，中央及各地方政府进一步完善了规划体系，陆续发布针对培育战略性新兴产业的政策、与战略性新兴产业相关的政策，分布于战略性新兴产业七大领域，涉及技术创新、产业环境、机制体制等不同类别政策；各地政府有序推进部分重要政策的落实，关注重点领域，为战略性新兴产业的发展提供良好的政策保障。

25.2.1 完善规划制定，加强政策引导

如《中国战略性新兴产业发展报告2014》所述，“十二五”上半期在发布《规划》以及七大领域专项规划的基础上，国家发改委、财政部、科技部、工信部、国务院国有资产监督管理委员会（简称国资委）等中央部委及地方政府发布了细分领域专题规划、产业发展指导意见、重点产品和服务目录、产业分类指导、产业结构调整及重大工程实施方案等宏观指导政策，以及服务战略性新兴产业发展的金融、财税等相关政策。例如，2014年8～9月，国家发改委发布《国家重点推广的低碳技术目录》，国务院常务会议决定加快推进生态环保、清洁能源等一批重大工程建设。

25.2.2 推动重大示范工程建设，培育国内市场

首先，深入推动重大示范工程建设，加大市场需求培育。继“十二五”上半期组织实施节能惠民、百城万盏、十城千辆、金太阳等重大应用示范工程之后，国家进一步深入贯彻落实信息消费扩内需政策，加快夯实信息基础设施建设，落实“宽带中国”战略，联合财政部、工信部启动了“宽带乡村”试点工程。以4G为代表的移动互联网快速发展，2014年1～5月移动通信基站产量1.4亿信道，同比增长180%，三家运营商TD-LTE网络基站总数超过30万个，用户超过500万，带动一季度信息消费规模达到6 910亿元，同比增长22.3%。电子商务交易规模突破5.2万亿元，其中网络零售增长31.6%。2014年上半年国家发改委同中央机构编制委员会办公室（简称中编办）、财政部等12部门共同印发《关于加快实施信息惠民工程有关工作的通知》，在80个城市开展信息惠民试点示范，推进相关政策措施、管理模式创新，加大试点示范力度。

其次，通过实施需求侧激励引导市场消费。例如，2014年7～8月，针对新能源汽车产业的培育，国家发改委下发《关于电动汽车用电价格政策有关问题的通知》，确定对电动汽车充换电设施用电实行扶持性电价政策；工信部则发布《免

征车辆购置税的新能源汽车车型目录（第一批）》，湖南和南京等省市也对于推广新能源汽车出台鼓励政策和补贴细则。

最后，加快相关体制机制调整，培育统一开放的战略性新兴产业市场。加快污染物和碳排放交易制度、资源性产品价格形成机制、生产者责任延伸制度等市场配套机制的构建。例如，2014 年国家发改委发布《关于海上风电上网电价政策的通知》，对非招标的海上风电项目，区分潮间带风电和近海风电两种类型确定上网电价；在电信领域放开了网间互联协议和电信资费定价的限制，电信资费由原来的“实行以成本为基础的定价原则”改为实行市场调节价；等等。另外，加强了对生物医药、生物农业、下一代信息产业等与安全及隐私强相关的产业市场监管力度。

25.2.3 加强关键核心技术研发，推进科技成果转化

“十二五”上半期，国家和地方部署了一批基础理论和前沿技术开发重大项目（主要是 2012 年），制定了自主创新能力建设规划。在此基础上，进一步围绕关键核心技术的研发新建了一批国家重大科技基础设施和创新平台、技术服务和交易平台，加强战略性新兴产业人才的培养和引进，尤其是部分地方着重引进领军型创新创业团队，打造人才高地。通过《关于鼓励和引导民营企业发展战略性新兴产业的实施意见》，加强民营企业在技术研发和产业发展过程中的主体地位。

此外，基于科技和知识在战略性新兴产业发展中的重要性，政策上继续加强对战略性新兴产业知识产权相关工作的创新和突破，开展重大经济科技活动知识产权评议试点、战略性新兴产业知识产权集群管理试点，在苏州、北京等地开展知识产权集群管理试点和知识产权服务业集聚发展试验区。另外，2014 年 7 月的国务院常务会议决定选择部分中央级事业单位，开展为期一年的科技成果使用、处置和收益管理改革试点，允许试点单位采取转让、许可、作价入股等方式转移转化科技成果，所得收入全部留归单位自主分配，更多激励对科技成果创造做出重要贡献的机构和人员，进一步调动科技人员创新积极性，试点成熟后将向更大范围推广。

25.2.4 推进战略性新兴产业的国际化，培育国际市场

首先，启动并加强投资与科技合作的国际化。发布《关于鼓励和引导民营企业积极开展境外投资的实施意见》，完善《境外投资产业指导政策》，我国战略性新兴产业企业对外投资和科技合作不断加强。2014 年，中国核工业集团公司与俄罗斯原子能公司启动深化核能合作；中国卫星导航定位协会与新加坡经济发展局签署了《建立卫星导航位置服务卓越创新合作协议》，将在新加坡成立卓越创新中心。此外，双边经济技术合作迅速发展，中美清洁能源联合研究中心组织架构和运行机制已基本建立，先后启动了与法国、英国、德国等国的双边科技合作计划，2014 年以来又加强了与巴西、古巴、阿根廷、委内瑞拉、泰国、俄罗斯等新兴市场国家在新兴产业发展中的科技合作。

其次，拓展国际市场。在《关于促进战略性新兴产业国际化发展的指导意见》的指导下，继续举办中国品牌商品非洲展、美洲展、欧洲展等。加强与巴西、古巴、老挝、斯里兰卡、吉尔吉斯斯坦、泰国、俄罗斯在信息化领域的合作，通过援外等方式加强了我国信息化产品在发展中国家的推广。2014 年 7 月习近平主席出访南美期间，带领华为、中兴、百度、阿里巴巴等代表性的战略性新兴产业类企业随访，主动对接国际业务及市场。相关企业开拓国际市场的步伐开始迈出，如中国南车集团获印度新孟买地铁订单、江淮汽车百辆纯电动汽车出口美国等。

25.2.5 加大财税金融政策的扶持力度

一方面，通过专项资金制度，中央财政加大了对战略性新兴产业的资金扶持力度，还通过行业与区域试点，开展营业税改征增值税试点工作，实施各类税收优惠政策，扶持战略性新兴产业的产品推广和产业发展。

另一方面，创新发挥各级财政资金的引导作用。在《关于鼓励和引导民营企业发展战略性新兴产业的实施意见》和《关于支持科技成果出资入股确认股权的指导意见》的指导下，进行金融创新，鼓励金融机构扶持培育科技型中小企业。财政部会同国家发改委利用专项资金实施新兴产业创投计划，截至 2014 年 8 月，中央财政已累计安排资金 91 亿元，吸引带动地方政府、社会资金 427 亿元，共设立 190 只创业投资基金（新兴产业创投计划国家资金投入达到 70.5 亿元，累计带动地方资金、社会资本 638.5 亿元，实现 1∶9.1 的杠杆放大效应，在 510 家新一代信息技术、生物、节能环保等新兴领域投资创新型中小企业，完成专利授权 2 000 多项，带动就业 10.6 万人）。

25.2.6 建立战略性新兴产业发展部际联席会议制度，加强组织协调

为进一步加强统筹协调，形成工作合力，促进我国战略性新兴产业快速健康持续发展，国务院批准建立战略性新兴产业发展部际联席会议（简称联席会议）制度。联席会议的主要职能是在国务院的领导下，按照要求，加强对培育和发展战略性新兴产业工作的宏观指导，监督相关重大政策措施的落实，研究协调产业发展中的重大问题，审议年度重点工作任务和年度工作总结。联席会议由国家发改委、科技部、工信部、财政部等 23 个部门（单位）组成。

2012 年年底至 2014 年上半年，联席会议召开了第一、二次会议，会议明确了战略性新兴产业培育发展情况及后续重点工作安排；确定了组织实施重大工程的分工方案；审议通过了战略性新兴产业第一届委员会名单及专家咨询委员会的主要职责和工作机制。联席会议制度加强了部门间的组织协调，形成了部门联动。第二次会议则审议通过了“培育发展战略性新兴产业工作 2013 年主要进展及 2014 年重点任务”、“2014 年培育发展战略性新兴产业工作的重点任务”、“战略性新兴产业专家咨询委员会 2013 年—2014 年度工作报告”。

25.2.7 推进产业集聚，初步形成产业示范基地规划

国家发改委与财政部于2012年联合下发了《关于推进区域战略性新兴产业集聚发展试点工作的指导意见（试行）》，率先在广东、江苏、安徽、湖北、深圳等四省一市开展战略性新兴产业区域集聚试点工作，进一步完善了战略性新兴产业区域集聚评价指标体系，组织实施了2014年战略性新兴产业区域集聚试点工作，切实推动部分区域率先实现重点领域突破。在国家先后启动云计算、物联网、新型显示、稀土新材料、基因工程药物、智能制造、生物育种等战略性新兴产业创新发展工程的基础上，各地大力推进以提升企业创新能力、促进产业集群规模化发展为目的的标志性工程建设，集中资源培育产业示范基地。广东以组织实施战略性新兴产业100强项目为抓手，已经建设了两批战略性新兴产业基地；浙江按照规划组织实施“百项工程”建设，计划每年推进100项左右的重点项目建设；安徽在落实各地市首位产业定位的基础上，实施“千百十工程”；湖北依托丰富的教育和科研资源，建设了光谷生物城，通过系列优惠政策和良好的创业环境从海内外名校大力引进具有雄厚知识背景的专家入园创业。

25.3 “十二五”期间战略性新兴产业政策执行过程中的主要问题分析

如上所述，“十二五”期间，围绕《规划》所开展的一系列政策对我国战略性新兴产业的培育与发展起到非常明显的作用，尤其是七大领域规划、重大示范工程、财政支持、重大基础研发投入、国内国际市场培育、产业集聚扶持等，对战略性新兴产业的发展起到了直接或间接的促进作用。然而，这些政策对战略性新兴产业发展的积极作用更多是要素（财力、物力和人力）投入驱动，政策成本普遍较高。

“十二五”期间培育和发展战略性新兴产业相关政策大多是在旧有体制机制及框架体系下沿用之前培育和发展高新技术产业的传统政策范式，“旧药换新瓶”，导致产业规划布局、企业创新扶持、政府采购、金融创新等部分政策在推广执行中面临一定困难。具体而言，“十二五”期间战略性新兴产业政策执行过程中主要存在以下几个方面的问题。

25.3.1 政策本身存在问题导致难以落实

部分政策制定过程中，由于信息的有限性，制定出来的政策本身存在问题。例如，研发费用加计扣除政策的限制条件过多，税务部门只认可由科技部门立项的项目研发费用可以抵扣，对于战略性新兴产业中R&D的重要支出——人工成本，却不能纳入抵扣范围。另外，相关面向战略性新兴产业扶持的政府采购目录往往跟不上中小企业的创新成果，影响其对市场培育的带动作用。

战略性新兴产业部分领域仍存在政策支持不公平现象。当前推进战略性新兴产业的发展模式，主要注意力集中在重点企业及项目，但对配套产业、民营及中小企业的政策支持力度不够，容易造成不公平的竞争环境。

25.3.2 政策执行受到部门协调问题的影响

战略性新兴产业培育政策在实施中仍存在信息不对称、政策上传下达效率不足、政府与企业之间协调不足等问题，导致政策执行效果欠佳。例如，最近各地大力提倡的战略性新兴产业引导基金，虽然有利于充分发挥资金的杠杆效用，但与战略性新兴产业相关的部门都各自设立本部门的基金，基金的多重设置使全局利益很难整合。

25.3.3 政策执行受到传统机制及观念的影响

战略性新兴产业扶持政策在落实过程中，由于受到传统机制及观念的影响，会产生一定的政策偏差，甚至产生不容忽视的负面影响。

生产总值考核机制及观念严重影响了地方对战略性新兴产业的发展。长期以来，一些地方领导将地区生产总值看做硬性考核指标，这使得部分地方领导出现短视行为，注重短期能够带来生产总值、税收增长，发展速度快的产业，特别是一些资源性产业，在缺乏核心技术的情况下，政府通过给项目、定企业的行政方式，以土地和贷款的优惠吸引投资，这容易造成无序的产业扩张，形成产能相对过剩。上述现象在战略性新兴产业的很多行业中都出现过。

审稿：苏　竣

参考文献

[1] 苏竣，黄萃．中国科技政策要目概览（1949—2010 年）．北京：科学技术文献出版社，2012.

[2] Rothwell R，Zegveld W. Reindustrialization and Technology. Now York：Longman Group Limited，1985.

[3] Nemet G F. Demand-pull，technology-push，and government-led incentives for non-incremental technical change. Research Policy，2009，38：700 ～ 709.

[4] 赵筱媛，苏竣．基于政策工具的公共科技政策分析框架研究．科学学研究，2007，25（1）：52 ～ 56.

[5] Stefano G D，Gambardella A，Verona G. Technology-push and demand-pull perspectives in innovation studies：current findings and future research directions. Research Policy，2012，41：1283 ～ 1295.

[6] Peters M，Schneider M，Geiesshaber，et al. The impact of technology-push and demand-pull policies on technical change—does the locus of policies matter？ Research Policy，2012，41：1296 ～ 1308.

附 录

表 1 2013 年 6 月 30 日至 2014 年 6 月 30 日战略性新兴产业主要相关政策

政策名称	发文时间	发文机构
战略性新兴产业总体政策		
关于金融支持经济结构调整和转型升级的指导意见	2013-07-05	国务院
关于促进健康服务业发展的若干意见	2013-10-14	国务院
关于发布首批基础设施等领域鼓励社会投资项目的通知	2014-05-18	国家发改委
节能环保产业		
关于加强污染源环境监管信息公开工作的通知	2013-07-12	环保部
关于加快发展节能环保产业的意见	2013-08-11	国务院
关于发布《大气颗粒物来源解析技术指南（试行）》的通知	2013-08-14	环保部
关于加大工作力度确保实现 2013 年节能减排目标任务的通知	2013-08-27	国家发改委
关于组织开展循环经济示范城市（县）创建工作的通知	2013-09-04	国家发改委
大气污染防治行动计划	2013-09-10	国务院
关于组织推荐节能产品惠民工程高效电机推广目录的通知	2013-09-12	国家发改委办公厅、财政部办公厅
关于发布《环境空气细颗粒物污染综合防治技术政策》的公告	2013-09-13	环保部
轻型汽车污染物排放限值及测量方法（中国第五阶段）	2013-09-17	环保部
砖瓦工业大气污染物排放标准	2013-09-17	环保部
城镇排水与污水处理条例（草案）	2013-09-18	国务院
关于下达 2013 年交通运输节能减排专项资金的通知	2013-09-27	财政部
企业环境信用评价办法（试行）（征求意见稿）	2013-09-29	环保部
关于加强环境保护与公安部门执法衔接配合工作的意见	2013-12-03	环保部、公安部
关于落实节能服务企业合同能源管理项目企业所得税优惠政策有关征收管理问题的公告	2013-12-17	国家税务总局、国家发改委
关于落实节能服务企业合同能源管理项目企业所得税优惠政策有关征收管理问题的公告	2013-12-17	国家税务总局、国家发改委
关于印发《企业环境信用评价办法（试行）》的通知	2013-12-18	环保部、国家发改委、中国人民银行、银监会
关于石化和化学工业节能减排的指导意见	2013-12-23	工信部
2012 年全国海水利用报告	2013-12-23	国家海洋局海洋科学技术司
废弃电器电子产品处理目录调整重点（征求意见稿）	2013-12-25	国家发改委
关于印发 2014 年国家重点监控企业名单的通知	2013-12-26	环保部办公厅
水泥工业大气污染物排放标准	2013-12-27	环保部
水泥窑协同处置固体废物污染控制标准	2013-12-27	环保部
水泥窑协同处置固体废物环境保护技术规范	2013-12-27	环保部
关于发布《铝工业污染物排放标准》（GB25465-2010）等六项污染物排放标准修改单的公告	2013-12-27	环保部

续表

政策名称	发文时间	发文机构
节能环保产业		
重点流域水污染防治项目管理暂行办法	2014-01-14	国家发改委
关于组织开展第二批资源综合利用“双百工程”建设的通知	2014-02-26	国家发改委办公厅
中华人民共和国环境保护法（修订草案）	2014-04-24	第十二届全国人大常委会第八次会议
关于印发大气污染防治行动计划实施情况考核办法（试行）的通知	2014-04-30	国务院办公厅
关于促进生产过程协同资源化处理城市及产业废弃物工作的意见	2014-05-06	国家发改委、科技部、工信部、财政部、环保部、住建部、国家能源局
关于印发 2014—2015 年节能减排低碳发展行动方案的通知	2014-05-15	国务院办公厅
关于加强和改进发电运行调节管理的指导意见	2014-05-22	国家发改委
新一代信息技术产业		
关于开展国家下一代互联网示范城市建设工作的通知	2013-08-02	国家发改委办公厅、工信部办公厅、科技部办公厅、国家新闻出版广电总局办公厅
关于促进信息消费扩大内需的若干意见	2013-08-08	国务院
关于印发“宽带中国”战略及实施方案的通知	2013-08-17	国务院
关于印发 10 个物联网发展专项行动计划的通知	2013-09-05	国家发改委、工信部、科技部、公安部、财政部、国土资源部、商务部、国家税务总局、国家统计局、国家知识产权局、中科院、中国工程院、国家标准委
关于组织实施 2013 年移动互联网及第四代移动通信（TD-LTE）产业化专项的通知	2013-09-22	国家发改委办公厅
关于开展创建“宽带中国”示范城市（城市群）工作的通知	2014-01-08	工信部办公厅、国家发改委办公厅
中国金融稳定报告（2014）	2014-04-29	中国人民银行
生物产业		
关于加强植入性医疗器械临床使用监管工作的通知	2013-07-15	国家卫生计生委办公厅
关于印发医疗机构临床检验项目目录（2013 年版）的通知	2013-08-05	国家卫生计生委
关于医疗器械重新注册有关事项的通告	2013-12-09	国家食品药品监督管理总局
关于征求《医疗器械生产质量管理规范检查评定标准》意见的函	2013-12-11	中国医疗器械行业协会
关于征求《医疗器械经营质量管理规范（征求意见稿）》意见的函	2013-12-26	国家食品药品监督管理总局
关于无菌药品实施《药品生产质量管理规范（2010 年修订）》有关事宜的公告	2013-12-31	国家食品药品监督管理总局
关于印发创新医疗器械特别审批程序（试行）的通知	2014-02-07	国家食品药品监督管理总局
高端装备制造产业		
关于印发再制造产品“以旧换再”试点实施方案的通知	2013-07-04	国家发改委、财政部、工信部、商务部、国家质量监督检验检疫总局
关于印发船舶工业加快结构调整促进转型升级实施方案（2013—2015 年）的通知	2013-07-31	国务院
关于调整进口飞机有关增值税政策的通知	2013-08-29	财政部、国家税务总局
关于印发国家卫星导航产业中长期发展规划的通知	2013-09-26	国务院办公厅
印发《通用航空飞行任务审批与管理规定》的通知	2013-11-06	中国人民解放军总参谋部、中国民用航空局

续表

政策名称	发文时间	发文机构
新能源产业		
国家核应急预案	2013-07-03	国务院
关于促进光伏产业健康发展的若干意见	2013-07-15	国务院
关于开展风电太阳能光伏发电消纳情况监管调研的通知	2013-07-22	国家能源局综合司
关于印发《分布式发电管理暂行办法》的通知	2013-08-13	国家发改委
关于发挥价格杠杆作用促进光伏产业健康发展的通知	2013-08-26	国家发改委
光伏制造行业规范条件（征求意见稿）	2013-08-27	工信部
关于光伏发电增值税政策的通知	2013-09-23	财政部、国家税务总局
关于印发《光伏制造行业规范公告管理暂行办法》的通知	2013-10-11	工信部
关于印发建立服务核电企业科学发展协调工作机制实施方案的通知	2013-10-11	国家能源局综合司
页岩气产业政策	2013-10-22	国家能源局
关于分布式光伏发电项目管理暂行办法的通知	2013-11-18	国家能源局
关于对分布式光伏发电自发自用电量免征政府性基金有关问题的通知	2013-11-19	财政部
关于加强核电重大专项验收管理的补充通知	2013-11-19	国家能源局综合司
关于印发《大型先进压水堆及高温气冷堆核电站重大专项知识产权管理办法（试行）》的通知	2013-11-19	国家能源局综合司
关于印发《光伏发电运营监管暂行办法》的通知	2013-11-26	国家能源局
关于印发《海洋可再生能源发展纲要（2013—2016年）的通知	2013-12-27	国家海洋局
关于加强风电项目核准计划管理有关工作的通知	2014-01-06	国家能源局
关于公布创建新能源示范城市（产业园区）名单（第一批）的通知	2014-01-08	国家能源局
关于做好2014年风电并网消纳工作的通知	2014-03-12	国家能源局
关于明确电力业务许可管理有关事项的通知	2014-04-09	国家能源局
新材料产业		
关于印发《加快推进碳纤维行业发展行动计划》的通知	2013-10-22	工信部
2013年拟支持的新材料研发及产业化项目名单	2013-10-31	财政部
新能源汽车产业		
关于继续开展新能源汽车推广应用工作的通知	2013-09-13	财政部、科技部、工信部、国家发改委
关于进一步做好新能源汽车推广应用工作的通知	2014-01-28	财政部、科技部、工信部、国家发改委

方法篇

第 26 章

产业成熟度评价理论与方法介绍

王崑声　葛宏志　赵　滟　袁建华　胡良元

【内容提要】本章基于产业经济学理论、管理决策方法和系统工程方法，提出了产业成熟度评价的理论、方法和程序。产业成熟度评价是定性到定量的综合评价，首先对技术、制造、市场的成熟状况进行评价，进而集成出产业发展状况的综合评价结果（产业成熟度等级），并对未来产业发展的重要时间节点进行了预测。产业成熟度评价结果可以对比一项产业自身的发展情况，也可以在领域内或领域间做出横向比较。第三方专家独立评审自评价的结果，客观、公正地评价关键核心技术瓶颈，明确达到市场预期目标的困难程度。本章提出的产业成熟度评价理论方法具有以下创新点：①完善了产业成熟度的理论框架；②提出了产业成熟度的模糊评价方法；③优化了产业成熟度的评价流程。产业成熟度是分析和评价产业发展状态的有效工具，为管理部门和承研单位认识产业各个层面现状提供了数据，为进一步制定战略性新兴产业建议提供了参考，具有重要的理论意义和实用价值。

26.1　产业成熟度的内涵与度量

产业是提供相近商品和服务，在相同或相关价值链上活动的企业的集合[1]，它是介于宏观经济与微观经济之间的中观经济[2]。自 20 世纪 70 年代以来，产业形成发展及其动力机制成为学术界所关注的重要研究领域，逐渐形成两个完整的理论：一个是基于产业发展规律理论和技术成熟规律理论，研究企业创新行为及其对技术、市场和产业演化的作用机理；另一个是注重考察组织（包括企业和非企业组织）的行为与创新过程对产业演化的影响，是产业创新系统框架的组成部分[3]。这两方面理论与成熟度理论方法结合，形成了研究产业发展的新视角和新方法，前者形成了技术成熟度和产品成熟度等理论方法，后者形成了管理成熟度、组织成熟度等理论方法。从对产业发展评价的研究情况看，相关研究很多且专业领域分布很广，但多数研究没有将定量的评价结果与产业发展所处的阶段联系起来，且缺乏系统的理论框架作为支撑。

本章结合产业经济学理论、管理决策方法和系统工程方法，在研究产业成熟发展规律的基础上，将技术成熟度评价的理论和方法推广应用到产业经济领域，提出了产业成熟度评价理论、方法与程序。产业成熟度评价是定性到定量的综合集成，它先对技术、制造的成熟状况进行评价，进而集成出产品成熟度，并在此基础上结合市场成熟度评价结果，最终得到产业成熟度的综合评价结果（产业成熟度等级）。

26.1.1 产业成熟度的概念

“成熟”的本意，是指植物果实成长到可以收获的程度，后引申为事物的完善程度，是对一个事物或人发展、成长的综合性描述和度量[4]。成熟度评价能够使事物在由当前状态向理想的目标状态发展的过程中识别并规避风险，达到最优化管理的目的。成熟度评价方法可以看做一种基于系统工程解决实际工程问题的方法，是系统整体实现最优目标的组织管理技术。因此，成熟度评价是一种定性定量相结合地评价与提升事物发展过程的方法。

产业成熟度（industry maturity levels，IML）是指产业发展的完善程度，是产业处于不同发展阶段的表征[5]，是评价和度量产业从诞生到成熟发展过程的量化标准。

产业从萌生到消亡的过程具有固有的周期性，产业的形成与发展遵从一定的演化规律。新兴产业是处于早期形成阶段的产业，而新兴产业在经过初始阶段和增长阶段，一直发展到成熟阶段时就被称为成熟的产业。剑桥大学技术管理中心通过对 25 个产业形成过程的分析[3]，总结出了一个从科学发现到新兴产业形成的共性过程框架，其由各个阶段和阶段间的变迁组成，示范系统形成阶段和变迁间的分界点如图 26-1 所示。

上述阶段和变迁描述了新兴产业形成过程中科学（science）、技术（technology）、应用（application）与市场（market）等主导因素间的交替变迁，刻画出新兴产业演化的共性规律，也被称为新兴产业形成的 S—T—A—M 过程框架[3, 6]。

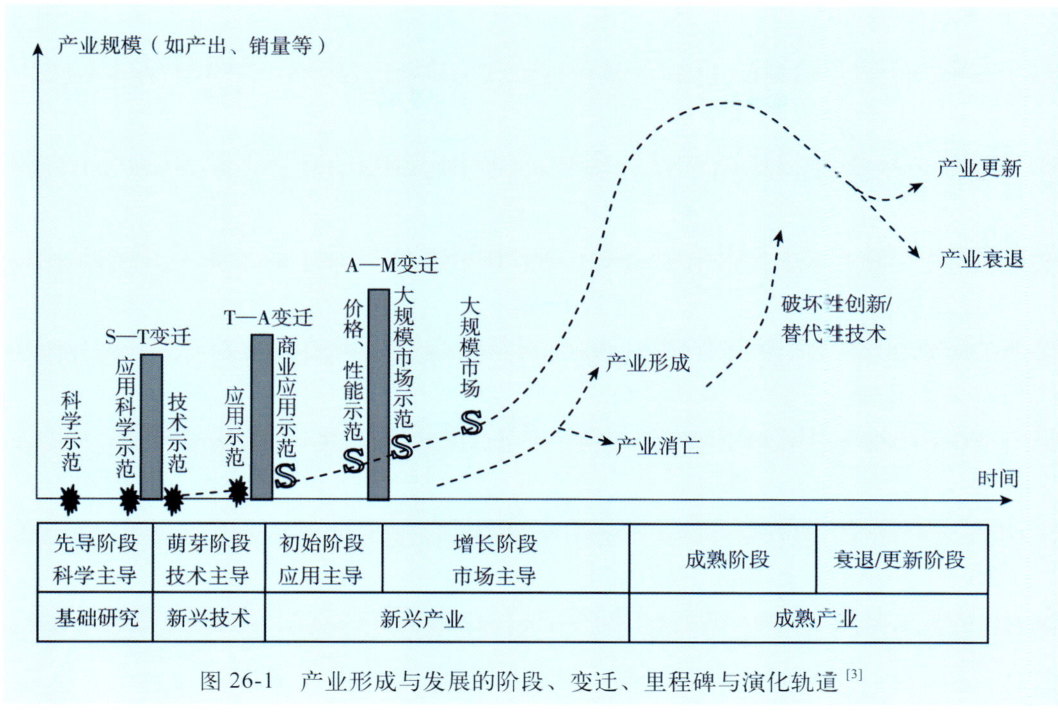

图 26-1　产业形成与发展的阶段、变迁、里程碑与演化轨道 [3]

根据上面关于产业演化的相关分析，我们认为只有产品首先实现了技术性能的稳定成熟，才可能创造出新的市场需求或是满足已有的市场需求，并在这个过程中实现产品的价值和产业的发展。产业的成熟就是一个由产品成熟到市场成熟的过程，因此可以将产业成熟度划分为四个成熟阶段（等级）①，即萌生阶段、培育阶段、发展阶段和成熟阶段，产业主要要素及特征也随着成熟程度的提高相应地变化与成熟。其中 [7]：

• 萌生阶段（IML 1）：对应于产业形成的先导阶段和萌芽阶段，主要活动是开展基础研究和技术研发，使产业发展所需的关键核心技术不断成熟，形成由科学到技术、由技术到应用的转移，形成可供市场推广应用的产品；这些处于研发中的技术拥有以往没有的功能和性能，具有潜在的竞争力；企业和研发单位投入了大量的研发成本，从业人员主要是科研技术人员；市场上没有产品销售，绝大多数顾客对它采取观望和期待的态度。

• 培育阶段（IML 2）：对应于以应用为主导的产业发展初始阶段，该阶段开始的标志是产业的产品或服务取得了商业化应用示范的成功，且随着商业化应用的推广，产品或服务在性能、成本方面的优势得到了确认；企业需要支付大量技术专利、固定资产、市场和宣传费用等各类前期费用；客户偏少，销售量较少，企业的收入有限；技术、商业模式和管理等因素均较不成熟，使得运营成本较高，产业平均利润率较低，进入竞争者较少。

① 本章研究产业从萌芽到成熟的规律，不考虑之后的衰退过程。

• 发展阶段（IML 3）：对应于以市场为主导的产业快速增长阶段，该阶段开始的标志是大规模市场推广示范取得成功，前期顾客消费的示范作用影响到了整个顾客群，产品或服务的优点在顾客群中得到广泛认可；产品或服务的销售量在一段时间内可以保持较高增长率，并在该阶段期末达到极大值；产品或服务的边际成本逐步降低，更加成熟的技术、商业模式和管理模式减少了运营成本，企业收入增长，规模经济逐步显现，产业平均利润率非常可观，吸引大量竞争者进入市场。

• 成熟阶段（IML 4）：标志着产业的技术、产品、市场规模等方面均达到了平稳完善的状态，该阶段产品/服务已经被顾客完全接受，随着产品/服务的开发接近饱和状态，销售量增长率逐步趋缓，直至在成熟期末减小至零；企业间技术、商业模式和管理模式差距缩小，行业标准得到应用；企业对细分市场提供针对性的产品或服务；产业内的企业之间进行大规模兼并重组，激烈的竞争不断挤压行业平均利润，产业集中度不断提高，领先企业脱颖而出。

26.1.2 产业成熟度的分解结构

从系统的视角看，产业同样是由相互作用和相互依赖的若干组成部分结合成的具有特定功能的有机体。影响产业形成和发展的主要因素包括以下几个。

• 产业自身的资源情况，是指产业赖以发展的各种投入要素，包括固定资本、人力资源、知识技术等，这些资源大多以企业的形式存在，并构成了产业发展的主体。而产业发展主体的主要活动就是将资源禀赋作为投入转化为产品或服务。

• 产业环境，是指产业发展所处的社会经济背景，包括产业政策、基础设施、金融环境等，其是对产业发展施加重大影响的外生变量。

• 产业前景，是指产业发展的未来预期，包括产业关联性、产业替代性、产业威胁等，分别代表与本产业发展有依赖关系的其他产业、与本产业发展有替代关系的其他产业、能够威胁本产业发展的颠覆性技术和商业模式创新等因素，这些因素代表着产业未来发展的机遇与挑战。

• 作为产业产出和市场需求的产品或服务，产业的发展只有通过市场中供给者与需求者之间完成以产品或服务为中心的价值交换才能实现。从供给的角度看，产品或服务具有技术推动的特性，即技术是推动产品或服务质量、提升性能的驱动因素①，体现了产品或服务的物理性质，产业发展的水平体现为产品的成熟程度，包括技术成熟度和制造成熟度；从需求的角度看，产品或服务又具有需求牵引的特性，即市场是最终决定在一定的质量、性能条件下产品或服务价值规模的引致因素，体现了产品或服务的社会性质，产业发展的水平体现为市场的成熟程度，包括市场规模、市场结构和市场潜力三个方面。只有当产品或服务的技术性能满

① 产业成熟度重点把握从技术、产品、市场到产业的发展成熟规律。产业关键核心技术可能是单一技术，抑或是一簇技术；而形成有较强竞争力的特有产品，也不一定是单一的，亦可是多样化的一类产品。在新技术发展的推动下和其他内外部条件的影响下，产业向前发展直至升级为与新技术相对应的新市场和新产业。

足了市场需求，在供给和需求之间以产品或服务为中心的价值交换过程才能实现，产业才真正创造出了价值。这种价值进而可以再次转化为产业自身的资源并重新投入产业发展中，形成产业投入与产出的良性循环，推动产业不断发展成熟。

从决策者的视角看，对一个产业的评价取决于产业本身所能创造的价值以及与这种价值相关的潜在问题。理性的决策者必然选择价值高且前景好的产业，这就需要决策者在对价值和前景进行权衡的基础上对产业的发展进行综合评价。在上述各因素中，作为反映产品或服务的物理性质与社会经济环境成熟状况的产品成熟度和市场成熟度则反映了产业的发展水平。综上所述，产业成熟度可由产品成熟度和市场成熟度描述，如图 26-2 所示。

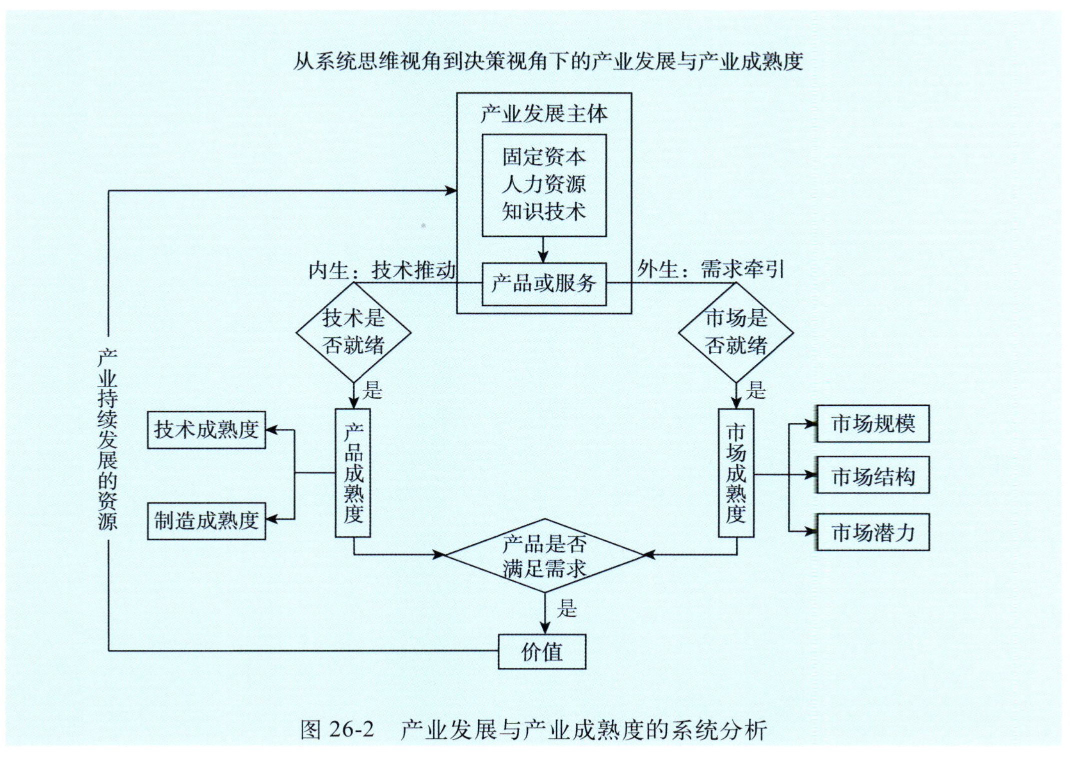

图 26-2　产业发展与产业成熟度的系统分析

26.1.3　产业成熟度评价的指标体系

基于上面对产业成熟度的系统分析，可以构建产业成熟度评价的指标体系，如图 26-3 所示，产业成熟度是从产品和市场两个方面对产业发展状况的度量。产业的形成和发展要靠提供满足市场需求的产品和服务价值来实现。技术经过制造转变成实现特定功能的产品，而产品价值的实现必须要通过市场，市场代表了对产品的需求程度，产业发展是一个由产品成熟到市场成熟的历程。因此，产品和市场是产业发展的基本要素，产业成熟度可以细分为产品成熟度和市场成熟度两个指标体系。

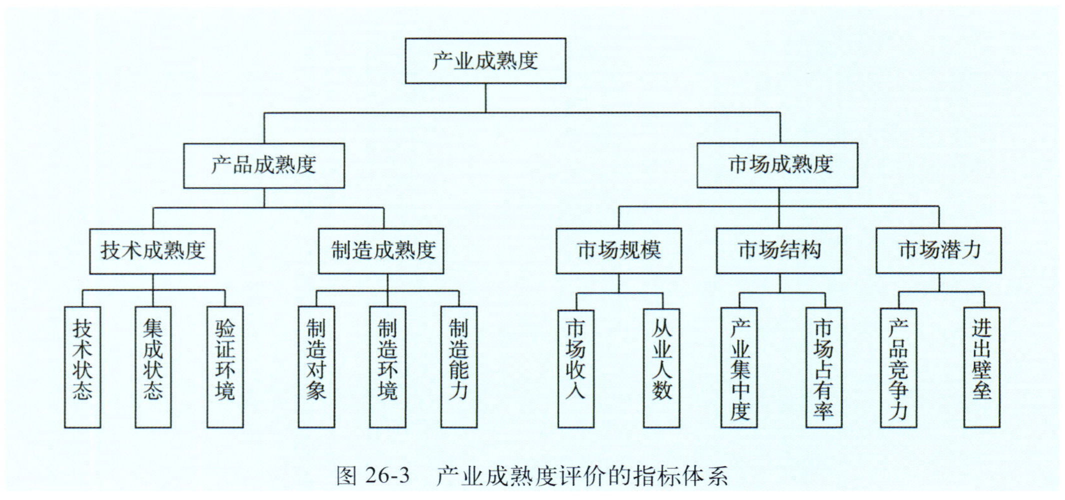

图 26-3　产业成熟度评价的指标体系

1. 产品成熟度

产品是指能满足用户需求的物品或服务。从工程角度讲，产品是一项研发与制造过程的结果[8]。产品成熟度（product readiness levels，PRL）是指产品在研制、生产及使用过程中对技术要素和制造能力的一种度量。产品成熟度等级评价了产品研发、生产、应用过程的状态，是技术成熟状态和制造成熟状态的综合集成。因此，产品（服务）成熟包含两个重要层面，一方面是外在的技术性能指标逐渐成熟，通过技术成熟度评价确定；另一方面是内在制造工艺、材料、过程控制的成熟，通过制造成熟度评价确定。因此，产品成熟度由技术成熟度和制造成熟度集成获得。

1）技术成熟度

技术成熟度（technology readiness levels，TRL）是指技术相对于某个具体系统或项目而言所处的发展状态，它反映了技术对于项目预期目标的满足程度[8,9]。技术成熟度注重对技术载体的技术状态、集成状态和验证环境的评价（表 26-1）：①技术状态指的是被评价技术的载体随着技术成熟度等级的发展变化而变化；这里的变化不考虑载体本身与其他部件集成或者被其他部件使用的关系。②技术在系统中的集成度分为部件、子系统和系统等级别。③技术进行验证环境是指在技术成熟的初期，演示环境主要是计算机仿真环境或者实验室等比较简单的环境，随着技术成熟过程的发展，演示环境逐渐接近，直到最后完全达到最终产品实际使用的环境。

表 26-1　技术成熟度的属性表

TRL	在各个级别上应该完成的任务	技术成熟的属性			各级与上一个级别比较明显的区别
		技术状态	集成状态	验证环境	
1	清楚基本原理				
2	提出了应用基本原理的设想				明确了应用基本原理的设想
3	完成概念和应用设想的可行性验证	验证概念可行性的产品	CTE 的载体本身	简易的实验室环境	实际的研发过程开始，可行性得到验证
4	以实验室产品为载体完成实验室环境验证	实验室产品	集成在一起的多个部件	实验室环境	部件开始集成
5	以初级演示验证产品为载体完成相关环境验证	初级演示验证产品	更多个集成的部件	相关环境（中/高逼真度的模拟使用环境）	开始在相关环境中进行验证
6	以系统或分系统高级演示验证产品完成相关环境验证	高级演示验证产品	系统或者分系统	相关环境（中/高逼真度的模拟使用环境）	至少在分系统一级上进行验证
7	以系统原型为载体完成典型使用环境验证	工程原型产品	系统	典型使用环境	全系统在典型使用环境中进行验证
8	对产品进行全面测试	系统产品	系统	使用环境	全系统在使用环境中进行验证
9	产品被部署和使用	系统产品	系统	使用环境	产品在使用环境中执行了任务

2）制造成熟度

制造成熟度（manufacturing readiness levels，MRL）是指评价和度量关键制造技术的成熟程度，以及技术转化过程中的制造风险[9～11]。产品研制与发展的过程中，不能单一地关注技术成熟的问题，制造成熟度也是至关重要的环节。制造成熟度注重对制造对象、制造环境、制造能力的评价（表 26-2）：①制造对象是指新技术的最终载体，各阶段分别叫做验证概念可行性的产品、实验室产品、部件原型产品、演示验证产品、工程原型产品、定型生产产品；②制造环境是指制造生产的场所，包括实验室环境、相关生产环境、典型生产环境、试生产线环境、批生产环境；③制造能力是指从实验室模拟、试制造，直到低速率、全速率生产的能力。

表 26-2　制造成熟度的属性表

MRL	在各个级别上应该完成的任务	制造成熟度的属性			各级与上一个级别比较明显的区别
		制造对象	制造环境	制造能力	
1	确定制造含义				
2	明确制造概念				进一步明确了制造概念

续表

MRL	在各个级别上应该完成的任务	制造成熟的属性			各级与上一个级别比较明显的区别
		制造对象	制造环境	制造能力	
3	完成概念的可行性验证	验证概念可行性的产品	实验室环境	实验室模拟制造	实际的制造研究过程开始，制造可行性得到验证
4	完成实验室环境制造原理产品	实验室产品			部件开始集成
5	在相关环境制造零部件原型的能力	部件原型样件	相关生产环境	相关环境试制造	开始在相关环境中验证制造能力
6	完成系统或分系统原型制造能力	演示验证产品			至少在分系统级上验证制造能力
7	完成典型环境制造系统原型	工程原型产品	典型生产环境	单件制造	具备制造单件系统原型的能力
8	验证了试生产能力		试生产线环境	试生产能力	具备生产线的能力
9	验证了低速率生产能力	定型生产产品	批生产环境	低速率生产能力	低速率生产阶段
10	验证了全速率生产能力			全速率生产和精益化生产能力	全速率和精益生产阶段

技术成熟度、制造成熟度与产品成熟度的集成关系如表 26-3 所示。

表 26-3　产品成熟度的属性表

PRL	产品阶段	产品成熟度的属性	TRL	MRL
1	概念产品	概念层面的虚拟产品，如产品的概念模型、仿真模型	TRL 1	MRL 1
			TRL 2	MRL 2
			TRL 3	MRL 3
2	实验室产品	在实验室条件下研发的、验证原理和技术概念是否可行的试验产品，质量和可靠性不是该阶段关注的重点	TRL 4	MRL 4
			TRL 5	MRL 5
			TRL 6	MRL 6
3	工程化产品	按照工程化开发的要求所研发出的产品，产品的功能、性能满足用户使用要求，产品的成本、质量和可靠性距离市场化产品还有一定差距	TRL 7	MRL 7
				MRL 8
4	市场化产品	具备低速率重复稳定生产能力，对产品的成本、质量和可靠性有比较严格的要求	TRL 8	MRL 9
5	精益化市场产品或高质量细分市场产品	具备全速率稳定生产能力，产品研发进入技术不断改进、成本不断降低、质量与可靠性不断提高、可用性不断提升的良性循环，面向不同用户，向系列化产品方向发展	TRL 9	MRL 10

2. 市场成熟度

市场成熟度（market maturity levels，MML）是评价和度量市场相对于完全成熟而言所处状态的标准[5]。市场需求作为外因是拉动技术进步的重要因素。市场成熟度的主要属性包括市场规模、市场结构和市场潜力，这些属性是反映市场成熟状况的显性指标 [1]。

1）市场规模

市场规模是指商品市场的量，其下又包括市场收入和从业人数。

（1）市场收入：由产品或服务销售带来的收益。

（2）从业人数：新兴技术研发、生产与销售等环节的人员数量。

2）市场结构

市场结构是指市场内现有的卖方之间、买方之间、买卖双方，以及正在进入或可能进入该市场的买卖双方之间的关系，其下包括产业集中度和市场占有率。

（1）产业集中度：是指销售产品（或服务）企业的垄断程度，是衡量产业竞争性和垄断性的重要指标。

（2）市场占有率：新产品在市场同类产品中所占的比重。

3）市场潜力

市场发展的潜在生命力主要体现在产品竞争力和进出壁垒的高低程度上。产品符合市场需求和性能质量优势体现出的产品竞争力，促进市场逐渐形成直至成熟。

（1）产品竞争力：突破性的技术使产品本身符合市场需求，且具有从技术到产品性能方面的竞争优势。

（2）进出壁垒：产品进入或退出市场的障碍。

市场规模、市场结构、市场潜力与市场成熟度的集成关系如表 26-4 所示。

表 26-4　市场成熟度的属性表

市场成熟度属性		1 级（导入期）	2 级（成长期）	3 级（成熟期）
市场规模	市场收入	前期投入大，市场收入规模低	收入规模增加，实现盈利	收入和利润规模稳定
	从业人数	以研发人员为主，但生产和销售人员开始增加	以生产和销售人员为主，生产销售人员大幅增加	从业人员数量和结构趋于稳定
市场结构	产业集中度	产品处于导入阶段，产品生产销售只集中在少数企业	从事产品生产销售的企业数量大幅增加，产业集中度较低	产业经过并购整合调整，形成了以少数规模大、实力强的企业为龙头的完整的产业链
	市场占有率	产品商业应用示范，占有率较低	大规模商业化应用，占有率快速增长	市场供需平衡，占有率高且趋于平稳
市场潜力	产品竞争力	产品预期具有较强的竞争力	产品竞争力优势显现	产品竞争力优势明显
	进出壁垒	少数企业掌握核心技术，技术壁垒高	核心技术大规模应用，技术壁垒降低	产业规模经济效应显现，进入壁垒高

3. 产业成熟度的等级划分

由于产业的发展具有一个从产品成熟到市场成熟的时序关系，同时根据产品成熟度等级划分（表 26-3）和市场成熟度等级划分（表 26-4）的定义，不难看出，产品成熟度的 4 级和 5 级分别与市场成熟度的 1 级和 2 级在发展时期上是重合的，因此，产业成熟的等级可以划分为 4 级，其中第 1 级分别对应产品成熟度，后 3 级分别对应市场成熟度，如图 26-4 所示。

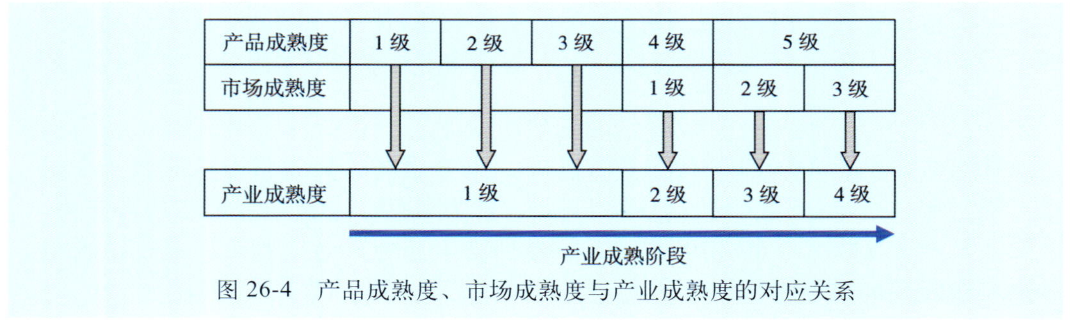

图 26-4　产品成熟度、市场成熟度与产业成熟度的对应关系

26.2　产业成熟度的评价

产业成熟度评价是度量产业整体发展状态的方法。从评价内容上看，根据 26.1 节中对产业成熟度构成的分析，重点是技术成熟度、制造成熟度和市场成熟度；从评价方法上看，重点是评价指标体系权重的确定、综合评价结果的集成及评价表单的设计；从评价程序上看，重点是要完成好产业成熟度的自评和综合评价两个阶段。

26.2.1　基于模糊互补判断矩阵的指标求权方法

在评价过程中，不同的指标反映评价对象不同方面的特性，这些特性对于评价对象所发挥的作用是不同的，因此，它们在评价过程中的重要性也是有差异的，这种差异性就体现为它们各自权重的不同。确定评价指标权重是开展评价的一项重要内容，由于指标间的相对重要性本身就是一个模糊的概念，因此基于定性分析和定量统计相结合的方法，运用模糊互补判断矩阵法确定指标权重 [12]。

模糊互补判断矩阵法与层次分析法的思路基本相同，即都是通过两两比较不同指标的相对重要性来构造偏好信息矩阵（判断矩阵），同时应用一定的算法计算得到指标权重。模糊互补判断矩阵法则使用［0，1］中的实数表示指标的相对重要性。设有 n 个指标 x_1，x_2，…，x_n，对其进行两两比较得到判断矩阵 $\boldsymbol{P}=(p_{ij})_{n\times n}$，$p_{ij}$ 表示 x_i 相对于 x_j 的重要性，$p_{ij}\in[0,1]$，若 $p_{ij}=0.5$，表示 x_i 和 x_j 的重要性相当；若 $0.5<p_{ij}\leqslant 1$，表示 x_i 相对于 x_j 更重要；若 $0\leqslant p_{ij}<0.5$，表示 x_i 相对于 x_j 不重要；如果满足下列条件：① $p_{ij}=0.5$，$i=1$，2，…，n；② $p_{ij}+p_{ji}=1$，i，$j=1$，2，…，n，则矩阵 $\boldsymbol{P}=(p_{ij})_{n\times n}$（$p_{ij}\in[0,1]$ 被称为模糊互补判断矩阵。通过一定的算法可以将模糊互补判断矩阵 $\boldsymbol{P}$ 映射为一个 n 维正向量 $\boldsymbol{\Omega}=(\omega_1,\omega_2,\cdots,\omega_n)$，$\omega_i>0$，$i=1$，2，…，$n$，$\sum_{i=1}^{n}\omega_i=1$，把 $\boldsymbol{\Omega}$ 称为 $\boldsymbol{P}$ 的排序向量。求解模糊互补判断矩阵排序向量的特征

向量，输出的最终结果就是指标的权重。

26.2.2　基于GIOWA算子的多属性群体评价方法

产业成熟度评价需要集成领域专家的智慧从多个方面（属性）对产业发展的成熟状况进行判断，是典型的多属性群体评价问题。为减少主观因素的影响，在能够获取定量指标的前提下，应尽可能地采用定量指标，同时由于产业发展成熟与否本身就是一个模糊的概念，因此，我们考虑使用基于模糊集的多属性群体评价方法。此外，由于产业成熟度评价往往面临数据匮乏、需要以定性方法为主的问题，我们选择使用属性值为语言值的多属性评价方法，下面将说明基于GIOWA（generalized induced ordered werghted averaging，即广义导出有序加权平均）算子的多属性群体评价方法[13]。

称如下算子为GIOWA算子。

$$\text{GIOWA}_{\boldsymbol{\Omega}}(\langle\xi_1,\ \pi_1,\ \alpha_1\rangle,\ \langle\xi_2,\ \pi_2,\ \alpha_2\rangle,\ \cdots,\ \langle\xi_n,\ \pi_n,\ \alpha_n\rangle)=\sum_{i=1}^{n}\omega_i b_j$$

其中，$\boldsymbol{\Omega}=(\omega_1,\ \omega_2,\ \cdots,\ \omega_n)$，是与$\text{GIOWA}_{\boldsymbol{\Omega}}$相关联的加权向量；$\omega_j\in[0,\ 1]$，$j=1,\ 2,\ \cdots,\ n$，$\sum_{j=1}^{n}\omega_j=1$；$\langle\xi_1,\ \pi_1,\ \alpha_1\rangle$ 是一个三元数据，可以分别理解为语言属性值、属性、对属性值的一种数值表示（如实数、区间数、三角模糊数等）；b_j是ξ_i（$i=1,\ 2,\ \cdots,\ n$）中第j大的元素所对应的三元数据中的第3个分量。

26.2.3　产业成熟度评价模型

产业成熟度由产品成熟度和市场成熟度综合集成。因此，需要首先进行产品成熟度和市场成熟度评价，在得到产品成熟度和市场成熟度的评价结果后，根据前文产业成熟度的等级划分规则确定产业成熟度的评价结果。

1. 产品成熟度评价

产品成熟度由技术成熟度和制造成熟度决定。根据技术成熟度和制造成熟度的定义，技术成熟度评价的属性有3个，每个属性的评价语言标度集包括9个元素；制造成熟度评价的属性也有3个，每个属性的评价语言标度集包括10个元素。同时，假定技术成熟度的所有属性和制造成熟度的所有属性权重相同，则可以应用26.2.2小节中的方法对技术成熟度和制造成熟度进行评价，进而根据前文中技术成熟度、制造成熟度与产品成熟度的对应关系确定产品成熟度的评价结果。

2. 市场成熟度评价

根据我们在前文所构造的指标体系，市场成熟度评价的属性共包括3层，其中第 2 层包括市场规模、市场结构和市场潜力，第 3 层共包括 6 个指标，由于市场成熟度划分为 3 个等级，因此，每个属性的评价语言标度集共包括 3 个元素。这样，就可以使用 26.2.1 小节和 26.2.2 小节中的方法确定相关的权重并进行市场成熟度评价。

26.2.4 产业成熟度的评价表单设计

在具体的评价方法确定之后，需要收集开展产业成熟度评价的输入数据，而评价表单就是开展评价调查、收集评价数据的载体，评价表单既要满足开展评价工作的数据需求，也务求直观明了、易于操作。产业成熟度自评价表单如表 26-5 所示。

表 26-5 产业成熟度自评价表单

重点产业方向名称			
重大突破性技术名称			
所属产业领域			□节能环保 □新一代信息技术 □生物 □高端装备制造 □新能源 □新材料 □节能与新能源汽车
重点产业发展方向简介			简要说明该重点产业发展方向的内涵和发展现状。其中，内涵重点说明该产业发展方向的核心产品，及其相关的重大突破性技术；发展现状重点说明该产业发展方向目前的整体发展水平（400 字左右）
技术成熟度评价	重大突破性技术的技术现状		作为技术成熟度评价依据，简要说明该重大突破性技术的技术现状，包括该项技术研制的技术产品、达到的功能和性能指标以及试验验证的环境等（200 字左右）
	当前 TRL 级别		根据技术成熟度评价参考准则，评价该项重大突破性技术的 TRL 级别（1 ～ 9） TRL____
制造成熟度评价	重大突破性技术的制造现状		作为制造成熟度评价依据，简要说明该重大突破性技术的制造现状，包括已经形成的产品状况、实现制造能力、制造环境等（200 字左右）
	当前 MRL 级别		根据制造成熟度评价参考准则，评价该项重大突破性技术的 MRL 级别（1 ～ 10） MRL____
市场成熟度评价	市场现状		简要说明该重大突破性技术所形成产品的市场现状，包括市场规模、市场结构、市场潜力等（200 字左右）
	市场规模	市场收入	□前期投入大，市场收入规模低（MML 1） □收入规模增加，实现盈利（MML 2） □收入利润规模稳定（MML 3）
		从业人员	□以研发人员为主，但生产和销售人员开始增加（MML 1） □以生产和销售人员为主，生产和销售人员大幅增加（MML 2） □从业人员数量和结构趋于稳定（MML 3）
	市场结构	产业集中度	□产品处于导入阶段，产品生产销售只集中在少数企业（MML 1） □从事产品生产销售的企业数量大幅增加，产业集中度较低（MML 2） □产业经过并购整合调整，形成了以少数规模大、实力强的企业为龙头的完整的产业链（MML 3）
		市场占有率	□产品商业应用示范，占有率较低（MML 1） □大规模商业化应用，占有率快速增长（MML 2） □市场供需平衡，占有率高且趋于平稳（MML 3）
	市场潜力	产品竞争力	□产品预期具有较强的竞争力（MML 1） □产品竞争力优势显现（MML 2） □产品竞争力优势明显（MML 3）
		进出壁垒	□少数企业掌握核心技术，技术壁垒高（MML 1） □核心技术大规模应用，技术壁垒降低（MML 2） □产业规模经济效应显现，进入壁垒高（MML 3）

续表

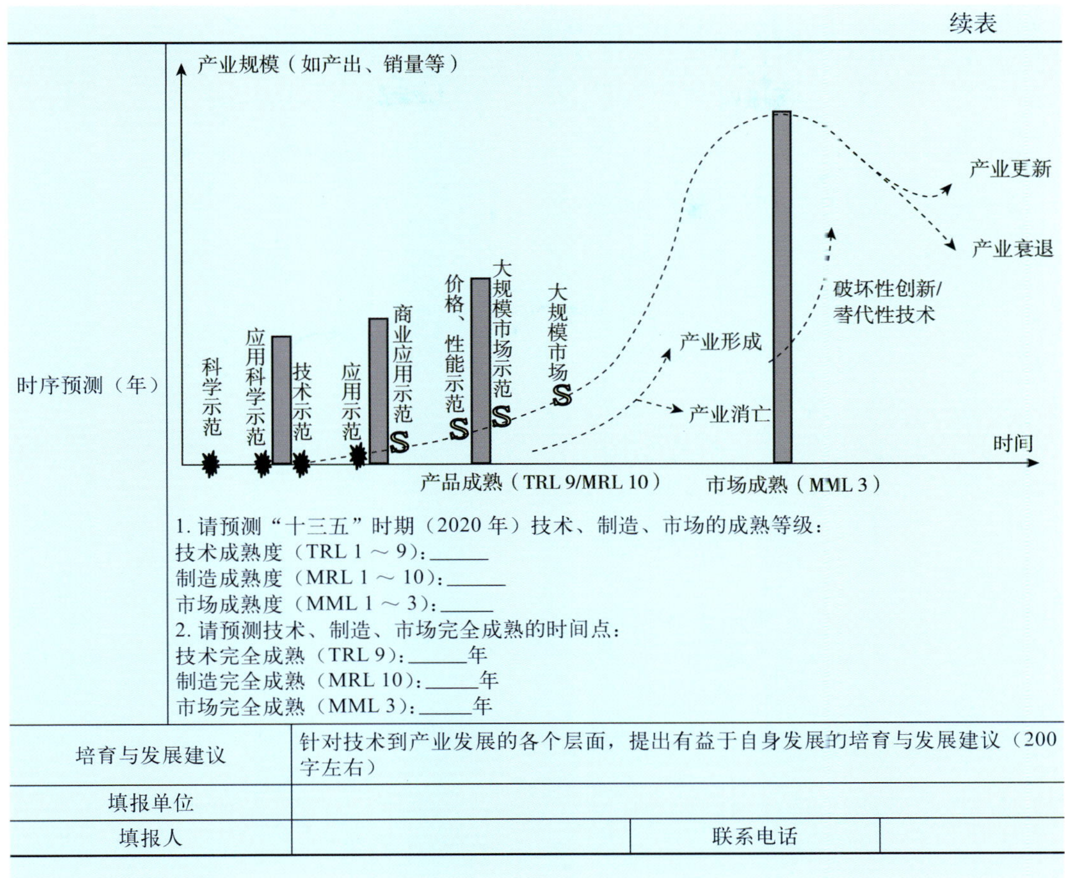

时序预测（年）	1. 请预测“十三五”时期（2020 年）技术、制造、市场的成熟等级： 技术成熟度（TRL 1 ～ 9）：______ 制造成熟度（MRL 1 ～ 10）：______ 市场成熟度（MML 1 ～ 3）：______ 2. 请预测技术、制造、市场完全成熟的时间点： 技术完全成熟（TRL 9）：______年 制造完全成熟（MRL 10）：_____年 市场完全成熟（MML 3）：_____年		
培育与发展建议	针对技术到产业发展的各个层面，提出有益于自身发展的培育与发展建议（200 字左右）		
填报单位			
填报人		联系电话	

26.2.5　产业成熟度的评价工作流程

开展产业成熟度评价，其过程分为两个阶段：第一阶段，领域自评价阶段；第二阶段，综合评价阶段，如图 26-5 所示。

产业成熟度评价人员组成包括领域专家、第三方评审专家组和产业成熟度评价支撑人员。

（1）领域专家：是指各领域（以突破性技术为基础的）产业方向的专家，或指定的熟悉本产业方向的专家。

（2）第三方评审专家组：评审专家组由 7 ～ 11 位来自研究机构、大学、企业、行业管理机构等熟悉相关领域技术、制造、市场和产业的专家组成。第三方评审专家组人员由领域专家推荐。

（3）产业成熟度评价支撑人员：是指产业成熟度评价方法研究与应用人员，支撑领域专家和第三方评审专家组开展工作。

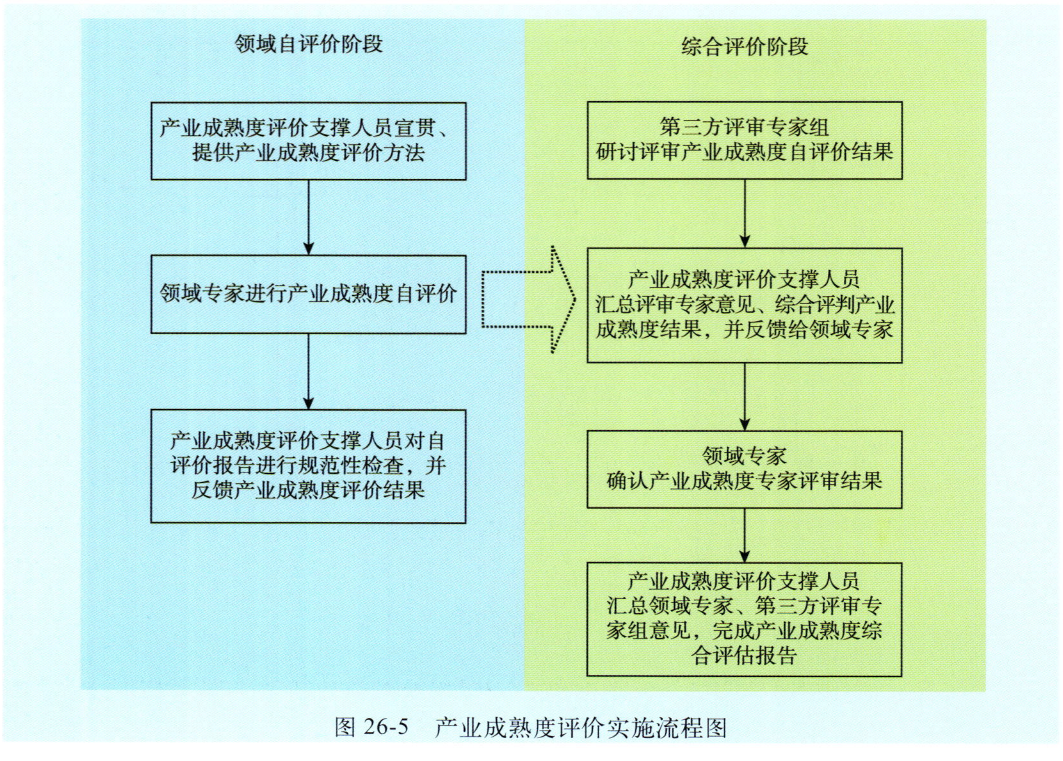

图 26-5　产业成熟度评价实施流程图

1. 产业成熟度自评价

领域自评价阶段，领域专家和产业成熟度评价支撑人员协同工作步骤与分工如下。

（1）领域专家确定待评价的重点产业方向。

（2）领域专家和产业成熟度评价支撑人员召开产业成熟度评价方法交流会，产业成熟度评价支撑人员宣贯产业成熟度评价方法。

（3）领域专家按照“产业成熟度自评价表单”分析技术、制造和市场现状信息，以及在“时序预测表”中填写发展的里程碑时间节点，完成填报或选择项内容。产业成熟度评价支撑人员协助完成自评价报告。

（4）产业成熟度评价支撑人员对自评价报告进行规范性检查，并反馈产业成熟度自评价结果。

（5）领域专家确认产业成熟度自评价反馈意见，完善自评价报告。

2. 产业成熟度综合评价

综合评价阶段，第三方评审专家组、领域专家和产业成熟度评价支撑人员协同工作步骤与分工如下。

（1）领域专家提出第三方评审专家组成员候选名单，并由评价方确定第三方评审专家组人员构成。

（2）产业成熟度自评价报告送审第三方评审专家组成员。

（3）评价方召开第三方评审会，评审产业成熟度自评价结果。

（4）产业成熟度评价支撑人员汇总评审专家意见、支撑完成综合评判产业成熟度结果并将其反馈给领域专家。

（5）领域专家确认第三方评审专家组产业成熟度评审意见和产业成熟度评价结果，修改、完善自评价报告。

（6）产业成熟度评价支撑人员根据产业成熟度评审意见和领域专家进一步提出的意见，最终完成该项重大突破性技术的产业成熟度评价咨询报告。

26.3　产业成熟度评价方法的应用案例

本节主要通过我国锂离子电池及材料产业的案例来说明产业成熟度评价方法的应用过程。在领域自评价阶段，主要承研单位的专家对锂离子电池及材料进行产业成熟度评价，参见本章附录表1；在综合评价阶段，8位研究人员分别填写了评价表单，对锂离子电池及材料产业进行产业成熟度评价。通过GIOWA算子获得评审专家的模糊综合评价结果，作为对自评价结果的评审和校对，最后输出成熟度结果和产业发展建议。

26.3.1　基于GIOWA算子锂离子电池及材料产业技术成熟度评价

技术成熟度包括技术产品已达到的逼真度和试验环境已达到的逼真度两个指标属性，故根据附录给出的相关算法，可以得到这两个指标属性的集结权重为（0.5，0.5），由此可以得到每个专家对锂离子电池及材料产业技术成熟度的评价结果，同时可以求出对这些不同专家的评价结果进行再次集结时的权重为（0.07，0.10，0.15，0.18，0.18，0.15，0.10，0.07），据此，可以得到锂离子电池及材料产业技术成熟度的评价结果，如表26-6所示。

表26-6　技术成熟度评价结果

专家集结权重	专家评价结果
0.07	（0.75，0.85，0.95）
0.10	（0.75，0.85，0.95）
0.15	（0.75，0.85，0.95）
0.18	（0.7，0.8　0.9）
0.18	（0.7，0.8　0.9）
0.15	（0.7，0.8　0.9）
0.10	（0.6，0.7　0.8）
0.07	（0.55，0.65，0.75）
集结后的技术成熟度评价结果	（0.7，0.8　0.9）

由表 26-6 可知，锂离子电池及材料产业技术成熟度的评价结果可以用三角模糊数（0.7，0.8，0.9）计算获得，根据上文给出的三角模糊数与技术成熟度等级的对应关系，可知锂离子电池及材料产业的技术成熟度等级为 8 级。

26.3.2 基于 GIOWA 算子的锂离子电池及材料产业制造成熟度评价

制造成熟度包括制造对象已达到的逼真度和制造环境已达到的逼真度两个指标属性，因此，制造成熟度的评价过程与技术成熟度类似，其区别在于制造成熟度为 10 级，而技术成熟度为 9 级，因此，制造成熟度等级与三角模糊数的对应关系如下：

1 级 = [0.00，0.09，0.18]
2 级 = [0.09，0.18，0.27]
3 级 = [0.18，0.27，0.36]
4 级 = [0.27，0.36，0.45]
5 级 = [0.36，0.45，0.55]
6 级 = [0.45，0.55，0.64]
7 级 = [0.55，0.64，0.73]
8 级 = [0.64，0.73，0.82]
9 级 = [0.73，0.82，0.91]
10 级 = [0.82，0.91，1.00]

可以得到制造成熟度的评价结果，如表 26-7 所示。

表 26-7 制造成熟度评价结果

专家集结权重	专家评价结果
0.07	（0.77，0.86，0.95）
0.10	（0.77，0.86，0.95）
0.15	（0.77，0.86，0.95）
0.18	（0.68，0.77，0.86）
0.18	（0.64，0.73，0.82）
0.15	（0.59，0.68，0.77）
0.10	（0.59，0.68，0.77）
0.07	（0.55，0.59，0.68）
集结后的制造成熟度评价结果	（0.67，0.76，0.85）

由表 26-7 可知，锂离子电池及材料产业制造成熟度的评价结果可以用三角模糊数（0.67，0.76，0.85）计算获得，根据上文给出的三角模糊数与制造成熟度等级的对应关系，可知锂离子电池及材料产业的制造成熟度等级为 8 级。

根据技术成熟度、制造成熟度与产品成熟度的对应关系，可知锂离子电池及材料产业的产品成熟度等级为强于 3 级，达到 4 级。

26.3.3　锂离子电池及材料产业市场成熟度的模糊综合指标权重评价

根据参与综合评价的 8 位专家的意见，得到了用来描述市场成熟度各指标相对重要性的模糊互补判断矩阵和评价矩阵，如表 26-8 ～表 26-11 所示。

表 26-8　市场规模、市场结构和市场潜力的模糊互补判断矩阵

指标	市场规模	市场结构	市场潜力
市场规模	0.5	0.7	0.3
市场结构	0.3	0.5	0.2
市场潜力	0.7	0.8	0.5

表 26-9　市场规模下级指标间的模糊互补判断矩阵

指标	市场收入	从业人数
市场收入	0.5	0.7
从业人数	0.3	0.5

表 26-10　市场结构下级指标间的模糊互补判断矩阵

指标	产业集中度	市场占有率
产业集中度	0.5	0.3
市场占有率	0.7	0.5

表 26-11　市场潜力下级指标间的模糊互补判断矩阵

指标	产品竞争力	进出壁垒
产品竞争力	0.5	0.7
进出壁垒	0.3	0.5

根据表 26-8 ～表 26-11 和本章附录中的算法，可以求得市场成熟度各指标间的权重，如表 26-12 所示。

表 26-12　市场成熟度各指标间的权重

二级指标	权重	三级指标	权重
市场规模	0.28	市场收入	0.7
		从业人数	0.3
市场结构	0.13	产业集中度	0.3
		市场占有率	0.7
市场潜力	0.59	产品竞争力	0.7
		进出壁垒	0.3

26.3.4 基于 GIOWA 算子的锂离子电池及材料产业市场成熟度评价

市场成熟度共有 6 个指标属性，可以求得这 6 个指标属性的集结权重为（0.09，0.17，0.24，0.24，0.17，0.09），每个指标属性又有 3 个不同的语言标度，可建立市场成熟度等级与三角模糊数的对应关系如下：

1 级 =［0，0.25，0.5］

2 级 =［0.25，0.5，0.75］

3 级 =［0.5，0.75，1］

同理，可以得到市场成熟度的评价结果，如表 26-13 所示。

表 26-13 市场成熟度评价结果

专家集结权重	专家评价结果
0.07	（0.44，0.69，0.94）
0.10	（0.38，0.63，0.88）
0.15	（0.07，0.32，0.57）
0.18	（0.02，0.27，0.52）
0.18	（0，0.25，0.5）
0.15	（0，0.25，0.5）
0.10	（0，0.25，0.5）
0.07	（0，0.25，0.5）
集结后的市场成熟度评价结果	（0.08，0.33，0.58）

由表 26-13 可知，锂离子电池及材料产业市场成熟度的评价结果可以用三角模糊数（0.08，0.33，0.58）计算获得，根据上文给出的三角模糊数与市场成熟度等级的对应关系，可知锂离子电池及材料产业的市场成熟度等级为 1 级。

26.3.5 基于 GIOWA 算子的锂离子电池及材料产业的产业成熟度评价

锂离子电池及材料产业的产品成熟度为 4 级、市场成熟度为 1 级。根据产品成熟度、市场成熟度与产业成熟度的对应关系，可知锂离子电池及材料产业的产业成熟度等级为 2 级。

锂离子电池及材料技术符合国家战略性新兴产业培育与发展要求。依据综合评审结果，判定当前技术（TRL 8）、制造（MRL 8）、产品（PRL 4）、市场（MML 1）和产业（IML 2）的成熟度等级，锂离子电池及材料技术作为新材料领域战略性新兴产业已具备相应的培育条件。由于目前的资料主要描述我国锂离子电池及材料技术和应用情况，锂离子电池制造技术和电池成组技术还需提升，产品一致性较差，电池成组技术落后，制造设备主要依靠进口。我国锂离子电池及其材料市场销量增长较快，且超过了全球增幅，从 2012 年的 26.9%上升至 2013 年的 30%，在国际市场所占的比重有所提高。但是，国内锂离子电池尚未能实现自给自足。针对目前技术到市场、产业的成熟度层面所反映的问题，建议政府加快关键核心技术和前沿技术的研发，建设锂离子动力电池及其关键材料产业体系，加强国家级研发机构、检测与评价机构的建设，培育大型企业，提高自主创新能力，支撑产业发展。

参考文献

[1] 杨公朴 . 产业经济学 . 上海：复旦大学出版社，2009.

[2] 苏东水 . 产业经济学 . 北京：高等教育出版社，2010.

[3] 曾路，汤勇力，李东从 . 产业技术路线图：探索战略性新兴产业培育路径 . 北京：科学出版社，2014.

[4] 朱航 . 中国保险市场成熟度指数研究 . 保险研究，2013，（6）：35 ~ 42.

[5] 葛宏志 . 中国航天战略性新兴产业重要发展方向评价方法研究 . 中国航天系统科学与工程研究院，2013.

[6] Phaal R，O' Sullivan E， Routley M，et al. A framework for mapping industrial emergence. Technology Forecasting & Social Change，2011，78：217 ~ 230.

[7] 包鸣宇 . 我国节能服务业的产业成熟度分析 . 华东电力，2012，10（40）：1705 ~ 1708.

[8] 袁家军 . 航天产品工程 . 北京：中国宇航出版社，2011.

[9] 吴燕生，王崑声，许胜 . 技术成熟度及其评价方法 . 北京：国防工业出版社，2012.

[10] Bilbro J. Status of the development of an International Standards Organization（ISO）definition of the technology readiness levels（TRL）and their criteria of assessment. JB Consulting International，USA，2011.

[11] U.S. Department of Defense. Manufacturing Readiness Level（MRL）Deskbook，2010.

[12] 张小红，裴道武，代建华 . 模糊数学与 Rough 集理论 . 北京：清华大学出版社，2013.

[13] 冯臻，邓忠民，吴强 . 基于模糊评价与 GIOWA 算子的技术风险评估方法 . 北京航空航天大学学报，2011，37（6）：743 ~ 747.

附　　录

表 1　我国锂离子电池及材料产业成熟度自评价

重点产业方向名称	锂离子电池及材料产业
重大突破性技术名称	高性能、高安全性锂离子动力电池制造技术
所属产业领域	□节能环保 □新一代信息技术 □高端装备制造 □生物 □新能源 ■新材料 □节能与新能源汽车

续表

<table>
<tr><td colspan="3">重点产业发展方向简介</td><td>锂离子电池作为新一代的动力电池得到了广泛的关注。影响锂离子电池比能量的主要因素是电极材料的性能，目前锂离子动力电池多采用磷酸铁锂或三元材料为正极材料，石墨为负极材料。这些体系的锂离子电池装备的电动汽车续驶里程为 100 ～ 200 千米，不及传统汽油车的 1/3。当前，需重点发展方向包括：①突破锂离子动力电池用新一代高比容（≥ 155 毫安时 / 克）的磷酸盐系、三元系（≥ 165 毫安时 / 克）正极材料等关键材料的产业化工艺与装备技术，进一步提升材料性能和寿命，提高其可靠性和稳定性，降低成本；②突破高比容量、高电压类正极材料和硅基复合负极材料的关键技术，开发高安全性电解质和隔膜材料，形成高比能锂离子动力电池的材料体系</td></tr>
<tr><td rowspan="2">技术成熟度评价</td><td colspan="2">重大突破性技术的技术现状</td><td>我国锂离子电池用四大关键材料国产化技术水平不断提高。然而，锂离子电池制造技术和电池成组技术还需提升，目前产品一致性较差，电池成组技术落后，制造设备主要依靠进口。更重要的是，锂离子电池关键材料制造技术往往由国外公司掌握核心专利，对我国产业发展造成了一定的威胁</td></tr>
<tr><td colspan="2">当前 TRL 级别</td><td>根据技术成熟度评价参考准则，评价该项重大突破性技术的 TRL 级别（1 ～ 9）
TRL_8_</td></tr>
<tr><td rowspan="2">制造成熟度评价</td><td colspan="2">重大突破性技术的制造现状</td><td>锂离子电池用四大关键材料国产化比例不断提高。2013 年，我国锂离子电池正极材料产量 4.5 万吨，同比增长 25%，形成了以京津地区、华中地区和华南地区为三大聚集地的锂电正极材料产业集群，并分别以北京、天津、湖南、广东为发展中心；负极材料产量 3.5 万吨，同比增长 20%；电解液产量 2.9 万吨，同比增长 20%；隔膜产量 2.65 亿平方米。然而，锂离子电池制造技术还需提升，目前产品一致性较差，造成电池成组技术落后，使得电池组的循环寿命不能满足要求。并且，我国先进制造设备主要依靠进口</td></tr>
<tr><td colspan="2">当前 MRL 级别</td><td>根据制造成熟度评价参考准则，评价该项重大突破性技术的 MRL 级别（1 ～ 10）
MRL__8__</td></tr>
<tr><td rowspan="7">市场成熟度评价</td><td colspan="2">市场现状</td><td>2013 年，我国锂离子电池的产业规模持续扩大，总产量达 337 亿瓦时，同比增长 14%；销售收入超过 650 亿元，同比增长 5%。其中，动力型锂离子电池市场增长 30%，销售收入达 40 亿元。在全球锂离子电池及其材料市场快速扩展的带动下，我国锂离子电池及其材料销量也有较大的增长，且超过了全球增幅，在国际市场所占的比重有所提高，从 2012 年的 26.9% 上升至 2013 年的 30%。但是，国内锂离子电池尚未能实现自给自足</td></tr>
<tr><td rowspan="2">市场规模</td><td>市场收入</td><td>□前期投入大，市场收入规模低（MML 1）
■收入规模增加，实现盈利（MML 2）
□收入利润规模稳定（MML 3）</td></tr>
<tr><td>从业人员</td><td>■以研发人员为主，但生产和销售人员开始增加（MML 1）
□以生产和销售人员为主，生产和销售人员大幅增加（MML 2）
□从业人员数量和结构趋于稳定（MML 3）</td></tr>
<tr><td rowspan="2">市场结构</td><td>产业集中度</td><td>□产品处于导入阶段，产品生产销售只集中在少数企业（MML 1）
■从事产品生产销售的企业数量大幅增加，产业集中度较低（MML 2）
□产业经过并购整合调整，形成了以少数规模大、实力强的企业为龙头的完整的产业链（MML 3）</td></tr>
<tr><td>市场占有率</td><td>□产品商业应用示范，占有率较低（MML 1）
■大规模商业化应用，占有率快速增长（MML 2）
□市场供需平衡，占有率高且趋于平稳（MML 3）</td></tr>
<tr><td rowspan="2">市场潜力</td><td>产品竞争力</td><td>□产品预期具有较强的竞争力（MML 1）
□产品竞争力优势显现（MML 2）
■产品竞争力优势明显（MML 3）</td></tr>
<tr><td>进出壁垒</td><td>■少数企业掌握核心技术，技术壁垒高（MML 1）
□核心技术大规模应用，技术壁垒降低（MML 2）
□产业规模经济效应显现，进入壁垒高（MML 3）</td></tr>
</table>

续表

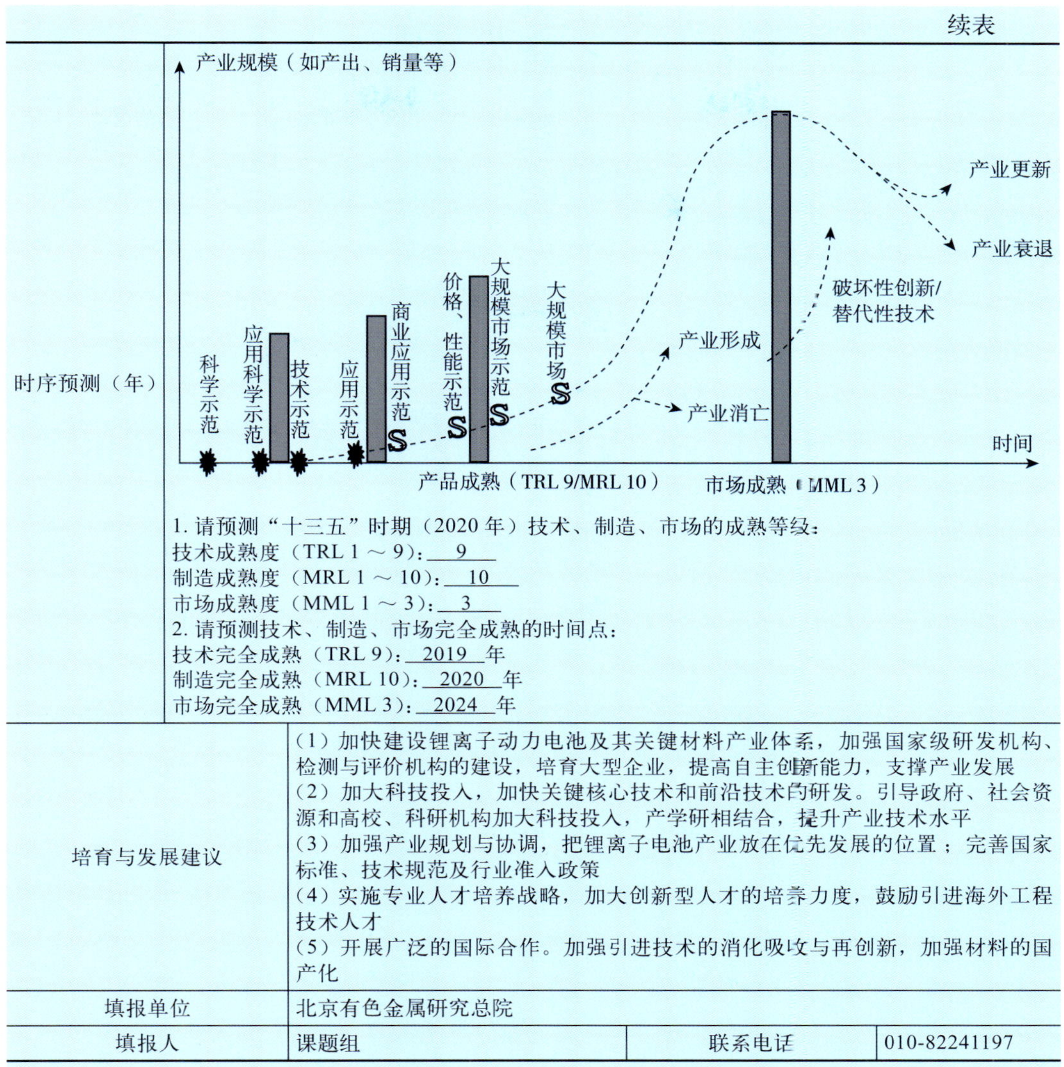

时序预测（年）	（见上图） 1. 请预测“十三五”时期（2020年）技术、制造、市场的成熟等级： 技术成熟度（TRL 1～9）：9 制造成熟度（MRL 1～10）：10 市场成熟度（MML 1～3）：3 2. 请预测技术、制造、市场完全成熟的时间点： 技术完全成熟（TRL 9）：2019年 制造完全成熟（MRL 10）：2020年 市场完全成熟（MML 3）：2024年		
培育与发展建议	（1）加快建设锂离子动力电池及其关键材料产业体系，加强国家级研发机构、检测与评价机构的建设，培育大型企业，提高自主创新能力，支撑产业发展 （2）加大科技投入，加快关键核心技术和前沿技术的研发。引导政府、社会资源和高校、科研机构加大科技投入，产学研相结合，提升产业技术水平 （3）加强产业规划与协调，把锂离子电池产业放在优先发展的位置；完善国家标准、技术规范及行业准入政策 （4）实施专业人才培养战略，加大创新型人才的培养力度，鼓励引进海外工程技术人才 （5）开展广泛的国际合作。加强引进技术的消化吸收与再创新，加强材料的国产化		
填报单位	北京有色金属研究总院		
填报人	课题组	联系电话	010-82241197

第 27 章

技术路线图方法探索与案例研究

李　欣　周　源　王秀芹

【内容提要】技术路线图作为一种预测和描绘新兴技术发展路径的工具，已被广泛应用于国家、产业、企业的技术发展规划中。然而，目前的技术路线图的研究和制定主要以定性方法为主，过分依赖专家经验。随着互联网信息资源的迅猛发展和大数据时代的来临，以历史文档、科技文献、商业信息数据为数据来源，利用现代分析方法和工具来分析某一技术或产业领域的技术热点、技术前沿、技术机会、技术研发竞争优势等已成为现实。将这些客观数据分析方法引入技术路线图，可以减少技术路线图对专家经验的依赖；同时，这些客观数据分析结果又能为专家决策提供参考，进而可以提高技术路线图的可靠性和有效性。因此，本章尝试将客观数据分析方法——文献计量引入技术路线图，构建基于文献计量和技术路线图的新兴产业技术未来发展分析框架，并以染料敏化太阳能光伏技术为案例进行了研究，验证了此分析框架的可行性和有效性。

27.1　技术路线图方法

技术路线图方法是支撑技术管理和技术规划的重要手段之一，其最早出现于美国汽车工业。20 世纪 70 年代后期和 80 年代早期，摩托罗拉（Motorola）公司先后成功地将技术路线图应用于公司的技术规划和商业战略中。摩托罗拉的经验引起了全球企业高层管理者的注意。在随后的90年代，企业对于技术路线图的兴趣空前高涨，技术路线图被大量的企业应用于产品规划和企业管理中；国内外学者也对技术路线图的研究不断深入，取得了一些重要的研究成果。90年代中后期，美国、加拿大、英国等国开始将技术路线图引入产业领域，绘制行业层面的技术路线图，在行业内产生了深远影响。21世纪初期，日本、韩国、中国、新加坡、加拿大、欧盟等国家和地区还开展了国家技术路线图研究，为科技发展规划和国家战略的制定提供支撑。

在对技术路线图历史及已有技术路线图资料的分析基础上，可以发现：以德尔菲法、情景分析法为代表的定性分析法是技术路线图在绘制过程中使用的主要方法，其制定过程主要还是依赖专家的知识经验。同时，在绘制某一技术领域或产业技术领域的技术路线图中，如何发现该领域的技术热点、技术前沿、技术机会，谁是该领域的技术领先者和拥有者，新兴技术是否已经初露端倪等都基本还是依靠专家的意见。而随着互联网信息资源的迅猛发展和大数据时代的来临，以历史文档、科技文献、商业信息数据和专家知识为数据来源，利用现代分析方法和工具来分析某一产业领域的技术热点、技术前沿、技术机会、技术领先者和拥有者，以及技术轨道发展等变化已成为现实。将这些客观数据分析方法引入技术路线图，可以减少技术路线图对专家经验的依赖；同时，这些客观数据分析结果又能为专家决策提供参考，进而可以提高技术路线图的可靠性和有效性。

作为客观分析方法之一的文献计量是以各种文献资料为研究对象，采用数学、统计学等计量方法，研究文献情报的分布结构、数量关系和变化规律，进而探讨科学技术的某些结构、特征和规律的一门学科[1]。文献计量已被大量用于分析和发现某一技术领域的技术热点、技术前沿、技术机会、技术领先者和拥有者等。

因此，可以将文献计量和技术路线图进行结合，来对某一技术领域或产业技术领域的技术现状和未来发展趋势进行研究，并对相应的产业发展宏观环境做出分析，进而可以为培育和发展战略性新兴产业提供决策参考。

27.2　基于文献计量和技术路线图的新兴产业技术未来发展分析框架

一般认为，新兴产业的形成与发展有四条路径：①新技术的产业化，即产业新生；②原有产业的分化；③相关联产业中一个产业的发展带动另一个产业产生，即产业派生；④产业融合。其中，以产业新生路径形成的新兴产业，其产业形成既不孕育于原有产业，也不依附于原有产业而存在，从萌芽到形成均以相对独立的方式进行。这种产业的成长往往是科学技术产生突破性进步的结果，一般萌芽于实验室。一些学者把它称为技术密集型产业（technology-based industry）。例如，由光伏技术发展而来的光伏产业；由 OLED 技术发展而来的 OLED 显示产业；由生物工程技术发展而来的生物技术产业；等等。Phaal 等于 2011 年对 25 个不同的技术密集型产业的形成和发展过程进行研究后，指出这种由新兴技术发展而来的新兴产业的形成与发展经历了四个不同阶段，分别是科学主导阶段（science dominated emergence）、技术主导阶段（technology dominated emergence）、应用主导阶段（application dominated emergence）、市场主导阶段（market dominated emergence）[2]。Phaal 等对这种由新兴技术发展而来的新兴产业的研究结果为研究新兴产业形成与发展、培育和发展战略性新兴产业提供了很好的理论基础，特别是为利用文献计量、专利分析和技术路线图研究新兴产业技术发展现状、趋势和产业未来发展提供了理论依据。

目前，历史文档、科技文献、商业信息数据和专家知识为新兴产业① 技术发展趋势提供了丰富的数据资源。文献计量已被广泛运用于分析技术热点、技术前沿、技术机会、技术领先者和拥有者等。技术路线图是一种有效的研究新兴产业技术发展趋势的方法，因为它为探索复杂系统的演化提供了结构性框架，使得复杂系统的演变历史能够被显示在路线图上，以此能更好地研究新兴产业技术的发展和演变，并且它能向人们展示产业技术未来发展路径、影响产业技术未来发展的因素以及这些因素之间的变化关系。

因此，为绘制新兴产业技术路线图，本章以历史文档、科技文献和专家知识为数据来源，将文献计量分析方法引入技术路线图，构建基于文献计量和技术路线图的新兴产业技术未来发展分析框架，来探索新兴产业技术未来发展路径、影响产业技术未来发展的因素以及这些因素之间的变化关系等问题。基于文献计量和技术路线图的新兴产业技术未来发展分析框架如图 27-1 所示。此分析框架包括两部分内容。

（1）新兴产业技术领域基础研究现状分析。以期刊文献为数据来源，利用文献计量分析，并结合专家意见研究新兴产业技术领域内的技术热点、技术前沿、技术机会，以及中国在这一技术领域内的研究现状等。

（2）新兴产业技术未来发展影响因素分析。以产业历史文档和专家知识经验为数据来源，结合（1）的研究结果，分析新兴产业未来发展中不同影响因素（相关技术、市场需求、政策制度、资源要素等）对某一新兴产业技术发展的影响及其动态关系，以此来探索新兴产业技术未来发展路径，并从技术、产品、产业系统、市场和政策等层面描绘新兴产业技术未来发展路线图。

① 本章所研究的新兴产业是指由新兴技术发展而来的新兴产业，即技术密集型产业。

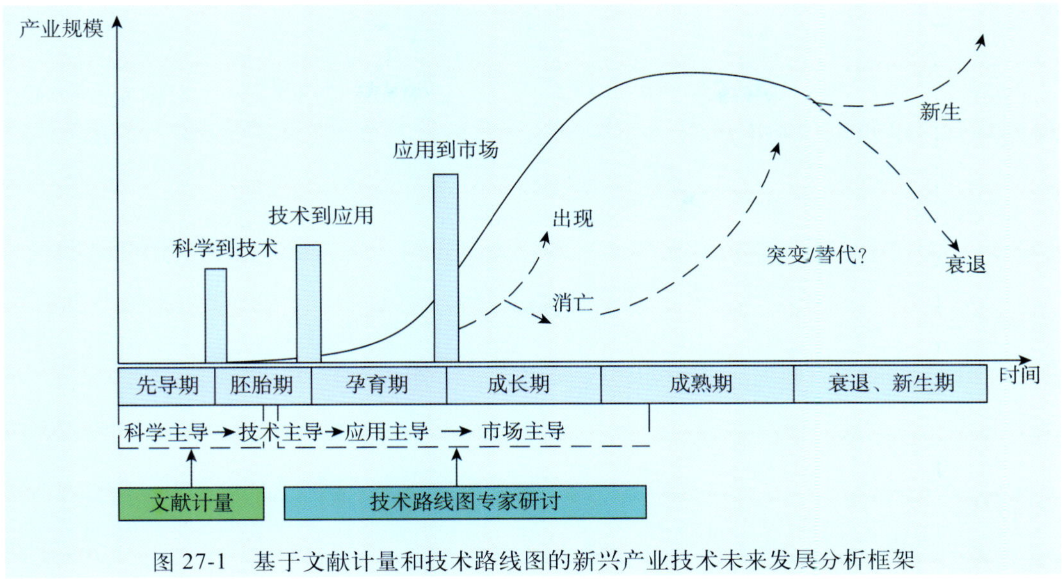

图 27-1　基于文献计量和技术路线图的新兴产业技术未来发展分析框架

27.3　案例分析

27.3.1　基于文献计量的太阳能光伏技术可视化分析

我国太阳能光伏产业在近十年取得了突飞猛进的发展，但与国外发达国家相比在很多方面仍存在较大差距，特别是在核心技术、关键设备等方面依然落后于国际先进水平，凸显了我国太阳能光伏产业未来发展技术路线选择的重要性和紧迫性。

而目前全球太阳能光伏产业的主导技术路线尚不确定，存在多种不同的光伏技术路线，不同的企业在单晶硅、多晶硅、碲化镉、铜铟镓硒等太阳能光伏技术路线上进行了尝试。同时，全球太阳能光伏产业及技术又快速演进，新兴技术不断涌现，特别是染料敏化太阳能光伏技术近几年发展极为迅速。染料敏化太阳能光伏技术相比其他太阳能光伏技术具有生产成本低、制造工艺简单等优点，有着相当广泛的应用前景和十分广阔的产业化前景，被认为是有可能逐步取代硅元素光伏技术的新兴光伏技术[3～5]。

因此，为了解全球太阳能光伏产业及技术发展现状和未来发展趋势，以及我国在染料敏化太阳能光伏技术基础研究方面的状况，本小节利用文献计量的方法来分析全球太阳能光伏技术的发展趋势，并通过对染料敏化太阳能光伏技术的计量分析，探寻我国发展染料敏化太阳能光伏技术面临的机遇与挑战，进而为我国光伏产业的未来发展提供决策支持。

1. 基于文献计量的全球太阳能光伏技术发展趋势分析

Robert 和 Porter 指出文献资料记录着技术活动的历史和现状，利用技术文献资料能够客观地分析技术发展阶段和预测技术的生命周期 [6]。而技术的一个重要属性是时效性。一项技术的性能在技术开发、应用中不断得到改进，呈现出性能指标在技术与时间上的关系曲线。典型的技术成长曲线呈 S 形，通常称其为技术增长的 S 形曲线；而技术的发展阶段又相应地被划分为婴儿期、成长期、成熟期和衰退期 [7]。

为了利用文献资料来分析技术的发展阶段，1971 年，Fisher 和 Pry 发表了一篇描述技术变化模型的论文，用来判断技术的发展阶段 [8]。该模型实际上是 S 曲线数学模型的一种形式，被称为 Fisher-Pry 模型，具体如式（27-1）所示。

$$y=\frac{L}{1+e^{\alpha-\beta t}} \tag{27-1}$$

其中，y 表示待测指标；t 表示时间；β 表示增长率；α 表示常数尺度；L 表示增长极限。

之后，许多学者利用此模型来分析技术发展阶段和预测技术未来发展趋势。Daim 等认为，通过利用技术文献数据拟合 Fisher-Pry 曲线，可以判断技术发展阶段和预测技术未来发展趋势；并以 1992 ～ 2002 年的燃料电池文献资料数据（SSCI 论文数量和 BEI 文献数量）为基础，描述了燃料电池文献资料数量的变化特点，然后将这些数据进行标准化处理，利用 Fisher-Pry 模型分析燃料电池技术的发展阶段，并预测了燃料电池技术的生命周期 [9]。娄岩等以 1974 ～ 2008 年的污水处理技术的文献资料数据（SCI 论文数量和 EI 论文数量）为基础，利用 Fisher-Pry 模型分析了污水处理技术的技术成熟度 [10]。

下面我们利用 Fisher-Pry 模型对全球太阳能光伏技术的发展阶段与趋势进行分析。

1）数据来源

目前，全球太阳能光伏技术被分为三代 [11]：第一代为硅基太阳能电池技术，主要包括单晶硅、多晶硅和非晶硅薄膜太阳能电池技术等；第二代为化合物薄膜半导体太阳能电池技术，主要包括 CdTe（cadmium telluride）、CIGS（copper indium gallium selenide）、GaAs（gallium arsenide）和 CIS（copper indium selenide）等太阳能电池技术；第三代为有机系太阳能电池技术，主要包括染料敏化太阳能电池技术（dye-sensitized solar cell，DSSC）。

因此，首先以“solar cell”为主题检索词，在 Web of Science 的 SCI-EXPANDED 数据库中进行检索，检索年限为 1974～2010 年①，文献类型为“article”、“proceedings paper”、“letter”和“review”四种，共检索出 37 327 篇论文；其次以这些论文为母本，再以“silicon”、“CdTe”、“CIGS”、“GaAs”、“CIS”、“DSSC”为检索词，精炼出各种太阳能电池技术的 SCI 研究论文；最后以时间序列的形式统计出各种太阳能电池技术每年的 SCI 论文数量，如图 27-2 所示。

① 由于文献数据的滞后性，本章结合研究目的，只将文献检索年限设置到 2010 年，不会影响到本章的研究结果。

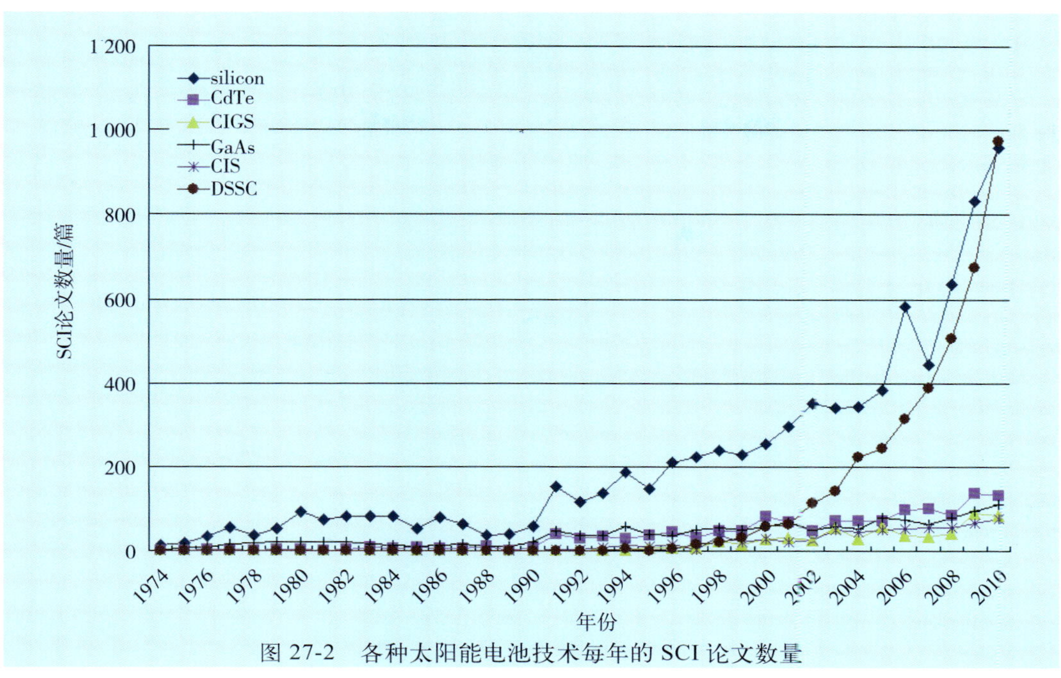

图 27-2　各种太阳能电池技术每年的 SCI 论文数量

关于各种太阳能电池技术，EI 论文数量获取方式与 SCI 论文数量获取方式相同，只是数据库选择的是 EI-Compendex 数据库，检索年限同样为 1974 ～ 2010 年。所获得的各种太阳能电池技术每年的 EI 论文数量，如图 27-3 所示。

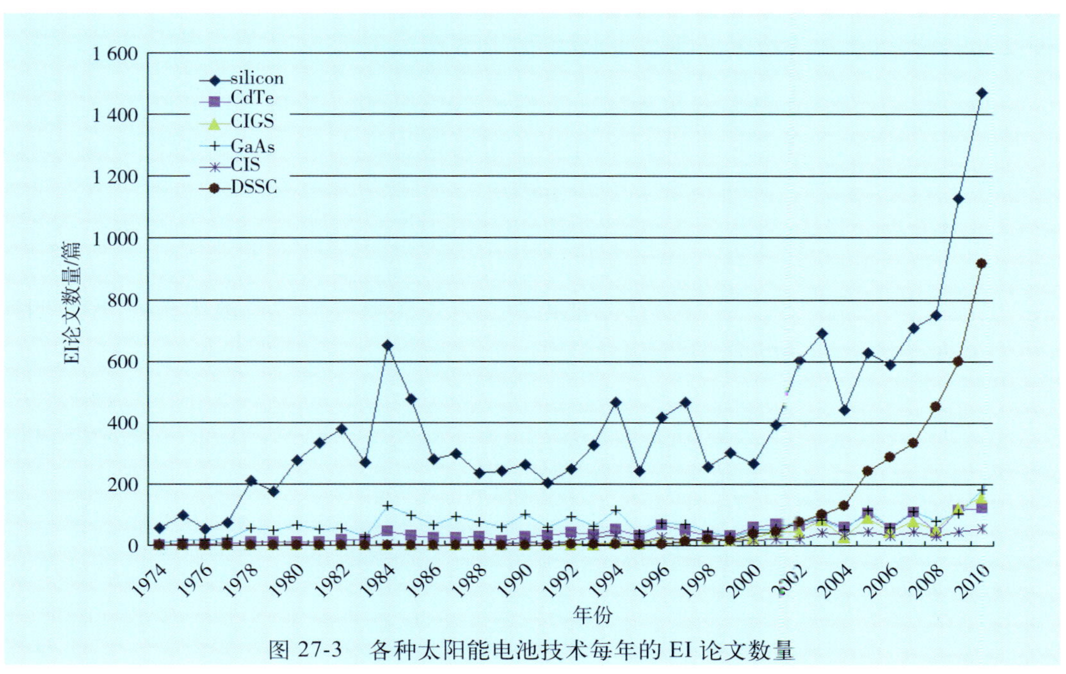

图 27-3　各种太阳能电池技术每年的 EI 论文数量

2）数据处理

为了利用 Fisher-Pry 模型来分析三代太阳能电池技术的发展阶段和未来发展趋势，根据 Daim 等所采用的文献数据处理方法[9]，将三代太阳能电池技术的 SCI 论文数量和 EI 论文数量进行合并，合并以后的数据如图 27-4 所示。

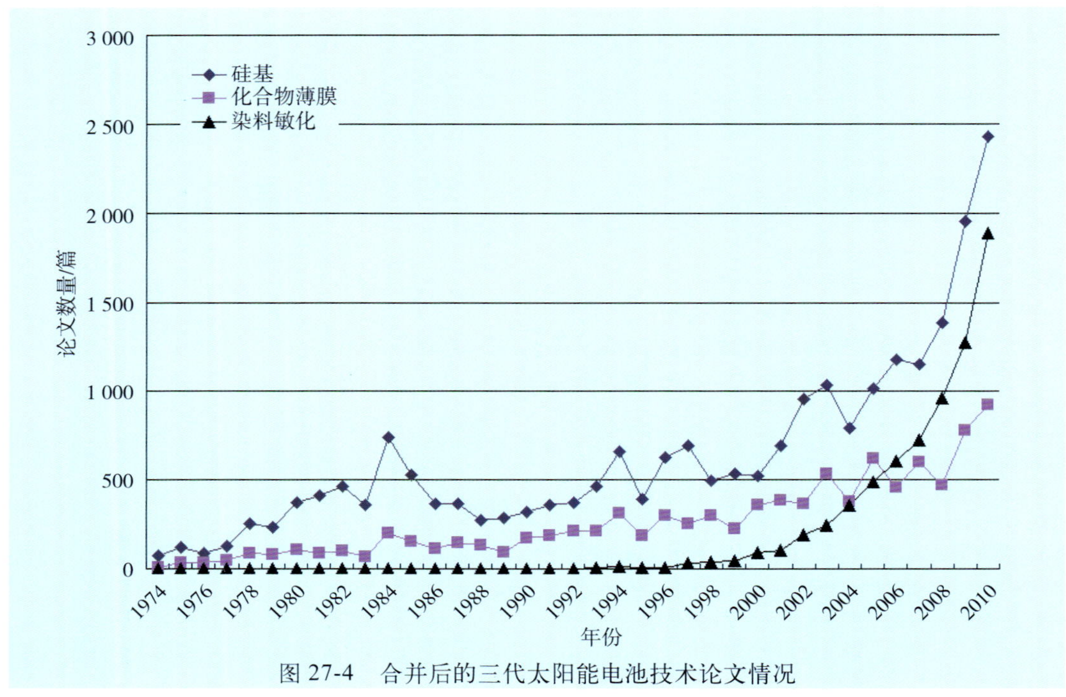

图 27-4　合并后的三代太阳能电池技术论文情况

要绘制出三代太阳能电池技术各自的 Fisher-Pry 曲线，需要对合并后的数据进行归一化处理并计算式（27-1）中的 α 和 β；可以将式（27-1）转化为式（27-2），然后采用一元线性回归方法（本章采用 SPSS 软件）可计算出 α 和 β 。

$$\ln \frac{y}{L-y}=\beta t-\alpha \tag{27-2}$$

然后，再将 α 和 β 分别代入式（27-1）中，便可绘制出三代太阳能电池技术各自的 Fisher-Pry 曲线，结果如图 27-5 所示。

3）结果分析

由图 27-5 可知，化合物薄膜半导体太阳能电池技术正处在成长期，并将在 2040 年左右进入技术发展的成熟期；染料敏化太阳能电池技术正处在技术发展的快速成长期，并将在 2020 年左右进入技术发展的成熟期。但到 2040 年和 2020 年，化合物薄膜半导体太阳能电池技术和染料敏化太阳能电池技术是否真正达到成熟期，还需要与该领域的专家共同论证，此处不再赘述。

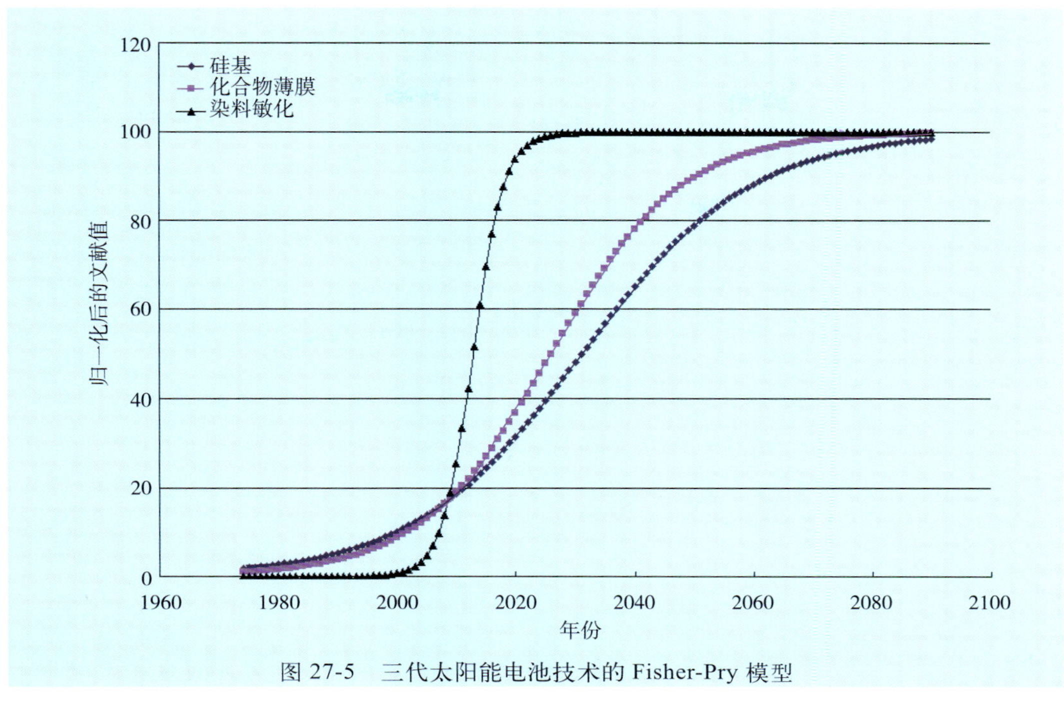

图 27-5　三代太阳能电池技术的 Fisher-Pry 模型

从图 27-5 可以看出，硅基太阳能电池技术正处在快速发展的成长期。但是，出于数据库访问权限的原因，本章的研究只能查到 1974 年以后的论文；而硅基太阳能电池技术早在 1954 年就被研制出来，并有相关的论文发表[12]。因此，本章所获取的关于硅基太阳能电池技术的研究论文数据缺失了二十年左右。所以关于硅基太阳能电池技术的 S 曲线预测可能存在一定的问题。Huang 指出，判断技术发展阶段不仅需要客观的文献分析法，而且还需要结合专家知识经验来判断[13]。为此，笔者咨询了太阳能电池技术研究方面的专家，他们认为目前硅基太阳能电池技术已进入成熟期，被认为是太阳能电池技术领域中的“老技术”；而染料敏化太阳能电池技术正处于技术发展的成长期，被认为是太阳能电池技术领域中的“新兴技术”；与 S 曲线分析结果相一致。而硅基太阳能电池技术和染料敏化太阳能电池技术分别代表了太阳能光伏产业中两个不同的技术轨道。

2. 基于文献计量的染料敏化太阳能光伏技术分析

从上面的论述可以看出，染料敏化太阳能电池技术将是未来太阳能电池技术领域中非常具有发展潜力的技术。根据技术替代理论[14]和技术轨道理论[15]，如果硅基和染料敏化太阳能电池技术各自按照目前的技术轨道发展，那么太阳能光伏产业技术轨道将会在 2020 年左右发生变迁，技术机会窗口将会打开，此时将是实现产业跨越的最好时期。因此，我国如果想改变目前光伏产业核心技术受制于国外的局面，进而实现太阳能光伏产业的升级和跨越发展，那么就要加大对染料敏化太阳能电池技术的研发和产业化支持力度。为此，首先需要了解我国在染料敏化太阳能电池技术方面的基础研究情况。下面本章利用文献计量的方法，从论文数量、研究机构、研究热点、国际合作等方面来研究我国在染料敏化太阳能电池技术方面的基础研究情况。

1）数据来源

本章首先以“solar cell”为主题检索词，在 Web of Science 的 SCI-EXPANDED 数据库中进行检索，检索年限为 1974 ～ 2012 年，文献类型为“article”、“proceedings paper”、“letter”和“review”四种，共检索出 56 148 篇论文；其次以这些论文为母本，再以“dye-sensitized solar cell”为检索词，精炼出 6 899 篇关于染料敏化太阳能电池技术研究的 SCI 论文；最后以时间序列的形式统计出每年的论文数量，如图 27-6 所示。

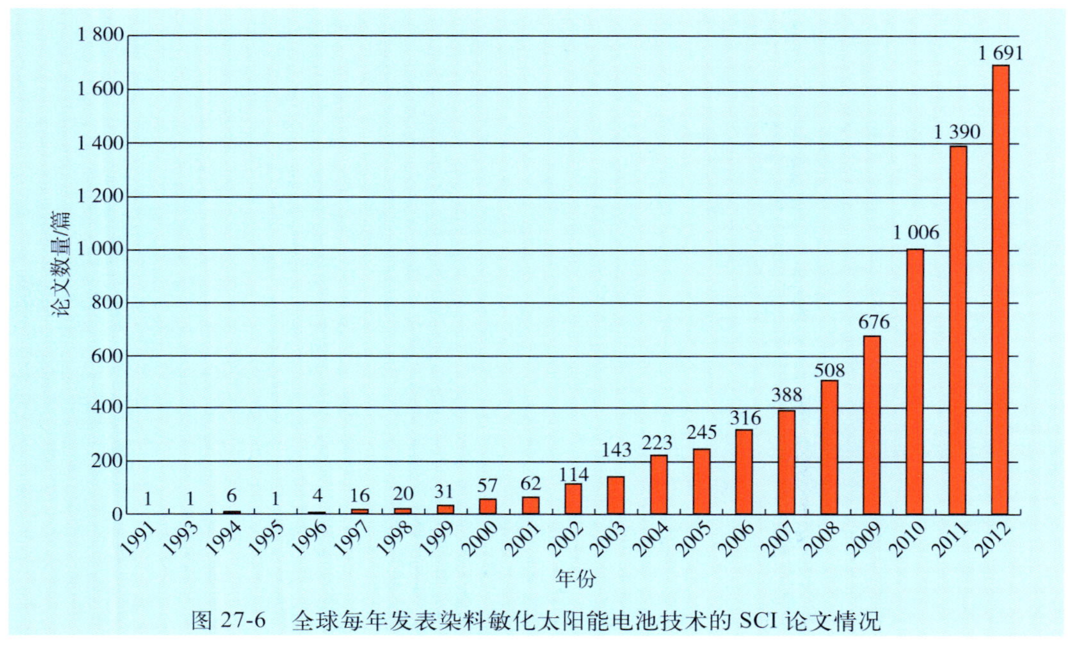

图 27-6　全球每年发表染料敏化太阳能电池技术的 SCI 论文情况

2）论文数量分析

为了分析精炼出的 6 899 篇关于染料敏化太阳能电池技术研究的 SCI 论文，本章将 6 899 篇论文导入 Thomson Data Analyzer 软件中，并对导入的文献数据进行清洗后生成技术报告。技术报告中显示的每年从事染料敏化太阳能电池技术的研究人员情况如图 27-7 所示，每年染料敏化太阳能电池技术的研究方向情况如图 27-8 所示，全球不同国家或地区每年发表染料敏化太阳能电池技术的 SCI 论文情况如图 27-9 所示，全球不同国家或地区累计发表染料敏化太阳能电池技术的 SCI 论文情况如图 27-10 所示。

从图 27-7 可以看出，自 2000 年以后，每年有许多新的研究者从事染料敏化太阳能电池技术的研究工作。另外，从图 27-8 可以看出，自 2008 年以后，染料敏化太阳能电池技术领域内出现了许多新的研究方向。这些表明 2008 ～ 2012 年关于染料敏化太阳能电池技术的基础研究非常活跃。

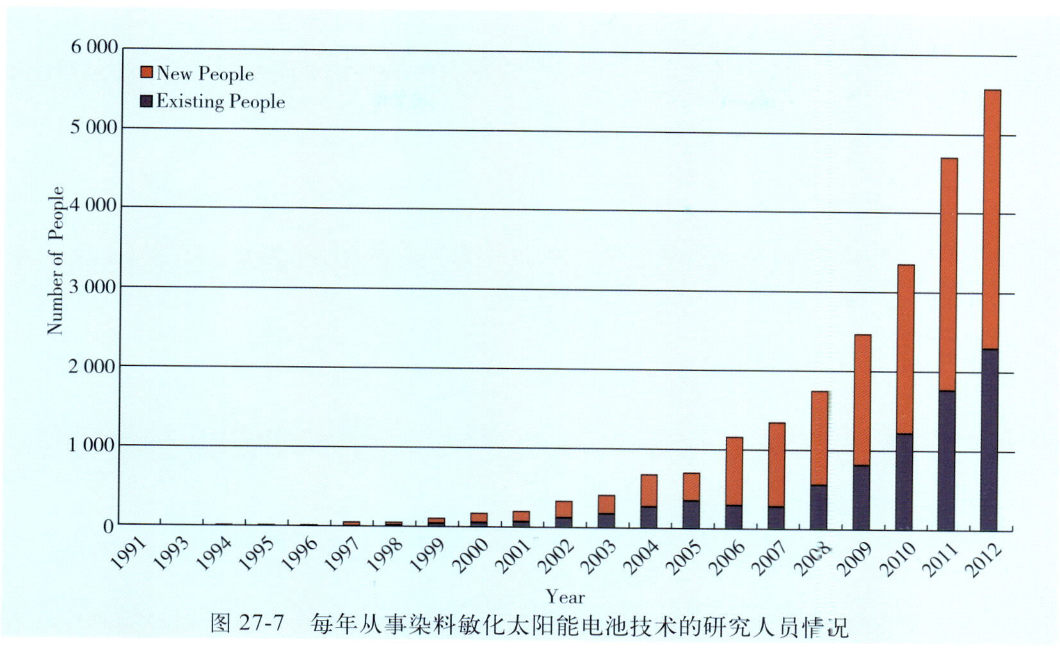

图 27-7　每年从事染料敏化太阳能电池技术的研究人员情况

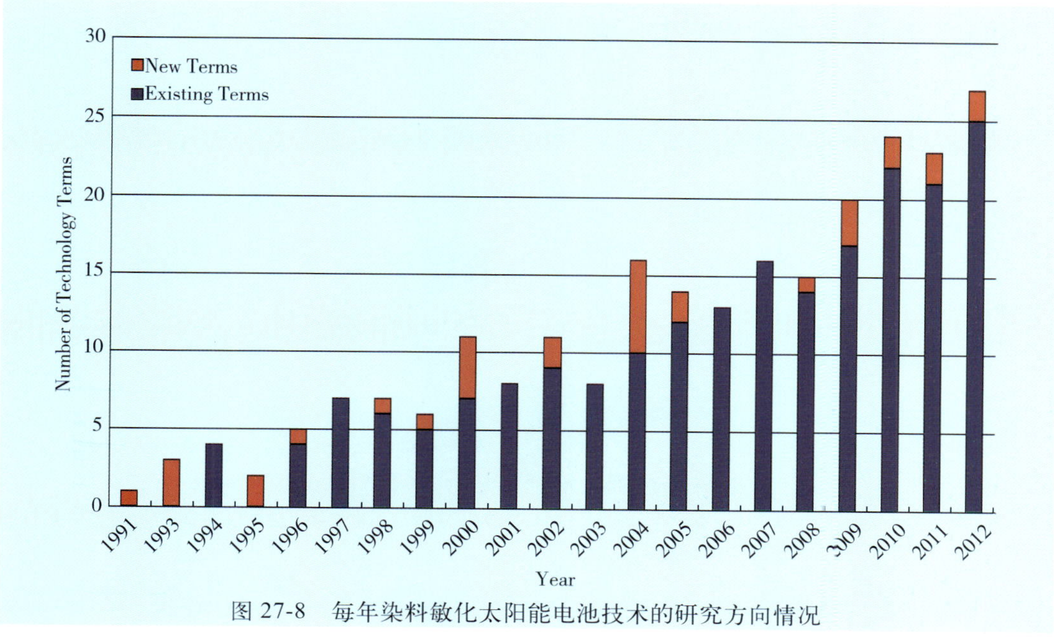

图 27-8　每年染料敏化太阳能电池技术的研究方向情况

从图 27-9 可以看出，自 2007 年以来，我国关于染料敏化太阳能电池技术的 SCI 论文的年发表数量已超过美国、日本和韩国等发达国家，成为 SCI 论文年发表数量最多的国家；而且从图 27-10 可以看出，我国（未包括中国台湾）关于染料敏化太阳能电池技术的 SCI 论文累计数量已经达到 1 763 篇，超过韩国（987 篇）、日本（981 篇）、美国（838 篇），成为发表论文总数最多的国家，约占全球的 25.56%。从发表论文的时间可以看出，我国关于染料敏化太阳能电池技术的研究几乎与国际同步。

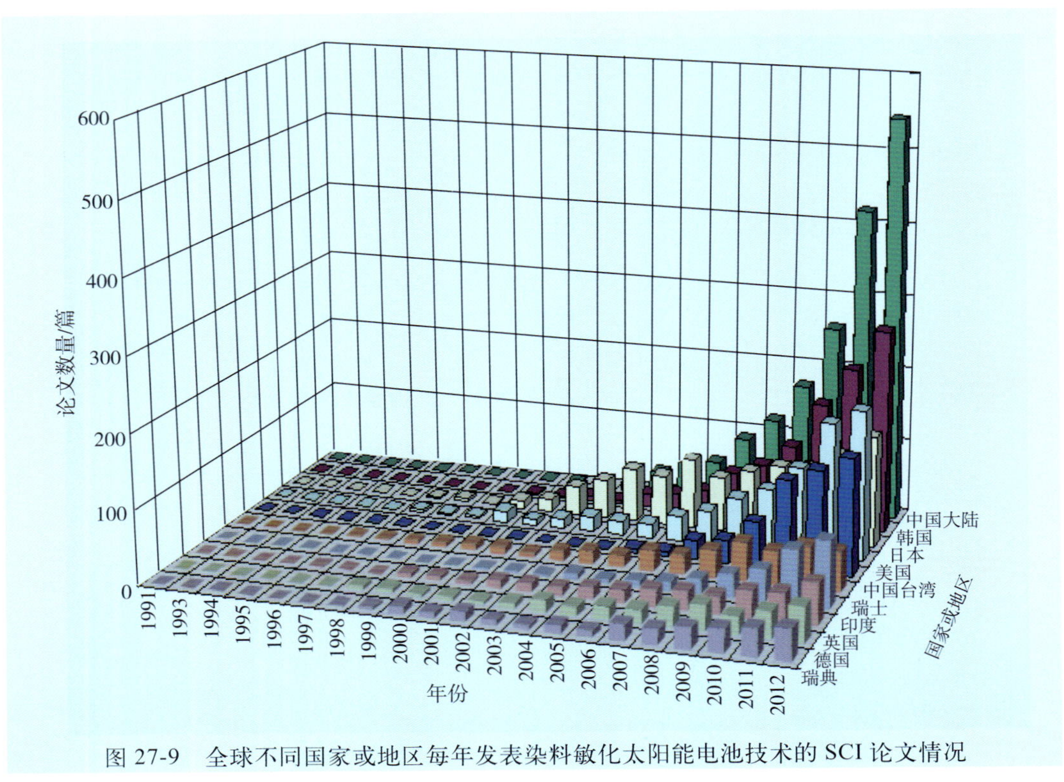

图 27-9　全球不同国家或地区每年发表染料敏化太阳能电池技术的 SCI 论文情况

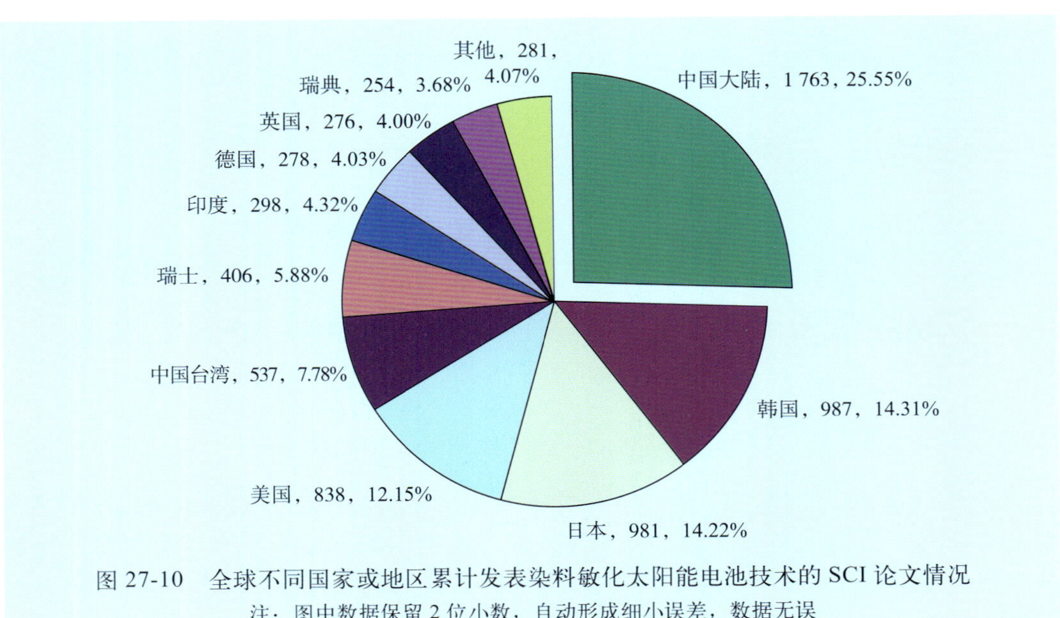

图 27-10　全球不同国家或地区累计发表染料敏化太阳能电池技术的 SCI 论文情况

注：图中数据保留 2 位小数，自动形成细小误差，数据无误

3）研究机构合作共现分析

为了解全球有哪些大学和研究机构在从事染料敏化太阳能电池技术的基础研究工作以及我国从事染料敏化太阳能电池技术基础研究的大学和研究机构的国际合作情况，需要对全球染料敏化太阳能电池技术的机构合作研究网络进行分析。Ucinet 软件由加利福尼亚大学 Irvine 分校发布，由 Stephen Borgatti、Martin Everrett、Linton Freeman 团队负责软件扩展，是一款集成了多个可视化工具的社会网络分析软件 [16]。Ucinet 可用于合作网络、关键词共现网络等多种要素的可视化 [7]。为此，本章以染料敏化太阳能电池技术的 SCI 论文为研究对象，利用 Ucinet 软件来可视化分析染料敏化太阳能电池技术的机构合作研究网络。

具体步骤如下：首先，将检索出的 6 899 篇论文导入 TDA 中，并对导入的文献作者的机构进行清洗。其次，将清洗后的作者研究机构生成机构合作矩阵，并将机构合作矩阵导入 Excel 中。最后，将 Excel 中的合作矩阵转换为 DL 格式的文件，按照 Data → Import text file → DL 的程序导入 Ucinet 软件；再使用 Ucinet 软件中的 Netdraw 工具生成机构合作知识图谱，如图 27-11 所示。

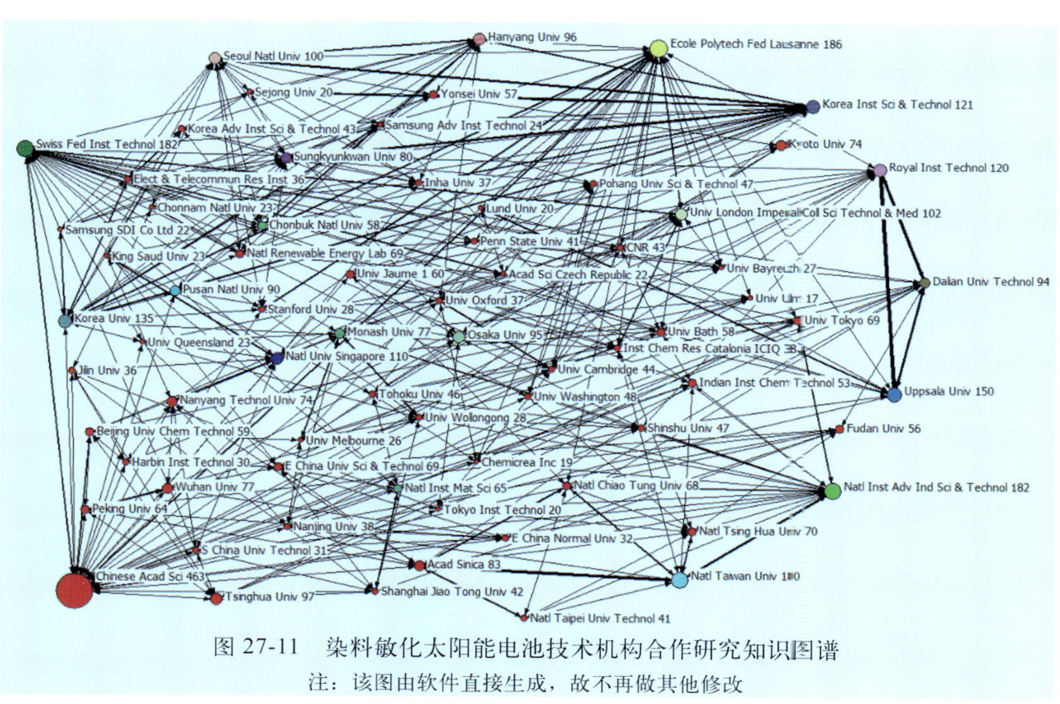

图 27-11　染料敏化太阳能电池技术机构合作研究知识图谱

注：该图由软件直接生成，故不再做其他修改

在图 27-11 中，节点代表研究机构，研究机构的名称在节点右侧显示。节点的大小表示该研究机构与其他所有研究机构合作共现的总次数；节点之间的连线表示两个研究机构间的合作关系，连线的数量表示与该研究机构合作过的其他机构的数量，连线的粗细表示连线两端的研究机构合作次数。

从图 27-11 可以看出，节点比较大的机构是“Chinese Acad Sci”（即中科院）、“Ecole Polytech Fed Lausanne”（即瑞士洛桑联合理工大学）、“Swiss Fed Inst

Technol”（即瑞士联邦理工学院）、“Natl Inst Adv Ind Sci&Technol”（即日本产业技术综合研究所），表明这四所机构与其他机构合作的次数较多，分别为463次、186次、182次、182次，同时也表明这四所研究机构处于染料敏化太阳能电池技术基础研究的国际前沿。在图27-11中，国内机构除中科院以外，还有“Tsinghua Univ”（即清华大学）、“Shanghai Jiao Tong Univ ”（即上海交通大学）、“Dalian Univ Technol”（即大连理工大学）等，表明这些机构也对染料敏化太阳能电池技术进行了大量的国际合作研究，其中大连理工大学与“Uppsala Univ”（即瑞典乌普萨拉大学）、“Royal Inst Technol”（即瑞典皇家理工学院）形成了密切合作的“铁三角”。

4）研究热点分析

CiteSpace是美国Drexel大学陈超美博士开发的基于JAVA平台的可视化软件，可以对资料文献中的全记录数据进行共现网络分析和可视化，使用户能够直观地识别学科领域的知识内涵，快速发现学科领域的研究热点和前沿[18]。词频分析（word frequency analysis）是图书馆、情报与文献学常用的研究方法之一，主要以词频的高低来揭示科学研究中各研究主题的受关注程度。这里的“词”是指能够表征文献主题特征的关键词，而不包含泛指的词，也不包含无实际意义的助词等。一般而言，词频越高，表明这一主题词受关注程度越高；受关注程度高的关键词可代表该领域的研究热点。

为了分析染料敏化太阳能电池技术领域研究的热点，从全球关于染料敏化太阳能电池研究的6 899篇SCI论文中选取2010～2012年发表的论文，共4 087篇，利用CiteSpace对这些论文进行关键词共现分析。在阈值设置栏中将阈值设置为（35，8，20），选择关键词分析按钮，分析结果如图27-12所示。在关键词共现图谱中，共生成70个节点，42条线；每个节点代表一个关键词，关键词的名称在节点中心点的右侧显示；节点的大小代表节点出现的频次，节点之间连线的颜色代表首次共现的时间；在这70个节点中，与“dye-sensitized solar cell”共现且节点较大的是“efficiency”、“performance”、“films”、“conversion”，如表27-1所示，表明它们是目前染料敏化太阳能电池技术领域中的研究热点。

表27-1　全球染料敏化太阳能电池研究论文高频关键词

序号	频次	关键词
1	986	efficiency
2	868	performance
3	860	films
4	576	conversion
5	490	recombination
6	381	tio2 films
7	380	tio2
8	371	transport
9	345	fabrication
10	327	light

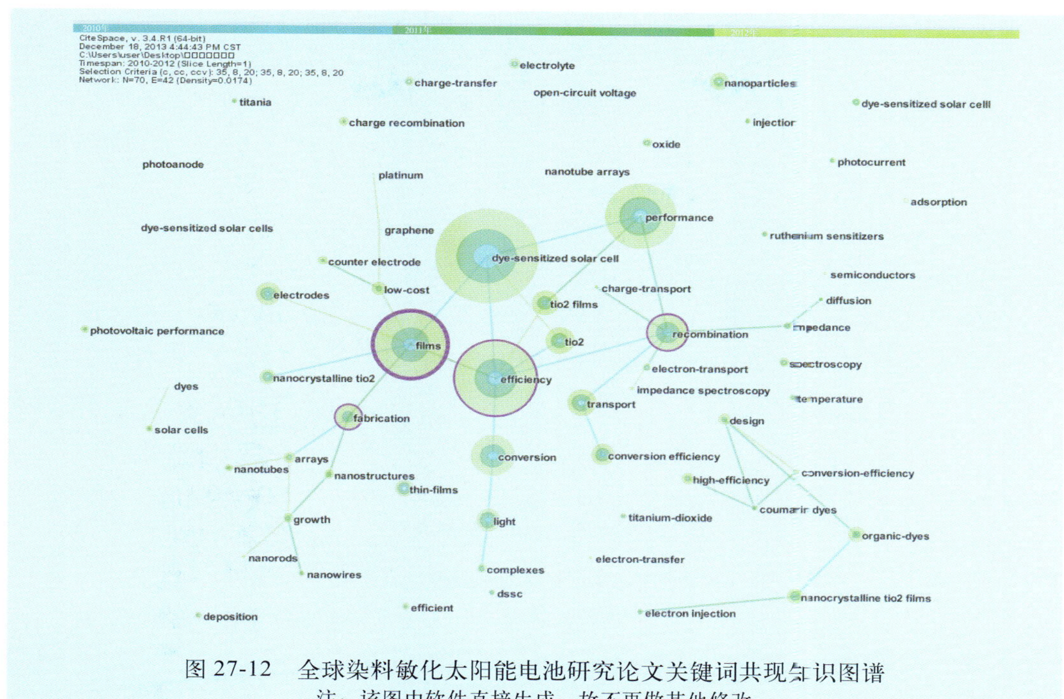

图 27-12　全球染料敏化太阳能电池研究论文关键词共现知识图谱

注：该图由软件直接生成，故不再做其他修改

同时从我国关于染料敏化太阳能电池的 1 763 篇 SCI 论文中选取 2010 ～ 2012 年发表的论文，共 1 224 篇；利用 CiteSpace 对这些论文进行关键词共现分析。在阈值设置栏中将阈值设置为（20，5，20），选择关键词分析按钮，分析结果如图 27-13 所示。在关键词共现图谱中，共生成 41 个节点，46 条线；在这 41 个节点中，与“dye-sensitized solar cell”共现且节点较大的是“efficiency”、“performance”、“films”、“conversion”，如表 27-2 所示，表明它们是目前我国关于染料敏化太阳能电池技术的研究热点。

表 27-2　我国染料敏化太阳能电池研究论文高频关键词

序号	频次	关键词
1	345	efficiency
2	319	performance
3	284	films
4	178	conversion
5	168	recombination
6	129	transport
7	122	tio2 films
8	115	fabrication
9	115	conversion efficiency
10	113	electrodes

从图 27-12、图 27-13、表 27-1 和表 27-2 可以看出，我国关于染料敏化太阳能电池技术的研究热点与国际上关于染料敏化太阳能电池技术的研究热点几乎相同。

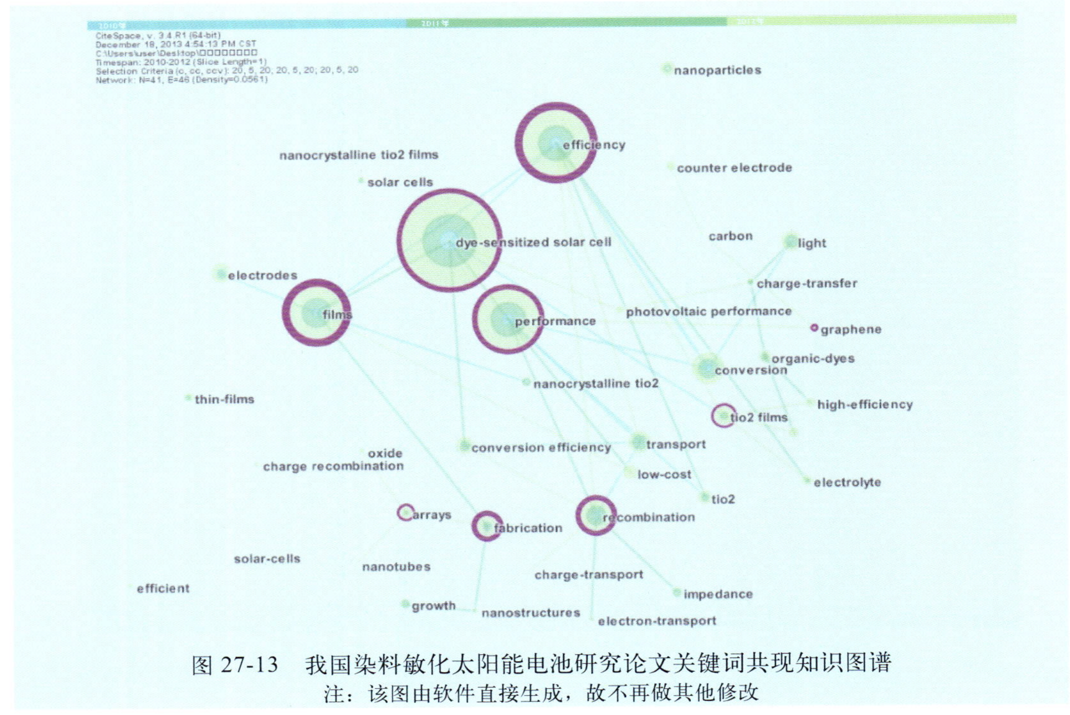

图 27-13　我国染料敏化太阳能电池研究论文关键词共现知识图谱

注：该图由软件直接生成，故不再做其他修改

5）国家或地区合作分析

随着科学知识的日新月异，以及各个国家或地区研究资源的限制，国家或地区间的合作研究对提高各个国家或地区的科研水平和创新能力具有重要作用。为了解我国在染料敏化太阳能电池技术研究方面的国际合作研究情况，需要分析染料敏化太阳能电池技术国际合作研究网络。

具体步骤如下：首先，将检索出的 6 899 篇论文导入 TDA 中，生成国家或地区合作矩阵，并将国家或地区合作矩阵导入 Excel。其次，将 Excel 中的合作矩阵转换为 DL 格式的文件，按照 Data → Import text file → DL 的程序导入 Ucinet 软件中；最后，使用 Ucinet 软件中的 Netdraw 工具生成国家或地区合作研究知识图谱，如图 27-14 所示。

在图 27-14 中，节点代表国家或地区，国家或地区的名称在节点右侧显示。节点的大小表示该国家或地区与其他所有国家或地区合作共现的总次数；节点之间的连线表示两个国家或地区间的合作关系，连线的数量表示与该国家或地区合作过的其他国家或地区的数量，连线的粗细表示连线两端的国家或地区合作次数。从图 27-14 中可以看出，中国大陆与美国、瑞典、日本等国家合作较为密切；而美国、瑞士、日本、韩国是与其他国家或地区合作次数较多的国家，合作次数分别是 370 次、354 次、273 次和 235 次。

在社会关系网络中，中心性是衡量网络中成员地位的优越性和重要性等的一个常用指标。中心性又分为两种形式，即程度中心性和介数中心性；其中程度中心性用来衡量网络成员在网络中的关键程度，即某个成员在网络中的程度中心性越高，它在网络中的地位就越重要[19]。

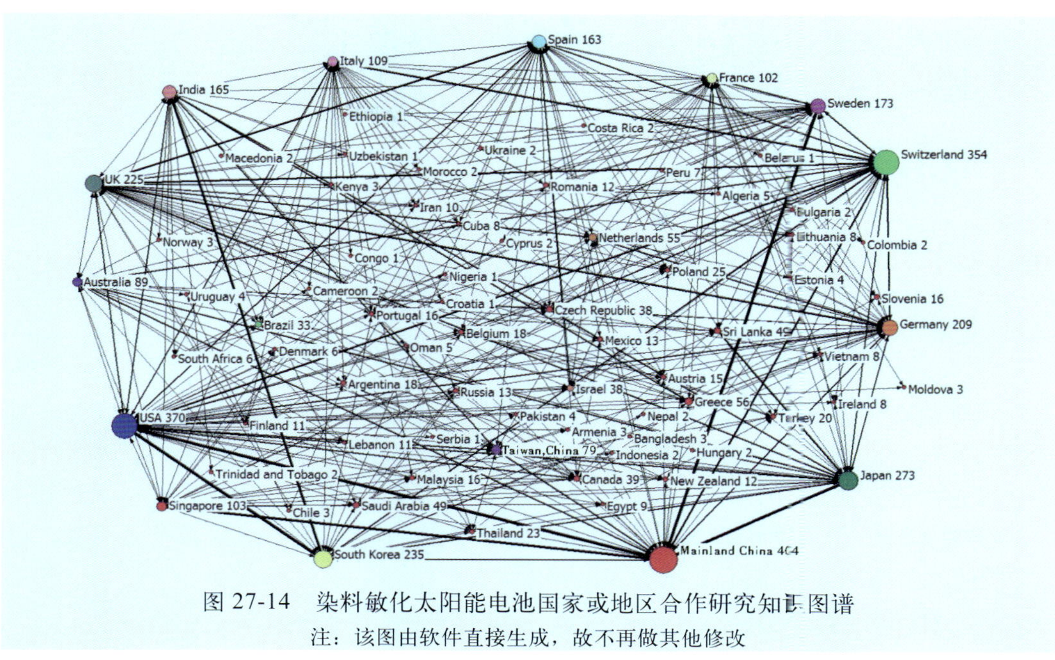

图 27-14 染料敏化太阳能电池国家或地区合作研究知识图谱

注：该图由软件直接生成，故不再做其他修改

为了分析出各个国家或地区在国家合作研究网络中的重要程度，需要计算国家或地区合作研究网络中的程度中心性。用 Ucinet 软件计算国家或地区合作研究网络中的程度中心性的步骤如下：在“Network”中选取“Centrality’，再选取“Degree”，然后在“Tread data as symmetric”对话框中选择“Yes”。根据程度中心性指标，各个国家或地区在合作研究网络中的程度中心度如表 27-3 所示。程度中心性指标大于异质性指标，说明网络的中心度偏高，进而说明合作研究网络中的国家或地区合作比较集中，并且有一部分国家或地区的合作总体力度较大。

表 27-3 染料敏化太阳能电池国家或地区在合作研究网络中的程度中心度

序号	国家或地区	程度中心度	标准化程度中心度
1	中国大陆	404	7.426
2	美国	370	6.801
3	瑞士	354	6.507
4	日本	273	5.018
5	韩国	235	4.320
6	英国	225	4.136
7	德国	209	3.842
8	瑞典	173	3.180
9	印度	165	3.033
10	西班牙	163	2.996
11	意大利	109	2.004
12	新加坡	103	1.893
13	法国	102	1.875

续表

序号	国家或地区	程度中心度	标准化程度中心度
14	澳大利亚	89	1.636
15	中国台湾	79	1.452
16	希腊	56	1.029
17	荷兰	55	1.011
18	沙特阿拉伯	49	0.901
19	斯里兰卡	49	0.901
20	加拿大	39	0.717

根据表 27-3，国家或地区合作研究网络中排名前 5 位的国家或地区依次是中国大陆（标准化程度中心度是 7.426）、美国（标准化程度中心度是 6.801）、瑞士（标准化程度中心度是 6.507）、日本（标准化程度中心度是 5.018）和韩国（标准化程度中心度是 4.320）。说明中国大陆在国家或地区合作研究网络中占据着重要位置，并且它与其他国家或地区的合作次数也较多。

6）结果分析

（1）我国发展染料敏化太阳能电池技术的优势。从发表的关于染料敏化太阳能电池技术的 SCI 论文数量来看，我国的年发表论文数量自 2007 年以后已超过美国、日本、韩国等发达国家，成为 SCI 论文年发表数量最多的国家；而且最近几年，我国论文发表活动频繁，论文数量远远超过其他国家，显示出强劲的发展势头。从研究机构上来看，中科院在开展关于染料敏化太阳能电池技术的研究时间上几乎与国际同步，并且已成为全球关于研究染料敏化太阳能电池技术发表 SCI 论文最多的研究机构。从研究热点来看，目前我国关于染料敏化太阳能电池技术的研究热点与国际上的研究热点几乎相同。从国际合作研究情况来看，我国在关于染料敏化太阳能电池技术研究方面也进行了很好的国际合作研究。

这都说明我国在染料敏化太阳能电池技术的基础研究方面，已经达到国际先进水平；并且以中科院为代表的科研机构已处在国际研究前沿。这为我国发展以染料敏化太阳能电池技术为基础的光伏产业提供了保障。

（2）我国发展染料敏化太阳能电池技术的挑战。虽然自 2007 年以后，我国已成为全球染料敏化太阳能电池技术 SCI 论文年发表数量最多的国家，而且总论文数量也是最多的国家，但我国论文在总被引频次、每项平均引用次数和每年平均引用次数上与瑞士、日本和美国有较大差距。截至 2012 年，中国大陆关于染料敏化太阳能电池技术研究的 SCI 论文的总被引频次、每项平均引用次数和每年平均引用次数分别是 43 371、24.61、2 710.69；瑞士分别是 64 071、157.81、2 669.62；美国分别是 48 405、57.76、2 689.17；日本分别是 44 234、45.09、2 328.11[①]。全球主要国家或地区染料敏化太阳能电池技术 SCI 论文每项平均引用次数如图 27-15 所示。

① 数据来源：Web of Science 的 SCI-EXPANDED 数据库。

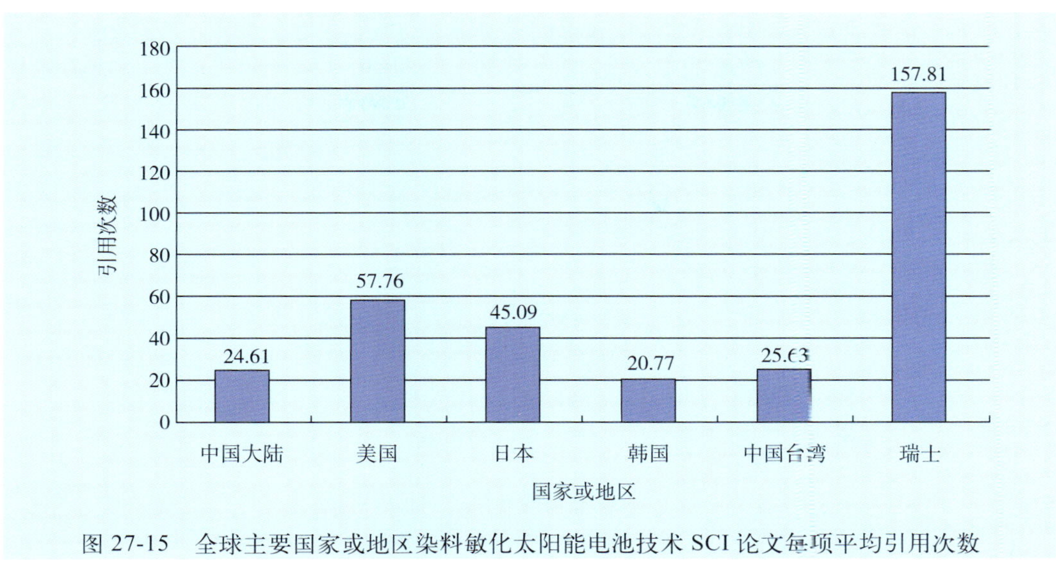

图 27-15　全球主要国家或地区染料敏化太阳能电池技术 SCI 论文每项平均引用次数

3. 基于文献计量的太阳能光伏技术结果分析

为了分析太阳能光伏技术的发展现状和趋势，本章以 Web of Science 数据库为数据源，收集 1974 ～ 2010 年的太阳能光伏技术相关文献，通过 Fisher-Pry 模型分析，揭示全球太阳能光伏技术的发展阶段和趋势。从文献计量学分析的角度来看：染料敏化太阳能电池技术正处在技术发展的快速成长期，并且将是未来太阳能电池技术领域中非常具有发展潜力的新兴技术。以 Web of Science 数据库为数据源，收集 1991 ～ 2012 年的染料敏化太阳能电池技术文献，利用 CiteSpace 软件、Ucinet 软件从论文数量、研究机构、研究热点、国际合作等方面对染料敏化太阳能电池技术进行可视化分析，探寻了我国发展染料敏化太阳能光伏技术面临的机遇与挑战。从研究结果看，我国发展染料敏化太阳能电池技术具备了较好的基础：近几年，我国染料敏化太阳能电池技术的 SCI 论文发表活动频繁，论文数量远远超过其他国家或地区，显示出强劲的发展势头，并且研究热点与国际上的研究热点几乎相同，以中科院为代表的科研机构已处在国际研究前沿；在染料敏化太阳能电池技术的国际合作研究方面，我国的大学和研究机构也进行了很好的国际合作。这些说明我国在染料敏化太阳能电池技术的基础研究方面，已经达到国际先进水平，为我国发展以染料敏化太阳能电池技术为基础的光伏产业提供了保障。

27.3.2　染料敏化太阳能光伏技术产业未来发展影响因素分析

从 27.3.1 小节文献计量的分析结果来看，我国在染料敏化太阳能电池技术的基础研究方面，已经具有非常强的研究实力，并已经达到国际先进水平。而且我国在这一领域也拥有大量的专利，并在一些技术子领域进行了专利布局（通过专家访谈获悉）。这些为我国发展以染料敏化太阳能光伏技术为基础的光伏产业提供了保障。

目前全球光伏产业中主导技术路线尚不确定，存在多种不同的光伏技术路线；而染料敏化太阳能光伏技术被认为是未来最具有发展潜力和产业化前景的太阳能光伏技术。这也为我国光伏产业的发展提供了机遇，只有加大对有产业背景的光伏技术研发的支持，如染料敏化太阳能光伏技术，才能保证我国光伏产业具有原创活力和持续发展的前景。因此，本章在基于以上文献计量分析的基础上，尝试绘制染料敏化太阳能光伏技术产业未来发展路线图。

为了绘制染料敏化太阳能光伏技术产业未来发展路线图，首先需要确定染料敏化太阳能光伏技术产业未来发展的影响因素。而按照技术路线图的绘制流程，需要召开专家研讨会，通过专家们的讨论来确定影响因素。因此，本章对研讨会进行了设计（表 27-4，限于篇幅，研讨会的具体流程此处略去），并确定出染料敏化太阳能光伏技术产业未来发展的影响因素，如表 27-5 所示。

表 27-4　技术路线图研讨会 I 设计

阶段	目标	参与专家
阶段 1	确定技术路线图的分析维度	神化集团专家、华能集团专家、中国工程院专家、清华大学教授等
阶段 2	从政策、市场、产业系统维度，确定染料敏化太阳能光伏技术产业未来发展的影响因素及时间节点	神化集团专家、华能集团专家、中国工程院专家、清华大学教授等

表 27-5　染料敏化太阳能光伏技术产业未来发展的影响因素及时间节点

维度	影响因素	时间
政策	可再生能源扶持政策	2013 ～ 2020 年
政策	碳税和碳贸易市场的扩大	2015 ～ 2020 年
政策	煤炭使用的限制和其他高耗能行业的严格控制	2013 ～ 2030 年
政策	能源价格的波动	2020 ～ 2030 年
市场	能源需求的持续增长	2015 ～ 2025 年
市场	中国能源市场的对外开放	2020 ～ 2030 年
市场	大规模光伏组件的应用，如 BIPV、BAPV	2015 ～ 2030 年
产业系统	其他可再生能源的应用（如更便宜的风能、离岸风力发电等）	2020 ～ 2030 年
产业系统	页岩气大规模的应用	2015 ～ 2025 年
产业系统	智能电网的发展和配置：更优化的发电系统和分布式发电网络	2020 ～ 2030 年
产业系统	现有光伏技术的局限和新兴光伏技术的突破	2020 ～ 2030 年

27.3.3　染料敏化太阳能光伏技术产业未来发展路线图

为了绘制染料敏化太阳能光伏技术产业未来发展路线图，在确定染料敏化太阳能光伏技术产业未来发展的影响因素之后，需要确定染料敏化太阳能光伏技术和产品未来开发路径。而按照技术路线图的绘制流程，需要召开第二阶段的专家研讨会，通过专家们的讨论来确定技术和产品未来开发路径，并结合研讨会 I 的讨论结果，最终绘制出染料敏化太阳能光伏技术产业未来发展路线图。因此，本章对第二阶段的专家研讨会进行了设计（表 27-6，限于篇幅，研讨会的具体流程此处略去），并绘制出染料敏化太阳能光伏技术产业未来发展路线图，如图 27-16 所示。

表 27-6　技术路线图研讨会Ⅱ设计

阶段	目标	参与专家
阶段 1	确定技术未来开发路径及时间节点	科技部专家、中科院技术专家、清华大学教授等
阶段 2	从政策、市场、行业系统、产品、技术维度绘制路线图	科技部专家、中科院技术专家、清华大学教授等

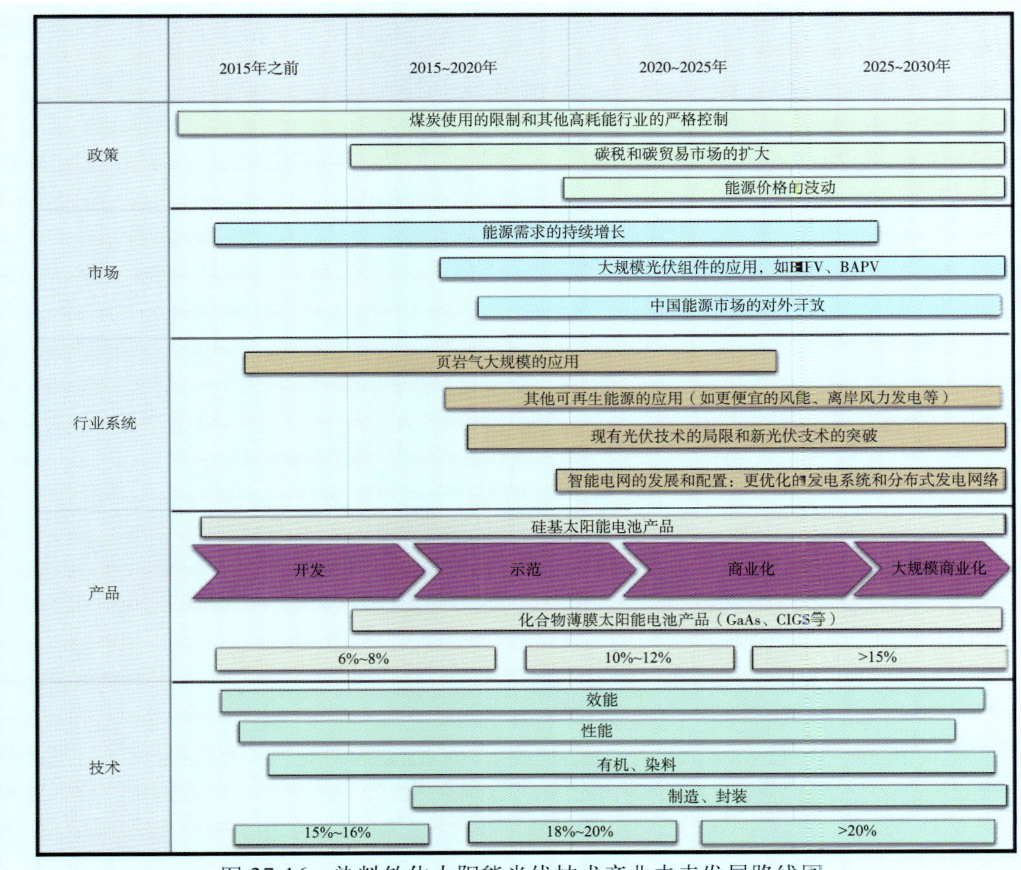

图 27-16　染料敏化太阳能光伏技术产业未来发展路线图

27.4　结语

本章在分析技术路线图方法和客观分析方法各自特征的基础上，尝试将文献计量引入技术路线图，构建基于文献计量和技术路线图的新兴产业技术未来发展分析框架，并以染料敏化太阳能电池技术为例进行了案例研究，验证了此分析框架的可行性和有效性。其目的是探索在战略性新兴产业培育与发展中引入技术路线图分析和文献计量的可行性和有效性，以便技术路线图和文献计量分析结果能为战略性新兴产业培育与发展提供决策参考。

本章是学术性探索研究，初步尝试将文献计量与技术路线图进行结合，并进行了具体产业案例研究；但由于时间和专家资源有限，本章的案例分析结果还有待进一步的深入分析。

审稿：薛　澜

参考文献

[1] 邱均平 . 文献计量学 . 北京：科学技术文献出版社，1988.

[2] Phaal R，O' Sullivan E，Routley M，et al. A framework for mapping industrial emergence. Technological Forecasting and Social Change，2011，78（2）：217 ～ 230.

[3] O' Regan B，Grätzel M. A low cost，high-efficiency solar cell based on dye-sensitized colloidal TiO_2 films. Nature，1991，（353）：737 ～ 740.

[4] Goncalves L M，Bermudez V Z，Ribeiro H A，et al. Dye-sensitized solar cells：a safe bet for the future. Energy & Environmental Science，2008，（1）：655 ～ 667.

[5] McGehee M D. Paradigm shifts in dye-sensitized solar cells. Science，2011，334（6056）：607 ～ 608.

[6] Robert J W，Porter L A. Innovation forecasting. Technological Forecasting and Social Change，1997，56（1）：25 ～ 47.

[7] Porter L A，Roper A T，Mason T W，et al. Forecasting and Management of Technology. New York：Wiley，1991.

[8] Fisher J C，Pry R H. A simple substitution model for technological change. Technological Forecasting and Social Change，1971，（3）：75 ～ 88.

[9] Daim T，Rueda G，Martin H，et al. Forecasting emerging technologies：use of bibliometrics and patent analysis. Technological Forecasting and Social Change，2006，73（8）：981 ～ 1012.

[10] 娄岩，傅晓阳，黄鲁成 . 基于文献计量学的技术成熟度研究及实证分析 . 统计与决策，2010，（19）：99 ～ 101.

[11] 肖沪卫，顾震宇 . 专利地图方法与应用 . 上海：上海交通大学出版社，2011.

[12] Energy Efficiency and Renewable Energy U.S. Department of Energy. The history of solar，2002.

[13] Huang L C. Study on prospect of emerging technology commercialization based on bibliometrics analysis. Singaporean：Proceedings of the 2008 IEEE ICMIT：29 ～ 33.

[14] 吴贵生，王毅 . 技术创新管理 . 北京：清华大学出版社，2009.

[15] Dosi G. Technological paradigms and technological trajectories. Research Policy，1982，11（3）：152 ～ 154.

[16] 张玥，朱庆华．学术博客交流网络的核心——边缘结构分析实证研究．图书情报工作，2009，53（12）：25 ～ 29.

[17] 张士靖，姚强，杜建．基于 CSSCI 的知识服务领域高被引作者的可视化研究．情报杂志，2010，29（9）：41 ～ 44.

[18] Chen C. CiteSpace Ⅱ：detecting and visualizing emerging trends and transient patterns in scientific literature. Journal of the American Society for Information Science and Technology，2006，（57）：359 ～ 377.

[19] Kadushin C. Who benefits from network analysis：ethics of social network research. Social Networks，2005，27（2）：139 ～ 153.

缩略词表

2（3/4/5）G：2nd（3rd/4th/5th）generation mobile communication，即第二（三、四、五）代移动通信

AMOLED：active matrix/organic light emitting diode，即主动矩阵有机发光二极管

AP（P）：application，即应用软件

APT：advanced persistent threat，即高级持续性威胁

AR：augmented reality，即增强现实

ARP：address resolution protocol，即地址解析协议

BYOD：bring your own device，即携带自己的电脑、手机、平板等进行移动办公

CAGR：compound annual growth rate，即复合增长率

CCN：content center network，即内容中心网络

CDN：content delivery network，即内容分发网络

CNCERT：National Computer Network Emergency Response Technical Team/Coordination Center of China，即国家计算机网络应急技术处理协调中心

COB：chip-on-board，即板上芯片

CPU：central processing unit，即中央处理器

CRI：color rendition index，即显色指数

DDoS：distributed denial of service，即分布式拒绝服务攻击

DNS：domain name system，即域名解析系统

DSP：digital signal processor，即数字信号处理

ELA：excimer laser annealing，即准分子激光退火

ELI：efficient lighting initiative，即高效照明产品认证

FD（D）：frequency division（duplexing），即频分（双工）

FPGA：field programmable gate array，即现场可编程门阵列

FTO：fluorine-doped tin oxide，即氟掺杂氧化锡

GDP：gross domestic product，即国内生产总值

ICT：information communication technology，即信息通信技术

ID：identity，即身份

iOS：iPhone OS，即苹果公司为 iPhone 开发的操作系统

IPS：intelligent power switch，即智能电源开关

ISCCC：China Information Security Certification Center，即中国信息安全认证中心

ISP：internet service provider，即互联网服务提供商

IT：information technology，即信息技术

LBS：location based service，即基于位置的服务

LED：light emitting diode，即发光二极管

LTE：long term evolution，即长期演进技术

MAC：media access control，即介质访问控制

MCPCB：metal core PCB，即金属基印刷电路板

MEMS：micro electro mechanical systems，即微机电系统

MIPS：million instructions per second，即每秒处理的百万级的机器语言指令数

MOCVD：metal-organic chemical vapor deposition，即金属有机物化学气相沉积

NFC：near field communication，即近场通信

NREL：National Renewable Energy Laboratory，即美国可再生能源国家实验室

OLED：organic light-emitting diode，即有机发光二极管

PC：personal computer，即个人计算机

SMD：surface mounted devices，即表面贴装器件

SOA：service oriented architecture，即面向服务的体系结构

TCG：TD-SCDMA certification group，即 TD-SCDMA 测试认证工作组

TCO：transparent conducting oxide，即透明导电氧化物

TCP/IP：transmission control protocol/internet protocol，即传输控制协议/因特网互联协议

TD（D）：time division（duplexing），即时分双工

TFT：thin film transistor，即薄膜场效应晶体管

USDS：United States Digital Service，即美国数字服务团队

UTM：unified threat management，即安全网关

VPN：virtual private network，即虚拟专用网

VR：virtual reality，即虚拟现实

WAF：web application firewall，即网站侧应用防火墙

Wintel：Windows & Intel，即微机的体系由 MS-Windows 操作系统和 Intel 的 CPU 组成

后　　记

党的十八大报告明确提出到2020年实现全面建成小康社会的宏伟目标，“十三五”将是我国经济社会发展的重要战略机遇期，是全面建设小康社会的决定性时期。习近平总书记指出，当今世界，信息技术、生物技术、新能源技术、新材料技术等交叉融合正在引发新一轮科技革命和产业变革。新一轮科技革命和产业变革将同人类社会发展形成历史性交汇，科技进步和创新将成为推动人类社会发展的重要引擎。可见，战略性新兴产业不仅是引导未来经济社会发展的重要力量，发展战略性新兴产业更是成为世界主要国家抢占新一轮经济和科技发展制高点的重大战略。加快培育和发展战略性新兴产业对全面建设小康社会、实现可持续发展、推动产业结构升级、加快经济增长方式转变、构建国际竞争新优势和掌握发展主动权具有重要的战略意义。

我国政府以国际视野和战略思维，科学判断未来需求变化和技术发展趋势，对培育和发展战略性新兴产业做出重大部署。2010 年国务院颁布《决定》，明确了战略性新兴产业七大方向。2012 年国务院颁布《规划》，明确了战略性新兴产业的发展目标、发展方向、主要任务、重大工程和政策措施。近年来，我国培育发展战略性新兴产业取得了广泛共识和可喜的成效，发展思路逐步趋于理性，发展速度逐步加快，规模效益逐渐显现，创新能力持续提升，区域特色优势产业集群正在形成，吸纳高层次就业的人数不断增加，有效地促进了经济转型。

为贯彻落实《决定》精神，引导战略性新兴产业发展，2010 年，中国工程院受国家发改委委托，开展了“战略性新兴产业发展战略研究”系列咨询项目，为国家制定关于战略性新兴产业的决定和“十二五”规划提供了基础性、支撑性的咨询意见。2014 年，国家发改委委托中国工程院和中科院，开展“‘十三五’战略性新兴产业培育与发展规划咨询研究”，为国家制定“十三五”战略性新兴产业规划提供决策支撑。

同时，为了更好地反映我国战略性新兴产业发展的总体情况及各领域发展态势，介绍国内外相关技术和产业的前沿热点与最新动向，宣传国家政策和引导社会投资，中国工程科技发展战略研究院受国家发改委委托，计划以科技和产业发展的关系为核心，围绕年度热点，出版“中国战略性新兴产业发展”年度报告。在咨询研究项目阶段性研究成果的基础上，中国工程科技发展战略研究院已经先后出版了《中国战略性新兴产业发展报告 2013》、《中国战略性新兴产业发展报告 2014》。

《中国战略性新兴产业发展报告 2015》在前两部报告的基础上，进一步总结了

"十二五"期间中国战略性新兴产业发展的新经验和新问题，以及未来"十三五"时期发展的新趋势，以产业发展、行业应用、典型案例为主线，按照综合篇、产业篇、区域篇、政策篇、方法篇依次展开。本次出版的研究报告分为五大部分，共计27章。第一部分为综合篇，总结了2014年以来战略性新兴产业取得的新进展、出现的新情况及存在的问题，对战略性新兴产业上市公司进行了分析。第二部分为产业篇，围绕战略性新兴产业七大领域若干重点和热点方向的发展现状、战略布局、规划以来遇到的问题、重点案例及政策启示等进行了介绍。第三部分为区域篇，结合湖北、湖南、重庆三省市战略性新兴产业发展案例，对产业区域发展情况进行了综合分析。第四部分为政策篇，重点对"十二五"以来的商业模式、人才政策、二次创新、产业政策等进行了理论和实践分析，其中，商业模式创新篇章对于战略性新兴产业类企业的创新具有一定的参考作用。第五部分为方法篇，介绍了产业成熟度和技术路线图方法，读者可以学习到研究战略性新兴产业的相关理论、方法并加以应用。

本报告的编写工作得到了中国工程院、国家发改委、中科院、国家开发银行、清华大学、国家信息中心等单位和部门的大力支持，得到了徐匡迪、周济、潘云鹤、徐宪平、干勇、陈吉宁、陈清泰、朱高峰、杜祥琬、胡怀邦等编委会顾问的亲切关怀与悉心指导，中科院李静海副院长和中科院不少院士对"十三五"战略性新兴产业规划研究也做出了重要贡献，在此表示衷心的感谢。

此外，向为专题调研提供配合与支持的湖北、湖南、重庆等省市政府部门和企事业单位表示深深的谢意，也向共同参与调研及座谈的国家发改委高技术产业司李嘉岩副司长、中科院科技政策与管理科学研究所穆荣平所长、中国电力科学研究院新能源研究所王伟胜所长、北京鉴衡认证中心秦海岩主任、中国工程院王天然院士等表示感谢，他们在调研过程及后续讨论中贡献了智慧。

感谢本报告的撰稿人和审稿人，众多的院士和专家为本报告各章节的编写付出了辛勤的劳动。感谢中国工程科技发展战略研究院的孙立、杨榕、王秀芹、康静、于昌萍、吴淑豪、陈静等同志，他们参与了前期的调研工作，搜集了大量的资料，承担了组织联络工作，确保了本报告撰写工作的顺利进行。感谢科学出版社的大力支持，尤其感谢编辑马跃先生和徐榕榕女士，是他们辛勤、细心、负责的工作确保了本报告能如期与读者见面。

除了上述名字，诸多机构和个人在本报告编写过程中组织的各类实地调研、座谈会、研讨会和工作会中分享了宝贵的经验和独到的见解，对于所有对本报告给予贡献和支持的机构和个人，一并致以诚挚的谢意！

编委会
2014年10月